STUTTGART

Dichter sehen eine Stadt

STUTTGART

Dichter sehen eine Stadt

Texte und Bilder aus 250 Jahren

Herausgegeben von
Horst Brandstätter und Jürgen Holwein

Mit 254 Abbildungen

J. B. Metzlersche Verlagsbuchhandlung
Stuttgart

*Frontispiz: Das Stuttgarter Schillerdenkmal.
Kolorierte Lithographie von
Jakob Heinrich Renz (1839)*

CIP-Titelaufnahme der Deutschen Bibliothek

Stuttgart:
Dichter sehen eine Stadt; Texte und Bilder aus 250 Jahren/
hrsg. von Horst Brandstätter u. Jürgen Holwein. –
Stuttgart: Metzler, 1989
ISBN 3-476-00671-9
NE: Brandstätter, Horst [Hrsg.]

ISBN 3 476 00671 9

Satz und Druck: Druckhaus Münster GmbH, Kornwestheim
Printed in Germany

Inhalt

Königsstraße, Kesselmulden

Von den Gründerjahren bis zum Ersten Weltkrieg

Republik und Avantgarde

Novemberrevolution und die goldenen Zwanziger

Braune Zeiten

Nationalsozialismus und Widerstand

Auferstanden aus Ruinen

Vom Wiederaufbau bis zur Gegenwart

Vorbemerkung

Die vorliegende Textsammlung versteht sich als ein kultureller Streifzug durch die vergangenen 250 Jahre, zeigt den Alltag, die Höhe- und Tiefpunkte im Leben einer Stadt – im Spiegel der Dichter. Dabei ist der – ohnehin fragwürdige – Begriff Dichter denkbar weit gefaßt, greift auch in Bereiche der Kunst und Politik. Vollständigkeit war so wenig beabsichtigt wie Wissenschaftlichkeit – Kurzweil schon eher, nicht zuletzt als Anstiftungsversuch, sich mit einzelnen Autoren oder Zeitabschnitten weiter zu beschäftigen.

In Zweifelsfällen wurde Unbekanntem der Vorzug gegeben und Bekanntes in ungewohnter Perspektive dargestellt. Die literarische Qualität der ausgewählten Texte ist höchst unterschiedlich, entscheidendes Kriterium war die möglichst lebendige Darstellung und ein zeittypischer Bezug. Auf reine Regionalliteratur oder ausführliche Detailbeschreibungen, etwa einzelner Gebäude, Kunstsammlungen oder Verlage, wurde verzichtet, ebenso fehlen, bis auf wenige begründete Ausnahmen, fiktionale Texte und Romanauszüge (so etwa die unverkennbar in Stuttgart angesiedelten Arbeiten Martin Walsers, Lion Feuchtwangers „Jud Süß" oder beispielsweise Manfred Essers „Ostend-Roman"). Historisch bedeutsamen Ereignissen – u. a. der Auflösung des „Stuttgarter Rumpfparlaments" oder der „Novemberrevolution" – wurde versucht, aus verschiedenen Blickwinkeln gerecht zu werden, wobei subjektive Verzerrungen der Berichterstatter besonders deutlich zum Ausdruck kommen.

Bei der Textgestaltung wurde eine Art Montageprinzip gewählt, das konträre Positionen, direkte Antworten und Ergänzungen einbezieht. Diese Methode setzt sich in der Marginalienspalte fort. Die Überschriften wurden von den Herausgebern formuliert und weichen daher zumeist von den Originaltiteln ab. Da viele Texte gestrafft werden mußten, wurde der besseren Lesbarkeit halber generell auf die Kenntlichmachung von Kürzungen verzichtet. Orthographie und Interpunktion wurden behutsam den heute geltenden Regeln angeglichen, wobei stilistische Eigenarten, altertümliche Prägungen und manchmal auch Schreibweisen beibehalten wurden. Bei einigen Texten, beispielsweise den Tagebuchauszügen der Franziska von Hohenheim und des jungen Hegel, sind gerade die orthographischen Absonderlichkeiten von besonderem Reiz, weshalb sich jeder Eingriff verbot.

Die langjährigen Recherchen für dieses Buch, dem intensive Sammeltätigkeit vorausging, waren von der freundlichen Auskunftsbereitschaft zahlreicher Institutionen und Einzelpersonen begleitet, für die wir uns ausdrücklich bedanken (gezielte Hinweise haben wir im Quellenverzeichnis ausgewiesen). Besonderen Dank schulden wir der Württembergischen Landesbibliothek Stuttgart, dem Deutschen Literaturarchiv Marbach, insbesondere Herrn Friedrich Pfäfflin. Ferner den Universitätsbibliotheken in Freiburg, Konstanz und Tübingen, sowie der Zentralbibliothek und der Museumsgesellschaft in Zürich. Nicht zuletzt aber den Mitarbeitern des Metzler Verlages, vor allem Uwe Schweikert und Heidi Oßmann für die Beschaffung der Abbildungsvorlagen.

Horst Brandstätter — Jürgen Holwein

IN TYRANNOS

Stuttgart im Zeitalter Karl Eugens

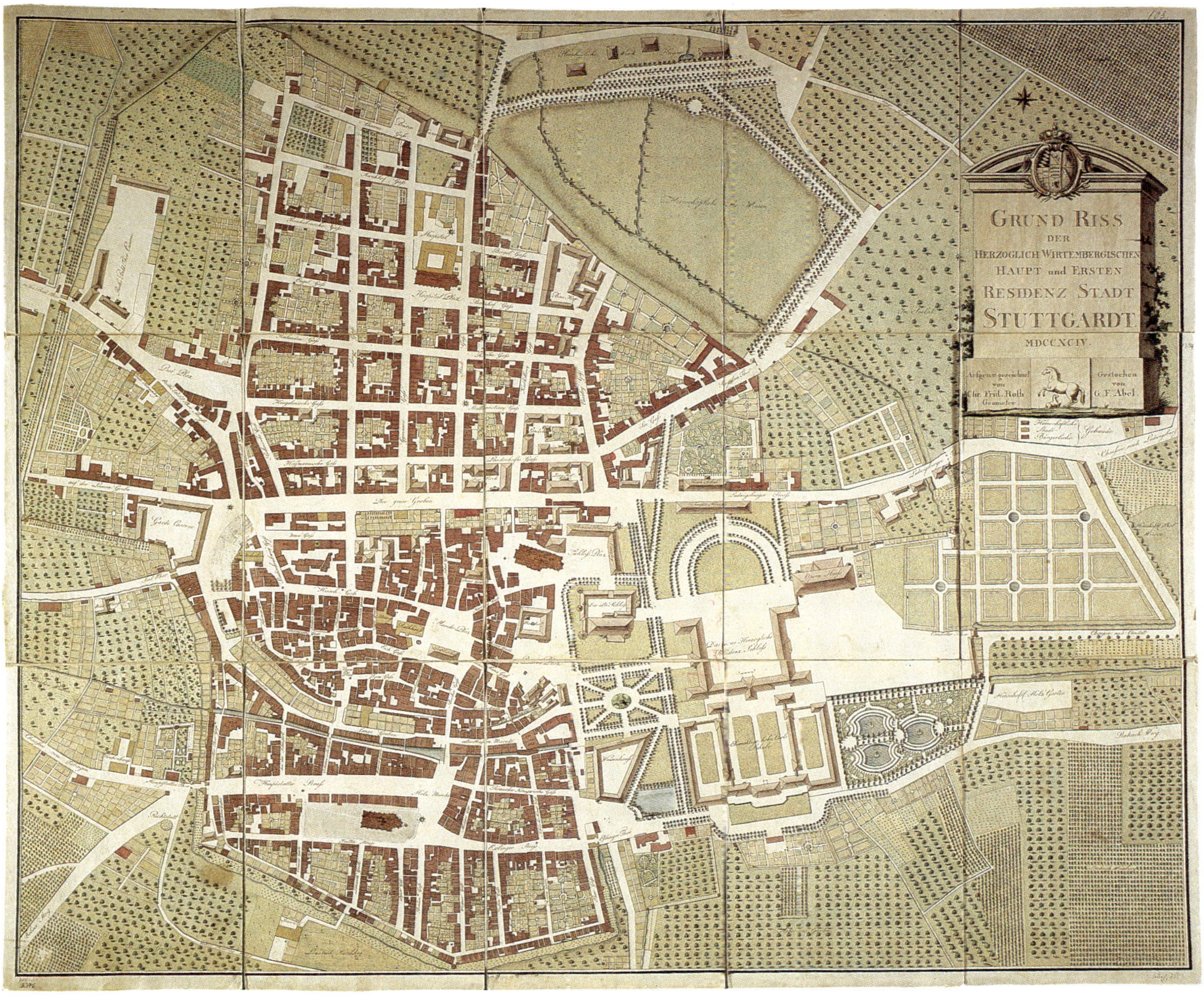

„Grund Riß der Herzoglich wirtembergischen Haupt und Residenz Stadt Stuttgardt, aufgenommen und gezeichnet von Chr. Fried. Roth, Geometer"
(Stich, 1794)

Stuttgarter Nächte

Ein Italiener und die württembergische Mafia
Erlebnisse des Giacomo Casanova

Giacomo Girolamo Casanova, Chevalier de Seingalt, 1725 in Venedig geboren, wurde nach dem Studium der Theologie und Rechte zunächst Priester, bevor er sich dem diplomatischen Dienst zuwandte und ganz Europa bereiste. Liebesaffären und Händel trieben ihn von einer Metropole zur anderen. 1755 wurde er in Venedig wegen ausschweifenden Lebenswandels und Blasphemie zu fünf Jahren Kerker verurteilt. Nach seiner erfolgreichen Flucht aus den berüchtigten Bleikammern ließ sich Casanova 1757 in Paris als Lotteriedirektor nieder, mußte aber erneut fliehen. Nach zahlreichen Skandalgeschichten in anderen Städten wurde er 1774 Polizeispion in Venedig, wo er zugleich der Inquisition als Spitzel diente. 1785 nahm er, sechzigjährig, die Stelle eines Bibliothekars bei dem böhmischen Grafen Waldstein an, wo er in französischer Sprache seine Erinnerungen niederschrieb. Daneben verfaßte Casanova einen utopischen Roman, Bühnenstücke und Libretti, aber auch mathematische Schriften und eine unvollendet gebliebene Übersetzung der „Ilias". Er starb 1798 auf Schloß Dux in Böhmen.
Die Stuttgarter Erlebnisse verarbeitete Hermann Hesse in einer Nachdichtung mit dem Titel „Casanovas Bekehrung".

Zu jener Zeit war der Hof des Herzogs von Württemberg der glänzendste von ganz Europa. Seine Kosten trug Frankreich, das ihm bedeutende Zuschüsse zahlte, um über zehntausend Mann zu verfügen. Es war eine schöne Armee, die sich im ganzen Krieg nur durch Fehler hervorgetan hatte.

Die großen Ausgaben des Herzogs bestanden in großzügigen Gehältern, prachtvollen Gebäuden, Jagdzügen und Verrücktheiten aller Art; ein Vermögen kostete ihn jedoch das Theater. Es gab eine Französische Komödie, eine Komische Oper, eine italienische „Opera seria" und „Opera buffa", und zehn Paare italienischer Tänzer, von denen jedes bereits in einem berühmten Theater Italiens als Solisten aufgetreten war. Die Ballette wurden von Noverre einstudiert, der oft hundert Figuranten einsetzte; ein Maschinist baute ihm Dekorationen, die den Zuschauer fast an Zauberei glauben ließen. Alle seine Tänzerinnen waren hübsch, und jede rühmte sich, wenigstens einmal Seine liebessüchtige Durchlaucht beglückt zu haben.

Schon nach wenigen Tagen erkannte ich klar, daß der Fürst das alles nur tat, um von sich reden zu machen. Sein Wunsch war, man sollte von ihm sagen, kein Fürst seiner Zeit habe mehr Verstand oder mehr Geistesgaben als er, keiner verstehe es besser, Vergnügungen zu ersinnen und sie zu genießen, keiner regiere mit mehr Geschick, keiner genieße in so vollen Zügen alle Genüsse der Tafel, des Bacchus und der Venus, und das auf keinen Fall auf Kosten der Zeit, deren er für die Regierung seines Staates und zur Lenkung aller seiner Ministerien bedurfte, an deren Spitze er stehen wollte. Um für alles Zeit zu finden, hatte er sich entschlossen, die Natur um die Stunden zu betrügen, die er zum Schlafen benötigte. Er glaubte, das stehe ihm frei, und jeder Diener fiel in Ungnade, dem es nicht gelang, ihn nach drei oder vier Stunden, die er dem Schlaf widmen mußte, aus dem Bett zu bringen. Der Diener, der ihn zu wecken hatte, durfte mit Seiner Durchlaucht alles tun, was er wollte, um ihn aus Morpheus' Armen zu lösen. Er schüttelte ihn, flößte ihm gewaltsam Kaffee ein, bis es ihm gelang, ihn in ein kaltes Bad zu stecken. Wenn Serenissimus endlich wach geworden war, versammelte er seine Minister, um möglichst rasch die laufenden Angelegenheiten durchzusprechen; dann gewährte er allen Audienz, die darum ansuchten, in der Mehrzahl zähen, dummen, dickschädeligen Bauern, die sich einbildeten, es genüge, beim Herrscher selbst vorzusprechen, um augenblicklich Recht zu erhalten. Aber es gab nichts Komischeres als diese Audienzen, die der Herzog seinen armen Untertanen gewährte. Er tobte, um sie zur Räson zu bringen, und sie gingen angstschlotternd und verstört von dannen. Mit den hübschen Bäuerinnen verfuhr er anders. Er prüfte ihre Beschwerden unter vier Augen, und obwohl er ihnen nichts gewährte, schieden sie doch getröstet.

Jean Georges Noverre, 1727 in Paris geboren, Tänzer und Choreograph. Seine (später unter Mitwirkung Lessings übersetzten) „Lettres sur la danse et sur les ballets", die er dem Herzog Karl Eugen gewidmet hatte, bewirkten seine Berufung zum Ballettdirektor am Stuttgarter Hof, wo er von 1760 bis 1766 unter günstigsten Bedingungen arbeiten konnte. Karl Eugen bewilligte dem weltberühmten Ballettmeister die kostspieligsten Dekorationen, Kostüme und Bühnenapparate, so daß sich Noverre in seinen choreographischen und szenischen Phantasien keinerlei Zwang auferlegen mußte. Noverre starb 1810 in St.-Germain-en-Laye.
Mit Noverre beginnt die Glanzzeit des Stuttgarter Balletts.

Da ich im „Bären" wohnte, speiste ich dort ganz allein, kleidete mich an und ging dann in die italienische „Opera seria", die der Fürst in dem schönen, von ihm erbauten Theater kostenlos aufführen ließ. Er saß inmitten seines Gefolges im Parterre vor dem Orchester. Ich setzte mich ganz allein in eine Loge im ersten Rang und freute mich, ohne jede Ablenkung der Musik des berühmten Jommelli lauschen zu können, der im Dienst des Herzogs stand. Als mir eine von einem berühmten Kastraten gesungene Arie sehr gefiel, klatschte ich. Eine Minute darauf kam ein Herr und redete auf Deutsch in unhöflichem Ton auf mich ein. Ich erwiderte nur die vier Worte, die besagen: „Ich verstehe kein Deutsch." Er ging, und ein anderer kam, um mir auf Französisch zu sagen, es sei nicht erlaubt zu klatschen, wenn Seine Durchlaucht im Theater sei.

„Auch gut. Ich werde also kommen, wenn Seine Durchlaucht nicht da ist; denn wenn mir eine Arie gefällt, kann ich nicht anders als klatschen."

Nach dieser Antwort wollte ich meinen Wagen holen lassen; aber da kam erneut der gleiche Offizier und sagte, der Herzog wünsche mich zu sprechen. Ich ging mit ihm ins Parterre.

„Sie sind also Monsieur Casanova?"

„Ja, Durchlaucht."

„Woher kommen Sie?"

„Aus Köln."

„Und sind Sie zum erstenmal in Stuttgart?"

„Ja, Durchlaucht."

„Gedenken Sie, länger hier zu bleiben?"

„Fünf bis sechs Tage, wenn Eure Durchlaucht gestatten."

„Solange es Ihnen beliebt; es steht Ihnen auch frei zu klatschen."

Bei der nächsten Arie klatschte der Herzog, und jedermann tat das gleiche; da mir jedoch die Arie nicht gefallen hatte, verhielt ich mich ruhig. Nach dem Ballett stattete der Fürst seiner verabschiedeten Favoritin einen Besuch ab. Ich sah, wie er ihr die Hand küßte; dann ging er.

Ein Offizier, der nicht wußte, daß ich die Gardela kannte, sagte mir, das sei „Madame"; da ich die Ehre gehabt habe, mit dem Fürsten zu sprechen, dürfe ich

Niccolò Jommelli Kupferstich von Riedel nach einem Gemälde von Nikolas Guibal

Der italienische Komponist Niccolò Jommelli, 1714 in Aversa bei Neapel geboren, wurde 1753 von Herzog Karl Eugen als Hofkapellmeister nach Stuttgart berufen, wo er u. a. seine bedeutendsten Opern, darunter „Olimpiade" und „Fetonte", komponierte. Jommelli, durch Intrigen und Mißverständnisse beim Württembergischen Hof in Ungnade gefallen, kehrte 1769 nach Neapel zurück, wo er 1774 starb.

Eleven und Elevinnen

Es ist ein eigenes Comödienhaus für die Akademisten gebauet, wo sie wöchentlich Comödien aufführen. Ich bin darin gewesen, und ich muß gestehen, daß die jungen Leute ihre Rollen so gut gespielt, als wenn sie schon zehn Jahre das Theater frequentiert gehabt hätten. Hiedurch erlangen sie die Gabe der Dreistigkeit, und die angeborene, oder durch vernachlässigte Education entstandene Schüchternheit, die so vielen jungen Menschen

auch zu ihr in die Loge gehen und ihr die Hand küssen. Aus Vorwitz antwortete ich, darauf könne ich wohl verzichten, da ich mit ihr verwandt sei. Diese unbegreifliche Lüge konnte mir nur schaden. Ich sah ihn überrascht; er verließ mich und ging in die Loge meiner Verwandten, um sie von meiner Ankunft zu unterrichten. Sie wandte den Kopf und winkte mir mit dem Fächer. Ich ging hinüber, innerlich belustigt über die dumme Rolle, die ich spielen würde. Sie reichte mir gleich die Hand, die ich küßte, und ich sprach sie als Base an. Sie fragte mich, ob ich mich beim Herzog als ihren Vetter vorgestellt habe, was ich verneinte; sie wollte es jedoch tun und lud mich für den nächsten Tag zu sich zum Mittagessen ein.

Nach Schluß der Oper ging sie fort, und ich suchte die Tänzerinnen auf, die sich eben umzogen. Die Binetti, meine älteste Bekannte, war außer sich vor Freude, als sie mich erblickte, und bat mich, jeden Tag bei ihr zu essen. Der Geiger Kurz, mit dem ich im Orchester von San Samuele gemeinsam gespielt hatte, stellte mir seine wunderhübsche Tochter vor und sagte dabei selbstbewußt, der Herzog werde sie nie besitzen. Bald darauf aber besaß er sie doch; sie liebte ihn sogar und schenkte ihm zwei pausbäckige Sprößlinge. Sie hätte die Gabe gehabt, ihn beständig zu machen, denn sie vereinte Schönheit mit Verstand; aber dem Herzog war es damals ein Bedürfnis, unbeständig zu sein. Nach der Kurz sah ich die kleine Vulcani, die ich in Dresden kennengelernt hatte. Sie stellte mir zu meiner Überraschung den jüngeren Balletti als ihren Gatten vor, der mir gleich um den Hals fiel.

Alle meine Bekannten umringten mich. Im gleichen Augenblick trat der Offizier hinzu, dem ich mich als Verwandter der Gardela vorgestellt hatte, und erzählte der Gesellschaft die ganze Geschichte; die Binetti sagte jedoch klipp und klar, das sei nicht wahr, und lachte mich aus, als ich behauptete, sie könne darüber nicht genug wissen, um es abzustreiten.

Tags darauf speiste ich in bester Stimmung mit der Favoritin, obwohl sie mir sagte, sie habe den Herzog nicht gesehen und wisse nicht, wie er die Sache aufnehmen würde. Ihre Mutter fand die Komödie von Vetter und Base unter ihrer Würde. Sie behauptete, ihre Verwandten seien nie Schauspieler gewesen; ich fragte sie, ob ihre Schwester noch lebe, und diese Frage mißfiel ihr sehr. Diese Schwester war ein dickes, blindes Lumpenweib, das in Venedig auf einer Brücke bettelte.

Nach einem vergnügten Tag in Gesellschaft der Favoritin, der ältesten meiner Bekannten dieser Art, verließ ich sie mit dem Versprechen, am nächsten Tag zu ihr zum Frühstück zu kommen. Beim Verlassen des Hauses fauchte mich jedoch ihr schnauzbärtiger Türsteher unwirsch und höchst rüpelhaft an; ohne mir zu sagen, von wem der Befehl kam, verbot er mir, nochmals den Fuß in dieses Haus zu setzen. Da erkannte ich, was für einen großen Unsinn ich begangen hatte, und kehrte übel gelaunt in meinen Gasthof zurück. Hätte ich nicht der Binetti versprochen, am nächsten Tag mit ihr zu Mittag zu essen, wäre ich sofort abgereist und hätte mir so alle Unannehmlichkeiten erspart, die ich mir durch eigene Schuld in dieser Stadt zuzog.

Als ich jedoch gegen Abend das Haus der Binetti verließ, stieß mir das Folgende zu.

Drei sehr zuvorkommende Offiziere, mit denen ich im Café bekannt geworden war, sprachen mich an, und wir machten miteinander einen kleinen Spaziergang. Sie erzählten mir, sie hätten mit Mädchen etwas ausgemacht und würden sich freuen, wenn ich mitkäme. Ich meinte, da ich die deutsche Sprache nicht beherrsche, würde ich mich langweilen; sie antworteten jedoch, die Mädchen, mit denen sie sich verabredet hätten, seien Italienerinnen, und so überredeten sie mich.

In der Dämmerung kehrten wir in die Stadt zurück und gingen in den dritten Stock eines übel aussehenden Hauses, wo ich in einem schäbigen Zimmer zwei angebliche Nichten Pocchinis vorfand; gleich darauf erschien auch Pocchini selbst, der mich mit größter Unverfrorenheit seinen besten Freund nannte und umarmte. Die Liebkosungen der beiden Mädchen besiegelten die alte Bekanntschaft, und alles das ließ mich zu dem Entschluß kommen, mir nichts anmerken zu lassen.

Die Offiziere begannen, ausgelassen zu werden; ich machte nicht mit, aber das störte sie nicht. Zu spät bereute ich meine Willfährigkeit, mich mit Unbekannten eingelassen zu haben, aber es war nun einmal geschehen. Alles Unglück, das mir in Stuttgart zustieß, entsprang nur meinem unbesonnenen Verhalten.

Man servierte das Allerbilligste zum Abendessen; ich aß nichts, trank aber anstandshalber zwei oder drei Gläser ungarischen Wein. Man brachte Karten, ein Offizier legte eine Bank auf und ich spielte gegen ihn; alles drehte sich mir im Kopfe, und ich verlor die fünfzig oder sechzig Louis, die ich bei mir trug. Ich wollte aufhören, aber die so vornehmen Offiziere wollten nicht dulden, daß ich verärgert fortging, weil ich mit ihnen zu Abend gespeist hatte. Sie überredeten mich, eine Bank von hundert Louis aufzulegen, die sie mir in Spielmarken vorstreckten. Ich verlor sie, erneuerte die Bank und verlor sie wieder; dann machte ich sie größer und immer wieder größer und stets verlor ich. Um Mitternacht sagte man mir, es sei genug. Man zählte alle Marken und stellte fest, daß ich ihnen etwa viertausend Louis schulde. Alles drehte sich mir derart im Kopfe, daß man eine Sänfte holen lassen mußte, um mich in den Gasthof zu bringen. Beim Ausziehen sagte mir der Diener, meine Uhren und meine goldene Tabaksdose seien fort. Ich vergaß nicht, ihm zu sagen, er solle mich um vier Uhr wecken, dann schlief ich ein.

Er tat wie befohlen. Zu meinem Erstaunen fand ich noch etwa hundert Louis in der Tasche; doch erinnerte ich mich sehr wohl an die bedeutende Summe, die ich auf mein Ehrenwort verloren hatte, verschob es aber auf einen späteren Zeitpunkt, daran zu denken, wie auch an meine Uhren und die Tabaksdose. Ich nahm eine andere, ging zur Toscani, und wir fuhren nach Ludwigsburg; man zeigte mir alles, wir speisten sehr gut und kehrten nach Stuttgart zurück. Ich war so guter Laune, daß sich niemand von der ganzen Gesellschaft hätte vorstellen können, welch ein gewaltiges Mißgeschick mir am Vorabend zugestoßen war.

Als erstes berichtete mir mein Spanier, daß in dem Haus, in dem ich zu Abend gegessen hätte, niemand etwas von meinen Uhren und der Tabaksdose wisse; und als zweites, daß um neun Uhr drei Offiziere zu mir gekommen seien und ihm gesagt hätten, sie würden am nächsten Tag zum Frühstück wiederkommen. Sie stellten sich pünktlich ein.

„Meine Herren", sagte ich zu ihnen, „ich habe eine Summe verloren, die ich nicht bezahlen kann, und die ich sicherlich nicht verloren hätte, wenn Sie mir

anklebt, verliert sich, wiewohl es bei einigen auch leicht eine Anlage zu Eitelkeiten geben kann. Doch auch die unschuldigsten Sachen machen zuweilen einen widrigen Effekt. Noch eins muß ich davon bemerken, nämlich daß die Aufsicht über die Eleven sehr scharf ist. Man erlaubt ihnen zwar innerhalb dem großen Hof der Akademie allerlei Recreationen, aber sie kommen nicht in die Stadt, als unter Aufsicht ihrer Hofmeister. Dieses ist allerdings gut, damit die jungen Herren nicht die Welt zu frühe kennen lernen, weil die Lebensart in Stuttgart sonst sehr frei ist.
In einem separaten Gebäude werden auch junge Frauenzimmer erzogen, die, unter der Aufsicht einiger Hofmeisterinnen, alle Frauenzimmerarbeiten, Musik, Wirtschaft etc. lernen, und gleichfalls sehr simpel in braunem Tames mit gelbem Bande eingefaßt, gekleidet sind. Sie werden von ihren Hofmeisterinnen zuweilen spazieren an die frische Luft geführet, wo ich sie paarweise gesehen habe. Auch diese müssen sich selbst frisieren und sich ihren eigenen Kopfputz selbst machen.

Philipp Wilhelm Gercken (1722–1791), Historiker und Privatgelehrter, Mitarbeiter der „Deutschen Enzyklopädie". Um 1780.

„Jägerpaar",
Ludwigsburger Porzellanfigur
von Wilhelm Beyer
(um 1763)

nicht in den ungarischen Wein Gift gemischt hätten. In dem Hurenhaus, in das Sie mich geführt haben, hat man mir Sachen im Wert von dreihundert Louis gestohlen; aber ich werde mich bei niemandem beklagen. Hätte ich Vernunft besessen, so wäre mir nichts geschehen."

Nun erhoben sie ein lautes Geschrei. Ihre Worte entsprachen der Rolle, die sie, um den Schein der Ehre zu wahren, spielen mußten ; aber ihr ganzes Gerede war umsonst, denn ich hatte bereits beschlossen, nichts zu bezahlen. Mitten im hitzigen Wortgefecht kamen Balletti, die Mutter Toscani und der Tänzer Binetti; sie hörten genau, um was es bei dem Streit ging. Nachdem sie gefrühstückt hatten, gingen sie wieder fort; dann machte mir einer der drei Offiziere folgenden Vermittlungsvorschlag.

Sie würden alles, was ich an Goldschmuck und Diamanten besaß, zu einem angemessenen Wert in Zahlung nehmen; falls diese Gegenstände für die Summe, die ich ihnen schuldete, nicht ausreichen sollten, würden sie einen Schuldschein annehmen, in dem ich mich verpflichtete, innerhalb einer bestimmten Frist den Rest zu bezahlen.

Ich antwortete ihnen, ich könne sie in keiner Form bezahlen; daraufhin begannen sie zu drohen. Kaltblütig erklärte ich ihnen, sie hätten nur zwei Mittel, um mich zum Zahlen zu bringen. Das erste sei, mich gerichtlich zu belangen, und in diesem Fall würde ich einen Advokaten finden, der mich verteidigte. Als zweites bot ich ihnen mit der bescheidensten Miene an, einem nach dem andern ehrenvoll und insgeheim mit dem Degen in der Hand persönlich zu bezahlen. Wie üblich und wie nicht anders zu erwarten, entgegneten sie, sie würden mir die Ehre, mich umzubringen, erst erweisen, nachdem ich sie bezahlt hätte. Dann gingen sie fluchend fort und versicherten mir, es würde mich noch reuen.

Ich ging darauf zur Toscani, wo ich den ganzen Tag in einer Ausgelassenheit verbrachte, die angesichts meiner Lage verrückt erscheinen mag; aber das bewirkten die Reize ihrer Tochter. Überdies hatte ich eine Aufheiterung nötig.

Die Toscani, die den Wutausbruch der drei hartgesottenen Spieler miterlebt hatte, erklärte mir jedoch, ich müsse sie als erster vor Gericht laden, denn wenn ich zuließe, daß sie mir zuvorkamen, würden sie mir gegenüber sehr im Vorteil sein. Sie schickte also nach einem Advokaten. Nachdem ich diesen über die Sache unterrichtet hatte, sagte er, ich müsse sofort zum Fürsten gehen. Die drei hätten mich in die Spielhölle gelockt, hätten mir verfälschten Wein zu trinken gegeben, der mich des klaren Verstandes beraubte, hätten gespielt, obwohl das Spiel verboten sei, und hätten mir eine ungeheure Summe abgenommen; außerdem habe man mir in dieser Spelunke noch meine Wertgegenstände gestohlen, was ich in meiner Trunkenheit erst nach der Rückkehr zum Gasthof bemerkt hätte. Die Tatsachen sprächen für sich. Also auf zum Fürsten!

Tags darauf entschloß ich mich dazu, und da er jedermann anhörte, hielt ich etwas Schriftliches nicht für nötig; ich ging zu Hof, um ihn zu sprechen. Zwanzig Schritt vor dem Tor des Schlosses traf ich zwei dieser Herren, die sich erfrechten, mir zu sagen, ich solle ans Bezahlen denken. Ich wollte meinen Weg fortsetzen, ohne zu antworten, als ich spürte, wie mich einer am linken Arm packte. In begreiflicher Wut zog ich den Degen, der Wachoffizier stürzte herbei, ich schrie, man wolle mich hindern, dem Fürsten eine berechtigte Klage vorzutragen. Der Offizier erfuhr vom Wachtposten und von allen Leuten

Das Orchester am Wirtembergischen Hofe bestand aus den ersten Virtuosen der Welt – und eben das war sein Fehler. Jeder bildete einen eignen Kreis, und die Anschmiegung an ein System war ihm unerträglich. Daher gab es oft im lauten Vortrage Verzierungen, die nicht ins Ganze gehörten. Ein Orchester mit Virtuosen besetzt ist eine Welt von Königen, die keine Herrschaft haben.

Aus Schubarts unvollendet gebliebener „Ästhetik der Tonkunst", die er auf dem Asperg entwarf und deren Grundzüge er um 1784/85 seinem Schüler, dem Sohn eines Festungskommandanten, diktierte. 1806 gab sie Schubarts Sohn Ludwig aus dem Nachlaß heraus.

Die eigentliche blühende Epoche der Wirtembergischen Musik begann mit der Regierung des Herzogs Karl [Eugen]. Da er seinen musikalischen Geschmack in Berlin gebildet hatte, so suchte er gleich anfangs in seinem Orchester Gründlichkeit mit Grazie zu vereinigen. Er verschrieb viele Sänger und Sängerinnen aus Italien, besetzte sein Orchester mit den trefflichsten Meistern und nahm den großen Jommelli mit einem Jahresgehalt von 10 000 fl. als Obercapellmeister in seine Dienste. – Von dieser Zeit an wurde der musikalische Geschmack in diesem Lande ganz welsch.

Aus Schubarts „Ästhetik der Tonkunst"

ringsum, daß ich den Degen nur gezogen hatte, um mich zu verteidigen, und entschied, daß niemand mir verwehren könne hinaufzugehen.

Ich ging also hinauf, gelangte ungehindert bis ins letzte Vorzimmer, erbat Audienz und erhielt sie zugesichert. Der Offizier, der mich am Arm gepackt hatte, kam ebenfalls und erzählte dem Beamten, der das Amt des Kämmerers versah und offenbar mit im Bunde war, auf Deutsch, was er wollte; eine Stunde verstrich, ohne daß man mich vorließ. Schließlich kam der gleiche Beamte zurück und versicherte mir, der Fürst wisse bereits alles; ich könne in aller Ruhe nach Hause gehen und sicher sein, daß mir Gerechtigkeit widerfahren werde.

Ich verließ das Schloß und wollte in den Gasthof zurückkehren; unterwegs traf ich jedoch den Tänzer Binetti, der mich, als ich ihm alles erzählte, dazu überredete, zu ihm zum Mittagessen zu kommen, wo der Wiener Gesandte mir Asyl gewähren und mich vor Tätlichkeiten schützen werde, die diese Gauner trotz allem, was mir der Beamte im Vorzimmer des Herzogs gesagt hatte, vorhaben konnten. Ich ging mit ihm; die Binetti [die Geliebte des Gesandten] nahm sich der Sache mit Feuereifer an und verständigte den Gesandten, der sich von mir selbst alles erzählen ließ und sagte, der Herzog wisse davon vielleicht gar nichts; ich müsse also meinen Fall in einem kurzen Schriftsatz darlegen und ihm diesen zusenden. Der Gesandte glaubte, ich würde auf diese Weise sicher zu meinem Recht kommen.

Rasch schrieb ich die üble Geschichte nieder, und der Gesandte versicherte mir, der Fürst werde sie in weniger als einer Stunde in seinen Händen haben. Beim Essen beteuerte die Binetti aufs eindringlichste, daß der Wiener Gesandte mein Beschützer sein würde, und wir verbrachten den Tag recht fröhlich. Gegen Abend kam jedoch mein Spanier und beschwor mich, nicht in den Gasthof zurückzukehren, da man mich sonst festnehmen werde. Ein Offizier sei in mein Zimmer gekommen, und als er mich dort nicht vorfand, habe er sich an die Haustüre gestellt; dort stehe er schon seit zwei Stunden, und am Fuß der Treppe warteten zwei Soldaten auf seine Befehle. Die Binetti widersetzte sich meiner Rückkehr in den Gasthof und zwang mich zum Bleiben. Mein Kammerdiener ging alles Nötige holen, um mich auszukleiden und mich bei der hilfreichen Freundin unterzubringen, in deren Haus ich keinerlei Gewalt zu befürchten hatte. Der Gesandte kam um Mitternacht, hatte nichts dagegen einzuwenden, daß die Binetti mir Asyl gewährte, und erzählte, der Fürst habe ohne Zweifel mein Gesuch bereits gelesen. Ziemlich beruhigt ging ich also zu Bett, und so verstrichen drei Tage, ohne daß ich irgendein Ergebnis meines Gesuches gesehen oder von jemanden über meine Sache etwas gehört hätte. Die Binetti wollte mich nie ausgehen lassen.

Am vierten Tag, als ich mit allen Hausbewohnern beriet, was zu tun sei, empfing der Gesandte einen Brief, durch den der Staatsminister ihn im Namen des Fürsten ersuchte, mich seines Hauses zu verweisen; ich hätte einen Prozeß mit Offizieren Seiner Durchlaucht auszutragen, und solange ich in seinem Hause sei, habe die Justiz nicht ihren freien Gang und könne weder zugunsten der einen noch der anderen Partei entscheiden, deren Angaben sie ebenfalls prüfen müsse. In diesem Brief, den ich selbst las, versicherte der Minister dem Gesandten, daß man mir volle Gerechtigkeit widerfahren lassen werde. Ich mußte mich also entschließen, in den Gasthof zurückzukehren. Die Binetti war so wütend, daß sie den Gesandten beschimpfte, der darüber nur lachte und meinte, er könne mich nicht entgegen dem Wunsch des Herzogs bei sich behalten.

Nach dem Mittagessen, als ich eben zu meinem Advokaten gehen wollte, brachte mir ein Gerichtsdiener eine Vorladung, die der Wirt mir verdolmetschte. Ich hätte mich auf der Stelle bei einem mir unbekannten Notar einzufinden, der meine Aussage entgegennehmen und niederschreiben sollte. Ich ging mit dem Überbringer der Vorladung hin und verbrachte zwei Stunden mit diesem Mann, der alles auf deutsch niederschrieb, was ich ihm auf lateinisch sagte. Er forderte mich auf zu unterschreiben, aber ich bedeutete ihm, daß ich ein Schriftstück, dessen Inhalt ich nicht kenne, auch nicht unterzeichnen könne; darüber hatten wir eine lange Auseinandersetzung, bei der ich unerschütterlich blieb. Er wurde wütend und sagte, ich könne doch die Redlichkeit eines Notars nicht in Zweifel ziehen; ich entgegnete darauf, dann könne er ja auf meine Unterschrift verzichten, und ließ mich zu meinem Advokaten führen. Dieser sagte mir, ich hätte mit Recht meine Unterschrift verweigert; er werde mich am nächsten Tag aufsuchen, um von mir eine Vollmacht zu holen. Dann werde er die Angelegenheit zu seiner eigenen machen.

Herzog Karl Eugen, der das Land von 1737 bis 1793 regierte

Getröstet von diesem Mann, der mir ehrbar zu sein schien, ging ich in aller Ruhe nach Hause, um zu Abend zu essen und zu schlafen. Aber tags darauf kam mein Diener mit einem Offizier herein, der mir durchaus höflich in gutem Französisch mitteilte, ich dürfe nicht überrascht sein, wenn man mich in meinem Zimmer unter Arrest gestellt habe, mit einem Posten vor der Tür; denn da ich Ausländer sei, wolle meine Gegenpartei verständlicherweise die Sicherheit haben, daß ich während der Ermittlung des Sachverhaltes nicht fliehen würde. Er verlangte meinen Degen, den ich ihm zu meinem großen Bedauern überlassen mußte. Ich unterrichtete sofort meinen Advokaten von meinem Zimmerarrest; er versicherte mir, die Sache werde nur wenige Tage dauern.

Da ich zu Hause bleiben mußte, begann ich, Tänzer und Tänzerinnen zu mir einzuladen, die einzigen ehrlichen Leute, die ich kannte. Durch ein Glas Wein vergiftet, betrogen und bestohlen, fand ich mich nun meiner Freiheit beraubt und in Gefahr, zur Zahlung von hunderttausend Francs verurteilt zu werden; dafür hätte ich mein letztes Hemd hergeben müssen, denn niemand wußte, wieviel Geld ich in meiner Brieftasche hatte. Ich war von dieser Drohung wie betäubt; ich hatte an „Madame", die Gardela, geschrieben, aber keine Antwort erhalten. Die Binetti, die Toscani und Balletti, die mittags oder abends bei mir speisten, waren mein einziger Trost. Die drei feigen Offiziere waren einer nach dem andern mit dem Ansinnen gekommen, ihnen ohne Wissen der beiden anderen Geld zu geben, wofür jeder einzelne versprach, mir aus der Klemme zu helfen. Sie hätten sich mit drei- oder vierhundert Louis begnügt, aber selbst, wenn ich sie dem einen gegeben hätte, wäre ich nicht sicher gewesen, ob nicht die beiden anderen mich erneut belangt hätten. Ich sagte ihnen der Reihe nach, sie würden mich nur langweilen und mir einen Gefallen erweisen, wenn sie sich die Mühe weiterer Besuche ersparten.

Am fünften Tag meines Zimmerarrests verließ der Herzog Stuttgart, um nach Frankfurt zu reisen, und am gleichen Tage kam die Binetti mit der Nachricht, der Wiener Gesandte lasse mir ausrichten, daß der Fürst den Offizieren versprochen hätte, sich in diese Angelegenheit nicht einzumischen; er sehe mich demzufolge in Gefahr, das Opfer eines parteiischen Urteils zu werden. Er rate mir also zu versuchen, mich aus der Affäre zu ziehen, indem ich meinen ganzen Besitz an Gold und Diamanten opfere, um dafür eine Verzichterklärung meiner angeblichen Gläubiger in angemessener Form zu erreichen. Ich konnte mich nicht entschließen, mich von meinen Ringen zu trennen und meine Kassette zu leeren, in der ich Uhren, Tabaksdosen, andere Büchsen, Etuis und Porträts aufbewahrte, die mehr als vierzigtausend Francs wert waren; zu einem ernsthaften Entschluß genötigt wurde ich aber erst durch meinen Advokaten, der mir unter vier Augen klipp und klar sagte, ich müsse, falls ich nicht durch Zahlung einen Vergleich zustande brächte, an Flucht denken, denn sonst sei ich verloren. „Der Polizeirichter", sagte er, „wird mit Ihnen kurzen Prozeß machen, denn Sie als Fremder können nicht verlangen, daß Ihre Angelegenheit den üblichen Rechtsweg nimmt. Zunächst müßten Sie Kaution erlegen. Man läßt durch Zeugen, die man zur Hand hat, aussagen, Sie seien Berufsspieler; Sie hätten die Offiziere zu Ihrem Landsmann Pocchini geschleppt, und es sei nicht wahr, daß man Sie betrunken gemacht und Ihnen Uhren und Tabaksdose gestohlen habe. Das alles werde man angeblich in Ihren Kassetten finden, sobald das Gericht eine Bestandsaufnahme Ihrer ganzen Habe anordne. Machen Sie sich morgen oder übermorgen darauf gefaßt, und hüten Sie sich, meine Worte zu bezweifeln. Man wird zu Ihnen kommen, Ihre Koffer, Ihre Kassette und Ihre Taschen ausleeren, alles aufschreiben und Ihren Besitz noch am gleichen Tag versteigern; wenn der erzielte Erlös nicht genügen sollte, um Ihre Schuld und alle Kosten des Verfahrens und Ihrer Verhaftung zu begleichen, wird man Sie als Soldat in die Truppen Seiner Durchlaucht einreihen. Ich selbst habe Ihren Hauptgläubiger lachend sagen gehört, man werde Ihnen die vier Louis, die Sie als Handgeld erhalten, in Anrechnung bringen, und der Herzog werde sich freuen, einen so stattlichen Mann gewonnen zu haben."

Als der Advokat fortging, ließ er mich starr vor Schrecken zurück. Seine Schilderung versetzte mich in solche Erregung, daß es mir schien, als wolle binnen weniger als einer Stunde meine ganze Körperflüssigkeit ihren bisherigen Platz verlassen und einen Ausgang suchen. Ich, bis aufs Hemd ausgezogen und zu den Soldaten gepreßt! Ich! Das kam nicht in Frage. Ich mußte zunächst Zeit gewinnen.

Nach einer guten Mahlzeit unterrichtete ich meine drei Freunde in allen Einzelheiten über meine Lage und meine Absicht, mich davonzumachen, ohne etwas von meinen Sachen einzubüßen.

Binetti sprach als erster. Er sagte, wenn es mir gelänge, aus dem Gasthof und zu ihm zu flüchten, müßte ich nur durch ein Fenster seines Hauses hinausklettern und wäre damit bereits auf dem offenen Land, hundert Schritte von der Landstraße, auf der ich mit der Post den Staat des Herzogs verlassen könnte. Balletti blickte durch das straßenseitige Fenster meines Zimmers und entschied, hier könnte ich wegen eines Bretterdaches über einem Kaufladen nicht hinaus. Ich pflichtete ihm bei und sagte, ich würde einen anderen Weg finden, um den Gasthof zu verlassen; was mir Sorgen mache, sei das Gepäck. Die Toscani sagte, ich müsse die Koffer opfern und meine ganze Habe zu ihr schicken; sie würde mir alles dorthin nachsenden, wo ich Station mache.

„Ich werde alles mitnehmen", sagte sie, „und zwar nach und nach unter meinen Röcken."

Balletti erklärte, seine Frau werde ihr dabei helfen, und so wurde es abgemacht. Ich versprach Binetti, am Sonntag um Mitternacht bei ihm zu sein, selbst

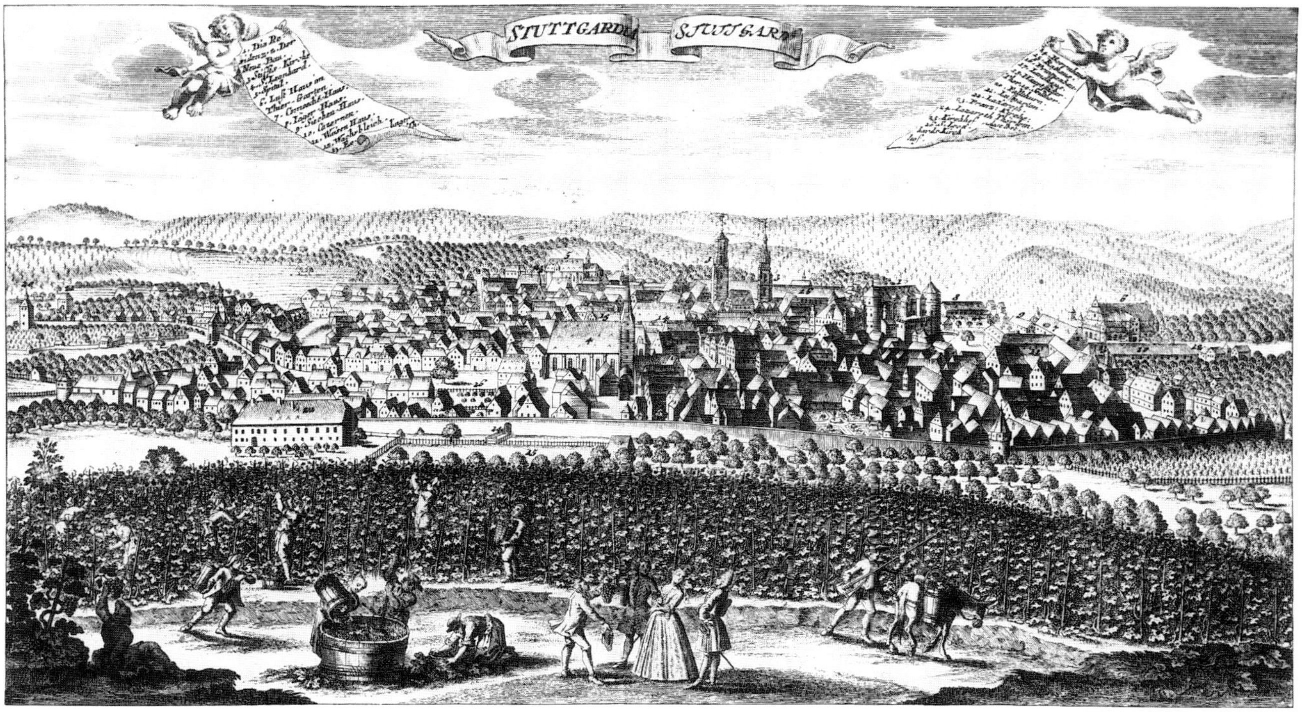

Stuttgart, um 1745 – Kupferstich nach Fr. Werner. Zu Beginn der Regierungszeit Karl Eugens war Stuttgart noch eine weitgehend spätmittelalterliche Stadt

wenn ich den Wachtposten umbringen müßte, der stets vor meiner Tür stand, außer während der Nacht. Dann schloß der Posten mich ein, ging schlafen und kam am Morgen wieder. Balletti empfahl mir seinen verläßlichen Diener und verpflichtete sich, daß dieser mich auf der Landstraße mit einer Postkutsche erwarten würde. Die Toscani fügte hinzu, man könne auf den gleichen Wagen meine ganzen Habseligkeiten in zwei anderen Koffern verladen. Sie begann sogleich mit zwei Anzügen, die sie unter ihren Röcken verborgen mitnahm. Die drei Frauen bedienten mich an den folgenden Tagen so gut, daß am Samstag um Mitternacht meine Koffer leer waren, und ebenso meine Schatulle; denn ich hatte alles, was ich an Kostbarkeiten besaß, in die Taschen gesteckt.

Am Sonntag brachte mir die Toscani die Schlüssel der beiden Koffer, in denen sie meine Sachen verpackt hatte, und Balletti kam eigens, um mir zu versichern, daß auf der Landstraße eine Postkutsche unter Aufsicht seines Dieners für mich bereitstehen werde. Soweit war also alles geregelt, und auf folgende Weise stellte ich es an, den Gasthof zu verlassen.

Der Soldat, der vor meiner Zimmertür auf und ab ging, pflegte sich zu entfernen, sobald er mich im Bett sah. Er wünschte mir gute Nacht, schloß mich ein, steckte den Schlüssel in die Tasche und ging. Am Morgen kam er wieder; aber er schloß die Tür erst auf, wenn ich rief. Dann kam mein Diener herein. Der Wachsoldat war auch gewohnt, draußen auf einem kleinen Tischchen das aufzuessen, was ich ihm von meinem Nachtmahl übrigließ. Meinem Spanier erteilte ich also folgende Anweisungen:

„Nach dem Abendessen werde ich, anstatt schlafen zu gehen, mich zum Verlassen des Zimmers bereithalten und herauskommen, sobald ich draußen kein Licht mehr sehe. Bin ich erst einmal draußen, steige ich die Treppe hinab und verschwinde ohne die geringste Schwierigkeit aus dem Gasthof. Ich gehe schnurstracks zu Binetti, verlasse von seiner Wohnung aus die Stadt und werde dich in Fürstenberg erwarten. Niemand wird dich hindern können, am nächsten oder übernächsten Tag abzureisen. Du mußt also, sobald du mich in meinem Zimmer bereit siehst, die Kerze auf dem Tisch auslöschen, an dem der Wachtposten zu Abend ißt; das geht ganz leicht beim Putzen des Dochtes. Du nimmst sie und gehst in mein Zimmer, um sie neu anzuzünden; ich werde diesen Augenblick der Dunkelheit ausnützen, um mich davonzumachen. Wenn du die Kerze wieder angezündet hast, kehrst du zu dem Soldaten zurück, um die Flasche leerzutrinken. Sobald du ihm sagst, ich sei zu Bett gegangen, wird er, wie immer, kommen, um mir gute Nacht zu wünschen; dann wird er mich einschließen und mit dir fortgehen. Es ist nicht wahrscheinlich, daß er mit mir sprechen will, wenn er mich im Bett sieht."

Um den Soldaten zu täuschen, legte ich auf das Kissen einen Perückenkopf mit einer Nachtmütze und wölbte die Decke so, daß jeder getäuscht worden wäre. Und alles klappte ganz vorzüglich, wie ich drei Tage darauf von Leduc mit allen Einzelheiten erfuhr.

Während Leduc mit dem Wachtposten trank, stand ich mit dem Pelzmantel am Leibe bereit, ein Jagdmesser im Gürtel, weil ich keinen Degen mehr hatte, und zwei Pistolen in den Taschen. Sobald ich an der Dunkelheit draußen sah, daß die Kerze verlöscht war, verließ ich das Zimmer, stieg die Treppe hinab und trat aus dem Tor des Gasthofes, ohne irgend jemandem zu begegnen. Es war eine Viertelstunde vor Mitternacht. Mit großen Schritten eilte ich zum Haus Binettis; im Mondschein erkannte ich seine Frau, die mich am Fenster erwartete. Sie kam herab, um das Tor zu öffnen, führte mich hinauf und ohne den geringsten Verzug zu dem Fenster, durch das ich hinaussteigen sollte; Ballettis Frau war da, um ihr beim Abseilen zu helfen, und ihr Gatte stand unten bis zu den Waden im Morast, um mich mit den Armen aufzufangen. Zunächst warf ich ihm den Pelzmantel hinunter.

Die beiden reizenden Frauen zogen mir ein Seil unter den Armen quer über die Brust, hielten jede ein Ende fest und ließen mich nach und nach sehr sanft und sehr bequem ohne die geringste Gefahr hinabgleiten. Niemals wurde einem Mann bei der Flucht besser geholfen.

Wir wateten durch Schlamm, in den wir bis zu den Knien einsanken, krochen durch die Löcher für die Hunde in den Hecken oder Gattern, die dem Vieh den Weg versperrten, und erreichten recht erschöpft die Landstraße.

Rosine Helene Balletti
Ölgemälde von Ludovike Simanovitz (um 1790).
Die 1767 geborene, bis 1787 in Ludwigsburg als Sängerin engagierte Balletti, eine Tochter des von Casanova erwähnten Ehepaars, war eine der Favoritinnen Herzog Karl Eugens

Hofgeflüster oder „Die reine Wahrheit"

Aus einem zeitgenössischen Pasquill Von * * *

Der vollständige Titel dieser 1765 angeblich in Köln (der Druckort ist fingiert) erschienenen, außerordentlich seltenen Skandalschrift über die Zustände am Stuttgarter Hof ist: „Die reine Warheit [sic!], oder Denkwürdigkeiten des Hauses Wirtemberg zur Erläuterung verschiedener besonderen Umstände, den Proceß betreffend, worin der Herzog mit seinen Untertanen verwickelt ist. In zehn Briefen von der verwittibten Baronesse von W." Hinter der „verwittibten Baronesse" verbirgt sich nach der „Bibliotheca Germanorum Erotica & Curiosa" der 1721 in Rouen geborene Jean Henri Maubert de Gouvest, der, ursprünglich Kapuziner, in der Schweiz zum Protestantismus übertrat und sich in seinen Schriften mit zahlreichen europäischen Höfen anlegte. Er starb 1767, von Holland kommend, in Altona (Hamburg).
Das französische Original erschien 1765 – ebenfalls anonym – in Augsburg. Noch im gleichen Jahr druckte Cotta in Stuttgart eine Gegendarstellung aus der Feder des Hofdichters Joseph Uriot, der, ursprünglich Schauspieler, auch Vorleser und Hofbibliothekar Karl Eugens war.

Ein wollüstiger Prinz, der seine verliebten Ausschweifungen noch unter dem Mantel einer äußerlichen Schamhaftigkeit geheimzuhalten und gewissermaßen zu verdecken sucht, kommt mir ebenso vor als ein Herr, der sich in seinem Hause entkleidet und für den seine Familie, seine Bedienten, und überhaupt alle diejenigen, die er zu der Zeit vor sich läßt, Respekt haben müssen, so wunderlich auch immer sein Geschmack und seine Einfälle in diesem Stücke sein mögen. Alle diejenigen, in deren Gegenwart er sich nicht verstellet, werden dadurch der Ehre eines besondern Vertrauens gewürdiget, und es wäre ihnen nicht zu verzeihen, wenn sie die Heimlichkeiten ihres Herrn dem öffentlichen Urteile der Welt bloßstellen wollten. Wenn aber ein Prinz so wenig Meister über sich selbst ist, daß er sich weder an Zeit noch Ort bindet, und ohne Unterschied einen jeden zum Zeugen seiner Schwachheiten und Ausschweifungen macht; wenn er selbst so wenig auf seine Ehre hält, daß er öffentlich alle Scham und Ehrbarkeit beiseite setzet, so steht es meines Erachtens einem jeden frei, sich gewissermaßen dadurch beleidiget zu finden und öffentlich davon zu reden und zu denken, was er will.

Ich will über die ersten Versuche, die der Herzog auf dem Wege der Wollust gemacht, hinausgehen. Er hüpfte anfänglich nur erst leichte über die Traufen dahin und fiel endlich nach und nach tiefer in den Schlamm hinein. Als der Zeitpunkt seines Falles herannahete, hing er sich an eine Venezianerin, die eine Comödiantin war und in ihrem Vaterlande bereits ausgelernt und sich alle diejenigen Kunstgriffe bekannt gemacht hatte, die nur einer Person von ihrem Gewerbe nötig sind. Sie hatte endlich das Vergnügen, einen Prinzen zu ihren Füßen zu sehen, der es für schimpflich gehalten hatte, sich bis zu den Füßen des Papstes zu erniedrigen. Sie hat bekanntermaßen ihre Herrschaft so weit getrieben, daß sie sich sogar an der Person des Herzogs vergriffen. Ihre Regierung dauerte aber nicht lange. Sie begab sich in Ruhe unter der Bedingung, daß man ihr jährlich eine ansehnliche Pension auszahlen sollte. Als man aber das Versprechen nicht allezeit so pünktlich, als sie es begehrte, erfüllen konnte, war sie so verwegen, selbst nach Stuttgart zu kommen und die rückständigen Gelder einzufordern. Der Herzog kam eben aus der Comödie, als er von der Ankunft seiner Dulcinea Nachricht erhielt, und er machte sogleich Anstalt, daß ihr die rückständigen Quartale nebst noch einigen andern im voraus ausbezahlt wurden, damit er sich nur die ungestüme Liebhaberin bald vom Halse schaffen möchte.

Er hatte nach der Zeit seine Augen auf verschiedene andere geworfen, ob er sich gleich nur an eine allein zu halten schien. Sowohl die Hofleute als auch die

Bürger in der Stadt glaubten wohl zu tun, wenn sie ihre Töchter entfernten, wodurch sich der Herzog genötiget sah, sein Schnupftuch unter die Comödiantinnen herum zu werfen. Als ein Liebhaber vom Tanzen war es kein Wunder, wenn seine Wahl zuerst auf die Tänzerinnen fiel. Die erste Favoritin, die er sich aus dieser Classe erwählte, war die Ehefrau des Herrn de l'Entrechat, eine Venezianerin von Geburt, woher auch ihr würdiger Herr Gemahl gebürtig war. Während ihren Reisen durch verschiedene Länder hatte sie es in der Kunst zu verführen ziemlich weit gebracht und in Straßburg ihre Profession mit sehr vielem Beifall getrieben. In München, eine Stadt, deren Einwohner sehr andächtig sind, wäre sie gerne mit andächtig gewesen, weil sie wohl einsah, daß ihr wesentlicher Vorteil dabei obwalten würde. Ihr Temperament ließ es ihr aber nicht zu, oder sie hatte auch vielleicht einen natürlichen Abscheu vor der Heuchelei. Sie überließ sich ohne Rückhalt und mit Hintansetzung aller Schamhaftigkeit ihren wollüstigen Neigungen und wurde in kurzer Zeit unter den Herren Fähnrichs und Cadetten der Garnison ziemlich bekannt. Als sie nach Stuttgart berufen ward, um auf dem dortigen Theater die Stelle einer Figurantin zu bekleiden, woselbst ihr Herr Ehegemahl als Unterballettmeister angenommen worden, so schien es, als ob sie auf einmal durch eine sympathetische Kraft einige Regungen der Ehre und des Eigennutzes bekommen habe, die man, so gezwungen sie auch waren, dennoch für echt würde gehalten haben, wenn man nicht endlich wahrgenommen hätte, daß der Herzog der Gegenstand davon sei. So lange als sie nur noch unter den unzüchtigen Kreaturen den ersten Rang behauptete, begnügte man sich damit, Ihro Durchlauchten zu beklagen, daß nicht einer von dessen Hofleuten so ehrlich sei, es seinem Herrn zu sagen, wie wenig sich eine solche Gesellschaft für ihn schicke.

Die Sprache aber veränderte sich gar sehr, als man sah, daß das Haus, welches für den Erbprinzen bestimmt gewesen, der Madame Agatha zu ihrem Palast ein-

Die Solitüde

Es liegt ohngefähr eineinhalb kleine Stunden von Stuttgart. Wie die Streitigkeiten mit den Landständen angingen, so faßte der Herzog auch gegen die Stadt Stuttgart einen Unwillen und kam gar nicht wieder dahin. Dieses gab mit Gelegenheit zu diesem neuen Bau. Der Herzog ließ schon ums Jahr 1764 von dem daselbst vorhandenen großen Wald, den an der Spitze gelegenen Berg, abhauen und planieren. In der Folge war das neue Schloß rund, wie das Pantheon herrlich aufgeführet. Es ist zwar nicht sehr groß, aber mit sehr gutem Geschmack angelegt.

Philipp Wilhelm Gercken, um 1780.

Schloß Solitude
Gouache von Adolf Friedrich Harper (um 1765)

Das Schloßviertel aus der Vogelschau – Federzeichnung von Nikolaus Friedrich Thouret (1835)

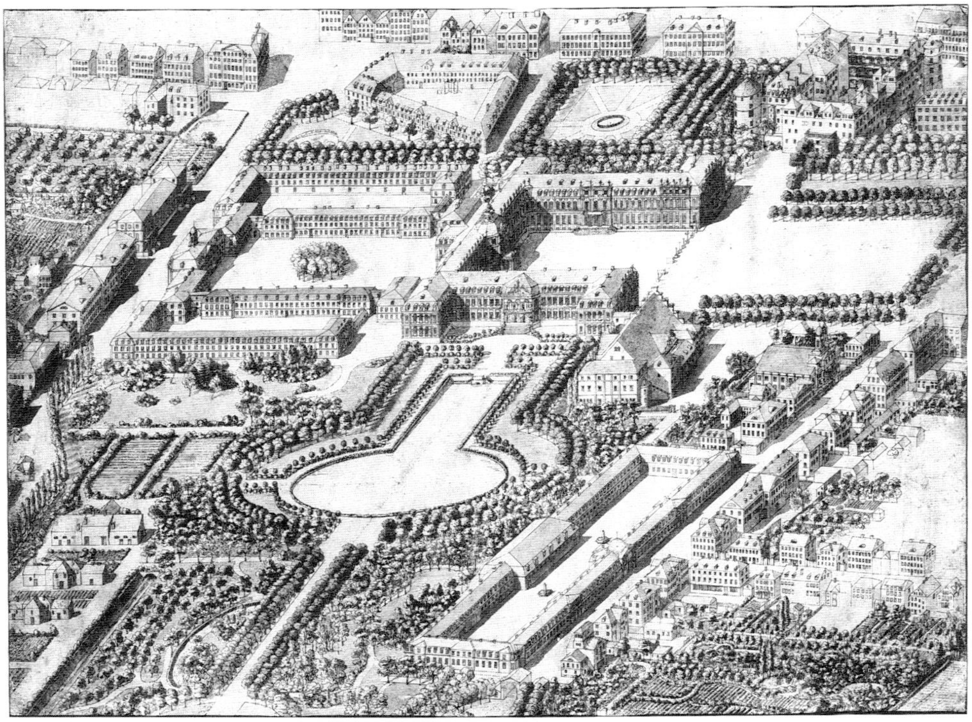

geräumt wurde. Hierbei blieb es noch nicht; die Bedienten des Herzogs wurden ihr zur Aufwartung gegeben, das Geschmeide der herzoglichen Familie, die Hofequipagen, alles stand zu ihrem Befehl. Die Heiducken und adlige Pagen vom Hofe mußten ihr aufwarten. Sie war jetzt die vornehmste Person sowohl bei Hofe als im ganzen Lande; alle Lustbarkeiten wurden ihretwegen angestellet. Ihre Geburts- und Namenstage wie auch die Tage, wenn im Kalender der Name ihrer Schutzpatronin stand, wurden bei Hofe und in der Residenzstadt gefeiert. Die Wache mußte vor ihr ins Gewehr gehen; die Minister und Hofbedienten mußten ihr in Gala die Aufwartung machen, und es wurden Illuminationes gemacht und Feuerwerke abgebrannt, alles auf Befehl und zu Ehren der Madame Agatha.

Dunkle Geschäfte im Licht der Aufklärung

Karl Eugens aufwendige Hofhaltung hatte auch einen illustren Finanzier, Voltaire, der für sein stattliches Vermögen eine sichere Anlage suchte: „Ich vertraue meine Gelder dem Herzog von Württemberg an, und zwar gegen eine lebenslange Rente auf uns beide. Diese Anlage meines Vermögens scheint mir um so besser, als die Zahlung sicher-

Wenn der Herzog übrigens Gelegenheit gegeben hätte zu glauben, daß er im Ernste in diese Frau verliebt sei, so würde der gemeine Mann, der zumal hier in Deutschland mehr als irgendwo geneigt ist, sich von der Würde eines Fürsten eine fast übertriebene Idee zu machen, sich gewiß eingebildet haben, daß ihr gnädigster Landesherr bezaubert worden sei. Um die Ehre des Herzogs zu retten, hätte man lieber dem Teufel die Schuld gegeben. Es schien aber, als ob Ihro Durchlauchten sich ein Verdienst daraus machen wollten, ihre Untertanen nicht zu hintergehen. Er hing zu gleicher Zeit noch an fünf bis sechs anderen Weibsbildern von verschiedenen Talenten, und wenn er der Madame Agatha den ersten Rang verstattete, so wollte er nur dadurch zu verstehen geben, daß er sie alle nach ihrem Wert zu schätzen wisse, und daß er bei dieser Eigenschaften angetroffen, die einen besonderen Vorzug verdienten. Von der Zeit an wurde eine gewisse Ordnung unter dieser hochlöblichen Gesellschaft beliebet, und eine jede Sultanin erhielt das Privilegium, sich in ihrer Qualität öffentlich zu zeigen. Vermöge eines neuen Hofzeremoniells wurde allen Frauenzimmern, die nicht zu der Fahne des Herzogs geschworen hatten, untersagt, blaue Schuhe zu tragen, und im Gegenteil allen denen, die er sowohl jetzo als künftig würdigen würde, ihm ihre Ehre aufopfern zu dürfen, bei der höchsten Ungnade anbefohlen, niemals ohne dieses Unterscheidungszeichen zu erscheinen. Die Häuser, welche sie bewohnten, waren über der Tür besonders und so bezeichnet, als alle herzoglichen Häuser bezeichnet sind. Vor einer jeden Tür war eine Schildwache postieret, und für die innere Sicherheit sorgte eine alte Frau, die entweder die wirkliche Mutter der Dame war oder auch nur den Namen davon angenommen hatte und ein wachsames Auge auf die Aufführung der ihr anvertrauten *Pupille* haben mußte, wofür selbige die Anwartschaft auf eine zeitlebens zu hebende jährliche Pension erhielt.

Alle Vorsicht und alle Aufmerksamkeit, die nur ein orientalisches Mißtrauen hervorbringen kann, war indessen doch nicht hinreichend, um zu verhindern, daß der Sultan nicht dasjenige traurige Schicksal erfahren hätte, dem diejenigen nur selten zu entgehen pflegen, die hier in Europa sich mit gemeinen Weibsbildern abgeben. Eine ansteckende Seuche hatte sich, ich weiß nicht auf was für Art, in diese so festverwahrten Häuser geschlichen. Der Herzog trug bald davon die sicheren Merkmale öffentlich herum. Er verlor nach und nach die Farbe; seine Stirn glänzte von Rubinen so wie die Nase eines Bacchusbruders, und sein ganzes Gesicht ward endlich davon bedeckt und so bunt, daß der geschickteste Barbier sich nicht mehr getrauete, ein Messer anzusetzen. Der Bart von Ihro Durchlauchten mußte jetzo Haar vor Haar von einer sanften und mitleidigen Hand abgeschnitten werden. Dies war ein neues Geschäfte für die Sultaninnen, die sich besondere Scheren dazu von Paris kommen ließen.

gestellt ist durch die Domänen des Herzogs in Frankreich. Die Sache ist ganz sicher; das Wort ist gegeben; zwar ist es das Wort eines Fürsten; aber in den kleinen Angelegenheiten pflegen die Fürsten ihr Wort zu halten. Außerdem werden wir einen genauen Vertrag haben. Den Fürsten bedeutet die Ehre etwas; sie täuschen sich nur untereinander, und zwar dann, wenn es sich um das Volk handelt oder um jene Schurkenstreiche, die als Heldentaten in die sogenannte Geschichte eingehen.“

Voltaire in einem Brief, den er aus Potsdam an seine Nichte Madame Denis schrieb.

Ferse, Fete, Schieller – Geburtstag einer Gräfin

Aus „follem" Herzen von ihr selbst erzählt Tagebuchaufzeichnungen von Franziska von Hohenheim

Franziska von Hohenheim, Gemälde von Jakob Friedrich Weckherlin (1780)

Stuttgart, den 10. Januar 1780

Heide als an meinem gliecklich Erlebdem Geburtztag, wo for ich Gott mer Dank schuldig bin, als ich Ihm auf dieser Weld Brengen kan, Erwachte ich etwas Belder, als man wekde, überdachde die Gnate Gottes u. Empfahl mich wieder aufs neihe in Seinen almechtigen Schutz; dan wurde gewekd, ich lag auf ein mahl in einem andern Ausgetzierden Bet, das Frie stück wahr auch in andern Gefessen gebracht, da wahr es 4. uhr. Ihro Durchleicht stonden Bald auf, ich las noch wie geweniglich u. um die 7. uhr solde ich auch aufstehen; ich stond mit zidernden Fiesen u. mit Angst auf den heidigen Tag auf. Wie ich in mein Zemer Kam, wahren alle Kesten henaus u. es stond eine Manifiege Toalette u. an der seite die Wahrheidt vorstellend, die mir einen Brief über gab von Ihro Durchleicht, der mich Inigst freide. Es geng dan die andere Dier von meinen

Zemern auf, wo alles schemmerte, u. ein gantzes Süberbes Sielbernes Servies under einem Tempel aufgesteldt stond. 15 Von die Junge leide in der academie haben die Girrlanden, die angemachtwahren, gehalden, wordurch ich gehen muste; eine ser schene uhr Von Pfarrer Hann [Philipp Matthäus Hahn] gemacht, wahr auch in's Zemer gesteldt; ich war gantz beteibt von aller der Gnadt Ihro Durchleicht u. konde Ihnen kein word von den rierungen meines Hertzens sagen. Ich zog mich an, um 9. uhr wahr der gantze Hof versameld, ich erstaunde über die menge u. über den staat, mein Hertz Klopfde sterger, ich sahe im schloß hof wahren 29 Wegen rachirt, mit der schensten Equipach u. Pferde; es wurde dan eingesesen, nach deme von der academie u. Ecol angeredet wurde u. mir von Ihnen Ferse übergeben wurden; ich wußte nicht wo es hengeng, Bies man der Kirch nahe kam, so ich mir dan von dem, was vergeng, etwas einbildede. Ich war gantz geriert über diesen umstand, über Ihro Durchleicht Ihren Edelmut, über Ihre denkungsart; ich konde Kein word mer sagen. Keinen rirenderen, Keinen scheneren Anblieg kan man sich niecht denken, als, da 15 Pahr Arme, die von der Gnadt Ihro Durchleicht gekleidet, ausgesteirdt u. noch Gelt mitgegeben da standen, sich copulieren zu lassen; neben ihnen 4 Pahr, die ihren 50zig jerigen Hochzeidt Tag feirden u. auch von Ihro Durchleicht gekleidt u. Beschenkdt, u. Sie, Ihro Durchleicht neben ihnen mit dem gantzen Hofe die gantze Copulacion aus haltendt. Es soll Ihnen im Buche des Lebens angeschrieben werden, wahr die gantze Handlung über mein Wonsch zu Got; sprechen konte ich niechts. Wie dieses zu End wahr, so fuhr man in die academie, wo zuerst frie gestiegdt wurde und dan mit einer allerliebsten Fete surpreniert wurde, wo Ihro Durchleicht auch wieder 200 arme leide gespeiset wurden u. ganz gekleidet von Fuß auf von der Gnadt Ihro Durchleicht wahren. Die 15 neihe Ehe pars u. die 4 Par Alte wurden auch alda gespeist. Es wahr ein Anblieg, welcher alle Hertzen durchdrengen mußte u. das fühlloseste konte niecht gleichgieldig dabey sein u. muste den Wohldäter darvor segnen; alle die Arme wahren so durchdrongen, daß sie nicht Worde genug finden konten, ihren Dank auszudrüken. Ihro Durchleicht u. der gantze Hof blieb einige Zeidt darbey u. dan geng es zu dem Essen von der academie, wo zu vor noch von dem Elev. Schieller [Friedrich Schiller] eine Rede im Examinacions Sahl gehalden wurde beim rachiren u. beim Essen von der academie wahren aller Orden auch noch Sachen vor mich angebracht. Wie dieses vorbey wahr, geng man durch den cabinets gang von Ihro Durchleicht in das Schloß zur Tafel, welche in 74 Couvers bestand. Nach der Tafel retirierde sich Alles u. es geng in die Opera *Didone,* wo auf die letzt noch was besonders vor mich gemacht wahr, nach diesem zur Tafel, die 90 Couvers wahr; nach der Tafel wahr noch redute, wovon es dan her nach Bald zu Bet geng.

Der Gantze Tag geng also von einer Gnad zu der andern von Ihro Durchleicht vorüber u. ich wahr fiel zu foll, um Ihnen nur den vierten Teil von meiner Empfendong zu sagen, wahr auch noch durch den schnupen so geplagdt, daß ich fast nicht schnaufen konnte, und damit trette ich non mein 33.tes Jahr an. Gott verleihe, daß ich darinen umkehre u. mich gantz bessere u. er leite mich nach seinem rat u. wohlgefallen auf dem weg des glaubens u. der Tugend.

Franziska von Hohenheim (1748–1811), verehelichte von Leutrum, kam auf Einladung Karl Eugens nach Stuttgart; sie wurde die Geliebte des Herzogs, mit dem sie sich in zweiter Ehe 1785 vermählte. Die Ehe wurde ein Jahr später öffentlich anerkannt. Schubart, der Franziska von Hohenheim in Ludwigsburg Klavierunterricht erteilte, bezeichnete sie wenig schmeichelhaft als „Donna Schmergelina".

Wilhelm Ludwig Wekhrlin, 1739 in (Stuttgart)-Botnang geboren, gilt als Agitator der Aufklärung. Zum württembergischen Schreiberdienst bestimmt, floh er 1766 nach Wien, wo er französischer Botschaftssekretär wurde, viel reiste, sich aber mit seinen „Denkwürdigkeiten von Wien" mißliebig machte. Zurück in Deutschland, vertrieb man ihn wegen seiner satirischen Feder u. a. aus Augsburg und Nördlingen. Um ihn der Rache der Nördlinger für eine 1786 erschienene Schmähschrift (in Knittelversen) zu entziehen, internierte ihn der Fürst Kraft Ernst zu Oettingen-Wallerstein fünf Jahre auf dem Schloß Hochhaus. 1792 ging Wekhrlin nach Ansbach, wo er als Jakobiner verdächtigt und von den Behörden unter Hausarrest gestellt wurde. Diese Aufregungen trugen wohl zu seinem Tod im selben Jahr bei. Wekhrlin gab zahlreiche Zeitschriften heraus, darunter das berühmt gewordene „Graue Ungeheuer". Seine Lieblingsschwester Friederike ist die Großmutter von Eduard Mörike.

Der recht ächte Stuttgarter

Beobachtungen zum Nationalcharakter um 1780 Von Wilhelm Ludwig Wekhrlin und Hector Wilhelm von Günderode

I Spießbürgerliche Galanterie
Von Wilhelm Ludwig Wekhrlin

Stuttgart und Ludwigsburg sind die zwo merkwürdigsten Städte in *Wirtemberg.* Die erstere ist, wie man weiß, die Hauptstadt des Landes und der Regierung: die zwote ist ein Garten, der mit einigen Wohnungen besetzt ist. Sie war die Residenz des Hofs während den landschaftlichen Unruhen.

In Stuttgart ist's, wo man den Zustand des Landes überblicken kann. Der allgemeine Geldmangel, welcher eine Folge der unglücklichen Irrungen ist, die zwischen dem Hofe und dem Land entstunden; die Niedergeschlagenheit des *Publici* und die Philosophie des Hofs sind auffallende Gesichtspunkte.

Die Stadt Stuttgart hat keinen Anteil an den Wohltaten der Künste genommen, während sie sich im Lande aufhielten. Sie bestehet aus einer Masse häßlicher Gebäude. Die Manieren und die Lebensart der Inwohner sind ungebildet. Die Stuttgarter verstehen die Regeln der Verbeugung, aber in den Regeln der Höflichkeit sind sie unwissend.

Das Temperament der Inwohner ist zur Pracht und, wenn man will, selbst zur Schwelgerei geneigt. Aber da ihnen fehlt, was diese Neigung beseelt, so begünstigen sie sich mit einer Sorte spießbürgerischer Galanterie.

II Kinder der Natur
Von Hector Wilhelm von Günderode

Ein recht *ächter* Stuttgarter weiß keinen bessern Aufenthalt, als eben *Stuägärt,* wie sie es aussprechen; er schlägt Vorteile aus, die er auswärts erhalten könnte, um immerhin diese Luft zu atmen, die doch meistens viele Nebel verdicken und erschweren. Wagt er sich aber hinaus und sieht zum erstenmal fremden Himmel, so wird ihm weinerlich ums Herz, bekommt Beklemmungen und Vaterlandsahndungen, staunt die andere Welt an! und seufz't das Nationalsprichwort: *Eine Suppe hinter dem Schwabenofen ist besser als Braten in fernen Landen.* Auch wird er sehr leicht mit dem sogenannten Heimweh befallen, und der kleinste Wink führt ihn wieder in die geliebte Vaterstadt zurück. Ein Frauenzimmer sagte, ich habe mich einige Zeit in Wien aufgehalten, bin in manchen andern großen Städten gewesen; *es isch aber oinewäg nur oin Stuägärt.* In vielem Betracht haben sie recht; denn die Bürger genießen dort so viele Vor-

Der große Graben, die heutige Königstraße. Guckkastenbild (um 1785)

rechte und Versorgungen, daß der Staat Anspruch auf ihre Erkenntlichkeit machen kann. Sonderbar ist's, daß die Neigung zu diesem Lande auch sehr leicht auf Fremde wirkt. Wer diese Luft einige Zeit eingehaucht hat, vertauscht sie ungern gegen eine andere.

Hauptzüge des Nationalcharakters sind Offenherzigkeit, Redlichkeit und Treue, Religiosität, wenigstens im Äußern, Gastfreiheit und starker Hang zum guten Essen und Trinken, Fröhlichkeit, Neigungen zu allen Vergnügungen, Putz und Wohlleben, ungezwungen und mehr als in vielen andern Provinzen Deutschlands – Kinder der Natur! Wenig Tätigkeit, bequem, sich nicht übereilend und immer im alten Gleise fortwandelnd, viel Eigenliebe nebst der daraus entstehenden Verachtung gegen Fremde, ganz eigener Witz und vermeinte Klugheit, woraus die sogenannten Schwabenstreiche entstehen; sehr galant gegen das schöne Geschlecht, welches da viele Vorzüge, ja sogar ein ganz besonderes Weiberrecht hat. Das Äußere ist mit diesen Zügen sehr übereinstimmend. Gesunde, starke, lustige Brüder und Schwestern mit sehr unangenehmer Sprache, welche das schöne Geschlecht eben so führt, übrigens aber in der Tat von schöner Art ist.

Hector Wilhelm von Günderode (1755–1786), badischer Regierungsrat und Historiker, ist der Vater der Dichterin Karoline von Günderode.

Beten und erfinden

Ein Besuch bei Pfarrer Hahn in Echterdingen
Von Christoph Meiners

5. Juni 1782

Philipp Matthäus Hahn, 1739 in Scharnhausen geboren und 1790 in Echterdingen gestorben, übte zeit seines Lebens zwei Berufe aus, den eines Geistlichen und den eines Erfinders. Eine ihm von Karl Eugen angebotene Mathematikprofessur schlug er aus, weil er „mehr innere Beruhigung empfinde, wenn er in unverzüglichen Dingen auf die Ewigkeit, als in vergänglichen auf die gegenwärtige Zeit wirken dürfe".
Hahn wurde zum Begründer der feinmechanischen Industrie auf der Schwäbischen Alb; die von ihm konstruierte Neigungswaage wurde zum Ausgangspunkt einer heute noch blühenden Waagenindustrie.

Zu Christoph Meiners siehe Seite 75

Wir fuhren vorgestern von Stuttgart nach Tübingen und hielten uns unterwegs eine gute Stunde in dem Flecken Echterdingen auf, um den berühmten Pastor Hahn kennenzulernen. Weil uns niemand vorbereitet hatte, so wunderten wir uns anfangs über das, was uns in seinem Hause zuerst in die Augen fiel, nicht wenig. In dem Zimmer, in welches man uns hineinführte und das einer Werkstätte ähnlich sah, saßen drei Schneider und eine Spinnerin in voller Arbeit. Aus diesem Zimmer gingen wir durch eine offene Tür in ein kleines, nicht besser aufgeräumtes und ausmöbliertes Cabinet, oder Kämmerchen, wo der Herr Pfarrer neben seinen Pfarrkindern (denn für solche hielt ich die vorhergenannten Personen) studierte. Sein Äußeres entsprach vollkommen seiner Wohnung und verriet die Einfalt eines wahrhaftig großen Mannes, der sich mit allem begnügt, wenn er seinen Gedanken nur ungestört nachhängen kann, und der vor den wichtigern Dingen, womit er sich stets beschäftigt, keinen Augenblick für die Bemerkung übrig behält, daß er nicht mehr Bequemlichkeiten als seine Bediente habe, oder daß Menschen, die viel weniger wert sind als er, sich schämen würden, wenn sie Fremde in solchen Zimmern und in einem solchen Aufzuge annehmen sollten. Die Art, wie wir empfangen wurden, war zwar nicht sehr zuvorkommend; doch fand sich auch keine Spur von angenommener virtuosischer Sprödigkeit und Kälte darin, die durch Schmeicheleien erweicht sein will. In Herrn Hahns Gesichte fand ich manche von den Zügen wieder, die ich oft an den Mitgliedern von Brüdergemeinden mit so vielem Vergnügen beobachtet hatte. Am meisten aber drückten sich in seinen Mienen Frömmigkeit und innere Ruhe aus, wodurch auch das Feuer seiner schwarzen Augen, deren Strahlen unter den halbgeschlossenen Augenliedern bescheiden hervorschimmerten, auf eine merkliche Art gemildert wird. In seiner ganzen Person sah man nicht die geringste Zierlichkeit oder bemerkbare Sorgfalt für Anzug, aber auch ebensowenig beleidigenden Schmutz.

Er zeigte mir die Werkstätte, wo er vormals vier, jetzt aber nur zwo Personen unter seiner Aufsicht arbeiten läßt. Unter seinen Werken zogen besonders zwei meine Aufmerksamkeit auf sich. Das erste ist seine Rechenmaschine, mit deren Hilfe man alle Operationen mit den größten Zahlen bis auf zehn Millionen geschwind und ohne Fehl vornehmen kann. Diese Maschine muß auch einen jeden Nichtkenner in Erstaunen setzen, weil man sogleich sieht, wie unendlich viele Kombinationen gemacht und verworfen werden mußten, bevor der Erfinder diejenige traf, die in einem so kleinen Raume so vieles leistete und so viele Absichten vereinigte und erfüllte. Die ganze Maschine ist keinen halben Fuß hoch und hat nicht viel mehr als einen Fuß im Durchschnitt. Nicht weniger bewundernswürdig war eine Uhr, die alle Jahr nur einmal aufgezogen wird und die gar nicht von Staub oder Kälte und Frost leidet, weil sie ihren Staub selbst abschüttelt, und die Pendel nicht von Metall, sondern von Holz. Sowohl diese als alle seine übrigen Werke sind bis auf die von ihm erfundene Waage, die in den umliegenden Gegenden fast allgemein aufgenommen ist, in ihrer Zusammensetzung so einfach und in ihren Wirkungen so zusammengesetzt wie die Werke der Natur und gleichen den letztern auch noch darin, daß sie ebensowenig nach Mustern und Vorschriften verfertigt sind. Alle diese neuen Schöpfungen zeigt der fromme Mann, als wenn es fremde Werke wären, mit einer Bescheidenheit, die aus keiner andern Quelle als aus der beständigen Gegenwart des Gedankens entstehen kann, daß alle guten Gaben von oben herab kommen.

Wohnte Herr Pfarrer Hahn in Paris oder London, oder hätte er nur einen kleinen Anteil von der erlaubten Klugheit der Kinder der Welt und ihrer Kunst, sich gelten zu machen, so würde er für das, was er ist, für das erste oder eins der ersten mechanischen Genies in ganz Europa gehalten werden.

Uhrwerk der um 1770 von Hahn konstruierten astronomischen Pendeluhr

Gottes Wort ins falsche Ohr

Von Friedrich Nicolai

Friedrich Nicolai
Kupferstich von Meno Haas nach einem Gemälde von N. Lauer

Friedrich Nicolai (1733–1811), Berliner Aufklärer, war einer der einflußreichsten Männer des literarischen Lebens seiner Zeit – als Kritiker und Herausgeber, Publizist und Topograph. Hauptberuflich war er Buchhändler und Verleger. Nicolai sammelte über Stuttgart ausführliches statistisches Material. An den Stuttgartern fiel ihm zum Beispiel auf, „daß bei aller Neigung zur Sinnlichkeit und zum Tanzen viel denkende Köpfe unter ihnen sind, [das] haben sie mit den Ägyptern gemein“.

Ich speiste in Stuttgart in Gesellschaft mit einem württembergischen Speciale, welcher, als auf Hahns große Geschicklichkeit in der Mechanik die Rede kam, weswegen ich wünschte, ihn auf meiner Reise zu besuchen, sogleich auf dessen Heterodoxie einlenkte, um mich darüber zu belehren, ob ich gleich versicherte, daß ich um derselben willen gewiß den P. Hahn nicht besuchen würde. Der Herr Special ließ sich aber nicht irren, sondern erzählte ungefragt: Er habe zuerst diese Heterodoxie aktenmäßig gemacht. Nämlich, nachdem ihm aufgetragen worden, Nachricht von Magister Hahns Lehren einzuziehen, habe er ein graues Kleid angezogen, um nicht erkannt zu werden, sei Sonntags nach Kornwestheim geritten, wo Hahn damals Prediger war. Um nicht Aufsehen zu machen, habe er sein Pferd vor dem Dorfe stehen lassen, sei zu Fuße hineingegangen und habe sich nicht weit vom Eingange der Kirchtür gestellt, um der Predigt zuzuhören. Weil er aber doch geglaubt hatte, zu sehr bemerkt zu werden, sei er wieder aus der Kirche gegangen und habe sich von außen still in die Sakristei begeben, wo glücklicherweise niemand zugegen gewesen, hingegen Hahns Konzept von seiner Predigt auf dem Tische gelegen, welches er also ganz in Muße hätte durchlesen, die anstößigen Stellen das Königreich Christi betreffend in seiner Schreibtafel anmerken und hernach am gehörigen Orte anzeigen können. Ich war ganz erstaunt (und vermutlich mehrere in der Gesellschaft), daß ein sonst vernünftiger Mann sich so sehr vergessen konnte, um so etwas zu tun und es sogar mit Wohlgefallen von sich selbst zu erzählen. Bloß die Pflichten der Gastfreundschaft hielten mich ab, meine Meinung hierüber dem Herrn Speciale deutlicher ins Gesicht zu sagen.

Ich bekenne übrigens sehr gern, in Hahns theologischen Schriften nur etwa einen halben Tag gelesen zu haben. Der ehrliche Mann schrieb mit einer ermüdenden Weitschweifigkeit, so daß man lange lesen mußte, bis man eine Art von Ideenfolge finden konnte. Er behauptete eine Art von Chiliasmus; das war ungefähr anzunehmen. An sich scheint mir eine solche Grille nicht mehr und nicht weniger schädlich zu sein, als jede andere theologische Grille. Daß der gute Hahn schlechterdings darauf bestand, es werde im Alten und Neuen Testamente ein künftiges Königreich Jesu auf Erden geweissagt, scheint mir an sich nicht bedenklicher zu sein, als wenn er ein künftiges Kurfürstentum Jesu oder eine künftige Grafschaft Jesu seiner Meinung nach gefunden hätte, welches durch solche Art der Auslegungskunst auch wohl zu finden möglich sein müßte. Freilich die Idee nos poma natamus; die Idee, daß künftig die auserwählten Gläubigen herrschen sollen, liegt immer zum Grunde. Aber meiner geringen Einsicht nach könnte solche Idee alsdann nur bedenklich werden, wann ein jetziges Königreich Jesu beabsichtigt wäre, welches der jetzigen weltlichen Macht an die Seite hätte gesetzt werden sollen und worin die jetzigen Gläubigen mitregieren wollten. Diese Behauptung hat aber der gutmütige Hahn gewiß nie sich in den Sinn kommen lassen und hoffentlich auch niemand von seinen Anhängern. Man hätte sie also, meiner Meinung nach, ganz gehen und so viel sie wollten von ihrem künftigen Königreich, worin sie einmal künftig mit dem Herrn Christus zu regieren dachten, träumen lassen sollen. Träume vergehen von selbst. Je mehr man aber solche Träumereien ernstlich behandelt, desto wichtiger werden sie ihren Anhängern, wie die Erfahrung allenthalben zeigt.

Gleichwohl wäre der gute Hahn beinahe dieses von ihm behaupteten künftigen Königreichs wegen verfolgt worden. Man fand nämlich diese Lehre der gangbaren Württembergischen Orthodoxie nachteilig, ungeachtet diese schon seit fünfzig Jahren so viele bengelsche, apokalyptische, oetingerische und andere Abweichungen ertragen hat. Man fing an, auf seine Meinung von dem geweissagten Königreich aufs genaueste zu inquirieren, und suchte durch die seltsamsten Wege nach Beweisen, daß er diese Meinung wirklich behauptete, welches um so viel unnötiger schien, da der ehrliche Mann dieselbe, soviel ich weiß, nie verhehlt hat. Er war schon vom Konsistorium in Anspruch genommen, als unvermutet seine Mechanik seiner Theologie zu Hilfe kam. Als der Herzog im Jahre 1767 die Universität Tübingen besuchte, hörte er von Hahns mechanischer Geschicklichkeit, ließ ihn zu sich kommen, bestellte bei ihm die astronomische Maschine und tat ihm zugleich die Gnade, ihm eine bessere Pfarre näher an Stuttgart zu versprechen.

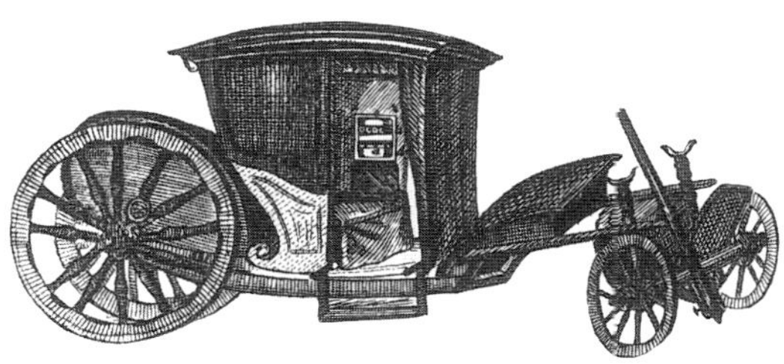

Nicolais Reisewagen

Züchtigungen

Ein Mechaniker zerlegt sein Innerstes
Aus den Tagebüchern
des Philipp Matthäus Hahn

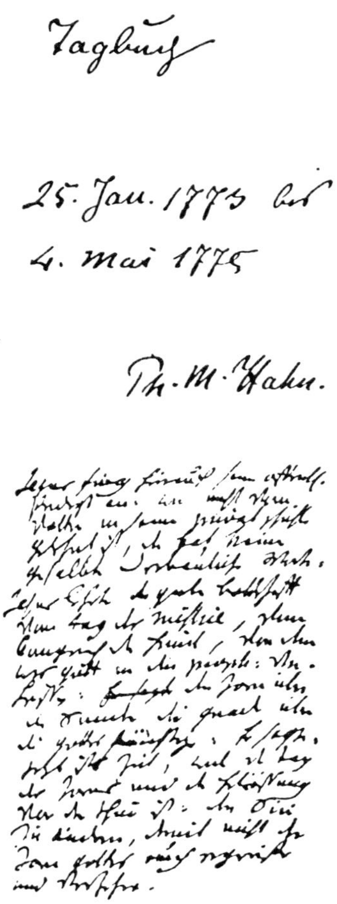

Faksimile aus Philipp Matthäus Hahns Tagebuch

1773

Den 25. Oktober. Morgens kam ein gutgesinnter Bürger von Eßlingen, der mich aufhielt von 9 – 11 Uhr mit Reden. Nachmittags kam Herr Special von Ludwigsburg und Pfarrer Sch. und Vicar G. von Backnang und blieben bis abends. Herr Special sagte mir, daß ich verklagt worden sei in Stuttgart wegen meinen Predigten, daß ich *heterodox* lehre. Man habe ihn in Stuttgart darüber gefragt, er habe mich *defendiert*, welche Nachricht meinen Sinn sehr niederschlug, nicht sowohl wegen meiner, als wegen der Förderung des Reiches Gottes.

1774

Den 7. April. Vormittags: Diskurs mit Herrn Pfarrer von Münchingen. Gegen Mittag Konfirmandenunterricht. Mittags: Uhren-Gedanken, freiwillig, ohne mich hinreißen zu lassen. Gott hat mein Gebet erhört und mir wieder ein fröhliches Herz und gesunden Leib gegeben, auch an meiner Frau in den Feiertagen durch Aufdeckung ihrer Finsternis einen neuen Gnadenzug getan.

Den 10. April. Nachts geträumt, ich habe mit herzinniglichem Ergötzen vom Vorsatz und von meiner ewigen Erwählung gesprochen; auch davon: „Ich bin ein Teil von seinem Lohn", hernach halb wachend die Frau im Gesicht gesehen, wie sie schwarze, große Flecken im Gesicht hatte, neben der andern natürlichen Farbe. Ich dachte gleich, so stellen sich die innerlichen, unabgetöteten Fleischessachen an den Tag bei der Auferstehung, daß man es einem von außen ansehen und niemand sich verleugnen kann; darum heiße es, auf daß die Gemeinde sei ohne Flecken und Runzel, Ephes. 5, und ohne Klage und ohne Tadel, Kol. 1, in der Auferstehung. Gepredigt von der Versiegelung mit dem heil. Geist. Kinderlehre, Vesper, Sonntagsschule, Stunde. Nachts: Stunde über Ephes. 5,7.

Den 21. Mai. Gepredigt. An dem Riß zur Uhrentafel gemacht. Erst abends fertig geworden. Herr Waisenhausinspektor von Stuttgart gekommen. Kientzle wollte nicht haben, daß sein Weib uns etwas von Ludwigsburg bringen soll, weil sie nicht Zeit habe wegen dem Vieh, um demselben Futter über die Feiertage zu bekommen. Sie ging ohnehin nach Ludwigsburg, aber wegen unsrer Bestellung sollte sie weiter in die Stadt hinunter. Sie tat es doch, aber meine Frau wurde so böse darüber, daß sie mich auch zur Ungeduld entzündete; er schickte mir Kuchen, aber ihr keinen, das verdroß sie, und daß ich ihr nicht gleich auch davon gegeben, da sie doch sonsten froh ist, wenn ich etwas habe, das mir schmeckt. Satan wirkte darunter, daß sie sagte, ich sei wie der Kientzle. Der Kuchen selbst machte mich unwohl und verdrießlich, daß ich nichts zu Nacht aß. Ich will keinen Kuchen mehr essen, weil ich Kopfweh und Blähungen bekommen, daß ich Pillen nehmen mußte. Der Aufschluß ist der: Sie hatte neue Kleider bekommen, darinnen sie sich wohlgefiel und mir auch, deswegen ich selbigen Tag mich wehren mußte, um sie nicht anzusehen, um nicht fleischlich entzündet zu werden. Das spürte sie, darum wurde sie bei der sich ereignenden Gelegenheit der Ungezogenheit des Kientzles und des Kuchens zornig auf mich; bei mir aber hatte es die Wirkung, daß mir alle Fleischesgedanken zu ihr vergingen, weil ich sie als eine Person ansah, die meinen Geist aus Gott nicht siehet und empfindet, und mit mir im Geiste nicht eins ist, weil sie aus ihrer guten Fassung hinausgekommen und mich zur Ungeduld gegen den Kientzle entzündet, daß ich ihm ein Brieflein geschrieben, er solle heut abend mein Angesicht nicht sehen, bis er seine Lieblosigkeit erkenne und abbitte. Er kam also nicht und auch des Tags darauf nicht in die Stunde. Wir machten aber doch in unserer Ordnung fort. Ich mußte mich aber überwinden und durch die finstre Nacht meiner Frau durchbrechen.

Den 29. Mai. Auf Stuttgart. Gehört, daß Herr Prälat Faber auf uns acht geben wolle in Stuttgart, wenn wir zusammenkommen, er soll meinen, ich habe etwas wider ihn. Habe mir durch die Stimme der Weisheit sagen lassen, mehr Weisheit zu brauchen im Reden und Schreiben und vornehmlich mich im Grund der Demut zu erneuern, daß ich nirgends hoffahre in meinem Sinn über andere, sondern froh zu sein, wenn man mich im Verborgenen fortwirken läßt. Habe meinen Stahl zum Feuerschlagen vergessen, deswegen ich bei Herrn Pfarrer in Zuffenhausen eingekehrt und vieles geredet; es deswegen für eine Schickung Gottes angesehen. Die melancholische Magd in meinem Haus ist gesund worden, indem sie, wie sie sagt, einen Glauben gefaßt, als ich ihre Arznei vorigen Sonntag mit dem Finger im Löffel umgerührt, darauf sie gleich die Stiege hurtiger hinaufspringen konnte.

Den 7. August. Fiel mir ein, ob nicht Gott mir die Kunst geben könnte, Gold zu machen, oder sonst ein Glück, daß ich eher könnte hin- und herreisen und das Wachstum seines Reichs befördern. Aber wir könnten alsdann den Leidensweg nicht mehr lehren und verstehen. Wir wären selbst nicht, was wir andere lehrten. Ich sehe also nicht, wie es möglich sei. Wir erkenneten die Schickung Gottes nicht mehr, es wäre fast alles in unserer Gewalt.

Ferner wegen dem Menschen ist mir heute, als ich meine Frau im Bett schlafend ansah, wichtig geworden, daß Gott ein Stück Erde so lebend machen, mit Geist durchwirken und voller Empfindung machen kann, daß alles an einem Menschen lebt, daß das Fleisch reizbar ist; wenn ich nur mit dem Atem sie anhauchte, so regte sich das Fleisch, besonders an den Armen, wo es nicht durch die äußere Luft abgehärtet ist. Ich glaube, es ist ein innerer, herrlicher Mensch darunter verborgen oder doch *in intimis carnis* noch ungebildet. Die Reizbarkeit der Fibern zeigt es an. Ferner, daß man in den Gedanken, je nachdem man Worte hört, von einem, der im Geist uns nahe ist oder wird, kann schwanger werden, daß etwas in uns eindringen kann ohne unser Wissen durchs Hören, von einem, den wir lieben; da ist das innere Ohr ganz offen, daß zu seiner Zeit der Gedanke sich wieder anmeldet und eine Geburt erfolgt.

Obrigkeit ist von Gott um der Ordnung und Ruhe willen. Was ist nun jetzt zu machen? Antwort: Da jetzt eine christliche Gemeinde ist, in der das Heidnische und Christliche sich so vermengt hat, daß man nicht mehr weiß, wie es sein sollte, wenn alle wahre Christen wären, so muß man freilich um der Ordnung willen sich unterwerfen. Wir erwarten aber nach der Verheißung Gottes eine Änderung, und diese wird darin bestehen, daß nur der Geistvollste und Edelste Priester und König ist, und die nach ihm die Geistvollsten sind, wieder seine Untergebenen seien. Das Volk, wenn es Geschmack und Unterscheidungskraft hat wie die ersten Christen, da es die Heiligenpflege erwählt, wird solche wählen, wenigstens etliche vorschlagen, und dann beten und fasten, alsdann das Los ziehen.

Aus Philipp Matthäus Hahns Aufzeichnungen

Was ist ein Pietist?
Nichts als ein frommer Christ,
Auf den der Herzog schlägt,
Dem man den Beutel fegt,
Der den Soldaten logiert!
Und dabei selber friert!
Wen wundert's, daß er gern
Sucht einen besseren Herrn
Und find't in Jesus Christ?
Das ist ein Pietist!

Pfarrer Johann Friedrich Flattich (1713–1797)

Den 9. November. Vormittags: Betstunde und Konfirmandenunterricht. Mittags: Wollte Geld zählen, weil ein hiesiger Bürger entlehnen wollte, da fiel mir eine *Ducate* hinunter, welche ungeachtet aller Mühe nicht mehr zu finden war. Gott strafte mich damit; weiß aber nicht eigentlich, was Ursache ist, als daß ich nicht genug auf den lebendigen Gott traue und mir durch Sachen, die Geld geben, selbst helfen will. Ich sollte unpassionierter aufs Gewinnen sein, als ein Sohn Gottes, der seines Vaters Vorsorge genießt und die künftige Ernte der Geistessaat glaubt. Auf diese Art ist der ganze Nachmittag dahingegangen. Oder war die Ursache, daß ich einem Thüringer, dem ich etwas, das ich zur hydrostatischen Waage bestellt hatte, weil es nicht brauchbar ausgefallen ist, nicht abgenommen habe. Ich hätte es freilich nicht brauchen können, doch hätte ich ihm zur Entschädigung etwas geben sollen. Oder ist die Ursache, daß ich heute unter der Betstunde nicht auf die Worte Achtung gegeben und meine Gedanken bei andern Dingen gehabt habe? Ich ließ den Boden aufreißen, fand sie aber nicht. Ich sollte gar nichts mehr, weder mit Geld noch mit mechanischen Sachen zu tun haben. Es ziehet gleich wieder an, man vertieft sich, daß man nicht aus dem Haus gehen mag, dem Reich Gottes zum Besten, noch daheim wirken mit Schreiben usw. Hätte ich die Zeit, die ich zu den Maschinen angewendet habe, zu dem neuen Testament angewendet, so könnte man es bald drucken. Ach HErr erlöse mich selbst und gib mir noch nähere Merkzeichen, daß es Dein Wille sei, von allem anderartigen abzubrechen.

1783

Den 20. Oktober. Wurde durch einen Laufer zu *Serenissimo* berufen. Ich mußte ihm wegen der kleinen astronomischen Maschine, die er der Gräfin aufstellen wollte, meinen Rat erteilen. Ich blieb eine Stunde da, und er und die Gräfin redeten Verschiedenes mit mir. Weil er größere Kugeln wollte, und ich ihm von den Pariser Kugeln sagte, so mußte ich ihm versprechen, die Adresse zu schicken, damit er an seinen Gesandten daselbst schreiben könne, was ich den andern Morgen auch tat.

Den 1. Dezember. Heute Nacht träumte mir's, ich wollte zu einer Türe hinein, und da stunden zu beiden Seiten zwei große Esel und mitten ein großer aufrechter Hund. Ich besann mich, ob ich den Hund fürchten solle und ging nicht hinein. Vielleicht bedeutet es die drei Professoren in Tübingen, welche mir die Zensur verweigern, da ich bisher immer Gott gebeten, *Er* möchte mir eine Türe hiezu auftun, daß es geschehe!

1784

Den 24. August. Einen Brief an den Herrn Vize-Oberjägermeister geschrieben, wieder um zwölf Klafter Holz angehalten, zwei Dukaten beigelegt und dem Forstsekretär in einem besonders petschierten Papier 1 fl. 22 kr. durch den Schultheiß mitgegeben. Mittags: Mit der Maschine auf Hohenheim, um bei der Aufstellung zu sein, *Serenissimus* nahm mich mit hinauf ins Zimmer zur Gräfin und ließ mir einen Kaffee machen, wartete mir mit Birnen und Feigen auf, redete manches, ließ mich hernach allein bei der Frau Gräfin, die noch vieles diskutierte, auch Theologie.

1785

Den 21. Februar. Ging nach Stuttgart und wollte abends wieder heim, aber der Eigensinn meines Sohnes in Stuttgart machte, daß ich übernachten mußte. Als ich Samstag abends heimkam, hörte ich, daß das Kind krank sei, daß man ihm ein *Vomitiv* [Brechmittel] gegeben, weil es schon Freitag nachmittags, gleich nach meiner Abreise, krank geworden, da es mittags Erbsen aß. Das *Vomitiv* griff fünfmal an. Da wir kaum zu Nacht gegessen hatten, bekam es Gichter und behielt solche mit einiger Abwechslung, bis es starb. Gott hat mich diesmal auch in seiner Krankheit so gestärkt, daß ich seine Regierung glauben konnte, daß er auch bei ungeschickter Behandlung einen Menschen noch beim Leben erhalten könne, wenn *Er* wolle, und auch die Fehler, die man dabei mache, in *Seiner* Hand habe. Und so nahm ich es, da es starb, daß es der Wille Gottes sei, weil was leben soll, lebet, und was sterben soll, nicht aufgehalten werden kann. Vor einem Jahr war es auch todkrank, ich brauchte einen *medicus*, der auch ein Kind hatte, in den nämlichen Umständen. Er verschrieb mir eben die Arznei, wie seinem Kind. Mein Kind wurde besser, und das seine starb. Ich dachte, wenn alle meine Kinder so unartig werden wie meine zwei große, so ist's keine Glückseligkeit, Kinder zu haben. Ich ergab mich also in Gottes Willen, ging spazieren und überließ mich meinen Gedanken. Litt das Zulaufen der Weiber, Freunde und Nachbarn nicht, die mich nur außer Fassung gesetzt hätten. Nachts hielt ich Stunde mit meinen Leuten über Richt. 3. Ich wollte das Kind in ein warmes Wasser legen lassen, um einen Versuch zu machen, ob es nicht das Blut wieder flüssig mache. Es geschah aber nicht, weil meine Leute keinen Glauben hatten.

Die Hauptstätterstraße, Guckkastenbild um 1785

Schillers Flucht

Melodram mit Kleingärtnern
Eine Rekonstruktion

Schiller als Karlsschüler – der getuschte Schattenriß ist das älteste bekannte Schillerbild

I Corpus delicti

SPIEGELBERG: Hexereyen? Braucht keiner Hexereyen – Kopf must du haben! Ein gewises praktisches Judicium, das man freylich nicht in der Gerste frißt – denn siehst du, ich pfleg immer zu sagen: einen honnetten Mann kann man aus jedem Weidenstumpen formen, aber zu einem Spizbuben wills Grüz – auch gehört darzu ein eigenes National-Genie, ein gewises, daß ich so sage, *Spizbuben Klima,* und da rath ich dir, reis du ins Graubünder Land, das ist das Athen der heutigen Jauner.

„Die Räuber“, 2. Akt – 3. Szene

II Der Empörung erster Teil

„Hamburgische Addreß-Comtoir-Nachrichten",
13. Dezember 1781

An den Verfasser des Schauspiels: die Räuber.

Ich habe, mein Herr, nichts dawider einzuwenden, daß Sie alle Teufeleien, die nur jemals im Reiche der Finsternis, oder – in einem Menschenherzen mögen ausgeheckt worden sein, in Ihr Schauspiel zusammengedrängt und zu Ihrer unverkennbar guten Absicht genutzt haben. Ich bin weit entfernt, Sie als einen Apologisten des Lasters anzusehen, und hoffe daher, daß Sie mich nicht, selbst nicht im Unmut über eine kleine Ahndung, die ich Ihnen zugedacht habe, zu dem „weit um sich wurzelnden Pöbel" [siehe die Vorrede zu den Räubern] herunterstoßen werden.

Aber wie ist das gute Graubünden bei Ihnen in den Ruf eines Spitzbubenklima, eines Athen der heutigen Gauner gekommen? ich meine, wodurch ist dieser Begriff in Ihrem Kopfe veranlaßt worden? Das ist es, was ich mit Ihrer Erlaubnis ein wenig untersuchen möchte.

Haben Sie vielleicht mehrere Graubündner gekannt, deren Denkungsart und Aufführung Sie so zu urteilen veranlaßte? Das sähe freilich einer Erfahrung ähnlich. Aber wo kannten Sie die Graubündner? Stahlen, raubten, mordeten sie in Graubünden selbst, oder außer ihrem Vaterlande? Waren Sie selbst in dem Lande, unter dem Volk, daß Sie so fürchterlich brandmarken, und glauben Sie, dorten die Veranlassung zu Ihrem Urteile gefunden zu haben, so machen Sie entweder unverzeihliche Fehlschlüsse, oder Sie begehen eine höchst unvorsichtige Verwechslung.

Übrigens werden Sie wohl wissen, daß es Vergehen gibt, die mit einem besondern Stempel der Niederträchtigkeit bezeichnet sind. Dahin gehören die Taten der Helden Ihres Schauspiels. So lange diese noch nicht zur Klasse der für minder schädlich und verabscheuungswürdig gehaltenen Vergehen erhoben sind, sollte niemand, auf Unkosten der Ehre einer ganzen Nation, jene mit diesen verwechseln.

Christian Karl Wredow, Hofmeister

III Der Empörung zweiter Teil

„Der Sammler. Eine gemeinnützige Wochenschrift"
Chur, April 1782

Apologie für Bünden gegen die Beschuldigung eines auswärtigen Comödienschreibers:

Ein Bündner könnte nun freilich bei der Mißhandlung seines Vaterlandes von einem Spiegelberg ruhig bleiben, wenn es nicht immer noch Leute gäbe, die so was, das ein Spiegelberg sagt, begierig auffangen, oder doch dabei nicht ohne

Briefe eines Dichtervaters – Johann Kaspar Schiller an seinen Sohn Friedrich

Bester, liebster Sohn!

Solitüde, den 19. Februar 1784

Nach dem natürlichen Lauf der Dinge in der Welt habe ich alles vorausgesehen, wie es jetzt ist, und ebenso kann ich auf das Zuverlässigste weiter hinaus sehen. So lange Er, mein liebster Sohn, Seine Rechnung auf Einnahmen setzt, die erst kommen sollen, mithin dem Zufall oder Unfall unterworfen sind, so lange wird er im Gedränge verwickelt bleiben.

Solitüde, den 9. März 1784

Liebster Sohn! die Verlegenheit, in der Er sich dermalen befindet, kommt nicht von ungefähr. Es ist wahrlich ein Werk der höheren Vorsehung, um Ihn von dem allzu großen Vertrauen auf die eigenen Kräfte abzubringen, um ihn mürbe zu machen, damit Er allen Eigensinn ablege, dem guten Rat Seines Vaters und anderer wahrer Freunde mehr folge, jedermann mit gehöriger Achtung, Höflichkeit und Dienstbeflissenheit begegne, und je mehr und mehr überzeugt werde, daß unser gnädigster Herzog bei Seiner Einschränkung es gut mit ihm gemeint habe, und daß es mit Seiner ganzen Verfassung jetzo weit besser stünde, wenn Er sich gefügt hätte und im Lande geblieben wäre. Er hat überhaupt manchmalen so närrische Launen, die Ihn bei seinen besten Freunden unerträglich machen.

Solitüde, den 31. Juli 1784

Mein lieber Sohn, Er hat noch nie recht mit Sich selber gerungen, und es ist höchst unanständig und sündlich,

Sein Nichtwollen auf die Erziehung in der Akademie zu wälzen. Es sind viele gute Leute herausgewachsen, die ebenso wenig Unterstützung gehabt oder verlangt haben, und sie bringen es anjetzo wohl fort, sind geachtet und versorgt. Was glaubt Er wohl, wie uns Eltern zu Mute sei, wenn wir zurückdenken, daß Er in alle seine Verlegenheit nicht gekommen, daß wir tausend Sorgen Seinetwegen nicht gehabt haben würden, daß Er ganz gewiß anjetzo das, was Er gesucht, erlangt hätte, wenn Er hier geblieben wäre, und daß Er überhaupt glücklicher, mit Sich selbst zufriedener und in der Welt brauchbarer wäre, wenn Er mehr in der Mittelstraße hätte bleiben und nicht Epoche hätte machen wollen.
Wir umarmen und küssen ihn.
Sein treuer Vater
Schiller

Schillers Vater war seit 1775 Vorstand der herzoglichen Hofgärtnerei auf der Solitude.

Eindruck bleiben. Ich müßte mich sehr irren, oder ich dächte, dergleichen beleidigende Züge sollten in einer öffentlichen Schrift eben so sorgfältig, als alles was gegen die Religion und gegen die Sitten anstößt, vermieden und um der gemeinen Liebe sowohl, als um der politischen Achtung willen, die ein Staat dem andern schuldig ist, auf keiner gereinigten Schaubühne jemals geduldet werden. Wenn eine verleumderische Zunge im gesellschaftlichen Leben schon etwas Verhaßtes und das Kennzeichen einer höchst niederträchtigen Seele ist, wie ist es möglich, daß ein rechtschaffener Mann sich so sehr vergessen kann, schwarze Verleumdungen, nicht etwa im Verborgenen, sondern so laut und so öffentlich als möglich, nicht nur über eine einzelne Person, sondern über ein ganzes Land, einen ansehnlichen Freistaat auszustoßen, und wenn er es tut, muß er nicht den Unwillen jedes wohlgesitteten Menschen erregen?

Ein würdiger Deutscher, der sich einige Jahre in Graubünden aufgehalten und dabei Gelegenheit gehabt hat, dieses Land und dessen Einwohner von einer bessern Seite kennen zu lernen, als sich unser Dramaturgist nicht in den Kopf steigen läßt, konnte den Unfug seines Landsmanns nicht mit ansehen, ohne ihn in einer kleinen Ahndung zurechtzuweisen, die in dem 98. Stück der Hamburger Addreß-Comtoir-Nachrichten vom vorigen Jahre eingerückt ist. Wir haben geglaubt, diese Ahndung, die zwar gegen jene Unbill nur zu glimpflich, übrigens aber ein rühmlicher Beweis von der Ehr- und Wahrheitsliebe des Herrn Verfassers ist, verdiene auch unter uns bekannter zu werden. Jeder Rechtschaffene wird den Mann hochschätzen, der sich in einer entfernten Gegend der Ehre eines Landes annimmt, das er verkannt und auf eine unwürdige Weise geschmäht sieht, und jeder Bündner, der es erfährt, wird es ihm danken.

Johann Georg Amstein, Augenarzt

IV Der Gärtner als Rächer

Ludwigsburg, 2. September 1782

Der ComedienSchreiber ist ein Zögling unserer Academie. Ich hatte nicht sobald ihre Apologie von Bündten gelesen, so machte ich sogleich Anstalt, daß es auch mein Souverain bekam. Dieser verabscheute das Betragen sehr, ließ solchen vor sich rufen, wäschte solchen über die Maaßen, bedeutete ihm bei der größten Ungnad, niemals mehr Comedien noch sonst was zu schreiben, sondern allein bei seiner Medicin zu bleiben.

Hier hat es (das Schauspiel) niemals Beifall gefunden, deswegen hat er solches vor die Mannheimer Bühne suchen einzurichten, hat aber zur Strafe schon damals Vierzehen Tage im Arrest sitzen müssen. – Er kann zwar nicht läugnen, daß er einen Brief aus Bündten erhalten, schämt sich aber, daß er so mit seinen Räubern angelaufen, so, daß weiter dermalen aus ihme nichts herauszubringen, und da er nicht nur die Apologie selbst zu lesen bekommen, sondern ich solche ausgebreitet, so weiß er, daß dieses ihm von mir gespielet worden, und ich muß also noch etwas warten, ehe ich eine weitere Erklärung bekommen kann.

Johann Jacob Walter, Garteninspektor

Schiller und seine Freunde Heideloff, Hoven, Dannecker, Schlotterbeck und Kapf (von links) im Bopserwald. Der Dichter trägt „Die Räuber" vor.
Skizze von Viktor Heideloff (1778)

V Die unvermeidliche Flucht des Doktor Ritter

Stuttgart, 22. September 1782

Andreas Streicher (1761–1833), der hier in der ‚dritten Person' von sich erzählt, war Schillers Jugendfreund und Fluchtgefährte.

Die bürgerliche Kleidung, welche sich Schiller hatte machen lassen, seine Wäsche, die Werke von Haller, Shakespeare, noch einige andere Dichter, wurden nach und nach von Streicher weggebracht, so daß für die späteren Stunden nur wenig mehr zu tun übrigblieb. Am letzten Vormittag sollte, nach der Abrede, um zehn Uhr alles bereitet sein, was von Schiller noch wegzubringen war, und Streicher fand sich mit der Minute ein. Allein er fand nicht das mindeste hergerichtet. Denn nachdem Schiller um 8 Uhr in der Frühe von seinem letzten Besuch in dem Lazarett zu Hause gekehrt war, fielen ihm, bei dem Zusammensuchen seiner Bücher, die Oden von Klopstock in die Hände, unter denen eine ihn schon oft besonders angezogen und aufs Neue so aufregte, daß

Titelblatt der Erstausgabe

er alsogleich – *jetzt, in einem so entscheidenden Augenblick* – ein Gegenstück dichtete. Ungeachtet alles Drängens, alles Antreibens zur Eile, mußte Streicher dennoch zuerst die Ode und dann das Gegenstück anhören. Eine geraume Zeit verging, ehe der Dichter, von seinem Gegenstande abgelenkt, wieder auf unsere Welt, auf den heutigen Tag, zu der fliehenden Minute zurückgebracht werden konnte. Ja es erforderte öfteres Fragen, ob nichts vergessen sei, so wie mehrmaliges Erinnern, daß nichts zurückgelassen werde. Erst am Nachmittag aber konnte alles in Ordnung gebracht werden, und abends 9 Uhr kam Schiller in die Wohnung von Streicher mit einem Paar alter Pistolen unter seinem Kleide.

Diejenige, welche noch einen ganzen Hahn, aber keinen Feuerstein hatte, wurde in den Koffer gelegt; die andere mit zerbrochenem Schloß in den Wagen getan. Daß aber beide, nur mit frommen Wünschen für Sicherheit und glückliches Fortkommen geladen waren – versteht sich von selbst. Der Vorrat an Geld war bei den Reisenden nichts weniger als bedeutend, denn nach Anschaffung der nötigen Kleidungsstücke und anderer Sachen, die für unentbehrlich gehalten wurden, blieben Schiller noch *dreiundzwanzig* und Streicher noch *achtundzwanzig Gulden* übrig, welche aber von der Hoffnung und dem jugendlichen Mute auf das Zehnfache gesteigert wurden.

Nachdem der Wagen mit zwei Koffern und einem kleinen Klavier bepackt war, kam der schwere Kampf, den Schiller vor einigen Tagen bestanden, nun auch an Streicher, um von seiner guten frommen Mutter Abschied zu nehmen. Auch er war der einzige Sohn, und die mütterlichen Sorgen ließen sich nur dadurch beschwichtigen, daß Schiller nicht nur die unveränderlichste Treue gegen seinen Freund angelobte, sondern auch die zuverlässige Hoffnung aussprach, in vierzehn Tagen wieder zurück einzutreffen und von der glücklich vollbrachten Reise Bericht geben zu wollen. Von Segenswünschen und Tränen begleitet, konnten die Freunde endlich um zehn Uhr nachts in den Wagen steigen und abfahren.

Der Weg wurde zum Eßlinger Tor hinaus genommen, weil dieses das dunkelste war, und einer der bewährtesten Freunde Schillers – (möchte ihm das Vergnügen noch gegönnt sein, diese Zeilen zu lesen!) als Lieutenant die Wache hatte, damit, wenn sich ja eine Schwierigkeit ergäbe, diese durch Vermittlung des Offiziers sogleich gehoben werden könne. Es war ein Glück, daß *damals* von keinem zu Wagen Reisenden ein Paß abgefordert wurde.

So gefaßt die jungen Leute auch auf alles waren und so wenig sie eigentlich zu fürchten hatten, so machte dennoch der Anruf von der Schildwache – Halt! – Wer da? – Unteroffizier heraus – einen unheimlichen Eindruck auf sie. Nach den Fragen: wer sind die Herren? wo wollen sie hin? wurde von Streicher des Dichters Name in *Doktor Ritter,* und der seinige in *Doktor Wolf* verwandelt.

VI Der Gärtner als Edelmann

Ludwigsburg, 7. Oktober 1782

Mich freut der Beifall Ihres regierenden Bundeshauptes. Mein Verfahren mit dem bekannten Comedienschreiber hat noch die Satisfaction von Bündten vollkommen gemacht. Der Verfasser der Räuber hat sich einfallen lassen (vielleicht

Originale zu seinen Comedien wo anders zu suchen, weil es ihme so hart mit Bündten ging) eine unbestimmte Reise zu machen, kurz zu sagen, er ist desertirt und hat damit vollends jeder männiglich gezeigt, wer er ist. – Ohngeachtet nicht das geringste Interesse die Triebfeder dieser Handlung war, da ich mit Vergnügen gern Jedermann, so viel meine Kräfte es zulassen, diene, so machte es mir doch ein großes Vergnügen, wenn mich eine hochlöbliche Standesversammlung zu einem Bündtner Bürger annehmen würde!

Johann Jacob Walter, Garteninspektor

VII Dichtung und Wahrheit – Ein Epilog nach dreizehn Jahren

An einem himmlisch schönen Herbsttage machte ich des Abends um drei Uhr meinen gewöhnlichen einsamen Spaziergang in der Nähe der Stadt. Zwei Bürgersöhne von Stuttgart schlichen mir, nach ihrem eigenen Bekenntnis, in der Absicht nach, mich zu berauben. Auf einem offenen Fahrwege, zu einer Zeit, da das Feld noch voll von Arbeitsleuten war, packte mich einer dieser zwei Elenden hinterrücks, schlang seine beiden Arme um die meinigen und rief seinem Spießgesellen zu: Nimm ihm, was er hat! Ich sträubte mich mit allen meinen Kräften, um meiner Arme und meines Stocks Meister zu werden, aber vergeblich. Schon hatte der andere Spitzbube meine Uhrkette in der Hand; denn auf meine Uhr war es eigentlich abgesehen, weil sie in dem Wahn stunden, woher? weiß ich nicht; daß dieselbe wenigstens hundert Dukaten wert sei. Da war keine Zeit mehr zu verlieren. Ich schrie ein paarmal, so laut ich konnte, um Hülfe wider Spitzbuben, und der eine ließ mich aus seiner unfreundlichen Umarmung, der andere meine Uhrkette fahren, und beide flüchteten sich auf verschiedenen Wegen. Ich verfolgte den einen mit aufgehobnem Stock. Aber er war mir bald aus dem Gesichte. Nur fünfzig Schritte von dem Räuberei-Platze ruhten ein Dutzend Menschen, die aus dem Walde kamen. Ich fragte sie um den Namen des Räubers. Nur ein Mädchen von acht Jahren kannte ihn. Die Polizei machte die Täter bald ausfindig. Sie gestanden die Tat mit mehr beschwerlichen Umständen, mußten den Criminal-Proceß erstehen und wurden auf ein paar Jahre auf die Festung verurteilt. Denn bekanntlich wird eine solche Tat nur ein Versuch genannt. Es scheint der Versuch einer Szene aus Schillers Räubern gewesen zu sein. Einer der Täter war der Sohn eines Bedienten von unsrer Comödie. Und man sagt, daß jenes Drama in Leipzig die nämliche Wirkung bei jungen Leuten hervorgebracht habe.

Huber, Regierungsrat

Die Karlsschule

Georg Kerner (1770–1812), der ältere Bruder von Justinus Kerner, ging nach der Karlsschule direkt ins revolutionäre Paris. Als Wahlfranzose trat er in den Dienst des Direktoriums und zog mit den Armeen Frankreichs durch halb Europa. Von Napoleon enttäuscht, läßt sich der Jakobiner Kerner als Armenarzt in Hamburg nieder, wo er als „Wohltäter der Armen" am Flecktyphus stirbt. Stahlstich von A. Weger nach einem Ölbild

Fragment über die Erziehung von Mamelucken
Von Georg Kerner

Unter einer langen Reihe von Herzogen in Württemberg ist der verstorbne Herzog Karl Eugen ohne Zweifel für die Geschichte derjenige, welcher, wenn auch nicht den ersten, doch einen der ersten Plätze in derselben einnehmen wird. Er war der Stifter der Karlsakademie zu Stuttgart. Die ursprüngliche Bestimmung dieses Instituts war, Mamelucken zu erziehen und in einem Lande, das sich einer etwas freiern Verfassung rühmte, in diesen jungen Mamelucken sich künftighin blindlings ergebene Diener, d.h. tüchtige Subjekte für die Landeskollegien zu erwerben. Die Erziehung, insofern sie die physisch-moralische Anleitung betrifft, war ganz diesem Endzweck gemäß eingerichtet. Die Aufseher waren Korporale, die Oberaufseher Offiziere der württembergischen Armee; bei den meisten derselben war Kopf und Herz ganz von dem bedeutenden Wort Subordination angefüllt. Soweit war der Herzog konsequent. Sein tätiger Geist, seine Liebe zu den Wissenschaften und Künsten spielte ihm jedoch einen häßlichen Streich auf dem Weg der scientifschen Bildung, die den Zöglingen zuteil ward. Dieser *also* erzognen Jugend gab der Fürst nämlich eine auserwählte Zahl trefflicher Lehrer und Professoren, wie man sie in schönerm Verein in keiner gleichzeitigen Erziehungsanstalt des übrigen Europas so leicht finden konnte. Daß die noch mit gesundem Menschenverstand begabte Jugend von dem Subordinations-Pol nach dem Wissenschafts-Pol, von der Finsternis zum Licht hindurchdrang, war eine nur allzu natürliche Folge der mit sich selbst im Widerspruch stehenden Organisation der ganzen Anstalt. Man geizte nach Auszeichnung im Fach der Wissenschaften und schämte sich des sogenannten Konduiten-Preises [für: Führung, Betragen] in einem so hohen Grad, daß letzterer gewöhnlich der Schandpreis genannt wurde. Als durch den Eintritt von Jünglingen aus allen Nationen in dieses Institut eine schnelle Vertrautheit der einzelnen mit Ausländern entstand, die, durch keine ängstlichen Rücksichten zu Furcht und Zittern gestimmt, zu einer freiern Ansicht sich bekannten, so war der erste Gesichtspunkt des Fürsten vollends entstellt, und er mußte noch vor seinem Ende mit Schrecken gewahr werden, daß gelehrte Mamelucken alle verderblichen Keime des Oppositionsgeistes in ihrem Busen entwickelten.

Mamelucken, von arabisch mamluk („in Besitz genommen"). Kaufsklaven orientalischer Herrscher, die, zunächst als Leibwachen eingesetzt, später selbst die Macht ergriffen.

Unter den Vorteilen, die der Herzog übrigens aus dieser Akademie zog, verdient besonders einer erwähnt zu werden. Wenn er abends dem Essen der Zöglinge beiwohnte, so war nach aufgehobnem Tisch in einem der Seitensäle Hoftafel, zu welcher meistens vornehme Fremde, Hofleute, Offiziere, die ersten Vorsteher der Akademie und einige der Professoren gezogen wurden. Daß hier dem Herzog das erste Wort gehörte, daß er hier keinen Widerspruch fand, versteht sich von selbst; um sich jedoch der Disputierfreude, auf die man an der

Fürstentafel Verzicht leisten mußte, nicht zu berauben, so war eine Marschallstafel zur Seite, an welcher der Reihe nach eine gewisse Zahl von Zöglingen mit demjenigen gespeist wurde, was die Fürstentafel entweder an Brocken und Knochen übrigließ oder was die umstehenden Pagen und Edelknaben nicht einsäckeln mochten oder konnten. Zu Anfang des Esses rief nun der Fürst zwei von den soupierenden Jünglingen auf, um über irgendeinen Gegenstand laut miteinander zu disputieren und ihm so die Tafelzeit desto kurzweiliger zu machen. Die Disputierenden selbst wurden von den übrigen jungen Gästen gewöhnlich als Schlachtopfer ihrer Gelehrsamkeit betrachtet, und während jene Worte kauten, nagten diese nur desto eifriger an dem Abfall der Fürstentafel.

Dies waren nicht die einzigen Szenen, die der sonst so hellsehende Fürst in einer unbegreiflichen Verblendung der früh geübten Tadelsucht seiner jungen Mamelucken zum besten gab. Jeder Galatag, jedes Hoffest, das gewöhnlich in der Mitte dieser Jugend gefeiert wurde, war für jene letzte eine reiche Quelle, um sich für die unerträglichen Formen zu entschädigen, in die man sie hineinzuzwängen dadurch wähnte.

Die erste Lieferung, die der Fürst für seine Kollegien aus dieser Schule bezog, bezeugten auch bald den begangnen Irrtum, und zum Schrecken des Unterwürfigkeit als Haupttugend liebenden Fürsten fand er plötzlich denkende Köpfe an der Stelle der blinden Diener, die er sich zu erziehen dachte. An seinen eignen Kindern mußte er solchen Oppositionsgeist erleben, als er drei derselben einst an einem Tage beinahe zuschanden hauen ließ und, Augenzeuge dieser Blutszene, seinen Blick endlich hinwegwenden und sein Ohr verschließen mußte, weil einer der mutvollen Söhne mitten unter dem Schall der Hiebe das Schreckenwort *Tyrann und nicht Vater* ohne Unterlaß vom Anfang bis zu Ende der Exekution wiederholte.

Stuttgart, den 11. Oktober 1783

Um 11 Uhr ging ich in die Akademie oder Hohe Karls-Schule. Alles ist groß, wie es von des Herzogs unbegrenztem Geist zu erwarten: recht glänzend, prächtig, geschmackvoll angerichtet. Doch hie und da unter allem Glanz auch Bilder der, ich weiß nicht, soll ich sagen Armut, wenigstens der Geringschätzung der Menschen. So war zum Beispiel ein Zollwächter da, der uns alles aufschließen mußte, dessen Rock ihm kaum am Leibe hängen blieb. So wie vor seinem Schlosse zerrissene Soldaten stehen, die in jedem Vorübergehenden Mitleid erregen.

Gegen dreiviertel 12 Uhr marschierten die Akademisten an. Ein jeder marschierte bis an seinen Stuhl, der mit seinem Namen bezeichnet war. Alle stunden: es wurde kommandiert, sie kehrten sich, nach dem Takt hoben sie alle gleich ihre Hände in die Höhe – ein Junger betete: Im Namen Gottes und das Vater Unser, nach dem Takt setzten sie sich nieder, aßen. Ob sie auch wohl nach dem Takt verdauen werden?

Christoph Friedrich Rinck, Tagebuch seiner Studienreise

„Empfang am Stuttgarter Hof" Satirische Federzeichnung von Joseph Anton Koch (1793)

1775 wurde die Hohe Karlsschule von der Solitude in die Stadt verlegt. Die Unterrichtsräume befanden sich im Erdgeschoß, die Schlafsäle in den oberen Stockwerken. Kolorierter Kupferstich nach einer Zeichnung von Karl Philipp Conz, nach 1794

Aller dieser Mißgriffe ungeachtet, war dieses Institut zu seiner Zeit eine der ersten Erziehungsanstalten in Europa. Der Fürst, ihr Stifter, hat sich durch dasselbe in dem Herzen einer sehr großen Anzahl zu Männern gewordenen Jünglinge ein bleibendes Denkmal der Dankbarkeit gestiftet und mehr als irgendein Pädagog der Vorzeit und Gegenwart bewiesen, daß harter Zwang nicht immer die Jugend verdirbt und in ihr öfters Keime entwickelt, die auf anderm Wege niemals zutage gekommen wären.

Dieses Institut, wenn es gleich nur ephemerische Existenz hatte, wurde für die Landeskollegien die Quelle einer bedeutenden Reform im Geschäftsgang, für die Hauptstadt der Ursprung eines vorteilhaft verwandten gesellschaftlichen Umgangs, für das ganze Land die Epoche einer großen Regsamkeit durch den Zusammenfluß junger Leute, und zwar aus allen Landen der Erde. Auch in den verschiedenen Fächern der Wissenschaft und Künste hat diese Anstalt im Vergleich mit andern sich in Hinsicht der Erzeugung tüchtiger Subjekte nichts vorzuwerfen.

Die Dialektik der Kirschen oder Von Gespenstern und Gutschen

Aus dem Tagebuch des vierzehnjährigen Hegel Sommer 1785

Dienstags den 28 Juni.

Da ich Kirschen mit vilem Appetit aß, und mich herrlich erlabte, und glüklich schäzte, sah jemand anders (freilich älter als ich) mit Gleichgültigkeit zu, und sagte, in der Jugend glaube man, man könne unmöglich an einem Kirschweib vorbeigehen, ohne daß einem das Maul (wie wir Schwaben sagen) darnach wässere; in ältern Jaren aber könne man fast einen Früling vorbeirollen lassen, one eben so darnach zu schmachten; ich dachte hiebei den für mich ziemlich leidigen (aber doch allerweisesten) Saz: daß man in der Jugend wo man aus unhaltbarer Begierde gewiß seine Gesundheit in schlechte Umstände versezen würde, nicht so viel essen *könne,* im Alter nicht *moege.*

Mittwochs den 29 Juni.

Ei! Ei! schlimme Nachrichten von Hohenheim! den Bauern gehts doch, das sind verwünschte Leute, haben dem Herzog alle Fenster in dem Schloß zu Scharnhausen eingeworfen.

Sonntag den 3 Juli.

Auf dem Rükweg eines Spazirgangs stellten wir besonders ich (daß doch die Eigenlibe gleich ins Spil muß) den Saz auf; Jedes Gute hat seine böse Seite (offt minder offt mehr, nach Verhältniß des Guten). Und wendeten diesen Saz bei jedem Tritt an. R. der auch mit war, ging um ein anderes Ek als wir; es war weiter; wie wir ihn gegen uns kommen sahen, warteten wir; nun sagte einer; was dises Warten und Aufhalten im Weg an sich Gutes habe sehe er nicht ein. Wir antworteten: Wenn wir fortgeloffen wären, hätte einer fallen oder einen nicht guten Gedanken haben können. Recht Stoisch!

Samstags den 9 Julii.

Hat je der Aberglaube ein schrökliches unter aller Menschen-Vernunfft dummes Abentheuer ausgebrütet, so ist es gewiß das sogenannte Muthes Heer (muthige Heer). Am vergangenen Sonntag Nachts um 1 oder 2 haben viele Leute behauptet sie haben es gesehen, sogar *(pudendum dictu)* Leute, von denen man mehr Aufklärung erwartet, und die in offentlichen Amtern stehen. Dieses alte Weib will einen feurigen Wagen mit Menschen gesehen haben, jene wieder was anders. Gemeiniglich sagt man, es seye der Teufel in einem feurigen Wagen, vornen daraus fliege ein Engel Gottes, und rufe jedermann zu: Aus dem

Berlin, 15. November 1831

Professor Hegel ist gestern Abend an der Cholera gestorben. Denke dir diesen Eindruck!
Vorigen Donnerstag besuchte ich ihn. Wie ich ihm Namen und Geburtsort nannte, sagte er gleich: ah, ein Württemberger! und bezeugte eine herzliche Freude. Er fragte mich nach allerlei württembergischen Verhältnissen, in welchen er noch mit ehrlicher Anhänglichkeit lebte, z. B. nach Klöstern, nach dem Verhältnis von Alt- und Neu-Württembergern und dergleichen. Über Tübingen sagte er, er höre, daß daselbst üble und zum Teil gehässige Vorstellungen über seine Philosophie herrschen; es treffe auch hier zu, sagte er lächelnd, daß ein Prophet nichts gilt in seinem Vaterlande.

David Friedrich Strauß an Christian Märklin

Hegels Geburtshaus Photographie aus der Zeit vor dem Zweiten Weltkrieg

Bei seinem Abgang vom Gymnasium, Herbst 1778, hielt Hegel in der öffentlichen Versammlung der Lehrer und Schüler eine Abschiedsrede, worin er der Anstalt dadurch ein sehr feines Compliment machte, daß er den verkümmerten Zustand der Künste und Wissenschaften unter den Türken schilderte und von hier den Übergang dazu machte, wie viel besser es doch sei, auf dem Stuttgarter Gymnasium gebildet zu werden.

Karl Rosenkranz: Georg Wilhelm Friedrich Hegels Leben

Weg das mutige Heer kommt, wer dieser göttlichen Warnung nicht folge werde von Herrn Teufel in seine Residenz geschleift.

Sonntags den 10 Julii.

Doch auf das Mutige Heer von Sonntag zu kommen, so erzält man es mit den nemliche Umstände, und verschiedene Personen sind mir genannt worden, die es gesehen oder gehört haben (es ist nemlich ein abscheuliches Gerassel). Einige Tage hernach klärte es sich auf, daß es -- (o Schande! Schande!) Gutschen waren. Herr von Türkheim gab nemlich ein Concert, das sehr zalreich war; es dauerte bis um 2; um nun die Gäste nicht in der Finsterniß heimtappen zu lassen, ließ er alle mit Gutschen und Faklen heimfüren. Und das war dieß Muthige Heer. Ha! Ha! Ha! *O tempora! o mores!* geschehen *Anno* 1785. O! O!

Monntags den 11 Julii.

Bei diesem Vorfall trug sich noch folgende Anekdote zu. Burgersleute kamen auf die Hauptwacht, und erzälten diesen Vorfall, batten zugleich den kommandierenden Officier, er möchte Acht geben lassen, ob denn das muthige Heer wiederkomme. Der Lieutenant gab der Wacht den Befel, er sollte Acht geben. Der Soldat, der villeicht noch nichts davon gehört hatt fragte: Wenn es kommt, befelen Ewr Gnade der Herr Lieutenant, daß ich es anhalten soll. Ja, ja sagte der Lieutenant, halt er es nur an. Es blieb aber aus.

Dienstags den 12 Julii.

Eine änliche Geschichte ereignete sich neulich. 4 Frauenzimmer furen von *Chaussée*Haus, auf der Ludwigsburger Strasse hieher (man kommt am Galgen vorbei) und es war um 12 Uhr Nachts. Bei *Chaussée*Haüslein seye nun ein reutender Postknecht *ohne Kopf* zu inen gekommen, und immer bald neben bald vor bald hinter der Gutsche mit inen geritten. Der Gutscher wollte ausweichen allein der Postknecht folgte immer, bis er endlich am Thor verschwand. Dies beruhte doch auf der Aussage von 5 oder 6 Personen.

Erst etliche Tage nachher erklärte ein Officier, daß er gerade an dem Ort und zu der Zeit zu einer Gutsche gekommen, und mitgeritten sey, er habe aber nicht durch dieses Thor hinein mögen, seye also da von inen hinweg und einen andern Weg geritten. Er sagte dabei, Er habe nicht begriffen können, warum ihm der Gutscher immer habe ausweichen wollen.

Besuch bei Schubart

Von Wilhelm von Humboldt

Karl Wilhelm Freiherr von Humboldt (1767–1835), der Begründer der Berliner Universität

Stuttgart. Es liegt mitten in einem Kessel von Bergen, und nur die Seite nach Cannstatt zu, von der ich kam, ist ebner und läßt eine freie Aussicht. Die Berge sind größtenteils Weinberge. An einigen Orten sieht man Steinbrüche, und ganz auf dem Gipfel, wie auf der hintern Seite, sind diese Berge mit dicken Waldungen besetzt. Alles dies zusammengenommen gewährt einen sehr malerischen Anblick. Nur Wasser fehlt, um die Gegend lebhafter zu machen. Die Altstadt ist eng und schlecht gebaut, allein die Neustadt hat breite Straßen und schöne Häuser. Die schönste Straße ist der Graben; und der schönste Platz die Planie, der nur zu voll mit Bäumen bepflanzt ist. Auf demselben sind das alte und neue Schloß, die Akademie und das Comedienhaus.

Spaziergang auf einen Berg vor dem Hauptstädter Tor. Herrliche Aussicht. Vorn die Stadt, hinten Wald, zur linken Seite ein tiefes Tal, und, mitten in Gebüschen und Wald, Heslach, ein romantisch gelegnes Dörfchen. – Comedie: „Der Doctor und Apotheker“. Die Truppe, deren Direktor Schubart ist, besteht nur aus sehr wenig Subjekten und ist also schon darum schlecht. Außerdem aber sind die Schauspieler alle auf der Militärakademie erzogen, kennen daher schlechterdings keine gute Gesellschaft und sind im höchsten Grade plump und ungesittet, wozu denn noch der den Schwaben so eigne Mangel an Grazie, ihre Ungelenkigkeit und ihr Dialekt kommt.

Hofrat Johann Christoph Schwab. Ein sehr guter und wirklich feiner Kopf, wie man auch bald aus seinen Gesprächen merkt. Die Unterredung fiel darauf, ob wohl die Französische Revolution – denn diese ist jetzt immer der erste Gegenstand, von dem man mit mir spricht – auch auf die Sprache einen großen Einfluß haben werde, und ob diese vielleicht nun den Vorrang verlieren werde?

Schubart. Wie ich mich bei ihm melden ließ, sagte mir die Frau, er sei eben mit einem Gedichte beschäftigt. Ich versicherte, daß ich gar nicht gemeint wäre [beabsichtige], ihn in diesen Stunden der Weihe zu stören; allein sie meldete mich dennoch, und ich wurde angenommen. Die Stube, wo ich ihn fand, war, wie sein Anzug, unreinlich und im höchsten Grade unordentlich. Er selbst hatte ein ganz sonderbares Ansehn. Ein großer dicker Mann, mit einem breiten, fetten Gesichte, über dem linken Auge ein ziemlich großes Fleischgewächs, dabei dickes, ungekämmtes Haar, ein schmutziger Schlafrock und ein paar alte Pantoffeln. Ausdruck ist sehr wenig in seinem Gesicht, nur ein paar Züge über den Augen verraten die Heftigkeit seines Charakters. Noch unverkennbarer aber ist diese, sobald er nur zu reden anfängt. Er erzählte uns, das Gedicht, an dem er arbeite, sei ein Leichencarmen auf zwei plözlich auf einer Reise mit ihrer Mutter gestorbne Schwestern. Er schilderte den Schmerz der Mutter, die Vorzüge der Töchter mit wahrhaft lyrischer Unordnung. Ihre Tugend und ihr Brautschatz wurden immer durcheinander fort erhoben. Solange er in diesem

Daß ich bei Schubart war, u. daß er mich so freundschaftlich mit solcher Väterlichen Zärtlichkeit aufnahm, werden Sie schon wissen. Er erkundigte sich auch viel nach meinen Eltern, fragte mich, ob ich auch zu den oft großen Ausgaben eines Poëten gehörig unterstützt werden könne – u. als ichs ihm mit ja beantwortete, empfahl er mir so inständig, Gott so hoch ich könnte, dafür zu danken, daß ich ganz gerührt darüber wurde. O es war eine Freude, so eines Mannes Freund zu sein.

Friedrich Hölderlin im Frühjahr 1789 über seinen Besuch bei Schubart in Stuttgart. Aus einem Brief an seine Mutter.

Stuttgart, 1789

Es scheint, Poetengeist sei göttlicher Natur und altere nicht. Ich bin noch gerne unter Jünglingen und kann die bocksledernen Amtsmienen für den Tod nicht leiden. Auch mag ich noch gerne mit den Mädchen schäkern, und der gehörnte Jokus sticht mich noch gar oft in die Seite. Da kommt aber der Ernst, hält mir mein halbes Säkulum vor, erinnert mich an den Asperg, und schüttelt ein Stundenglas, drauf ein Totenkopf grinst:
Dann hüll' ich mich in Trauermantel ein
Und denke an Gevatter Hein ...

Schubart in einem Brief an seinen Sohn Ludwig

perorieren war [vortrug], wäre es unmöglich gewesen, zu Worte zu kommen. Allein selbst, wenn er schwieg und wir etwas anfingen, achtete er schlechterdings nicht darauf, sondern fing eine ganz neue, völlig verschiedne Materie an. Über den Wollüstling, den König von Preußen, drückte er sich sehr hart aus, vergaß aber nicht zu erinnern, daß dies alles ganz unbeschadet der Dankbarkeit geschehe, die er ihm für seine Befreiung von Hohen-Asperg schuldig sei. Überhaupt unterließ er es nicht, an Hohen-Asperg mehr als einmal zu erinnern, und man sah wohl, daß er sich für seine ehemaligen Leiden gern mit der Eitelkeit entschädigte, sie erduldet zu haben. Sehr gern würde ich diese Schwachheit erduldet haben; nur zeugt die Märtyrereitelkeit gerade von einer gar kleinen Seele. Beim Weggehn auf der Treppe fragte er mich auf einmal ganz *ex abrupto,* ob meine Eltern noch lebten, und als ich ihm sagte, mein Vater sei schon seit zehn Jahren tot, bedauerte er sehr rednerisch den harten Schlag, den ich dadurch erlitten.

Christian Friedrich Daniel Schubart (1739–1791), undatierte Bleistiftzeichnung von Johann Friedrich Bolt

Bouteillen und Flaschen

Schieferdecker Baurs Tafelrunde im „Adler"
Von einem anonymen Beobachter

Der Name des anonymen Beobachters ist leider nicht zu ermitteln. Es handelt sich um einen Auszug aus einem 1845 erstmals erschienenen Heftchen, das der unbekannte Herausgeber als Handschrift in der Bibliothek seines Vaters gefunden haben will. Immerhin erschien es Gustav Hauff so authentisch, daß er es für seine historisch-kritische Ausgabe von Schubarts Gedichten verwendete.

Pöbel, Pöbel, nichts als Pöbel", sagte ein feingekleideter Herr, der von der Türschwelle aus mit seiner Lorgnette das Wirtszimmer besichtigte, wo Schubart, Baur und ihre Freunde miteinander in lärmender Fröhlichkeit hantierten.

„Kanaille, Kanaille, nichts als Kanaille", erwiderte der Begleiter, und beide verließen, zwei Truthähnen mit rot angeschwollenem Kamme gleich, mit den gemischtesten Empfindungen, Haß, Verachtung – wer weiß es? – vielleicht auch Neid, das Zimmer.

Bei meinem Leben, nichts Ergötzlicheres ließ sich denken als eine Abendgesellschaft dieser lustigen Gesellen. Der „Adler" in Stuttgart war ihr liebstes Quartier, und es sammelte sich alles, was einen gesunden Sinn und Füße hatte, wenn man wußte, daß Schubart und der dicke Baur zu treffen seien. Das ganze Haus war mit Gästen angefüllt; an den entfernteren Tischen der Wirtsstube saßen *Perruquiers,* Stallknechte, Bediente, Schreiner, Schlosser, Seckler, Schuster, Schneider und Gevatter Handschuhmacher; um die Helden des Hauses saßen herum: Offiziere, Advokaten, Schreiber, Kammerdiener, Künstler, Schulmänner, Ärzte, Feldscherer, Kanzlisten, Sekretäre, Kammerräte, Buchhalter, Kaufleute, Studenten und Geiger, Springer und Tänzer, Engländer, Franzosen, Italiener und Deutsche – alle in einem Zimmer beisammen, alle beschäftigt, die Sorgen des Tages im Weine zu ertränken. Unter allen aber leuchtete der Schieferdecker hervor, strahlend, wie eine kugelige Sonne. Ich selbst, so oft ich eine freie Stunde hatte und irgendeines Mißmuts mich entlasten wollte, mischte mich unter die Gesellschaft.

Der Baur war ein ungeheures Stück Zunder, auf den man nur dupfen durfte, um ihm den köstlichsten Stoff zu einem schallenden Gelächter zu entlocken. Jetzt sog dieser Turm von Fleisch und Speck die Weinflaschen aus, einem Elefanten nicht ungleich, der ein Fuder von Bouteillen mit dem Rüssel sich zu Gemüte führt; jetzt scholl ihm das Gelächter, wie das Echo aus Felsenklüften, aus der Brust hervor; jetzt schien sein Bauch wie ein unermeßliches Stück Schwamm, das ganze Flüsse einzusaugen imstande ist, habgierig zu einem wahren Weinmagazin anzuschwellen; jetzt schien ihm vor Freude über irgendein Sprichwort seines Freundes Schubart der Gürtel zu platzen; jetzt schien er lächelnd und besänftigt wie ein schlafender Vulkan; jetzt entströmten, gleich dichtgesätem Hagel in Eiergröße, ganze Quadersteine von Schimpfwörtern seinen wolkigen Lippen. In Schimpfwörtern war Baur unerschöpflich; für jeden der Gesellschaft wußte er seinen Ehrennamen; sein Bauch war ein Lexikon in ungeheurem Folio, das die seltsamsten Ausdrücke barg.

Auf den Schieferdecker Leopold Baur

Wenn Baur ein Walfisch wäre
Und alle Meere Wein,
So trockneten die Meere
Von seinen Schlucken ein.

Christian Friedrich Daniel Schubart

Die seltsame Vorliebe Baurs zu derben Kernsprüchen mag wohl daraus erklärbar sein, daß an seiner eigenen hohen Person das hintere Kastell dem Umfang des vorderen ganz entsprechend gebildet war. Merkwürdig ist, daß Baur selbst seine dichterischen Erzeugnisse mit der Aufführung dieses Körperteiles schmückte. Als der in Stuttgart praktizierende Doktor Mollwitz, ein großer, hagerer Mann, einst schon am Nachmittag in dem „Adler" sich zu einem Braten und einem Schöpplein Wein setzte, brach der eben zur Türe eintretende Schieferdecker in der guten Absicht, den trinkenden Doktor an seine Patienten zu erinnern, in den Reim aus:

Der Mollwitz, dieses dürre Tier,
Der sauft und frißt heut wie ein Stier,
Und seine Patienten,
Wer wird wohl die verbinden?
D'ran denkt der Bruder Mollwitz nicht,
Sauft fort, bis ihm das A . . . . . ch bricht.

Mollwitz aber, nicht faul, antwortete ihm, ruhig fortessend, auf nicht minder derbe Weise:

Mein guter Schieferdecker,
Sei Er so gut und leck Er
Mein hinteres Gesicht,
Das Seinem vordern ganz entspricht.

Baur setzte selbst einmal einen Preis von mehreren Flaschen Champagner für denjenigen aus, welcher seinen Bauch am witzigsten charakterisieren würde. Haug, Hübner und andere suchten sich in Vergleichungen zu überbieten: Schubart aber, auf des Schieferdeckers Bauch mit dem Finger zeigend, gewann den Preis mit den Worten: „Er ist die Weinsteig." Und wahrhaftig – unser Schieferdecker trug seine Weintonne nicht umsonst am Leibe herum. Er hatte seine eigene Philosophie. Ein gewöhnlicher Spruch in seinem Munde war: das Leben sei ein Wasser, das nicht wiederkomme. Darum müsse man genießen, so lange man könne. Heiter zu sein, wie der Morgen, war seine Moral. Denn, pflegte er zu sagen, wenn ich einmal über den Styx muß, sch . . . t mir der Hund aufs Grab. Zum Frühstücke eine gute Portion „Mannheimer-Wasser", auch zum Zuspitzen noch etwas Cyperwein, den er sich kistenweise von fern her zu verschreiben pflegte, um zehn Uhr etliche Schoppen des besten Neckarweins, vor dem Mittagessen ein Spaziergang, zu Tisch ein paar Flaschen Rhein- und Moselwein, nach der Tafel in einem benachbarten Orte ein ordentliches Quantum von anderem Gewächs, abends zu Stuttgart in dem „Adler" eine erstaunliche Menge des Besten, den der Keller zu bieten hatte, und zuletzt als Schlaftrunk eine oder auch einige Flaschen Champagner – das war so seine gewohnte Lebensweise.

Aber Baur bewies tatsächlich, daß er ein Philosoph war, indem er starb, wie er gelebt hatte. Seine erste Verordnung vor dem Tode war, in Stuttgart wolle er nicht begraben sein, und daran hatte der philosophische Mann ganz recht. „In Hofen", einem Dorf vor Stuttgart, sagte er, „da ist eine freie Aussicht in Gottes Welt, da will ich ruhn; da höre ich auch die Posaune früher als die Lalle im Tal." Seine zweite Verordnung war, er wolle nicht auf den Rücken in den Sarg gelegt sein, sondern aufs Gesicht, so daß der liebste Teil seines Leibes in die Höhe sehe. Vor der Stadt Stuttgart soll der Sarg geöffnet werden, damit ihn zu guter Letzt noch alle Welt im A . . . l . . . . könne. Und auch daran hatte meiner Ansicht nach der philosophische Mann nicht Unrecht. Seine dritte Verordnung war, daß, anstatt daß man über seinen Tod weine, vor seinem Begräbnis einige Flaschen Champagner sollen ausgespendet und getrunken werden. Und auch daran hatte er recht; denn er wollte sterben und begraben sein, so wie es seinem Leben gemäß war. Ja auf seinem Totenbette, als er selbst nichts mehr trinken konnte, hatte er doch wenigstens an den Freunden, welche zur Nachtwache Trinkgelage hielten, seine Herzensfreude. Selbst seiner Sprache blieb er bis zum Tode treu. Sogar seinen Arzt, als er nur noch stammeln konnte, regalierte er aus seinem Ehrentitels-Lexikon.

Nachdem er gebeichtet, war seine letzte Handlung eine Wohltat. Er empfahl nämlich seinen bisherigen Gesellen an seine Stelle. „Er ist zwar ein dummer Lutheraner“, sagte er, „aber ein ehrlicher Kerl. Ich bitte, daß man ihn an meiner Stelle beibehalte.“

So starb dieser Mann, unverheiratet, im neunundfünfzigsten Lebensjahr, wahrhaftig ein lachender Philosoph. Wie er's gewünscht hatte, führte man seinen Leichnam aus Stuttgart. Er liegt in Hofen unter Glaubensgenossen begraben. Von Freunden und von Armen wurde manche Träne um ihn geweint.

Grabschriften für Leopold Baur

I
O Wanderer
lies mit Graus und Beben:
Ein Mann
ruht unter dieser Schar,
Der nie
in seinem ganzen Leben,
Als am Geburtstag
nüchtern war.

Johann Friedrich Schlotterbeck

II
Hier liegt
entseelt und totenblaß,
Das zweite
Heidelberger Faß.

Christian Friedrich Daniel Schubart

Zeitgenössische Darstellung des Schieferdeckers Leopold Baur (um 1790). Der dreieinhalb Zentner schwere Mann war der Mittelpunkt von Stuttgarts geselligem Leben. Er pflegte die Anzahl der von ihm geleerten Bouteillen nach der Anzahl der Korken zu bezahlen, die er zwecks Übersicht in seiner Rocktasche sammelte. Gerüchten zufolge soll Baur „der in geheimer Liebe erzeugte“ Sohn des Erzbischofs von Trier gewesen sein.

Vom Glanz und Elend papierener Liebe

Elise Hahn und Gottfried August Bürger – Ein Beitrag zum Unterfutter schwäbischer Sittsamkeit

Gottfried August Bürger, 1747 in Molmerswende bei Halberstadt geboren, gilt als bedeutendster volkstümlicher Lyriker und Balladendichter des Sturm und Drang. Zeitlebens in großen materiellen Schwierigkeiten – seine Göttinger Professur für Ästhetik war unbesoldet –, waren auch seine Ehen allesamt von Tragik überschattet. Da er eigentlich die jüngere Schwester seiner Frau liebte, war seine erste Ehe zerrüttet. Als er schließlich, Witwer geworden, diese jüngere – von ihm in seinen „Molly"-Gedichten angebetete – Schwester endlich heiraten konnte, starb sie aber bereits ein Jahr später im Kindbett. Die dritte Ehe mit Elise Hahn wurde zum öffentlichen Skandal. Außerdem wurde Bürgers Leben durch die literaturhistorisch berühmt gewordene Schillersche Rezension (1791) seiner Gedichte – ein gnadenloser Verriß – verdüstert. Er starb nach einem wahren Hungerdasein 1794 in Göttingen. Bürgers politische Gedichte, beispielsweise „Der Bauer. An seinen durchlauchigten Tyrannen" sind Vorboten der französischen Revolution, deren Ideale er später oft zum Thema machte. Zum Volksbuch wurde sein „Münchhausen", eine erweiterte Nachdichtung aus dem Englischen.

I Präludium

Dieses – hier gekürzte – Gedicht erschien am 8. September 1789 im Stuttgarter „Beobachter"

O Bürger, Bürger, edler Mann,
Der Lieder singt, wie's keiner kann,
Voll Geist und voll Gefühl!
Komm leihe mir zum Lobgesang
Entflossen aus des Herzens Drang
Dein Harfenspiel!

Mein Auge sah von Dir sonst nichts
Als nur den Abdruck des Gesichts,
  Und dennoch – lieb' ich Dich!
Denn Deine Seele, fromm und gut,
Und Deiner Lieder Kraft und Mut
  Entzückten mich.

Ach, als ich Deine Lieder las,
Da wurde mir im Herzen baß,
  Hoch pochte meine Brust!
Jetzt rannen Zähren allgemach –
Schnell stahl sich aus der Seel' ein Ach
  Voll süßer Lust.

In St . . . . t leben wir,
Aus St . . . . s Mitte schreib' ich Dir,
  Du lieber, trauter Mann!
Man sagt, Du sollst ein Witwer sein;
Kommt Dir die Lust zum Freien ein,
  So komm heran!

Denn kämen tausend Freier her,
Und trügen Säcke Goldes schwer,
  Und Bürger zeigte sich,
So gäb' ich sittsam ihm die Hand,
Und tauschte mit dem Vaterland,
  Geliebter, Dich!

Drum kommt Dir mal das Freien an,
So lass's ein Schwabenmädchen sein,
  Und wähle immer mich!
Mit ächter Schwaben-Redlichkeit,
Mit deutschem Sinn und Offenheit
  Liebt ferner Dich

Die Verfasserin
. . Y . .

II „Durchs Auge lieber, als durchs Ohr!"

Aus einem Brief von Gottfried August Bürger
an seinen Studienfreund H. C. Boie

Göttingen, den 26. November 1789

Ein anonymisches Schwabenmädchen hat sich dergestalt in mein Konterfei und in meine Verse verliebt, daß es förmlich in gedruckten Versen um mich angehalten hat. Das Ding beschreibt sich selbst noch ganz vorteilhaft; nur leider seine Verse sind nicht viel wert. Ich habe vor ein paar Tagen ein paar Antwortstrophen zum Spaß darauf gemacht, auf den Fall, daß sie sich etwa näher zu erkennen geben sollte:

An das Schwabenmädchen ..Y..

Was singt mir dort aus Myrthenhecken
Im Ton der liebevollen Braut?
Mein Herz vernimmt mit süßem Schrecken
Den unerhörten Schmeichellaut.
O Stimme, willst du mich nur necken,
Und lachend den Betrug entdecken,
Sobald das eitle Herz dir traut?

O Schwabenmädchen, lieblich schallen
Zwar deine Töne mir ins Ohr:
Doch auch dem Auge zu gefallen
Tritt nun aus deiner Nacht hervor!
Denn ach die Liebesgötter wallen
Zu meinem Herzen, wie zu allen,
Durchs Auge lieber, als durchs Ohr!

Kupferstich von Daniel Chodowiecki (1780)

III Gratulanten

Die Schwester:

Aber sage mir, willst du alter abgeliebter Krepel denn wirlich und im Ernst den abenteuerlichen Ritterzug nach Stuttgart beginnen? Junge, Junge, das Mädchen wird dich fenstern, mein Alter sagt, sie stellt sich rarere Sachen unter dem großen Bürger vor.

Der Schwager:

Glück, herzliches Glück zu deinem Heiratsentschluß – Hast Dir die Hörner abgelaufen Gottfried August Bunkel!

IV Wahrhaftig ein Pärchen

Gottfried August Bürger kurz nach der Hochzeit – 29. September 1790 in Stuttgart – an den Kupferstecher Riepenhausen

Stuttgart, den 11. November 1790

Umflüstert von den Freuden der Liebe, umrauscht von den Freuden des Weines kann ich Deiner zwar täglich gedenken, mein Söhnlein, aber schreiben kann ich unmöglich. Alles was ich Dir Gutes und Frohes zu sagen habe – und gottlob ich weiß nichts anderes, als Gutes und Frohes –, das muß ich bis aufs Wiedersehen versparen.

Dafür sollst denn auch Du und Dein Weiblein die vollkommenste Lust und Freude an uns allerliebsten jungen Leutchen haben. Wir sind wahrhaftig ein Pärchen aus dem köstlichsten Stoff im Reiche der Liebe zusammen geknetet und gebildet. Das Herz muß jedermann im Leibe lachen, wenn er den Januar mit dem Mai so reizend zusammen gepaart sieht.

V Jeremiade mit Hörnern

Detaillierte Anfrage an eine Schwiegermutter

Göttingen, den 3. Februar 1792

Schmerzlich, gute Mutter, schmerzlich ist es mir, daß ich Ihre Tochter so schwer anklagen –, daß ich mich von ihr scheiden muß. Sie ist ein verschwenderisches, üppiges, heuchlerisches, verbuhltes und ehebrecherisches Weib.

Nicht genug, daß die Ehrlose die heilige, mir am Altare gelobte Treue schon in dem ersten Monate unserer Ehe durch Handlungen grober Wollust befleckte und hernach unter der Heuchelmaske himmlischer Unschuld und Tugend fortfuhr zu beflecken; nicht genug, daß sie mich, der so redlich gegen sie dachte, empfand und handelte, durch ihre Taten so gewissenlos entehrte: Sie suchte

Das Schwabenmädchen

Ich Mädchen bin aus
Schwaben,
Und braun ist mein Gesicht;
Der Sachsenmädchen Gaben
Besitz' ich freilich nicht.

Die können Bücher lesen,
Den Wieland und den
Gleim:
Und ihr Gezier und Wesen
Ist süß wie Honigseim.

Der Spott, mit dem sie
stechen,
Ist scharf wie Nadelspitz;
der Witz, mit dem sie
sprechen,
ist nur Romanenwitz.

Mir fehlt zwar diese Gabe,
Fein bin ich nicht und schlau;
Doch kriegt ein braver
Schwabe
An mir 'ne brave Frau.

Das Tändlen, Schreiben,
Lesen
Macht Mädchen widerlich;
Der Mann, für mich erlesen,
Der liest einmal für mich.

Ha, Jüngling, bist aus
Schwaben?
Liebst du dein Vaterland?
So komm, du sollst mich
haben.

Christian Friedrich Daniel
Schubart

Elise Hahn, 1769 in Stuttgart geboren, wurde nach ihrer gescheiterten Ehe für die Nachwelt zum Inbegriff einer skandalösen Person, deren Biographie sich darauf reduzierte, daß sie angeblich den berühmten Dichter Bürger ruiniert haben soll. Der Wahrheit näher kommt das Urteil von Therese Huber, die die Geschichte dieser Ehe auch aus der Sicht von Elise kannte: „Bürger hatte indes die Grundsätze seines Weibes durch die ehrlosesten Geständnisse aller seiner Liebeshändel zerstört, ihr die Tagebücher gezeigt, in denen er seine bonnes fortunes bei den meisten Göttinger Damen aufgezeichnet hatte, souvenirs jeder Art, ihr alle seine aventuren beschrieben." Und Elises, für Bürger so unerträgliche Affäre mit einem Grafen Hardenberg schildert Therese Huber so: „Sie liebten sich nach allen Regeln der Leihbibliotheken, blieben aber ohne Vorwurf." Indes sei Elise „immer von dem Fluch ihres ersten Fehltritts verfolgt, und ihrem Betragen fehlt die Würde, welche dem Publikum das Maul stopft".
Elise Hahn ließ sich nach ihrer Scheidung als Schauspielerin ausbilden und nannte sich, fälschlich den Titel Bürgers benützend, „Professorin der Deklamation". Sie begeisterte in vielen Städten durch ihr mitreißendes Spiel und ihr intelligentes Textverständnis, wurde aber den Ruf der untreuen Ehefrau niemals los. Sie stellte „lebende Bilder" und veranstaltete 1805 in Dresden eine der ersten Schiller-Feiern. Nach 1820 begann für sie in Frankfurt die Tragödie der alternden Schauspielerin, die durch die Badeorte der Umgebung tingeln mußte. Elise Hahn ist auch als – wenig bedeutende – Literatin

mich auch sogar durch die schändlichsten Lügen verächtlich und meines Schicksals wert darzustellen, bloß um ihre unverantwortlichen Ausschweifungen zu beschönigen. Und das selbst ohne die mindeste weibliche Delicatesse. Nicht etwa vertrauten Freundinnen, sondern jungen Kerlen hatte sie mich als einen widerwärtigen, an Geist und Leib abgeschwächten Ehemann dargestellet, bei welchem ein junges Weib, wie sie, zu solchen Mitteln genötigt wäre.

Daß ich nicht jung und schön bin, das weiß ich wohl. Aber sie kann das im mindesten nicht entschuldigen, weil sie mich durchaus vorher kannte und dennoch die glühendste Liebe gegen mich vorgab. Ich hatte sie ja bei Gott und allem, was heilig ist, zum voraus beschworen, mich ja nicht zu wählen, wofern ihr an vollkommener Liebe oder auch an sinnlichem Wohlgefallen an meiner Person nur das mindeste abginge. Sie wählte mich dennoch. Vermutlich hat sie schon damals den Plan gehabt, unter der Firma eines solchen Mannes nur ihren Wollüsten desto ungehinderter zu frönen. Das ist doch eine entsetzliche Behandlung der bescheidenen Redlichkeit und Treue, womit ich mich ihr weihete. Stand meine Person ihrer Sinnenlust nicht an, o, so durfte sie ja, wenn sie auch nur einen Funken von Rechtschaffenheit besaß, mich nicht wählen. Wie vermögend ich aber, trotz meiner Jahre war, ihre sinnlichen Lüste zu befriedigen, das kann sie mir selbst nicht ableugnen, oder ich kann sie durch ihre eigene Hand beschämen. Zwei, ja drei Mal des Tages habe ich stundenlang ohne Ermüdung ihr frönen können, und sie hat dies selbst der Doctorin A. erzählt. An mir lag es wahrhaftig nicht, daß diese anfänglichen Dienste nicht fortgesetzt wurden.

Immer unwahrscheinlicher muß es mir werden, daß ich Ihre Tochter rein und unbefleckt erhalten habe. Denn erstlich konnte doch ein ganz unschuldiges Geschöpf unmöglich so geschwinde verderbt werden, wenn sie es nicht vorher schon war. Zweitens hat sie gegen Doctor A. manches geäußert, wie ich erst neulich erfahren, welches auf ziemliche Kunde in der Liederlichkeit schließen läßt. Z. B.: Sie habe in Stuttgart Umgang mit einer Dame gehabt, die Maitresse gewesen und bei welcher noch immer die Herren aus- und eingeflogen.

Ferner: Es hätte dort einen, ich glaube, ältlichen Hofrat oder so etwas ähnliches gegeben, der die jungen Mädchen an sich gelockt mit Geschenken, Näschereien, Bonbons usw. Die hätte er zu seinem Willen zu bringen gewußt und hätte sich dabei eines *Condons* bedient. Sie hätte eine vertraute Bekannte gehabt, die selbst auf diese Art behandelt worden wäre und ihr dies vertraut hätte.

Da sie sich nun solche Dinge niemals gegen mich verlauten lassen, so beschloß ich, ihr neulich auf die Zähne zu fühlen. Nämlich es hieß in der Stadt, die Demoiselle ... wäre von dem jungen Herrn ... schwanger. Ich sagte: „Sie hätten sich in acht nehmen, und Herr ... hätte L. durch den *Condon* bedienen sollen." – Sie, sehr voreilig dareinfallend, sagte: „Ja, das tut Schaden!" Ich faßte sie sogleich und sagte: „Ei? kennst du denn ein solches Ding? Ich dächte, davon könntest du nichts wissen." Sie wurde verlegen; allein ihre *Effronterie* kehrte bald wieder und sie behauptete: Ihre Mutter hätte das einmal gesagt. – „Deine Mutter", erwiderte ich, „sollte von so etwas mit dir gesprochen haben? Um des Himmels Willen, wie könnte sich denn das fügen?" – Sie: „Ja, das weiß ich selbst nicht mehr. Ich mochte das Wort einmal aufgeschnappt und, ohne daß ich's selbst kannte, unschuldigerweise ausgesprochen haben, und da nahm meine

Mutter Gelegenheit, mich zu verständigen." – Mutter, Sie brauchen mir's nicht erst zu beteuern, daß das alles erlogen ist. Sie verständigten eine Tochter, die Sie wie eine Stecknadel hüteten, gewiß nicht solchergestalt über die *Condons!* Nun ist es in der Tat der gemeine Wahn der Liederlichen, daß der Gebrauch dieser Dinge schade, weil er den Samen-Ausfluß hemme. Sie hat also allerdings solche Bekanntschaften gehabt, die sie in die Mysterien der Liederlichkeit eingeweiht haben.

Ferner drittens. Gleich im Anfange lag ich einst Arm in Arm geschlungen mit ihr im Bette und hatte meine Hand, Sie wissen wohl, wo? – Zärtlich scherzend fragte ich unter Küssen: „Hat außer mir noch ein sterblicher Mann seine Hand in diesem Heiligtume gehabt?" – Sie: „Nein! Gewiß wenigstens mit meinem Willen nicht." – Ich: „Also doch wider deinen Willen?" – Sie erzählte hierauf: Der Herr von H., der bei der Legion stehet, habe es einst auf sie abgesehen gehabt und sie zu Leuten (wenn ich mich recht erinnere, einem jungen Ehepaare, welches dem H. Vorschub zu leisten geschienen und womit sie bekannt gewesen) zu locken gewußt, wo er sie allein gehabt und mächtig in die Enge getrieben. Sie habe sich aber mit allen ihren Kräften ritterlich gewehrt bis jemand dazugekommen. Der Herr v. H. habe sie nachgehends sehr de- und wehmütig um Verzeihung gebeten und sich mit seiner heftigen Leidenschaft entschuldigt, habe für die Zukunft Sittsamkeit angelobt und dies auch gehalten. Jedoch habe sie sowohl den Herrn v. H. als auch das verräterische, verdächtige Haus und Ehepaar nachgehends gemieden.

Nun, Mutter, Sie müssen am besten wissen, wo Sie alle diese Dinge hin zu rangieren haben. Denn ich selbst weiß Ihrer Tochter vorige Lebensgeschichte zu wenig. Aber Sie sehen doch, wie manche Galoppade das Töchterchen hinter Ihrem Rücken zu machen gewußt hat!

hervorgetreten. Ihre „freimütigen Äußerungen" in politischen Angelegenheiten brachten sie aber wiederholt in Schwierigkeiten (so wurde sie 1809 aus Wien abgeschoben). Elise Hahn starb 1833, erblindet und völlig verarmt.

VI Vom Ende eines Trauerspiels

Aus dem Antwortbrief der Schwiegermutter Hahn – in originaler Schreibweise

Stuttgart, Februar 1792

Ihren Brif zu beandworten, wäre Unmöglichkeit in meiner jezigen Gemüths Verfassung, und es würde auch zu nichts nützen; mein Kindt ist um Ehre, und ihre zeitliche Wohlfarth gebracht, Gott der Barmherzige helfe ihr nur die Seeligkeit zu erlangen, darum bitte ich täglich; ich binn zu Grunde gerichtet: diß werden Sie zu Ihrer Freude mit kurzen erfahren, wie und auf waß Art. Dann es wäre genug meine Ruhe verloren zu haben, in dem ich mein Kindt (mein gewiß Unschuldiges Kindt als ich sie Ihnen zur Frau und Tochter übergab.) in Unglück weiß ohne Schuz, ohne Freunde, ohne Bekannte, vielleicht in der Irre herum schwärment, tato [dato] den Höchsten sey Danck wohl nicht, aber waß kan werden? waß kann Noth nicht thun, wan Verzweiflung schon so viel gethan hat: doch hie will abrechen, sonst komme ich zu weidt, ich habe Sie bißher mit wissen nicht beleidiget, der Höchste verleye mir Weißheid und Verläugnung meiner selbst, damidt es nicht dahin kömt, daß ich den Vatter, meines

Kritiken

I
„Elise ist eine armselige, herz- und geistlose Komödiantin von der ganz gemeinen Sorte, die durch ihre Ansprüche ganz unausstehlich wird."

Friedrich Schiller am 5. Mai 1802 an Johann Wolfgang von Goethe

II
„Sie sah sehr gut aus, spielte mit Verstand und Feinheit und sprach auch im Ganzen nicht schlecht."

Theodor Körner am 13. November 1803 an Friedrich Schiller (über Elise Hahn als Königin in „Don Carlos").

III
„Ich weiß nicht was die Heringsnasen in Weimar von ihr wollen; sie ist eine ganz eminente Person und hat ein excellentes Ingenium."

Christoph Martin Wieland

Unglücklichen EnckelSohns Beleidige! nur diß weinige widerhole ihren Gedächtniß, waß ich Ihnen bey ihren kurzen Hiesein gesagt. ich sehe Sie nicht nur als Mann von meiner Tochter an, sondern als Vatter und Führer derselben; von ihrer Hand fordere ich Sie wider, wie ich Sie Ihnen gebe, beym Abschid wahr meine Bitte, Erhalden Sie mein Kindt auf den Weeg der Tugendt, Sie ist gut wann Sie mit Liebe geleidet wirt! nun Prüfen Sie Sich, so wie ich mich vor Gott geprüft, wo ich es mit ihr versehen, und dann thun Sie waß Sie wollen.

Elise Hahn als Kleopatra in dem Schauspiel „Oktavia" von August von Kotzebue. Zeitgenössische Darstellung

REVOLTE UND SALON

Von der französischen Revolution zum Königreich Württemberg

Stuttgart – Gouache, um 1800

Maskenball

Konspiratives Treiben um den Karlsschüler Georg Kerner
Von Christoph Heinrich Pfaff

Die Überlieferung dieses „Maskenballes“ durch Georg Kerners Mitschüler Christoph Heinrich Pfaff ist, wiewohl nicht ganz verläßlich, eines der wenigen, bislang schon bekannteren Zeugnisse für eine jakobinische Tradition auch in Stuttgart. Was die Polizei vor zweihundert Jahren vergeblich versucht hatte, gelang 1989 einer Arbeitsgruppe am Historischen Institut der Universität Stuttgart, die die Ereignisse an der Karlsschule in ihrem ganzen Ausmaß darstellt und die Mitwirkenden benennt. Ihr Resultat: „Der Herr Biedermann war gar nicht so bieder, wie man bisher geglaubt hat. Die Schlafmütze, die der deutsche Michel angeblich trug, war oft genug eine Jakobinermütze gewesen. Oder, um es weniger bildhaft zu sagen: Auch in Deutschland liegen die Wurzeln der Demokratie in der Revolution.“

Den größten Einfluß auf seine Studien äußerte die französische Revolution. Geschichte war es, was Georg Kerner am meisten anzog. Alles bezog er von nun an auf die Ausbreitung und Realisierung der großen Grundsätze, welche die französische Revolution aufgestellt hatte, in allen Verhältnissen. Dadurch wurden freilich seine eigentlichen medizinischen Studien noch mehr gestört, doch seine medizinische Praxis nicht, da er auf Menschen zu wirken keine bessere Gelegenheit kannte. Die Geschichte seiner Promotion 1791 ist interessant. Er hatte weder Zeit noch Lust, eine Dissertation zu schreiben; seine Freunde übernahmen diese Mühe. Es wurden einige dreißig Paragraphen über Metastasen zusammen fabriziert und ungefähr drei oder vier Krankengeschichten als Beilage erdichtet, und der Zweck so vollkommen erreicht, als wenn Boerhave oder Haller selbst die Feder geführt hätten. Nach geschehener Promotion hielt der feurige Republikaner eine deutsche Rede zum Abschiede, was ganz ungewöhnlich war, in welcher er einen Überblick der Geschichte gab und die großen Ereignisse verkündigte, die Europa bevorständen.

Aus unserm Zusammenleben als Chevaliers verdient eine Maskenvorstellung auf einer großen öffentlichen Maskerade Erwähnung, in welcher von vier gleichgesinnten Jünglingen in Gegenwart der vielen emigrierten Adeligen, die sich damals in Stuttgart befanden und namentlich auch der Grafen von Artois – der Bruder des jetzigen Königs – der Prinzen von Bourbon usw. die Abschaffung des Adels pantomimisch dargestellt wurde. Einer von uns, selbst ein Edelmann, jetzt erster Minister eines angesehenen deutschen Fürsten, repräsentierte den Adel und hatte zu Emblemen einen großen Stammbaum, eine Menge Wappen, mit denen er behängt war. Kerner, ein junger Schweizer, Peters und ich stellten in den drei Nationalfarben, jeder in eine derselben gekleidet, mit Nationalkokarden und Nationalbändern geschmückt, die französische Nation vor und beraubten unter manchen komischen Szenen den Edelmann aller seiner Wappen, zerrissen seinen Stammbaum und jagten den Kahlen endlich aus dem Saal. Diese Maskenvorstellung machte so viel Aufsehen, daß eine Erwähnung davon in den französischen Zeitungen geschah.

Die genannten Verbündeten hatten den Scherz ausgeführt, ohne ihre Kameraden vorher davon zu unterrichten, was einige darunter so sehr verdroß, daß sie beschlossen, ihn zu überbieten. Kurz vor der Ausführung erfuhr Kerner noch davon und ließ nun nicht nach mit Bitten, bis ihm gestattet ward, daran teilzunehmen. An dem dazu bestimmten Abende erschien im Redoutensaal eine Maske, die Zeit vorstellend, eine Urne im Arm, die durch ihre Schönheit

„Das Regime an der Hohen Karlsschule"
Satirische Federzeichnung von Joseph Anton Koch (1790/91)

allgemeines Aufsehen erregte. Stumm durchschritt sie den Saal und setzte sich endlich während des Tanzes auf eine Seitenbank. Kerner setzte sich zu ihr und lehnte, indem er dem Tanz zusah, den Arm auf die Urne, die die Maske neben sich gestellt hatte. Plötzlich stand diese auf, ohne jene mitzunehmen, und verließ den Saal. Als Kerner sie in Sicherheit wußte, stand auch er auf und stieß wie aus Ungeschicklichkeit die Urne um. Kaum fiel sie auf den Boden, so entrollten ihr eine Unzahl Zettel, die Menge strömte herbei, jedes erhaschte davon; sie enthielten die ärgsten Freiheitslehren, wie sie damals die französischen Zeitungen gaben, besonders Angriffe gegen die damals in Stuttgart anwesenden Prinzen. Diese eilten zum Herzog und beschwerten sich bitter. Alle Ausgänge wurden augenblicklich geschlossen; vergeblich, es zeigte sich keine Spur von der Maske. Polizeidiener durchsuchten die Stadt, selbst die Häuser nach ihr – sie blieb verschwunden. Die Verschworenen drängten sich unterdessen zu den Polizeioffizianten, boten ihre Dienste wenigstens im Einsammeln der Zettel an. Sie wurden gerne angenommen; aber die Verräter mißbrauchten ihr Amt, indem sie in allen Teilen des Saals ähnliche Zettel, von denen ihre Taschen vollgepfropft waren, verstreuten, von denen sie dann einige den Polizeidienern als Belege ihres Diensteifers brachten. Tags darauf ward bei allen Handwerkern nachgeforscht, welche etwa bei Verfertigung der Maske geholfen; nichts kam ans Licht.

Dannecker und Koch, beide in der Akademie, waren die Verfertiger, und rühmten sich dessen in spätern Jahren noch mit Entzücken. Unter den Verschworenen, treu und vorsichtig, fand sich kein Verräter.

Eulogius Schneider, 1756 in Wipfeld bei Würzburg geboren, wurde 1785 Hofprediger bei Karl Eugen, machte sich aber in Stuttgart nicht gerade beliebt. 1789 wird er Professor in Bonn, muß jedoch nach Straßburg flüchten, wo er zu einem Wortführer der Jakobiner wird. Seine radikale revolutionäre Politik – er reiste mit der Guillotine durchs Land und wurde als „Schreckensmann" bezeichnet – scheiterte am Widerstand der konservativen deutschen Bürgerschaft in Straßburg. 1794 wird er in Paris selbst hingerichtet.
Das Porträt entstammt seiner 1790 in Frankfurt erschienenen Gedichtsammlung, in deren Subskriptionsverzeichnis auch der Bonner Hofmusiker „Hr van Bethoven" verzeichnet ist.

An die Frau Gräfin Apolline von Witgenstein, nach einem Spaziergange an einem schönen Frühlingsmorgen zu Stuttgart

Aus einem Gedicht von Eulogius Schneider

Und wie wir dann die Macht der Sympathie
Empfanden, und das Glück der Sympathie!
Wie wir in süßer Wehmut durch den Pfad
Uns schleppten, bis auf einmal weit und schön,
Wie Eden, ein Amphitheater sich
Vor unserm nassen Aug' entfaltete.
Auf einem Rebenhügel standen wir,
Und sahen auf das grüne Tal hinab,
Das krumm sich um die Weingebirge schlingt,
Von Berg, wo ach! Dein Sohn im Staube ruht,
Bis Heslach, das in Bäumen sich versteckt.
In seiner Mitte hebet Stuttgart hoch
Sein stolzes Haupt – Wir zählten jeden Turm,
Und jedes Haus, das nicht das Fürstenschloß.
(Ach! meine Wohnung) unserm Aug' entriß
Da dachten wir: „Wie wenig kennt sein Glück
Der Edle Stuttgarts, den vom dumpfen Schlaf
Die Mittagssonne weckt. Ihm lächelt nicht
Aurora zu: ihn grüßet jüngferlich
Die Sonne nicht: ihm kos't der Zephyr nicht:
Ihm düften diese Blumen nicht: für ihn
Ist stumm die Lerche, und der Bachfink stumm.
Ihm zeiget nicht der Goldwurm seinen Gott,
Ihn lehrt die Raupe nicht Unsterblichkeit."
O wachet auf, ihr Städter! öffnet euch
Den Freuden der begeisternden Natur,
Und schmeckt die Wollust des Allmächtigen,
Die Wollust, eine Welt beglückt zu seh'n!

Der Herzog als Edelmann

Aussöhnung mit ohngefähr 20 000 Einwohnern
Von Johann Caspar Riesbeck

Stuttgart, den 14. April 1780

Ehe ich Dir meine Ausfälle in die benachbarten Gegenden von Schwabenland beschreibe, muß ich Dich erst mit dem hiesigen Hof bekannt machen. Ohne Zweifel erwartest Du Beschreibungen von prächtigen Festen, Bällen, Beleuchtungen, Opern, Balletten, Jagden, Konzerten u. dgl. Mit allem dem kann ich Dir nicht aufwarten. Man gräbt nun keine Seen mehr auf Bergen und läßt sie frondenweise durch die Bauern mit Wasser füllen, um einen Hirsch darin zu jagen. Man beleuchtet keine Wälder mehr und läßt mitten in denselben aus künstlichen Grotten ganze Heere von Faunen und Satyren springen, um zur Mitternachtsstunde ein wollüstiges Ballett zu tanzen. Man baut keine blühenden Gärten mehr mitten im Winter unter ungeheuern Dächern, worunter die Öfen den Trieb der Natur ersetzen müssen und man durch den Duft der Blumen wie im Frühling spazieren kann, dabei aber von der heißen Luft fast erstickt wird. Das berühmte Opernhaus, worin Noverre sich in seiner Größe zeigt, steht nun öde da. Du staunst über die Veränderung. Der Herzog ist nun ganz Philosoph; stiftet Schulen und besucht sie fleißig; treibt Landwirtschaft und ist sogar oft beim Melken der Kühe; schützt Künste, Wissenschaften und Handlung, errichtet Fabriken und lebt wirklich bloß, um das wiedergutzumachen, was er allenfalls verdorben hat.

Die Gräfin von Hohenheim, ehemals Frau von **, ist unter der Menge Frauenzimmer, die der Herzog kennenlernte, das einzige, das mit ihm sympathisieren und ihn fixieren kann; und so geschah die Veränderung, worüber die Patrioten im Württembergischen entzückt sind und die noch die spätesten Enkel segnen werden. – Wehe dem Mann, der darüber witzeln und spotten kann!

Nun könnte ich Dich lange mit den Schulanstalten des Herzogs, besonders mit seiner berühmten Militär-Akademie, unterhalten, wenn ich nicht glaubte, daß sie Dir schon zum Teil bekannt wären und ich nicht wegen dem gezwungenen Wesen an unseren Schulen überhaupt, und besonders an den hiesigen, einen unüberwindlichen Ekel hätte.

Stuttgart zählt ohngefähr 20 000 Einwohner. Seitdem der Herzog wieder hier residiert, nimmt die Bevölkerung von Jahr zu Jahr zu. Während des Streites mit seinen Landständen, wobei Stuttgart den Mund besonders weit auftat, verlegte er seine Residenz nach Ludwigsburg. Stuttgart fühlte bald, was es dadurch verloren. Die Stadt gab sich alle erdenkliche Mühe, um den Herzog wieder zu gewinnen. Es war alles umsonst. Nach der allgemeinen Aussöhnung zwischen dem Landesherrn und Landständen ward endlich der Wunsch der Stuttgarter erfüllt.

Johann Kaspar Riesbeck, 1754 in Höchst geboren, erregte mit seinem anonym erschienenen Buch „Briefe eines reisenden Franzosen über Deutschland an seinen Bruder in Paris“ – dem auch unser Text entstammt – großes Aufsehen. Riesbeck, der zeitweilig als Schauspieler arbeitete, ging dann in die Schweiz, wo er der erste Redakteur der Neuen Züricher Zeitung wurde. Er starb 1786 völlig verarmt in Aarau.
Obwohl Riesbecks „Brief“ dem vorigen Kapitel zuzuordnen ist, zeigt er prägnant die politische Hinterlassenschaft Karl Eugens.

Neue Regierung

Stuttgart, den 13. Februar 1796

Von hier aus kann meine Correspondenz wohl schwerlich sehr interessant für Sie werden. Ich bin zu kurz hier, als daß ich viele Bekanntschaften haben könnte – und den Geist des hiesigen Publikums kennen Sie.
Unter der jetzigen Regierung atmet man indes unendlich freier als unter der vorigen, da Heuchelei und Aberglaube jedem freien Geiste, wo er sich hinwendete, in den Weg traten. Die Verfolgung der Grundsätze hat aufgehört, und die Inquisitoren der vorigen Regierung scheuen das Licht. Dagegen ist der Geist

an Vergnügungen und Lustbarkeiten aufs neue erwacht, die fürstliche Familie selbst nimmt an allen Fröhlichkeiten der Stadt Anteil, spielt Comödie, Maskerade usw. Welche Wirkungen das haben wird, kann man schon jetzt voraussehen. Indessen lebt man doch hier mit seinen Grundsätzen sicherer und freier, als irgendwo in anderen fürstlichen Residenzen.

Friedrich Schelling (1775–1854) an Georg Kerner; während der Regierungszeit von Friedrich Eugen geschrieben. Karl Eugen starb im Oktober 1793. Ihm folgte, zunächst umjubelt, sein Bruder Ludwig Eugen, der das Volk enttäuschte, aber schon im Mai 1795 starb. Friedrich Eugen starb ebenfalls sehr bald (1797).

Herzog Karl Eugen und Franziska von Hohenheim Schattenriß des Karlsschülers Johann Friedrich Knisel, 1784. Weil er sich ein wenig lächerlich dargestellt fand, verbot der Herzog den Druck

Die Stadt ist wohlgebaut und wird von einem schönen und starken Schlag Leute bewohnt. Das Frauenzimmer ist groß, schlank und rund. Seine Farbe ist Milch und Blut. Der Reichtum des Erdreichs und die Leichtigkeit, bei Hofe oder vom Lande Unterhaltung zu finden, sind Ursache, daß man hier sehr wohl lebt. Was man bei uns für 12 Personen aufsetzt, reicht hier kaum für sechs hin. Dem Stuttgarter ist daher zu Hause so wohl, daß er in einer Entfernung von 6 bis 8 Meilen das Heimweh bekömmt.

Elephanten und andere Nichtigkeiten

Drei Miniaturen
Von Friedrich Matthisson

I Armselige Sudler

1794

Unmöglich kann hier die Veränderung, welche kürzlich an den Deckengemälden des [Neuen] Schlosses mit einigen nackten Figuren vorgegangen sein soll, mit Stillschweigen übergangen werden. Man erzählt nämlich, daß mehrere Maler wären beauftragt worden, diejenigen Plafondfiguren, welche sich in dem Zustande befanden, worin eine der berühmtesten griechischen Schönheiten kein Bedenken trug, sich den Blicken des ganzen versammelten Volks preiszugeben, durch dichtverschleiernde Gewänder selbst dem Auge einer Vestale anschaubar zu machen. Ist dies nicht etwa, wie man so gern zur Ehre unsers bis hieher von dergleichen Barbareien unentweiht gebliebenen Zeitalters glauben möchte, nur ein zur Kurzweil ersonnenes Künstlermärchen: so mögen Guibals Manen sich damit beruhigen, daß es dem großen Michelangelo um nichts besser ging und sein Jüngstes Gericht auf ähnliche Weise profaniert wurde. Ein blödsinniger und bigotter Papst, dessen unbedeutender Name nichts zur Sache tut, gab einem armseligen Sudler, der vielleicht kaum Pinselfertigkeit genug hatte, um das Symbol der Dreieinigkeit an die Decke einer Dorfkirche zu klecksen, den unerhörten Befehl, die anstößigsten Nuditäten in dieser erhabenen Komposition durch Schürzen und Beinkleider zu maskieren. Dergleichen heillose Drapierer haben daher seitdem, in den Künstlerwerkstätten Italiens, den Spitznamen der Hosenmaler behalten, bis auf den heutigen Tag.

Friedrich Matthisson, der in seinen Hofgedichten „nicht den Weihrauch sparte", wurde 1761 in Hohendodeleben bei Magdeburg geboren. 1809 wurde er von König Friedrich I. in den erblichen Adelstand erhoben und stand seit 1812 ganz in württembergischen Diensten. Er bekleidete zahlreiche öffentliche Ämter und besang in offiziellem Auftrag auch die beim Volk außerordentlich verhaßten Jagdexzesse. Der Scherenschnitt von Luise Duttenhofer spielt darauf an. Matthison versah seine Ämter noch unter Wilhelm I. bis zum Jahre 1828. Er starb 1831 in Wörlitz.

II Tod eines Kamels

1815

Zwei Elephanten, ein männlicher und ein weiblicher, langten aus Holland in der Menagerie an.

Der Ruf hat von den Kunstfertigkeiten dieser Tiere keineswegs zu viel angekündigt. Die Elephantin zeichnet sich in solcher Hinsicht am vorteilhaftesten aus. Die Hauptmahlzeit dieser kostspieligen Fremdlinge besteht für jeden in zwölf Pfund Reis; daneben bekommen sie aber noch Mohrrüben, Brot und Branntwein.

Wie furchtbarschnell die Blausäure das animalische Leben zerstöre, davon haben wir in der Menagerie ein auffallendes Beispiel gesehen. Um ein Kamel, das alters halber getötet werden sollte, so schnell als möglich abzutun, ward ihm ein Teelöffel voll Blausäure in die Nasenlöcher gespritzt. Die Wirkung des Gifts war ein Gehirnschlag, der das Tier mit der Schnelle des Wetterstrahls entseelte.

III Knochen und Zähne

1816

Bei Cannstatt wurden aufs neue ungeheure Mammutknochen entdeckt. Der König, hiervon unterrichtet, befahl sogleich, an dem Fundorte weiter zu graben. Nach kaum begonnener Arbeit war man schon so glücklich, auf ein prodigioses Nest seltsam verschränkter Mammutstoßzähne zu treffen. Der längste darunter mißt acht Fuß. Auch fand man eine Menge gewaltiger Backenzähne, die den von Cuvier abgebildeten Rhinozeroszähnen ähnlich sind.

„Wahre Begebenheit am Stuttgarter Marktbrunnen“: Der peinliche Zwischenfall ist freilich nicht verbürgt, die „Begebenheit“ entsprang wohl eher der Phantasie eines geschäftstüchtigen Illustrators und Druckers.

Marmor und Wanzen – Ein Denkmal hält Visite

Aus Tagebüchern und Briefen von Johann Wolfgang von Goethe

Rekognoszierung

Stuttgart, den 30. August 1797

Ich machte meine erste gewöhnliche Tour früh um 6 Uhr allein und rekognoszierte die Stadt mit ihren Umgebungen. Eine Seite hat eine Befestigung nach der Heilbronner Art, nur nicht so stattlich; die Gräben sind auch in Weinberge und Gartenpflanzungen verwandelt. Bald nachher findet man die schönsten Alleen von mehrern Baumreihen und ganze beschattete Plätze. Zwischen diesen und einer Art von Vorstadt liegt eine schöne Wiese. Durch die Vorstadt kommt man bald auf den Platz vor das Schloß vielmehr vor die Schlösser. Der Platz ist seit der Anwesenheit des Großfürsten schön planiert, und die teils auf Rasen, in großen regelmäßigen Partien, teils als Alleen gepflanzten Kastanienbäume sind sehr gut gediehen. Das Schloß selbst ist von dem Geschmack der Hälfte dieses Jahrhunderts, das Ganze aber anständig frei und breit. Das alte Schloß wäre jetzt kaum zu einer Theaterdekoration gut. Die alte Stadt gleicht Frankfurt in ihren alten Teilen, sie liegt in der Tiefe nach dem kleinen Wasser zu. Die neue Stadt ist in entschiedenen Richtungen meist geradlinigt und rechtwinklicht gebaut, nach einer allgemeinen Anlage ohne Ängstlichkeit in der Ausführung. Man sieht Häuser mit mehr oder weniger Überhängen, ganz perpendikulär, von verschiedner Art und Größe; man sieht, daß die Anlage nach einem allgemeinen Gesetz und doch nach einer gewissen bürgerlichen Willkür gemacht wird.

Goethe kannte Stuttgart bereits von einem ersten Besuch im Dezember 1779. In Begleitung des Herzogs von Weimar, Karl August, besuchte er die Solitüde und die Karlsschule, wo er in Gegenwart Karl Eugens einer Preisverleihung, u. a. an den Eleven Friedrich Schiller, beiwohnte. Goethe besuchte am 15. Dezember 1779 auch den Pfarrer Philipp Matthäus Hahn in Kornwestheim und bewunderte seine Maschinen. Zu einem Besuch bei dem Asperg-Häftling Schubart ist es trotz einer Bitte von Schubarts Frau nicht gekommen.

Kritizismus

Ein wenig spazieren und dann in das Schauspiel. Ich habe nicht leicht ein Ganzes gesehen, das sich so sehr dem Marionettentheater nähert als dieses. Eine Steifheit, eine Kälte, eine Geschmacklosigkeit, ein Ungeschick, die Meubles auf dem Theater zu stellen, ein Mangel an richtiger Sprache und Deklamation in jeder Art Ausdruck irgend eines Gefühls oder höhern Gedankens, daß man sich eben 20 Jahre und länger zurückversetzt fühlt. Und was am merkwürdigsten ist, kein einziger, der auch nur sich irgend zu seinem Vorteil auszeichnete; sie passen alle auf das beste zusammen. Ein paar junge, wohlgewachsene Leute sind dabei, die weder übel sprechen noch agieren, und doch

Goethe zu Besuch im Rappschen Haus (1797), wo er „Herrmann und Dorothea" vorlas. Scherenschnitt von Luise Duttenhofer

wüßte ich nicht zu sagen, ob von einem irgend für die Zukunft was zu hoffen wäre. Es ward Don Carlos von Schiller gegeben. Der Entrepreneur [Veranstalter, Theaterleiter] Mihole wird abgehen und ein neuer antreten, der aber die Obliegenheit hat, sowohl Schauspieler und Tänzer, die sich von dem alten Theater des Herzogs Carl herschreiben und auf Zeitlebens pensioniert sind, beizubehalten. Da er nun zugleich seinen Vorteil sucht und sich durch Abschaffung untauglicher Subjekte nicht Luft machen kann, so ist nicht zu denken, daß dieses Theater leicht verbessert werden könnte. Doch wird es besucht, getadelt, gelobt und ertragen.
Italienisches Sprichwort: Geld ist das zweite Blut des Menschen.

Summa

Stuttgart, den 4. September 1797

Stuttgart hat eigentlich 3 Regionen und Charaktere; unten sieht es einer Landstadt, in der Mitte einer Handelsstadt und oben einer Hof- und wohlhabenden Partikülierstadt ähnlich.

Postskriptum –
Ein Brief an Friedrich Schiller

Stuttgart, den 30. August 1797

Nachdem ich Sie heute nacht, als den Heiligen aller am schlaflosen Zustande leidenden Menschenkinder, öfters um Ihren Beistand angerufen und mich auch wirklich durch Ihr Beispiel gestärkt gefühlt habe, eines der schlimmsten Wanzenabenteuer im Bauche des römischen Kaisers zu überstehen, so ist es nunmehr meinem Gelübde gemäß, Ihnen sogleich eine Nachricht von meinen Zuständen zu erteilen.

Heute früh rekognoszierte ich allein die Stadt, ihre Anlage, sowie besonders die Alleen gefielen mir sehr wohl; an Herrn Rapp fand ich einen sehr gefälligen Mann und schätzbaren Kunstliebhaber, er hat zur Landschaftskomposition ein recht hübsches Talent, gute Kenntnis und Übung. Wir gingen gleich zu Professor Dannecker, bei dem ich einen Hektor, der den Paris schilt, ein etwas über Lebensgröße in Gips ausgeführtes Modell fand, sowie auch eine ruhende, nackte, weibliche Figur im Charakter der sehnsuchtsvollen Sappho, in Gips fertig und in Marmor angefangen, ferner eine kleine, traurend sitzende Figur zu einem Zimmer-Monument. Ich sah ferner bei ihm das Gipsmodell eines Kopfes vom gegenwärtigen Herzog, der besonders in Marmor sehr gut gelungen sein soll, sowie auch seine eigne Büste, die ohne Übertreibung geistreich und lebhaft ist. Was mich aber besonders frappierte, war der Originalausguß von Ihrer Büste, der eine solche Wahrheit und Ausführlichkeit hat, daß er wirklich Erstaunen erregt. Der Ausguß, den Sie besitzen, läßt diese Arbeit wirklich nicht ahnden.

Das Rappsche Haus in der Stiftsstraße 7 war ein kultureller Treffpunkt für Dichter und Künstler. Photographie aus dem Jahr 1927

Stutgard

An Siegfried Schmidt
Von Friedrich Hölderlin

Die ersten Gedichte von Friedrich Hölderlin (1770–1843) erschienen 1791 in dem von Gotthold Friedrich Stäudlin herausgegebenen „Musenalmanach fürs Jahr 1792". Das Jahr 1800 bezeichnet den Höhepunkt von Hölderlins Odendichtung. Hölderlin lebte zu dieser Zeit im Hause des Stuttgarter Kaufmanns Christian Landauer, wo er dessen Kinder unterrichtete. Damals entstanden unter anderem „Der Nekar", „Lebenslauf", „Der Abschied" und „Rückkehr in die Heimath". Ebenso die großen Elegien „Der Wanderer", „Der Gang aufs Land", „Brod und Wein" und „Stuttgard". In Stuttgart begann Hölderlin mit „Der Mutter Erde" auch seine vaterländischen Gesänge.

1.

Wieder ein Glük ist erlebt. Die gefährliche Dürre geneset,
Und die Schärfe des Lichts senget die Blüthe nicht mehr.
Offen steht jezt wieder ein Saal, und gesund ist der Garten,
Und von Reegen erfrischt rauschet das glänzende Thal,
Hoch von Gewächsen, es schwellen die Bäch' und alle gebundnen
Fittige wagen sich wieder ins Reich des Gesangs.
Voll ist die Luft von Fröhlichen jezt und die Stadt und der Hain ist,
Rings von zufriedenen Kindern des Himmels erfüllt.
Gerne begegnen sie sich, und irren untereinander,
Sorgenlos, und es scheint keines zu wenig, zu viel.
Denn so ordnet das Herz es an, und zu athmen die Anmuth,
Sie, die geschikliche, schenkt ihnen ein göttlicher Geist.
Aber die Wanderer auch sind wohlgeleitet und haben
Kränze genug und Gesang, haben den heiligen Stab
Vollgeschmükt mit Trauben und Laub bei sich und der Fichte
Schatten; von Dorfe zu Dorf jauchzt es, von Tage zu Tag,
Und wie Wagen, bespannt mit freiem Wilde, so ziehn die
Berge voran und so träget und eilet der Pfad.

2.

Aber meinest du nun, es haben die Thore vergebens
Aufgethan und den Weg freudig die Geister gemacht?
Und es schenken umsonst zu des Gastmahls Fülle die Guten
Nebst dem Weine noch auch Beeren und Honig und Obst?
Schenken das purpurne Licht zu Festgesängen und kühl und
Ruhig zu tieferem Freundesgespräche die Nacht?
Hält ein Ernsteres dich, so spars dem Winter und willst du
Freien, habe Gedult, Freier beglüket der Mai.
Jezt ist Anderes Noth, jezt komm' und feire des Herbstes
Alte Sitte, noch jezt blühet die Edle mit uns.
Eins nur gilt für den Tag, das Vaterland und des Opfers
Festlicher Flamme wirft jeder das Eigene zu.
Darum kränzt der gemeinsame Gott umsäuselnd das Haar uns,
Und den eigenen Sinn schmelzet, wie Perlen, der Wein.
Diß bedeutet der Tisch, der geehrte, wenn, wie die Bienen,
Rund um den Eichbaum, wir sizen und singen um ihn,
Diß der Pokale Klang, und darum zwinget die wilden
Seelen der streitenden Männer zusammen der Chor.

3.

Aber damit uns nicht, gleich Allzuklugen, entfliehe
Diese neigende Zeit, komm' ich entgegen sogleich,
Bis an die Grenze des Lands, wo mir den lieben Geburtsort
Und die Insel des Stroms blaues Gewässer umfließt.
Seeligen lieb ist der Ort, an beiden Ufern, der Fels auch,
Der mit Garten und Haus grün aus den Wellen sich hebt.
Dort begegnen wir uns; o gütiges Licht! wo zuerst mich
Deiner gestaltenden Stralen mich einer betraf.
Dort begann und beginnt das liebe Leben. Was ist es
Aber? des Vaters Grab seh' ich und weine dir schon?
Wein' und halt' und habe den Freund und höre das Wort, das
Einst mir in himmlischer Kunst Leiden der Liebe geheilt.
Andres erwacht. Ich muß des Landes Blüthen ihm nennen,
Barbarossa. Dich auch, gütiger Kristoph, und dich,
Konradin. So arm ist des Volks Mund. Aber der Epheu
Grünt am Fels und die Burg dekt das bacchantische Laub,
Und Vergangenes ist, und Künftiges fürstlich den Sängern,
Reich in Tagen des Herbsts sühnen die Schatten wir uns.

4.

So der Gewaltgen gedenk und des ernstunmündigen Schiksaals,
Schlank auch selber, und jung, aber vom lauteren Gott
Auch gleich Rossen dahin, wie die Alten, die göttlicherzognen
Dichter, heimischen Lichts, ziehen das Land wir hinauf.
Wirtemberg ists. Dort von den uralt deutsamen Bergen
Stammen der Jünglinge viel, steigen die Hügel herab.
Quellen rauschen von dort und hundert geschäfftige Bäche,
Kommen bei Tag und Nacht nieder und biegen das Land.
Aber der Meister pflügt die Mitte des Landes, die Furchen
Ziehet der Nekarstrom, ziehet den Seegen herab.

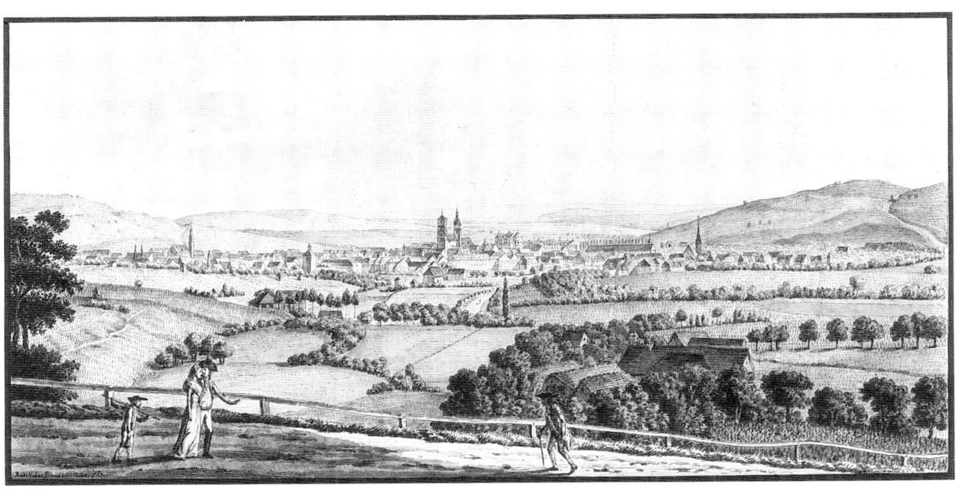

Blick auf die Stadt von Südwesten
Sepiazeichnug des Basler Malers Rudolf Huber (1795)

Und es kommen mit ihm Italiens Lüfte, die See schikt
Ungeheures, sie schikt krankende Sonnen mit ihm.
Darum wächst auch fast über das Haupt wie Geistesgewalt uns
Güterfülle, denn hier ward in die Ebne das Gut
Reicher den Lieben gebracht, den Landesleuten, doch neidet
Keiner an Bergen dort ihnen die Gärten, den Wein
Oder das üppige Gras und das Korn und die glühenden Bäume,
Die am Wege gereiht über den Wanderern stehn.

5.

Aber indeß wir schaun und die mächtige Freude durchwandeln,
Fliehet der Weg und der Tag uns, wie den Trunkenen, hin.
Denn mit heiligem Laub umkränzt erhebet die Stadt schon
Die gepriesene, dort leuchtend ihr priesterlich Haupt.
Herrlich steht sie und hält den Rebenstab und die Tanne
Hoch in die seeligen purpurnen Wolken empor.
Sei uns hold! dem Gast und dem Sohn, o Fürstin der Heimath!
Glükliches Stutgard, nimm freundlich den Fremdling mir auf!
Immer hast du Gesang mit Flöten und Saiten gebilligt,
Wie ich glaub' und des Lieds kindlich Geschwäz und der Mühn
Süße Vergessenheit bei gegenwärtigem Geiste,
Auch der Garten erfreut gütig des Fürsten das Herz.
Aber ihr, ihr Tapfersten auch, ihr Frohen, die allzeit
Leben und walten, erkannt, oder gewaltiger auch,
Wenn ihr wirket und schafft in heiliger Nacht und allein herrscht
Und allmächtig empor zieht ein gemütliches Volk,
Bis die Jünglinge sich der Väter droben erinnern,
Mündig und hell vor euch steht der besonnene Mensch –

6.

Engel des Vaterlands! o ihr, vor denen das Auge,
Sei's auch stark und das Knie bricht dem vereinzelten Mann,
Daß er halten sich muß an die Freund' und bitten die Theuern,
Daß sie tragen mit ihm all die beglükende Last,
Habt, o Gütige, Dank für den und alle die Andern,
Die mein Leben, mein Gut unter den Sterblichen sind.
Aber die Nacht kommt! laß uns eilen, zu feiern das Herbstfest
Heut noch! voll ist das Herz, aber das Leben ist kurz,
Und was uns der himmlische Tag zu sagen geboten,
Das zu nennen, mein Schmidt! reichen wir beide nicht aus.
Trefliche bring' ich dir und das Freudenfeuer wird hoch auf
Schlagen und heiliger soll sprechen das kühnere Wort.
Siehe! da ist es rein! und des Gottes freundliche Gaaben
Die wir theilen, sie sind zwischen den Liebenden nur.
Anderes nicht – o kommt! o macht es wahr! denn allein ja
Bin ich und niemand nimmt mir von der Stirne den Traum?
Kommt und reicht, ihr Lieben, die Hand! das möge genug seyn,
Aber die größere Lust sparen dem Enkel wir auf.

O tempora, o mores!

Ein Stuttgart-Besuch nach dem Lunéviller Frieden im Herbst 1801
Von Christoph Meiners

Christoph Meiners, 1747 in Warstade geboren, begann seine schriftstellerische Tätigkeit mit einer „Revision der Philosophie". Der fast ausschließlich autodidaktisch gebildete Meiners vertrat darin die Ansicht, daß sich alle Philosophie auf Psychologie gründe. Als Professor in Göttingen entwickelte er eine wahre Publikationswut, die nach der „Allgemeinen deutschen Biographie" zu einer „staunenswerten, ja nahezu entsetzlichen Menge" schriftstellerischer Arbeiten auf unterschiedlichsten Gebieten führte. Er starb 1810 in Göttingen.

Nirgend bejammerte man das Elend des Krieges allgemeiner als im Württembergischen. Mehrere Personen, die besser hätten unterrichtet sein können, verglichen den jetzigen Zustand ihres Vaterlandes mit dem Zustande Württembergs nach dem Dreißigjährigen Kriege. Ein flüchtiger Blick auf Stadt und Land reicht schon hin, das Übertriebene in den Klagen der Verzweifelnden wahrzunehmen. Man baute in Stuttgart während des Krieges und baut auch jetzt ebenso stark als in Pforzheim und Karlsruhe, in welcher letztern Stadt seit wenigen Jahren mehrere neue Straßen entstanden sind. Die Preise und die Mieten der Häuser steigen in der Hauptstadt Württembergs immerfort. Die ersteren haben sich seit Menschengedenken verdreifacht. Die Häuser sind geschmackvoller möbliert als sonst. Beide Geschlechter kleiden sich ebenso gut, und nähren sich ebenso gut als vor dem Kriege.

Verminderter Wohlstand und drückende Schulden sind nicht die einzigen Übel, welche der Krieg zurückgelassen hat. Die Sitten haben durch den Krieg sehr gelitten. Den Verfall der Sitten beweist man unter anderm durch die vermehrten Ehescheidungsklagen. Man rechnet, daß von der Regierung in Stuttgart wöchentlich zwei bis drei Ehescheidungen erkannt werden. Es scheint, als wenn die Österreicher auf dem Lande und die Franzosen in der Hauptstadt das meiste Glück bei den Frauen und Mädchen gemacht haben. Die Franzosen rühmten dankbar von den Stuttgartischen Damen, daß sie dieselben, neben oder nach den Münchischen, als die gefälligsten im südlichen Deutschland befunden hätten. In einer gewissen Classe rechnet man es einem Frauenzimmer beinahe zur Tugend an, wenn es neben seinem Mann nur einen Liebhaber hat und diesem treu bleibt. Der öffentlichen Weibspersonen, welche man in Stuttgart Planie-Mädchen nennt, ist eine große Zahl. Man erkennt sie an Sonntagen, wenn sie sich auf der Planie zeigen, an Kleidung und Putz, an Gang und Mienen. Auch in Stuttgart geschieht es, freilich nur selten, was in großen Städten nicht ungewöhnlich ist, daß die Dienerinnen der gemeinen Liebe einzelne Mannspersonen, die ihnen abends an einsamen Orten begegnen, mit starker Hand anfallen.

Eine andere dauernde Wirkung des Krieges ist die Abnahme der Neigung zum Studieren und ein stärkerer Hang zur Kaufmannschaft. Wirte und Kaufleute sind fast die einzigen, die in dem letzten Kriege gewonnen und zum Teil ein großes Glück gemacht haben. Das Glück der neuen Reichen blendet die Jugend und erregt die Hoffnung, daß ein jeder, der Kopf und Fleiß habe, ebenso glücklich sein werde. Selbst in Stuttgart haben sich seit nicht gar langer Zeit zehn bis zwölf neue Handlungshäuser etabliert, die Geschäfte im großen machen.

10. Januar 1800: Es wurden damals mehrere Württemberger auf herzoglichen Befehl aufgehoben und auf die Feste Asperg abgeführt. Man hatte sie im Verdachte, in sträfliche Verbindungen mit den Franzosen zur Errichtung einer deutschen Republik getreten zu sein.
Die Nichte meiner Mutter, die Gattin des Sekretärs Hauff [August Friedrich, Vater von Wilhelm Hauff], der dazumal zu Stuttgart seinen Wohnsitz hatte, kam zu dieser Zeit oft in unser Haus, um ihrem auf dem Asperg gefangenen Gatten näher zu sein; auch hatte sie eine Freundin in Ludwigsburg, die gutmütig und entschlossen genug war, ihr Briefe an ihren Mann auf der Feste zu besorgen. Diese Freundin kleidete sich in Magdkleider, brachte die Briefe in ein Gefäß mit doppeltem Boden, in dem man den Gefangenen, was erlaubt war, gekochtes Obst, Gelee usw. zusandte, das sie zu Fuß dann auf die Feste trug und an den Mann brachte. Diese Person war die Schwester [Christiane Luise] des berühmten Philosophen Hegel.

Justinus Kerner in seinem „Bilderbuch aus meiner Knabenzeit"

Es gab in Württemberg, wie in anderen Ländern, Menschen, die ihr Vaterland gern hätten revolutionieren mögen. Diese Menschen wandten sich an einzelne Schweizer und überrheinische Offiziere und wurden von diesen Offizieren unterstützt. Der Erzherzog Carl schickte an den Herzog von Württemberg aufgefangene Papiere, die über die Entwürfe ihrer Urheber fast keinen Zweifel übrig ließen. Der Herzog ließ die Verdächtigen, die nicht entwischten, in Verhaft nehmen und setzte eine Commission nieder, welche auf der Festung Asperg die Schuld oder Unschuld der Gefangenen untersuchen mußte. Das Resultat der Untersuchungsakten ist bis jetzt nicht bekannt geworden. Manche Personen fingen an zu glauben, daß die Gefangenen bloße Märtyrer politischer Meinungen seien.

Man setzte alle Achtung gegen die Obrigkeiten aus den Augen, und die verhöhnten Obrigkeiten verloren den Mut. Wenn Oberamtleute oder Schulzen Widerspenstige vorfordern ließen, so erschienen diese nicht und machten ihren Ungehorsam durch ausgestoßene Drohungen und heimliche Übungen von Rache noch strafbarer. Man verwüstete die Gärten oder Felder von Oberamtleuten und Schulzen so oft, daß die Regierung sich genötigt sah, die angerichteten Schäden von den Kommunen, wo sie zugefügt worden, ersetzen zu lassen. In vielen Gegenden des Herzogtums weigerten sich die Landleute schlechterdings, die neu angelegte Vermögenssteuer zu zahlen.

Die gesellschaftlichen Verhältnisse in Stuttgart haben manches Eigentümliche. Herren und Damen von Adel speisen in bürgerlichen Familien, ohne diese jemals wieder einzuladen. In den ersten bürgerlichen Classen finden fast gar keine gemischten Gesellschaften, keine frohen Mahlzeiten mit Freunden und Freundinnen oder zu Ehren merkwürdiger Fremden statt. Fremde Gelehrte und Künstler, die keine Verwandten oder genaue Freunde haben, können sich monatelang in Stuttgart aufhalten, ohne zu einem Mittag- oder Abendessen gebeten zu werden. In Stuttgart ist kein Haus, wo Fremde von Ansehen und Rahmen eingeführt und mit den für sie am meisten interessanten Personen bekannt gemacht würden. Selbst Concerte, Bälle und Pickenicke, oder Clubs, wo beide Geschlechter sich vereinigen, sind unter den ersten bürgerlichen Classen fast gänzlich unbekannt. Redouten werden schon seit geraumer Zeit bloß von verdächtigen Mädchen besucht. Junge Leute von beiden Geschlechtern haben keine andere Gelegenheit, sich in der Nähe zu sehen und miteinander zu reden, als im Theater und auf Spaziergängen; und in dem einen oder auf den anderen wird daher auch meistens die kleine Zahl von Ehen geschlossen, bei welchen gegenseitige Zuneigung zugrunde liegt.

Befremdender als die übrige Form des gesellschaftlichen Lebens in Stuttgart muß für einen jeden Reisenden aus dem nördlichen Deutschland die halb freiwillige, halb erzwungene Hospitalität sein, welche die Einwohner von Stuttgart nach einer alten Sitte üben, oder üben müssen. Keine Familie ist auch nur einen Tag sicher, daß sich nicht entfernte Verwandte oder gar nur Bekannte anmelden – und selbst unangemeldet vor das Haus fahren –, ohne sich vorher zu erkundigen, ob nicht Krankheiten und andere Hindernisse die Ehre des Besuchs unannehmlich oder äußerst lästig machen.

Es ist noch jetzt richtig, was ich schon in früheren Zeiten wahrgenommen hatte, daß fast alle Handwerker teurer und weniger gut arbeiten und die Kaufleute weniger gute und zugleich teurere Waren haben als bei uns. In Rücksicht auf Moden sind die Männer sehr weit zurück. Man sieht an älteren Männern noch Moden, von welchen man in unseren Gegenden glaubt, daß sie nur auf antiken Gemälden existieren.

Die Leselust und Bücher-Liebhaberei sind in Stuttgart lange nicht so groß als in den Städten des nördlichen Deutschlands. Selbst Gelehrte gestanden mir, daß sie nicht begriffen, wie die drei Stuttgartischen Buchhandlungen bestehen könnten. Die Hauptstadt Württembergs hat nur eine Lese-Gesellschaft. Von Leihbibliotheken oder Zeitungs- und Journal-Trägern habe ich nichts gehört, und wenn dergleichen vorhanden sind, so müssen sie seltener als in unseren Gegenden sein. Die meisten Geschäftsmänner lesen außer dem Schwäbischen Merkur, der Allgemeinen Zeitung und einigen anderen politischen Blättern nicht viel. Hierin liegt wahrscheinlich der Grund, daß auch Frauen und Mädchen im Durchschnitt wenig lesen.

Im ganzen genommen haben die Württemberger zu hohe Begriffe von den physischen Vorzügen ihres Landes und von der Vortrefflichkeit ihrer Verfassung und eine zu geringe Meinung von den Vorzügen und der Verfassung anderer, gar nicht entfernter Provinzen: unstreitig allein deswegen, weil man zu wenig liest und reist, um richtige Vergleichungen anstellen zu können. Fast ebenso, wie die Württembergerinnen im Durchschnitt für ihr Land eingenom-

Stuttgart zu Anfang des 19. Jahrhunderts, wohl vom Fuße des Kriegsbergs aus gesehen. Kupferstich von Viktor Heideloff (um 1810)

men sind, fast ebenso sind die Stuttgarterinnen für Stuttgart eingenommen. Wie oft habe ich die Worte mit Freude oder Stolz aussprechen hören: Es gibt nur ein Württemberg! Es gibt nur ein Stuttgart! – Und doch ist die Lage der Frauenzimmer bürgerlichen Standes in Stuttgart in Vergleichung mit der Lage der Frauen und Mädchen in anderen Städten nichts weniger als beneidenswert!

Ich war schon oft in Stuttgart, ohne Gelegenheit zu finden, die sogenannte Landschaft, oder das landschaftliche Haus, zu sehen. Der Saal ist regelmäßig, geräumig und hell: wiewohl er durch die dunkle Vertäfelung ein etwas finsteres Ansehen erhält. Alles, was ich in dem landschaftlichen Gebäude wahrgenommen habe, Treppen, Gänge, Zimmer und Hausrat, entsprach meiner Meinung nach nicht der Würde der Stände eines so ansehnlichen Landes als Württemberg ist. Die Landschaft ist eine Reihe von nicht zusammenpassenden Häusern, die zu verschiedenen Zeiten erkauft worden sind und ein nicht kleines Quartier bilden, in welchem nur noch ein einziges Haus einem andern Eigentümer gehört. Die Stände haben dem Besitzer dieses einzigen Hauses einen viel höhern Preis geboten, als das Haus für einen jeden andern haben kann. Der Mann ist eigensinnig genug, seine Wohnung für keinen Preis herzugeben.

Der Hof kehrte in den letzten Tagen vor unserer Abreise [von Ludwigsburg] nach Stuttgart zurück. Das neue Schloß ist jetzt nicht weiter ausgebaut, als es schon seit manchen Jahren war. Die Hofküche ist noch immer im alten Schlosse, und selbst die Speisen der fürstlichen Tafeln müssen beständig über die Straße getragen werden. Die Gebäude, welche vormals die Akademie enthielten, sind jetzt Herren vom Hofe eingeräumt. Um desto befremdender war mir die Nachricht, welche ein Reisender in Frankfurt erzählte, daß man die Akademie in Maultierställe verwandelt habe.

Das Stuttgarter Orchester um 1800 (Aquarell, Ausschnitt) – ein Ensemble mit glänzendem Ruf

Musikerstolz vor Königsthronen

Ein Konzert beim „dicken Friedrich“
Von Louis Spohr

Friedrich I. wurde 1806 König (von Napoleons Gnaden). Zeitgenössische Karikatur

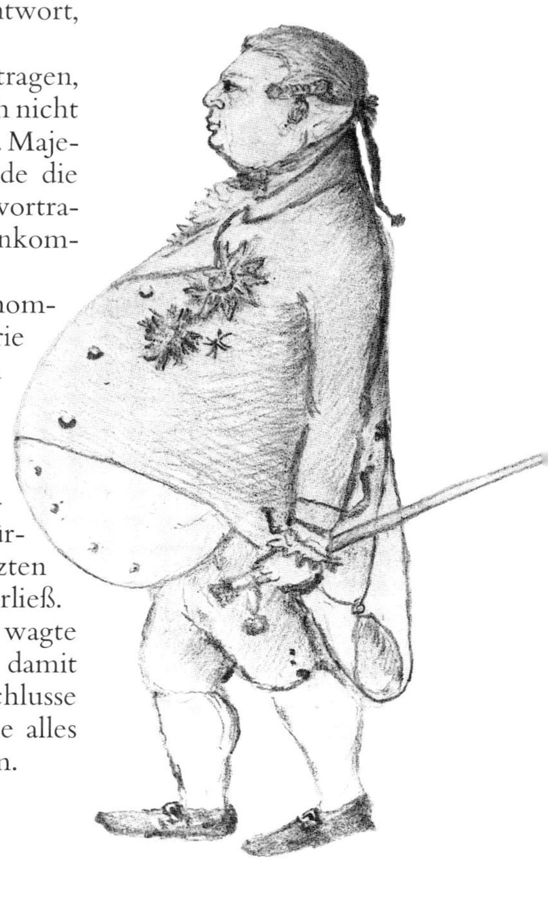

Von München ging die Reise nach Stuttgart, wohin wir Empfehlungen an den Hof mitbrachten. Ich übergab diese dem Hofmarschall und erhielt von ihm schon am folgenden Tage die Zusicherung, daß wir bei Hofe gehört werden würden. Ich hatte aber unterdessen in Erfahrung gebracht, daß auch hier während der Hofkonzerte Karten gespielt und auf die Musik wenig gehört werde. Noch von Braunschweig her voller Abscheu gegen eine solche Entwürdigung der Kunst, nahm ich mir daher die Freiheit, dem Herrn Hofmarschall zu erklären, daß ich und meine Frau nur dann auftreten würden, wenn der König die Gnade habe, während unsres Spieles das Kartenspiel aufzuheben. Ganz erschrocken über eine solche Kühnheit trat der Hofmarschall einen Schritt zurück und rief: „Wie! Sie wollen meinem gnädigsten Herrn Vorschriften machen? – Nie werde ich es wagen, ihm das vorzutragen!“ – „Dann muß ich auf die Ehre, bei Hofe gehört zu werden, verzichten“, war meine einfache Antwort, während ich mich empfahl.

Wie der Hofmarschall es anfing, seinem König so Unerhörtes vorzutragen, und wie dieser es über sich gewinnen konnte, darauf einzugehen, habe ich nicht erfahren. Das Resultat aber war, daß der Hofmarschall mir sagen ließ: „Se. Majestät wolle die Gnade haben, meinen Wunsch zu gewähren; nur werde die Bedingung daran geknüpft, daß die Musikstücke, die ich und meine Frau vortragen würden, sich sogleich folgen sollten, damit Se. Majestät nicht öfter inkommodiert würden.“

So war es denn auch. Nachdem der Hof an den Spieltischen Platz genommen hatte, begann das Konzert mit einer Ouvertüre, auf welche eine Arie folgte. Währenddem liefen die Bedienten geräuschvoll hin und her, um Erfrischungen anzubieten, und die Kartenspieler riefen ihr „ich spiele, ich passe“ so laut, daß man von der Musik und dem Gesang nichts Zusammenhängendes hören konnte. Doch nun kam der Hofmarschall zu mir, um anzukündigen, daß ich mich bereithalten solle. Zugleich benachrichtigte er den König, daß die Vorträge der Fremden beginnen würden. Alsbald erhob sich dieser, mit ihm alle übrigen. Die Bedienten setzten vor dem Orchester zwei Stuhlreihen, auf welche sich der Hof niederließ. Unserm Spiel wurde in großer Stille und mit Teilnahme zugehört; doch wagte niemand ein Zeichen des Beifalls laut werden zu lassen, da der König damit nicht voranging. Seine Teilnahme an den Vorträgen zeigte sich nur am Schlusse derselben durch gnädiges Kopfnicken. Kaum waren sie vorbei, so eilte alles wieder zu den Spieltischen, und der frühere Lärm begann von neuem.

Louis Spohr (1784–1859), Komponist und gefeierter Violinvirtuose, unternahm mehrere Konzertreisen in die Schweiz, nach Italien, Frankreich und England. Auf Empfehlung von Carl Maria von Weber, den er in Stuttgart auch getroffen hatte, erhielt er die Stelle des Hofkapellmeisters in Kassel, wo er Abonnementskonzerte einrichtete und Werke zeitgenössischer Komponisten aufführte. Seiner republikanischen Gesinnung wegen mehrten sich jedoch die Schwierigkeiten seitens des Hofes, so daß er 1857 pensioniert wurde. Spohr war Mitglied der Akademien von Berlin, Paris und München.

Während des übrigen Konzertes hatte ich Muße, mich umzusehen. Meine Aufmerksamkeit wurde besonders auf den Spieltisch des Königs gelenkt, an welchem, um es der Majestät bei ihrer Korpulenz bequemer zu machen, ein halbrunder Ausschnitt angebracht war, in welchen der Bauch des Königs genau hineinpaßte. Der große Umfang desselben und der kleine des Königreiches haben bekanntlich zu der hübschen Karikatur Veranlassung gegeben, auf welcher der König, im Krönungsornat, mit der Landkarte seines Königreiches auf dem Hosenknopfe, in die Worte ausbricht: „Ich kann meine Staaten nicht überblicken!"

Sowie der König sein Spiel geendet hatte und den Stuhl rückte, wurde das Konzert mitten in einer Arie der Madame Graff abgebrochen, so daß ihr die letzten Töne einer Kadenz förmlich im Halse stecken blieben. Die Musiker, an solchen Vandalismus schon gewohnt, packten ruhig ihre Instrumente in die Kasten; ich aber war im Innersten empört über eine solche Entwürdigung der Kunst.

Stuttgart seufzte damals unter einer Despotie, wie sie das übrige Deutschland wohl nie gekannt hat. So mußte, um nur einiges anzuführen, jeder, der den Schloßhof betrat, den Weg vom Gittertore bis zum Schloßportal mit entblößtem Haupte zurücklegen, es mochte regnen oder schneien, weil Se. Majestät auf dieser Seite wohnte. Ferner war jeder Zivilist auf allerhöchsten Befehl gehalten, vor den Schildwachen den Hut abzunehmen, ohne daß diese ihm die Honneurs gemacht hatten. Im Theater war es durch Anschlag streng verboten, Beifall zu klatschen, bevor nicht der König damit begonnen habe. Die Majestät steckte aber ihre Hände wegen der strengen Winterkälte in einen großen Muff und brachte sie nur heraus, wenn Höchstdieselben das Bedürfnis fühlten, eine Prise zu nehmen. War dies geschehen, dann wurde, unbekümmert um das, was gerade auf dem Theater geschah, nun auch geklatscht. Der Kammerherr, welcher hinter dem Könige stand, fiel sogleich ein und gab dadurch dem loyalen Volke das Zeichen, nun auch seinerseits Beifall zu spenden. So wurden denn fast immer die interessantesten Szenen und besten Musikstücke der Oper durch einen heillosen Lärm gestört und unterbrochen.

Da die Stuttgarter schon längst gelernt hatten, sich den königlichen Launen willig zu fügen, so setzte sie es in nicht geringes Erstaunen, als sie erfuhren, was ich mir bei meinem Auftreten im Hofkonzerte ausbedungen und auch wirklich bewilligt erhalten hatte. Es lenkte dies die allgemeine Aufmerksamkeit auf mich und hatte die Folge, daß mein Konzert in der Stadt außergewöhnlich zahlreich besucht war.

Ein Fürst geht baden

Eine eisige Geschichte
Von Hermann von Pückler-Muskau

Hermann Fürst von Pückler-Muskau
Bleistiftzeichnung von Wilhelm Hensel

Pückler-Muskau, 1785 in Muskau (Oberlausitz) geboren, bereiste als literarischer Dandy England, Frankreich und Deutschland, Algerien, Ägypten, Kleinasien und Griechenland und lebte später an verschiedenen Orten Italiens und Deutschlands. In England erhielt er Anregungen für die Gartengestaltung, eine seiner Lieblingsbeschäftigungen, die er in seinen „Andeutungen über Landschaftsgärtnerei“ verarbeitete. In Muskau und Branitz schuf er sich seine eigenen, kunstvollen Parkanlagen. Berühmt wurde er vor allem durch seine eleganten „Briefe eines Verstorbenen“, auf die sich Georg Herwegh in den „Gedichten eines Lebendigen“ ironisch bezieht. Pückler-Muskau starb 1871 in Branitz bei Cottbus.

Gegen Mittag kam ich in Stuttgart an, wo ich weder auf eine unangenehme Art visiert, noch mit langen Nachfragen nach meinem Paß inkommodiert wurde; dieses letztere war mir doppelt angenehm, weil es mich in den Stand setzte, als Herr Hermann ohne weitere Umstände einzupassieren. Ich stieg in einem bescheidenen Gasthof ab, nahm ein kleines Hinterstübchen und machte einen Akkord auf vierzehn Tage mit dem Wirt, der sich billig finden ließ, worauf ich ausging, mich bis zum Essen in der Stadt umzusehen.

Stuttgart, in einer schönen, von Bergen umschlossenen Gegend, ist nicht so groß, aber freundlicher und hübscher gebaut als München; täglich trägt übrigens der König zur Verschönerung der Stadt durch neue Gebäude bei, die zugleich von dem Geschmack und der Pracht ihres Erbauers zeugen. Ein in vieler Hinsicht interessanter Mann, der Oberbaumeister Thouret (dessen Bekanntschaft mit unter die angenehmsten gehört, die ich in Stuttgart gemacht habe), unterstützt die Pläne des Königs und führt seine Ideen mit ebenso viel Kenntnis als Geschicklichkeit aus.

Es fehlt Stuttgart nicht an Luxus, der Hof belebt die Stadt auf mancher Art, man sieht mehr schöne Pferde und Equipagen als in München, und das hier stehende Militair zeichnet sich durch Eleganz, ein schönes Offizierkorps und geschmackvolle Uniformen aus.

Der nach und nach heranrückende Frühling und das bessere Wetter ziehen mich den größten Teil des Tags hinaus ins Freie. Ich klettere auf den Bergen umher oder streiche durch die mit jungem Gras sich bedeckenden Wiesen und lausche im Walde dem Gesang der wiederkehrenden Vögel. Einer meiner Lieblingsgänge ist nach dem Kahlenberg, von dem man eine herrliche Aussicht auf das Neckartal hat. Unter seinen Füßen sieht man ein freundliches Dorf, und majestätisch erhebt sich jenseits des Flusses die Stammveste des Hauses Württemberg. Vor einigen Tagen ließ ich mich verführen, hier im Neckar zu baden, der noch mit Schneewasser angefüllt ist; der Schiffer, mit dem ich überfuhr, frug mich erstaunt, ob ich ein Russe sei, und setzte hinzu, daß er für einen großen Taler nicht mitbaden möchte. Du weißt, in Kapricen bin ich fest; ohne mir also bange machen zu lassen, führte ich meinen Vorsatz standhaft aus, und obgleich mir vor Kälte der Atem fast verging, als ich hineinsprang, habe ich doch bis jetzt keine üblen Folgen davon verspürt. In einem naheliegenden Wirtshaus, wo ich hinging, um mich wieder zu erwärmen, hatte ich das Vergnügen, die Bekanntschaft des Hofmedikus Klein zu machen, der als einer unserer ersten Operateurs in der medizinischen Welt bekannt ist. Er erzählte mir, daß er vor einigen Tagen den fünfzigsten Steinschnitt gemacht habe, und noch sei ihm keiner seiner Patienten daran gestorben. Hast Du also einen Freund, der an diesem Übel leidet, so rate ich Dir, ihn ohne Verzug nach Stuttgart zu schicken, wo er mit Gewißheit auf eine schnelle und sichere Hülfe rechnen kann.

Alle Landleute, denen ich auf meinen Spaziergängen begegnete, sehe ich ihre Waren mit viel Geschicklichkeit auf dem Kopfe tragen, nichts auf dem Rücken. So zieht auch das Vieh, *sans comparaison,* hier mit dem Kopf und nicht wie bei uns mit der Brust.

Erlaubt die Witterung nicht, im Freien umherzuschwärmen, so bringe ich meine Zeit größtenteils auf dem Museum zu, eine Anstalt für gebildete Leute aller Stände, wo man Konversations- und Spielzimmer findet, zu Mittag speisen kann und ein sehr gut fourniertes Lesekabinet antrifft.

Auf einem kleinen Platz nicht weit vom Schloß ist ein Monument errichtet, das 60 000 Gulden gekostet haben soll; es besteht aus einem eisernen Bassin und einer schwerfälligen Säule von Bronze in der Mitte, die mit vergoldeten Basreliefs geziert ist. Mehrere Umstehende versicherten mir mit patriotischem Eifer, dieses Kunstwerk sei im Lande gemacht; ich antwortete, daß ich keinen Augenblick daran zweifle, weil es mir ohnehin beim ersten Anblick nicht weit her geschienen habe.

„Münze" beim Bärenplatz – dort steht heute die Markthalle.
Aquarell von Karoline Eisenlohr (um 1820)

Zwischen Hängen und Würgen

Stuttgart – en passant
Von Stendhal

Bevor wir in Stuttgart ankamen, sahen wir zu unseren Füßen Ludwigsburg, das Versailles des Königs von Württemberg. Diese kleine hübsche Stadt ist an einen Hügel von der Form eines Zuckerhutes angelehnt, der mutterseelenallein mitten auf einer Ebene steht. Der Teil der Stadt [Stuttgart], den wir gesehen haben, ist sehr stark befestigt. An der Poststation sagt man mir, daß es keine Pferde gebe, weil „am nächsten Morgen der Kronprinz und mehrere Minister dem Kaiser Napoleon in Ludwigsburg ihre Aufwartung machen sollen“.

Der 1783 in Grenoble geborene Marie Henry Beyle wählte sein Pseudonym Stendhal nach dem Geburtsort – Stendal – des von ihm außerordentlich verehrten Archäologen und Kunstgelehrten Johann Joachim Winckelmann. Ursprünglich zum Studium bestimmt, ließ sich Stendhal beim französischen Kriegsministerium anstellen und machte unter Napoleon die Feldzüge nach Italien, Deutschland, Österreich und Rußland mit. Stendhal lebte lange Zeit in Italien, 1839 bis 1841 als französischer Konsul. Berühmt wurde vor allem sein Roman „Rot und Schwarz". Stendhal, der zum wichtigsten Wegbereiter des französischen Realismus zählt, starb 1842 in Paris.

Wir trafen in der Herberge zum „Römischen Kaiser" fünf oder sechs unserer Kameraden beim Essen an. Unser Abendessen, das einmütig als schlecht bezeichnet wurde, war für mich gut, denn es gab Bratkartoffeln, die genau richtig waren.

Es gab keine Pferde, und es deutete auch nichts daraufhin, daß es welche geben würde; also beschloß man, sich schlafen zu legen. Ich schlüpfte schnell unter eines dieser verdrießlichen Federkissen, die in Deutschland als Bettdecke verwendet werden. Ich litt darunter bis fünf Uhr, dann weckte ich Herrn Cluny. Allgemeine Mutlosigkeit und Verzweiflung. Wir sahen uns schon auf unbestimmte Zeit in Stuttgart festgehalten; es gab keine Pferde.

Sobald ich meine Stiefel wiederhatte, die in diesem riesigen Haus abhanden gekommen waren, ging ich aus; als ich auf den Platz vor der Poststation kam, sah ich, wie Pferde auf die Station zugeritten kamen; ich hielt es für sinnlos, sie anzuhalten. Es war klar, daß die deutschen Bauern, die von so weit hergekommen waren, um auch mit der Kutsche zu fahren, mich zurückgestoßen hätten. Glücklicherweise verstrich soviel Zeit, daß ich mir durch den Kopf gehen lassen konnte, daß das Schlimmste, was mir passieren könnte, ein Streit mit sieben oder acht Leuten wäre, die, wie man sagte, im Haus der Poststation alles kurz und klein schlagen würden. Diese Wortwechsel langweilen mich sehr, sie nicht zu einem Ende zu führen ist traurig, sie mit nachdrücklichen Mitteln zu beenden, hätte einen schlechten Eindruck auf Monsieur Daru gemacht. Ich packte also einige Pferde am Zügel; Widerstand; aber schließlich konnte meine Uniform und ein Zwei-Florin-Stück sie dazu bewegen, zum Hotel zu fahren. Ich hörte erst ein ganzes Stück weiter auf der Straße, wo eine Frau von uns das Geld für die Postkutsche verlangte, zu schreien und zu streiten auf.

Beim Verlassen der Stadt folgten wir einem sehr angenehmen Weg an den Abhängen von Weinbergen entlang, auf denen die Erde mit Trockenmauern festgehalten wird. Ich zählte manchmal bis zu sechzehn überreinander. Die Ackerflächen hinter den Mauern sind schräg:

sie sind durch schmale, mit Stufen versehene Pfade voneinander getrennt, die direkt bis zum Gipfel des Berges hinaufführen. Ich denke, daß sie bei Regen als Wassergräben dienen. Wir überquerten eine recht hohe Brücke über den Nekkar. Nach dieser Brücke kommt eine freundliche Stadt [vermutlich Eßlingen], die einen Filigranturm wie Straßburg hat. Eine Meile weiter erfuhren wir, daß wir keineswegs auf der Straße nach Donauwörth waren, sondern auf der Straße nach Ulm.

Kunststadt Stuttgart – Versuch einer Ehrenrettung

Aus einer Bestandsaufnahme im Jahre 1810
Von Carl Maria von Weber

Unstreitig haben wenige Städte Deutschlands sich so vieler vorzüglicher Köpfe und Talente in ihren Ringmauern zu erfreuen als Stuttgart, wo der stille bescheidene Geist in sich selbst fortwirkt und, zufrieden mit seiner Wissensfülle, wenig nach Prunk und Ruf von außen strebt, und wo, durch nichts aufgemuntert, um desto mehr die eigene Kraft und das Streben nach oben erkannt und hervorgezogen zu werden verdient. Alle bedeutenden Städte Deutschlands erfreuen sich schreibender mitteilender Seelen, die von ihren Umgebungen sprechen und die Aufmerksamkeit der Welt auf sich zu leiten suchen; aber beinahe noch nie erinnert sich Referent, irgendwo eine ausführliche Notiz von Stuttgart gelesen zu haben. Es ist freilich auch schwer, das Gute in Stuttgart zu finden, weil kein öffentlicher Vereinigungspunkt irgendeiner Art Gelegenheit darbietet, die Bewohner kennenzulernen, und keinem Fremden ist es daher zu verübeln, wenn er mit der schiefsten Ansicht Stuttgart verläßt und nur auswärts durch bedeutendere Werke, indem er sich nach ihrem Verfasser erkundigt, zu seinem Erstaunen erfährt, daß er in Stuttgart – vielleicht kaum von seinen täglichen Gesellschaftern als Schriftsteller gekannt – lebt.

Liebhabertheater, Liebhaberkonzerte existieren hier gar nicht. Fremde Künstler finden ihre Rechnung nicht, ihre Besuche werden immer seltener, und alles ist folglich auf kleine häusliche Zirkel beschränkt. Daß hieraus im allgemeinen Beschränktheit und ein gewisses Erschlaffen der Urteilskraft hervorgehen müsse, ist klar und spricht sich besonders im Theater aus; das Publikum, entwöhnt, selbst von seinem Urteil und Geschmack Gebrauch zu machen, hört auf, selbst über die dargestellten Kunstprodukte zu denken, läßt sich gehen, ist zufrieden, sich – amüsiert zu haben und äußert sich deswegen auch stets nur (und zwar meistens über ein und dasselbe Kunstwerk) in den beiden Extremen von Urteilen, das Stück ist schlecht oder – vortrefflich.

Carl Maria von Weber (1786–1826) kam 1807 als Geheimsekretär des Herzogs Ludwig – ein Bruder König Friedrichs I. – nach Stuttgart. Er komponierte hier u. a. eine Schauspielmusik zu Schillers „Turandot" und trat bei einem Künstlerstammtisch als „Krautsalat" in Erscheinung. Der Aufenthalt nahm jedoch ein jähes Ende, als Webers Vater ebenfalls nach Stuttgart kam und sich beide in zweifelhafte finanzielle Manipulationen verwickelten. Im Laufe des Prozesses stellte sich heraus, daß zumindest der alte Weber ganz offensichtlich herzogliche Gelder veruntreut hatte. Im Amtsjargon hieß das „Unterschleifung". Eine dubiose und höchst verzwickte Geschichte, die jedenfalls dazu führte, daß die beiden Weber des Landes verwiesen und am 26. Februar 1810 von Polizisten bei Heilbronn über die Grenze geschafft wurden.

Johann Heinrich Dannecker Porträt von Christian Gottlieb Schick (1798)

Dannecker, 1758 in Waldenbuch (Kreis Böblingen) geboren, war seit seiner Zeit als Karlsschüler ein enger Freund Schillers. Als Hofbildhauer war er zunächst für die Ausschmückung der herzoglichen Schlösser tätig. Nach einem fünfjährigen Aufenthalt in Rom, wo er u.a. Herder und Goethe kennenlernte, wurde Dannecker 1790 Professor der bildenden Künste an der Karlsschule. In den letzten Jahren seines Lebens litt er unter Gedächtnisverlust, was ihn 1839 zur Aufgabe seines Amtes zwang. Dannecker, als Bildhauer der bedeutendste Repräsentant des schwäbischen Klassizismus, starb 1841 in Stuttgart.

Die perfekte Büste

Ein Engländer im Atelier von Heinrich Dannecker
Von Thomas Frognall Dibdin

Es nieselte, als wir nach Stuttgart kamen. Wir passierten die lange Reihe königlicher Stallungen zur Rechten; linker Hand lag das Schloß; letzteres, bis auf die unnatürlich große goldene Krone mitten auf einem goldenen Podest, in jeder Hinsicht eine wahrhaft königliche Residenz. Als wir zum Hotel „König von England“ kamen, fanden wir alle Zimmer und jedes Bett belegt, und wir wurden dahin verwiesen, von wo ich nun berichte.

Allerdings, der „Römische Kaiser“ steht im Ruf, eleganter zu sein, das heißt, die Preise sind entsprechend höher. Wenn ich das nächste Mal komme, will ich aber weder in dem einen noch dem anderen, sondern im „König von Württemberg“ Quartier beziehen – das netteste, sauberste und komfortabelste Hotel in Stuttgart. Hier, in diesem Haus, ist es zu laut und unruhig für einen Reisenden mit empfindlichen Nerven.

„Ariadne auf dem Panther“ Tonmodell der von Dannecker 1803 geschaffenen Plastik

Alles in allem ist Stuttgart eine durch und durch langweilige Stadt. Die unmittelbare Umgebung setzt sich aus weinbebauten Hügeln zusammen, die um diese Jahreszeit höchst pittoresk wirken, im Winter aber, wenn nichts als fahle Erde zu sehen ist, muß das einen ziemlich traurigen Eindruck machen. Die Stadt ist groß und die Straßen – vor allem die Königstraße – breit und im allgemeinen gut gepflastert. Die Zahl der Einwohner beträgt etwa 22 000. Wer alte Bauten sucht, wird bitter enttäuscht sein; mit Ausnahme des in der Nähe einer Kirche liegenden Rathauses und einem Kruzifix – gibt es wenig oder nichts, was einen eingefleischten *englischen Liebhaber von Altertümern* befriedigen könnte.

Ich habe mehr als einmal den Namen des Bildhauers Dannecker erwähnt. Ich hatte das Glück, ihn zu treffen und mich mit ihm mehrmals ausführlich zu unterhalten. Unter den derzeitigen Phidiasjüngern ist er einer der natürlichsten und nach Statur und Redeweise und – ganz besonders in seinen angenehm einfachen Umgangsformen – ähnelt er sehr unserem berühmten Chantry.

Er zeigte mit alle seine Studien, jeden Abdruck der Originale, die er gemacht hatte oder machen wollte. Von dem, was er noch hatte, mußte ich mich mit der Gipsplastik seiner berühmten „Ariadne" zufriedengeben, die auf dem Rücken eines schreitenden Leoparden [sic!] sitzt, beide in Lebensgröße. Das Original gehört einem Bankier in Frankfurt, für den es für ungefähr 1000 Pfund Sterling angefertigt wurde. Es muß eine vorzügliche Arbeit sein. Wenn schon der Gipsabdruck so interessant ist, wie muß dann erst der Marmor wirken?

Ich hatte das Glück, *ein* Original aus Danneckers Werkstatt zu sehen – von überragender Bedeutung: die kolossale Büste Schillers, der ein Intimus und Landsmann dieses fähigen Bildhauers war. Noch nie stand ich vor einem so ausdrucksvollen modernen Antlitz. Die Stirne hoch und breit und über den Augenbrauen die Wölbung kühn, aber fein und markant gezeichnet. Eher große, aber zurückliegende Augen. Die Wangen ziemlich eingefallen. Der Mund ausdrucksvoll und das Kinn ein wenig zugespitzt. Das Haar fließt breit nach hinten und endet in welligen Locken auf den Schultern: ein wenig wie die Perücken der französischen Rechtsanwälte, die ich in Paris gesehen hatte. „So", sagte Dannecker, „trug Schiller sein Haar, und mit genau diesem Gesichtsausdruck kam er aus seinem Zimmer zu mir herüber. Er war mit einem Gehrock gekleidet, ich sah ihn zum letzten Mal." „Wie ich ihn so anschaute", fügte der Bildhauer hinzu, „dachte ich bei mir, deinen Kopf will ich genau so in Marmor meißeln." Dann bat mich Dannecker, meine Hand behutsam über die Stirn zu führen – und zu fühlen, wie sorgfältig und kaum merklich die Linienführung dieser kühnen Stirn durchgearbeitet war. Ich hörte auf jedes einzelne Wort, das er über diesen außergewöhnlichen Mann, der da so vor mir stand, sagte. Er tat dies mit einem Ernst und Vergnügen, daß ich es kaum beschreiben kann. Er ließ immer wieder um die Büste herum, mit einer Genugtuung, die an Ekstase grenzte. Man kann sagen, was man will – ob in Rom oder in London –, aber ein vornehmeres Kunstwerk in seiner allerhöchsten Ausformung und von dieser besonderen Art ist von dem Meißel keines lebenden Bildhauers geschaffen worden. Es ist das vergeistigte Antlitz des Menschen schlechthin, ohne auch nur einen Hauch jener dekadenten Vornehmtuerei, die häufig aus dem bemühten Bestreben resultiert, es so zu machen, wie es Phidias oder Praxiteles getan haben würden! Diese Büste wiegt eine ganze Armee solcher Skulpturen auf.

Danneckers Schillerbüste, Marmor (1793/94)

Der englische Bibliograph Thomas Frognall Dibdin, 1776 in Kalkutta geboren, Etonschüler und Theologiestudent in Cambridge, wurde 1804 als anglikanischer Geistlicher ordiniert und später von dem Grafen Spencer als Bibliothekar berufen. Seine Reise 1818 durch Frankreich und das südliche Deutschland beschrieb er in einem dreibändigen Werk, das sich durch Luxus in Typographie und Ausstattung auszeichnet. Dibdin, zuletzt königlicher Kaplan in Kensington, war der Gründer des berühmten Roxburgh-Clubs, einer Gesellschaft von Bücherfreunden, die es sich zur Aufgabe gemacht hat, alte und seltene Bücher in wenigen Exemplaren neu drucken zu lassen. Er starb 1847.

Stuttgart, 25. Juni 1792

Aber was könnten Sie aus Schwaben begehren? Wo sollte aus Schwaben etwas kommen, das Ihnen Vergnügen machen könnte? – Das Land ist wohl fett; aber wahrhaftig für eine Künstlerseele, wie die Ihrige, dürr Land.

Johann Heinrich Dannecker an den Schweizer Bildhauer Alexander Trippel

„Gibt es einen Betrag, der sie dazu veranlassen könnte, sich davon zu trennen?", fragte ich mit einem Unterton den nichtsahnenden Künstler und dachte gleichzeitig bei mir, ihm ungefähr 250 Louisdor anzubieten. „Keinen", antwortete Dannecker. „Das Original habe ich zu sehr geliebt, als daß ich mich von der Kopie seines Kopfes trennen könnte, bei dem ich mein Bestes gegeben habe, ihn so zu gestalten, daß er meines unvergleichlichen Freundes würdig ist." Ich glaube, der Künstler sagte, auch die Königin habe den Wunsch geäußert, die Büste zu besitzen. Aber er schien einem fast religiösen Zwang zu unterliegen, sie für sich zu behalten. Dannecker zeigte mir den Gipsentwurf für eine geplante Christusfigur. Sie beeindruckte mich, weil sie von großer Schlichtheit war und ihr Ausdruck voll Würde; aber vielleicht verlangte die Form etwas Fülle, und das Gewand war vielleicht etwas zu spärlich. Ich entdeckte dann verschiedene andere Büsten und Figuren, die mir wieder entfallen sind. Doch war ich unwillkürlich von der ruhigen und natürlichen Art beeindruckt, in der dieser verdienstvolle Künstler die Anerkennung erwähnt, die Canova ihm bei verschiedenen Schaustellungen zuteil werden ließ. Er ist natürlich Ohmacht um vieles überlegen. Vergleiche galten lange Zeit als unhöflich und gehässig – und so möchte ich nur hinzufügen, falls Dannecker jemals nach England kommt – was er schon halbwegs androhte zu tun –, wird er vom gemeinen Mann gefeiert und von einem Duke gefördert werden. Unterdessen haben sie hier sein Autograph zur Begutachtung:

Dannecker auf einem satirischen Scherenschnitt von Luise Duttenhofer. Dannecker war der Lehrer von Luise Duttenhofer.

Demokratische Etikette

Karl August Varnhagen von Ense, 1785 in Düsseldorf geboren, trat als bedeutender Publizist und vorwiegend biographischer Schriftsteller für die Juden- und Frauenemanzipation ein. 1814 heiratete er Rahel Levin, der er mit seinem Buch „Rahel. Ein Buch des Andenkens für ihre Freunde" ein bleibendes Denkmal setzte. 1816 bis 1819 war er preußischer Ministerpresident in Karlsruhe, von wo er wegen seiner liberalen Neigungen abberufen und als Geheimer Legationsrat in den Ruhestand versetzt wurde. Danach lebte er vorwiegend in Berlin, wo er 1858 gestorben ist. Seine kulturhistorisch bedeutsamen „Tagebücher" durften zu seinen Lebzeiten nicht erscheinen. Heinrich Heine nannte ihn „seinen wahlverwandtesten Waffenbruder".

Mit Ludwig Uhland im Theater
Von Karl August Varnhagen von Ense

Durch Uhland wurde mir eine besondre Überraschung zuteil. Ich wünschte das Theater in Stuttgart zu besuchen und lud Uhland ein, mich dahin zu begleiten. Er stutzte, machte allerlei Ausreden und zeigte eine Verlegenheit, die ich mir nicht erklären konnte. Je mehr ich in ihn drang, desto mehr wich er zurück; ich stellte ihm vor, daß meine Zeit in Stuttgart größtenteils genommen, daß dies vielleicht die einzige Gelegenheit sei, ein paar Stunden ungestört zusammen hinzubringen; er gab dies zu, bestand aber auf seiner Ablehnung. Endlich fragt' ich ihn, ob er etwa Bedenken trage, sich mit mir öffentlich zu zeigen, ob seine Parteigenossen es ihm mißdeuten könnten? Da nahm er sich ein Herz und sagte: „Nein, das ist es nicht. Aber wir können im Theater nicht beisammen sein, denn du wirst mit mir nicht auf den schlechtern Platz gehen wollen, sondern auf den ersten, und da kann ich nicht hin." Erstaunt rief ich aus, dergleichen Schändlichkeit werde doch nicht in Stuttgart herrschen,

*Das 1781 eröffnete „Kleine Theater an der Planie" wurde unter Verwendung von Material des in Teinach abgebrochenen Komödienhauses errichtet.
Schiller hat es als Regimentsmedikus besucht. Zehn Jahre nach seiner Flucht wurde dort 1792 „Kabale und Liebe" aufgeführt. 1802 ist es abgebrannt.*

Spaziergänge eines Dramatikers

5. März. Spaziergang vom Calwer- zum Büchsentor, Auffassung der Szene zwischen Ludwig, dem Burggrafen und Schweppermann.

6. März. Regen. In den Anlagen, Nachdenken über die 2. Szene des 3. Akts.

9. März. Schneesturm. In den Anlagen, Nachdenken über die 1. Szene des 4. Akts.

18. März. Spaziergang vom Calwer- zum Seegassentor, Nachdenken über die 4. Szene des 4. Akts.

20. April. Frühstück in Degerloch, Frühling, Nachdenken über Ludwig den Bayern. Gang nach Feuerbach, Nachdenken über Ludwig d. B.

21. April. Feuerbach. Teils im Garten, teils am Walde an der 1. Szene des 5. Akts fortgefahren, Leopolds Aufforderung; grüne Birken, Überfall vom Gewitterregen, Donner, nachmittags Rückkehr zu Ludwig dem Bayern. Um die Tore.

18. Mai. Regen. Angefangene Reinschrift Ludwig des Bayern. Besuch von Schwab, Vorlesen des 5. Akts.

Aus Ludwig Uhlands Tagebuch vom Frühjahr 1818

daß im Theater solche entwürdigende Standesunterschiede geboten seien? – „Geboten nicht, erwiderte er, aber so durchaus gebräuchlich, daß es entsetzlich auffallen und morgen in der Stadt ein allgemeines Gerede sein würde, wenn man mich heute abend in einer Loge sähe. Wir Bürgerlichen begehren auch nicht dahin, wir sind zu stolz, um mit den Vornehmen, mit denen, die sich solche dünken, zusammensein zu wollen." Nun aber, im Unwillen über diese schmähliche Einrichtung, bestürmt' ich ihn erst recht, ihr verachtend zu trotzen; ich meinerseits rechnete es mir zur Ehre, dazu als Hilfsmittel zu dienen, und wenn die Sache Aufsehn mache, so sei es mir nur um so lieber. Übrigens sei nichts einfacher, er begleite seinen Freund, der gleich ihm diese Äußerlichkeiten verachte und der den Platz, den er ihm anbiete, auch sicher für ihn zu behaupten wissen werde. Nach langem Zaudern entschloß er sich mit mir zu gehen und in meiner Loge Platz zu nehmen. Ob die Ungewöhnlichkeit, Uhland in einer Loge zu sehen, im Publikum sehr bemerkt wurde, Ärgernis gab und Mißreden erweckte, hab' ich nicht erfahren, aber bei einigen Hofbeamten und Diplomaten, die mich während der Zwischenakte in meiner Loge besuchten und denen ich meinen Freund Uhland mit eifriger Beflissenheit, als hätte ich einen Prinzen bei mir, vorstellte, bemerkte ich allerdings einiges Befremden, das sich aber schnell in lächelnde Höflichkeit versteckte und dem Dichter sogar einige Schmeicheleien eintrug.

„Dr. Uhland" – Scherenschnitt von Luise Duttenhofer (25. März 1817)

Dichters Erdenwallen

Zwanzig Miniaturen zu Jean Paul in Stuttgart

Jean Paul an Karoline Richter

Jean Paul, eigentlich Johann Paul Friedrich Richter, 1763 in Wunsiedel geboren, war nach einer armseligen Jugend Hauslehrer und gründete eine Elementarschule, bevor er schriftstellerische Erfolge hatte, zum Legationsrat ernannt und zu einem der am meisten bewunderten Erzähler seiner Zeit wurde. Er starb 1825 in Bayreuth.

Stuttgart, den 8. Juni 1819

Gestern abends, meine gute Karoline, kam ich an. Nur einige historische Worte, da der Kutscher auf sie wartet. Von Dinkelsbühl hab' ich dir vorgestern geschrieben. Der ganze böse Anfang dieser Reise gleicht meiner Frankfurter; ich hoffe also, daß auch die Fortsetzung ihr ähnlich wird. Auch hier bin ich im größten, aber darum ungemütlichen Gasthofe wie dort abgestiegen. Noch hab ich niemand gesprochen als gestern am Tische Haug.

Einen artigen Reisenachmittag hatt' ich vorgestern, wo ein fortregnendes Gewitter mit mir ging und ich den vortrefflichen Kutscher statt des Pudels zu mir in den Wagen nahm; die Pferde schlichen kaum, waren aber nicht mit hinein zu nehmen. Nur wenige Stellen der württembergischen Landschaft bestehen matt neben Nürnberg, Bamberg, oder gar Frankfurt; die Menschen sind nicht viel schöner, einige Männer ausgenommen, die mir mit etwa 50 Wagen voll Betten und Familien entgegenfuhren nach – Polen. Hier und in allen Städten sind wenig Menschen und keine Lebhaftigkeit; aber Gutherzigkeit ist überall.

Jetzo geh ich zu Cotta; darauf werd' ich mich entschließen können, wie und ob ich mich einmiete; denn in diesem Zimmer könnt' ich, obgleich der Prinz von Coburg es für mich eingeweiht und ich das schönste Exerzieren und Pauken schon um 5 Uhr morgens sehen und genießen kann, keinen Tag verleben. Alles wie in Frankfurt, wenn auch in kleinerem Maßstabe.

Eben hör' ich, daß Cotta erst Ende der Woche von seinem Landgute zurückkehrt. – Bloß die stundenlange Einfahrt unter Alleen und zwischen Gärten von Cannstatt in die Residenz ist eine der schönsten. Ich schreibe alles durcheinander, in lauter Angst der Störung. Wäre nur schon meine heutige Umquartierung vorbei.

Emilie Reinbeck an Julie Hartmann

Zu Emilie Reinbeck siehe Seite 172

Jean Paul Friedrich Richter ist 56 Jahre alt, großer, korpulenter Statur, hat braune, lange, etwas gelockte Haare, eine große Glatze, blaue Augen, wovon das eine ein wenig schielt, rundes, volles, rötliches Gesicht, mittlere Nase und Mund, ein feines und ein hartes Ohr. Ein sehr artiger weißer Pudelhund ist immer mit ihm. Façons sind keine an ihm zu bemerken; dagegen hat er etwas sehr Einfaches, Natürliches in seinem Benehmen, das nicht leicht den großen Dichter in ihm ahnen läßt; er ist treuherzig, gutmütig und läßt in seinem Gespräch oft den feinsten Witz leuchten. Er wohnt ganz in unserer Nachbarschaft im Hause des Kaufmanns Mohr und wird sich mehrere Wochen hier aufhalten.

Jean Paul an Heinrich Voß

Stuttgart, den 9. Juni 1819

Endlich bin ich, mein geliebter Heinrich, seit vorgestern in dem Stuttgart, aus welchem Cotta vor 6 Tagen Deinen teuern Brief an mich aus zu großer Pünktlichkeit nach Bayreuth gejagt. Mehr glücklicher Weise hat er sich selber auf eine Woche mit Familie auf sein Landgut davongemacht und mir dadurch das Wohnen in seinem Palast erspart, das ich ihm schwerlich hätte abschlagen können. Jetzo ruh ich seit heute selig in Abrahams gemietetem Schoß, nämlich in zwei Zimmerchen des Kaufmanns Carl Mohr. Himmel! wie erbleicht und verschießt dagegen der *König von England,* so glänzend und ungemütlich und teuer der auch für mich gewesen!

Alles was ich gewiß weiß, ist, daß Du nun auf eine gute, kurze, leichte aber genaue Schilderung von Stuttgart und deren [sic!] Menschen und Leuten aufsiehest, um zu wissen, wie es mir geht und der Stadt; aber da passe! Danke nur Gott und Haug – die mir dieses *gemütliche* (der Engländer würde *comfortable* sagen; gemütlich kann er nicht sagen) Zimmer angewiesen.

Unter der Menge gehörter Menschen gefällt mir Haug durch seine Gutmütigkeit am meisten, die überhaupt die guten Schwaben jedem gleichsam ans Herz legt.

Jean Paul an Karoline Richter

Stuttgart, den 9. Juni 1819

Ich wohne gerade so gemütlich, wie sonst in Nürnberg, bei dem Kaufmann Carl Mohr (so schreibe unten in Deinen Briefen bei), ein herrliches kinderloses Ehepaar; habe zwei heitere Zimmerchen wie ich sie wünsche mit brauchbaren Möbeln und Aussicht und allem. Gott sei es gedankt, daß er den Cotta mir aus dem Wege geschickt, der mich sonst in seinen Palast gezogen hätte. Kostet wöchentlich mit Aufwartung 4 fl. Über mir hauset auch ein Legationrat (von Arand), aber ein wirklicher; und so hat ein Liebhaber die Wahl, ob er Schein oder Realität nehmen will. Jetzo erst bin ich erheitert, und ich habe nur zu wachen, daß ich mich nicht wieder zu einsiedlerisch einniste.

Auf Morgen bin ich zu einer Landfahrt eingeladen. Gestern sah ich die Gräfin Beroldingen (und ihren Mann auch) in einem großen Gartenkonzert. Hier konnt' ich bei der Überschauung der höhern Weiberwelt meine Wahrnehmung an der hiesigen niedern wiederholen, daß es hier äußerst wenige schöne Gesichter gibt, aber dafür feste, gesundfarbige und eckige; zehnmal wohlgebauter als die Gesichter sind die Straßen, worein sie wandeln.

Jean Paul an Karoline Richter

Stuttgart, den 12. Juni 1819

Der überaus über mein Kommen erfreute Matthisson lud mich gestern zu einem Thee. Er und der Hofrat Reinbeck werden zuviel für meine Freuden tun. Nun gerat ich leider in den Strom und nichts wird mir fehlen als ein bißchen Einsamkeit. Auch das Wetter hat seine schönere Form wieder angenommen. Bedeutende oder auch phantastische Frauen hab' ich noch nicht gefunden, aber vernünftige und gute; unverheiratete noch wenig gesehen.

Ein Professor Müller aus Bremen wurde in dem gedachten Gartenkonzert, als er eine Damengesellschaft nach dem Dichter Uhland fragte, für mich angesehen, und bekam ihren Wagen und fuhr damit wieder zurück ... aber jetzo weiß ich selber nicht mehr wie der Spaß ausging.

Ein Herr Müller erinnert sich – 1821

Ich entdeckte bald, daß auch Jean Paul in unserm Logis sich aufhalte. Im Nebensaal, wo jemand auf dem Fortepiano phantasierte, sollte er sein; ich wagte den Spieler zu unterbrechen, um allenfalls ihn abzulösen. Ich fand aber nicht das berühmte humoristische Genie, sondern einen andern, weniger berühmten, doch ebenso liebenswürdigen Künstler und Gelehrten. Mit dem Gesuchten kam ich erst am Tisch zusammen, wo ich ihm im Andrang von allerlei Menschen kaum zugänglich wurde. Jeder will den seltenen Menschen in der Nähe sehen und ein witziges Wort von ihm hören. Er empfing mich sehr freundlich, und es gab wenig Gelegenheit zu etwas Besonderem. Da er mich fragte, wer ich sei, und ich ihm, statt meinen Namen, Stand, Amt und Titel anzugeben, antwor-

Picknick zu Ehren Jean Pauls in der Gaisburg (1819). Unvollendete getuschte Bleistift- und Kohlezeichnung eines unbekannten Künstlers. Die stehende Figur ist Jean Paul, vorn sein Pudel Ponto.

Jean Paul mit seinem Pudel Ponto
Scherenschnitt von Luise Duttenhofer (um 1819)

Stuttgart, den 14. Nov. 1820

Weiß man in Schweden, daß das Morgenblatt von einer Frau redigiert wird! nämlich einer Madame Huber in Stuttgart, einer nicht dummen, aber ganz und gar französierten Pulverhexe?

Per Daniel Amadeus Atterbom

Ich habe gestern Frau Huber besucht, die Morgenblattlaus. Sie wohnt auf Dichterart dem Himmel näher als andere Menschen, im höchsten Stocke des Hauses. Ärmlich genug sieht es bei ihr aus. Sie ist eine Frau in den besten Jahren – für den Ehemann, wenn er jung ist, so zwischen sechzig und mehr, klein und hager, etwas quecksilbern und sehr jovialisch. Sie trägt eine Haube und darüber einen Schleier auf Nonnen- oder Matronenart. Ich habe mich eine Stunde lang recht angenehm mit ihr unterhalten. Sie hatte einen Husten, der sie und mich plagte, sie aber länger. Denn da sie leise sprach und ich sie oft nicht verstand, fragte ich ,He?', worauf sie sich anstrengen mußte und lauter sprach. Wenn die drei Arzneien, die sie zu gleicher Zeit einnimmt, nicht ihren Zweck erreichen, so hat sie mir ihren Tod zu verdanken. Sie ist ein satirischer – nicht Engel wie sie – sondern

tete, daß dies alles zu unbedeutend sei, um mich zu beachten, sondern daß er mich für das Original von seinem Katzenberger ansehen sollte, sagte er, mich von oben herab anschauend: „Das sind Sie nicht. Ich habe das Original schon gefunden; da ich ihn schrieb, kannt' ich ihn aber nicht. Es geht mir wie dem lieben Gott: erst schafft er die Menschen, dann lernt er sie kennen."

Jean Paul an Therese Huber

Stuttgart, den 14. Juni 1819

Ich danke Ihnen herzlich für die eilige Güte, womit Sie gestern meinen nur auf einem Umwege an Sie gelangten Wunsch erfüllt haben. Mit Vergnügen geb' ich Ihnen – und mir – schon um 8 Uhr mein Wort, abends um 7 bei Ihnen zu erscheinen, damit ich das Wort nicht mehr habe, wenn es ein anderer für seinen Thee verlangt; denn ich freue mich sehr auf Sie und diesen Abend.

Therese Huber an F. W. Gubitz

Stuttgart, den 22. Juni 1819

Jean Paul ist hier. Mit dem Bewundern des Publikums ist's nichts – der Stuttgarter bewundert nur sich – aber auch nicht – er rühmt sich nur, und ich – bewundere auch wenig – lieb gewinne ich ihn bei mehrmal sehen. Er hat etwas sehr Gutmütiges und Kindliches – denn sein Glaube an seine Bewunderung, in Ursach und Wirkung, ist kindlich. Ich seh' ihn gern und mag ihn gern in kleiner Gesellschaft sehen, wo er etwas mehr bei der Klinge bleibt.

Therese Huber an Paul Usteri

Stuttgart, im Juli 1819

Ein großer Teil seines Gesprächs betrifft seine Werke, und wenn er etwas zitiert, was man nicht gelesen hat, wird er wirsch. Dabei hat er ein unbehülfliches Wesen, dick, gemein bis auf das Gesicht, und ist von früh bis abend vom Trunke gespannt, nicht betrunken. Früh arbeitet er stets bei zwei bis drei Bouteillen Burgunder – das sagt er selbst jedem, der es hören mag –, bei Tisch trinkt er mäßig, nach Tisch Bier, zwei bis drei Krüge, beim Thee vier bis fünf Tassen, halb Arrak, und abends, was Gott gibt. Da ist er denn überspannt und erhebt den, der ihm zuletzt flattiert hat, z. B. die Herzogin Wilhelm, unter die Götter.

Die Natur hat wenig Reiz für ihn in ihrer Mannigfaltigkeit. Warme Luft, Sonne, Grün, Blumen an einem bequemen Fleck beim Bierkrug – o ja! – aber er erklärt die Leute vor Narren, welche einer schönen Gegend zu Gefallen reisen oder gehen. Die Kunst ist auch nicht viel für ihn – sie will seine Gedanken fixieren, das ist nicht seine Sache – auch hört so ein Bild und so ein Berg nicht zu, wenn er spricht, und bewundert ihn nicht. Bei diesem Charakter muß nun aber ein heiliger Glaube an die ihm gespendete Bewunderung entstehen und ein Vermeiden der Nicht-Bewunderer, und das macht sich denn ganz natürlich, daß wir beide uns nicht behagen. Ich gestehe Dir, daß mir die Hofiererei der Leute um so einen ausgezeichneten Mann widrig ist, denn sie machen ihn zum Narren. Hier ist er durch die gute Gräfin Beroldingen zur Seckendorf gekommen – *en leur petit particulier* mag ihn keine, aber wenn er unter hundert Faseleien ein lichtvolles oder ihnen wie ein geistiger Flohstich dünkendes Wort sagt, schreit und lacht und spinnt (wie der Kater) der ganze Zirkel. Dieser Jean Paul (Frau von Weinheim nennt ihn in ihrer literarischen Unschuld Sankt Paul), so wie er da ist, ward von Cotta in seinem Hause Frau von Humboldt vorgestellt: „Herr Legationsrat Richter." Fährt der Mann auf und steht wie ein Penguin, das mit den kurzen Flügeln patschelt: „Wa – was? Legationsrat Richter? Den kennt niemand, das ist nicht ..." – „Wohl", sagt Cotta lächelnd, „also Jean Paul." Die Humboldt verneigte sich artig und fuhr fort, mit Sulpiz Boisserée zu sprechen. Da hatte sie's nun schon sehr verdorben. Nach einer Weile, wie er vor ihr stand, sagte sie sehr höflich zu ihm: „Sie sind jetzt hier etabliert?" Der Mensch ward wie ein Zinshahn: „Etabliert? was wär' ich etabliert? so gut wie Sie bin ich etabliert!" – und dabei streckte er den Arm so heftig gegen sie aus, daß mir für ihre Fontange bange ward. Die kluge Frau blieb ganz ruhig, ich nahm das Wort und sagte ihr, Jean Paul halte sich hier auf einige Wochen zum Besuch auf, und sprach von etwas anderm. Mein Herr Jean Paul aber wendete sich zur Cotta und sprudelte: „Dummes Zeug! ich bin da über Danneckers Christus entzückt, und die fragt, ob ich etabliert wäre!"

Drache. Sie macht sich über alles und alle lustig, besonders über die Mitarbeiter oder Mitarbeitssuchenden beim Morgenblatt. Von denen hat sie mir nun freilich die lustigsten Dinge erzählt. Bald schickt ihr ein Dichter aus Hanau 80 Sonette, 200 Epigramme, ein Dutzend Erzählungen zum Abdrucke, bald kömmt ein alter Mann weinend zu ihr und klagt, er habe Frau und Kinder zu ernähren – und wolle angestellt sein –, und so ging es das ganze Jahr.

Ludwig Börne an Jeanette Wohl.

Therese Huber
Scherenschnitt von Luise Duttenhofer

Therese Huber, 1764 in Göttingen geboren, heiratete 1785 den nachmaligen Jakobiner Georg Forster, nach dessen Tod 1794 den Schriftsteller Ludwig Ferdinand Huber, der (bis zum Verbot durch die württembergische Regierung) in Stuttgart einige Jahre die Redaktion der „Allgemeinen Zeitung" leitete. 1804 wurde Therese Huber zum zweiten Mal Witwe. Sie veröffentlichte, zunächst aus Not, zahlreiche Romane und Erzählungen. Von 1819 bis 1824 leitete sie die Redaktion des Stuttgarter „Morgenblattes". Therese Huber starb 1829 in Augsburg.

Jean Paul an Karoline Richter

Stuttgart, den 16. Juni 1819

Hier wird man aus den Thees gewöhnlich ohne Abendbrot heimgeschickt, das ich dann für einige Groschen im Gasthofe suchen muß. Gott! wie hungert mich nach einem Stückchen Bayreuther Bäckerbrot. Das hiesige – bloß aus Dinkel gebacken und ungesalzen – schmeckt ungefähr wie getrockneter Kleister oder papier *maché;* und doch würgte ich es einige Abende – aus Sparsamkeit – mit einem Stückchen Wurst hinein. Die hiesigen Milchbrötchen schmecken wie euere Semmeln. Ich könnte mir wohl abends hier kochen lassen, aber der gute Mohr ißt schon um 6 Uhr; also kann ich ihm diesen Feueraufwand nicht zumuten. Mein guter Kaffee kostet mit allem mir bei ihm 12 kr. Das gefälligste dienstfertigste Ehepaar, so wie die 17jährige Magd, von der alle Bayreuther Mägde Ordnung und Eile lernen könnten.

Ich habe gar zu viel zu erzählen und so wenig Zeit. Der Tisch liegt voll Bücher aus der Bibliothek und von der Huber etc. Das Besuchen am Morgen hört nicht auf, und ich bin zweilen von 2 bis 10 außer Haus – arbeiten will ich auch ein wenig.

Bekannt und geliebt bin ich hier hinlänglich und in jeder Gassenecke seh' ich den Rücken eines Verehrers stehen. Nur müßt' es am Ende auch dem eitelsten Narren lästig fallen, daß er an einem öffentlichen Orte (z. B. im Gartenkonzerte) nicht herumgehen kann, – um etwa einige weibliche Gesichter anzusehen, oder die Gartenpartien – ohne hinten und vornen und seitwärts von 100 Augen verfolgt; oder, wenn er gar ins Sprechen kommt und sagt: „Ihr Diener" oder „eine Flasche Doppelbier", von den nächsten Ohren verschlungen zu werden. Gnade dann Gott dem armen Narren, wenn er vollends etwas Dummes sagt, anstatt das Allerwitzigste und Erhabenste. Einen oder ein paar Verehrer und Verehrerinnen an jedem Orte laß' ich mir gefallen; man wird aber am Ende so unverschämt und gleichgültig wie ein Prinz und tut, als sei man zu Hause, nämlich in Bayreuth.

P. S. Donnerstags

Abends fuhr die Gesellschaft und ich mit dem Grafen nach der Silberburg, die schönste Stelle für mich. Alles Schöne liegt aber weit von Stuttgart; ach es ist kein Heidelberg oder Frankfurt.

Cotta, bei dem ich heute zum ersten Male esse, kam schon sonnabends; er gewährt die reichste Unterhaltung bis sogar in die Philosophie hinein. Der Professor Reinbeck hat bei seinem Ehrenwort der Hausmannskost mich auf immer an seinen Tisch geladen. Er hielt es; im niedlichen Eßzimmer stand ein Bett. Er hat eine herzige, gebende, obwohl nicht schöne Frau. An demselben Tage ging ich nach Gaisburg, wo Reinbeck eine große Gesellschaft versammelt hatte, zumal von Weibern. Ich vergesse aber die Namen, sobald ich sie gehört.

Die alte Huber – bei der ich auch zum Thee war – ist voll Geist und Herz, konnte aber kaum in der Jugend schön gewesen sein. Dem Könige laß' ich mich nicht vorstellen; er liest wenig und hat nur einige Offiziere bei sich. Eine Herzogin … ich weiß nicht welche auf dem Lande – will mich durch Matthisson sehen und kann machen, daß ich Hosen anziehe, die ich seit drei Jahren ver-

Die Silberburg (Radierung, um 1820)
Seit 1836 gehörte dieses Landhaus der Stuttgarter „Museumsgesellschaft“, die dort eine große Bibliothek unterhielt. Man konnte auch zahlreiche Zeitungen einsehen.

geblich im Koffer herumfahre. Seit gestern und heute (und fast immer) genießen wir liebliches Regenwetter, und ich wäre das glücklichste Wesen von der Welt, wenn ich eine Krautpflanze wäre oder ein Gerstenfeld.

Max Löwenthal erinnert sich – Jahrzehnte später

Jean Paul war während seines Aufenthalts in Stuttgart täglich bei Reinbecks. Er glaubte sich verpflichtet, bei Tische allein alle Gesellschaft zu unterhalten und sprach daher so viel, daß er nicht selten gar nicht zum Essen kommen konnte und zuletzt ganz erhitzt wurde. Das Ganze machte einen mehr unangenehmen als angenehmen Eindruck.

Jean Paul an Karoline Richter

Stuttgart, den 20. Juni 1819

Gesund bin ich ganz (nur der Ausschlag auf der Stirn dehnt sich aus und sticht erbärmlich gegen meine andern Reize ab); aber das ewige Herumtrinken – siehe nur den Speisezettel – verwüstet doch am Ende; zum Glücke hab' ich mir noch nicht das kleinste Übertreten vorzuwerfen. Gestern aß ich bei dem bayerischen Gesandten, wo auch der gefällige angenehme preußische war, und die Huber, Dannecker, Matthisson etc. Mit der Frau – die ein sehr schönes freundliches Gesicht mit seltsam-schön geschnittenen Lippen, doch nicht vorzüglicher Geist noch besondere Empfindsamkeit auszeichnen – und mit der Tochter und noch einer schönen Gestalt, deren Namen ich vergessen, fuhr ich zu dem Konzert auf der Silberburg; und ich hab' es besonders zu rühmen, daß sie vor meiner Türe halten, mich herausspringen und den heulenden Pudel oben herunterbringen ließ. Auf der Silberburg fand ich neulich zuerst, daß ich den weiblichen Gesichtern (hohen und niedrigen) früher bei dir Unrecht getan und daß recht viele schöne vor mir vorbeigegangen. Die Weiber hier find' ich – und eben so die Männer – einfach, schlicht, ohne schreiende Farben weder im Guten noch Bösen, anspruchslos, sogar im Putze (aber ungeheuere Damenhüte, unter die ein Mann, der rückwärts ginge, sich im Regen bei den Trägerinnen unterstellen könnte). Leider setzen sie sich und die Männer stellen sich bei dem Thee zusammen; aber ich wehr' es sehr ab und stellte neulich dem Cotta seine eigne Frau vor, damit er höflich dem Halbzirkel näher käme.

Von Cotta hab ich durch Reinbeck und Haug das Bild eines eiteln Geizhalses erhalten; und er ist nur gegen andere durchaus nicht so, wie er bisher gegen mich im Handel gewesen. Ich tu ihm keinen Tritt entgegen und komme nur eingeladen, welches heute das zweite Mal ist. (Es war ein Thee, und zwar ein lumpiger; kein Tropfen Punsch!)

Speise- und Trinkzettel – Eine Beilage

10ten Diner bei Beroldingen – Thee bei der Paulus (uneingeladen)
(nämlich bei dem 1ten Besuche)
11 Thee bei Matthisson
12 Diner bei Beroldingen und Thee auf der Gaisburg
14 Thee bei Md. Huber
15 Diner bei Reinbeck und Thee auf der Gaisburg
17 Diner bei Cotta – Thee bei Md. Huber
18 Diner bei Reinbeck – Thee bei Geheimen Rat Hartmann
19 Diner bei dem bayerischen Gesandten – Fahrt nach der Silberburg
20 Diner bei Beroldingen – Thee bei Cotta
21 Diner bei Reinbeck
22 Thee bei Matthisson

P. S. Montag

Gestern war ich von Beroldingen zu Mittag auf den Herzog und die Herzogin Wilhelm eingeladen, die mich sehen wollten. Jener ist durch sein wohlwollendes und gelingendes Arztsein in der Gegend berühmt; und sie war's in der Jugend durch eine Schönheit, welche dem Künstler Dannecker nicht bloß den Kopf verrückte, sondern auch den Hut, den er im Weggehen von ihr immer quer aufsetzte. Er sagte mir's gestern selber. Und sie ist noch etwas schön! Aber wie soll ich dir dieses neckende Springen von Ideen und dieses unfürstliche liebe Teilnehmen an ihren bürgerlichen Bekannten (z. B. Dannekker, Leibarzt König etc.) und dieses naive Sprechen malen! Ich saß unter dem Essen neben ihr. Sie lachte mich über meine Lobreden aus, konnte aber doch nicht Herrin werden.

Der Himmel schafft endlich seine Wolken weg und gibt bessere Tage, aber immer fehlt mir die rechte Gegend dazu. Gleichwohl will ich endlich fort; jetzo hab' ich das meinige gesehen und genossen. So viele Bildung (und bester Gesellschaftston) hier ist, so fehlen mir doch Männer wie die Heidelberger.

Ich bin froh, daß ich einen Tag habe, wo ich wenigstens auf Mittag nicht eingeladen bin – ob ich gleich zu Reinbeck gehen könnte. Mir wollen die vielen vornehmen Schüsselchen gar nicht behagen; eine derbe Wirtshausschüssel ist mir gesünder. In Regensburg, Nürnberg, Frankfurt ißt man besser. Aber das Bier ist trefflich.

Eine alte Dame erinnert sich – Mariette Hartmann 1894

Er arbeitete gewöhnlich vormittags auf der Silberburg und widmete dann den Nachmittag und Abend der Geselligkeit. Von früher mit Reinbeck und Matthisson bekannt, war Jean Paul bald heimisch in unserm Kreise, und bei seiner gern ausgesprochenen Liebe für die Jugend wurden auch öfters junge Leute gebeten. Da hatte er denn allerlei kleine Gnadenbezeugungen, mit denen er uns erfreute. Bald sollte ihm jedes der anwesenden Mädchen eine Tasse Tee einschenken, und er trank dann willig, soviel es ihrer waren, wobei unsere Frau Matthisson sich alle Mühe gab, das Rum- oder Kirschgeist-Fläschchen unbemerkt auf die Seite zu schaffen, wenn ihr der kredenzenden Mädchen zuviel zu sein schienen. Bald wurde diese, bald jene mit der roten Nelke beschenkt, die er jeden Morgen ins Knopfloch steckte, und mit denen ihn seine Verehrerinnen hinreichend versorgten. Auch ich bewahre noch eine solche Lieblingsblume Jean Pauls. Wir machten mit ihm einige kleinere Partien nach Gaisburg usw.; überall, auch in größter Gesellschaft, war sein Pudel, Ponto, des Dichters unzertrennlicher Begleiter. Es war ein schönes Tier, blendend weiß und fein gelockt, und man erzählte sich, daß in Heidelberg der Mann, dem der Auftrag geworden war, den Hund zu scheren, ein großes Glück damit gemacht habe, weil sich die Damen um die Löckchen rissen und bis zu einem Dukaten für eines bezahlten! „Das könnte man doch wohlfeiler haben", sagte scherzend die gute Frau von Matthisson zu mir; „halte du ihn, ich schneide ihm ein paar ab!" Gesagt, getan. Aber fast hätten wir den Spaß bereut, denn das kluge Tier schien erzürnt und bedrohte uns den ganzen Abend.

Jean Paul an Heinrich Voß

Stuttgart, den 23. Juni 1819

Die geselligen Strudel drehen mich hier. Jetzo lies das Durcheinander! Die Huber – mir sehr zugetan – hatte Dein Blatt über mich an Cotta gegeben, der es endlich auf mein Begehr wieder vorgefunden und ihr zugestellt.

Auf der nahen Silberburg hab ich die herrlichsten Schreibtische, – wenn ich nur öfter hinaufkäme. – Dem allem ungeachtet ist es doch kein halbes *erstes* Heidelberg; so selig kann ich nie mehr werden als mich euere Gegenden – die Männer – die Jungfrauen – die Neckarfahrt – die Thibauts Musik – die Mannheimische – der Rhein und unsere Landfahrten gemacht; nein, nicht halb so selig mehr.

Henriette Herz (1764–1864) war eine enge Vertraute Schleiermachers und unterhielt in Berlin einen berühmten Salon. Ludwig Börne schwärmte sehr für sie.

Jean Paul an Karoline Richter

Stuttgart, den 26. Juni 1819

Die Herz hab' ich gestern gesehen, ein junger fetter Rumpf, auf dem ein eingewelkter Kopf eingeschraubt ist. Es trifft sich, daß ich hier fast immer mit Männern, höchstens mit deren Weibern zu konversieren komme; mit Jungfrauen noch nicht ¼ Stunde.

Wie sich die Bilder gleichen – Henriette Herz erinnert sich

Jean Paul – Stahlstich von Adrian Schluch nach dem Ölgemälde von Friedrich Meier (1810)

Mir wurde sein von Meier gemaltes Porträt gezeigt, welches sehr ähnlich sein sollte. Ich hätte es nie für das seine gehalten. Nach diesem Bilde hatte sich sein Äußeres durchaus nachteilig verändert. Sein sonst schmales und bleiches Gesicht war ganz rot und bierdick geworden. Sein Auge, welches außer dem immer schon etwas sonderbaren Blick früher schon klein war, war durch die Aufgedunsenheit des Gesichts noch kleiner geworden. Ich wünschte, daß hinsichts der Ähnlichkeit eine Täuschung obwalte. Der Zufall wollte, daß ich ihn auf meiner Rückreise von Italien gegen Ende des Juni 1819 in Stuttgart bei Cotta traf. Das Bild war ähnlich gewesen. Wir waren gegenseitig erstaunt über die Änderung unseres Äußeren. Er war wohlbeleibt, ich war mager geworden.

Jean Paul an Therese Huber

Stuttgart, den 8. Juni 1819

Hier folgen die Bücher und mein Dank. Die Einladungen trieben mich bisher so außer Hause umher oder die Sonnenstiche hielten mich darin, daß ich keinen Besuch *uneingeladen* machte, ausgenommen einmal bei – Ihnen. Und heut möcht' ich es wieder so machen und mich selber bei Ihnen zum Thee bitten, um alle meine schönen Tage mit einem schönen letzten Abende zu krönen. Geht es?

Ihr
ergebener
Jean Paul Fr. Richter

Therese Huber an Henriette von Reden

Stuttgart, den 3. Juli 1819

Ich gestehe nun, daß ich stets fand, daß vieles Bewunderte von Jean Paul die Vernunfts-Zergliederung nicht aushält. In seinem Umgang ist's noch viel schlimmer. Er schwatzt grenzenlos viel, meist von Getränk gesteigert, hört nur sich, ist verstimmt, sobald er nicht das Zentrum ist, und findet keine Schmeichelei zu grob. Dabei ist er, was man gut und sittlich nennt, im höchsten Grad, so daß ich ihm gut bin, ohne seine Schriftstellerei zu bewundern – aber ein interessantes Phänomen ist er durch die Natur seines Geistes und seiner Bildung. Nie sah ich einen Menschen, der also durch Bücher gebildet allein in *seiner* Phantasie lebt – er spinnt alles aus sich heraus, denn selbst wenn er etwas auffaßt, stampft er's erst durch und macht's zu einem Gebilde seiner Phantasie, weil es ihn als Wirklichkeit gar nicht interessiert. Keine Wirklichkeit interessiert ihn.

Aus dem allen sehen Sie, daß wir nicht groß Freund waren. Nein! denn ich bewundre nicht und lasse mir nicht imponieren. Cotta ist auch nicht günstig von ihm angesehn aus eben dem Grunde. Matthisson hingegen hat ihn bewundert, und seine faselige Herzogin hat – *elle a à gogo* mit bewundert, welches den ehrlichen Jean Paul ganz außer sich brachte vor Entzücken. Auf ihrem Landgute, wo er sie besuchte, hatte sie seinem alten Pudel eine Laube bauen lassen, einen Korb mit einem Rosenbette hineingestellt, und die fürstlichen Kinder standen Schildwach davor.

Bayreuth, den 3. August 1819

Stuttgart wurde mir je länger, je lieber. Die guten Menschen da können nichts für die Nässe und die Glut, die mir und ihnen so vieles verdarben. Den alten Hartmann samt Frau und schönen Mädchen kann ich gar nicht genug loben und lieben; und seine Tochter samt Mann – Reinbeck – nahmen vor Liebe zweimal Abschied von mir, wiewohl beide vorher noch etwas Innigeres für mich gezeigt, daß sie mich nämlich zum unterschreibenden Mitzeugen ihres Testaments gewählt. So gehörte man auf einmal in Haus und Herz.

Von Matthisson wollen wir nicht viel reden, zumal da er's selber nicht tut; Gott geb' ihm neue Gaben; inzwischen ist er überall und doch bloß schwach. – *Einer* Weisser'schen [gemeint ist der Epigrammatiker Friedrich Weisser] Abendeinladung hab' ich, von Haug gequält, mich bequemt, aber der zweiten nicht, ob er gleich in einem fort mich um mich her verehrt und noch dazu aufrichtig und noch dazu mit mir (das Höhere der Anschauung ausgenommen) ziemlich harmonisch spricht; aber mit seinem Affengesicht könnte mich nur eine Kanonenkugel aussöhnen, die zwei Drittel davon ausgestrichen hätte. Es gibt wirklich Häßlichkeiten, welche keine Gewohnheit übertünchen oder übermalen kann.

Bayreuth, den 4. August

Der Herzog Wilhelm ist leicht geschildert als ein Mann voll handelnder Arzeneikunde, Physik und Menschenliebe; aber die Frau! Sie lebt und wohnt auf den weichen Blütenspitzen der Phantasie und fällt daher immer herunter – der wahre Unbestand in allem, zumal in Freude und Trauer –, sie bekannte mir alle ihre Fehler und deren Quellen (was aber zu nichts fruchtet) und sagte, Matthisson sei ihr zum Raten nicht kräftig genug. Mich gewann sie sehr lieb, ich mußte ihr aber zuletzt doch einige Besuche abschlagen. Sie wird mir schreiben. – Himmel! wie schön und groß sind die Stuttgarter Mädchenaugen! Die Hartmann bot mir einen ganzen weiblichen Augen-Thee zusammen.

Die verfluchte Exzellenz

Ein Däne und die schwäbische Politik
Von Adam Oehlenschläger

Adam Oehlenschläger Zeichnung von Franz und Johannes Riepenhausen (Rom 1809)

Oehlenschläger, 1779 als Sohn eines Schleswiger Organisten in Kopenhagen geboren, bereiste 1805 bis 1809 mit einem königlichen Stipendium Frankreich, Italien, Deutschland und die Schweiz. Seine zweite Deutschlandreise fällt in die Jahre 1817/18. Seit 1810 war Oehlenschläger Professor der Ästhetik in Kopenhagen. 1829 wurde er mit der skandinavischen Dichterkrone geehrt. Oehlenschläger, der 1850 in Kopenhagen starb, war vorwiegend Dramatiker. Er fühlte sich auch der deutschen Literatur zugehörig, schrieb einige Werke in deutscher Sprache und war auch als Übersetzer tätig.

In Stuttgart traf ich *Cotta* als Geheimen Hofrat unermüdet, bleich, mager, voller Feuer, beweglich, gesund und fleißig. Wir hatten eine kleine Rechnung miteinander abzumachen, und ich neckte ihn freundlich, daß er, der reiche Mann, so genau wenige Groschen nachrechnete. „Lieber Freund!", sagte er lächelnd, „hätte ich nicht auf die Groschen gesehen, wäre ich kein reicher Mann geworden."

Hier in Württemberg ist aller Augenblicke ein Reichs- oder Kreistag. Der Minister Wangenheim steht mit Cotta und andern der öffentlichen Meinung gegenüber; er will zwei Kammern haben und das Volk nur eine. Jüngst schlugen einige Volksvertreter Wangenheim die Fenster ein; aber er sagte, wie Fichte früher zu den Studenten: „Ein Steinwurf ist ein sehr schlechtes Argument." Aber obgleich nun Wangenheim an gewissen aristokratischen Elementen zum Besten des Staates, seiner Überzeugung nach, festhält, so ist er doch so fern von törichtem Adelshochmut, daß er, obgleich Exzellenz und ein Mann von feinstem Weltton aus Neigung, in seinem Privatleben fast burschikos ist. Der junge Dichter Rückert ist sein Duzbruder. Einen langweiligen Kammerherrn mit einem Zuschnitt aus der *vieux bon-temps,* den Wangenheim nicht leiden konnte, wußte er vor kurzem aus einer Dichter- und Künstlergesellschaft, in die derselbe sich eingeschmuggelt hatte, zu bringen, indem er ihm gewissermaßen die Türe wies. Wangenheim stand sehr höflich bei Tisch auf, hielt eine Rede an ihn, in der er ihm bewies, wie wenig er in unsere Gesellschaft passe. Als wir abends die Gesellschaft verließen, machte der Minister, der mit mir Arm in Arm allein ging, da wir in ein interessantes Gespräch gekommen waren, den Vorschlag, ob wir nicht in ein Wirtshaus gehen und eine Bowle Punsch trinken wollten. „Ja", antwortete ich, „wenn Ew. Exzellenz können, kann ich es auch!" „Ach", rief er, indem er mit dem Kopfe schüttelte und weiterging, „die verfluchte Exzellenz!"

Rückert ist außerordentlich altdeutsch gewesen. Das hat sich etwas gelegt, und er zeichnet sich in seiner Kleidung nicht mehr von andern aus. Er dichtete mir zum Abschied ein Sonett. Ein anderer junger Dichter, Uhland, lebt hier als Advokat. Es freute mich, seinen Fortschritt zu bemerken, vor zehn Jahren sah ich ihn noch als ein halbes Kind. Man macht viel aus ihm, und er verdient es auch gewiß; aber wie bei Rückert zu viel *Blühendes* ist, so findet sich bei Uhland etwas Steriles; er ist männlich, ehrlich, zuweilen tieffühlend, aber oft trocken und gleich dem Ton seiner Gedichte zu sehr Goethe. Ich besuchte Uhland mit Rückert, was ich nicht getan haben würde, wenn ich ihr Verhältnis zueinander gekannt hätte; sie gehörten zu verschiedenen politischen Parteien und das machte die Unterhaltung gespannt und verlegen.

Württemberg und Stuttgart – Nein danke!

Eine Petition mit Folgen
Aus Texten von und an Friedrich List

Friedrich List im Alter von 28 Jahren. Bleistiftzeichnung (1817)

I Zur Lage der Nation – Lists „Reutlinger Petition"

Friedrich List, 1789 in Reutlingen geboren, wurde 1817 Professor in Tübingen. Unter einem formalen Vorwand (in Wirklichkeit ging es um seine politische Haltung, insbesondere in Sachen Zoll- und Preßfreiheit) verlor er diese Professur jedoch schon 1820. „Wegen durch den Druck verbreiteter Ehrenbeleidigung und Verleumdung der Regierungs-, der Gerichts- und Verwaltungsbehörden und Staatsdiener Württembergs, wegen Begehung von Staats- und Majestätsverbrechen im Sinne des Gesetzes vom 5. März 1810, unter erschwerenden Umständen, und wegen unbotmäßigen Benehmens gegen den untersuchenden Richter" wurde List am 6.

Ein oberflächlicher Blick schon auf die innern Verhältnisse Württembergs muß den unbefangenen Beobachter überzeugen, daß die Gesetzgebung und Verwaltung unsers Vaterlandes an Grundgebrechen leiden, welche das Mark des Landes verzehren und die bürgerliche Freiheit vernichten. Eine von dem Volke ausgeschiedene, über das ganze Land ausgegossene, in den Ministerien sich konzentrierende Beamtenwelt, unbekannt mit den Bedürfnissen des Volkes und den Verhältnissen des bürgerlichen Lebens, in endlosem Formenwesen kreisend, behauptet das Monopol der öffentlichen Verwaltung, jeder Einwirkung des Bürgers, gleich als wäre sie staatsgefährlich, entgegenkämpfend, ihre Formenlehren und Kastenvorurteile zur höchsten Staatsweisheit erhebend, eng unter sich verbündet durch die Bande der Verwandtschaft, der Interessen, gleicher Erziehung und gleicher Vorurteile. Wo man hinsieht, nichts als Räte, Beamte, Kanzleien, Amtsgehilfen, Schreiber, Registraturen, Aktenkapseln, Amtsuniformen, Wohlleben und Luxus der Angestellten bis zum Diener herab.

Auf der andern Seite Unwert der Früchte, Stockung der Gewerbe, Fallen der Güterpreise, Klagen über Geldmangel und Abgaben, Steuerpresser, Gantungen [Zwangsversteigerungen], bittere Beschwerden über unredliche Magistrate,

April 1822 zu zehn Monaten Festungsstrafe verurteilt. Alleiniger Grund: die sogenannte „Reutlinger Petition". Da List Abgeordneter war, mußte die Württembergische Kammer zuvor seine Immunität aufheben.

Dem Urteil entzieht sich List zunächst durch Flucht. Paris, London und schließlich die Schweiz sind die Stationen seines Exils, bevor er sich im August 1824 entschließt, seine Strafe auf dem Asperg anzutreten. Dort läßt man ihn Verzeichnisse über „Kolletts, Tschakos, Quasten, Beinkleider" abschreiben. Seine (etwas vorzeitige) Entlassung erfolgt unter der Bedingung, daß sich List zur Auswanderung bereit erklärt und auf seine württembergischen Bürgerrechte verzichtet. Er geht nach Amerika, von wo er 1830 als amerikanischer Konsul nach Deutschland zurückkehrt. 1833 setzt er sich für die Errichtung eines deutschen Eisenbahnnetzes ein, was ihm aber nicht die erhoffte sichere Anstellung verschafft. Als freier Schriftsteller lebt er zunächst in Paris, dann in Augsburg. Ende 1840 erscheint sein Hauptwerk „Das nationale System der politischen Ökonomie", das unvollendet blieb. 1846 begeht Friedrich List in Kufstein Selbstmord.

gewalttätige Beamte, geheime Berichte, Mangel an Unparteilichkeit der Obern, Jammer und Not überall. Nirgends Ehre, nirgends Einkommen, nirgends Fröhlichkeit, denn allein in dem Dienstrock.

Die Verwaltungsbehörden ohne Kenntnis des Handels, Gewerbes und Ackerbaus und, was noch schlimmer ist, ohne Achtung für die erwerbenden Stände, auf tote Formen und veraltete oder unpassende Bureaugesetze versessen, die Nationalindustrie meist mehr hemmend als befördernd.

Die Rechtspflege kostspielig, endlos, unbehilflich, aller Öffentlichkeit und einer gesunden Gesetzgebung ermangelnd, häufig von Männern verwaltet, welche, statt an dem reinen und frischen Quell der gesunden Vernunft und des praktischen Lebens zu schöpfen, ihre Weisheit aus einer längst versunkenen Welt heraufholen.

Die Staatsfinanzwirtschaft endlich in ihrem durch die schwülstige Verwaltung verursachten Aufwand alle Verhältnisse übersteigend, in ihrem Einkommen den Verkehr erschwerend, die Industrie hemmend, Unterschleife begünstigend, kostspielig und unbehilflich in der Erhebung, ohne Gleichheit in der Entrichtung, das Ganze ohne Plan und staatswirtschaftliches Prinzip.

Dies ist ein kurzer, aber getreuer Abriß unserer Verwaltung.

II Die Polizei läßt bitten – Abgeordneter List verbittet sich

Euer Wohlgeboren habe ich wegen Verfassung und beabsichtigter Verbreitung eines in Form eines Schreibens an die Kammer der Abgeordneten in die Hände der Polizei gefallenen Aufsatzes, dessen Inhalt gegen die Preßgesetze anstößt, in justizmäßige Untersuchung zu ziehen, und ich lade Sie deswegen ein, heute vormittag um 10 Uhr auf dem Amtslokal des Kriminalamts zu erscheinen, oder aber mich, wenn Sie Kränklichkeit vom Ausgehen abhalten sollte, davon zu benachrichtigen, damit ich sodann die Vorkehrung treffen kann, das Verhör um die bezeichnete Zeit in Ihrer Wohnung mit Ihnen zu eröffnen.

Stuttgart, den 22. Januar 1821. Kriminalrichter
Cless

Stuttgart, den 22. Januar 1821

An den Polizeiminister!

Im Besitze des Vertrauens der Stadt Reutlingen, deren Abgeordneter ich bin, stellte die dortige Bürgerschaft das Ansuchen an mich, ihr eine Petition an die Kammer der Abgeordneten zu entwerfen, welche ihre Bitten und Wünsche in Beziehung auf die bevorstehenden Landtagsverhandlungen darlege.

Mit Vergnügen entsprach ich diesem Ansinnen. Den ausgefertigten Entwurf dieser Adresse ließ ich hierauf bei dem hiesigen Steindrucker Ebner lithographieren, um, im Fall derselbe genehmigt würde, jedem unterzeichneten Bürger ein Exemplar davon zusenden zu können. Schon hatte ich einige hundert

Abdrücke erhalten, als gestern nachmittag der Oberpolizeikommissarius v. Katzmeier in meiner Wohnung erschien und laut schriftlichen Auftrags der hiesigen Stadtdirektion die Ausfolgung aller noch vorrätigen Abdrücke jenes Entwurfes verlangte.

Anfänglich verweigerte ich ihm sein Ansinnen mit der Äußerung, daß ich die Befugnis der Polizei hierzu nicht absehen könne. Als er aber bald darauf wieder erschien und erklärte, daß die Stadtdirektion auf ihrem Ansinnen beharre, übergab ich, der Gewalt weichend, die noch vorhandenen Exemplare, etwa dreißig an der Zahl, die er hierauf mit seinem Amtssiegel versiegelte und mit sich nahm. Zu gleicher Zeit erfuhr ich von dem Steindrucker Ebner, daß mehrere Polizeidiener, unter Anführung des Stadtdirektors, auch den unschuldigen Stein, worauf die Petition geschrieben ist, in Verwahrsam genommen habe. Vor einer halben Stunde (um halb neun Uhr) erhielt ich eine schriftliche Aufforderung des Stadtdirektors, um 10 Uhr vor ihm zu erscheinen, um mich über jene Petition vernehmen zu lassen. Auf meine Erwiderung, daß ich seit mehreren Tagen wegen Unpäßlichkeit das Bett nicht verlassen könne, erhalte ich soeben die weitere Nachricht, der Stadtdirektor werde um die bestimmte Stunde sich in meiner Wohnung einfinden.

Wollen Eure Exzellenz das beiliegende Exemplar der Petition genau prüfen, so werden Sie finden, daß nichts darin enthalten ist, was nicht jedem Bürger eines konstitutionellen Staats, seiner Repräsentation gegenüber, zu sagen erlaubt wäre. Das Verfahren der hiesigen Stadtdirektion ist mir daher unerklärlich.

Was wäre auch eine Verfassung, bei welcher man den Repräsentanten des Volkes die Beratung ihrer Kommittenten zum Verbrechen machen könnte? Wo wäre die Freiheit des Württembergers, wenn der Polizeibehörde erlaubt sein könnte, ohne alle Anzeichen von einem Verbrechen, in sein Haus einzudringen und ihm seine Papiere in Beschlag zu nehmen? Wer möchte da Volksvertreter sein, wo jede Polizeibehörde es sich herausnehmen darf, die Mitglieder der Kammer der Abgeordneten über Amtshandlungen und erlaubte

Stuttgart, 21. April 1822

Professor List, einer der Herausgeber der Neckarzeitung, ist wegen einer Art Staatsverbrechens zu 10monatlicher Festungsstrafe mit Zwangsarbeit verurteilt worden. Da hat er sich nach Straßburg geflüchtet. Und er hat Kinder und eine hochschwangere Frau und kann jetzt nicht mehr zurück, es müßte denn eine große politische Veränderung eintreffen.

Ludwig Börne an Jeanette Wohl.

Flaneure auf dem Schloßplatz. Der Maler Friedrich Müller widmete diese Umrißradierung „Seiner Majestät dem König Friederich von Württemberg in allertiefster Ehrfurcht" (1809/10)

Höllenberg [Asperg], den 7. November 1824

Freund Schmerzensreich! Daß ich wieder heimgekommen, mag Euch seltsam erscheinen, ists aber nicht, denn wißt, ich habe meine guten Gründe. Im Vertrauen, will ich sie Euch sagen, aber ich bitte Euch, es für Euch zu behalten. Ich bin nämlich gekommen, meinen Pack zu machen und übers Meer zu ziehen und mich um den ganzen europäischen Plunder, Euren alt- und neuwürttembergischen Quark mitinbegriffen, nicht weiter zu kümmern. Dazu werde ich hauptsächlich durch die Rücksicht auf meine Kinder bestimmt, die ich nicht dem Moloch erziehen und von Eurer Schreiberzunft zu Tode regieren lassen will. Das ist fest beschlossen und wird ausgeführt, sobald die Schwalben ziehen.

Friedrich List an Justinus Kerner.

Schritte zu konstituieren? Ich kann nicht anders glauben, als daß die Stadtdirektion aus eigenem Antrieb und aus Unkunde der Gesetze sich dieses Mißgriffs schuldig gemacht habe, weswegen ich zuversichtlich hoffe, daß Eure Exzellenz nach erhaltener Anzeige nicht anstehen werden, denselben zu reparieren.

Friedrich List

III Bei Nacht und Nebel

Briefe von List an seine Frau

Straßburg, den 15. April 1822

Die Füße brannten mir auf der deutschen Erde, ich eilte wie von Furien gepeitscht an den Rhein.

Es ist ein ganz eigenes Gefühl, wenn man aus dem Lande der Philister, die uns verfolgen, weil wir nicht auch Philister sind, in ein großes Reich eintritt, in dem alles großartig ist. Flachsland wollte sich krank lachen, als er hörte, man wolle mich Karren ziehen lassen, weil ich eine Adresse verfaßt habe, die nicht im Sinn der Minister sei.

Was man in Stuttgart sagt und meint wegen meiner Emigration, wirst Du mir doch auch berichten.

Straßburg, den 18. April 1822

Vorgestern irrte ich den ganzen Tag als ein Heimatloser auf den hiesigen Straßen umher.

Straßburg, den 20. April 1822

Um was ich Dich bitte, um alles bitte, meine Teure, sei guten Muts. Sieh! es ist uns ja im Grunde nicht einmal ein Unglück begegnet. Der Himmel ist hier ebenso blau als in Schwaben, und die Leute, man mag sagen, was man will, sind hier besser. Dort heuchelt man Herzlichkeit und wünscht sich nachher den Teufel auf den Hals. Hier läßt man die Leute laufen, die man nicht mag, und die miteinander umgehen, meinen es gut, weil sie sonst einander gehen ließen. Das ist nun freilich ein Teil der Lichtseite größerer Städte; sie haben dann auch ihre Schattenseiten. Wenn es irgend zu machen, gehe ich nicht wieder nach Schwaben. Hier lebe ich mit Gott und der Welt im Frieden, dort habe ich nichts als Verdruß. Was man in größeren Staaten schätzt, bringt oft die Leute in kleineren um. Heute ist es acht Tage, daß ich bei Nacht und Nebel wie ein Dieb mein Vaterland floh. Ich möchte es nur unter günstigeren öffentlichen Verhältnissen wiedersehen.

Straßburg, den 23. April 1822

Gestern abend war ich so verstimmt, daß ich den Tag nicht ansehen mochte; Herr Flachsland meinte, dies wäre das Heimweh und vielmehr das Weh nach Dir und unsern Kindern; denn mich schaudert, wenn ich nur an Stuttgart oder Württemberg denke.

Die Leiden des jungen W.

Aus den Tagebüchern von Wilhelm Waiblinger

Wilhelm Waiblinger: Selbstbildnis

26. September 1821

Valerine liebt mich. Ich habe gesiegt! Wonne der Empfindung und Liebe! Tausend Küsse gewechselt.

27. September

Ich führte Valerine heute nacht herum und sah mit ihr das zur Feier des Geburtstags des Königs auf dem Schloßplatz abgebrannte Feuerwerk. Ich drückte ihr nur die Hand und blickte sie an, und ich schien mir ganz verschüchtert zu sein. Aber ihr Arm hing in dem meinigen, und wir kamen uns oft so nah, daß wir uns hätten küssen können. Wie sie an mich hinlag, als die vielen Raketen und Lichter mit entsetzlichem Geprassel, Surren und Knallen in die Lüfte flogen, Gott, es war ein harter Stand!

28. September

O es pocht mir diesen Morgen fürchterlich unter den Rippen! Mein erster Gedanke war sie! Käm ich doch von hier fort, weit, so weit, als möglich. Sonst hab ich keine Ruhe mehr. Ach! nun sie in all ihrer Liebenswürdigkeit herumwandeln zu sehen und nicht zugreifen zu dürfen.

Wilhelm Waiblinger galt lange als das Enfant terrible der schwäbischen Literatur. „Starb in Folge seiner Lüderlichkeit jung an Jahren", heißt es beispielsweise noch 1859 in Wolfgang Menzels „Deutscher Dichtung". 1804 in Heilbronn als Sohn eines Buchhalters geboren, wurde Wilhelm Waiblinger nach frühzeitigem Abbruch seiner schulischen Ausbildung zunächst Hilfsschreiber am Uracher Oberamtsgericht. Von 1820 an besuchte der ungewöhnlich frühreife, schon durch seine äußere Erscheinung – er kleidete sich nach dem Vorbild des Kotzebue-Attentäters Sand – auffallende Dichter das Obere Gymnasium in Stuttgart. Der löwenmähnige Gymnasiast verkehrt unter den Honoratio-

ren. Gustav Schwab, Friedrich Haug u. a. erkennen seine Begabung.
Als Tübinger Stifler beschäftigt er sich mit dem kranken Hölderlin und gehört zum Freundeskreis um Eduard Mörike, der sich aber – infolge einer stürmischen Liebesaffäre Waiblingers – von ihm zurückzieht. 1826 wird er vom Tübinger Stift verwiesen und geht mit einem bescheidenen Vorschuß Cottas nach Rom. Dort lebt er als freier Schriftsteller in größter Armut. Er stirbt bereits 1830.

Vor der Gesellschaft war's mir bange, und ich machte mich demnach allein auf den Weg, das Volksfest anzusehen. Aber es tat mir doch für Valerinen leid, sie unter einem Kreise ungebildeter Menschen wandelnd zu denken. So ging ich allein unter tausend verschiedenen Gedanken ahnungslos die Wege des königlichen Gartens der Stelle zu, wo bereits eine ungeheure Menge Menschen die gezogenen Schranken umwogte, teils auch auf den zum Behuf des vollkommenern Überblicks ringsum angebrachten Gerüsten stand. Schon fing es an, kräftig zu regnen, überall sah man Schirme, ich hatte keinen. Ich ließ es gehen, weil ich baldige Änderung hoffte. Umsonst, der Himmel war bald mit einer Hülle dicht aufeinander geschobener Regenwolken überhangen, und das Wasser stürzte ohne Unterlaß auf die armen betrogenen Menschen herab.

Endlich schätzte ich mich glücklich genug, unter einem über ein paar Tische ausgespannten Tuche ein Dach finden zu können. Doch war hier alles zusammengedrängt, und ich mußte hier die Ausgelassenheit des Volks in den höchsten Graden erfahren. Mit einem Freunde, der sich ebendahin geflüchtet, eilte ich endlich Cannstatt zu, um dort in einem Wirtshaus die Sache abzuwarten, und ich hatte auch zugleich Hoffnung, der Bestellung gemäß Valerinen daselbst anzutreffen. Kaum hatte ich mich auch daselbst niedergesetzt und etwas weniges genossen, als ich sie zufälligerweise in einem Zimmer antraf, wo sie mit der Gesellschaft eben angekommen war. Die wenigen Augenblicke, die ich sie sah, und schon der Umstand, daß sie nur ein höchst gleichgültiges Wort mit mir gesprochen, bereiteten die ganze folgende Geschichte vor. Wie ich wieder nach ihr sehen wollte, war sie fort.

Nach einer halben Stunde machten wir uns auch wieder auf den Weg, aber ich hatte für alles Sinn verloren! Nur ihr Bild schwebte in veredelten Umrissen schwankend vor meiner Seele, eine sonderbare Sehnsucht erfüllte meinen Busen, ich fühlte sich etwas Unbekanntes darin regen, wußte es aber nicht zu erklären. Das Wettrennen war indessen vorbeigegangen, ich hatte alles mit angesehen und freute mich gewissermaßen recht ordentlich über die Anstalt. Nun schaute ich wieder die Leute an, ich war längst schon allein und wollte mich nun der Stadt zu begeben. Ich tat's und stellte mich an eine der Straßen, wo ich die Gesellschaft nach der Verabredung erwartete. Nach langem Warten sah ich sie wieder kommen, und sie war indessen um einige Personen vermehrt worden. Nun war ich wieder bei Valerinen, aber statt daß ich meine Sehnsucht in Genuß übergehen lassen sollte, mußte ich anschauen, wie sie an mir hinging, ohne ein geheimes Zeichen ihrer besonderen Gunst. Alsbald stellte sich eine Unheimlichkeit ein, die auf alles Kommende dem Auge des Kenners deutete. Ich hätte lieber in dem tiefsten Kerkerloch in der Türkei sein mögen, als da, wo ich war. Ungeduld, Mißmut, Zorn, Widerwille, eine gewisse Eifersucht und hundert andere widrigen Affekte vereinten sich, um den verderblichsten, unseligsten Aufruhr in meinem Gemüt hervorzubringen. Wir waren in einem Gasthof angekommen, wo wir uns in einen ordentlich gebauten Garten setzten. Ein gewisser Dietrich, der sich mir hier ganz meiner Vorstellung zuwider als ein abgeschmackter, läppischer Junge darstellte, ob er gleich schon fast vierzig Jahre hatte, weiser und gescheiter zu werden, strengte alle seine Kräfte an, den anwesenden Frauenzimmern die Zeit recht artig zu verkürzen. Besonders setzte er Valerinen zu, und das Mädchen schien sich gar sehr an den Albernheiten des tollen Kerls zu vergnügen. Nun war ich vollends aus allen Fugen gebracht: ich hätte mögen aufstehen, die Bestie an der Gurgel packen und ihr das Messer in den Bauch stoßen. Wie nun endlich aber noch Unhöflichkeiten von Seiten der Gesellschaft – von der sich übrigens sonst nichts erwarten ließ, und spitzige Fragen und Antworten von seiten des Spaßmachers dazukamen, hielt ich es für hohe Zeit, fortzugehen, wenn ich nicht toll werden und dem Kerl die Zunge aus dem Rachen reißen wollte, mit der er so unsinnige Geschwätze, mit der er seine Schmeicheleien gegen Valerinen hervorgebracht. Ich ging ohne ein Wort zu sprechen fort und trug mich wie im Nebel, schwindelnd, durch die vollgedrängten Straßen. Sulpiz und Melchior Boisserée begegneten mir an der Brücke und grüßten mich gar freundlich. Ums Himmelswillen, ist denn alles in dem verfluchten Nest und vergnügt sich: nur ich allein wandle einsam unter den tausend frohen Menschen. O Gott, man trägt den Himmel und die Hölle – in sich!

Man fällt im Vaterlande so grausam und mit so gemeinem Haß über seine Leiche her, daß es mich erquickt hätte, von solchen, die ihn besser kannten, eine versöhnende Stimme zu vernehmen.

Eduard Mörike am 11. Februar 1830 (einen Monat nach Waiblingers Tod) an Johannes Mährlen

Ich stieg den Berg hinauf, und droben setzte ich mich an eine Stelle, von wo man über den Abhang durch die verwobenen Baumgesträuche die Aussicht über die ganze Gegend und besonders über die Wiesenfläche hatte, wo heute früh das Wettrennen gefeiert und jetzt der Schäferlauf gehalten werden sollte. Alle Wege durch den grünen Grund bis hinan zu den Schranken wimmelten von Leuten, und alles bewegte sich, durcheinander geschoben, in den farbigen Kleidern! Ich allein saß oben: drunten rauschte es von Musikern und Tänzen, bei mir war's öde Stille, drunten alles lebhaft, alles munter, alles bewegsamer, bei mir die dumpfeste, schaurigste Todesstille, drunten in jedes Menschen Brust Freude und Wonne, bei mir die fürchterlichste Todesnacht.

Da raffte ich mich auf, denn es zog mich mit magischen Gewalten hinab in den Strom, drüben am Gebirge schienen lange schaurige Gestalten zu stehn und mir, sich hin und her bewegend, zu winken und zu rufen, drunten die vielen Menschen waren mir die Folter, ich rannte den Berg hinab. Mein Inneres war mir krampfhaft zugepreßt, ich schwindelte, die Knie versagten mir die Dienste, ein eiskalter Hauch zog sich über den ganzen Leib, ich glaubte, krank zu sein. O! ich kann mit euch Menschen nicht leben! Dies war mein einziger Gedanke, oder ich dachte gar nichts. Ich wollte nach Hause, mich aufs Bett werfen, einen Schoppen Wein mir reichen lassen, ein Messer vor mich hinlegen und das Drüben ein wenig im Herzen bewegen. Ich kam am Theater vorbei, es stand offen, da ging ich hinein, man spielte Baals Fall! Es war noch sehr bald, aber Freitheater. Ich fand ein Plätzchen in einer Ecke im Parterre. Hier hing ich meinen Gedanken fortwährend nach und bedachte wieder, ob ich mich nicht hier ermorden wolle? Mir wurde ganz sonderbar zumute, es war eine Art von Schlaf, denn ein dichter Nebel verbreitete sich undurchdringlich um meine Augen.

Endlich war es vorbei zu meiner höchsten Freude, denn, hätt ich mir nicht ein für allemal vorgenommen, das Ende eines jeden Stücks geduldig abzuwarten, so wär ich schon beim zweiten Akt gegangen. Ich begab mich eilends nach Hause, wollte mich gleich aufs Bett legen, man hieß mich aber zum Essen kommen. Ich fragte, ob Valerine da sei, und auf die Bejahung trat ich hinab, schlug die Türe ungestüm zu und setzte mich, ohne ein Wort zu sprechen, mit finsterer Miene an den Tisch. Valerine sprach wenig, und ich antwortete nur mit Ja und Nein, endlich zündete ich mein Licht an, sagte ganz monoton: Gute Nacht, aber daß Valerine, wie ich glaube, mirs nicht erwiderte, peinigte mich fürchterlich. Ich legte mich unter den schrecklichsten Einbildungen und Erscheinungen meiner Phantasie zu Bette.

1839/40 erscheint eine neunbändige Werkausgabe. Der Druckort Hamburg ist fingiert, in Wahrheit handelt es sich um eine verlegerische Spekulation, hergestellt in Cannstatt. David Friedrich Strauß über diese Ausgabe: „Dem armen Waiblinger war es nicht so gut geworden, daß eine befreundete Hand seine zerstreuten Gebeine gesammelt hätte. War er doch im Banne des Württembergischen Pharisäertums gestorben: wer mochte sich durch die Berührung seiner Asche besudeln? So ließ man sie zum Raub, ‚den Hunden und dem Gevögel umher'."

Lebet wohl, geliebte Eltern! Ich sterbe auf Römischem Boden. Bezahlt doch das Geld von 70 Scudi. Dieser Freund lieh mir's.

Rom, Januar 1830. Die letzten Zeilen Wilhelm Waiblingers an seine Eltern

29. September

Wie ich zum Essen kam, war ich wieder ziemlich ruhig, und sprach sogar, wiewohl in kurzgemessenen Worten über das, was gestern in mir vorgegangen. Valerine saß stumm und traurig am Tische und wandte mir keinen Blick zu. Ich aber sah sie starr und beweglos an. Nach dem Essen war wieder eine wundersame Bequemlichkeit in mein Gemüt getreten, ich trat ruhig vor Valerinen hin; sie saß auf dem Sofa, mit einer häuslichen Verrichtung beschäftigt. Ich sah sie lange an, auch sie blickte mich unbeschreiblich traurig an. Ich fragte sie etwas. Sie gab Antwort. Ich ging mit raschen, großen Schritten im Zimmer umher, niemand war zugegen als Valerine, ich deklamierte, dichtete, sah wild umher, ergriff ein Messer und kam zufälligerweise vor das Mädchen zu stehen. Was haben sie mit dem Messer, rief sie erschrocken und bleich: Ich sprach kein Wort, sondern stieß das Messer etlichemal gegen die Brust, ein paar Stöße gingen auf den deutschen Rock und waren ungültig, der letzte auf die Brust. Das Blut floß alsbald. Mir ward schwindlich, ich mußte mich setzen, mein Gesicht war todesbleich. Valerine sprang auf, um Gotteswillen, was treiben Sie? Alles rannte besinnungslos herbei. Die gutmütige Hausfrau trat weinend auf mich zu und rief immer aus: Warum denken Sie nicht an Gott, daß er Sie vor solchem bewahre! Ich lächelte, begab mich gleich auf mein Zimmer, legte mich aufs Bett und fühlte bereits ein Fieber, das mir durch all meine Glieder schauderte. Valerine eilte mir nach, wir befanden uns allein; ich sah sie mit brechendem Auge an und ergriff ihre Hand. Valerine! geben Sie mir einen Kuß!

Waiblingers „Selbstmordversuch" vor Philippine Heim, im Tagebuch Valerine genannt. Bleistiftzeichnung aus dem Tagebuch

SCHLAFHAUBEN UND VEITSTÄNZE

Stuttgart im Vormärz

Blick auf Schloß Rosenstein
Gemälde von Gottlieb Friedrich Steinkopf (1828)

Städtischer Alltag in Liebesbriefen

Ludwig Börne an Jeanette Wohl

Moritz Oppenheim: Porträt Ludwig Börne, 1827. Ölgemälde, Israel Museum Jerusalem

Stuttgart, den 11. November 1820
Mittags halb 1 Uhr

Ich habe weder Zeit noch Stoff, Ihnen einen langen Brief zu schreiben. Ich will nur meine Seele benachrichtigen, wo jetzt ihr Körper ist. Um 10 Uhr ist er hier angekommen.

Sonntag, den 12. November
Abends 9 Uhr

Heute morgen, während ich ausgegangen war, ist mein Papa abgereist. Er hat sich aus dem Staube gemacht, aus dem Goldstaube eigentlich, er ließ mich nicht dazu kommen, ein Anleihen bei ihm zu machen. Meinetwegen, ich werde ausreichen.

Die Menschen hier gefallen mir sehr, und gar manches zieht mich an. Ich würde gern hierbleiben.

Die Liberalen hier suchen mich von Cotta abzuziehen. Sie sagen: ein Journal, das bei Cotta erschiene, habe schon darum einen übeln Ruf. Ich solle mich mit dem Manne nicht einlassen. Es wäre noch keiner mit ihm fertig geworden. Er umschnüre seine Leute und suche sie in Abhängigkeit zu erhalten. Indessen, das kümmert mich nicht. Ich bin so schlimm als er, und er wird Not haben, mit mir fertig zu werden. Wenn wir nur über den Preis einig werden.

Ludwig Börne, 1786 als Löb Baruch in Frankfurt geboren, wuchs als Sohn eines Bankiers im Frankfurter Getto auf. Durch die Judenemanzipation von 1803 war es ihm möglich, zunächst in Berlin Medizin zu studieren, wo er in den Salons von Rahel Varnhagen und Henriette Herz verkehrte. Nach kameralistischen und staatswissenschaftlichen Studien, u. a. in Heidelberg, kehrte er 1809 nach Frankfurt zurück, wo er 1811 Aktuar bei der Polizeidirektion werden konnte, ohne daß man einen Glaubenswechsel von ihm verlangte. Ende 1813 wurde er aber nach Auflösung des Großherzogtums Frankfurt als Jude

Der Mystizismus und Pietismus herrscht hier sehr stark. Große Sekten solcher Schwärmer haben sich gebildet. Der Gastwirt, bei dem ich wohne (ein junger Mann), gehört auch dazu. Der Mensch hat sich durch seine Narrheit alle Gäste vertrieben, so daß ich mit nur zwei Personen zu Mittage esse. Abends nach 10 Uhr gibt er keinen Wein mehr. Früher war der „Römische Kaiser" einer der ersten Gasthöfe. Er läßt zum Frühstücke aller Hausbewohner (auch der Fremden) Mürbes in Gestalt eines Kreuzes backen, so daß ich alle Morgen das Kreuz kriege.

Montag, den 13. November
Mittag

Ein Empfehlungsschreiben an den Redakteur der *Neckarzeitung*, das ich von Frankfurt mitnahm, konnte ich nicht abgeben, da der liebe Mann jetzt einige Stunden weit von hier in der Festung eingesperrt sitzt, wegen Preßvergehen.

Die Gegend um Stuttgart ist herrlich. Hohe Berge umgeben die Stadt, bis an die Gipfel mit Wein und Häuserchen bepflanzt. Hier möchte ich wohnen. Und so gute Leute!

So artig bin ich, so fein, so superfein hier, und 11/4 breit, Sie glauben es nicht. Die Männer zittern vor mir, die Frauen beten mich an, die jungen Mädchen seufzen. Man nennt mich nicht anders als den schönen Doktor.

Dienstag, den 14. November
Abends 9 Uhr

Das königliche Schloß habe ich gesehen, ich Narr! Nur um Ihrentwegen geschah es, damit ich etwas zu schreiben finde. Ich war in Wien, Berlin, Dresden, Paris; nie kam es mir in den Sinn, einen Palast zu sehen. Anderthalb Stunden bin ich durch Zimmer gelaufen. Liebe Freundin, welche Pracht, welche Herrlichkeit – und Sie wissen, wie ich darüber denke. Meine Faust war geballt. Der Kastellan dachte, es wäre das Trinkgeld darin; aber nichts war darin eingeschlossen als mein Grimm gegen alle Fürsten, Großen und Überreichen. Ich habe eine goldne Toilette gesehen, die wenigstens 50 000 Gulden wert ist. Ein Bett, für Napoleon verfertigt, worin er eine einzige Nacht geschlafen, mußte nach meiner Schätzung 4000 Gulden gekostet haben. Zwei der größten Seidenhandlungen in Frankfurt sind nicht so viel wert als der Samt und die Seide, die zu Tapeten verwendet sind. Ein einziger Kamin, in Paris gemacht, hat vierzigtausend Franken gekostet. Die Uhren sollten Sie sehen, die künstlichen, die musikalischen, die Wetteruhren. Ich trat in einen Saal, da sprang mir ein Spitz bellend entgegen. Es war ein Uhrwerk. Eine andere Uhr stellt eine porzellanene Frau vor in Lebensgröße und mit Lebensfarben. Der Mund steht ihr offen, und man sieht die zwölf Vorderzähne, die von 1 bis 12 numeriert sind. Des Morgens um sechs Uhr ist der Mund zahnlos. Mit der 7ten Stunde nimmt sie aus einem Toilettenkästchen den Zahn Nr. 1 und setzt ihn ein; so fort alle zwölf bis abends 6, wo der Mund voll ist. Mit 7 Uhr abends nimmt sie den Zahn 1 aus dem Munde und legt ihn in ein Kästchen links, und so fort alle. Morgens 6 Uhr ist sie wieder zahnlos. Die Uhr geht sechs Tage. – An einer Wetteruhr kömmt, wenn

gegen seinen Willen pensioniert. 1818 trat er zum Protestantismus über und nahm den Namen Ludwig Börne an. Als Journalist lebte er dann abwechselnd in Paris, Heidelberg, Frankfurt, Berlin, Hamburg und auch in Stuttgart. Er redigierte die Zeitschriften „Die Zeitschwingen" und „Die Wage", die wegen ihrer oppositionellen Angriffe zeitweilig verboten wurden. Börne begrüßte enthusiastisch die Pariser Julirevolution. Seit 1832 lebte er ständig in Paris. Sein Hauptwerk, – „Briefe aus Paris" – bestimmte wesentlich die Agitation im Vormärz. Berühmt wurde auch seine Streitschrift über den in Stuttgart residierenden Literaturpapst Wolfgang Menzel: „Menzel, der Franzosenfresser", die als Börnes politisches Testament gilt. Börne starb 1837 in Paris.

Die Wage
Eine Zeitschrift für Bürgerleben
Wissenschaft und Kunst.

Herausgegeben
von
Dr. Ludwig Börne.

Erstes Heft.
July.

Frankfurt am Main, 1818.
In der Hermannschen Buchhandlung.

Jeanette Wohl-Strauss Lithographie von Fritz L' Allemand (1832)

es Regen gibt, ein Männchen mit einem Schirm, wenn es schneien soll, mit einem Mantel, und wenn es ein Gewitter gibt, mit einem Gebetbuche zum Vorschein; und das 12 Stunden vorher. Eine andere Uhr stellt einen alten Mann vor, der jede Stunde eine Tabaksprise nimmt, und so oft nießt, als die Stunde macht.

Ein Saal, 50 Fuß lang und 21 breit, ist auf dem Boden mit einem einzigen Spiegelglase belegt. Es ist so dick und haltbar, daß man darauf tanzen kann. Die verstorbene Königin von Württemberg hat es von ihrem Bruder, dem Kaiser Alexander, zum Geschenke erhalten. Der Spiegel hat 2 Millionen Rubel gekostet. – Nur wenige Zimmer (8), die der König mit seiner Familie bewohnt, werden nicht gezeigt. Ich kam bis an dasjenige, worin sich die Prinzessinnen aufhalten. Ich machte den Würmchen durchs Schlüsselloch eine Liebeserklärung. Ich sah sie Brei essen aus geschmolzenem Silber – *von* wollte ich sagen.

Ludwig Börnes Verhältnis zu Jeanette Wohl (1783–1861) war äußerst kompliziert und vielschichtig. Sie war für ihn, wie er selber schreibt, „Mutter, Schwester, Tochter, Freundin, Geliebte, Frau und Braut". Sicher ist, daß ohne Jeanette Wohl Börnes Hauptwerk, die „Briefe aus Paris", nicht zustande gekommen wäre. Börne lernte Jeanette Wohl, die kurze Zeit mit einem Herrn Otten verheiratet war, 1816 kennen. Aus dem anfänglich wohl auch erotisch inspirierten Verhältnis wurde im Laufe der Zeit ein „Seelenbund", an dem auch Jeanettes späterer Ehemann Salomon Strauß teilhatte. Nach Börnes Tod machte Heinrich Heine in seinem Börne-Buch darüber anzügliche Bemerkungen, die er später bedauerte, die aber gleichwohl zu einem Pistolenduell mit Salomon Strauß führten.

Mittwoch, den 15. November

Soeben komme ich von Cotta zurück. Er will den Druck sogleich übernehmen. Auf jeden Fall erlange ich gleich zwei Vorteile. Erstens, daß die *Wage* hier mit einer sehr liberalen Zensur gedruckt wird, und zweitens, daß Cotta für den Absatz sorgt.

Stuttgart, den 25. August 1821
Charlottenstraße,
bei Hrn. Fasetta

Es fallen Kanonenschüsse. Ich zähle sie, es sind nur zwanzig. Also die Königin ist mit einer Prinzessin niedergekommen. Man hat einen Kronprinzen erwartet, und dann wäre hundertundeinmal geschossen worden. Jetzt weiß das unglückliche Land immer noch nicht, wo es in dreißig Jahren einen Mensch findet, der so gefällig sein wird, es als König zu beherrschen. Aus meinem Fenster (ich wohne in der Nähe des Schlosses) sehe ich die roten Hofbedienten laufen. Die Friseurs haben alle Beine voll zu tun und zappeln gewaltig. Welch ein schöner Perückenmacher-Morgen!

27. August

Gestern nachmittag begegnete mir im Freien ein Engländer zu Pferde, in der rechten Hand einen Teller tragend, worauf ein gefülltes Weinglas stand. Er hatte um hundert Napoleon gewettet, eine Stunde lang zu reiten, ohne einen Tropfen Wein zu verschütten. Da er langsam ritt, so folgten eine Menge Menschen hinter ihm her. Er verlor die Wette durch eine List seines Gegners. Dieser hatte nämlich veranstaltet, daß ein Esel mit einem dreieckigen Hute auf dem Kopfe und Brille auf der Nase plötzlich über den Weg kam. Darüber mußte der Reiter lachen, und das Glas schwabbelte über. Die ganze Stadt ist entzückt von dieser Tollheit.

6. September

Ich lebe hier wie ein Anachoret. Um 5 Uhr wird aufgestanden und bis 7 Uhr gearbeitet, dann eine Tasse Tee ohne Zucker und Milch getrunken, dann gearbeitet bis ein Uhr, dann ein Löffel Suppe genommen. Nach Tische gehe ich eine Stunde ins Museum, dann wird gearbeitet bis 5, von 5 bis 7 Uhr gehe ich in den einsamen Wegen des Schloßgartens spazieren und trinke irgendwo ein Glas Bier, dann nach Hause und gearbeitet bis Mitternacht, worauf ich ein paar Stündchen schlafe.

11. September

Die Angelegenheiten der hiesigen Juden sind jetzt bei den Ständen zur Verhandlung gekommen. Eine aus Juden des ganzen Landes bestehende Kommission beschäftigt sich, der Regierung Gutachten mitzuteilen. Man fordert meinen Rat und hat mich durch Kaulla auf heute Abend zur Konferenz einladen lassen. Ein Rabbiner, der auch von der Kommission ist, sagt mir Kaulla, hätte so viel Gutes von mir gehört und hielt so viel auf mich. Vielleicht läßt sich dabei etwas verdienen. Es sind zwar im ganzen Lande nur 8000 Juden, die werden nicht viel blechen können.

Sonntag, den 16. September

Eine wunderbare magnetische Geschichte, die sich vor einigen Jahren hier ereignet hat und von einem Dr. Römer beschrieben worden ist, bin ich im Begriffe zu rezensieren. Ich habe schon viel Dummes in der Art gelesen, aber das übertrifft alles. Das junge Mädchen macht in den Mond, die Juno und andere Sterne lange Reisen und erzählt sie. Darüber ein dickes Buch. In der Juno ist es prächtig, aber im Monde hat es ihr nicht gefallen. Da schreit sie immer: Wau, wau, hu, hu! Ich will mich gehörig darüber lustig machen.

Als ich hierherkam, dachte ich, die Pest müsse in der Stadt sein; denn das 10te Frauenzimmer wenigstens ging in Trauer. Später erfuhr ich, das sei eine

Unter Verschwörern

Der gesellige Verkehr, dessen ich mich in Stuttgart zu erfreuen Gelegenheit fand, ist von großem Einflusse auf meine geistige Ausbildung gewesen. Dr. Wurm, der nachher Professor in Hamburg war und mit dem ich 1848 in der deutschen Nationalversammlung wieder zusammengetroffen bin, führte mich in das Haus des Prokurators Schott ein, welches damals in der schwäbischen Hauptstadt ein Mittelpunkt literarischer und politischer Interessen war. In diesem Hause traf ich mit Wolfgang Menzel zusammen, der damals noch nicht fromm war, sondern den Libertin spielte und nur zuweilen zum Spaß vor dem Spiegel ein Pietistengesicht machte, – mit Hermes, welcher vielfach als Journalist tätig gewesen ist und nicht ohne Geist, aber ein Narr war, – mit Mebold und Gustav Kolb, welche beide nachher viele Jahre lang im Kriege miteinander die „Allgemeine Zeitung“ redigiert haben, – mit Wiedmann, der mit württembergischen Unteroffizieren eine Verschwörung anzettelte, um das deutsche Reich zu gründen und dafür bald auf dem Hohenasperg büßen mußte, – mit dem nachmaligen Minister Römer, welcher 1848 die nach Stuttgart geflüchtete deutsche Nationalversammlung sprengen ließ, – gelegentlich auch mit Gustav Schwab und Uhland.

In richtiger Selbsteinschätzung seiner politischen Bestrebungen wählte Wiedmann die spanische Sprache, von der er voraussetzte, daß sie außer uns in Stuttgart niemand verstehe, um mir auf Spaziergängen seine staatsgefährlichen Gedanken mitzuteilen. Von der linguistischen Bildung der Stuttgarter hatte er dabei

offenbar eine geringe Vorstellung; jedenfalls aber waren wir sicher, daß uns kein nachschleichender Spanier verstanden haben würde.
Der Umgang mit Wiedmann hätte für mich leicht bedenkliche Folgen haben können, als seine Verschwörung entdeckt wurde. Zu meinem Glücke geschah dies, nachdem ich Stuttgart schon verlassen hatte und ohne daß ich mehr als ganz oberflächlich in seine abenteuerlichen Projekte eingeweiht war. Ein Brief, welchen ich von München an ihn schrieb, sollte vom Postboten eben abgeliefert werden, als er verhaftet wurde, und fiel dabei in die Hände der Polizei; sein Inhalt aber war ganz unschuldiger Natur.

Julius Fröbel, der um 1825 in Stuttgart war, gehörte zu den radikalsten Vertretern des Vormärz. 1833 mußte er in die Schweiz emigrieren, wo er sich als Verleger von in Deutschland verbotener Literatur (u. a. Georg Herwegh) betätigte. Später wurde Fröbel zum Großdeutschen und war u. a. 1876 Konsul in Algier.
Mit seinen Stuttgarter Erinnerungen könnte der Student Gustav Widemann gemeint sein, der – allerdings erst 1839, nach einem viereinhalb Jahre dauernden Prozeß – im Zusammenhang mit der sogenannten Koseritzschen Militärverschwörung zu einer (zweiten?) Asperg-Strafe verurteilt wurde. Von dem genannten Freundeskreis wurden beispielsweise Gustav Kolb und Karl August Mebold als Mitglieder der verbotenen Burschenschaft bereits Mitte der zwanziger Jahre zu Haftstrafen auf dem Asperg verurteilt.

Modeeitelkeit. Weil schwarz gut kleide, trauerten hier die Mädchen und Weiber um den entferntesten Verwandten.

20. September

Gefällt Ihnen die hier herrschende Sitte, daß man verheiratete Frauen, und wären sie noch so jung und schön, auf öffentlichen Bällen nicht zum Tanze auffordert? Ich schließe daraus, daß es hier schwer ist, ein Mädchen an den Mann zu bringen, und sich darum die Mütter des Tanzens enthalten, um die Berührungen ihrer Töchter mit Herrn nicht noch seltener zu machen. Darunter muß nun alles leiden, was eine Haube trägt. Ich habe auf dem letzten Kasinoball bemerkt, daß die Frau Pfeifer, die doch erst 20 Jahre alt ist, sitzenblieb. Ich neckte sie damit, und sie lachte. An öffentlichen Lustbarkeiten ist hier kein Mangel, winters und sommers geht kein Tag leer aus. Viermal in der Woche Theater, einmal Konzert, einmal Damenunterhaltung im Museum. Letztere besteht in einem *Thé dansant,* der nur bis 10 Uhr dauert. Es ist dabei die artige Einrichtung getroffen, daß größere und kleinere Zirkel an besonderen Tischen Tee trinken, wozu die Wirtin ihre Bekannten einladet, gleichwie im Hause. Alle einige Wochen ist großer Ball. Das Theater wird von Männern und Frauen unausgesetzt besucht, was mir schon lästig war; denn an Theaterabenden findet man niemand zu Hause, und ich weiß dann nicht, was ich tun soll.

27. September

Was sind das für Menschen, die sich einbilden, ich könnte hier eine Anstellung bekommen? Es ist alles so überladen, daß die jungen Leute, wenn sie das Gymnasium verlassen, einer strengen Prüfung unterworfen werden, und nur den fähigsten wird erlaubt, auf Universitäten zu gehen.

1. Februar 1822
Langenstraße,
bei Frau Regierungsrätin Haselmeier

Gehen Sie nach Hamburg, so folge ich Ihnen, aber das wäre mir ein verhaßter Aufenthalt.

6. Februar

Warum muß es gerade Hamburg sein? Warum ist es nicht Stuttgart! Das ist ein gar zu lieber Ort. Von den Menschen will ich nicht reden, doch habe ich diese nirgends besser gefunden. Aber die freundliche, die so anmutige Gegend! Wo man auch aus der Stadt tritt und gleich bei den Toren Berge und Täler. Aber die Berge nicht so hoch und rauh wie am Rhein. Auch hat die Kunst hier viel getan, den Genuß der Natur bequem zu machen. Ein englischer Garten führt fast eine Stunde lang von hier nach Cannstatt, dem sehr besuchten Badeorte in der reizendsten Gegend. Da man mit den Jahren doch immer etwas besonnener wird, so vergleiche ich auch Stuttgart mit Hamburg rücksichtlos der Kosten des Lebens. In Hamburg muß ich mich putzen wie ein Narr, wenn ich nicht auffallen will. Und wie teuer sind die Lebensmittel! Hier kostet mich die Mahlzeit im ersten Gasthofe, wo die vornehmsten Hofleute, die reichsten Offiziere und Bürger, die unverheirateten Beamten und Gelehrte hinkommen, mit Wein nicht mehr als 42 Kr. In Hamburg müßte ich in den ersten Gasthöfen einen Taler dafür bezahlen, wie ich ganz genau weiß. Und die Flachheit, der Nebel, die Kaufleute, die Juden! Schauderhaft.

16. April
Königsstraße, bei Hrn. Ottenheimer

Jetzt bei dem herrlichen Frühlingswetter lerne ich die Stuttgarter Gegenden täglich mehr kennen. Das ist ein Paradies, nur ohne Engel, und darum sollen Sie hierherreisen, das Paradies zu vollenden.

30. April

Holdes Maiblümchen! Ich schreibe Ihnen heute außer der Regel, ohne Ihren Brief abzuwarten, der morgen kömmt; denn morgen werde ich nicht schreiben können, weil eine große Landpartie gemacht werden soll, zur Feier des 1sten Mai. Ach, warum können Sie nicht dabei sein! Ohne Sie ist mir der Mai nicht schöner als der November. 80 bis hundert Personen, Herrn und Mädchen, versammeln sich morgen früh 7 Uhr vor der Stadt. Dann wandert man durch herrliche Täler und über waldiges Gebirge nach einem zwei Stunden weit entfernten königlichen Schlosse, Solitüde genannt. Das liegt in der höchsten Gegend. Es soll eine paradiesische Aussicht sein. Da wird der ganze Tag zugebracht. Die

Ludwig Börne, der im März 1820 als heimlicher Demagog in Frankfurt verhaftet wurde, kam Ende 1820 nach Stuttgart, um seine Verbindungen mit dem Verleger Cotta zu vertiefen. Die langweilige Reise soll ihn zu der Satire „Monographie der deutschen Postschnecke" angeregt haben. In seinen Beiträgen für das Morgenblatt geißelte Börne vor allem die wunderliche Vorliebe frommer Frankfurter Damen für Judenbekehrungen, was Cotta zu Befürchtungen Anlaß gab. Den eigentlichen Zweck seiner Reise, Cotta zur Übernahme der Zeitschrift „Die Wage" zu überreden, erreichte Börne nicht. Auch mit seiner Mitarbeit bei der Neckarzeitung hatte er wenig Glück. Die Zensur strich seine Beiträge bis zur Unkenntlichkeit zusammen.

Leonhardsplatz mit Sankt Leonhardskirche, damals der größte Platz in der Stadt. Lithographie von 1821

Im März 1824 war Ludwig Börne mit Jeanette Wohl in Stuttgart. Er mußte die Freundin aber wegen einer Reise nach Frankfurt für einige Zeit in Stuttgart alleine lassen.
Jeanette Wohl an Ludwig Börne:
Stuttgart, 20. März 1824
Ausgegangen bin ich noch gar nicht, seit Sie weg sind, fühle ich auch gar keine Neigung dazu. Nichts reizt mich in Ihrem Stuttgart; ich will hoffen, daß der kommende Frühling und Ihre werte Gegenwart etwas zur Erheitung, zur Verschönerung der lieben Residenz beitragen werden.

Militärmusik zieht hinaus, und nachmittags wird in einem der großen Säle des Schlosses getanzt. Es ist eine geschlossene Gesellschaft, und alles, was vornehm, schön, reich, jung oder verliebt ist, kömmt dazu. Es wird vom Unternehmer für Wein und kalte Küche gesorgt, und die Kosten werden nachher berechnet und verteilt. Wenige dabei anwesende Mütter und Väter fahren in Wagen, wir jungen Leute aber gehen sachte die Höhe hinan und haben uns lieb. Ich werde Ihnen übermorgen meinen umständlichen untertänigsten Bericht über diese Fahrt abstatten.

2. Mai

Vor der Stadt, an einem Teiche, der Feuersee genannt, sollten wir uns versammeln, um dann in Gesellschaft die Wanderung anzutreten – so war die Abrede. Als ich auf den Platz kam, war noch keiner da. Endlich kam ein Herr mit drei Frauenzimmern. Ich trat sogleich zu ihnen hin, verbeugte mich mit Grazie und sprach mit dem mir eigentümlichen zauberischen Lächeln folgende Worte: „Sie gehören zur Gesellschaft, die nach Solitüde wandert? Ich bin ein Fremder, und von den wenigen Bekannten, die ich habe, ist noch keiner hier. Ich bitte Sie, mich unter Ihren Schutz zu nehmen.“ Ich wurde mit der größten Freundlichkeit und Artigkeit aufgenommen. Ich schloß mich gleich an das schönste jener drei Frauenzimmer und begleitete sie den ganzen 2 Stunden langen Weg, von der übrigen Gesellschaft etwas entfernt. Nie war ich liebenswürdiger gewesen, und Ihr Zögling hat Ihnen Ehre gemacht. Ich war so glücklich, unter den wenigen gebildeten Mädchen, die es in Stuttgart überhaupt gibt, grade mit dem gebildetsten Mädchen zusammenzutreffen. Der Zug bestand aus etwa 100 Personen, und es war ein herrlicher Anblick, wenn man ihn, zurückblickend, den Berg hinan- oder voreilend, die Höhe herabsteigen sah. Ach, und welche Schönheiten! Mein Herz sieht aus wie ein Stachelschwein, so voll steckt es von Pfei-

Heinrich Adam: Blick vom Kanonenweg auf die Stadt. Aquarellierte Zeichnung (um 1840)

len. Um 10 Uhr kamen wir nach Solitüde, wo wir von herrlicher Musik empfangen wurden. Welche Aussicht, welche Landschaft! Dann wurde Schokolade und Wein gefrühstückt. Dann ging es nach einer offnen Stelle des Waldes. Die Frauenzimmer warfen sich ins Gras, wir uns zu ihren Füßen. Dann wurden Eichenblätter gepflückt, und die Frauenzimmer flochten Kränze, die sie sich selbst in die Haare, den Herrn um die Hüte banden. Nachher wurden Gesellschaft-Spiele getrieben, meistens in Laufen bestehende: Wolf und Hasen – Katz und Maus. Sie hätten mich als Katze sehen sollen! Man muß ein Mädchen als die Maus erhaschen. Mittag gingen wir ins Schloß zurück und speisten. Es war die jubelndste Gesellschaft, die ich je gesehen habe. Die ältern Herrn betranken sich, die Frauenzimmer sangen. Ich hätte nie gedacht, daß sich so viele Ausgelassenheit mit so vielem Anstande paaren ließe. Ich habe nie in meinem Leben einen vergnügtern Tag verlebt (denn Sie zähle ich nicht zu meinen irdischen Freuden). Nach dem Essen wurde bis abends 8 Uhr getanzt, und dann ging man nach Hause. Ich konnte bei dieser Gelegenheit die hiesigen Frauenzimmer näher kennenlernen. Sie haben nicht viel Bildung, aber das tat diesem Feste keinen Abbruch, denn die Freude macht auch den Blöden geistreich. Nachmittags wurde in einem großen Zuber eine Weinlimonade zubereitet. Ich goß eigenmächtig ein halbes Dutzend Bouteillen Arrak und Wein nach. Das wirkte, wie ich es mir vorgesetzt. Ich war „vergnügt wie ein Maikäfer", wie einer meiner Freunde sich ausdrückte. Wenn Sie hierherkommen, sorge ich dafür, daß so eine ähnliche Partie veranstaltet werde.

Sonntag, den 23. Januar 1825
„Im Waldhorn"

Eine große Neuigkeit hier: Der *König* hat *gelacht.* Gestern mittag hat der ganze Tisch bis zum Braten davon gesprochen, der König habe im Theater einmal gelacht. O Gott, o Gott! Links neben mir sitzt ein Ober-Justizrat, neben diesem ein Ober-Regierungsrat, rechts neben mir ein Polizei-Aktuar, gegenüber ein Finanzrat, und so der ganze Tisch. Sie regieren alle, ich bin der einzige Regierte.

26. Januar

Ich weiß jetzt gar nicht mehr, was ich Ihnen schreiben soll; ich erwarte erst den Stoff von Ihnen. Der Teufel hole dieses stille Nest. Heidelberg ist London dagegen. Man könnte sich auf der Straße schlafen legen und würde nicht aufgeweckt. Und da wohne ich noch der Post gegenüber. Wenn Sie mir für jede Kutsche, die mein Fenster vorüberfährt, täglich einen Kuß geben, dann hat ihre Zärtlichkeit sehr abgenommen.

18. Februar
Charlottenstraße

Künftigen Montag haben wir hier die Hinrichtung eines Mörders. Alles wie in Paris.

28. Februar

Bei Ludwig Helferich in der Kirchgasse ist die Verbrechens-Beschreibung des am 21. dieß dahier enthaupteten Mörders Johann Georg Philipp Datpheus für 3 Kr. zu haben. Briefe und Gelder werden frei erbeten.

Eine Anzeige im „Schwäbischen Merkur" vom 22. Februar 1825. Im redaktionellen Teil wurde berichtet, daß die Hinrichtung „unter dem Zulaufe einer außerordentlichen Volks-Menge" stattgefunden habe.

Heute vor 8 Tagen wurde hier ein Mörder hingerichtet, der für Sie ein eignes Interesse haben muß. Oh Bärbelchen, nehme Dir ein Exempel und bessere Dich! *Reinlichkeit ist aller Laster Anfang!* Reinlichkeit führt zum Morde und auf das Blutgerüst! Jener arme Mensch beging einen Totschlag und starb von Henkers Schwert, *weil er zu sehr auf Reinlichkeit gesehen und zuviel Wasser zum Waschen gebraucht.* Das ist kein Scherz, das ist fürchterlicher Ernst. Oh Sünderin, bekehre Dich! Er war früher Soldat. Im vorigen Sommer suchte er vergebens ein Unterkommen. Um nicht brotlos zu sein, ging er in das hiesige Arbeitshaus und blieb dort als freiwilliger Arbeiter, wie mehrere andere. Von Jugend an (wie er vor Gericht erklärte) Reinlichkeit liebend, hatte er mit seinen Stubenkameraden die Verabredung getroffen, daß abwechselnd jeden Tag ein anderer einen Zuber Wasser tragen sollte, um das Zimmer aufzuwaschen. Es geschah. Nur einer, als die Reihe an ihn kam, weigert sich dessen. Der Soldat klagte deswegen beim Verwalter des Arbeitshauses. Dieser lachte und sagte: ich habe es nicht geheißen. Das kränkte den Soldaten, daß er durch diese Entscheidung sein bei seinen Kameraden erworbenes Ansehen verloren. Er nahm sich vor, an dem Verwalter Rache zu üben, ob ihm zwar (wie er gestand) seine Strafe auf dem Blutgerüste deutlich vorschwebte. Wie nun der Verwalter eines Tags in das Zimmer tritt, stieß er ihm sein Brotmesser in den Leib und die Brust und tötete ihn. Ganz ohne Heimtücke, in Gegenwart zweier Zuschauer, die zu erschrocken waren, ihm abzuwehren. Auch ließ er sich von einem herbeigekommenen Polizeidiener ruhig arretieren und gestand sogleich sein Verbrechen. Der arme Teufel wurde bei der Hinrichtung schrecklich gemetzelt. Dreimal wurde gehauen, ehe der Kopf abging. Der sonst geschickte Scharfrichter hatte die Geistesgegenwart verloren, weil er im Augenblick der Hinrichtung in dem Delinquenten, den er früher nicht gesehen, einen Jugendfreund erkannte. Der Hinrichtung habe ich nicht beigewohnt, aber ich war bei dem armen Teufel im Zimmer, ehe er abgeführt wurde, bei dem sogenannten peinlichen Halsgericht, welches öffentlich gehalten wird. Die Zeremonie dauerte eine Stunde.

6. März

Der englische Gesandte hier, Lord Erskine, hat 10 Töchter „wie die Orgelpfeifen, eine schöner als die andere" – sagen hier die Philister. Sechs der größern Pfeifen begegne ich täglich. Sie gehen täglich bis nach Cannstatt zu Fuße, was die Stuttgarter hochadligen Beine noch niemals versucht haben. Sie tragen Muffe und glotzen mich immer an und sehen mir nach und lassen sich von meinem durchdringenden Blicke nicht irremachen. Besonders die eine, ein bleichsüchtiges Mädchen, macht mich ganz naß mit ihren feuchten Augen.

Ein Nachtrag

Paris, den 14. September 1832

Als der König von Württemberg von seinem Bibliothekar (Münch) gefragt wurde: „Nun, wie gefallen Ihnen die ‚Briefe aus Paris'?", antwortete er: „Das ist eine gescheite Bestie." Das erzählte mir jemand hier, dem es Münch selbst erzählte.

Ludwig Börne an Jeanette Wohl

22. März
Dienstagmorgen

Bärbelchen hat sich schlecht aufgeführt, ungemein schlecht, und wenn Peter nach Frankfurt kömmt, wird es ungemein viel Schläge regnen.

Ich bin eben im Begriffe abzureisen. Adieu Bärbelchen, adieu Stuttgart.

Die Sammlung Boisserée

Aus dem Reisetagebuch von Friedrich Schinkel

Sulpiz Boisserée (1783–1854), Scherenschnitt von Luise Duttenhofer. Die ursprünglich in Heidelberg beheimatete Sammlung Boisserée, deren Ankauf für Stuttgart an schwäbischer Sparsamkeit und am Widerstand der schwäbischen Klassizisten (vor allem Eberhard Wächters) scheiterte und die dann durch Vermittlung Cottas nach München (Alte Pinakothek) kam, war in Stuttgart von 1819 bis 1827 ausgestellt.

Den 17. Juli. Um zwei Uhr trafen wir in Stuttgart ein, wo wir, weil die *table d'hôte* schon serviert war, gleich speisen mußten, in Gesellschaft vieler Militairs und Herren der Regierung. Gleich nach Tisch schreibe ich an Sulpiz Boisserée und bitte, ihn und seine Bilder sehn zu dürfen und daß er uns dazu verhelfen möchte, die beiden Bilder des Malers Schick im königlichen Schlosse zu sehn. Bald kommt die einladende Antwort. Wir gehn zu ihm und werden erst in ein Zimmer der Galerie geführt, nach einer Weile in die Wohnzimmer von Sulpiz, die eine Treppe höher sehr artig eingerichtet sind und eine angenehme Aussicht haben. Nach einiger Zeit erscheint er selbst, indem er vollständige Toilette gemacht hatte; er ist sehr kordial und schien mir jünger geworden; er will sehn lassen, was man sehn kann, denn eigentlich ist es der Tag nicht, wo die Galerie dem Publikum geöffnet wird; indes bietet er für uns alles auf. Das Lokal besteht in einer Reihe mäßiger Zimmer nach der Straße und einer andern gegen den Garten zu, zwischen welchen ein Korridor läuft. Die Zimmer gegen den Garten enthalten die Kapitalstücke, gewöhnlich jedes Zimmer nur eins, welches so gestellt ist, wie ich die Aufstellung im neuen Museum beabsichtige, daß das Licht von einer Seite dagegen streift.

Den 18. Juli, Sonntag. Sulpiz holt uns um 9 Uhr nach dem Schlosse ab, wir sehn das erste Bild des Maler Schick, das Opfer des Noah, welches, ein Jugendwerk, etwas schwach in Färbung, aber von großem Talent zeugend ist. Wir durchgingen die geschmackvoll eingerichteten Zimmer des Schlosses, welche mit schönen Marmorgefäßen ausgeschmückt sind. Die Architektur von Thouret ist angenehm. Die Wohnzimmer des Schlosses liegen sämtlich gegen den herrlichen Garten hinaus; wir sahen auch die der kleinen Prinzessinnen, wo die Tische für den Unterricht mit den Stühlen einer jeden besetzt standen; an den Stühlen waren die Strickkörbchen und andere Utensilien, auf den Tischen die Schreib- und Lesebücher ordentlich auf jeden Platz gelegt.

Nach Besichtigung des Schlosses gingen wir wieder zu Boisserée und sahen die übrigen Meister durch.

Die Boisseréesche Gemäldegalerie würde mir unendliches Vergnügen gemacht haben, wenn ich sie vor meiner Reise nach Venedig gesehen hätte. Auch so hatte ich vielen Genuß davon, und ich hätte nur gewünscht, mich durch einen längeren Aufenthalt mehr mit ihr bekannt zu machen und sie bei besserem Licht sehen zu können, als dies der Fall war.
August Graf von Platen, 28. Oktober 1825

Den 7. Juli 1821. Bei den Boisserée werde ich in eine ganz neue, eigentümliche, romanhafte, idealische Welt versetzt, in die Kunstwelt. Ich kann nicht verbergen, daß ich ihr Haus immer mit gewissen schwärmerischen Gedanken betrete.
Wilhelm Waiblinger

Der Baumeister Karl Friedrich Schinkel (1781–1841) prägte den preußischen Klassizismus.

Johann Christoph Friedrich Haug (1761–1829), Jugendfreund Schillers und väterlicher Mentor Wilhelm Waiblingers, war neben seiner Tätigkeit als Bibliothekar ein äußerst produktiver Epigrammatiker. So hat er allein der „ungeheuren Nase seines Freundes Wahl" (die zu einem Stuttgarter namens Stahl gehörte) über 300 seiner dichterischen Erzeugnisse aufgebunden. So beispielsweise den:

Torrapport

Ein Nasen-Meteor.
Erschien um Acht am Tor,
Und zog von Acht bis Neun
Unausgesetzt herein.
Zwar gab ein hinterher
Fest angewachsner Mann
Als Mensch und Kommissär,
Mit Namen Wahl, sich an;
doch ward, wie sich gebührt,
Das lange Nasobjekt,
Als der Magie suspekt,
Urplötzlich arretiert.

Im Wonnemonat Mai

Von Bären, Hunden und Frau Hummel
Aus Briefen von Friedrich Haug

I Leben und Sterben

15. Mai 1824

Heute half ich in Kornwestheim
Eine Hochzeit mit begehn.
Fröhlich kam ich von dem Fest heim;
Aber Lust soll nicht bestehn.
Helfrin Hummel ward zur Leiche,
Trauer ist in meinem Haus.
Zu des Todes stillem Reiche
Fahr' ich morgen mit hinaus.

In *Kornwestheim* wohnt' ich einem sybaritischen Gastmahl zu dreißig Personen bey. Beim Nachtische wurde das Brautpaar von mir angeverst, und mein sonderbarer Strophenbau gefiel so, daß das Lied nach dem Essen abgeschrieben wurde.

„Ansicht von einem Teil der Königsstraße in Stuttgart, aufgenommen vor dem Abbruche des Prälat Griesinger'schen Hauses am 14. Juli 1828." Lithographie von Franz Schnorr.

Das Regenwetter ist gegenwärtig für Lebenssatte überaus einladend zum Totschießen. Wir Bibliothekare verdienten wegen der Morastplätscherei vor allen neue Schuhleder-Zulage. Ich schreite nächstens auf Stelzen hinaus. Wer in weißen Strümpfen ausgeht, kommt in schwarzen heim.

II Bären

20. Mai 1824

Die Marktmesse wird stark besucht. Ein Abenteurer zeigt einen großen Bären, den ein Petz mit einer Hyäne erzeugt haben soll. Auch führt der Betrüger zwei Kinder bei sich, die aus der Vergangenheit weissagen. Sie melden jedem, wie alt er sei, ob ledig, ob verheiratet und was ihm sonst begegnete. Große Kinder rennen hin, sich von den kleinen an der Nase herumführen zu lassen.

III Seria et ludicra

27. Mai 1824

Heut stiegst im Barometer,
Quecksilber! plötzlich du,
Und fandest nun erhöhter
In Deiner Unruh Ruh
Weit überm Wort „Beständig",
Da ward die Stadt lebendig,
Da ging's dem Rendevous
Im lieben *Gaisburg* zu;
Wie war die Straße voll
Von Wallern, Reitern, Wagen!
Und Reihen von Gelagen
Trug *Mohr* ins Protokoll.

Mohr heißt nämlich der Wirt in Gaisburg, der sich über den langen Regen beinahe *schwarz* geärgert hat. Die Tafelmusik war Rossinisch und Freischützisch und der höchste Luxus der schwäbische Falerner von Uhlbach. Studenten trugen Backenbärte, als müßten sie der französischen Musik mit Äxten voranmarschieren. Ein Rudel von Hunden trieb *seria et ludicra.* Wein- und Kaffeedüfte durchkreuzten sich. Alte Liebe rostete nicht und neue Minneromane wurden angesponnen.

Die Königsstraße

Schon tanzen die Ziegel munter
Von Griesingers Hause herunter
Allein man hatte mit Both,
Dem Sonderling, Müh' und Noth,
Der sein Eigenthum lang verweigerte,
Und den Preis des Hauses nur steigerte.
Doch ist nun, wollen wir hoffen,
Ein solcher Kontrakt getroffen,
Daß von jenem Mittelgebäu
Die Königsstraße frey,
Und von Unten zu überschaun ist
Bis Oben, was stattlich, traun! ist.
Es rief der Revolution
Erzeugter Affe ja schon,
Der Sanskülott! ,Ville immense!'
Honny soit qui mal y pense!
Leicht könnte, denn ein Poet
Ist auch zuweilen Prophet,
Die Residenz sich nach Jahren
Mit Kanstadt zur Einheit paaren.
Dann stellten Beyde, fürwahr!
Ein London im Kleinen dar.

Johann Christoph Friedrich Haug, 1828 (originale Schreibweise)

Schwäbische Schlafhauben

Eine Heimleuchtung
Von Ignaz Franz Castelli

Der Wiener Ignaz Franz Castelli (1781–1862) hat als Mundartdichter Popularität erlangt und war zweitweise Wiener Hoftheaterdichter. Bekannt wurde sein „Schicksalsstrumpf", eine vorgeblich von den „Brüdern Fatalis" verfaßte satirische Parodie auf Adolf Müllners Schauerdrama „Die Schuld". Müllner lebte übrigens einige Jahre als Redakteur von Cottas „Literaturblatt" in Stuttgart.

Wir fuhren durch eine herrliche Pappelallee um vier Uhr nachmittags in der Residenz Stuttgart ein. Die Gebäude, welche dem Reisenden bei seiner Einfahrt in Stuttgart in die Augen fallen, erregen in ihm einen guten Vorbegriff für die Stadt selbst. Es sind freilich meistens Gebäude von Holz, aber von seltener Nettigkeit und von äußerst freundlichem Ansehen. Auf jedem derselben ist zu lesen, was es enthalte. Auch das Hospital, ein schönes großes Gebäude, ist von Holz. Noch mehr wird man überrascht, wenn man durch die schöne, breite, schnurgerade Königsstraße in die Stadt selbst einfährt. Leider nimmt man in der Folge wahr, daß diese Straße die einzige dieser Art ist, und daß die übrigen ebenso wie in kleineren Städten ungleich und mit Häusern vollgepfropft sind, welche den von mir beschriebenen schwäbischen Häusern ganz gleichen. (Die Häuser sind so gestellt, daß die schmälere Seite derselben immer auf die Straße heraus, die breitere aber rückwärts steht. Zudem sind sie mit so vielen Fenstern versehen, als nur Platz haben, woraus man mit allem Rechte auf die Neugierde ihrer Bewohner schließen kann. Man wird sich in diesem Schlusse auch nicht täuschen; denn wie nur in einem schwäbischen Dorfe etwas rasselt, so sieht man schon alle diese Fenster voll kleiner und großer Köpfe mit Schlafhauben.)

An der Türe meines Zimmers klebte ein Zettel, welcher die Fremden mit den hiesigen Polizeiverordnungen bekannt macht, und unter andern auch diese enthielt: daß jeder, welcher nach zehn Uhr abends auf der Straße geht, mit einer Laterne versehen sein müsse, widrigenfalls er sich der Unannehmlichkeit aussetze, arretiert zu werden. Ich konnte mir den Grund dieser Verordnung in der Hauptstadt eines Reiches im Monate Juli, wo es um zehn Uhr noch nicht ganz finster ist, und noch dazu bei einer guten Straßenbeleuchtung, nicht erklären; da

Marktplatz mit dem 1588 erbauten Rathaus Kupferstich (1815)

man aber gezwungen war, sich den Gewohnheiten zu fügen, so klingelte ich dem Aufwärter und ersuchte ihn, mir eine Laterne zu verschaffen, damit ich unangefochten aus dem Theater, welches ich zu besuchen willens sei, nach Hause käme. Allein, noch größer war mein Erstaunen, als er mir versicherte, daß ich dazu keiner Laterne bedürfe, da das Theater schon um fünf Uhr beginne und längstens um acht Uhr zu Ende sei. Ich weiß wohl, daß eine Sache nicht eben darum schlecht sein muß, weil sie uns ungewöhnlich ist; allein, das weiß ich, daß es mitten im Sommer um fünf Uhr noch sehr heiß ist, und daß man sich in der Hitze nicht gerne in das Theater setzt, besonders da auch die Stunden von sechs bis acht Uhr die angenehmsten zu einem Spaziergange sind.

Ich besuchte das Theater und fand auch da wenig Menschen. Nach demselben schlenderten wir noch einige Zeit in den Gassen umher; doch an das rege Getümmel in Wien gewohnt, fand ich es überall leer und traurig: wenig Fußgänger, noch weniger Wagen, allenthalben Ruhe und Stille. In der Königsstraße allein ist es ein klein wenig lebhafter, daher auch jene Stuttgarter, welche auf dem Kongresse in Wien waren, diese Straße ihren Kohlmarkt nennen. Endlich schlug die Uhr zehn, dort und da ließen sich einzelne Laternen sehen; wer aber keine Laterne hatte, eilte nach Hause, und ich also auch.

Es isch oinewäg nur oi Stuagert!

Maliziöse Bemerkungen eines lachenden Philosophen
Von Karl Julius Weber

Der 1767 in Langenburg (Hohenlohe) geborene Satiriker Karl Julius Weber, der sich eher der französischen als der deutschen Aufklärung verpflichtet sah, war von 1820 bis 1824 als Mitglied der liberalen Opposition Abgeordneter der Württembergischen Ständeversammlung. In seinem bis heute lebendig gebliebenen „Demokritos oder Hinterlassene Papiere eines lachenden Philosophen" verbinden sich überschäumender Einfallsreichtum mit immenser Belesenheit. Weber besaß eine riesige Bibliothek, er starb 1832 in Kupferzell.

Stuttgart zählt 22 000 Seelen, mit Hof, Militär und Fremden 24 000, und kann in einer Stunde bequem umgangen werden. Überall sind Vorstädte mit schönen neuen Gebäuden, die Tore weiter hinausgerückt, und fast überall sieht man von den Straßen und Häusern aus die grünen Berge, meist Weinberge, die die Stadt umgeben, daher jener Franzose dichtete:

Si on ne cueilloit à Stuttgart les raisins
la ville iroit se noyer dans le vin.

Überall sieht man das Bestreben nach Verschönerung, denn überall bemerkt man Wohlstand – nur keine Kunstgärten? Die ganze Gegend ist ein Garten!

Schade, daß zwei Elemente des Lebens in der so angenehmen Stadt nicht angenehmer sind – Luft und Wasser! Im Winter liegen langdauernde Nebel auf dem Tal, und im Sommer stören mephitische Ausdünstungen den Genuß der herrlichen Anlagen, man muß die Höhen suchen, wenn man die *mala aria* vermeiden will, daher ich im Sommer das hochliegende und schattenreiche Ludwigsburg vorziehen würde. Cannstatter und Berger Mineralwasser muß das Brunnenwasser ersetzen. Der Krug kostet 2 kr., was ich bei meinem ersten Aufenthalt nicht wußte, und daher an der *table d'hôte* mich nicht wenig über meinen Nachbar wunderte, der sich *sans façon* von meinem Wasser einschenkte, das ich *au pied* des Selzers oder Fachingers zahlen zu müssen glaubte. Luft und Wasser könnten, wie gesagt, besser sein, indessen gehen doch die Dinge nicht so weit wie in Holland: bis zum kalten Fieber!

Sehr viel ist für Stuttgart geschehen, aber eine eigentlich schöne Stadt kann es nie werden, eingezwängt in diesen Kessel von hohen und nahen Bergen, der sich bloß gegen Cannstatt hin öffnet in ein schmales, drei Viertelstunden langes

Tal, das aber durch die neuen Anlagen einzig ist, worüber man Planie und Allee vergißt. Stuttgart bietet, wie nur wenige Hauptstädte, die herrlichsten Spaziergänge und abwechselndsten Aussichtspunkte, wenn man sich Zeit und Mühe nimmt, die Höhen zu besteigen – sie sind „herzig nett!“ Das Leben ist gut, gesellig bei der Menge Zentralstellen, dem Militär- und Fremdenzufluß und alles wohlfeil, Hausmiete und Holz abgerechnet. Alle, die im Winter stark geheizte Zimmer fliehen, befinden sich zu Stuttgart stets in der angenehmsten Temperatur!

Ulrich von Hutten, der doch Italien kannte, fand die Lage der Stadt trefflich, Land, Himmel, Berge, Flüsse, Täler, Früchte, Wein etc. alles trefflich, selbst Luft und Wasser, und schließt: *ipsam Stuttgardiam terrae Paradisum appellant Suevi,* zu deutsch: Es geit nur oi Stuagert! Dies Hochgefühl erinnert mich an die Zeitungsanzeige eines Mannes, der da Paris zeigte: „das Eintrittsgeld ist von 30 kr. auf 18 herabgesetzt, da die Stadt Paris sich nur noch kurze Zeit in Stuttgart aufhält.“ Der Stuttgarter ist schwer aus seiner Stadt zu bringen, und sage man, was man will, er entgegnet: Es isch oinewäg nur oi Stuagert! Und sonderbar, diese Neigung zu den glücklichen Gefilden am Neckar wirkt bei längerem Aufenthalt auch leicht auf den Fremdling!

Stuttgart sollte eigentlich da liegen, wo das weit ältere Cannstatt liegt, am schönen Neckar; der verdammte Nesenbach verdirbt alles. Das Lob dieses übelriechenden Baches hat unlängst ein Dichter besungen, der dem Ausland so unbekannt sein wird, als der Nesenbach – Heinrich, Wirt zum wilden Mann. Heinrich verhält sich zu Matthisson, der den Genfer See besang, wie dieser zum Nesenbach; indessen ist mir seine Vergleichung mit dem schlammigen Nil doch einleuchtend:

plötzlich fällt er, und Arome breiten
sich aus seinem dicken schwarzen Schlamm,
keine Fruchtbarkeit er zwar verbreitet
aber Nasen er mit Düften weidet –

und ich stehe nicht dafür, daß im Winter patriotische Stuttgarter,

die in Petersburg gewesen, meinen,
täuschend sei die Newa hier im kleinen,

und beim Nesenbach schwören, wie die seligen Götter beim Styx!

Schwaben hatte immer anerkannt gute Köpfe – Wieland, Schiller, Spittler, Moser, Paulus etc., welche Namen! Warum muß doch pietistische Schwärmerei so um sich greifen! Ist das Volk so unglücklich, daß es sich nur ins Überirdische retten kann? Selbst in der Hauptstadt hörte ich einen Prediger, die Kirche konnte nicht alle Zuhörer fassen, die *queue* machten, wie vor einem Theater, und die Rede war so voll Salbung, daß mir grün und gelb vor den Augen wurde von dieser Salbe; sie muß notwendig das milde Licht eines vorurteilfreien Verstandes verdunkeln und die mystische Finsternis schwärmerischer Gefühle hervorrufen, ja zuletzt ängstliche Seelen in die alte theologische Melancholie stürzen, wo man an seiner Seligkeit verzweifelte! Solche heilige Salbader sind kaum mehr zu dulden im Winkel eines Dorfes!

Ein Papst etabliert sich

Aus den „Denkwürdigkeiten“ des Wolfgang Menzel

Wolfgang Menzel Bleistiftzeichnung von Franz Theodor Kugler (1832)

Wolfgang Menzel, 1798 in Waldenburg (Schlesien) geboren, kam 1825 als Redakteur von Cottas „Literaturblatt“ nach Stuttgart und wurde dort rasch zum gefürchtetsten Literaturpapst seiner Zeit. Ursprünglich als Vertreter der christlich-„teutschen“ Anschauungen aus der Zeit der Befreiungskriege ein gemäßigter Liberaler, vertrat er zunehmend ultrareaktionäre, antisemitische und chauvinistische Positionen, die ihn in die Nähe eines Ahnherrn nationalsozialistischer Ideologie rücken. Durch seinen absurden Goethehaß machte er sich selbst seinen Freunden unangenehm. Mit aggressiven und verleumderischen Angriffen wandte sich Menzel vor allem gegen die liberalen Vertreter des „Jungen Deutschland“, was 1835 den Bundestag zu einem Verbot der Schriften des „Jungen Deutschland“ provozierte.

Ich wollte nach München, hielt mich aber, als ich am folgenden Morgen in Stuttgart anlangte, dort bei meinen Freunden wieder länger auf. Der arme List, der unvorsichtig, aller Warnungen ungeachtet, nach Württemberg zurückgekehrt war, büßte auf dem Asperg, wurde aber bald nach Nordamerika entlassen. Auch Liesching war als Redakteur des freisinnigen „Beobachters“ eine Zeitlang gefangen gesetzt. Sonst fand ich alles wie im vorigen Jahre.

Stuttgart liegt sehr schön in einem einer Venusmuschel gleichenden Tale, aus dem sich ringsum die Berge hinaufziehen. Es wurde schon vor fast zweihundert Jahren von einem französischen Dichter wegen der schönen Weinberge gepriesen, von denen die Stadt rings umgeben ist. Der Dichter sagt, wenn man die Trauben hier nicht abpflückte, so würde die Stadt von Wein überschwemmt werden. Ich verfehlte nicht, mich bald mit der schönen Umgegend bekannt zu machen.

Zu Ostern machte ich mit Schott, seinen älteren Knaben und Maßmann beim schönsten Wetter eine Fußpartie über Fellbach, den Kapellenberg, die Katharinenlinde und die Filiale nach Eßlingen und durch das Neckartal zurück; einer der reizendsten Ausflüge in der an Naturschönheiten so reichen Umgebung der schwäbischen Hauptstadt. Als wir nun abends vor dem Dorfe Wangen an einer grünen Wiese vorüberkamen, sahen wir dort eine Gesellschaft Cannstatter fröhlich im Freien tanzen. Eine Blondine in lichtblauem Kleide reizte mich durch ihre schöne Figur, und siehe da, es war dasselbe Mädchen aus Cannstatt, was ich schon einmal im vorigen Jahre bei Schotts gesehen hatte. Es fügte sich, daß ich schon am folgenden Abend an ihrer Seite im Stuttgarter Theater saß, wo Mozarts „Don Juan“ vortrefflich aufgeführt wurde. Während mich nun diese

Bekanntschaft noch in Stuttgart fesselte, da ich aber immer noch an nichts dachte, als nach München zu gehen, auf dessen Kunstschätze ich mich schon lange freute, hatte bereits der alte Herr von Cotta alles veranstaltet, um mich in Stuttgart zurückzuhalten und überraschte mich am 11. April mit seinem Antrage. Er war durch meine „Streckverse" und durch meine Aufsätze in den „Europäischen Blättern" auf mich aufmerksam geworden und hatte bereits seine bisherige Verbindung mit Müllner, welcher das mit dem vielgelesenen „Morgenblatt" verbundene „Literaturblatt" redigierte, gelöst, um mir dessen Redaktion anzuvertrauen, wenn ich dazu Lust hätte. Er versprach mir, mich pekuniär so günstig zu stellen, daß ich, wenn ich Lust hätte, auf der Stelle heiraten könne. Er bemerkte mit Recht, daß Stuttgart für eine literarische Tätigkeit ein weit günstigerer Platz sei als München. Schon wegen der verhältnismäßig größeren Preßfreiheit in Württemberg. Da ich nun in der Tat in Stuttgart etwas Gewisses gefunden hatte, zog ich es dem Ungewissen in München vor und blieb. Cotta war ein außerordentlich verständiger und wohlwollender Mann, damals schon ergraut, aber noch von großer Lebhaftigkeit des Körpers und Geistes. An wahrer Genialität hat er wohl alle Buchhändler in Deutschland übertroffen. Er war ein königlicher Kaufmann, wie Shakespeare gesagt haben würde. Nach seinem Tode fand man in seinen Büchern Posten von mehr als 200 000 Gulden ausstehen, Vorschüsse, die er jungen Gelehrten und Künstlern gemacht hatte und die ihm nie zurückbezahlt worden sind.

Unter meinen nähern Freunden nahm Schott die erste Stelle ein. Sodann Liesching, der vom Asperg glücklich wieder heruntergekommen war und das wunderbare Glück hatte, in der Frankfurter Lotterie das Große Los zu gewinnen. Da er früher über der Kunst und Politik sein kaufmännisches Geschäft versäumt und Bankrott gemacht hatte, konnte er sich nunmehr ökonomisch wieder arrangieren. Mit seltener Gewissenhaftigkeit zahlte er allen Gläubigern jetzt nachträglich aus, was er ihnen noch schuldig geblieben war, gab seinem Kunsthandel einen neuen Schwung, reiste zu diesem Behuf öfter nach Frankreich und England und gründete später für seine heranwachsenden Söhne eine Verlagshandlung, welche sich vorzugsweise die Herausgabe christlicher Werke angelegen sein ließ. Nebenbei sei bemerkt, daß Liesching einen wunderlichen Stiefbruder hatte, namens Enslin, eins der damaligen Stuttgarter Originale. Man nannte ihn nur den Anlagenbesitzer, weil er sich einbildete, die sogenannten Anlagen, d. h. der große königliche Schloßgarten, gehören ihm. Er brachte deshalb auch den ganzen Tag darin zu, und da er keinen Schaden tat, befahl der König den Portiers, seinen stillen Wahnsinn zu schonen und ihn gewähren zu lassen.

Ich konnte mich in geselliger Beziehung nirgends wohler befinden als in Stuttgart. Der Volksstamm im Neckartal ist nicht sehr anschmiegsam und gewandt, auch nicht sehr mitteilsam und redselig, aber solid von Charakter, gut geschult und daher reich an Kenntnissen. Man kommt dem Fremden nicht gleich entgegen, aber man nimmt ihn an, wenn er sich natürlich gibt und nicht unbescheiden ist. Die Hauptstadt Stuttgart war schon zu groß, als daß die Leute vom Hofe und der Hofton hätten vorherrschen können, wie noch im badischen Karlsruhe. Auch das Militair war nicht zahlreich genug, um die Gesellschaft zu beherrschen, und König Wilhelm I. sah mit besonderer Strenge darauf, daß sich die Offiziere jedes Übermuts gegen das Civil enthielten, weshalb man nirgends

Dem moralinsauren „Großinquisitor der deutschen Literatur" (Franz Grillparzer) widmete Ludwig Börne seinen „Menzel der Franzosenfresser", Heinrich Heine forderte ihn zum Duell. Menzel ist 1873 gestorben und liegt auf dem Stuttgarter Hoppenlaufriedhof.

Der Sittenwart von Stuttgart

Ist er vielleicht wirklich so tugendhaft, der unerbittliche Sittenwart von Stuttgart? Eine gewisse physische Moralität will ich Herrn Menzel keineswegs absprechen. Es ist schwer in Stuttgart nicht moralisch zu sein. In Paris ist es schon leichter, das weiß Gott! Es ist eine eigene Sache mit dem Laster. Die Tugend kann jeder allein üben, er hat niemand dazu nötig als sich selber; zu dem Laster aber gehören immer zwei. Auch wird Herr Menzel von seinem Äußeren aufs glänzendste unterstützt, wenn er das Laster fliehen will. Ich habe eine zu vorteilhafte Meinung von dem guten Geschmacke des Lasters, als daß ich glauben dürfte, es würde jemals einem Menzel nachlaufen.

Heinrich Heine: „Über den Denunzianten". – Ursprünglich als Vorrede zum dritten Band des „Salon" gedacht, verweigerte die Zensur aus Angst vor Menzels Einfluß die Druckbewilligung – deshalb mußte das Pamphlet zunächst separat erscheinen.

Testament

Und ich vermache dem Sittenwart / Und Glaubenswart von Stuttegard / Ein paar Pistolen (doch nicht geladen),/ Kann seiner Frau damit Furcht einjagen. /

Ein treues Abbild von meinem Steiß / Vermach ich der schwäbischen Schule; ich weiß / Ihr wolltet mein Gesicht nicht haben, / Nun könnt ihr am Gegenteil euch laben.

Aus Heinrich Heines gleichnamigen Gedicht

Johann Friedrich Cotta (1764–1832) Ölgemälde von Karl Jakob Theodor Leybold (1824)

einen so unbefangen freundlichen Verkehr zwischen Militair und Civil fand wie hier. Auch die Kaufmannschaft herrschte nicht vor. Große Fabriken gab es erst wenige, auch damals nur wenige Juden, und sie waren bescheiden. Die Civilbeamten und der Lehrerstand brachten mit ihrer Intelligenz einen guten Sauerteig in die Gesellschaft, ohne auch ihrerseits anmaßend auftreten zu können, da es an Gegengewichten nicht fehlte. Somit war die gebildete Gesellschaft in so vortrefflicher Weise gemischt, daß keine Klasse das Übergewicht hatte und alle ihre scharfen Kanten aneinander abschliffen. Da entschied nicht der Rang, noch das Geld, sondern der reichern Kenntnis und Erfahrung, dem biedern Charakter, dem überlegenen Geiste, dem liebenswürdigen Benehmen blieb der Vorzug gesichert.

Dichter, Dichterlinge, Dilettanten

Im Dunstkreis des Großkritikers Wolfgang Menzel Von Karl Gutzkow

Karl Gutzkow, 1811 in Berlin geboren, kam 1831 nach Stuttgart. Drei Jahre später überwarf er sich mit Menzel. 1835 wurde Gutzkow in Mannheim für seinen gegen die herkömmlichen Moralbegriffe gerichteten Roman „Wally, die Zweiflerin“ (worin er für die „Emanzipation des Fleisches“ eintrat) zu zweieinhalb Monaten Gefängnis verurteilt. 1861 wurde Gutzkow Generalsekretär der Deutschen Schillerstiftung. Er starb 1878 in Sachsenhausen (Frankfurt).

Wieder schien golden, doch jetzt im Untergehen, die Sonne. Sie beleuchtete die große Muschel, die Stuttgarts reizende Lage bildet. Die übliche Vergeichung mit einem „Kessel“ paßt für diese sanft aufsteigenden Höhen nicht. Es ziehen sich längliche Furchen, Taleinschnitte und Senkungen in die abschüssig gehenden Berggelände, in denen im November noch mancher Holzpflock mit verbranntem Papier vom letzten Weinlesefeuerwerk von einem der Landessitten Kundigern hätte bemerkt werden können. Noch duftete die Stadt nach Wein- und Apfelmost. Die Stiftskirche, das Schloß, die kleinen Häuser, manche von diesen noch mit Kolben türkischen Korns umzogen, es gab ein Bild provinzieller Abgeschlossenheit und Einfachheit, das aus dem sich jetzt so großstädtisch fühlenden Haltestationspunkte zwischen Wien und Paris kaum noch herauszufinden ist. Dazu allerwege klassische Erinnerung. Schiller ist uns hier gegenwärtiger als in Weimar. Lieben wir doch mehr den *in tyrannos* sich erhebenden jungen Adler, den Flüchtling nach Mannheim, als den spätern Hofrat. Das Cotta'sche Geschäft war wie ein Mausoleum des Dichters. Und Goethe, der ebenfalls Cotta gehörte, lebte ja noch. Kurz, ich betrat Stuttgart, wie man in eine Kirche tritt. Im „Waldhorn“, nicht im „König von England“ abzusteigen, entsprach schon der romantischen Stimmung meines Gemüts und meiner Kasse.

Wolfgang Menzel, ein geborner Schlesier, hieß den schon lange erwarteten blassen, magern, blonden Berliner Ankömmling willkommen. Ihn selbst hatte die Natur mit breiten Schultern, kräftiger Brust, dunklem Haar ausgestattet. Sein Kopf hätte einem katholischen Geistlichen gehören können. Um den Mund, dessen Zähne vernachlässigt waren, spielte ein satyrisches Lächeln, das sich bei manchem seiner Einfälle ins Sardonische verlieren konnte, während seine kurzsichtigen Augen, so oft die Brille, die solche regelmäßig bedeckte, abgenommen wurde, Trotz, strengen Ernst, ja zuweilen etwas Verklärtes oder Feierliches bekommen konnten. Sein Temperament schien das heftigste zu sein; der einmal ausgesprochene Wille unbeugsam. Selten mögen in einem Charakter soviel Widersprüche gepaart gewesen sein, wie in diesem vielseitigen Schriftsteller, diesem damals den Ton angebenden Kritiker.

Die mit äußerster Anstrengung in Italien, Österreich und Deutschland niedergehaltene weitere Ausbreitung der Ideen, welche durch die Julirevolution wieder einmal ihre Reise um die Welt antreten zu wollen schienen, drohten da und dort wie die Flammen aus dem verschütteten Tempel Jerusalems wieder hervorzubrechen. Verschwörungen wurden selbst im Militär entdeckt. „Land-

Es war eine Ironie, wie sie das Schicksal liebt, daß Menzel den Berliner Studenten Karl Gutzkow, den er später als Jungdeutschen bis aufs Messer bekämpfte, nach Stuttgart berief, um ihn als Gehilfen in der Redaktion des Literaturblattes zu verwenden.

Rudolf Krauß, „Schwäbische Literaturgeschichte“

graf, werde hart!“ war die von Wien nach allen Seiten hin verteilte Parole. Mancher sah das, was erst siebzehn Jahre später kam, schon damals unmittelbar vor den Toren. Menzel war in diesem Sinne politischer Visionär. Zeichen und Gesichte, Traumgebilde naher und wohl gar nächster Zukunft schwebten ihm immer vor. Wie man dann von nichts träumt, wovon man nicht in seinem Innern unbewußte Einlagen hat, so sah auch unser geschichtskundiger Prophet nichts als Repristinationen. Immer das schon Dagewesene sollte wiederkommen. Die drohende Haltung des Landvolks (Cholera und Zollverein griffen in die untersten Schichten) führte sich ihm sofort auf die Wiederholung des Bauernkrieges zurück. Und wenn er jeden Dreispitz, der zum Markte von der Tübinger Steig herunterkam, für eine Natur hielt ganz gleichgeartet wie die, welche vor dreihundert Jahren den Bundschuh aufgerichtet hatten, wer konnte ihm widersprechen wollen, wenn es auch die Erhebung der galizischen Bauern gegen den Adel, die Greueltaten Szelas, die Tage der Pariser Commune noch nicht gab! Nur war es komisch, wenn zuweilen schon wirklich die Guillotine in Württemberg einrückte und ihm ein ehemaliger Hauptmann, Friedrich Seybold, gradezu ein unbeugsamer Republikaner erschien, dem es nichts verschlagen würde, den Neckar mit Blut zu färben! Die Männer des „Hochwächters“, Rudolf Lohbauer, einen Maler, der sein Literaturblatt mit sinnigen Vignetten geschmückt hatte, Rödinger, Walz, Tafel, alle sah Menzel als Wiederholungen gewisser Gestalten der Französischen Revolution an; der eine war ihm Danton, der andere Robespierre. Diese waren Jakobiner, jene Girondisten. Alle diese halb spielenden, halb ernsten Gedanken gipfelten in dem Schlußbilde einer Schrift, mit welcher sein in diesen Dingen ihm gleichgestimmter Freund Liesching als Buchhändler debütierte: „Geist der Geschichte“. Das Ende der Tage würde ein allgemeines Morden der Menschen untereinander sein. In diesem Kreise gab es in der Tat Swedenborgianer, Verwandte des Schott'schen Hauses, Tafel und Hofacker in Tübingen. Sie hatten zur Verbreitung der Swedenborgischen Schriften eine Druckerei „Zum Guttenberg“ errichtet. Schon die Geisternähe Weinsbergs verhinderte, über solche Unternehmungen zu lachen. Ganz aufgeklärte Männer waren hier in den apokalyptischen Bildern des alten schwäbischen Johann Albrecht Bengel befangen.

Im Schwabenland lyrisierte alles. Nicht bloß die Gymnasiasten und Tübinger Stiftler, selbst Oberamtmänner und Obersteuerrevisionsräte wanderten durch die Wiesen und sammelten Blumen und wanden diese zu poetischen Sträußlein. Goethe starb. Da suchte jeder, der nur ein wenig Zeit hatte, ihn möglichst zu ersetzen. Dann mußte damals soviel geheuchelt und gelogen werden der mangelnden politischen Freiheit wegen, daß die meisten der Gebildeten, sogar die Hofräte und Polizeidirektoren, zwei Welten hatten, in denen sie lebten, eine ostensible und offizielle bürgerliche, und drehte man diese um, so hatte man zu seinem hellen Erstaunen einen heimlichen Dichter, einen „sinnigen Lyriker“. Die Konversation in Stuttgart bestand 1831 nur aus Liedervorlesungen beim Thee, wenn Damen zugegen waren – beim Wein und vielleicht sogar unter freiem Himmel, wenn die Männer allein waren. Die ästhetischen Honneurs in Stuttgart machten zwei Familien, die Hofrath Reinbeck'sche (eine aus Norddeutschland eingewanderte, welche berlinische Theegesellschaften alten Stils gab) und die Gustav Schwab'sche, eine urschwäbische. Damals ging Lenau, „der Herr Baron aus Ungarn“, aus einer dieser Gesellschaften in die andere. Jede wetteiferte, wer ihn mit größerem Lob, mit exaltierterer Bewunderung überhäufen konnte. Erst galt der Enthusiasmus, wie sich gebührte, seinem Talent, dann seiner poetischen Heimat, zuletzt *(last not least)* dem „Baron". Man wollte einen andern „Herrn Baron", den Baron von Cotta, veranlassen, die gesammelten Gedichte des ungarischen „Herrn Barons" zu drucken. Ein alter feiner Herr, dieser erste klassische Cotta! Später, als ich Metternich kennengelernt, fand ich Ähnlichkeit zwischen beiden. Sie waren auch intime Freunde und sagten sich das täglich und leider allzulange in der „Allgemeinen Zeitung". Dieser alte Herr, auch Begründer der Dampfschiffahrt auf dem Bodensee, betrieb den Buchhandel sozusagen staatsmännisch. Vollkommen wissend, daß die von ihm gedruckten Dichter *à peu près* zu deutschen Klassikern gestempelt waren, verhielt er sich vorsichtig in der Annahme von Gedichtsammlungen und benahm sich auch in Folge dessen spröde gegen den Reinbeck-Schwab'schen Enthusiasmus, der wieder einen Neuling traf, wo ihm schon Karl Grüneisen, ja Gustav Schwab selbst nicht recht „eingeschlagen" waren; er schlug die Lenau'sche Sammlung fürs erste ab. Das alles beobachtete Wolfgang Menzels scharfe Satire, seine aufhorchende Spürkraft, seine immer zu den ergötzlichsten Glossen bereitwillige Ironie. Das Treiben dieser schwäbisch-lyrischen Uhland-Epigonen war ihm zuwider. Fand doch sein polemischer Eifer fast überall in Schwaben Cliquenwesen, Gevatter- und Muhmen- und Verwandtschaftskuppelei. Bei alledem kam auch mir der Trieb, den ich schon lange hegte, dem Wort zuweilen die schöne Fessel des Reims anzulegen. Aber die Umstände waren zu ungünstig! Einmal war Gustav Schwab die unumgängliche Instanz für jedes zu veröffentlichende Gedicht. Fast für die gesamte Lyrik der Zeit, falls diese durch die drei Kanäle, Morgenblatt, Cotta's Verlag oder den Weidmann'schen Musenalmanach, an die Öffentlichkeit treten wollte, überall war Gustav Schwab die entscheidende Instanz.

Wolfgang Menzel Scherenschnitt von Luise Duttenhofer

Vom Innenleben

Zwei Briefe von Wilhelm Hauff

Wilhelm Hauff
Kreidezeichnung von
J. Behringer (1826)

I An Moritz Pfaff

Der früh verstorbene Stuttgarter Wilhelm Hauff (1802–1827) wurde mit seinem „Lichtenstein" so populär, daß man das gleichnamige Schloß auf der schwäbischen Alb als Kulisse baute und damit der seltene Fall eintrat, daß ein Roman die Wirklichkeit sozusagen umgestaltete. Hauffs bitterböse Satiren – er war in Tübingen Mitglied der verbotenen Burschenschaft – gegen reaktionäre Unterdrükkung und Duckmäusertum sind wenig geläufig. Neben seinen Kunstmärchen wurde vor allem sein Lied „Morgenrot, Morgenrot, leuchtest mir zum frühen Tod" volkstümlich.

Stuttgart, 18. Februar 1827

Ich habe viele Bilder in diesem Leben gesehen, gedacht, auch wohl erfunden und niedergeschrieben, aber keines hat mir so gefallen wie ein „Stilleben", das ich Dir beschreiben will. Denke Dir ein kleines (warmes) Stübchen; es ist tief am Abend und die Kerze auf dem runden Tische beinahe abgebrannt. Eine Türe ist geöffnet in ein Schlafzimmer (was an zwei Betten bemerklich), vielleicht um dort ein wenig warm zu halten. Auf dem Sofa hinter dem Tisch und dem Stümpfchen Licht sitzt ein Mann im Pelzschlafrock; er schreibt. Neben ihm sitzt eine junge Frau; sie hat das Strickzeug in den Schoß sinken lassen. Sie heftet ihr Auge voll Liebe auf den Schreibenden, sie scheint über ihn nachzudenken, und das Licht, das auf ihre angenehmen Züge fällt, zeigt, daß ihre Gedanken ein zufriedenes, glückliches Resultat geben können. – Jetzt sieht der Mann von seiner Arbeit auf, er sieht die Frau voll Wonne an und – Du, wenn Du zufällig statt des Mondes ins Stübchen schautest, würdest Deinen glücklichen Freund erkennen.

Mein Lieber! Ich bin froh, daß ich um zweitausend Jahre nach Polykrates geboren bin und keinem Aberglauben mehr anheimfalle, sonst müßte mich mitten im Glück der furchtbar mahnende Gedanke traurig machen, „noch keinen sah ich glücklich enden, auf den mit immer vollen Händen die Götter ihre Gaben streu'n". Ich habe, so jung ich bin, viel Glück gehabt in der Welt. Oder ist es nicht ein Glück, daß ich bei so ausgezeichneter Anlage zum Leichtsinn, zum Trunk, Spiel und Lüge, bei einer Anlage, die sich so frühe Bahn brach,

Wilhelm Hauffs Studierzimmer, Tuschzeichnung des Dichters

an einem Ort Bahn brach, wo hundert andere zugrunde gehen, ehe sie noch das eigentliche Leben kennenlernten, in diesem Klosterpferch nicht zugrunde ging, daß ich eine schwächliche, aber höhere Natur auf wunderbare Weise noch errettete?

In welch anderem Lande Europas, wenn es nicht Lappland ist, stehen dem jungen Mann so viele Hindernisse entgegen, öffentlich aufzutreten, als in diesem lieben Schwaben? Hergebrachte Vorurteile und Erziehung machen uns furchtsam und schüchtern. Unsere Sprache, unsere Gewohnheiten, die Sitten unserer Männer und Frauen sind Schranken, die unüberwindlich scheinen. Ich darf sagen, ich habe sie wie ein Spielzeug zertrümmert, und mit dem ersten Schritt, den ich getan, habe ich mir einen nicht unwürdigen Platz und eine Stimme erworben, die gültig ist, soweit man unsere Sprache spricht. Und, damit ich nicht wie ein Drache aus Druckpapier gefertigt einige Ruten hoch der Sonne zufahre, um ebenso schnell zu sinken, hat mir das Glück die Möglichkeit beschert, einen eigenen Herd zu bauen und das Flügelroß im häuslichen Stall einzustellen.

II An den Bruder Hermann

Bozen. Montag, 20. August 1827

So wäre ich denn glücklich am Ende meiner Fahrt angelangt, und morgen geht es schon wieder Württemberg zu. Luise wird gemeldet haben, daß ich in München – wo doch wenigstens Gesellschaft ist, denn in Stuttgart ist keine – glücklich anlangte.

In Stuttgart geht die Indolenz gegen alles, was nicht Pferd [hat], oder von Adel oder in ansässigem Amt und Brot ist, von oben aus und findet bis herab zum Kanzlisten feurige Nachahmung. Anders in München.

Ich für meinen Teil glaube, daß wir die längste Zeit in Stuttgart waren, und so schwer es mir sein wird, mich von so vielen Teuren zu trennen, so möchte doch dieser Tausch von großem Vorteil für mich sein. München ist nicht dazu gemacht, durch die Außenseite zu blenden und anzuziehen; im Gegenteil hat mich der Anblick der biertrinkenden Herren und Damen unwillkürlich an den faden Herrn erinnert, aber wenn ich die zuvorkommende Freundlichkeit, die Achtung und das Interesse, womit man mich aufnahm, gegen die Gesinnungen unserer teuren Vaterstadt hielt, wo unsereiner mit Schneider und Schuster, die für Geld arbeiten, in gleicher Achtung und Rangklasse steht, so fand ich doch, daß wenn Anerkennung und Beachtung ermutigen sollen, Stuttgart, für ein Stadtkind wenigstens, der schlechteste Ort ist.

Man erwartete in seiner Heimat keine Wunderdinge von Hauff's Talent, während man doch sonst in Schwaben gern erwartet und auch zu Hebammendiensten bereit ist, wenn es der Förderung neuer Dichter gilt. Wilhelm Hauff mußte durch den Sukzess seiner Satiren im andern Deutschland sein nächstes Vaterland von seiner Prophetengabe überzeugen. Da erst akzeptierten sie honoris causa in Stuttgart die Anweisung, übertrugen ihm die Redaktion des Morgenblattes, und bestatteten den früh Entschlafenen mit allen Ehren, welche ihr einziger Novellist fordern konnte.
Eine schmerzliche Erinnerung, ein grausames Spiel des Zufalls knüpft sich für mich an seinen Tod. Die Zeitungen und Briefe aus Stuttgart hatten mir die traurige Nachricht gemeldet. Da muß auf langsamem Buchhändlerwege an mich ein Brief des Toten kommen, worin er mir in wenigen gekritzelten Zeilen von seinem Bette aus seine Krankheit und baldige Genesung meldet! Noch nicht genug: nach acht Tagen kommt mit einer zweiten Gelegenheit ein zweiter Brief. Er schreibt mir freudig, er ist genesen und voll großer Pläne! – Nie hat mich ein Brief mehr erschüttert.

Willibald Alexis

Hauffs Grabmal auf dem Hoppenlaufriedhof. Photographie (1926)

Stuttgarter Veitstänze

Pubertät eines Dichters – medizinisch gesehen
Von Friderich Achill Schmidt

Die Reise ward am 21. Februar 1831 in meiner Begleitung angetreten. Vor seinem Vater hatte der Patient starke Abneigung, und trotz allen Zuredens wurden die Krämpfe je näher Stuttgart desto heftiger und, daselbst angekommen, brachen sie – ob aus Widerwillen vor dem Vaterhause, ob von der Anstrengung der Reise, vielleicht in beiden begründet – furchtbar aus.

Dem Tanzen geht meist ein Humsen nach dem Takt voraus, gewöhnlich noch im Bett, aus dem er nun meist schnell aufsteht und mit bloßen Füßen auf dem Boden forttanzt, und zwar bald nach der gewöhnlichen Weise des Walzers, bisweilen mit Springen in die Höhe, Klopfen an die Füße, wie bei dem Bauerntanz, bald mit abwechselndem Knien auf dem einen oder andern Fuße, wie beim polnischen Tanze, bald sogenanntes Chassé oder Gallopade.

Nachdem das Tanzen den 12. März aufgehört hatte, und der Kranke, einige Beschleunigung des Atems abgerechnet, wieder vollkommen im natürlichen Zustande zu sein schien, fragte ich ihn, ob er musikalisch sei, pfeifen könne, und ließ ihn das Pfeifen versuchen. Er tat es, allein es wurde offenbar bald unwillkürlich, so daß er jetzt halb singend und halb summend mehrere Lieder in gehörigem Takte aufeinander folgen ließ. Auf wiederholte Aufforderung, sich nicht anzustrengen, ließ er endlich von dem Singen ab.

Da der Leib sehr gespannt war, ohnerachtet es nicht an Öffnung fehlte, so riet ich, täglich ein Klistier zu geben. Der Knabe stand schnell auf, um die Klistierspritze zu holen, die er mit geschlossenen Augen gleich hinter dem Ofen im anstoßenden Zimmer fand. Zuerst machte er die Bewegung des Spritzens mit schnellem Auf- und Abstoßen des Stempels, dann sprang er schnell ins Bett und exerzierte mit der Klistierspritze wie mit einem Gewehr, indem er das Kommando laut sprach, stand dann auf, marschierte im Takt, endlich brachte er die Klistierspritze wieder an ihren Ort und sprang dann schnell ins Bett, während er immer noch wachend nicht einen Augenblick stehen kann. Um diese Zeit gingen drei Spulwürmer ab.

Von dem Eintritte des Anfalls und selbst auch von einigen Erscheinungen während des Anfalls hatte er einige Erinnerungen im wachenden Zustande. Er erzählte, daß plötzlich eine schwarze Figur, die er Zauberer nannte, erscheine und zwei Teller für einige Bleche (wie sie bei der türkischen Musik gebraucht werden) im Takte aneinanderschlage, wo er dann gleich tanzen müsse.

Wirklich fängt er auch fast immer halbsingend, halbsumsend den Takt eines deutschen Tanzes an, geht aber dann auch zu andern Tanzarten über, springt dazwischen über Stühle weg, klettert schnell auf den Ofen (ärgert sich dabei, wenn er geheizt ist, so daß er nicht hinauf kann), dann an das Fenster, den Rand des Sofas ; als gerade ein Bad gerichtet war, auf den Rand der Badewanne (zeigt

Georgh Herwegh, Kupferstich von Conrad Hitz

Die 1831 in Tübingen erschienene Dissertation von Friedrich Achill Schmidt handelt von der Pubertät des 1817 in Stuttgart geborenen Gastwirtsohnes Georg Herwegh. Nach seiner Genesung besuchte Herwegh zunächst das Maulbronner Seminar, bevor er sich 1835 im Tübinger Stift als Stipendiat der Theologie immatrikulieren ließ. Bereits zu Anfang des zweiten Semesters relegiert, ließ er sich nach einem kurzen Intervall als Student der Rechte 1837 als Literat in Stuttgart nieder. Dort geriet er ein Jahr später auf einem Ball mit einem Offizier in Streit und flüchtete, aus Angst, wieder zum Militärdienst einberufen zu werden, in die Schweiz, wo seine „Gedichte eines Lebendigen“ entstanden, die ihn mit einem Schlag berühmt machten. Von dem Honorar der Erstausgabe hat er übrigens dem Tübinger Stift sämtliche Stipendiengelder zurückerstattet.
1842, er befand sich mit den „Gedichten eines Lebendigen“ auf einer Triumphreise durch Deutschland, wurde er wegen eines Briefes an Wilhelm IV. aus Preußen ausgewiesen und ging zunächst nach Zürich,

das er aber, nach Schwierigkeiten mit den dortigen Konservativen, schon bald mit Paris tauschte. Im Frühjahr 1848 stand Georg Herwegh an der Spitze der Pariser deutsch-demokratischen Legion, einer vornehmlich aus Arbeitern bestehenden Freiwilligentruppe, die den badischen Aufstand bewaffnet unterstützte und in dem Gefecht bei Dossenbach von württembergischen Truppen aufgerieben wurde. Herwegh, der nach vielen Exilstationen 1875 in Baden-Baden starb, verbanden von Marx bis Bakunin und Proudhon, von George Sand bis Béranger vielfältige Freundschaften und Kontakte mit dem ganzen Spektrum politisch exponierter Zeitgenossen. Seinem ausdrücklichen Wunsch entsprechend wurde der entschiedene Gegner bismarckscher Machtpolitik nicht in Deutschland, sondern in der republikanischen Schweiz beerdigt. Zu den Trauerfeierlichkeiten in Liestal kamen auch die schwäbischen Freunde, wie beispielsweise Ludwig Pfau. Seine Grabinschrift: „Hier ruht, wie er's gewollt, in seiner Heimat freien Erde, Georg Herwegh: von den Mächtigen verfolgt, von den Knechten gehaßt, von den meisten verkannt, von den Seinen geliebt."

dabei viel Gewandtheit und Kraft). Er ging dabei auch ein paarmal in das ziemlich warme Wasser, das er mit den Füßen um sich spritzte und deshalb herausgehoben wurde; dann ergriff er einen Stock, schien mit jemand zu fechten und schlug und stieß mit der größten Heftigkeit an die Türe, ohne durch den Lärm von seinem Irrtum, daß er nicht gegen einen Menschen schlug (gegen den er zugleich allerlei drohende Gebärden machte und Scheltworte ausstieß), zurückzukommen. Zwischendurch tanzte er wieder einmal, oder sprang auch plözlich in das andere Zimmer auf das Sofa, auf welchem Bettstücke lagen, oder in sein eigenes Bett.

Ein andermal hielt er seinen Vater für ein Pferd, das er striegelte und sattelte und auf das er am Ende tüchtig losschlug (während er bei seinen vermeintlichen Krämpfen nicht zuschlug, wenn ich mich vor die Türe stellte). Endlich ging er in ein zweites Zimmer an einen Flügel, auf dem er mehrere Stücke, z. B. aus dem Freischütz, mit Fertigkeit spielte. Er ärgerte sich dabei, übrigens ohne die Augen zu öffnen, wenn ihm einzelne Akkorde nicht einfielen, oder der Fingersatz nicht gelingen wollte, oder wenn die Saiten verstimmt waren, die er dann aufsuchte und die einzelnen Akkorde anschlug, wie dies gewöhnlich beim Stimmen des Klaviers geschieht. Endlich fiel er, nach $^{3}/_{4}$stündiger Dauer des Anfalls am Klavier sitzend, plötzlich zusammen und hing wie ohnmächtig an seinem Vater, der ihn ins Bett trug, wo er dann gleich wieder ohne Beschwerde erwachte und zu spielen anfing.

Merkwürdig ist mir bei diesem Knaben der Umstand, daß durch den häufigen Zwist der Eltern, der sogar zu Tätlichkeiten bisweilen Veranlassung gab, ohne Zweifel eine Mißstimmung des Gemüts veranlaßt wurde, die bei mehreren Frauenzimmern insbesondere durch ganz ähnliche Veranlassungen bedingt war, und dem Ausbruche des magnetischen Zustandes längere oder kürzere Zeit vorausging. Es ist wohl klar, daß hier die magnetische Manipulation jetzt nicht viel helfen kann, wohl aber ein besonnenes Zurückführen des Kranken auf die Vorschriften der Klugheit und der Moral, und die Beruhigung desselben über seine körperlichen Zustände.

Nachtgedanken

Stuttgart als zufälliger Ort einer Lebenskrise – Aus einem nächtlichen Notizbuch Von Frédéric Chopin

Frédéric Chopin, 1810 in Żelazowa Wola in der Nähe Warschaus geboren, reiste im Spätsommer 1831 von Wien nach Paris. In Stuttgart erreicht ihn die Nachricht von der Niederschlagung der polnischen Revolution (mit der Einnahme Warschau durch das Regiment des Zaren). Chopin, ein glühender Anhänger der nationalen Freiheitsbewegung, fällt in einen hypnotischen Zustand zwischen Depression und Stolz, Weltverachtung und Selbstbehauptung und komponiert in Stuttgart wahrscheinlich die beiden großen Werke: die Etude op. 10, Nr. 12 in c-moll und das Prélude op. 28, Nr. 24 in d-moll. Die Etude, später auch Revolutions- oder Befreiungs-Etude genannt, ist so etwas wie die polnische Marseillaise geworden – bis in die Zeit des Widerstands gegen die Hitler-Herrschaft. Chopin starb 1849 in Paris.

September 1831

Stuttgart – Merkwürdig! – Dieses Bett, in das ich mich schlafen legen werde, hat vielleicht mehr als einem Sterbenden gedient, und dieser Gedanke ruft in mir heute keinen Ekel hervor. Vielleicht hat hier mehr als ein Leichnam gelegen, sogar lange gelegen.

– Fehlt einem Leichnam etwas, was ich habe? Ein Leichnam weiß auch nichts von seinem Vater noch von seiner Mutter, seinen Schwestern, noch von Titus!

– Ein Leichnam hat auch keine Geliebte! – Er kann nicht mehr mit den Menschen um ihn herum in seiner Sprache sprechen! – Ein Leichnam ist bleich wie ich. Er steht wie ich allem gleichgültig gegenüber. Ein Leichnam hat aufgehört zu leben, und auch ich habe bis zum Überdruß gelebt. Bis zum Überdruß? Ist ein Leichnam des Lebens überdrüssig? Wenn er es wäre, würde er glücklich aussehen, und doch ist er so unglücklich. – Hat das Leben also einen so großen Einfluß auf die Gesichtszüge, den Gesichtsausdruck, auf die menschliche Physiognomie? Warum leben wir ein solch elendes Leben, das uns zerstört und dessen einziger Nutzen darin besteht, uns zu einem Leichnam werden zu lassen! – Ein Uhr nachts schlägt es von Stuttgarts Turmuhren. Ach! Wieviele Menschen sterben in diesem Augenblick auf der Welt? – Kinder verlieren ihre Mutter –,

Chopin fiel in Stuttgart durch eine merkwürdige Barttracht auf: er trug einen Backenbart, aber nur auf der rechten Seite. Nur von dieser Seite bekam ihn das Publikum beim Spiel zu Gesicht. Der 21jährige Komponist und Pianist wollte dadurch ein wenig älter aussehen – und für ernster genommen werden.

Mütter verlieren ihre Kinder. Wieviele Pläne werden zunichte, wieviel Traurigkeit entsteht durch diesen Tod, aber auch wieviel Tröstliches! Wieviele unehrliche Vormünder und Unterdrückte sterben. Das Gute und das Böse sind tot. Die Tugend und das Verbrechen desgleichen. Im Tod sind alle Brüder.

Ach! man kann mein Unglück nicht beschreiben! Kaum können meine Gefühlskräfte es ertragen. Nicht viel fehlt, und mein Herz zerspringt ob der Freude und des großen Vergnügens, das es in diesem Jahr ertragen mußte. Mein Paß ist in einem Monat abgelaufen, ich werde nicht mehr im Ausland leben können – zumindest nicht mehr offiziell. Dann werde ich einem Toten noch ähnlicher sein.

Stuttgart. – Ich habe die vorangehenden Seiten geschrieben, ohne zu wissen, daß der Feind zu Hause war. Die Vororte sind zerstört, verbrannt. Jeannot! Ohne Zweifel ist Wilus auf den Festungswällen gestorben. Ich sehe Marcel in der Gefangenschaft. Sowinski, der Tapfere, in den Händen dieser Schurken. O Gott, gibt es Dich? Ja, Dich gibt es und Du rächst uns nicht! Ist die Zahl der moskowitischen Verbrechen nicht ausreichend, oder bist du selbst ein Moskowiter?

Mein armer Vater, mein tapferer Vater, vielleicht hat er Hunger; vielleicht besitzt er nichts mehr, um meiner Mutter Brot zu kaufen! Meine Schwestern sind vielleicht Opfer der Wut der enfesselten moskowitischen Soldateska geworden! Paskiewicz – dieser Hund von Mohilew – ergreift Besitz von der Residenz der ersten Monarchen Europas! Der Moskowiter als Herr der Welt?

Und ich bin hier, untätig – und ich, mit leeren Händen, ich seufze nur dann und wann, ich schütte meine Hoffnungslosigkeit über das Klavier aus. Doch was nützt das? Gott, mein Gott schüttle die Erde, damit sie die Menschen dieses Jahrhunderts verschlingt, damit die Franzosen, die uns nicht geholfen haben, die schlimmsten Qualen erleiden müssen.

Das Königstor
Farblithographie (um 1830)

Die Häuser fest verschlossen

Hauptstädtische Gesellschaftsmaschinerie um 1830
Von August Zoller

Man betrachte das alte Schloß in Stuttgart mit seinen mächtigen Türmen und ein nicht ferne davon stehendes großes Gasthaus; sieht das nicht aus wie ein Luftballon neben einem Granitfelsen! Stuttgart gleicht mit seinen Neubauten keiner Hauptstadt, ist man noch nicht weiter vorgedrungen, als bis zu den äußeren Teilen; rechnet man vielleicht noch von jedem Gebäude ein Stockwerk ab, so könnte man leicht verführt werden, es für ein bloßes Dorf zu halten, an dem sich da und dort ein Fabrikherr mit einem größeren Bauwesen angesiedelt hat. Von geschmackvollen Zierarten ist gleichsam gar keine Rede; die Holzwände stehen meistens drei bis fünf Jahre ohne alle Verkleidung, und dann erst denkt man daran, dem Hause eine Farbe zu verleihen. Obgleich sich rings umher auf den Bergen reiche Steinbrüche vorfinden, so trifft man doch kaum ein paar steinerne Häuser. Durch schmale Türen gelangt man auf den engen Flur und von da auf eine nicht breitere und auch nicht besonders bequeme Treppe. Die Einfachheit wird beinahe so weit getrieben als in Nord-Amerika. Mögen die Wände im Innern auch sauber gefärbt oder wohl gar tapeziert sein, der Plafond bleibt stets nackt und weiß, ohne Stukkaturarbeit oder Malerei. Alles steht gedrängt beisammen, um die durch die Kessellage so drückende Hitze des Sommers, den überall eindringenden Qualm noch zu vermehren!

Auf der rauhen Alb bietet der unfruchtbare Boden nicht die Hälfte der Bedürfnisse für die Bevölkerung. Die Bewohner mußten ein Gewerbsleben mit dem Landbau verbinden, wenn sie nicht auf der harten Scholle verhungern wollten, der sie trotz aller Nacktheit und Reizlosigkeit inniger zugetan sind, als die Rheinländer ihren üppigen Gauen. Ein großer Teil muß im Frühjahr die Dörfer verlassen und nach den Städten ziehen, um durch Maurerdienste das Leben zu fristen und den Bedarf für den Winter heimschleppen zu können. Scharenweise kann man die Maurer von Wiesensteig in Stuttgart einwandern sehen; sie leben da mit größter Sparsamkeit, leben beinahe allein von Käse und Brot, welches sie in der Feierstunde auf dem Marktplatze liegend verzehren; am Abend begeben sie sich nach einem der Dörfer in der Nachbarschaft, um vielleicht einen Kreuzer am Schlafgeld, wie sie es nennen, zu ersparen.

Das Vetterschaftssystem ist das Bindemittel des geselligen Lebens in Stuttgart und der einzige Hebel, dessen sich der neu Eintretende bedienen kann. Wer sich keiner Verwandtschaft rühmen darf, ist ein unnützes Gerät, ein zudringliches Subjekt, das man je eher, je besser in seine Schranken zu verweisen hat.

Die Häuser sind fest verschlossen, und die Jungfrau wird in den Mauern bewahrt, und kein junger Mann, er gehöre denn zur nächsten Verwandtschaft,

August Zoller, 1773 in Deizisau bei Esslingen geboren, war als Tübinger Stiftler mit Hegel, Hölderlin und Schelling befreundet, mit denen er die Begeisterung für die Ideale der französischen Revolution teilte. 1796 wurde er Pfarrer in Deizisau, wo er mit pädagogischem Feuereifer die Dorfschule zu einer Jugend-, Männer-, Soldaten- und Lehrerschule umgestaltete. Er nahm junge Engländer in sein Haus auf und eignete sich nicht weniger als elf Fremdsprachen an. 1811 wurde man in Stuttgart auf den eifrigen Pfarrer aufmerksam und übertrug ihm die Stelle eines Schulinspektors. Fortan widmete sich Zoller der Reform des Stuttgarter Bildungswesens und wurde Vorsteher sämtlicher Stuttgarter Schulen. Später übernahm er auch noch die Leitung des Stuttgarter Waisenhauses. Zollers besondere Liebe galt dem „Katharinenstift", einer Bildungsanstalt für „Töchter der mittleren und höheren Stände". Als pädagogischer Berater der Königin Katharina entwarf er die Lehrpläne für dieses Institut, an dem ab 1851 auch Eduard Mörike unterrichtete. Zoller schrieb neben zahlreichen Schul- und Lehrbüchern u. a. über die Region. Er starb 1858.

Paris, den 15. Februar 1832

Ich kam nach Stuttgart und freute mich wieder an dem vortrefflichen Orchester, das so vollkommen schön und genau zusammengeht, wie man sich es nur erdenken kann. Der Lindpaintner ist, glaub' ich, jetzt der beste Orchesterdirigent in Deutschland; es ist, als wenn er mit seinem Taktstöckchen die ganze Musik spielte.
Im Sommer haben die Leute wenig zu tun; wenn dann ein paar Tage lang keine Probe ist, so geht der Capellmeister mit seiner Frau zu Fuß über Land, nimmt Wäsche und eine Tabakspfeife mit und kommt nach ein paar Tagen durch die Weinberge wieder nach Haus. Die Hauptsache ist endlich, daß sich alle beklagen und doch um keinen Preis fortgehen wollen.

Felix Mendelssohn-Bartholdy an seinen Lehrer Karl Friedrich Zelter

oder sei des Oheims Sohn, darf es wagen einzutreten. Keiner wird es wagen, um die Genehmigung bei den Eltern nachzusuchen, im Familienkreise einen Abend zubringen zu dürfen. Er kann sich seine Braut nur von ferne aussuchen; er kann sie, wenn sie einmal an der Hand der Mutter auf einem Balle oder im öffentlichen Garten erscheint, stillschweigend lieben, zum Mittelpunkt seiner Wünsche erheben; und wenn er ein sicheres Brot hat, d. h. wenn er so glücklich gewesen ist, eine Anstellung zu erhaschen und einen modesten Kanzleititel, so darf er seine Augen aufschlagen und werben, die gesetzte Zeit, jeden Abend nach den Arbeitsstunden, im Hause der künftigen Schwiegereltern den herkömmlichen Besuch abstatten, und sodann nach Ablauf der Ehrenfrist ein gesetzter Ehemann werden. Die Anstellung ist ein notwendiges Requisit; jedes andere Brot, es mag so gut sein, als es will, ist nicht sicher, denn in Unter-Schwaben hört man einen zwanzigjährigen Jüngling mit vieler Rührung und ängstlicher Vorsorge von Pension und alten Tagen sprechen.

Es gibt keine Stadt in Deutschland, die sich gleicher Tugendhaftigkeit im bürgerlichen Leben rühmen kann. Selbst ein Dritter würde im Beisein von Weibern und Mädchen für einen Menschen erröten, der sich erkühnen sollte, auch nur entfernte, höchst verschleierte Zweideutigkeiten vorzubringen. Der sittliche Ruf des weiblichen Geschlechts ist unantastbar und so felsenfest gegründet, daß er nie schwankend bei einem Wesen werden kann, weil das allgemeine, nicht leicht zu beugende Vorurteil für die Tugendhaftigkeit besteht. Der Glaube an die Reinheit kann nur brechen, wo der augenscheinliche Beweis vorliegt, und dann sind auch Verbannung und Exkommunikation im Momente ausgesprochen, und keine Zeit kann den Fehler einer Minute wieder gut machen.

Man kann sich nicht glücklich fühlen, wenn man nicht einer der weitverzweigten Familien angehört, die ihre Blätter nach allen Seiten ausdehnen und unter ihren Ästen einen selbstvergnüglichen Schatten geben. Man muß Beamter sein und eines Beamten Tochter heiraten oder sich mit einem Zweige einer großen Familie vermählen, die allein in die Triebräder des gesellschaftlichen Lebens vermöge ihres sichern Geldes eingreift.

Was Wunder, wenn der junge Mann in der Periode, wo das leicht erregbare Herz eine billige Nahrung im weiblichen Umgange begehrt, zum Glase greift und seine Abende statt an roten Wangen an schillerndem Neckarwein verträumt!

Der Bauer im „König von England"

Ein schwäbischer Eßkünstler
Von Johannes Nefflen

Johannes Nefflen, 1789 in Oberstenfeld geboren, wurde 1831 für Marbach in die Württembergische Kammer gewählt. Er gehörte dort zu den eifrigsten Vorkämpfern der Demokratie und zog sich „mancherlei Feindschaften" zu, die er „noch mehrte", indem er seine Gegner mit Satiren im „Hochwächter" bedachte. 1837 erschien sein sprichwörtlich gewordener „Vetter aus Schwaben", dessen zweite Auflage er auf dem Asperg umzuarbeiten Gelegenheit hatte. Seine zwanzig Monate dauernde Haftstrafe auf dem von ihm so genannten „Ölberge Württembergs" wurde von dem 48er-Minister Friedrich Römer als „Justizmord" bezeichnet. 1845 begründet Nefflen in Heilbronn den Demokratischen Verein und flieht 1848, mit den Vertretern der gemäßigten Linken zerstritten, nach Straßburg, um dort die Proklamation der deutschen Republik zu erwarten. „Als einen wesentlichen Gewinn" – schrieb 1849 ein mit Nefflen verfeindeter Oberamtmann an den Chef des Departements des Inneren nach Stuttgart – „betrachte ich es, daß Nefflen fort ist. Er scheint nicht mehr zurückzukehren." Der Oberamtmann sollte Recht behalten. Nefflen ist 1858 in Maryland/Virginia gestorben.

Ging einmal ein Bauer von Berg nach Stuttgart in die Residenz. Es war der Jörg Wackermann, der wohnt an der alten Straße vom Kniebis nach Freudenstadt, ganz droben auf dem Schwarzwalde.

Seine Geldgurte war voll Kronentaler, sie wollte fast bersten, wo sie sich krümmte über die Achsel. Des war er frohen Muts, und dachte bei sich selbst: diesmal will ich mir gütlich tun in der Residenz, kommst vielleicht so bald nicht wieder herunter ins Neckartal. Wie willst's anfangen, daß dir's heute noch recht wohl wird? Mit dieser ernsten Sorge kommt er einem Steinschläger nahe, dem sieht er gleich an, daß er auch wissen müsse, wo man in Stuttgart etwas Gutes haben könne und wohlfeil; er sieht ihm so aus, daß er selber so etwas brauchen könnte, und spricht ihn an: guter Freund, sagt mir doch ein Wirtshaus, wo man gut essen und trinken kann und nicht zuviel bezahlt! Der Steinschläger meint, er habe einen dummen Bauern vor sich, und war etwas mißvergünstig wegen der schönen Geldgurte, wie er schon lange keine mehr getragen und sagte: da weiß ich schon Bescheid, geht nur in den *König von Engelland,* das ist's beste Wirtshaus in Stuttgart, da kommt Hoch und Nieders hin; geht nur auf der Straße fort, und, wenn Ihr eine Reihe Kutschen sehet mit Rösslein so dürr wie ein Hutmacherstand, dann wendet Euch rechts, und geht fort, gradaus, fast bis an die Kirche hin, und da wird rechts das alte Schloß und links der *König von Engelland* sein, ein großes Haus, es hat mehr Fenster als ich Sechser im Beutel; und da laßt's Euch schmecken, es wird Euch nicht reuen, Ihr werdet an mich denken. Jörg dankte für den guten Rat und ging seines Wegs. Er fand alles, wie ihm der Steinschläger gesagt hatte; und so kam er in den König von Engelland, und gleich unten rechts in die große Stube. Da war niemand, als ein großer, langer Tisch mit vielen Tellern, als drei aufeinander, und mit schönem Besteck. Das freute ihn, und er dachte, da wird man bald zu Tisch beten. Jörg ging um den Tisch herum und guckt in die Spiegel, und wie er unten am Tisch steht, sieht er wieder in Spiegel, und denkt, da bleibst du sitzen, da siehst alle am Tisch und bist unten, wo dich niemand vertreiben kann. Hut und Stock hängt er an einen Nagel und die Geldgurte legt er unter den Sessel, wo er hinsitzt. Da ist's ihm nun wohl, er freut sich, daß er jetzt ausruhen und sich gütlich tun könne.

Aber es kommt ein Kellner herein und sagt: Lieber Freund, Er ist nicht auf dem rechten Zimmer. Warum? fragt Jörg, ich will zu Mittag essen, und da ist ja schon gedeckt, bin ich nicht im Wirtshaus? Der Kellner lacht und sagt: O ja, guter Freund, Ihr seid im Wirtshaus, aber da ist *table d'hôte,* da speisen lauter vornehme Herren, Grafen und Edelleute, Regierungsräte und Repräsentanten, da könnt Ihr nicht mitessen, es ist Euch zu teuer. Was kostet's denn? wenn ich fragen darf, sagt Jörg. Viel, meint der Kellner, mehr als Er wird zahlen wollen,

Stuttgart, 11. Januar 1822

Abendwolf, Abgottschlange, Alligator, Alpenrabe, Ameisenbär, Armpolyp, Atzel, Auerochs – Bachstelze, Bär, Bartgeier, Basiliske, Bienenfresser, Bombardierkäfer, Brieftaube, Brillenschlange, Bruchschlange, Brummfliege, Butzkopf – Centconblatolli, Chamäleon, Curassaospinne – Distelfink, Dohle, Dompfaff, Dromedar, Drossel, Dudu – Eisbär, Elster, Ente (gemeine), Ente (türkische), Essel, Essigälchen – Faultier, Feuersalamander, Fischadler, Flußnymphe – Gänsefuß, Galgenvogel, Gans, Geier, Gimpel, Goldpuppe, Gottesanbeterin, Gutfisch – Habicht, Hammel, Hexe, Höllenfurie, Hofdame – Ibis, Jupujapa – Kakadu, Knurrhahn, Königsschlange, Krähe, Kräuterdieb – Lämmergeier – Mandelkrähe, Medusenstern, Meerengel, Meerschlange, Menschenfresser, Müllerchen – Nachtigall, Natter (ägyptische), Natter (gehörnte), Natter (gemeine) – Otter, Otternköpfchen – Paradiesvogel, Pfefferfresser, Pfingstvogel, Prachtkäfer, Purpurschnecke, Quappe – Rhinozeros, Ringelnatter, Rohrdommel – Sardelle, Schakal, Schauerschlange, Schoßschlange, Siebenschläfer, Singdrossel, Sonnengeier, Spottdrossel – Tapezierbiene, Taubengeier, Teufelchen (formosanisches), Teufelskind, Trampeltier, Trotzkopf – Uhu – Vampyr, Verkehrtschnabel, Vielfraß – Wasserskorpion, Würger (grauer), Würger (rotköpfiger), Würger (tyrannischer) – Zaunkönig, Zeisig, Zibetkatze, Zuckertierchen – Schurke, Schuft Schlingel, Spitzbub, Dieb, Mordbrenner, Fränzin Moor… Ah, jetzt ist mir die Brust ganz leicht! Aber auch kein gutes Wort wird geschrieben, bis ich den Brief von ihnen bekomme, bis sie sich verteidigt und gereinigt haben. Adieu. Dr. Börne im ‚König von England'.

trockener Tisch 48 kr. Das ist mir nicht zu viel, kotz Hagelkrieg, flucht Jörg. – Aber trockenen Tisch! Ha, es wird doch auch zu trinken geben! Kellner: Warum das nicht? Doch, das geht besonders, und die Herren trinken teuren Wein, die Bouteille kostet oft drei, vier, fünf Gulden. Der muß gut sein, meint Jörg, so hab' ich mir schon lange Wein gewünscht; jetzt bleib ich erst da; nebstdem bin ich gern, wo große Herren sind und viel, sie kommen doch nicht zu mir. Der Kellner schüttelt den Kopf, geht fort und sagt seinem Herrn, dem Wirt, die Verlegenheit. Der geht zu dem Bauern und bittet ihn: gehet doch hinüber in das andere Zimmer, da werdet Ihr Eures Gleichen treffen. Hier kommen lauter vornehme Herren zu Tisch und die sehen's nicht gern, wenn ein Mann vom Land, wie Ihr einer seid, mitspeisen will. Tut mir den Gefallen, ich will Euch das Zimmer weisen. Ist mein Schwager, der Dieterle drüben? fragt Jörg, der muß auch hier sein. Nein, entgegnet der Wirt, aber Kutscher und Bediente der vornehmen Herren, die meistens vom Land herein sind. Jörg wird bös und schlägt mit der Faust auf den Tisch. Was? Ich ein Kutscher? Oder gar ein Bedienter? Ich bin auch ein Herr, wenn's auf das ankommt, ich hab' auch Knechte und Mägde, vielleicht mehr, als die, die da essen wollen. Kurzum, wenn das ein Wirtshaus ist, so laßt mich ungeschoren, und wenn's Ihm nicht gefällt, so verklag Er mich! Gebt mir einen Schoppen und macht, daß ich etwas Warm's kriege! Darauf kommt ein Offizier herein mit einer Reitpeitsche in der Hand, macht große Augen auf den Jörg, streicht etwas unwillig an seinem Schnauzbart und ruft den Wirt bei Seit', mit dem er leis etwas heftig redet, und der Wirt mit ihm wieder ebenso, von dem allem aber Jörg nichts versteht, als: „Der wird nicht wieder kommen." Bald aber tritt wieder einer herein, in einem schwarzen Frack, und trägt vorne ein güldenes Kreuz auf der Weste, der macht schon weniger, doch duselt er mit dem Wirt und hernach mit dem Offizier. Kommt wieder einer, ein ganz alter und magerer Herr in langem Rock, der sieht den Jörg freundlich an und setzt sich neben ihn; fragt ihn allerlei aus und will auch was vom Holzhandel verstehen. Während dem kommt einer um den andern, sehen den Bauren als Wunder an, lachen darüber und machen sich lustig. Der Kellner und sein Kamerad tragen Wein herbei, und dem Jörg – den letzten. Die Herren setzen sich, die Kellner bringen die Suppe herbei in Schüsseln von weißem Porzellan; stellen sie nicht auf den Tisch, sondern auf ein ganz kleines Tischchen neben dem Jörg, schöpfen heraus einen Teller um den anderen, und Jörg kriegt – den letzten. Nun läßt er die Herren Herren sein und ist nur mit seiner Suppe geschäftig. Wie er den Teller sauber hat, sieht er auf und um sich, und weil der Kellner nichts merken will, langt er nüber in die Suppenschüssel und schöpft sich noch einmal heraus. Die Herren lachen und halten die Serviette vor den Mund. Aber Jörg läßt sich nicht stören und wird mit dem zweiten Teller bälder fertig, als die Herren mit dem ersten, und sagt zu seinem Nachbar: das war eine gute Suppe, seit meiner Hochzeit hat mir keine so geschmeckt, wenn nur der Wein besser wäre. Aber der Nachbar – er war von Pforzheim, wo man den Holzhandel auch kennt – ratet dem Jörg: Laßt einen besseren kommen, sehet so einen Roten, wie ich einen habe, einen Affentäler! Jörg macht voll schnell leer Geschirr und klopft mit der Bouteille dem Kellner: Herr Kellner, He da! Auch so einen Schoppen Schwarzen! Ein anderer Kellner nimmt die Teller weg, und wieder ein anderer bringt auf einer großen Platte von Holz ein schönes Stück Ochsenfleisch und schneidet's neben dem Jörg in

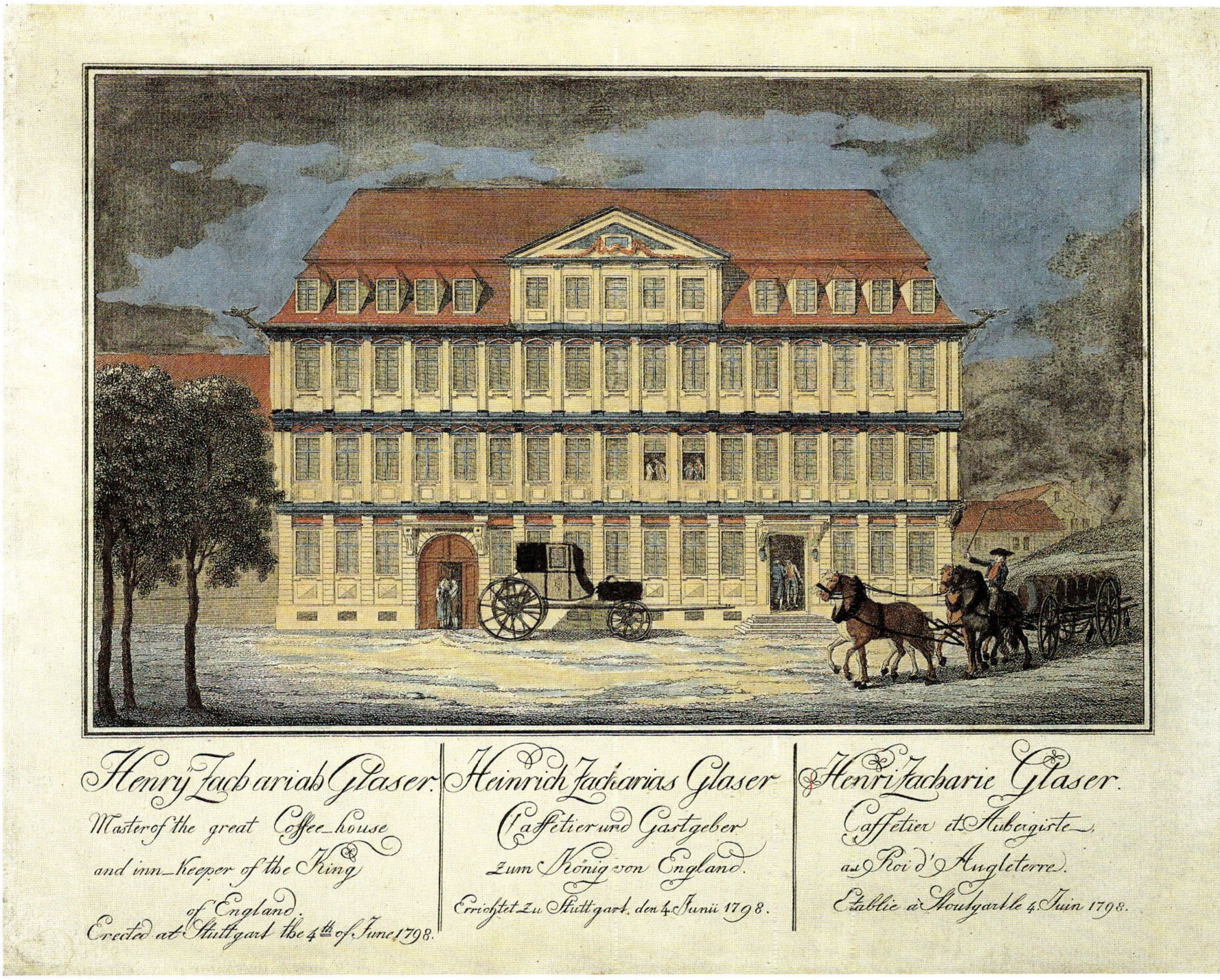

Der „König von England", bis zur Eröffnung des Hotels Marquardt (1838) das erste Haus am Platz. Zeitgenössische Druckgraphik

Blätter. Dem Pforzheimer wird zuerst angeboten, und Jörg, der dem Kellner nicht so viel Mühe machen will, sagt: mit Verlaub! ich will's auch gleich nehmen, faßt mit der linken Hand die Fleischschüssel am Rand fest und sticht mit der rechten kräftig ein und bringt so zwei Fleischblätter auf sein Teller, etwas dicker geschnitten als Schinken. Der Pforzheimer nimmt Kukumern dazu und bietet dem Jörg auch davon an. Er nimmt, was die Gabel faßt, denkt aber, die roten Rüben da müssen doch auch gut sein und nimmt sich davon ohne Zuspruch. Alles sieht wieder auf den Bauren, wie er so emsig darauf los arbeitet. Der schelmische Kellner will ihn obendrein zum besten haben und reicht ihm eingemachte Kirschen hin, die er ohne langes Besinnen auf seinen Teller umstürzt. Lautes Gelächter an der Tafel! Jörg läßt sich nicht stören, macht wacker fort bis auf den letzten Brocken, der gleich dem ersten so groß war, wie ein halber Vierling vom Backsteinkäs. Den letzten aber nimmt er mit dem Löffel, um auch etwas von der Kirschensauce zu versuchen und spricht mit noch auf- und niedergehendem Zahngeschirr wieder zu seinem Nachbar: Aber,

Stuttgart, 3. September 1821
Teuere Freundin!
Ich platze nächstens. In meinem Testamente vermache ich Ihnen aber meine schöne Leber. Die Spannung zwischen meinen Knopflöchern und meinen Knöpfen wird täglich größer, und ich sehe, daß eine förmliche Ehescheidung nicht ausbleiben kann. Die geröste[te]n Spätzler allein hätten das nicht getan, aber der Träubleskuchen und die hundert andern Herrlichkeiten, die ich täglich in mein Fleisch und Blut verwandele! Was Shakespeare unter den Dichtern ist, was Sie sind unter den Frauen, das ist der hiesige Wirtstisch im „König von England" unter den Wirtstischen. In den 12 Tagen, daß ich hier bin, habe ich nicht einen Tag gegessen, was den andern. Die mannigfaltigsten Suppen, die ausgesuchtesten Mehlspeisen, das herrlichste Dessert, in steter Abwechslung. Es ist schon viel wienerische Sinnlichkeit hier, man sieht Dickbäuche und glänzende, mit Butter geschmierte Gesichter. Auch viel südliche Lebhaftigkeit. Unter den etlichen dreißig Menschen am Tische ist ein solcher Lärm, als man in Frankfurt nicht hört, wenn viele hundert beisammen sind. Die schwäbische Mundart, die hier jedermann spricht, läßt mich gar nicht aus einer gewissen Täuschung kommen. Bei uns redet jeder gebildete Mensch Hochdeutsch; wenn ich mich nun hier mit Unbekannten unterhalte, die etwa wie Sachsenhäuser sprechen, nicht so schlecht, aber so eigentümlich in der Aussprache, dann wundere ich mich immer wieder von neuem, zu erfahren, daß es Gelehrte waren.
Ludwig Börne an Jeanette Wohl

lieber Herr, das Fleisch war gut, das war von einem Ochsen, der war aus dem Hallischen, der war, meiner Seel! nicht hier gewachsen. Er sieht behaglich die lange Tafel hinauf und merkt, daß die Herren viel miteinander sprechen, das er nicht versteht und daß sie langsam essen und nicht so gut beißen wie er. Einige verschnitten ihr Fleisch in kleine Würfelchen, mit denen hat Jörg Mitleid, weil es da fehlen müsse am Schlucken, oder sei die Gurgel etwas zu eng, und das sei auf dem Schwarzwald ein großer Naturfehler. Wie glücklich bin ich! dachte er, bin gesund, es schmeckt mir alles und alles geht gut vonstatten was ich angreife, und in dieser Selbstzufriedenheit leert er, er merkt es nicht, seinen Schoppen Affentäler aus. Ha! der Wein ist gut, ruft er dem Kellner, noch so einen!

Mittlerweile guckt Jörg nach seiner Geldgurte unter dem Sessel und denkt, wenn der Wein so gut ist, muß ich die Gurte bei der Hand behalten, streift sie auf dem Boden quer herüber und stellt darauf seine beiden Füße, lehnt sich zurück, legt die Arme übereinander und schaut mit vielem Wohlgefallen die lange Tafel hinauf. Dabei kommt er in Versuchung, sein Glück abzumessen mit dem der Gäste. Er stellt einen Offizier neben sich hin, aber nur in Gedanken. Der langt nicht, der muß sich kleiden, wie ihm befohlen ist, der muß jede Stund tun, was ihm befiehlt ein Höherer, muß aufrecht laufen, wenn ihm gleich das Schuldenkreuz die Anke vorwärts drückt. Er stellt noch einen dazu hin. Dem ist der Leib so eng geknüpft, der kann nicht genug essen, wenn er's auch zahlen könnte. Jetzt nimmt er einen geistlichen Herrn. Ach, da will's gar nicht langen, der darf nicht heiraten, der weiß nichts von Familienglück, muß sich fromm stellen, wenn es ihm nicht so ums Herz ist; wenn er sterben will, drückt ihm nicht das trauernde Weib, sondern eine erblustige Betschwester, die's Lachen nicht halten kann vor lauter Freude, daß sie einmal Lohn bekommt und endlich aufhört das böse Gerede: – so eine drückt ihm die Augen zu. Der langt wieder nicht. Er nimmt einen Regierungsrat. – Ach! der muß in die Kanzlei hocken, des Tags sechs, acht Stunden, bei schönem und gutem Wetter, und, wenn er ohne weiteres schreibt, was er denkt, und das denen über ihm mißfallen kann, setzt man ihn ab, als ob er ein Taugenichts wäre. Der ist mir nicht gleich. Und dort der Kameralverwalter. Der muß Jahr für Jahr Rechnung stellen, muß sich alle Fingers lang die Geldtruhe visitieren lassen – neben seinem Diensteid und der Kaution; spuckt's aber drinnen, hat er im Rechnen gefehlt, hat er zuviel herausgenommen für sich, oder zu wenig hineingetan, so darf er ins Zuchthaus wandern und wird nachher nimmer Kameralverwalter. Da ist's bei mir doch anders. Wenn da ein Revisor, mein sorgliches Weib, mir nachrechnet und es fehlt, was etwa mit der Kartel oder im Durst verlorengegangen ist – ha, so zankt sie mit Recht und trutzt mit mir, wenn's viel ist, eine Nachtlänge – länger nicht. Wenn wir wieder zum Nachtessen sitzen, streut sie vor meinen Augen etwas mehr Pfeffer auf die Suppe, da wo ich herausschöpfe, und das ist der Friedensschluß, damit hat's ein Ende, und ich bin wieder ihr Kameralverwalter, Buchhalter und was sie sonst von mir verlangt. Und da der Pforzheimer, dem's Einmaleins aus den Augen guckt und der einen himmellangen Rock trägt, um seine Storchenwaden zu decken – ja, mit dem möchte ich wieder nicht tauschen, der ...

Donnerwetter Scheiterhaufen! Jetzt kommt erst, an dem ich Wohlgefallen habe! Die Kellner tragen zweierlei Gemüse auf, saures Kraut und Erbsen, Schweinefleisch, geräuchertes und ungeräuchertes, und Bratwürst, daß es eine Lust ist. Der eine nimmt Teller ab, der andere bietet die Gemüse an. Jörg nimmt eine starke Ladung Kraut. Mit den Erbsen will der Kellner an ihm vorübergehen. He da? ruft er, warum vorüber? Paßt recht gut zum Kraut! Nur her mit! Er überdeckt sein Kraut mit Erbsen und gabelt es untereinander, ißt tapfer darauf los, bis die Wurstplatte kommt, sticht eine halbe heraus, sticht nach der zweiten und sagt dem Kellner: bei mir laufen die Bratwürste am Doppeljoch, bin kein Freund vom Halben. Mit drei, vier Schnitt hat er seine Würste paarweise zerschnitten, dreht ein Stück ums andere im angemachten Futter herum und schiebt eilends einwärts, als ob ein Gewitter im Anbruch wäre. Jetzt kommt der Kellner und bringt das Fleisch auf zwei Platten. Der Kellner fragt den Jörg: wollt ihr Grünes oder Dürres? Der Jörg aber sagt: und so *beides* gerät, wäre es desto besser, und nimmt von jeder Platte ein Stück, an dem der Speck recht glänzt. Die Herren an der Tafel sind teils heiter, teils mürrisch über die Betriebsamkeit des Bauren. Der eine kanns Lachen nicht halten und der andere kann vor Neid fast nicht schlucken. Das hilft aber alles nichts. Jörg tritt fest auf seine Geldgurte und führt sich emsig zu, sein Gebiß hat viel zu tun fürs Schlucken, und die Schluckwerkzeuge schaffen immer abwärts, was hinten hinum kommt. Er ist wieder der erste, der seinem Teller auf den Grund sieht und der sauber Geschirr macht. Mit einem Bröckel Brot im Mund atmet er tief auf und sagt zum Pforzheimer: das muß man sagen, das ist ein gutes Wirtshaus, da kriegt man sein Sach' recht, es mag auch kosten, was es will, es reut mich nicht. Wenn nur meine Bäbel auch da wäre und mein Stoffel, mein großer Sohn. Der Pforzheimer nickt mit dem Kopf und fragt: fehlt's denen am Appetit? Sind sie nicht so gesund wie Ihr? Potz Hagelkrieg! Die nicht gesund? Ja wohl, die solltet Ihr sehen, da müßtet Ihr anderst fragen! Meine Bäbel ist so groß und stark, wie der schönst' Feldwebel unter den Kaiserlichen, und mein Stoffel? Ja, der hätt' unter die Feldjäger sollen. Aber ich dachte: sonst nichts? Nein, da wird nichts daraus, und bring' dem Amtspfleger 400 fl. und damit: Basta! Jetzt ist er bei *mir* Feldjäger, auch Waldjäger, wie man's will. Bei der Fünfkreuzer-Kost in der Kaserne wär' er am ersten Tag umgepurzelt, er hätt' keinen Magenschüttler braucht. Das Reiten kann er bei mir lernen ohne Wachtmeister. Ja Herr! Mir geht's gut, acht Kinder, wie die Orgelpfeifen; fünfzig Morgen Feld, einen Stall voll schönes Vieh, ein gesundes, starkes Weib, 200 Morgen Wald. Ja, mein Vater hat oft gesagt: Du hast's einmal gut, Dir wächst alles im Schlaf. Und 's ist auch wahr, mein Vater hat's ja gesagt, und das war ein gescheiter, guter Mann, wenn er noch einmal herausgucken könnte, würde er sagen: hab' ich's nicht gesagt?

Nun ja, der Letzt' hat noch nicht g'schossen! Was bringen denn die Kellner schon wieder? Potz Stern! den Braten, und was ist denn das? Das ist ja eine junge Sau mit Haut und Haar, eine Milchsau! Wird doch alles hausen sein, was man nicht ißt! Der Kellner stellt das Spanferkel ganz in die Nähe des Bauren, unten hin, das Schwänzlein aufgerollt, und was drunter ist, guckt die Tafel hinauf; und das Rüssellein weit aufgesperrt, beißt auf ein Borsdorferäpfelchen, und so sieht das Spanferkelein unsern Jörg freundlich an. Donnerwetter, Scheiterhaufen! sagt Jörg, voll Freude, zum Pforzheimer, das Ding wird doch an keinem Apfel verstickt sein? Mit den Sauen muß man vorsichtig umgehen, mir ist auch einmal so ein Streich passiert.

Ach was! Und das Spanferkel da! – Hm! hm! Jörg reibt seine Hände voll Lust über das Spanferkel und sieht es liebreich an. Mittlerweile geht aber ein Gedusel an der Tafel herum, und der große Offizier sagt laut zu dem Wirt: Lassen Sie

1822 erschien im „Morgenblatt“ Börnes „Eßkünstler“, eine Satire, die Nefflen möglicherweise zu seiner Variante angeregt hat. Auch Börne fand das Original im „König von England“, einen Beamten namens von Rath, der auf der Durchreise war. Börne am 11. März 1822 aus Stuttgart an Jeanette Wohl:
Der Eßkünstler ist jetzt im Morgenblatt abgedruckt. Meinen Bekannten hier gefällt es sehr. Einige Reden werden sprichwörtlich. Einige hiesige Eßkünstler werden geneckt, ich hätte sie kopiert, ob ich zwar, wie Sie wissen, einen fremden Reisenden vor Augen hatte.

nur das Spanferkel! Es wäre schade dafür, wir haben an dem Braten schon satt. Jörg aber sagt laut zu seinem Pforzheimer: ich mein' nicht so. Es wär schad, wenn man's nicht aufschneidet, das ist ja noch 's Beste! Er guckt mit vieler Lust dem Spanferkel ins Gesicht! Gelt, dir ist's eins, heut oder morgen?

Jetzt steht der Offizier auf und wirft grimmige Blicke auf den Bauren, stützt beide Hände auf seine Lenden und spricht in kreischendem Tone: Hör', Bauer! Du kannst wahrlich satt sein, Du hast ja mehr gefressen als zehn von uns. Wenn Dir das nicht genug ist, so geh' Du ein andermal hinüber zu Deines Gleichen, zu den Kutschern, und bleib Du fern von unserer Gesellschaft. Wir können's Dir nicht verbieten, auch noch das Spanferkel zu verschlingen, aber im Namen und zur Ehre unserer Gesellschaft rate ich Dir, das Spanferkel nicht anzurühren. Ich sage Dir, wie Du es dem Spanferkel machst: Siehst dort meinen Säbel? – Siehst dort den Degen? Gerade so und kein Haar anders, gerade so machen wir's Dir. Hast mich verstanden? Jörg sagt: man darf mir nicht mit dem Holzschlegel winken. Wir sind, soviel ich weiß, auch nicht in der Mühle, wo man's einem zweimal sagt. Herr Kellner! noch einen Schoppen von dem Schwarzen da! Zieht die Platte mit dem Spanferkel her zu sich, dreht sie hinüber und herüber, nimmt mit der linken Hand das Schwänzlein und steckt den rechten Zeigfinger nächst darunter und da hinein, wo man dem Fürsten und dem Bettler, dem Armen und dem Reichen die Klistierspritze hineinschiebt, wenn nicht heraus will, was heraus soll; zieht den Finger wieder heraus, fährt damit durch das Maul: Ah, das ist gut, meine Herrn, das ist gut, und macht's noch ein paarmal so. Mittlerweile aber gehen die Herrn, die dem Bauren nicht dieselbe Ehre antun wollen, eilends hinaus, als ob der Blitz ins Haus geschlagen hätte. Und Jörg schneidet das Säulein selbst auf, ißt davon mit dem Pforzheimer nach Herzenslust. Die Kellner haben nachher erzählt, sie hätten auch noch etwas mitessen müssen, und Jörg habe eine Bouteille Affentaler um die andere kommen lassen und beim Abschied gesagt: zu denen Neidhämmeln komme ich nimmer. Aber bezahlt sind sie.

Grüß Gott, Herr Schwab!

Von Xavier Marmier

Ich erinnere mich unter anderem gern an einen Tag meines ersten Aufenthalts in Stuttgart, einen jener Tage, den man wie die alten Römer mit einem weißen Kieselstein kennzeichnen und mit all seinen Gemütsbewegungen gerne in einem Kristallgefäß bewahren möchte, wie jenes junge Mädchen in dem slawischen Märchen mit dem Duft eines Gartens tat.

Der französische Schriftsteller und Bibliothekar Xavier Marmier (1809–1892) war weit gereist und mit ausländischen Literaturen vertraut. Er veröffentlichte eine Reihe von Reisebriefen über Skandinavien, Deutschland, Holland, Rußland, Algerien und Amerika. Marmier machte Frankreich mit deutscher Literatur bekannt: in Werken wie „Studien über Goethe" oder „Das Theater Schillers".

Am Morgen hatte ich den Bildhauer Dannecker, Deutschlands Canova, in seiner Werkstatt besucht. Zum Mittagessen war ich bei Wolfgang Menzel, damals Redakteur des Morgenblatts. Der strenge, wegen seines scharfen Urteils von so vielen Schriftstellern gefürchtete Kritiker war sanft wie ein Lamm und vergnügt wie ein Schuljunge in den Ferien, und seine jugendliche würdige Hausfrau mit ihren hellblauen quellfrischen Augen, ihrem Haar so goldblond wie das einer Dürer-Madonna, präsidierte dem Diner voll gütiger Aufmerksamkeit, voll unbeschreiblich natürlicher Anmut.

Ein paar Stunden später war ich mit Uhland und Schwab zu einem Ausflug verabredet. Aber wohin? Das war die einzige Schwierigkeit. Stuttgart liegt zwar in einem Talkessel, von ziemlich eintönigen Hügeln umgeben, aber überall öffnen sich schon bald die malerischsten Aussichten auf grüne, mit Schlössern bekrönte Berge, auf mit Landhäusern und Villen übersäte Gefilde. Die beiden Dichter taten sich viel zugute auf ihre Heimat und wollten sie mir natürlich von ihrer schönsten Seite zeigen. Nach langen Beratungen wurde beschlossen, mich durch die Alleen der königlichen Anlagen in das reizende Tal zu führen, das wie ein Garten zu Füßen des Rosensteins liegt und bis zu den hübschen Hügeln von Cannstatt reicht.

Wir brachen vergnügt zu Fuß auf, bewunderten die großen Bäume, die unsern Weg beschatteten, die klaren Fluten des Neckars, die grünen Uferwiesen, plaudernd und träumend. Auf dem ganzen Weg trafen wir eine Masse junger Leute und ehrbarer Bürger, die den gleichen Spaziergang gewählt hatten, und immer wieder wurden Uhland, der Dichter und Abgeordnete von Tübingen, und Gustav Schwab, der gelehrte Professor, ehrerbietig gegrüßt. Es war wie auf Fausts Spaziergang mit Wagner, und ich kam mir mit meinen beiden berühmten Begleitern wie der obskure Wagner vor und hätte mit ihm ausrufen können: „Welch ein Gefühl mußt du, o großer Mann, bei der Verehrung dieser Menge haben!"

Als ich durch die verschiedenen Stadtteile Stuttgarts zog, habe ich des öfteren ein Gefühl gehabt, das dem ähnelte, als ich später die jungen Städte Amerikas besuchte. Breite und schöne Straßen, hohe und große Häuser, ja Paläste, großartige Paläste, aber kein antiker Bau, keine durch eine alte Tradition geweihte Kapelle, keine dieser ehrwürdigen Fassaden, die wie das zum Adel gehörende Wappenschild sind.

Xavier Marmier

In den Anlagen von Cannstatt ließen wir uns im Schatten einer Linde nieder, unter gut hundert Menschen aller Klassen und Lebensalter. Es gibt Bäder hier, die im Sommer ziemlich viele Fremde herbeiziehen, auch kommen an schönen Tagen ganze Familien aus der Residenz herüber und trinken hier Kaffee oder Bier, und die Männer rauchen, wie dies in Deutschland der Brauch, ihre Pfeife dazu.

Der Sauerbrunnen am Sulzerrain in Cannstatt Farblithographie von Friedrich Wagner (um 1830)

Zwei Stunden verweilten wir in unserm glückhaften Lustgarten, und viel zu schnell flossen sie mir dahin. Am Abend wanderten wir im Mondenschein zurück, und Gustav Schwab erzählte uns Volkssagen, wovon er gerade eine neue Sammlung vorbereitete. Uhland dagegen deklamierte auf meine Bitte eines seiner Lieder, „Der Wirtin Töchterlein", ein richtiges kleines Drama:

Es zogen drei Burschen wohl über den Rhein
Bei einer Frau Wirtin da kehrten sie ein ...

Während er diese Verse sprach, zog ein Trupp Studenten, die ebenfalls in Cannstatt gewesen waren, an uns vorbei: Sie sangen ein Lied von Schubert. Ein sanfter Abendwind bewegte die Zweige der blühenden Linden und verbreitete weithin ihren Duft; am Neckarstrand wippte eine Bachstelze unter dem nachdenklichen Blick eines gedankenvollen Rotkehlchens; die Sonne ging am Horizont in Fluten von Abendrot unter, und ich war zwanzig Jahre alt!

Hohe Schule

Von Ottilie Wildermuth

Als ich mein sechzehntes Jahr erreicht hatte, kamen meine Eltern zu der Ansicht, daß doch noch etwas Weiteres für meine Bildung geschehen sollte, und beschlossen, mich nach damaliger Sitte zu einer Art Universitätskursus in die Residenz zu schicken, wo die jungen Mädchen vom Lande sich in allerlei Künsten vervollkommnen konnten; „man lernt Bildung und 's Fransenstricken", bezeichnete es eine Frau Base.

So ward ich denn im Frühling 1833 in Stuttgart, das mir von klein auf lieb und bekannt gewesen, eingeliefert. Es ging in kein Seminar noch Institut, nur in eine bescheidene, anständige Mansardenwohnung oben in der Hohenstraße, gar still gelegen, also daß noch Gras wuchs zwischen den Pflastersteinen und das Auge des Landkindes nicht auf lauter Häusern, sondern auch auf grünenden Gärtchen ruhen durfte. Es war Frau von Roth, eine sehr geachtete Dame, die mich mit noch zwei jungen Mädchen in ihre Familie aufnahm.

Der Studienplan war bald entworfen für die sechs Monate Universitätsaufenthalt; die Zeit mußte gut eingeteilt werden, wenn's für alle die verschiedenen Fakultäten reichen sollte.

Frühmorgens um acht Uhr ging's hinab ins Sonnengäßle, so recht im Herzen des alten Stuttgart gelegen, zur Frau Huttenlocherin, in die „Kochet", wo ich noch die letzte Feile in dieser edlen Kunst erhalten sollte. Frau Henriette Huttenlocherin war von hoher Geburt für ihr Fach, eine Tochter der einst berühmten Landschaftsköchin, der Frau Löfflerin, Verfasserin des vielbekannten und vielbenützten schwäbischen Kochbuchs. Sie war sich mit Stolz dieser berühmten Abkunft bewußt und erzählte uns gern von den prachtvollen Aufsatztorten und Pasteten, die vorzeiten ihre Mutter selig an die üppige Tafel des „gar alten Königs" geliefert habe.

Frau Huttenlocherin war keine Gastwirtin, sie hatte nur eine Speiseanstalt für Familien, Fremde und solide ledige Herren. Daß mein zukünftiger Gatte, der damals in Stuttgart angestellt war, mit den Erstlingen meiner Kochkunst gespeist wurde, haben wir nicht geahnt, da wir von unserer beiderseitigen Existenz noch nichts wußten; viel später erst ist uns dieser geheimnisvolle Zusammenhang klar geworden.

Da ich schon gute Vorkenntnisse von daheim mitbrachte, ist mir dieses Praktikum nicht schwer geworden und habe ich bald die Gunst der Lehrfrau erworben. Mit mir studierte zugleich ein befreundetes Bäschen, und es ging zwischen allem Kommando unserer Donna heiter genug her; auch war noch eine brave, ehrsame Bürgerstochter da, etwas gesetzteren Alters als wir, die uns durch ihr ruhiges, stetes Wesen, das von lauterer Frömmigkeit durchdrungen war, imponierte und Zuneigung einflößte.

Ottilie Wildermuth wurde 1817 in Rottenburg geboren und wuchs in Marbach am Neckar auf. Ihre erste literarische Veröffentlichung, ein Genrebild mit dem Titel „Eine alte Jungfer", erschien 1847 anonym im Morgenblatt. 1852 sammelte sie ihre Skizzen unter dem Titel „Bilder und Geschichten aus Schwaben". Als Jugendschriftstellerin wurde Ottilie Wildermuth überaus populär. Sie starb 1877 in Tübingen, wo ihr zehn Jahre später von Tübinger Frauen ein Denkmal errichtet wurde.

Lyrische Pfannkuchen

Ja, ja! – ich werd' dich bald besuchen! / Dann back' mir einen – Pfannenkuchen / Wie ich als, – was ich nicht vergaß, / Im Neuenbaue einen aß. / Dein lieber Vater oft mich freute / Wenn schmunzelnd er an meiner Seite / Sechs aß – ja! liebe Wildermuth! / Die waren auch entsetzlich gut! / Sie waren wie der Mond zu schauen, / Groß, goldengelb, gut zu verdauen, / Aß ich ein Viertel, mir verlieh / Das Viertel ganze Poesie. / Sechs aber wirken dunderschlächtig...

Justinus Kerner in einem Brief vom 30. April 1853 an Ottilie Wildermuth

Herr Huttenlocher, „der Köchingatte", war eigentlich seines Handwerks ein Pflästerer, betrieb aber wegen kränklicher Umstände sein Gewerbe nicht mehr in eigener Person; er war daher allezeit auf dem Platze in einem gestrickten wollenen Kamisol, machte Versuche, uns zu unterhalten, verrichtete auch nebenbei untergeordnete Küchenfunktionen, als da sind Zitronenwiegen, Mandelstoßen usw. Ganz im Hintergrunde einer düsteren Kammer tauchten mittags die Gesellen auf, für die nahrhafte Speisen dritten Ranges bereitet wurden. Sorgfältig gekocht mußten aber auch diese sein, und wenn wir Mädchen bei einem mißlungenen Gericht oft meinten: „Ach, Frau Huttenlocher, das ist für Ihre Gesellen noch gut genug", so pflegte sie würdevoll zu erwidern: „Für meine Gesellen wohl, aber für Sie nicht, die Sie recht kochen sollen."

Ängste und Ärgernisse gibt es freilich genug auf diesem Gebiete: „Trauet, Schwestern, Bäckerschwüren nie!" riefen wir aus, wenn der benachbarte Bäcker seinen Ofen um neun Uhr für eine Torte bereit erklärt hatte, dann aber behauptete, „der Of' sei no z' heiß" und wir noch eine halbe Stunde länger rühren mußten. Aber auch Freuden, edle selbstlose Freuden an dem Gelingen von Gerichten, die wir nicht kosteten, sind uns erblüht in der Kochet, wenn es hieß:

Freude hat uns Gott gegeben!
Gehet wie ein goldner Stern
Aus dem Model blank und eben
Schälet sich des Puddings Kern.

Kaum werden mir's vielleicht meine jungen Leserinnen glauben, wenn ich sie versichere, daß die Kochstudien mir mehr Vergnügen gemacht als ein anderes Kolleg – die Tanzstunde, die ich mit sieben jungen Gefährtinnen bei Herrn Kümmerle besuchte.

Herr Kümmerle war ganz und gar nicht ideal, weder in der Auffassung seiner Kunst noch in seiner Erscheinung, obwohl er die dünnen Beine, auf denen sein kugelrunder, kleiner Körper ruhte, gar flink bewegte und alleweil höchst eigenhändig die Geige dazu spielte, während er uns ungeschickten Kindern vom Lande die verschiedenen Tänze einübte und dazu in schaudervollem Französisch kommandierte.

Die „Nähet", auf gut deutsch Nähschule genannt, die zu den unerläßlichsten Grundlagen weiblicher Ausbildung gehört, habe ich gründlich, wenngleich nicht mit besonderer Vorliebe durchgemacht. Da war hoch oben „auf dem Bollwerk" ein langgestrecktes Parterre, in dessen Räumen sich allmorgendlich eine zahlreiche Mädchenschar sammelte zur Erlernung allerlei nützlicher Künste der Nadel.

Eine Witwe war es, die mit ihren Töchtern sich hier in gemeinsamer Tätigkeit nach schwerem Geschick wieder ein friedliches, nützliches und freundliches Heim geschaffen. Die Schwestern teilten sich in die verschiedenen Arbeitszweige; die eine, eine Künstlerin, fertigte die Zeichnungen zu den Buntstickereien, die eben stark in Mode waren; die andere gab Anleitung zum Weißnähen, die dritte zum Zeichnen der Leinwand, zum Weißsticken. Hier waren zumeist die jungen Fräulein aus der Residenz, deren größerer Gewandtheit und zierlicher Toilette gegenüber das Landpomeränzchen sich doch etwas untergeordnet fühlte; es wurde strenge Ordnung gehalten und auf pünktliche Arbeit gesehen, wenn's auch natürlich nicht ohne Geplauder abging.

In der „Kleidernähet" bei Madame Freund in der Hauptstätterstraße, da ging's etwas lauter und lustiger her; die Mädchen vom Lande, zum Teil noch wenig „von der Kultur beleckt", waren hier in der Mehrzahl; auch ist das Kleidernähen eine mehr anregende, freie, schaffende Tätigkeit als die Bienenarbeit des Weißnähens.

Doch ich will eilig die Nähstube verlassen und nur geschwind noch einkehren in der Holzgasse, allwo ich bei Jungfer Nane Wenz das Fälteln und Feinbügeln erlernte. Die fein gefältelten Jabots, die mein Vater, wie andere Herren aus der alten Schule, dazumal noch trug, die haben mir viel Seufzer ausgepreßt, und ich habe feierlichst erklärt: wenn ich mich zum Ehebund entschließe, so werde meine erste Handlung im Ehestand sein, daß ich dem Erkorenen alle Jabots abtrennte. Obgleich nun die praktischen Studien in meiner Universtitätszeit weit überwiegend waren, so sind Künste und Wissenschaften doch auch nicht völlig vernachlässigt worden.

Ans Alleinspazierengehen, ans Herumschweifen zu Entdeckungsreisen in Feld und Flur konnte man in der Residenz natürlich nicht denken. Fein sittsam durften abends wir Mädchen mit Frau von Roth oder auch wohl miteinander in den königlichen Anlagen spazieren gehen, den schönen geraden Weg am Bassin vorüber bis rund herum um den Rosenhügel. Es waren mir diese Spaziergänge ein mäßiges Vergnügen; die geputzte schöne und vornehme Welt, die da an einem vorüberzog, interessierte mich wenig; ich mochte lieber noch mit den Kindern vom Hause einen Gang machen und ihnen Märchen erzählen.

Unter die Vorteile unseres Kosthauses gehörte aber auch die „Einführung in gebildete Familien", mit denen Frau von Roth bekannt war, und die dann pflichtgetreu die Dame „mit ihren Kostjungfern" ein oder einigemal zum Thee luden, eine Aufopferung, die ich erst später habe gehörig würdigen lernen. Am meisten unter diesen Einladungen beglückte mich die in das gastliche Haus Gustav Schwabs, wo ich den ersten wirklichen, lebendigen Dichter zu Gesicht bekam.

Wer ein gutes Weib will haben, nimmt ein Mädchen sich aus Schwaben.
Alle zieht die Wildermuth, drum geraten sie so gut.

Karl Gerok

Ottilie Wildermuth als junges Mädchen, Gemälde von H. Abel (1840)

Die bodenlosen Höhen der Opposition

Parlamentarisches Geplänkel im Vormärz
Von Willibald Alexis

Willibald Alexis (eigentlich Georg Wilhelm Heinrich Häring), 1798–1871, gilt als Begründer des realistischen historischen Romans in der deutschen Literatur („Die Hosen des Herrn von Bredow"). Herausgeber und Mitarbeiter literarischer Zeitschriften der liberalen Opposition.

Stuttgart ist keine so sehr kleine Stadt, aber daß sie alle Vettern und verschwägert sind, möchtest du schon nach dem ersten Tage erkennen, und du brauchst nur auf der Straße umherzugehen; es grüßt sich alles und schüttelt sich die Hände, und es ist immer eine Verwandtschaft. Es ist ein Stamm und ein Völkchen, ein Völkchen mit Physiognomie, die du in Baden vermißtest.

Das liberale Element, wie es heut in den Dogmen der Propaganda sich ausspricht, von Weltvervollkommnung träumend und alle historischen Bande und Klammern der alten Weltordnung chemisch trennend und lösend, halte ich für fremd dem schwäbischen Charakter. Wohl interessant wäre dereinst eine Geschichte, wie dieser fremde Liberalismus ins Land kam, unter dem glücklichen Völkchen Aufnahme fand und mit dem eingebornen Freiheitssinn zusammenschmolz.

Durch die größte Erhitzung blickt die Redlichkeit des Willens vor, und ich meine selbst die verhältnismäßig geringste Eitelkeit hier wahrgenommen zu haben. Es ist noch guter Glaube da, wo der württembergische Oppositionsredner sich zu den bodenlosen Höhen erhebt, nicht für Stuttgart und Tübingen, sondern für das allgemeine Weltwohl fechten zu wollen.

Anderwärts ist der Liberalismus ein Ding der Mode; er tritt im Kleide des Heroismus auf, oder in dem der geistigen Vornehmheit – in Württemberg erscheint er im Gewande der Pietät. An Beispielen fehlt es nicht. Als Uhland für Stuttgart gewählt werden sollte, schwankte es; *eine* Stimme entschied. Da wurde ein armer Stellmacher, ein Familienvater, der fast nur von *einer* Kundschaft lebte, von Uhlands Freunden gerufen. Die Familie Thurn und Taxis hatte gedroht, ihm die Arbeit zu entziehen, wenn er für Uhland stimme. Er tat es unter Tränen und verlor wirklich die Kundschaft. Man wird unwillkürlich gerührt über die moralische Kraft, die unverkennbar in dieser Handlung liegt; denn die Liberalen sind hier nicht, wie in Paris, Laffitte's und Perrier's, um den Stellmacher zu entschädigen; und es war ein echtes, der Überzeugung gebrachtes Opfer.

Die Verhandlungen der Kammer gewähren ein freundlicheres Bild als in Baden. Wenn diese an die Pariser, könnten jene an die Englische Kammer mahnen. Man hört selten lange Reden, kunstreiche Auseinandersetzungen, welche durch die Gewalt der Dialektik wirken sollen; es wird mehr von der Leber weg gesprochen, und jeder bleibt auf seinem Fleck, was auch buchstäblich gilt, denn es steht keine Tribüne im Saal und man redet von seinem Platze aus. So gewinnt das Ganze mehr den Anblick einer vertraulichen Besprechung, und die zurückgeschlagenen Deputiertenmäntel haben nichts weniger als etwas Feierliches. Es wird kräftig geredet; was gesagt wird, hat Hand und Fuß, und ich freute mich, wie eine Sache ohne Redeprunk durchgesprochen und von allen Seiten

Die württembergische Deputiertenkammer (1833). Auf dieser zeitgenössischen Lithographie steht rechts Paul Achatius Pfizer, Verfasser des „Briefwechsels zweier Deutschen", links Damian Mosthaf aus Ellwangen; zwischen den beiden vorderen Säulen in der dritten Bankreihe Uhland (er dreht sich um), und links außen, in der oberen Reihe, steht Wolfgang Menzel.

beleuchtet worden. Die enge Galerie ist immer gedrängt voll; alles ist Aug und Ohr, und keine Silbe scheint hier verlorenzugehen, wenngleich die Zeitungen nicht alles mitteilen. Ein schlichter Handwerksmann stand neben mir und nannte mir die Sprecher, für die er sich lebhaft interessierte.

Für ihren ersten Redner erklären alle ohne Parteirücksicht Paul Pfizer, der als Schriftsteller, Dichter und auch als Geschäftsmann sich einen Namen gemacht. Daß er, sein Amt niederlegend, eine Laufbahn voll glänzender Aussichten geopfert, trägt nicht wenig zu seiner Popularität bei. Trotz seiner Jugend ist er bereits ein Volksliebling geworden; man erwartet Ausgezeichnetes von ihm, und die Achtung für sein Talent zeigt sich in der Totenstille, welche eintritt, sobald er sich erhebt. Getäuschte Erwartungen auf Anerkennung dessen, was er aus bestem Wissen geraten, haben ihn vielleicht tiefer in die Opposition hineingedrängt, als er wollte. Seine Gestalt ist schlank, sein Gesicht ausdrucksvoll und sein Organ wohltönend. Überhaupt ist die Unterdrückung alles im Dialekt Störenden bei den Kammerverhandlungen bemerkbar. Der Nordländer, dem in der gewöhnlichen Konversation der echten Schwaben so viel entgeht, verliert hier keine Silbe, ob doch, wie schon gesagt, die Redekunst als solche nicht gepflegt wird.

Uhland tritt selten als eigentlicher Redner auf; er muß, um zu wirken, ganz von der Fülle des Gegenstandes hingerissen sein; mehr wirkt er durch seine Gesinnung und Stellung. Seine eingestreuten Bemerkungen sind scharf, oft mit einer bittern Spitze.

Eines Deputierten aus dem gewerbtreibenden Bürgerstande will ich gedenken, weil seine schlichten Worte damals einen besonderen Eindruck auf mich machten. Der Abgeordnete Pfleiderer sprach gegen die hohen Besoldungen. Er hob die Not des Landvolks in seiner Gegend heraus, entwarf mit den alleranspruchlosesten Zügen ein Bild der Dürftigkeit und schloß: was der Tagelöhner bei ihm zu Haus, der sich freue, wenn er nach sauerem Tagewerk das Salz zu seinen Erdtoffeln finde, dazu sagen würde, wenn er lese, daß andere Volksredner mit denselben rührenden Gründen nachwiesen, daß ein hoher Staatsbeamter, um nur leben zu können, soundsoviel Tausende mehr haben müsse.

Verdächtige Pressefreiheit

In Württemberg, insbesondere zu Stuttgart, erscheinen an Zeitungen: Allgemeine politische Annalen, die Stuttgarter Allgemeine, die Stadtpost, der Schwäbische Merkur, das Morgenblatt, die Neckarzeitung, der Hesperus und der Hochwärter; sie scheinen aber alle liberal zu sein. Namentlich der Hochwächter, welcher in Stuttgart täglich ausgeben und oft beifällig gelesen wird, scheint es sich zur Aufgabe gemacht zu haben, alle Schritte der Regierung zu entwürdigen. Das Merkwürdige bei dieser Zeitung ist, daß sie nicht allein um einen billigen Preis verkauft; sondern auch jedermann, der sie im Zeitungs-Comptoir abholen will, unentgeltlich verabfolget wird. Wer bezahlt denn die Kosten dieser zahlreichen Auflagen?

Als ich heute früh ausging, saßen zwei Mädchen, sechs und sieben Jahre alt, auf den Stiegen, welche zur Stiftskirche führen. Die ältere las der jüngeren laut vor. Ich fragte, was sie lese; Antwort: Ich lese meiner Schwester den Hochwächter vor.

Franz Ritter von Heintl, 1832

Heinrich Laube, 1806 in Sprottau (Niederschlesien) geboren, wurde wegen seiner Zugehörigkeit zum „Jungen Deutschland" mehrfach inhaftiert. Auf Druck distanzierte er sich später von seinen Bundesgenossen, die er sogar bei der preußischen Regierung denunzierte, was ihm das Urteil von Friedrich Engels eintrug, daß er zu jenen Leuten gehöre, „die schon längst vor 48 den letzten Rest von politischem Charakter, wenn sie je einen hatten, zu Grabe getragen haben". Laube erwarb sich große Verdienste um die Reform des deutschen Theaters und war u. a. von 1849 bis 1867 Direktor des Wiener Burgtheaters. Er starb 1884 in Wien.

Schwabenspiegel

Was ist das, die schwäbische Schule? Es ist noch nicht lange her, daß ich selber an mehrere reisende Schwaben diese Frage richtete und um Auskunft bat. Sie wollten lange nicht mit der Sprache heraus und lächelten so sonderbar, etwa wie die Apotheker lächeln, wenn frühmorgens am ersten April eine leichtgläubige Magd zu ihnen in den Laden kömmt und für zwei Kreuzer Mückenhonig verlangt. In meiner Einfalt glaubte ich anfangs, unter dem Namen schwäbische Schule verstünde man jenen blühenden Wald großer Männer, die dem Boden Schwabens entsprossen, jene Rieseneichen, die bis in den Mittelpunkt der Erde wurzeln und deren Wipfel hinaufragt bis an die Sterne... Und ich frug: nicht wahr, Schiller gehört dazu, der wilde Schöpfer, der die „Räuber" schuf?... Nein, lautete

Große kleine Stadt

Über die Korpulenz schwäbischen Geistes
Von Heinrich Laube

Steig nennen sie den Berg; und als der Morgen kam und die grüne Erde längst wieder gewonnen war, fuhren wir die letzte Steig hinunter. Stuttgart dampfte unten im engen, ringsum geschlossenen Bergkessel.

Der Name Schwaben und der Stamm dieses Volkes wird von den Sueven, den Schweifenden, abgeleitet. Wenn man nicht in besondere Anrechnung bringt, daß heute noch aus diesen Gegenden Viel nach Amerika auswandert, so ist nicht viel Schweifendes von den Ahnherrn übriggeblieben, das Volk hat sich im Gegenteile sehr festgeklammert an alten Boden und alte Sitte. Man rühmt den Sueven aber auch nach, daß sie großen Respekt vor dem weiblichen Geschlechte im Herzen und Betragen gehegt hätten, und die Freunde der Analogie behaupten, der Schwabe sei deshalb heute noch sehr blöde und die Keuschheit würde nicht nur gelehrt, sondern geerbt. Es gibt nichts Keuscheres als die schwäbischen Dichter, sie leben und dichten von der Ahnung eines Kusses, es ist möglich, daß ihr Hauptdichter Uhland niemals geküßt hat und eben darum ein so guter Dichter geworden ist; denn der Genuß ist bekanntlich für den Menschen sehr angenehm, aber der Dichter gedeiht in der Entbehrung, man besingt viel besser was man wünscht, als was man besitzt. Gustav Schwab wäre viel größer geworden, wenn er nicht dick geworden wäre.

Die Schwaben, gesegnet mit manchem glücklichen Talente, worüber wir uns mit ihnen freun, haben eine Bannmeile um sich gezogen, und Gustav Schwab, weil er bloß eine Silbe weniger ist als ganz Schwaben, hat sich zum Schwabenvogt gemacht gegen alles, was im Norden den Frühling besingen will. Dieser wohlgenährte Gymnasialprofessor, welcher Uhland, den körnigen, quellfrischen Uhland so geläufig kopiert mit einem hübschen Provinztalente, dieser Herr Schwab ist der prustende Repräsentant alles dessen, was schwäbelt. Er verwaltet ganz im stillen die deutsche Literatur in Stuttgart und schützt sie vor zudringlichen Geistern; dabei befindet er sich sehr wohl, und trägt seinen Stern unter der Weste; auch die deutsche Literatur befindet sich sehr wohl, sie hat nichts zu tun als den Sonnenuntergang zu beschreiben und wie die Veilchen blühn und wie Herr Eberhard im Barte über Land geritten sei. Es ist die deutsche Literatur im schwäbischen Ausgedingstübchen.

Indessen, man muß billig sein, die Armee der schwäbischen Verse, deren Profos und Quartiermeister Gustav Schwab ist, ward am 4. Oktober 1831 von einem Wetterstrahle betroffen, welcher dem Profos so unerwartet aufs Haupt gefallen ist, daß man nicht mehr sagen kann, die Äußerungen desselben seien vom Jahre 1833 an ungestört. 1833 nämlich ward die Goethesche Kabinettsordre an Zelter bekannt, worin er sagte, es werde ihm beim Lesen der Schwäbischen Schule armselig zumute und er enthalte sich solcher Büchlein, um sich vor deprimierenden Unpotenzen streng zu hüten. „Aus jener Region", sagt er, „möchte wohl nichts Aufregendes, Tüchtiges, das Menschengeschick Bezwingendes hervorgehn. So will ich auch diese Produktion nicht schelten, aber nicht wieder hineinsehn. Wundersam ist es, wie sich die Herrlein einen gewissen sittig-religiös-poetischen Bettlermantel so geschickt umzuschlagen wissen, daß, wenn auch der Ellenbogen herausguckt, man diesen Mangel für eine poetische Intention halten muß. Ich leg' es bei der nächsten Sendung bei, damit ich es nur aus dem Hause schaffe."

Einzelnes in diesem Worte ist sehr hart, und Goethe würde es wahrscheinlich anders gefaßt haben, wenn er es für die Öffentlichkeit geschrieben hätte. Der Kampf gilt ja nur der Anmaßung; dies Dichtungsleben, was eine nicht eben ungewöhnliche Anregung der Natur enthält, eine historisch-romantische Sehnsucht mit glücklichen, weichen Worten ausdrückt, hat in diesem kleinen Kreise seinen Wert; Uhland besonders hat in diesem Kreise einzelne Lieder gemacht, so schön wie Goethes Lieder aus guter Zeit; aber haltet auch die Forderung in diesem Kreise. Dies Bergterrassental Stuttgart, diese kleine Residenz mit ihren einzelnen, reizenden Vorzügen, mit ihren bescheidenen Landhäusern und Baumgruppen, die mit euch nach dem spröden, von euch abgewendeten Neckar dürsten, diese große kleine Stadt, wo sich alles kennt, wo der Fremde in einer Familie die Neugier und die Forschung des ganzen Orts rege macht, diese Berge, welche in eure Schlafzimmer steigen mit Wald und Käfer, diese Markttage, welche alle Gestalten und Anteile Schwabens zusammenführen – das ist eure Welt.

die Antwort, mit dem haben wir nichts zu schaffen, solche Räuberdichter gehören nicht zur schwäbischen Schule; bei uns geht's hübsch ordentlich zu, und der Schiller hat auch früh aus dem Land hinaus müssen.

Heinrich Heine, Anfang 1838 in seinem „Schwabenspiegel". Anlaß, zumindest Auslöser für Heines virtuosen Schwabenspott war ein kleinlicher Streit der sogenannten schwäbischen Schule um ein Heine-Portrait in einem Musenalmanach.

Heinrich Laube zitiert den Klassiker korrekt. Allerdings hat dieser nur „hie und da" in einem „halbaufgeschnittenen Bändchen" mit Gedichten von Gustav Pfizer gelesen, sich dann aber „bey'm Eindringen der Cholera" vor der Uhland dezidierten Unpotenz gehütet, indem er „das Büchlein eilig weg" legte.

Gustav Schwab (1792–1850), nach der Kopie eines Ölgemäldes von Karl Jakob Theodor Leybold (1825).
Zu Gustav Schwabs bleibenden Verdiensten – neben der Förderung jüngerer Schriftsteller, wie beispielsweise Freiligrath, Lenau, Platen und Waiblinger – gehört vor allem die Wiederentdeckung und Popularisierung alten Kulturgutes. Einige seiner Balladen, etwa „Der Reiter auf dem Bodensee", lassen sich auch als Wiederspiegelung der politischen Verhältnisse des Vormärz lesen. Selbst Heine läßt ihm im „Schwabenspiegel", wenn man so will, eine gewisse Gerechtigkeit widerfahren: „Der bedeutendste von ihnen ist der evangelische Pastor Gustav Schwab. Er ist ein Hering in Vergleichung mit den anderen, die nur Sardellen sind; versteht sich, Sardellen ohne Salz."

Karl Seydelmann (1793–1843), nach einem Ölgemälde von Franz Seraph Stirnbrand aus dem Besitz der Staatsgalerie Stuttgart.
Ursprünglich Militär, gehörte der in Schlesien geborene Karl Seydelmann bald zu den berühmtesten Schauspielern seiner Zeit. 1829 kam er, schon arriviert, zur Stuttgarter Hofbühne.
1835 gastierte er erstmals in Berlin, wo er dann 1838 preußischer Hofschauspieler wurde.

Bloß weg von hier!

Aus den Briefen eines Hofschauspielers
Von Karl Seydelmann

I Der Standort

17. Februar 1835

Hier geht es, wie Sie wissen, langweilig, träge, im Karrengaulschritt. Um die Leute für lebendig zu halten, muß man in ihre innersten Winkel kriechen; dort hocken sie und brummen und gähnen bei zugemessener Arbeit. Hier schafft man bloß des Futters wegen; aller Antrieb zu Großtaten (! –) kommt hauptsächlich aus dem Magen. Ich will es nur gestehen, mir wird diese Heimat immer unleidlicher! Noch sträubt sich zu vieles in mir gegen diesen Kleinbürgerschritt, und die Rolle eines Jagdhundes neben einem schnarchenden Revierförster ist doch gar zu erbärmlich!

II Die Standpauke

10. Juni 1835

Ich komme nun [von einer Gastspielreise] zurück, wie sehr ich auch der Versuchung ausgesetzt war (und bin!) wegzubleiben. Wie oft schon habe ich es Ihnen [Adressat ist der Intendant Graf Leutrum] zu sagen die Ehre gehabt: mich fesselt *mehr* noch, als die untertänigste Dankbarkeit an, die allerhöchste Person unseres hochverehrten, gnädigsten Königs. Ich wiederhole es auch hier! Aber ebenso freimütig gestehe ich Ew. Hochgeboren, daß mich nichts – nichts in der Welt in Stuttgart zurückhalten würde, fände ich jetzt wieder, was mich schon so oft dort gekränkt hat: Mißtrauen gegen mein Wünschen und Wirken. Ich weiß es zuverlässig, Sie haben keinen Menschen bei Ihrer ganzen Anstalt, der es treuer, ehrlicher mit derselben meint als ich. Dafür verdiene ich *Vertrauen,* nicht diplomatische Feinheit und scheinbare Güte. Ich bin leider nur zu sehr befähigt, Masken, und wären sie noch so künstlich angelegt – zu durchschauen. Fortwährend Komödie zu spielen, auch außer dem Theater, widert mich an, wie jeden wahrheitsliebenden Menschen. Immer kommt es mir so vor, als möchten Sie mich nicht, obwohl es den Schein des Gegenteils hat. Sie sehn wohl gar einen unbequemen, (darf ich es denn sagen?) einen unbequemen Nebenbuhler *im Geschäft* in mir und schwanken, ob Sie ihn sollen laufen lassen, ob nicht?

Ich rufe den Kavalier in Ihnen auf; es handelt sich nicht um etwas Vorübergehendes; nein, um meine ganze künstlerische Zukunft. Ich habe dringendere Verpflichtungen zu erfüllen, als, in ungewissen persönlichen Verhältnissen zu

Seydelmann auf dem Totenbette

Hätt' ich wie Cäsar gedacht, ich wär' in Schwaben der Mimen Erster geblieben, anstatt Numero II. in Berlin.

Georg Herwegh

Das königliche Hoftheater und die Jubiläumssäule Stahlstich (um 1845)

Ew. Hochgeboren, 4000 Gulden jährlich von der Hoftheaterkasse in Stuttgart zu beziehn. Mir galt und gilt die Kunst mehr als eine Kuh voll Milch.

Hier ist kein Platz für einen Künstler, der die Welt mit seinen Arbeiten bereichern soll; sondern nur für einen Alltagsmenschen, der mit Essen und Trinken Vorlieb nimmt und sich überhaupt alles gefallen lassen will.

Johann Nepomuk Hummel, 1818 in einem Brief über Stuttgart. Hummel, gefeierter Klaviervirtuose und Komponist, war von 1816–1819 Hofkapellmeister in Stuttgart.

III Das Adieu

20. Januar 1838

Erst jetzt, da mir die verteufelten hiesigen Theaterverhältnisse nicht mehr den Sinn verdüstern und die Brust belasten – leider erst jetzt bin ich tauglich geworden, liebevolle Gesinnungen, die für mich vorhanden waren, zu erkennen und offenen Herzens zu erwidern. Von Stuttgart also und seinen Bewohnern scheide ich nicht gern. Aber mit dem freudigen Dankgefühle, das den Gefangenen erfüllt, wenn er die liebe Sonne vor sich und den finstern Kerker hinter sich hat, scheide ich von Stuttgarts *Theater,* das, unter bekanntem Einfluß, endlich mit einer Luft gefüllt ist, in der ich, bei längerem Verweilen, gewiß ganz jämmerlich untergegangen sein würde. Nur so lange als ich muß, nenne ich mich einen Stuttgarter Hofschauspieler, und werfe dann gern, sehr gern den Pelz meiner hiesigen Anstellung von mir, denn – *unter uns* – er hat Läuse. Die meisten, von solchen Tierchen geplagten Leute dürfen dann und wann einen beherzten Feldzug gegen sie unternehmen, und es gibt eine Zeitlang Ruhe; meine Quäler hingegen sind Einquartierte unter hohem Schutz, und wenn's mich kratzt und beißt, muß ich – himmlischlächelnd – *stille* halten, denn ein gekrümmter Finger gegen die kleinen Livréebedienten wäre schon ein *crimen laesae majestatis.*

Nichts als Vernichtungssucht

Schwäbische Opposition
Von Karl Immermann

Karl Immermann, Ölgemälde von Wilhelm Schadow (1829)

Immermann, 1796 in Magdeburg geboren, schrieb Romane und Theaterstücke. 1834 bis 1837 leitete er das Düsseldorfer Theater und versuchte, sich für Christian Dietrich Grabbe einzusetzen. Politisch war Immermann ein gemäßigter Konservativer, der sich von den Übergriffen der preußischen und Metternichschen Reaktion distanzierte. Immermann starb 1840 in Düsseldorf.

8. September 1833

Über Besigheim, Lauffen, Ludwigsburg immer am Neckar und an der Enz entlang nach Stuttgart, bei drückender Hitze. Es liegt ganz eng zwischen den Bergen eingekeilt, sieht ziemlich groß und etwas düster aus. Manches Neue und Wohlgebaute ist in der Stadt, scheidet sich jedoch nicht in Massen von dem Kleinen und Alten, liegt vielmehr damit vermischt. Die Gassen laufen hügelauf und nieder.

9. September

Lief ich meiner Gewohnheit gemäß in der Frühe für mich allein durch die Stadt. Man kann sich leicht orientieren, weil das älteste kirchliche Gebäude, die Stiftskirche, auf einem Hügel liegt und man ihren Turm überall sieht.

Dann ging es in die Ständeversammlung, welche im alten Kanzleigebäude abgehalten wird. Der Saal ist hoch, rund, gewölbt, erhält sein Licht von oben. Ich habe einen Plan der Lokalität gekauft, welcher das Ganze deutlicher macht und unter den Beilagen der Reiseblätter aufbewahrt wird.

Man verhandelte über das Budget des Ministeriums des Innern; die Regierung brachte Gehaltsverbesserungen der evangelischen Geistlichen und der Schullehrer in Antrag.

Ich hörte viele Abgeordnete reden. Darunter waren für mich individuell am interessantesten Uhland, Pfizer, Menzel.
Uhland: hager, hoch in den Vierzigern, schmales Gesicht, lange Nase, breiter Mund, unruhig in Verhalten und Bewegung.
Pfizer: eine schwarze, schmächtige, junge Advocatengestalt.
Menzel: kurze Gestalt; ein bleiches, höhnisches, übrigens wohlgebildetes, geistreiches Journalistengesicht.

Bei der Verhandlung über die Verbesserung der Gehälter der Geistlichen sagte der Abgeordnete Schott: Er habe gehört, die Regierung untersuche jetzt vor der Anstellung eines Geistlichen, welches politischen Glaubens er sei.

Hierauf erhob sich ein großer Sturm. Die Opposition, Uhland an der Spitze, sprach in den heftigsten Ausdrücken über ein solches Verfahren der Regierung, und forderte vom Minister des Innern Auskunft.

Staatsrat von Schlayer, der an seinem Armensündertischchen in der Mitte des Saals dieses Ministerium vertrat, wandte sich hin und her, mußte aber freilich dahin erteilte Instruktionen der geistlichen Vorgesetzten eingestehn. Vergebens suchte der Präsident die Debatte mit der Bemerkung, daß sie nicht zur Tagesordnung gehöre, von diesem Punkte abzuleiten, sie setzte sich nur immer hartnäckiger darauf fest, und wenn die übrigen Oppositionsglieder, auch Uhland und Pfizer, sich noch an der Sache hielten, so brach dagegen Menzel in förmliche Invektiven aus. Er rief: Er halte es für eine Schande, einer Kirche anzugehören, die solche Eingriffe der Staatsgewalt dulde. Schon früher hatte er, als er sein Votum für die Gehaltsverbesserung der Geistlichen abgab, gesagt: Die protestantische Kirche sei in der Sklaverei der Fürsten, da nun der Herr seinen Sklaven ernähren müsse, so stimme er für Erhöhung der Gehalte aus der Staatskasse.

Man beschloß endlich, eine Kommission zur Berichterstattung über den Gegenstand zu ernennen.

Diese Anschauung hat in ihrer Neuheit etwas unendlich Interessantes und Aufregendes für mich gehabt. Freilich auch etwas sehr Düstres. Es klang doch auch nicht *ein* Ton der Zuneigung zur Regierung durch; nichts als Anklage, Bitterkeit, Vernichtungssucht. Für die Regierung sprach nicht ein einziger geistvoller Mensch; die Gesinnungen der Opposition herrschen entschieden vor, Uhland genießt das allgemeinste Ansehen.

Der Punkt, der so großes Lärmen verursachte, war offenbar von der Opposition abgekartet; und der Vortrag von Schott das Stichwort. Viele hatten sich ihr Pensum sogar aufgeschrieben.

Alle Abende hält die Opposition Konferenzen und berät den Kriegsplan für den morgigen Tag.

Die Unzufriedenheit und Gärung ist, wenigstens in den Städten, durch alle Klassen gedrungen. Als ich mich nach den eigentlich materiellen Gründen derselben erkundigte, hörte ich Klagen über Nepotismus, gehäufte Kanzlei- und Schreibwirtschaft, hohe Abgaben. Akte der Willkür und Grausamkeit konnte man der Regierung nicht nachsagen. Den König hält man persönlich für einen guten Mann, aber übel influenziert. Das ganze Constitutionswesen geniere ihn, er nehme alles, was gegen die Regierung gehe, als persönliche Beleidigung auf.

So viel ist klar, dieser Zustand ist nicht zu beneiden.

Ich besuchte Gustav Schwab und fiel nach der Tragödie des Hasses in seinem Hause in eine Idylle der freundlichsten schwäbischen Höflichkeit. Für einen Reisenden laufen die direktesten Kontraste immer dicht nebeneinander her. Er wollte sogleich eine Gesellschaft arrangieren, um mich mit Uhland, Pfizer und Reinbeck bekannt zu machen, und fragte, ob er auch Menzel einladen solle, welches ich verbat.

Er führte mich zu Dannecker und in dessen Werkstatt. Der 77jährige Alte mit dem fröhlichen roten Gesicht und den blitzenden blauen Augen empfing uns in seinem schwäbischen Kauderwelsch sehr treuherzig, ließ alles sehen, was er gemacht. Er ist Portraiteur, weiter nichts, alles Ideelle, geistig Schöne ist ihm versagt, er kopiert in seinen Göttern und Göttinnen die gemeine Natur des Modells, welches er vor sich hat. Sonderbar verschrobne Zeit, welche diesen Mann für einen großen Bildhauer halten konnte! Aber sein kolossaler Schillerkopf in Marmor, den er in treuer Anhänglichkeit an den verewigten Freund für sich behielt, ist schön.

Schwab sagte mir, daß die politischen Parteiungen zerstörend in alle freundschaftliche und Familienverhältnisse eingegriffen hätten. Er will sich auch deshalb von Stuttgart zurückziehn und Landprediger bei Tübingen werden. Dort-

Fünfzehn Jahre früher

Zu einem gewissen Prokurator Schott führte man mich, zu einem der Volksredner bei den Ständen. Er kennt auch meinen Vater, für den er Advokatengeschäfte führt. Als ich ihm erzählte, ich sei des Herrn Jacob Baruch Söhnlein, war er sehr erstaunt. Ich sagte ihm, ich führe einen anderen Namen, weil ich die Religion meiner Vätern (ich lasse zu ihrer Übung zuweilen orthographische Fehler stehen) verlassen habe. Darauf scherzte ich sehr angenehm über diesen Gegenstand. Schott gibt sich freundliche Mühe um mich. Er brachte mich zum Dichter Uhland. Der scheint jünger wie ich. Er sieht ohngefähr aus wie des Dr. Goldschmidt Vetter Student, der neulich bei Ihnen war, nur unbedeutender. In der Unterredung setzte er uns von allem Weine seines Geistes auch kein Gläschen vor. Sie können sich nichts Langweiligeres denken. Als ich mich verabschiedete, sagte ich: ‚Ich freue mich usw.' Das übrige in den Bart murmelnd. Das Gemurmel war aber nicht etwa: Ihre Bekanntschaft gemacht zu haben, sondern: von Ihnen wegzukommen, Sie ‚trockener Peter'.
Dr. Schott zeigte mir das Haus, worin die Ständesitzungen gehalten werden. Das ist herrlich eingerichtet, ganz theatralisch. Wie gern hätte ich mich auf die Rednerbühne gestellt und herabgedonnert: Ihr Minister, ihr Schlingel, heißt das Regieren? Warum gebt ihr dem Dr. Börne keine Anstellung mit 12 000 fl. Gehalt? Ist das Volk um euretwillen da oder um des Dr. Börne willen? Geht mir aus den Augen Schlingel!

Ludwig Börne am 12. November 1820 aus Stuttgart an Jeanette Wohl

hin kehrt auch Uhland nach beendigter Ständeversammlung zurück. Dieser ist reich und unabhängig; Pfizer hat dagegen nichts und brachte mithin seinen Gesinnungen das Opfer seiner pekuniären Existenz.

Noch ein Schwabenstreich. In einem Sträßchen stehn zwei Laternenpfähle, welche den Raum so eng machen, daß kaum eine Karre durchpassieren kann. Dennoch steht am Eingange mit großen Buchstaben geschrieben: Wer hier mit großem, schwerem Lastfuhrwerk durchfährt, bezahlt 1 Florin Strafe.

Noch eine Merkwürdigkeit von Stuttgart: Die Glocken schlagen alle präzise zusammen, als wollten sie die hadernden Menschen Einigkeit lehren.

Und noch etwas sehr Gutes: Butter und Brot kriegt man nirgends besser als im Schwabenlande.

10. September

Morgens in die Ständeversammlung. Es kam der Etat katholischer Lehranstalten, der Universität Tübingen und [des] jüdischen Gottesdienstes zur Debatte. Diese Materien wurden wieder zu mannigfachen Digressionen benutzt. Erst salbaderte ein Schulmeister viel darüber, daß die öffentlichen Erziehungsanstalten mehr die Natur der Familie bekommen müßten, worauf ein Geistlicher witzig sagte: Es möchte schwer sein, gleich überall eine Mutter mit 150 Söhnen zu etablieren.

Dann hieb die Opposition bei dem Kapitel von der Universität Tübingen wieder tüchtig auf die Regierung ein. Uhland, Pfizer und viele andre fragten den Minister, ob es wahr sei, daß die Universität Zürich den Württembergern verboten sei? Der Minister erwiderte, daß eine künftige Anstellung denen versagt sei, welche diese Universität besuchten. Hierauf erhob sich die grimmigste Anklage wegen Verletzung der Verfassung aus allen Ecken und Enden des Saals, und die arme Universität Tübingen war darüber eine Zeitlang vergessen. Vergebens klingelte und haspelte der Präsident, der Spektakel mußte austoben.

Nachmittags fuhren wir erst nach dem Rosenstein, einem königlichen Landhause, eine halbe Stunde von der Stadt. Hier hatte man den allerreizendsten Blick auf Stuttgart, die schönsten Waldhöhen in der Nähe, und die rauhe Alb in der Ferne; eine wahrhaft idealische Landschaft. Hernach machte ich verschiedene Besuche.

Zuletzt bei Uhland in seinem Hinterstübchen, welches er für die Dauer des Landtags gemietet hat. Eine unbeschreibliche Persönlichkeit, unbeholfen, linkisch einsilbig und doch unendlich anziehend, weil man sieht: an dem ganzen Menschen ist nicht *ein* falsches Haar. Die schönsten, himmelblauen Augen, die ich je gesehen.

Abends Gesellschaft bei Schwab, der hier den literarischen Peter des Plaisirs macht. Ungeachtet aller Notabilitäten und des zum Teil französisch geführten Gesprächs strickte Frau Schwab ihren Strumpf, und kamen die Kinder halbnackend herein und sagten gute Nacht.

Schwärmereien einer Engländerin

Reisebriefe der Frances Trollope

Frances Trollope, 1780 in Stapleton, Bristol, geboren, heiratete 1809 einen Rechtsanwalt, wanderte mit ihm wegen Bankrotts nach Cincinnati/Ohio aus und kehrte nach seinem Tod nach England zurück. Ihre literarische Laufbahn begann sie mit einem Buch über die häuslichen Gepflogenheiten der Amerikaner, in dem sie ihre Erlebnisse satirisch verarbeitete. Frances Trollope schrieb über hundert Romane und Reiseberichte. Seit 1843 lebte sie in Florenz, wo sie 1863 starb.

So klein Württembergs Hauptstadt auch ist, weist sie dennoch viel Sehenswertes auf und wird bald mehr zeigen können; denn in allen Teilen der Stadt wird an außerordentlich vielen öffentlichen und privaten Bauten gearbeitet, was beweist, daß die Stadt an Reichtum und Wichtigkeit rasch zunimmt.

Wer schöne Paläste liebt, dem empfehle ich unbedingt eine Reise hierher, und wäre es nur, um die königliche Residenz zu besichtigen. Weder König noch Kaiser brauchen sich einen herrlicheren Palast als den von Stuttgart zu wünschen. Wir alle wissen, daß Schloß Windsors Erhabenheit unvergleichlich und daß die „St. George's Hall" vielleicht die schönste Räumlichkeit der Welt ist; aber ohne sich in einen Vergleich flüchten zu müssen, kann ruhig behauptet werden, daß es nur wenige so vornehme und elegante Paläste gibt wie das Residenzschloß des Königs von Württemberg. Die Anzahl schöner Gemächer ist erstaunlich. Zu welchem Zweck sie alle bestimmt sein mögen, geht über mein Vorstellungsvermögen. Hingegen gibt es darin keine guten Gemälde: Mit Ausnahme einiger bezaubernder Schöpfungen Danneckers besitzen sie nichts, was dem höheren Rang der schönen Künste entspricht. So groß das Schloß auch ist, zeigt es durchwegs guten Geschmack, sowohl in den neu eingerichteten Gemächern wie in jenen, deren kostbare Ausschmückung noch aus der alten Zeit, die durch den Wandel der Mode nichts von ihrem Glanz eingebüßt hat, stammt. Letztere entwickelte eine so reiche und königliche Pracht, daß es wohl die Mühe lohnt, sie zu besichtigen.

Unter der endlosen Reihe von Zimmern, für deren Mehrzahl, wie ich Dir schon eingestehen mußte, mir die Art der Verwendung unklar ist, befindet sich auch eines, welches seinen Zweck deutlich genug erkennen läßt. Seine Ausstattung ist ebenso königlich wie die eines jeden anderen. Es ist ein großes, hohes, für gymnastische Übungen mit allem erdenklichen Gerät versehenes Gemach. In seiner Mitte befindet sich eine Kletterstange, die bis zur Decke reicht, und rundum ist eine Polsterung, groß genug, um bei einem etwaigen Fall eine Verletzung auszuschließen. Eine Menge anderer Geräte, die näher zu erklären mir meine Unkenntnis verbietet, sowie Spring- und Fechtstangen, sind rings aneinandergereiht; sie alle sind zur Sicherheit mit so sinnreichen Vorrichtungen versehen, aus denen man wohl erkennt, welch liebreiche Fürsorge über den Prinzen wacht, für dessen Gebrauch sie bestimmt sind.

Die Gärten dieses herrlichen Palastes sind sehr ausgedehnt und vortrefflich angelegt. Sie bieten, wie alle fürstlichen Gärten, die ich in Deutschland gesehen habe, dem Volke mindestens ebensoviel Vergnügen wie dem Fürsten selbst. Eine große Zahl Orangenbäume ist längs der Wege und der Parterres um das Schloß aufgestellt, und da es hier nicht wie in Paris der Brauch ist, die Orangenblüten zur Destillation von Blütenwasser zu pflücken, ist dieser Teil des Gartens von köstlichen Düften erfüllt.

Cannstatt – Panorama: von Münster bis zum Rosenstein. Lithographie von Eberhard Emminger (um 1860)

Ungefähr eine Meile vom Stuttgarter Schloß entfernt steht die schöne Sommerresidenz Rosenstein, deren Gärten dort beginnen, wo die des Schlosses enden. Die Lage dieses eleganten Schlößchens, sowie alles rund um dasselbe, ist entzückend. Es steht auf einem Hügel, hoch genug, um eine treffliche Aussicht auf die wunderschöne Landschaft ringsum zu gewähren. Zu seinen Füßen fließt der Neckar. Cannstatt und zahlreiche kleine Dörfer breiten sich vor einem aus. Die ganze Gegend ist von rebenbekränzten Bergen eingeschlossen, doch nimmt man dazwischen dennoch die herrliche Landschaft in der Ferne wahr, die bis zum Schwarzwald und bis zu den Vogesen reicht.

Nachdem wir diesen königlichen, anmutig wie glücklich angelegten Besitz durchwandert hatten, fuhren wir nach den Mineralbädern von Cannstatt. Hier, wie überall in Stuttgart und seiner Umgebung, ist der rege Geist des Fortschrittes an der Arbeit. Öffentliche Wohnanlagen werden gebaut, und mehrere Quellen mit verschieden hohem Mineralgehalt werden sowohl zum Baden wie zum Trinken erschlossen. Bei einer dieser Quellen wurde für den Versand Wasser in großen Mengen in Flaschen abgefüllt. Die allgemeine Regsamkeit legt das beste Zeugnis für die Modernisierung und für das Gedeihen des Bades ab.

Wir nahmen ein warmes Bad, das uns sehr erfrischte. Das Wasser allerdings sah wenig einladend aus und war alles andere als klar. Es gleicht eher einer schmutzigen Seifenlauge und fordert jedes aufmerksame Auge dazu heraus, den Erlebnissen nachzuspüren, die dieses alles andere als kristallklare Gerinne hatte, seit es der Quelle entsprang.

Trotzdem erfreute mich bei dieser Badeanstalt ein Umstand sehr: Als ich von der Wartefrau warme Wäsche verlangte, schob sie ein ungeheures Weidenge-

Das Mineralbad Berg, 1856 eröffnet, verfügte über einen Kurbetrieb mit dem damals größten Mineralschwimmbecken Deutschlands. Lithographie von D. M. Kirn

flecht, das fast wie ein umgestürzter Korb aussah, zur Türe herein; darunter befand sich eine Wärmepfanne mit glühenden Kohlen, und über dem Geflecht lag ein großes feines Leintuch samt einer Menge Handtücher, die so warm waren, daß man sie gerade noch anfassen konnte, ohne sich zu verbrennen. Dies ist eine ungeheure Verbesserung der sonst üblichen Art und Weise, warme Wäsche durch kalte Gänge zu tragen, bevor der Badende sie erhält. Der Preis des Bades kam ungefähr dem in Paris gleich.

Heimwärts fuhren wir einen lieblichen Weg, der sich wie absichtlich wand und krümmte, als wollte er uns auf die vielen schönen Fernsichten aufmerksam machen. Die Hauptansicht gewährt dabei der Neckar mit seinen drei Brücken: eine in Trümmer verfallen, die andere unvollendet und die dritte, die malerischeste von allen, ist eine aus rohem Holz gezimmerte Notbrücke. Der Ausflug endete mit einer abermaligen Fahrt durch den königlichen Garten, der von Blumen duftete und nur mehr Lebens bedurft hätte, um ebenso unterhaltend wie schön zu sein, auch wenn er nicht ganz so glänzend wie jener der Tuilerien ist.

Nur einige wenige Engländer, die für immer auswanderten, haben bis jetzt Stuttgart zu ihrem Wohnsitz erkoren, obschon es hierfür viele Vorzüge besitzt. Alles ist wohlfeil, mit Ausnahme von Brennmaterial, welches, da es bloß Holz ist, fast so teuer sein muß wie die Kohle in London. Auch die Wohnungen sind im Verhältnis zu den Nahrungsmitteln nicht billig. Es wird jedoch so viel gebaut, so daß diese Klage bald aufhören wird. Trotzdem bin ich der Ansicht, daß Personen, die auf dem Kontinent eine bleibende Heimat suchen, in Stuttgart einen so empfehlenswerten Aufenthaltsort finden, wie ich noch keinen zweiten fand. Seine Lage ist zentral, das Klima ist mild, die Landschaft nach

An keinem anderen Ort außer Wien habe ich eine solche Freundschaft und so herzliches Entgegenkommen gefunden wie in Stuttgart. Schwab hat uns für die wenigen Tage, die wir hier geweilt haben, in die Lesegesellschaft eingeführt und ist auf jede mögliche Weise zuvorkommend gewesen. Mit einem Wort: ich bin für für Süddeutschland ebenso begeistert, wie ich alles hasse, was Preußisch heißt.

Aus den Reisebriefen des schwedischen Sprachforschers und Übersetzers Karl August Hagberg von 1836

jeder Richtung hin sehr schön, die Gesellschaft angenehm und für achtenswerte Fremde keineswegs schwer zugänglich. Hier wie überall in Deutschland besteht eine strenge Scheidewand zwischen Adel und Bürgerstand. Wenn ich mich darauf verlassen kann, was ich aus guter Quelle vernommen habe, so werden selbst literarisch ausgezeichnete Männer nicht in die Hofgesellschaft aufgenommen, wie dies in einigen anderen Städten wohl der Fall ist, es sei denn, ihre Geburt hätte sie zu dieser Ehre berechtigt; dies aber auch dann, wenn sie mit wenig oder mit gar keinem Verstand geboren worden wären. Diese Abschließung muß um so schmerzlicher empfunden werden, als Persönlichkeiten, die nicht das Pech haben, Einheimische zu sein, den Zutritt zu diesen ersten Kreisen sehr wohl erhalten.

Trotz dieser offenbaren Gleichgültigkeit gegenüber eingeborenen Talenten nimmt Stuttgart in bezug auf den Buchhandel den dritten Platz in Deutschland ein und reiht sich gleich hinter Leipzig und Berlin. Darüber hinaus hat es kulturelle Traditionen, die, mehr als der Glanz der Paläste, ihr unter den Städten der Erde den höheren Ruhm zuweisen.

Stuttgart, den 3. August 1836

Noch zwei lange Tage, Gehen, Fahren, Sehen und Sprechen haben mich überzeugt, daß diese Stadt mit ihrer Umgebung mehr Aufmerksamkeit von seiten der Reisenden verdient, als ihr scheinbar bisher zuteil geworden ist.

Ich glaube, Du wirst zugeben, daß ich Stuttgart mit Recht als einen Stützpunkt für eine Reisegesellschaft bezeichnet habe. Ich weiß nicht, ob ich mich nicht eines Tages versucht fühlen werde, es selbst für vier bis fünf Sommermonate als Aufenthalt zu wählen.

Aber statt Zukunftspläne zu schmieden, muß ich Dir erzählen, was wir bereits geleistet haben. Ich glaube, die Fahrt bis zum Fuße des Rotenberges und der anschließende steile Aufstieg zum Gipfel haben meine Phantasie zu diesen Reiseträumen verleitet. Die Aussicht, die man von diesem kleinen kegelförmigen Berge hat, ist meiner Ansicht nach zu weitläufig, um schön zu sein. Das Auge schweift weit umher, verweilt aber nirgends. Sie gleicht einer herrlichen Landkarte, und als solche habe ich sie studiert und bestätigt gefunden, daß wir uns im Mittelpunkte einer so schönen Gegend befinden, wie sie zur Befriedigung der Wanderlust nur immer erdacht werden kann. Hier windet sich der Neckar fast verführerisch durch sein liebliches Tal, dort erstrecken sich der Schwarzwald und die Vogesen weiter, als das Auge folgen kann, und die ganze Kette der Schwäbischen Alb, vom Lochenstein bis Hohenstaufen, ragt kühn zum Himmel.

Auf der äußersten Spitze dieses bemerkenswerten Berges ruht die Königin Katharina in einem sehr eleganten, kleinen griechischen Tempel, welcher nur zur Aufnahme ihrer sterblichen Überreste errichtet wurde. Der Gipfel dieser beherrschenden Höhe scheint einst der Lieblingsplatz Ihrer Majestät gewesen zu sein, und es war ihr persönlicher Wunsch, dereinst dort die letzte Ruhestätte zu finden. Jeden Sonnabend zu später Stunde und am frühen Morgen eines jeden Sonntags wird in dieser Grabkapelle Gottesdienst nach griechischem Ritus gehalten. Und wer immer zu dieser Zeit so hoch steigen will, findet ungehindert Einlaß. Der Priester aber, dessen einsame Behausung sich nur wenige

Die Grabkapelle auf dem Rotenberg, dem Stammsitz des Geschlechts der Württemberger. Kolorierte Radierung von Eberhard Emminger (um 1830)

hundert Schritte unterhalb des Tempels befindet, weigerte sich in unfreundlicher Art, uns aufzuschließen.

Gestern morgen fuhren wir einige Meilen in das Land hinaus, um zwei königliche Residenzen zu besuchen, die etwa in der gleichen Richtung liegen. Die erste, die wir erreichten, kann wohl kaum eine Residenz genannt werden, denn ich zweifle, daß sich in ihr auch nur ein einziges Schlafgemach befindet. Es ist ein ausgesprochenes Jagdhaus und als solches in jeder Beziehung vollkommen, da es auch in einem ausgedehnten, reichbewaldeten Park oder besser gesagt in einem Jagdrevier steht, das nicht nur reich an jeder Art von Wild ist, sondern innerhalb seiner Grenzen ein Gehege für Wildschweine hat. Der Name des Hauses – Bärenschlößchen – und des schönen kleinen Sees daneben, des Bärensees, läßt vermuten, daß hier vor Zeiten noch eine gefährlichere Jagd als die auf wilde Eber betrieben wurde. Ich kann mich nicht erinnern, je eine vollkommenere Parklandschaft als diesen Ort gesehen zu haben: die Bäume sind von einmaliger Pracht, zwischen ihnen stehen zahlreiche Rudel edelster Hirsche; manche davon sind schneeweiß. Vom wildromantischen Dickicht aus, zwischen dem man sie erblickt, betrachtet, bilden sie einen Anblick, welcher jeden, der für Waldszenerien schwärmt, entzücken muß.

Vom Bärenschlößchen fuhren wir nach der hochgelegenen Villa La Solitude, die jetzt mehr ob ihrer Lage als ob der Schönheit und des Glanzes des Schlößchens bewundert wird. Auf dem Dach befindet sich ein rundes Belvedere, von dem man eine erstaunliche Aussicht hat. Die Berge in weiter Ferne sehen wie Nadelkissen und die Ruinen auf ihren Hängen wie eingestochene Stecknadeln aus.

Von der Kuppel glänzt ein vergoldetes Kreuz auf einer Kugel, und das Innere schmücken reiche Gemälde und schöne Bildhauer-Arbeiten, zum Teil in Rom gefertigt. Unter den Bildsäulen der Evangelisten zeichnet sich Danneckers Johannes aus. Nebenan wohnt ein griechischer Wächter des Grabes, und die Aussicht von der Höhe ist, wenn auch nicht gerade weit, doch allerliebst. Gegenüber in halbstündiger Entfernung steht die sogenannte Katharinenlinde, unter der, nach der Legende, eine andere heilige Katharina schlummert. Den „Wirt am Berge" macht jetzt der Wirt im Dörfchen Rotenberg, noch besser ist aber der zu Uhlbach, dessen Wein berühmt ist. Beim Anblick dieses glücklichen, verborgen in der Tiefe und mitten in Weinbergen liegenden Dörfchens, wünschte ich mir immer Pfarrer da zu sein, im Sommer ist es freilich kalabrisch heiß, aber da es hier nur wenig Kranke geben kann, die Trost brauchen, so könnte man immer, der Seelsorge unbeschadet, die Hundstage in Cannstatt verleben.

Karl Julius Weber, 1826

Der festgebannte Bäckergeselle

Mitgeteilt von Justinus Kerner

Justinus Kerner, 1786 in Ludwigsburg geboren, studierte nach einem Intermezzo in der Tuchfabrik und als Konditor in Tübingen Medizin, wo er sich auch mit dem kranken Hölderlin beschäftigte. Ab 1818 ist er Oberamtsarzt in Weinsberg, wo sein gastfreies Haus bis zu seinem Tod im Jahre 1862 Anziehungspunkt für eine Heerschar von Besuchern aus aller Welt wird: berühmte Dichter und Künstler, Prinzen, aber auch fahrende Handwerksburschen, mondsüchtige Gräfinnen und besessene Bauerntöchter. Großes Aufsehen machte Friederike Hauffe, die „Seherin von Prevorst", deren Leiden Kerner 1829 in seinem gleichnamigen Buch schilderte. Dieses Hauptwerk des oft verspotteten Geistersehers gilt heute freilich als „Meilenstein in der Geschichte der dynamischen Psychiatrie". Revisionsbedürftig ist auch das Bild des angeblichen politischen Reaktionärs, das sich meist auf Kerners bitterböse 1848er-Gedichte stützt. So hat er sich aber 1848 nicht nur für einen der wenigen Handwerker in der Paulskirche starkgemacht („Nicht Doctors, nicht gelernte Geister, / Wir wählen einen Schlossermeister"), sondern 1849 auch die Exponenten des linken Flügels der Paulskirche auf ihrem Weg zum Stuttgarter Rumpfparlament in Weinsberg beherbergt. In die württembergischen Verfassungskämpfe von 1819, wo er die gegenüber seinem Freund Uhland weit fortschrittlichere Position ver-

Stuttgarter Zeitungen melden, daß am 8. Dezember 1836, vormittags, der Eingang in die Friedrichstraße von einer Menschenmasse gesperrt gewesen, weil dort ein Bäckerbursche, Carl Fischer aus Grunbach, vor dem Hause seines Meisters mit einem Korbe auf den Schultern ganz unbeweglich fest gestanden sei, mit der Erklärung, „daß er vor 11 Uhr nicht von der Stelle dürfe". Ein Aufsatz im Beobachter sagt: „Der Geselle ist 17 Jahre alt, wird durchaus als ein stiller, bescheidener und fleißiger Mensch geschildert. Der moralische Zwang, an einer gewissen Stelle eine bestimmte Zeit stehen zu bleiben, soll ihn schon einmal auf der Waiblinger Höhe überrascht haben. Auch andere Visionen sollen sich ihm dargestellt haben, z.B. daß er in der Kirche viele Personen mit dem Rücken gegen die Kanzel sitzen sah. Er behauptet, zwei Geister neben sich zu haben, einen guten und einen bösen. Die diesmalige Katastrophe sah oder fühlte er voraus, indem er seinem Nebengesellen bei der nächtlichen Arbeit sagte: ‚Wenn nur der heutige Tag schon vorbei wäre.' Als er nach 6 ½ Uhr von einem Gang mit dem Korbe zurückkehrte, überfiel ihn, nach seiner Angabe, noch unter dem Hause die bannende Gewalt, der er sich, wie er meint, hätte entziehen können, wenn es ihm nur noch möglich gewesen wäre, die Stubenschwelle zu erfassen.

So kehrte er denn auf den Platz vor dem Hause zurück, wo sein Herr behauptet, einen ungeheuren, verworrenen Lärm, der von einer Menge Wesen herrühren mußte, gehört zu haben. Als er das Fenster öffnete, sah er den Gesellen, wie er sich entsetzlich abmühte und abkämpfte, in gebückter Stellung mit dem Bäckerschurze fechtend, der ein Geräusch von sich gegeben habe, als ob ein Meer brause. Seinem Munde und seiner Nase seien Zischlaute entfahren und zugleich habe eine andere Stimme als die seinige (nicht jedoch die eines anwesenden Menschen) gerufen: ‚Carl, sei standhaft!' Der Bäckermeister Bayer versicherte mich, daß er rein an nichts dergleichen je geglaubt habe, aber ihm seien die Haare zu Berg gestanden und er hätte sich nicht mehr hinausgewagt, er glaube an etwas Außerordentliches in der Sache. Dem Nebengesellen, welcher ihn hineinrief, erklärte Carl, daß er nun bis 11 Uhr stehen bleiben müsse und er nur bitte, ihn ruhig zu lassen. Dieselbe Bitte wiederholte er später an sein Publikum, ohne übrigens den Grund anzugeben, warum er stehen müsse. Die Polizei hielt neben ihm Wache, um die Menschen, die ihn hin und her zu stoßen versuchten, abzuhalten, da auch herbeigekommene Ärzte erklärt hatten, man müsse ihn zur Schonung seiner Nerven, bis er selbst weggehen könne, stehen lassen.

Kurz vor 11 Uhr zwängte ihn aber die Polizei in einen Fiaker hinein, von welchem er sich, als die Stunde geschlagen hatte, ruhig ins Hospital bringen ließ, wo er bald darauf vor Ermattung einschlief, sich über Malträtierung bitter beklagend."

trat, hat er sich so vehement eingemischt, daß er zeitweilig das Interesse der „geheimen Polizei" erweckte. Seine dem Stuttgarter Beobachter entnommene Beschreibung des festgebannten Bäckergesellen liest sich wie eine Parabel vormärzlicher Zustände.

„Flüchtig leb' ich durchs Gedicht, / Durch des Arztes Kunst nur flüchtig; / Nur wenn man von Geistern spricht, / Denkt man mein noch / – und schimpft tüchtig"

Justinus Kerner

Klecksographien von Justinus Kerner: Hadesbilder

Nikolaus Lenau
Aquarell von Sophie Bossert nach einer Zeichnung von Marie Wolf (1839)

Nikolaus Lenau, eigentlich Niembsch Edler von Strehlenau, 1802 in Ungarn geboren, kam 1831, nicht zuletzt wegen der liberalen württembergischen Zensurpolitik, nach Stuttgart, wo er rasch zum Mittelpunkt der literarischen Salons wurde. Um der europäischen Feudalmisere endgültig zu entgehen, wanderte Lenau 1832 nach Amerika aus, wo er zeitweilig bei den Rappisten, einer schwäbisch-pietistisch-kommunistischen Gemeinschaft, als zahlender Gast lebte. Von den „verschweinten Staaten" (so nach seiner Rückkehr zu Justinus Kerner) und den „himmelanstinkenden Krämerseelen" schwer enttäuscht, kam er bereits ein Jahr später nach Europa zurück, wo er abwechselnd in Wien, dem Salzkammergut und Schwaben lebte. Lotte Gmelin, eine Nichte Gustav Schwabs, inspirierte ihn zu seinen berühmt gewordenen „Schilfliedern". 1844 erlitt Lenau in Stuttgart einen schweren psychischen Zusammenbruch. Am 20. Oktober 1844 stürzte er sich, nur mit Hemd und Strümpfen bekleidet, aus dem Fenster des Reinbeck'schen Hauses. Zwei Tage später wurde er in die Heilanstalt Winnental eingeliefert. 1847 nach Oberdöbling bei Wien verlegt, starb Lenau 1850 in völliger geistiger Umnachtung.

Träger Fortschlich, dumpfe Luft

Ein vormärzlicher Wetterbericht
Aus Briefen von Nikolaus Lenau

Stuttgart, 6. September 1837

Wer da glaubt, das Korrigieren sei eine Lust, den sollen die Götter strafen. Nein, es ist eine heillose geistlose erbärmliche Nuselei, und es hat mich in eine totale Verstimmung gebracht, in der mir alles entleidet war und mir mein ganzes Leben wie ein Druckfehler vorkam, mein Schicksal wie ein besoffener Setzer und ich selbst, in meinem verdrießlichen, vernachlässigten, unrasierten Zustande, wie ein schmutziger Bürstenabzug. Doch es ist viel geleistet worden in den Tagen des Verdrusses und einer afrikanischen Hitze. Nur den Monat Juli soll keiner in Stuttgart zubringen, der nicht sein ganzes Leben teilen will zwischen Fluchen und Schwitzen. Die Hitze war ungeheuer. Kein Lüftchen rührte sich; die Luft stand still wie eine glühende Mauer; ich fühlte mich wie in einen Sack genäht, in dem ich noch korrigieren mußte. Auf einigen abendlichen Spaziergängen legte sich mir die heiße Luft so schmierig um den Leib wie kochendes Unschlitt (auch so wohlriechend), daß ich dem Stuttgarter Himmel, dem blauen Aas, ins Gesicht spuckte vor Galle, ihn aber nicht abkühlte. Und doch war ich sehr rührig.

So war mein Leben, eine keuchende Last, ein Aufenthalt unter Ungeziefer. Damit sind aber nicht meine Stuttgarter Freunde, sondern nur die Druckfehler gemeint.

Stuttgart, 6. Juni 1840

Hier rückt einem schon wieder die lästige Sommerschwüle auf die Brust, daß man nie Luft genug bekommt zu einem ordentlichen Atemzug oder Fluch.

Stuttgart, 27. Juni 1840

Das Stuttgarter Klima ist abscheulich, ich liege in diesem Tal wie auf einer Bratpfanne. Ich habe alles getan, was mir leiblich frommen sollte, auch das Baden nicht vergessen; doch die Luft ist gar zu lax und erbärmlich.

Stuttgart, 11. Juli 1842

Ich lebe hier in häuslich-freundschaftlicher Einfriedigung still und arbeitsam meine Tage hinunter; nur zuweilen von Hitze, Druckfehlern und einer Gattung großer, schwarzer, siestastörender Fliegen geplagt, die mich wie fliegende Baßgeigen umlärmen und mir schier wie Nachkommen jener summenden Schwärme auf den provenzalischen Schlachtfeldern erscheinen. Wenn nur nicht von dorther mir auch noch Hornissen kommen!

Du weißt wie er in Stuttgart auf die Gasse sprang und rief: „In die Freiheit will ich!" und wie man ihn seitdem natürlich für wahnsinnig hält.

Hieronymus Lorm in einem Brief kurz nach dem Stuttgarter Fenstersprung

Stuttgart, 17. Mai 1843

Bereits habe ich mich in ein Studium, wie ein *bull dog* in seinen Fang, verbissen. Ich arbeite täglich acht bis zehn Stunden mit großer Intensität und Leichtigkeit. Ein Spaziergang im Schloßpark, wo ein Heer von Nachtigallen gegen meinen alten Mißmut mit klingendem Spiele loszieht, pflegt mich des Abends zu erfrischen; nur ist leider das Wetter so veränderlich und häufig schlecht, daß darüber abermals ein gutes Stück Frühling ungenossen verlorengeht.

Stuttgart, 17. Mai 1844

Beständiges Unwohlsein, Kopfschmerz, Schlaflosigkeit, Mattigkeit, schlechte Verdauung, Rhabarber, Druckfehler und Ärger über den trägen Fortschlich meiner Geschäfte – das waren die Freuden meiner letzten Woche. Emilie will es nicht gelten lassen, daß die Stuttgarter Luft nichts als die Ausdünstung des Teufels sei; doch mir ist es zu auffallend, daß ich in Heidelberg frisch und gesund war und nun, kaum wieder nach Stuttgart gekommen, bresthaft und elend sein muß. Verdammtes Kloakental! Die Luft ist zwischen diesen fleißigen und abgeschwitzten Weinbergen so dumpf und matt, so verbraucht und beschmutzt, als wäre sie durch meilenlange Windungen von Eingeweiden hindurchgegangen, ehe man sie in Nase und Lunge bekommt. O meine Nerven! mein unglückseliges Sonnengeflecht! Ich schnappe nach Gebirgsluft wie ein Spatz unter der Luftpumpe. Wer mit Gemsen eine Luft getrunken, atmet nicht behaglich bei den Unken. In vielen der hiesigen Straßen riecht es *am Ende* auch lenzhaft, nämlich pestilenzhaft. Und die guten Stuttgarter merken das gar nicht; süß duftet die Heimat. Nur über ihre Gärten klagen sie, daß sich darin das Ungeziefer immens vermehre. Ich aber glaube, daß in ihren Häusern dasselbe zu beklagen wäre, wenn das viele und fanatische Fegen und Scheuern nicht entgegenarbeitete. Indessen stimmt mich der *malus Jupiter* dieser Gegend so melancholisch, daß ich die Ursache jener Insektenvermehrung höher suchen muß. Die Naturforscher sagen, es altere unser Planet, und so mögen denn die von Jahr zu Jahr fühlbarern Multiplikationen des Geschmeißes ein wimmelndes Symptom des herannahenden Erdentodes sein. O tragisches Ende der Welt: von Läusen gefressen zu werden; *phthiriasis universalis,* gigantische Läusesucht! pfui!

In der Tasche der Tasche.

1. An Herrn Niembsch von Strehlenau
2. An Herrn Nicolaus Niembsch Edlen von Strehlenau.
   sonst auch: An Herrn Baron Nicolaus Niembsch Edlen von Strehlenau. sonst? ja. außer in Österreich. in Schwaben gewöhnlich so.
   Baron. — Das ist, od. ischt, mir haufen gnug.

Notizzettel von Lenau aus Winnenden

Im schwäbischen Salon

Notizen eines „Anmutstrampels“
Von Emma Niendorf

Emilie Reinbeck
Aquarell von Mariette Zoeppritz (1830)

Emilie Reinbeck, 1794 als Tochter des Geheimrats August Hartmann in Stuttgart geboren, wurde gemeinsam mit den Kindern Therese Hubers unterrichtet und hatte im Salon ihres Vaters vielfältigen Kontakt mit prominenten Zeitgenossen. 1817 verheiratete sich die talentierte, von Gottlieb Friedrich Steinkopf geförderte Malerin mit dem Hofrat Georg von Reinbek. Das Hartmann-Reinbecksche Haus in der Friedrichstraße 14 wurde zu einem Mittelpunkt des literarischen Lebens in Stuttgart. Zu den besonderen Schützlingen Emilie Reinbecks gehörte Nikolaus Lenau, den sie während seiner Krankheit rührend betreute. Emilie Reinbeck starb 1846.

Stuttgart, 4. Juni 1842

Ein Abend mit Niembsch und seinem ersten und ältesten Gastfreunde in Stuttgart, Gustav Schwab, bei Reinbeck. Ich weiß nicht, wie sich die Rede auf Wilhelm Hauff und seinen Lichtenstein lenkte. „Zur Zeit, als das Buch erschien, war er hier Hofmeister im Hause des Kriegsministers“, erzählte jemand aus der Gesellschaft. „Der neue Roman erregte gleich anfangs Teilnahme, ja Aufsehen. Man sprach auch dort bei Tische davon in Gegenwart des Erziehers. ‚Wer man der Verfasser sein? Er heißt ja auch sie Sie – sind *Sie* es vielleicht?‘ neckte man ihn und war nicht wenig erstaunt, als sich wirklich die Identität des stillen, bescheidenen jungen Mannes mit dem vielgerühmten Autor ergab.“

Auch Reminiszenzen an Matthisson fanden sich im Munde seiner Freunde. Wie er auf seinem Klavier stets Beethovens „Adelaide“ aufliegen hatte. Welchen wunderlichen Haß der Dichter gegen jedes Buch hegte; wie er gleich alle Werke, die er bekam, wegschenkte und sich für seine Reisen den halben Linné abschrieb, nur um ihn nicht gedruckt bei sich führen zu müssen. Dabei aber doch sehr mild sich gegen den Nachdruck erwies und sogar öfters einen von den eignen Dichtungen vorzeigte, sich an der schönen Ausstattung ergötzend, welchen ihm der Verleger selbst übersandt hatte.

Die „gute Stube“ im Hartmann-Reinbeckschen Haus, Aquarell von Mariette Zoeppritz

Manchem von uns war es neu, daß Matthisson von König Friedrich nur darum herberufen ward, um dessen große Jagden zu besingen; eine bizarre Aufgabe für den Elegiendichter, welcher mit diesen Waidmannsliedern nicht bis zur Nachwelt kam. Nichts desto weniger hat er aber einmal doch buchstäblich einen Gnadenrausch gehabt. Er war zu Tisch bei H., da sandte der König den Orden. Nun sollte der Dichter sogleich hin, sich zu bedanken. Wie er aber auf die Straße kam, sah ihn die Gesellschaft oben am Fenster förmlich taumeln. Man schickte hinunter, ließ ihn wieder zurückholen, und jetzt mußte er sich wirklich bei Sr. Majestät entschuldigen lassen – mit dem Übermaße der Freude!

Gern hätten wir die Mütze gesehen, welche der Geheimrat noch vor wenig Jahren von Jung Stilling besaß.

Da wir uns mit diesem Namen nun doch beinahe am Pförtlein der Geisterwelt befanden, geschah Erwähnung, daß im hiesigen Maier'schen Hause [später Kronprinzenpalais] – an der Ecke der Königsstraße, gegenüber vom Bazar – wo Schubart wohnte, man ihn noch jetzt oft nachts bei Lichtschimmer schreiben und kritzeln sehe.

Niembsch erinnerte zuletzt Schwab an eine Anekdote von Uhlands Großvater. Er war Theolog in Tübingen und kam einmal hierher zum Epigrammatiker Haug, der ihm ein festliches Mahl gab. Man setzte den werten Gast oben an bei Tische; er trug, wie damals die Geistlichen alle, eine mächtige Allongeperücke. Haugs Kind, wie es jenen so dasitzen sah, kam herangesprungen und fragte: „Vater, ist das unser Herrgott?", worauf der Gast, der ein lieber würdiger Mann war, wenn er auch nicht seines Enkels hohen Geist hatte, erwiderte: „Nein, liebes Kind, dahin reicht's noch nicht." – „Das ‚noch'", setzte Schwab mit seiner liebenswürdigen Gewissenhaftigkeit bei, „hat man wohl dazugemacht."

Das führte auf einen wenigstens psychologisch merkwürdigen Traum Haugs und auf einen reichen Nachbarn. Der pflegte immer von sich zu sagen: er habe das schönste Haus, das schönste Pferd und die schönste Frau. Seinen Reichtum soll er seltsam erworben haben – durch eine Null zuviel. Er bestellte Indigo und setzte in der Zerstreuung eine Null weiter, z. B. statt 1000, 10 000. Als gleich darauf die Kontinentalsperre eintrat, machte er einen ungeheuren Gewinn. Haug seinerseits träumte in der Nacht vor seinem Todestage: Es sei jüngster Tag; er und andere erhöben sich beim Posaunentone aus ihren Gräbern. Besondere Mühe hatte der alte Schill, der Vater des obigen Nachbarn, aus seinem Grabe zu kommen. Gottvater sah darauf nieder und sagte:

„Ich weiß gar nicht, was er will,
Bleib er ruhig unten, Schill."

Emma von Suckow Temperaminiatur auf Elfenbein

Emma von Suckow (1807–1876) eröffnete 1837 in Stuttgart einen Salon, „der im Rufe stand, mehr Genüsse für den Geist als für den Magen zu bieten". Die enthusiastische Dame, die unter dem Pseudonym Emma Niendorf vor allem Reiseerzählungen und Salonerlebnisse publizierte, wurde von Clemens Brentano als „die Anmutstrampel" und von Justinus Kerner als eine „wahnsinnig gewordene Aeolsharfe" bezeichnet. Der Stuttgart-Besucher Levin Schücking beschrieb sie 1843: „Ein zartes Wesen, und ihr Talent ebenfalls ein zartes Wesen, das man nicht zu hart anfassen durfte".

1840 hatte Stuttgart bei ungefähr 40 000 Einwohnern 249 ortsansässige Schriftsteller.

Der junge Schriftsteller

Literarische Avantgarde um 1838
Von Theodor Griesinger

Theodor Griesinger (1809–1884) war zunächst kurz im provisorischen Kirchendienst, bevor er sich in Stuttgart als Schriftsteller und Buchhändler niederließ. 1848 beteiligte er sich an der revolutionären Bewegung, gründete ein demokratisches Blatt, „Die Volkswehr", wofür er dann zwei Jahre auf dem Asperg in Untersuchungshaft saß. Infolge dieser Umstände wanderte er 1852 nach Amerika aus, kehrte aber 1857 enttäuscht nach Stuttgart zurück.

In Stuttgart gibt es eine Menge junger Schriftsteller. Der Schriftsteller ist entweder ein geborner Schwabe oder ein Ausländer, d. h. ein Sachse, denn aus andern Gegenden kommen nicht viele zu uns.

Der Ausländer hat entweder einen Ruf schon erlangt und kommt nicht, um sein Glück zu machen, sondern weil ihn eine Buchhändler-Spekulation herbeigerufen, dann ist er aber immer ein älterer Schriftsteller; oder aber und noch öfter kommt er, um den ehrlichen Schwaben seinen Verstand anzutragen, denn die werden nach seiner Meinung ja doch erst im vierzigsten Jahre gescheit. Ein Norddeutscher aber ist in seinem zwanzigsten Jahre schon so geistreich, d. h. schon so großsprecherisch, als er es in seinem ganzen Leben nur irgend werden kann. Darum ist er auch übermütig, nichts ist ihm recht im Schwabenlande. Alles ist noch in der Cultur gar weit zurück, mit einem Blick übersieht er die Verhältnisse zusammen und nach einem vierteljährigen Aufenthalt kennt er die Schwaben besser, als sie sich selbst. – Und doch trinkt dieser, der so verachtend auf uns herniedersieht, gar gerne von unserem guten und wohlfeilen Weine und ißt gerne von unserem Fleische und unsern herrlichen Früchten und denkt gar nicht mehr an die Butterschnitten und an den Schnaps und an das wässrige Bier seines Vaterlandes. Doch nicht von dieser Art junger Schriftsteller spreche ich, denn die werden bei uns nie einheimisch, sondern verlassen gar bald, nachdem sie eine Zeitlang mit ihren geschmückten Redensarten den Leuten ein X für ein U zu machen verstanden hatten, unser gesegnetes Stuttgart. Ich spreche von den jungen schwäbischen Schriftstellern.

Wie er dazu gekommen ist, Schriftsteller zu werden, das weiß er selbst nicht. Die Sache gab sich ganz natürlich. Er hatte studiert, sehr lange studiert und meistens Theologie studiert; allein er hatte sich nicht bloß um sein Brot-Studium bekümmert, sondern nebenbei auch Gedichte und Romane gelesen und oft etwas viel Gedichte und viel Romane. Schon im zwanzigsten Jahre hatte er selbst Gedichte gemacht, auch vielleicht in eine Zeitung einige Miscellen geliefert, oder kurze Lebensabrisse großer Männer. Er tat's nicht ums Geld, denn dessen bekam er wenig dafür, sondern um der Ehre willen und um etwas von sich Geschriebenes gedruckt zu sehen. Nach beendigtem Studio ließ er sich examinieren. Es ging, denn er hatte einen ziemlich guten Kopf; es ging sogar recht gut für das, was er gearbeitet hatte; er könnte jetzt also Vikar werden und zehn oder zwölf Jahre warten, bis ihm das Glück würde, eine Pfarrei zu bekommen. Das kann er noch lange werden, also sucht er sich indessen auf andere und bessere Art unterzubringen. Wenn's auf andere Art besser geht, was liegt ihm an der Theologie und an der Pfarrei? Er wird nun Hofmeister im In- oder Auslande, oder noch besser, er geht nach Stuttgart und wird Schriftsteller. Er hat das

Stuttgart, Spätherbst 1837

Lieber Jakob!
Was ich erlebte? Du wirst wissen, ich war zwei Monate, d. h. vom 8. Januar bis 8. März auf Har haggeboah [hebräisch, der hohe Berg, gemeint ist der Hohenasperg], wo ich für die alte Sünde büßte, laß dir von Herrn Kaulla erklären, was das ist, und was man bei uns den Buckel heißt.
Endlich und endlich ist der erste Teil des Getto erschienen, unter dem Titel ‚Spinoza, ein

Glück, einen französischen Roman, wozu ein berühmter Übersetzer den Namen hergibt und das Hauptgeld einstreicht, mit übersetzen zu dürfen. Er wird Mitarbeiter an einer Zeitung; er liefert Landtags-Verhandlungen; er wird Correspondent in auswärtigen Blättern; er schreibt ein Buch; er wird selbst Redakteur, und nun ist seine Stellung gegründet. Jetzt wäre nichts mehr imstande, ihn, so lange das Glück dauert, zum praktischen Lebenswege zurückzuführen.

Der junge Schriftsteller hat viel vor andern Leuten voraus. Morgens steht er spät auf und abends geht er noch später zu Bette. Zwar das Wirtshaus verläßt er vielleicht schon um elf Uhr, allein jetzt muß er noch arbeiten. Die Nachtarbeiten sind immer nobler als die Vormittagsarbeiten. Darum sieht der junge Herr auch meistens etwas blaß aus, etwas angegriffen, vielleicht auch etwas abgelebt, was immer, wie er selbst sagt, von den anstrengenden Studien herkommt. Privathäuser besucht er nicht gerne. Da ist alles zu philistermäßig, zu beengend für ihn. Am unangenehmsten sind ihm Verwandtenbesuche. Ein Oncle oder eine Tante nehmen sich's gar zu gerne heraus, ihn ein bißchen zu hofmeistern; denn sie hätten es viel lieber gehabt, wenn er etwas Solides, d. h. ein Staatsdiener mit einer fixen Besoldung geworden wäre. Die jungen Damen sind auch nicht gut auf ihn zu sprechen. Ach Gott! der Mensch denkt nicht ans Heiraten, meinen sie, und wenn er auch daran dächte, so könnte er nicht, denn er hat ja gar kein gewisses Auskommen. Aber unartig dürfen sie nicht gegen ihn sein. Mein Gott, er könnte ja ein Gedicht über sie in die Stadtpost einrücken lassen! Er ist meistens nobel gekleidet, fast ganz nach der neuesten Mode, aber doch mit einem gewissen Anstrich, mit einer gewissen Freiheit, die noch an die Studentenzeit erinnert. Schon der Gang und das schiefe Sitzen des Hutes lassen erkennen, daß er kein Ladenschwengel ist. Nebenbei führt er einen Hund mit sich, wenn's nicht gar dazu langt, ein Pferd zu halten. Aber langt's nicht zum Pferde, so langt's doch zu Sporen, und es sieht gar nicht übel aus, ein Rock mit Schnüren und kleine silberne Sporen an den Stiefeln. Geld hat der junge Schriftsteller immer und nie, d. h. er hat immer mehr Schulden als Geld und verbraucht immer mehr als er hat. Ohne Schulden glaubt er, wie alle alten Studenten, gar nicht existieren zu können, denn Schulden zu machen ist keine Schande, im Gegenteil, man borgt nicht jedermann.

Der junge Schriftsteller ist immer etwas unverschämter Natur. Er bekümmert sich um niemand und tut, als wäre er überall zu Hause. Gegen Buchhändler ist er höflich und zuvorkommend. Er bleibt Schriftsteller, so lange es geht, d. h. ein paar Monate oder auch ein paar Jahre lang, bis ihm ein Dekret des Consistoriums oder Studienrats ein sicheres Auskommen verschafft. Meistens aber hat er's mit seinen Vorgesetzten verdorben und bitten und betteln mag er auch nicht, also bleibt er in seiner Carrière. Hat er doch immer noch ein größeres Auskommen, wenn er auch nur mit Übersetzen und kleinen Fabrikarbeiten sich abgäbe, denn ein Landpfarrer zweiter Classe! Ein Unglück für ihn ist's, daß er meistens keine reiche Frau bekommt.

historischer Roman usw.'. Du kannst es kaum ermessen, welche Seligkeiten ich bei der Abfassung diese Buches genoß, und doch fehlte mir oft, ja meist der nervus rerum, Wochen lang hatte ich oft keinen Heller in der Tasche und die leidige Liebeshatze im Kopfe, von Brummern umlagert, aufs Amt zitiert, von Familien- und persönlichen Verhältnissen belastet, zog ich mich in meine Arbeit zurück und vergaß alles.

Aus einem Brief von Berthold Auerbach.

Der 1812 in Nordstetten bei Horb geborene, später mit seinen „Schwarzwälder Dorfgeschichten" berühmt gewordene Volksschriftsteller, besuchte das Gymnasium in Stuttgart und wollte württembergischer Rabbiner werden. Wegen seiner Mitgliedschaft in der verbotenen Burschenschaft, wurde er von der Universität verwiesen und auf dem Asperg inhaftiert. Dies drängte ihn in eine Laufbahn als Berufsschriftsteller. Zur Absicherung eines von dem Stuttgarter Verleger Scheible erhaltenen Verlagsvorschusses mußte er sich in eine Lebensversicherung einkaufen. Berthold Auerbach, der eigentlich Moses Baruch hieß, starb, von dem zu Ende seines Lebens wieder verstärkt aufkommenden Antisemitismus zutiefst betroffen, 1882 in Cannes.

Zu Georg Herwegh siehe die „Stuttgarter Veitstänze“ auf *Seite 137*

Schiller, Schiller, Schiller

Standpauke zu einem Standbild
Von Georg Herwegh

Es war im schönen Monat Mai,
Da alle Knospen sprangen...

Es war eine trübe, traurige Zeit; eine kümmerliche Erstarrung hatte so Staat wie Literatur ergriffen. Auf der einen Seite war Willkür, auf der andern Prosa; man wird diese beiden stets beieinander finden, sie gehen wie Schwestern Hand in Hand. Mit der Freiheit wird auch die Poesie erobert. Diesem dürftig schattenhaften Leben ward in Frankreich durch das Schwert, in Deutschland durch die Feder, in Frankreich durch Krieger und Redner, in Deutschland durch Dichter ein Ende gemacht; dort experimentierte man mit Köpfen, hier mit Herzen. Werther und die Räuber sind Übersetzungen der Französischen Revolution ins Deutsche, Angstrufe der beleidigten Majestät des menschlichen Gefühls. Der heilige Geist sandte seine Boten aus in Goethe und Schiller. Schiller, ein Bote des Herrn, ja, aber ein Bote wie der Sturmwind, der nicht in einem Blumenkelche sich einfängt, sondern brausend dahinfährt über die ganze weite Welt. Es gibt kein Gefühl, das Schiller nicht gekannt, und beinahe kein Volk, dessen Freiheit er nicht einen Denk- oder wenigstens Grabstein gesetzt hätte. Hat Italien nicht seinen Fiesko, Spanien seinen Carlos, die Schweiz ihren Tell, Frankreich seine Jungfrau von Orleans, Deutschland seinen Wallenstein? Die Welt ist der Mittelpunkt, von dem aus die Schiller'sche Poesie ihre Kreise beschreibt. In dieser Universalität dachte ich mir Schiller, seit ich denken kann, denke ich mir ihn heute, wo ich nicht imstande bin, des wohlbegründeten Verdachts mich zu erwehren, man möchte die Götterstatue zum Aushängeschild des persönlichen und National-Egoismus machen, all dieser Pomp, all diese Pracht möchte nur ein totes, marmornes, letztes Zugeständnis sein an die Gegenwart, an das Genie. Es ist verdächtig, Männer an der Spitze eines Nationalunternehmens zu erblicken, die durch gemachte Begeisterung für den Ruhm der Vergangenheit auf immer gern sich abfänden mit der Zukunft, die um der Toten willen freventlich die Lebendigen schmähen. Ihre Liebe wie ihr Haß sind gleich unwahr. Ich will ihren Partikularismus auf jede Weise bekämpfen; ergreifen sie Partei, will auch ich Partei ergreifen; nur die Götter sind indifferent. Es wird hübsche Worte geben am achten Mai, zierlich gesetzt und süß wie Eingemachtes; nun denn, so sollen auch Späne fallen, es ist ein schöner Tag, um Herrn Menzel eine Schlacht zu liefern.

Die Enthüllung des Stuttgarter Schillerdenkmals am 8. Mai 1838 geriet zu einer Orgie bürgerlicher Selbstdarstellung. Kein ähnliches Fest sei „je in Württemberg gefeiert worden“, schreibt der Augenzeuge Hermann Kurz. Selbst aus der Schweiz strömten die Liederkränze, 1500 Sänger marschierten in feierlichem Aufzug durch die von Menschen überfülle Stadt. „Man war weit herum gerannt, um Eintrittskarten ins alte Schloß zu bekommen; vornehme Leute hatten an geringere viele schöne und höfliche Worte gerichtet, um in der Alten Kanzlei den sechsten Teil eines halben Fensters zu erringen. Das Wirtshaus zum König von England brach beinahe von den vielen Besuchen,

Jetzt aber seid mir gegrüßt, die Ihr aus der Ferne und Nähe herbeiströmt zu diesem Opferfeste, seid mir gegrüßt, bewußte und unbewußte Bekenner der Religion des neunzehnten Jahrhunderts, des Kultus des Genies, erfunden vom Ketzer Dr. David Friedrich Strauß. Würdige Gemeinde, Gemeinde ohne Priester! Ich glaube, dem Toten, dem hohen *Fremdling*, wie ihn der größte der schwäbischen Dichter, die noch singen, Herr Eduard Mörike, nennt, kein schöneres Denkmal setzen zu können, als wenn ich in seinem Sinn ein Wort an die Lebenden richte. So höret mich an:

Was kamt Ihr hieher? Steht ihr da als Schwaben, als Vertreter von ein Paar Quadratmeilen Landes? Oder seid Ihr erschienen als die Repräsentanten der Menschheit? Ist das Euer einziger Stolz, daß Schiller auf derselben Scholle geboren ward wie Ihr? Als ob der Baum stolz sein dürfte, weil aus ihm die Wiege für einen Genius gezimmert wurde! Ich ehre, ich liebe Eure Begeisterung, ich weiß es zu schätzen, daß heute bis zum bescheidensten Bürger hinab ein ungewöhnlicher intellektueller Aufschwung zu bemerken ist – verzeiht, wenn ich Eure Begeisterung ein wenig abkühle, wenn ich Euch warne, die Makler im Tempel nicht mit den Priestern zu verwechseln! Dankt den Leuten, daß sie mit dem Vermögen Europas gut gewirtschaftet, daß sie endlich etwas zustande gebracht, daß sie sich ein Paar Sohlen abgelaufen haben, aber damit habe es dann sein Bewenden! Laßt Euch nicht ködern mit den klingenden Worten *Vaterland* und *vaterländischer* Dichter! Worte! Worte! Worte! sagt Hamlet. „Es ist ein armseliges kleinliches Ideal, für *eine* Nation zu schreiben: einem philosophischen Geist ist diese Grenze durchaus unerträglich. Wir Neuern haben ein Interesse in unserer Gewalt, das kein Grieche und kein Römer gekannt hat und dem das *vaterländische* Interesse bei weitem nicht beikommt. Das Letzte ist überhaupt nur für unreife Nationen wichtig, für die Jugend der Welt." (Schillers Werke, Bd. 12. S. 417) Unreif wären wir wohl, ob jugendlich? wer möchte das behaupten?

Ihr habt sie gehört, die Worte Eures großen Toten, und werdet nicht anstehen, ein Treiben für verwerflich zu erklären, das die Bedeutung dieses Nationalfestes mit der Krämerelle eines engherzigen Patriotismus mißt. Ich kenne diese Leute; auch nicht ein Fünkchen wahrer Begeisterung glüht in ihnen. Alles ist darauf berechnet, die gottselige Schule der Maienblümchen und Gelbveigelein

und auf dem Alten Schlosse saßen sogar viele auf dem Dache, um nur – umsonst zuzusehen" (Theodor Griesinger, ebenfalls Augenzeuge). Mit der von Eduard Mörike verfaßten Fest-Kantate begann die Enthüllung des von dem dänischen Bildhauer Bertel Thorvaldsen geschaffenen Standbildes, das durch seine gesenkte Kopfhaltung die Kritik vieler Zeitgenossen herausforderte. So schrieb Franz Dingelstedt ein böses, nationalistisch angehauchtes Gedicht:

„Der erste Dichter solch ein Mucker,
Ein blödes Dunkelmanns-Gesicht?
Wie? dieser Kopf- und Nackenhänger,
Der wie ein Säulenheiliger steht,
Wär' meines Volkes Lieblingssänger,
Der deutschen Jugend Urpoet?
Nein! Das ist der Chirurgus Schiller,
Schiller, der Dichter, ist das nicht!"

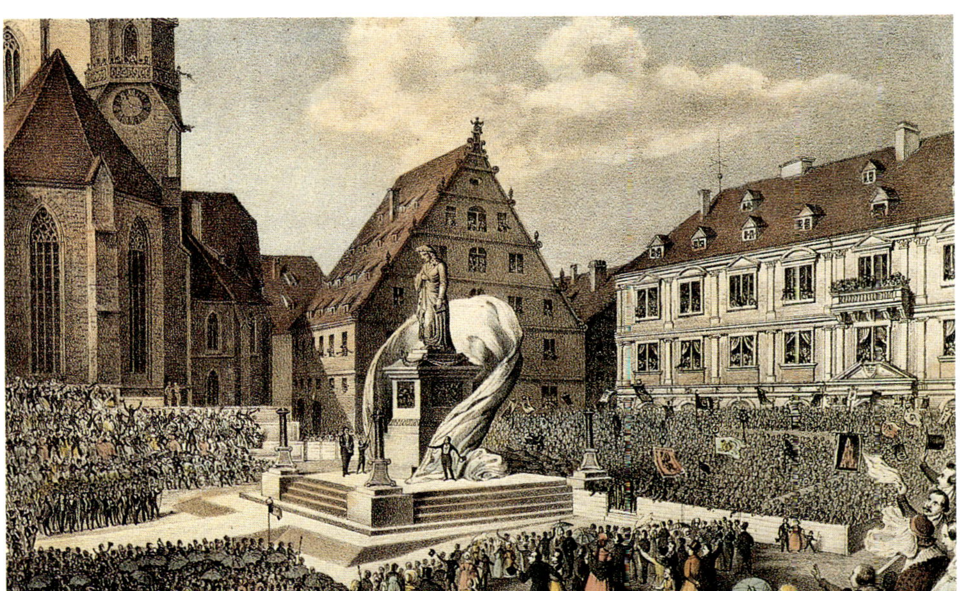

Einweihung des Schillerdenkmals in Stuttgart am 8. Mai 1839. Farblithographie von Wenzel Pobuba. Der zwölfjährige Enkel Schillers zieht die Hülle vom Denkmal. 1934, zum 175. Geburtstag Schillers, wurde das Denkmal Schauplatz eines nationalsozialistischen Vereinnahmungsspektakels. 1942 wurde das Standbild abgebaut und im Wagenburgtunnel eingelagert, bis es nach Kriegsende auf Anordnung der amerikanischen Besatzungsbehörde wieder am alten Platz aufgestellt und am 10. November 1945 der Öffentlichkeit neu übergeben wurde.

Zur Finanzierung des Schiller-Denkmals erschien 1837 bei Cotta ein 324 Seiten umfassendes Album, das Honoratioren und durchaus nicht immer erstrangige Dichter in bunter Reihe versammelte. In diese eher von Pathos getragene Sammlung mischten sich auch kritische Untertöne. Beispielsweise im Beitrag des Leipzigers Richard Otto Spazier, der darauf anspielt, daß im Vormärz Druckerzeugnisse unter 20 Druckbogen der Zensur unterworfen waren:

„Füllt zwanzig Bogen nur mit Euren Sprüchen
Zu Ehren unsers großen heil'gen Toten; –
Sonst wird am Denkmal von Censoren noch gestrichen,
Das Album, eh' es publiziert ist, gar verboten.
Zu groß doch wäre wahrlich dann die Schande,
Vor seiner Büste eingestehn zu müssen,
Daß dreißig Jahr' nach seinem Tell im Lande
Wir Posa's Denkfreiheit noch stets vermissen!"

der Genialität gegenüber aufrechtzuerhalten. Schillers Geist muß mit Verachtung herabsehen auf dieses Geschlecht, auf diesen Wolfgang Menzel, der mit Frevlerhänden an das ehrwürdige Standbild sich festklammert. Oder glaubt Ihr, Schillers Auge ruhe mit Wohlgefallen auf einem Manne, der den liebsten Freund ihm geschändet und geschmäht, der Deutschlands größten Dichter einen *„bösen Genius"*, einen *„faden, eitlen Geck"* gescholten? Der von Goethes „ausschweifender Wollüstelei und Buhlerei mit schönen Gespenstern, von frivoler Weichlichkeit und Begünstigung der Schande" durch denselben gefaselt? Ich begreife wahrlich ein Festkomitee nicht, das einen Denunzianten unter sich zählt! Ich vertraue einzig auf des deutschen Volkes Gerechtigkeit, die sich durch das moralische Gesalbader dieser Schafe in Wolfskleidern nicht irre machen lassen wird. Auf den gesunden Sinn meines Volks, das morgen Goethe noch mehr lieben wird, weil es Schillern heute recht innig geliebt. Wacht, Genossen deutscher Zunge, daß kein Frevler in Euer Heiligtum dringe und mit verwegener Hand jene hohen Naturen Euch antaste, die „wie unsterbliche todlose Götterbilder dastehen, an welchen nichts Zeitliches und Todeswürdiges ist." Bringt Schillers Manen das schönste Opfer! Gewiß, er harrt sehnlichst, bis auch sein Freund unter Künstlershand leiblich aufersteht und wieder sichtbar in die Welt eintritt! Laßt Euch nicht täuschen und verführen durch die Absichtlichkeit einer Clique, die, eben als Clique, längst den Keim des Todes und der Verwesung in sich trägt. Laßt diesen Tag sein einen Tag der Versöhnung, einen Tag der Gerechtigkeit, auf die so mancher große Geist hofft! Gebt sie ihm, ich beschwöre Euch im Namen dieses großen Toten! Gerechtigkeit für den verleumdeten Philosophen! Gerechtigkeit für den geächteten Dichter! Gerechtigkeit für den mißhandelten Theologen. Legt an das Ewige nicht den Maßstab kleiner Verhältnisse, augenblicklicher Bedürfnisse! Schiller throne auf seinem Piedestal als der heilige Protektor der Genialität! Beschützt nicht so beharrlich jede Mittelmäßigkeit, mag auch das Genie in seiner Ungebärdigkeit oft etwas unbequem sein und ein Gedicht von Karl Mayer weniger Skrupel erregen als ein Roman von George Sand oder Gutzkow. Du alternde Jugend raffe dich auf aus deinem Phlegma; laß die Alten und tritt zu den Jungen! Der spottende Zug um deinen Mund will mir heute mehr besagen, als die blitzende Begeisterung manch schönen Auges. Tritt herüber in die Reihen, wo Schönheit und Genialität verfochten werden! Kämpfe mit diesen Kampf! Der heilige Geist ist zwar keine Taube mehr, sondern ist ein Adler geworden – aber immerhin!

Geschrieben in der stillen Nacht
des schönsten Tages im Wonnemond 1839.

Im lutherischen Bethaus

Ein Räsonnement
Von Victor Hugo

Ludwigsburg ist wie Mannheim, wie Philippsburg, wie Karlsruhe eine dieser ausdruckslosen Städte, die unter Ludwig XIV. begonnen und unter Ludwig XV. vollendet wurden, und welche im Vergleich zu Versailles das sind, was Campistron [ein epigonaler Tragödiendichter] im Vergleich zu Racine ist. Schöne Bäume stehen dort. Die langweilige Architektur mag sich noch so große Mühe geben, sie kann es nicht verhindern, daß die Bäume schön sind.

Hätte Stuttgart diese Schönheit nicht, bliebe kaum etwas anderes. Berg, Tal, Fluß und Wald, das ist Stuttgarts ganzer Schmuck.

Die Kirche neben dem Schillerstandbild hat recht schöne Seitenansichten. Die beiden konisch zugespitzten Glockentürme nehmen sich mit der Apsis zusammen sehr wohl aus. Einer jener Küster, wie sie in diesen lutherischen Bethäusern üblich sind, hat mir das Tor geöffnet, und ich bin eingetreten.

Auch hier findet man eine dieser protestantischen Inneneinrichtungen vor, die eine Kirche zur Schule machen. Überall Bänke, mitten davor ein Tisch. Das mag vernünftig sein, aber es ist häßlich. Einige alte katholische Gräber werden noch hier und da unter dieser hugenottischen Tischlerarbeit sichtbar.

Im äußersten Ende der Kirche, dem ehemaligen Chor, bot sich mir ein Anblick, der mich in Erstaunen versetzte. Wurmstichiges Gestühl, Bänke, Bretter, Leitern, Kübel, zwei oder drei ramponierte Reisekoffer, zerschlagene, auf einen Haufen Gipsbrocken und Staub geworfene kleine Statuen und Basreliefs, und, inmitten dieses ganzen Kehrrichts, unter Asche und Spinnweben, drei Denkmäler aus Ebenholz mit Vergoldungen und Bildnissen aus dem 17. Jahrhundert, sechs Sarkophage aus behauenem Granit aus dem 13. bis 15. Jahrhun-

Victor Hugo , die zentrale Gestalt der französischen Literatur des 19. Jahrhunderts, kam 1840 über Heidelberg nach Stuttgart. Hugo (1802–1885), der sich nach 1848 deutlich zur politischen Linken bekannte, mußte nach Errichtung des zweiten Kaiserreiches 1851 aus Frankreich flüchten. Er zog sich über Belgien und Jersey auf die Insel Guernsey zurück. 1871 sympathisierte Hugo mit der Pariser Commune, zu deren wenigen Verteidigern in Deutschland der in Stuttgart ansässige Ludwig Pfau gehörte.

dert und schließlich elf Gräber aus der Renaissance – an eine dunkle Wand gelehnt, unter einem häßlichen Gerüst aus Tannenholz, das die Frontansicht durchschneidet und die Grabinschriften verdeckt.

Diese kaum erkennbaren Monumente, in einem Innenraum, der an einen schlecht gepflegten Stall erinnert, sind die Gräber der Grafen von Württemberg, der Vorfahren des jetzigen Königs. Eines dieser Gräber, das aus dem 14. Jahrhundert stammt, ist ein wunderschönes Denkmal. Vier knieende Männer tragen das mächtige Gestänge einer Bahre auf ihren Schultern, auf der der tote Fürst ruht. Jedes der Renaissancegräber trägt seine unter einer kräftigen und einfachen Archivolte aufrecht stehende Statue, die mit mächtigen Hammerschlägen aus *einem* Block gehauen wurde. Das sind im ganzen elf Grafen, und sie scheinen sich in dieser Dunkelheit entrüstet und mit leiser Stimme zu unterhalten. Sie haben unter ihren eisenbeschuhten Füßen elf Löwen, die sich anblicken und schweigen. Der erste, der einzige, den man gut erkennen kann, ist Graf Ulrich, der düstere Gast des brotlosen Abendmahls. Über seinem Kopf hat man die Grabinschrift eingraviert: *Comes Wirtembergae ac montis Peligardi.* Wegen eines direkt vor die Grabverzierungen gesetzten Balkens kann man mehr nicht lesen.

Die Kirchen, selbst die verwüstetsten, sind stets aufgeschlagene Bücher. In dem Augenblick, in dem ich mich umwandte und mit lauter Stimme sagte: Ist so etwas möglich? habe ich mitten auf jenem Trümmerhaufen auf einer zerbrochenen und weggeworfenen Altarwand diese drei in Goldbuchstaben geschriebenen Worte gelesen: *Omnia possibilia sunt.*

Ich war traurig, es war kalt, es regnete, ich fand das Schillerstandbild mittelmäßig, ich war über die Vernachlässigung dieser Gräber empört, und ich hörte meinem armen alten braven Führer kaum zu, der mir noch einen sehr schönen spätgotischen Stuhl aus dem 15. Jahrhundert zeigte. Dieser wackere Mann schuf sich aus dem Deutschen und dem Französischen eine Sprache, die weder Französisch noch Deutsch war. Sie war irgend etwas Wunderliches und Unverständliches. Auf diese Weise sagte er mir bezüglich der Könige von Württemberg, die Könige von Napoleons Gnaden sind, daß der jetzige König Wilhelm erst der zweite König ist; der erste hieß Friedrich; und er fügte hinzu, daß der jetzige König 1781 „geborné" ist und es sei noch keine zehn Jahre her, daß sein Vater „gestorbé" ist.

Eine Stunde später habe ich Stuttgart verlassen und bin auf der Bergstraße nach Waldenbuch gefahren.

Die Grafenstandbilder im Chor der Stiftskirche, teilweise (ab 1574) von Sem Schlör geschaffen

Die „Glocke" – und was man läuten hört

Von einem, der auszog, in Stuttgart sein Glück zu finden
Von Friedrich Wilhelm Hackländer

Prolog

Es war am Abend des 15. April 1840, als wir nach langer und langsamer Fahrt mit müden Gäulen in Stuttgart eintriumphierten und in dem heute noch bestehenden Gasthofe „König von Württemberg", damals einem der ersten der Hauptstadt, an der Ecke der Kronprinz- und Langenstraße, abstiegen. Meine Barschaft war äußerst gering, dagegen meine Erwartungen und Hoffnungen außerordentlich groß.

Seil und Schwengel, Strang und Junker

Gesellschaftliche Vereinigungen, wo sich Künstler und Männer der Wissenschaft fanden, waren kaum vorhanden; August Lewald hatte allerdings einen Versuch dazu gemacht, indem wir uns auf dem ehemaligen Postplatze im russischen Hofe trafen; doch war dieser Versuch nicht lebensfähig, weshalb Dingelstedt und ich im Oktober 1843 die Gründung einer Gesellschaft beschlossen, die teils aus Künstlern, Schriftstellern und Gelehrten, andernteils aus gescheiten Leuten jedes nur möglichen Standes bestehen sollte. Zu den ersten Beratungen zogen wir die Maler Karl Kurz, Müller und Rustige bei, und da die Sache lebhaften Anklang fand, auch alles aus den oben genannten Kreisen es sich zur Ehre rechnete, dieser Gesellschaft beizutreten, so war sie baldigst konstituiert und trat, ihre wöchentlichen Sitzungen im Café Marquardt haltend, ins Leben. Gegliedert und zusammengesetzt war sie wohl wie nie eine ähnliche; sie hieß die „Glocke", Protektor war der Kronprinz, der den Sitzungen fast regelmäßig anwohnte, als Glockenmeister fungierte der Prinz Hugo von Hohenlohe-Öhringen, die Beamten hießen: der Sprecher, Altgeselle, Hammer, Mantel, Seil und Schwengel, Strang und Junker, der Schatzmeister Klingelbeutel und so weiter, die übrigen Mitglieder Glockenzieher, unter denen neben allem, was in Malerei, Dichtkunst, Architektur und sonst mit Auszeichnung genannt wurde, sich auch Mitglieder der besten Häuser des Adels, die sich für Kunst und Wissenschaft interessierten, sowie hochgestellte Beamte befanden.

Für jede Sitzung wurde abwechselnd von den Mitgliedern ein Protokoll geführt, was nach und nach eine interessante, launige und teilweise auch höchst

Friedrich Wilhelm Hackländer, 1816 in Burtscheid (Rheinland) geboren, machte in Stuttgart eine märchenhafte Karriere. Nach einem mißglückten Versuch als Schauspieler und ersten Veröffentlichungen im Morgenblatt, wurde er zunächst Reisebegleiter eines württembergischen Edelmannes, bevor er 1843 zum Sekretär des Kronprinzen Karl avancierte. Als Maître de plaisir wurde er zum besonderen Günstling, 1849 aber, auf Einfluß der sehr eifersüchtigen Kronprinzessin Olga, zunächst entlassen. 1859 übertrug ihm König Wilhelm I. die Stelle eines Bau- und Gartendirektors, die er aber 1864, nach dem Regierungsantritt von König Karl, abermals verlor. Hackländer, der in Arno Schmidts Werk immer wieder auftaucht, war äußerst produktiv und hat eine sechzigbändige Werkausgabe hinterlassen. Hackländer war auch Kriegsberichterstatter und als solcher 1849 bei der Niederschlagung des badischen Aufstandes im Rastatter Hauptquartier des preußischen „Kartätschenprinzen". Er ist 1877 am Starnberger See gestorben.

Das von Franz Dingelstedt gedichtete Bundeslied der „Glocke" wurde von Franz Liszt komponiert.

geistreiche Chronik bildete. Dazu hatte jeder das Recht und die Verpflichtung, durch Vortrag über Erlebtes, sowie aus wissenschaftlichen und künstlerischen Gebieten zur Belehrung und Unterhaltung die sogenannte Glockenspeise beizutragen. Die Maler brachten Skizzen und Zeichnungen, häufig auch die damals so beliebten Karikaturen, hauptsächlich Glockenmitglieder darstellend, von denen sich bald eine große Anzahl vortrefflich gelungener in den Mappen ansammelten.

Ungefähr ein Jahr nach dem Entstehen der Gesellschaft baute dieselbe auf Aktien ein eigenes Lokal im Hofe des Café Marquardt, bestehend aus einem geräumigen Saale, dessen gewölbte Decke nach Art alter Glockenstuben konstruiert war.

Daß über diese Gesellschaft, in der sich neben dem Kronprinzen und Mitgliedern des höchsten Adels des Landes junge, auch unbedeutendere, wenn nur strebsame Künstler befanden, gerade durch diese zwanglose Zusammensetzung manche schiefe und böswillige Urteile gefällt wurden, verstand sich bei der Stuttgarter Verleumdungssucht ganz von selbst, und wenn gewisse Kreise, für welche der Glockensaal allerdings hermetisch verschlossen war, über unsere Versammlungen sprachen, so geschah das häufig mit aufgehobenen Händen und dem innigsten Bedauern, daß der Thronerbe in so ruchlose Hände gefallen sei. Und doch ging es bei uns, wenngleich oft recht lustig, doch stets hochanständig und sittlich zu, und alles, was von Orgien der Glocke damals gefabelt wurde, war bloß lügenhafte Erfindung.

Dingelstedt lieferte längere Zeit noch eine besondere Wochenchronik der Glocke, oft in sehr lakonischer Kürze, wie zum Beispiel eines Abends, wo er mit seiner gewaltigen Stimme daraus deklamierte: „Liszt ist angekommen!" Geibel, der den ganzen Winter durch Glockenzieher war, erfreute uns gern mit seinen neuen Gedichten, und Etzel, damals schon ein bedeutender Ingenieur, unter-

Der Hofbildhauer Johann Ludwig Hofer hatte drei Jahre lang in den Marmorsteinbrüchen in Carrara an seinen „Rossebändigern" gearbeitet. Als sie schließlich 1848 in den Anlagen aufgestellt wurden, fanden sie wenig Gefallen beim Publikum. Böse Zungen behaupteten später, Hofer habe bei den Pferden dieselben vergessen und aus Gram darüber Selbstmord begangen. Beides stimmt nicht: Die Rösser haben Zungen, und Hofer starb Jahrzehnte später an einem Schlaganfall. Kolorierte Lithographie von Eberhard Emminger.

hielt uns von seinen Arbeiten, die sich zu jener Zeit gerade sehr interessant auf die Durchbohrung des Rosensteins bezogen und oft schwierig, ja gefährlich wurden, weil der Tunnel unter dem königlichen Landhause in unliebsame Berührungen mit den Fundamenten des Schlosses zu kommen drohte. Verschiedene Male machten wir dort alle miteinander praktische Studien, indem uns Etzel in tiefer Mitternacht hinausführte, um das Tun und Treiben seiner Arbeiter zu erklären.

Zuweilen wurden größere Glockenversammlungen im Saale des Hotels Marquardt gehalten, wo sich einmal unrechterweise Zuschauer eingeschmuggelt hatten, die dann unser an sich harmloses Treiben mit den bedenklichsten Zusätzen weitererzählten, die manche Reden und Toaste als gar zu verfänglich schilderten, und die mit Entsetzen davon sprachen, daß Liszt eine improvisierte Etude mit den Händen begonnen, mit den Füßen fortgesetzt und mit dem Allerwertesten beschlossen hatte. Es war eben damals unsere Sturm- und Drangperiode und wer, dem selbst ein frisches und heiteres Gemüt nicht fehlt, hätte es uns zu verübeln vermocht, daß wir jungen Leute, damals auch nach Beendigung der Glockensitzungen, den Ausbruch unserer frohen Lust häufig noch und in sehr lauter Weise im Freien fortsetzten. Schutzmänner von heutzutage, die einem oft recht harmlosen Singen so recht die herrische Amtsgewalt entgegensetzen, während sie den wirklichen Übeltäter sachte vorbeischleichen lassen, gab es damals noch nicht, und die gutmütigen Nachtwächter drückten gern beide Augen zu. Doch beschränkte sich dieses Ulken auf ganz ungefährliche Dinge. Höchstens wurden Laternen ausgelöscht, Schilder verhängt, Türen ausgehoben, Ständchen gebracht, die sich indessen zuweilen zu einer Katzenmusik zuspitzten, und einmal mit grün angestrichenen Bänken, auf denen damals noch der ruhige Bürger abends vor seinem Hause frische Luft schöpfte, die Königsstraße quer herüber verrammelt, so daß der Postillion des morgens früh einfahrenden Eilwagens ziemliche Mühe hatte, die mit Stricken verbundene Barrikade zu trennen, und wenn man, ohne sich einen Vergleich erlauben zu wollen, daran denkt, daß Karl August, der Großherzog von Weimar, und Goethe sich zu ihrer Zeit gestatteten, auf offenem Markte mit langen Peitschen zu knallen, so hätte man auch uns die kleinen Vergnügungen nicht übelnehmen sollen. Doch hatte ich ein paar Jahre früher, und in noch unschuldigerer Weise, im Polizeiregister einen schwarzen Strich erhalten, weil Freiligrath, der während meiner orientalischen Reise in Stuttgart gewesen war, wegen ähnlicher nächtlicher Ruhestörungen von der Polizei ergriffen, angegeben hatte, er sei: „F. W. Hackländer, aus Burtscheid bei Aachen gebürtig."

Der „Bergmeister" Friedrich Wilhelm Hackländer in der Stuttgarter Künstlergesellschaft „Das Bergwerk" Photographie von Friedrich Brandseph, Stuttgart

Epilog

Doch habe ich während meines viele Jahre langen Aufenthaltes in der Hauptstadt Württembergs die Bemerkung gemacht, daß sich wenige Städte so durch kleinliche Klatschsucht, Mißgunst und Neid, vor allem aber durch ein unbegrenztes Mißtrauen gegen jeden auszeichneten, der nicht das Glück hat, an den Ufern des Nesenbaches geboren zu sein. Allerdings habe ich wohlwollende, mir aufrichtig zugetane Menschen dort kennengelernt, die mich durch herzliche Freundschaft für das viele Unangenehme entschädigt, was ich den obengenannten Eigenschaften, die aber ins Schwäbische übersetzt als derbe Biederkeit, ehrliche Gutmütigkeit zu gelten pflegen, verdanke. Einheimisch im wahren Sinne bin ich dort niemals geworden, sondern stets ein Fremder geblieben, dem eben nicht weiter zu trauen ist, als man ihn zu beobachten vermag. Dank für das Viele, was ich in Stuttgart gewirkt und geschaffen, habe ich wenig erhalten, öffentlichen Dank oder Anerkennung gar keine, wogegen die Väter der Stadt oft gegen minder verdiente Männer nicht karg mit ihrem Ehrenbürgerrecht waren. Dagegen aber reden heute noch und werden noch lange, lange Jahre für mich reden die schönsten Anlagen und Gebäude, für deren Entstehung ich gewirkt, ja, von denen ich wohl sagen kann, daß sie ohne mich vielleicht erst nach langen Jahren zur Verschönerung Stuttgarts beigetragen hätten. Durch die Schloßplatzanlage und das Wasserwerk mit seinen herrlichen Fontänen, durch den Königsbau und die große Markthalle, die ich als Direktor der königlichen Bauten und Gärten geleitet, prägte sich der schwäbischen Hauptstadt eine großstädtische Physiognomie auf und ist der Anstoß, der dadurch zur Verschönerung der Stadt gegeben worden, wohl die Hauptursache gewesen, daß sich später der allgemeine Verschönerungsverein mit seiner nicht genug zu würdigenden Tätigkeit bildete. Auch die königliche Villa bei Berg, die ich gewissermaßen ins Leben rief, darf ich nicht unerwähnt lassen und muß dabei meines treuen Freundes, des Oberbaurats von Leins gedenken, dieses trefflichen Mannes, der mit seiner kleinen Statur und den großartigen Konzeptionen dem großen Florentiner Brunelleschi zu vergleichen; Leins, der die Schloßplatzanlagen mit ihren prachtvollen Brunnenschalen entwarf und ausführte, den Königsbau und die Villa bei Berg erbaute, aber dafür so wenig als ich das Ehrenbürgerrecht der Stadt erhalten hat, sondern vielfach angefeindet, durch ein Gebaren leiden mußte, das sich auf die kleinlichste, oft gehässigste Art breitmachte und dem großen Künstler und Baumeister manche bittere Stunde bereitete.

Doch wo bin ich plötzlich hingeraten?

„Concertgebäude": Im Redoutenhaus, es stand an der Stelle des heutigen Königbaus, baute Hofbaumeister Thouret 1813 im Auftrag König Friedrichs einen Saal für Konzerte ein. Lithographie von Franz Schnorr (um 1831)

Ein sonderbarer Wilder

Ungewohnte Klänge im Redoutensaal
Aus den Memoiren von Hector Berlioz

Das deutsche Publikum sieht in Berlioz einen von deutschem Geiste geweihten, unter Beethovens Fittichen erstarkten Künstler. Aber vor allem schätzt man in ihm den Helden, der aus Liebe zur Kunst in seiner Heimat Mißgunst, Haß und Spott willig erträgt, der nie eine Note schrieb, die nicht seinem hohen, ihm stets vorschwebenden Ideal entsprach, der niemals der Mode Zugeständnisse machte noch um die Gunst des Publikums buhlte, der nie sich zu ihm aus eitler Selbstsucht herabließ, sondern stolz auf seiner steilen Höhe wartet, bis die Menge zu ihm hinansteigt.

Peter Cornelius, ein deutscher Zeitgenosse, 1855 über den französischen Komponisten, Dirigenten und Musikschriftsteller Hector Berlioz (1803–1869)

Die Strecke von Frankfurt nach Stuttgart bietet nichts Interessantes, und ich empfing von dieser Fahrt keinen Eindruck, den ich Ihnen erzählen könnte: nicht die kleinste romantische Ansicht zu beschreiben, kein dunkler Wald, kein Kloster, keine einsame Kapelle, kein Bergstrom, kein großes nächtliches Geräusch, nicht einmal das von Don Quichottens Windmühlen; weder Jäger noch Milchmädchen, weder eine klagende Jungfrau noch ein verirrtes Kälbchen, kein Räuber und kein Gendarm, kein Bettler und kein König, kein Seelenhirt und kein Schafhirt; kurz, nichts als der Mondschein, das Traben der Pferde und das Schnarchen des Kutschers. Ab und zu einige häßliche Bauern, einen großen Dreispitz auf dem Kopf, in einem immensen Gehrock aus ehemals weißer Leinwand, dessen endlose Schöße sich zwischen ihren schmuddligen Beinen verwickeln: eine Tracht, die ihnen das Aussehen eines Pfarrers in großem Negligé gibt. Das war alles!

Die erste Persönlichkeit, die ich bei meiner Ankunft in Stuttgart zu besuchen hatte, die einzige sogar, von der ich annehmen konnte, sie sei auf Grund früherer, durch einen gemeinsamen Freund angeknüpfter Beziehungen wohlwollend gegen mich gesinnt, war Dr. Schilling, der Verfasser einer großen Anzahl von theoretischen und kritischen Schriften über Musik. Dieser Doktortitel, den in Deutschland fast jedermann führt, hatte mich gegen ihn voreingenommen. Ich stellte mir einen alten Pedanten vor, mit Brille, rötlicher Perücke und riesiger Schnupftabakdose, ständig auf Fuge und Kontrapunkt reitend, nur an Bach und Marpurg interessiert, äußerlich vielleicht höflich, aber im Grunde mit Haß gegen die moderne Musik im allgemeinen und gegen die meine im besonderen erfüllt, mit einem Wort, als irgend einen musikalischen Kleinlichkeitskrämer. Sehen Sie nun, wie man sich irren kann: Herr Schilling ist nicht alt, trägt keine Brille, hat sehr schönes schwarzes Haar, ist sehr lebhaft. Er spricht rasch und laut, wie aus der Pistole geschossen; er schnupft nicht, er raucht. Er empfing mich herzlich, gab mir sofort gute Ratschläge für das geplante Konzert, sagte kein Wort über Fuge und Kontrapunkt, zeigte keine Verachtung für die „Hugenotten" oder den „Wilhelm Tell" und keinen Widerwillen gegen meine Musik, bevor er sie gehört hatte. Übrigens war die Unterhaltung zwischen uns, wenn kein Dolmetscher zugegen war, alles andere als flüssig, denn Herr Schilling sprach ungefähr so gut Französisch wie ich Deutsch. Eines Tages wurde er ungeduldig, sich nicht verständlich machen zu können, und fragte mich: „Sprechen Sie Englisch?" „Nur einige Worte; und Sie?" „Ich… nein! Aber Italienisch, können Sie Italienisch?" „Si, un poco. Come si chiama il direttore del teatro?" „Ach! Zum Teufel! Ich kann auch nicht Italienisch!…" Ich glaube, daß, wenn ich erklärt haben würde, weder Englisch noch Italienisch zu verstehen, der hit-

Hector Berlioz als Zukunftsmusiker
Lithographie von Grandville

zige Doktor Lust bekommen hätte, die Szene aus Molières „Arzt wider Willen“ in diesen beiden Sprachen mit mir zu spielen.

Schließlich versuchten wir es mit dem Lateinischen und verständigten uns, so gut und so schlecht es gehen wollte, nicht ohne einige *Arcithuram, catalamus.* Doch man wird begreifen, daß die Unterhaltung etwas mühsam war und sich nicht um Herders „Ideen“ oder um Kants „Kritik der reinen Vernunft“ drehte. Kurz, Herr Schilling konnte mir mitteilen, daß ich mein Konzert entweder im Theater oder im Redoutensaal geben könne. Im ersten Fall würde ich nicht nur mit Sicherheit, wie er glaubte, auf die Anwesenheit des Königs und des Hofes rechnen dürfen, sondern auch eine unentgeltliche Aufführung haben und mich weder um Eintrittskarten noch um die Reklame noch um irgend welche andere Einzelheiten der Veranstaltung zu kümmern brauchen. Im zweiten Falle müßte ich das Orchester bezahlen, mich um alles kümmern, und der König würde nicht kommen: er ginge nie in den Saal.

Ich befolgte also die Ratschläge des Doktors und beeilte mich, dem Hofmarschall und Theaterintendanten Baron von Topenheim mein Gesuch zu unterbreiten. Er empfing mich mit größter Liebenswürdigkeit und versicherte mir, daß er noch am selben Abend meine Bitte dem König vorlegen würde. „Ich muß Sie jedoch darauf aufmerksam machen", fügte er hinzu, „daß allein der Redoutensaal für Konzerte gut geeignet ist, daß dagegen im Theater die Akustik so schlecht ist, daß man schon lange darauf verzichtet hat, irgendwelche Orchesterwerke von einiger Bedeutung darin aufzuführen!" Ich wußte nicht recht, was ich antworten und wozu ich mich entschließen sollte. Besuchen wir Lindpaintner, sagte ich mir: er muß und wird die höchste Autorität sein. Ich kann Ihnen nicht sagen, mein lieber Girard, wie wohl mir die erste Zusammenkunft mit diesem ausgezeichneten Musiker getan hat. Nach fünf Minuten war es uns, als seien wir seit zehn Jahren befreundet. Lindpaintner hatte mir bald die Sachlage klargestellt. „Vor allen Dingen", sagte er, „muß ich Sie über die musikalische Bedeutung unserer Stadt aufklären; sie ist zwar eine königliche Residenz, hat aber weder Geldmittel noch ein Publikum (Au, au! Ich dachte an Mainz und an den Papa Schott). Da Sie nun einmal da sind, soll nicht gesagt werden, wir hätten Sie abreisen lassen, ohne einige Ihrer Kompositionen, die wir so gern kennenlernen möchten, aufgeführt zu haben. Und jetzt zur Frage des Saals. Das Theater taugt absolut nicht zu Musikaufführungen. Die Frage der Gegenwart des Königs ist von keinem Belang; Seine Majestät geht nie ins Konzert und wird auch zu Ihrem nicht erscheinen, gleichgültig, wo Sie es geben. Nehmen Sie also den Redoutensaal; er hat eine vorzügliche Akustik und alles, was zu einer guten Orchesterwirkung erforderlich ist. Was die Musiker betrifft, so werden Sie nur die kleine Summe von achtzig Francs in die Pensionskasse einzuzahlen haben, und alle werden sich eine Pflicht und eine Ehre daraus machen, Ihre Werke nicht nur aufzuführen, sondern auch mehrere Male unter Ihrer Leitung zu proben. Kommen Sie heute abend und hören Sie sich den ‚Freischütz' an; in einer Pause werde ich Sie mit den Orchesterleuten zusammenbringen, und Sie werden sehen, daß ich mich nicht zu Unrecht für ihren guten Willen verbürge." So geschah es; Lindpaintner stellte mich den Musikern vor, und nachdem ich eine kleine Ansprache gehalten und Lindpaintner sie verdolmetscht hatte, schwanden alle Zweifel: ich hatte ein Orchester.

Ich hatte für das Programm die „Phantastique" und die „Francs-Juges"-Ouvertüre gewählt, Werke, wie Sie wissen, voller rhythmischer Schwierigkeiten, mit synkopierten Phrasen, sich kreuzenden Synkopen, Überlagerungen dreiteiliger und vierteiliger Taktarten usw.; alles Dinge, die wir heutzutage im Konservatorium dem Publikum mit Bravour an den Kopf werfen, die wir aber doch haben studieren müssen und zwar tüchtig und lange. Ich hatte also Grund, an verschiedenen Stellen der Ouvertüre und der Symphonie (vor allem im Finale) auf eine Menge Fehler gefaßt zu sein; aber es gab keine. Meine Überraschung war groß, und Sie werden nicht weniger überrascht sein, wenn ich Ihnen sage, daß wir diese verdammt schwierige Symphonie und den Rest des Programms in nur zwei Proben einstudiert hatten. Die Wirkung wäre sogar sehr zufriedenstellend gewesen, hätten mir nicht wahre und vorgeschützte Krankheiten am Konzerttag die Hälfte der Violinen geraubt. Können Sie sich ein Bild von mir machen, wie ich mit vier ersten und vier zweiten Geigern gegen all die Blas- und Schlaginstrumente anzukämpfen hatte? Denn die Epide-

Der Komponist Peter Josef von Lindpaintner, 1791 in Koblenz geboren, war seit 1820 Hofkapellmeister in Stuttgart. Dort ist er zeit seines Lebens wegen zahlreichen Intrigen und Mißverständnissen nie heimisch geworden. Lindpaintner starb 1856 in Nonnenhorn am Bodensee. Porträt nach einer Lithographie von Th. Wagner

Gustav Schilling, 1805 in Schwiegershausen (Hannover) geboren, studierte Theologie in Göttingen und Halle, promovierte aber zum Dr. phil. Von 1830 bis 1836 war er Direktor der Stöpelschen Musikschule in Stuttgart und verlegte sich danach auf die Musikschriftstellerei, verfaßte aber auch theologische und politische Schriften. In elf Jahren brachte es Schilling auf 21 Bücher allein über die Musik. 1857 mußte Schilling, gerichtlich verfolgt, „mit Hinterlassung einer bedeutenden Schuldensumme das Weite suchen". Er floh nach Amerika, wollte in New York ein Musikkonservatorium gründen, lebte dann aber in Montreal und zuletzt in Nebraska, wo er 1881 auf der Farm seines Sohnes starb.

Robert Schumann, unterstellte seiner Frau Clara, die Anfang 1839 zu Konzerten in Stuttgart war, ein Techtelmechtel mit Herrn Schilling. Zudem fühlte sich Schumann in Schillings Publikationen persönlich angegriffen und erregte sich über das „marktschreierische Treiben dieses Pfuschers". Er entledigte sich des Falles Schilling mit einer satirischen „Romanze in Prosa": „Die Verschwörung der Heller gegen die Goldstücke". Nach Stuttgart wäre Robert Schumann sonst „gern" gekommen, „... ich kenne die Stadt; sie ist reizend und die Menschen viel besser und auch gebildeter als die Wiener".

mie hatte das übrige Orchester verschont, es fehlte nichts als die Hälfte der Violinen! Gern hätte ich, wie Max im „Freischütz", einen Pakt mit dem Teufel geschlossen, nur um Violinen zu bekommen. Die Sache war um so ärgerlicher, als gegen Lindpaintners Voraussage der König und der Hof gekommen waren. Trotz des Ausfalls einiger Pulte war die Ausführung wenn auch nicht gewaltig (das war unmöglich), so doch wenigstens verständig, exakt und voll Wärme. Von den Sätzen der „Phantastique" wirkten am stärksten das Adagio und der Hexensabbat. Die Ouvertüre fand warme Aufnahme; der Pilgermarsch aus „Harold" hingegen, ebenfalls auf dem Programm, blieb fast unbemerkt. Es ist mir bei einem anderen Konzert, als ich so unklug war, ihn separat aufzuführen, ebenso ergangen, während man überall dort, wo ich den ganzen „Harold" oder wenigstens die drei ersten Sätze im Programm hatte, dem Marsch applaudierte und oft sogar eine Wiederholung verlangte: ein neuer Beweis für die Notwendigkeit, symphonische Werke nicht zu zerstückeln und sie nur in ihrem Zusammenhang aufzuführen.

Soll ich Ihnen sagen, daß ich nach dem Konzert alle möglichen Glückwünsche von Seiten des Königs, des Grafen Neipperg und des Prinzen Jérôme Bonaparte empfangen habe? Warum auch nicht? Man weiß ja, daß die Fürsten im allgemeinen gegen fremde Künstler äußerst wohlwollend sind, und ich würde nur dann gegen das Gebot der Bescheidenheit verstoßen, wenn ich Ihnen jetzt wiederholen sollte, was mir einige von den Musikern an demselben Abend und während der folgenden Tage gesagt haben. Übrigens, warum nicht gegen die Bescheidenheit verstoßen? Um einige bösartige Kettenhunde, die nach jedem, der kettenlos vorübergeht, schnappen möchten, nicht zum Knurren zu bringen? Lohnt es wirklich die Mühe, sich hinter hohlen Formeln und Phrasen zu verstecken, Komödie zu spielen, von der sich doch keiner anführen läßt? Die wahre Bescheidenheit sollte darin bestehen, nicht nur nicht von sich zu reden, sondern auch nicht von sich reden zu machen, nichts zu tun, nichts zu sagen, nichts zu schreiben, kurz: nicht zu leben. Wäre das nicht absurd?

Außerdem habe ich mir vorgenommen, alles zu gestehen, Glück und Unglück; ich habe schon in meinem vorhergehenden Brief damit angefangen und bin bereit, in diesem Sinne fortzufahren. So glaube ich stark, daß Lindpaintner, ein Meister, um dessen Beifall ich eifrig besorgt war, die Symphonie gründlich verabscheute, denn er lobte nur die Ouvertüre; ich möchte wetten, daß Molique gar nichts gut geheißen hat. Was den Doktor Schilling betrifft, so bin ich sicher, daß er alles verdammungswürdig gefunden hat und recht beschämt war, die ersten Schritte getan zu haben, um in Stuttgart einen Schurken meines Schlages vorzuführen, der stark im Verdacht steht, die Musik vergewaltigt zu haben, und der, wenn es ihm gelingt, ihr seine Leidenschaft für freie Luft und Vagabundentum einzuflößen, aus der keuschen Muse eine Art Zigeunerin machen wird, weniger Esmeralda als Helen Mac Gregor, eine Amazone mit im Winde flatternden Haaren, auf deren dunklem Kriegsmantel glänzende Flitter funkeln, die mit nackten Füßen über rauhe Felsen hüpft, bei Sturm und Gewitter Träumereien nachhängt und deren finsterer Blick die Frauen erschreckt und die Männer verwirrt, ohne ihnen Liebe einzuflößen.

Auch hat Schilling, in seiner Eigenschaft als Berater des Fürsten von Hohenzollern-Hechingen, nicht verfehlt, an Seine Hoheit zu schreiben und ihr zu ihrer Zerstreuung den sonderbaren Wilden vorzuschlagen, der sich im Schwarzwald besser ausnehmen würde als in einer zivilisierten Stadt.

Rhapsodie in Blau

Franz Liszt im Salon des kosmopolitischen Nachtwächters Von Wilhelm Chezy

Wilhelm Chézy (1806–1865), der Sohn der bekannteren Hermine Chézy, war u. a. Mitarbeiter von August Lewalds „Europa" und dem Stuttgarter Morgenblatt.

Franz Dingelstedt (1814–1881), der 1842 die berühmte Sängerin Jenny Lutzer heiratete, erregte mit seinen 1840 erschienenen, von der Zensur verfolgten „Liedern eines kosmopolitischen Nachtwächters" beträchtliches Aufsehen. 1843 wurde er in Stuttgart Vorleser und Bibliothekar Wilhelms I., was allgemeinen Spott, insbesondere bei seinen früheren Freunden Heinrich Heine und Georg Herwegh zur Folge hatte.

Dingelstedt, seit Jahr und Tag mit Jenny Lutzer verheiratet, machte ein hübsches Haus und hatte zufällig eine große Abendgesellschaft eingeladen. Was gut und teuer in Stuttgart war, fand sich ein; u. a. der Kronprinz. Chezy langweilte sich unter den steifen Kleinstädtern. Wäre nicht Liszt zugegen gewesen, den er hören wollte, so würde er nach der ersten halben Stunde entwichen sein. Endlich sagte er zu diesem: „Ich gehe. Morgen suche ich Sie auf." – „Aufsuchen? Schon recht", versetzte der Künstler; „aber das Gehen gilt nicht. Der größte Teil der Langeweile ist überstanden. Wir werden in kleinem Ausschusse lustig sein, sobald die faden Gesichter abgefahren."

Also geschah es. Liszt, der Regisseur Moriz und noch ein paar Nachzügler blieben sitzen, nachdem der Schwarm sich verlaufen. Dingelstedt erholte sich mit ihnen von den anstrengenden Obliegenheiten des aufmerksamen, liebenswürdigen Wirtes. Ohne Anstrengung war er nur um so liebenswürdiger. Jenny hatte sich zurückgezogen; niemand verargte ihr's nach so schwerer Fronarbeit. Liszt wurde, wie man es im Südwesten des deutschen Vaterlandes heißt: kreuzfidel. Zudem erwachte ein schadenfroher Kobold in ihm, da aus gewissen Zei-

Das alte Schloß in Stuttgart Farblithographie von C.F. Keller (um 1840)

Franz Liszt (1811–1886) war mehrere Male zu Konzerten (1823, 1843, 1845 und 1864) in Stuttgart, wo er von der Bevölkerung enthusiastisch begrüßt und mit Ständchen vom Stuttgarter Liederkranz, mit einem Gedicht von Gustav Schwab oder einem Festessen im Hotel Marquardt gefeiert wurde. Auch in Stuttgart schlug sich die Liszt-Begeisterung in hymnischen Presseberichten und Publikationen nieder. Während seines Aufenthalts vom 6. bis zum 23. November 1845 wurde Liszt als Salonlöwe von Franz Dingelstedt in die Stuttgarter Künstlergesellschaft „Glocke“ eingeführt, deren Bundeslied er komponierte.

chen zu entnehmen war, der Hausherr fange an, sich zu erinnern, daß er weder Junggesell noch Vogel auf dem Zweige mehr sei. Jetzt war kein Halten mehr. Liszt schnellte in die Höhe, stürmte in den Salon und pflanzte sich an den Flügel. Hoch flatterten seine gleichsam zehnfingerigen Hände in der Luft, stürzten sich wie raublustige Möwen auf die Tasten und holten als Beute stürmische Weisen daraus hervor. Endlich hoben sich mit den Armen auch die langen dünnen Beine gelenkig in die Luft, um die Fußspitzen in den Ballschuhen auf Elfenbein und Ebenholz zu schleudern. Nun gab es vollends einen zwar stets melodischen, aber doch immerhin höllischen Lärm. Die bacchantische Begeisterung gefährdete offenbar das Saitenspiel; es wäre nicht das erste gewesen, das unter den Händen des Meisters geblieben, der jetzt zum Überfluß auch noch den Landsturm der Fußsohlen aufgeboten. Dingelstedt äußerte die Besorgnis, daß sein Kind aus dem Schlummer geschreckt werden könne. „Er meint die Gnädige“, kicherte Liszt und trommelte weiter. Chezy trat zu ihm und flüsterte in sein Ohr: „Wir haben lange nicht mehr mitsammen geraucht.“ Das verführerische Wort tat seine Wirkung. Liszt verließ sein klingendes Opfer, bevor er es bis zum Schwanenliede gehetzt und schrie nach Cigarren. „Unter der Einfahrt sollt ihr vortreffliche Bremer haben“, sagte Dingelstedt. „Gehen wir“, fiel der Chorus ein. „Hier stehen ja noch unberührte Torten“, versetzte Liszt. Da niemand mehr davon wollte, zerhackte er sie mit dem Messer und ließ dann endlich, nachdem er sein Mütchen gekühlt, sich zum Scheiden bewegen. Unter der Einfahrt verteilte Dingelstedt preiswürdige Cigarren, und gleich darauf klopfte das Haustor hinter der wilden Jagd zu.

Franz Liszt
Anonyme Karikatur
(um 1836)

Auf der schwäb'schen Eisenbahn

Fast eine Jungfernfahrt
Von Franz Dingelstedt

Jetzt bohrt sich das feuerspeiende Ungetüm in den Bauch des Berges, und wir verschwinden in gähnender Nacht; jetzt wieder überspringt es auf langgestreckter, rotgedeckter Prachtbrücke die vom Schwarzwald in den Neckar eilende Enz. Klassische Stellen, wohin wir blicken und greifen, und überall südliche Fülle und Lebendigkeit.

Wir nähern uns der Residenz, die Erinnerungen werden dynastischer: droben der Rotenberg, wo ehemals das Stammschloß der herrschenden Familie gestanden, nicht weit davon der Rosenstein, des Königs Landhaus, und zwischen beiden die kronprinzliche Villa.

Wir aber mitten durch sie hin, hoch über sie weg, rasch an ihnen vorbei, mit zauberhafter Kraft und Schnelle, die Haare fliegend im Wind, das Herz

„Das Königliche Landhaus Rosenstein mit der Neckarbrücke und Tunnelmündung", Lithographie von Eberhard Emminger (um 1855)

Hofrat Franz Dingelstedt

Die Deutschen schliefen fest und still, / Da bist ein Wächter du gewesen; / Jetzt, wenn der König schlafen will, / Heißt's: „Dingelstedt, mir vorgelesen!"

Aus Wilhelm Marr: Pillen. Eigens präpariert für deutsche und andere Michel. Bern 1844. Dies ein Beispiel für den Hohn, den Dingelstedts „Verhofräterei" (Heine) hervorgerufen hat.

pochend vor Reise- und Lebenslust! Drunten, ein paar hundert Fuß tief unter uns, in Staub und Qualm der Landstraße, schleicht die überwundene Prosa, das Gespenst der Zopfzeit: ein Turn- und Taxis'scher „Eilwagen!" Wie beneid' ich meinen Jungen, daß ihm dieses Geschöpf zur Mythe werden wird, während seinem Papa die Eisenbahn noch lange eine Fabel gewesen! Nein, preist sie mir nicht, die verlorengehende Poesie der Diligencen, der Chausseen, der Pappel- und Zwetschen-Alleen, mit ihren langweiligen Krümmungen, ihrem eintönigen Auf und Ab, ihrem durch Sommer und Winter unwandelbaren Grau in Grau. Diese Poesie hat ihre Zeit gehabt; aber ihre Zeit ist vorüber, laßt sie auch vorüber sein. Hier, der Eisenbahn gleiche, an entfesselter Naturkraft wie an gewaltiger und schöpferischer Kunst, unsere Poesie. Geradeaus, gerade durch, gegen kein Hindernis zu schwach, in keinem Stoff befangen, an Raum und Zeit nicht gebunden. Sie kommt doch ans Ziel, sie kommt!

„Stuttgart", schreit es in den Wagen.

Franz Dingelstedt Photographie von Franz von Hanfstaengl

ACHTZEHNHUNDERT-ACHTUNDVIERZIG

Vom Stuttgarter Rumpfparlament bis zu den Anfängen der Arbeiterbewegung

Südansicht von Stuttgart
Ölgemälde von Wilhelm Pilgrim (um 1850)

Schwarz, rot, gold oder „Schlaf ein, schlaf ein, mein guter Michel!"

Die 1848er-Revolution und das Stuttgarter Rumpfparlament Fünf Ansichten und ein Gedicht

I Vom „demokratischen Pöbel"

Aus den „Denkwürdigkeiten" eines erklärten Konservativen
Von Wolfgang Menzel

Die Ereignisse der Revolution von 1848 und die endgültige Auflösung des ersten deutschen Parlaments in Stuttgart werden von fünf Augenzeugen wiedergegeben. Zu Wolfgang Menzel und Friedrich Wilhelm Hackländer siehe die Personalien auf Seite 128, bzw. Seite 181.

Ich habe die Beobachtung gemacht, daß im Jahr 1847 die allgemeine Stimmung unheimlicher und drohender war und noch etwas Schlimmeres erwarten ließ, als der Ausbruch der Revolution im folgenden Jahre zu Tage förderte. Allerdings kam eine Teuerung des Brotes hinzu, was die Unzufriedenheit und Ungeduld in den niedern Volksklassen steigerte. Man bemerkte häufig rohe Äußerungen auf der Straße, an öffentlichen Orten. Am 3. Mai 1847 stürmte das Volk in der Hauptstätterstraße das Haus des Bäckers Meier wegen angeblichen Kornwuchers. Der König selbst ritt auf den Platz, um das Volk zu beruhigen, wurde aber mit lauten Schmähungen und sogar mit Steinwürfen begrüßt, so daß er sich zurückziehen und das Militär einschreiten mußte.

Als die Februarrevolution 1848 in Paris ausgebrochen war, wurde sie gleich durch die Märzrevolution in Deutschland nachgemacht. Baden gab das Signal, Württemberg folgte bald nach. Die Demokraten hielten eine Volksversammlung nach der andern und reizten die Menge durch wilde Reden auf, hielten die Soldaten in den Wein- und Bierhäusern frei und suchten sie zu verführen. Schon im April wagten sie, die Hauptwache in Stuttgart zu stürmen, um einen Unteroffizier, den sie bereits verführt hatten und der verhaftet worden war, zu befreien. Natürlicherweise wollte die Regierung nicht gern von den Waffen Gebrauch machen, damit es nicht heiße, sie habe Bürgerblut vergossen. Nun fand sich aber ein ganz geeignetes Mittel, die Demokraten auch ohne Blutvergießen zu zähmen. Ein großer Teil der Bürger Stuttgarts besteht nämlich aus Weingärtnern, welche die rings um die Stadt liegenden Weinberge bebauen und sich nötigenfalls noch durch fünf- bis sechstausend Weingärtner des nahen Neckartals verstärken können. Diese kräftige Rasse war den Handwerksgesellen und Fabrikarbeitern, aus denen hauptsächlich die Demokraten sich rekrutierten, nicht hold und machte sich daher ein Vergnügen daraus, die Herren Demokraten ein wenig zu demütigen. Als nun diese zum zweitenmal die Hauptwache stürmten, operierte man gegen sie in drei Reihen. In der ersten standen nur sechzig Weingärtner mit Stöcken, in der zweiten Bürgerwehr, in der dritten Militär. Die beiden letzten Reihen aber kamen gar nicht zum Gefecht, denn obgleich die Demokraten an tausend Mann stark waren, stoben sie doch vor den sechzig starken Männern auseinander, die mit ihren Stöcken dreinschlugen. Von diesem Tage an wagten die Demokraten in Stuttgart keinen Aufruhr mehr. Da mich der König von Württemberg öfters zu sich beschied, gereichte ihm meine Ansicht, die ganze Revolution werde das Ende einer Seifenblase haben, sehr zum Troste.

In der Überzeugung, alles sei nur Schaum und in der Paulskirche werde kein gesunder, kraftvoller und reiner Wein gekeltert, und bei der leidigen Erfahrung, daß unser württembergischer Landtag von der Paulskirche aus regiert werde, habe ich es nicht für der Mühe wert gehalten, mich auf diesem Landtage wie auf den früheren bemerklich zu machen, sondern hielt sehr zurück. Es wäre vergeblich gewesen, gegen den Strom zu schwimmen. Dagegen widmete ich mich einer wichtigeren Aufgabe außerhalb der Kammer in einem Terrain, dessen man noch Herr war. In unserm Stuttgart galt es vor allem, den demokratischen Schwindel fernzuhalten, der in Baden und der Pfalz immer größere Dimensionen annahm. Der demokratische Pöbel, der die Soldaten zu verführen trachtete, mußte mit gehöriger Klugheit und Energie im Zaume gehalten werden. Zu diesem Zweck wurde von den angesehensten Bürgern Stuttgarts damals der sogenannte vaterländische Verein gegründet, bei dem ich als Vizepräsident nicht wenig tätig war. Die Demokraten feindeten uns wütend an, und ein damals in Stuttgart verbreitetes Witzblatt, „Eulenspiegel“, überbot sich in Karikaturen auf uns. Allein durch fliegende Blätter und Maueranschläge parierten wir Schlag auf Schlag jedes kecke Vorgehen der Demokraten und ihres sogenannten Landesausschusses und machten den friedlichen Bürgern Mut. So haben wir in der Tat das Feld behauptet, unterstützt von der Bürgerwehr und von den konservativen Bauern der Nachbardörfer. Nur die Hofpartei und der

Fahnenweihe der Stuttgarter Bürgerwehr am 24. August 1848. Zeitgenössische Lithographie

Adel wurden uns zuweilen lästig, indem sie sich unter unsere Flügel flüchteten. Namentlich dienten eine Anzahl königlicher Köche, die sich als Mitglieder des Vereins hatten einschreiben lassen, den Demokraten lange zur Zielscheibe guter und schlechter Witze. Auch einige Herrn vom Adel ließen in der Angst großen Unverstand blicken. Die erste Kammer war feldflüchtig geworden und kam gar nicht zusammen, da es doch ihre Pflicht gewesen wäre, die konservativen Stimmen der zweiten Kammer und die ihrigen zu unterstützen. Einige vornehme Herrn lagen mir dringend an, ein konservatives Blatt zu organisieren, und es kostete mich viele Mühe, ihnen darzulegen, daß sie damit nur ein sehr unliebsames Aufsehen erregen und sich nur selber schaden würden.

Wir Konservativen und Gemäßigten hatten unsern Club täglich im obern Museum, die Demokraten im Café Kober. Beide Parteien kamen überein, in einzelnen wichtigen Fällen sich vorher in einer gemeinschaftlichen Abendversammlung über die gewissen Punkte zu vereinbaren, welche wir in der nächsten öffentlichen Kammersitzung zum Beschluß erheben wollten, um die Debatte abzukürzen und die Abstimmung zu beschleunigen. Das erstemal luden wir die Demokraten zu uns ins Museum ein und wählten einen aus ihrer Mitte, den jungen Advokaten Becher, zum Präsidenten. Das nächstemal wurden wir von ihnen zu Kober eingeladen, und diesmal wählten sie mich zum Präsidenten der gemeinschaftlichen Versammlung. Es war im November 1848, bald nach der Hinrichtung Robert Blums in Wien, und die Gemüter waren furchtbar erregt. Es drängten sich eine Menge Demokraten ein, die gar nicht Kammermitglieder waren und mitreden wollten, denen ich aber mit Donnerstimme das Wort entzog. Man konnte nicht einig werden, es wurde spät, und vom Tumult der Demokraten geärgert, verließen fast alle Gemäßigten den Saal und ließen mich bis nach Mitternacht unter den tollen Gesellen fast allein. Ich hielt aber das Präsidium bis zum Schluß der Sitzung mit eiserner Ruhe und großer innerer Befriedigung fest, denn es machte mir Vergnügen, den bösen Kerls einmal befehlen zu können.

Einer der eifrigsten unter den damaligen Demokraten war der junge Johannes Scherr, ein Mann von feinem Geist und Geschmack, der aber zuweilen geflissentlich in seinen Kammerreden den Groben spielte. Er gab eine sogenannte Weltliteratur heraus, eine Sammlung von Proben der besten Dichtungen aller Zeiten und Völker und bat mich um eine Menge Bücher aus meiner reichen Bibliothek, die ich ihm auch gern gewährte. Als er flüchten mußte, schickte er mir sie alle mit einem dankbaren Briefe zurück.

Die ganze Gesetzgeberei lief wie ein Uhrwerk ab, in einer deutschen Kammer wie in der andern. Alles unter Oberleitung des Frankfurter Parlaments, welches aber die Hauptsache versäumte. Denn indem es den deutschen Michel bis über die Ohren mit neuen Rechten überschüttete, vergaß es die Machtfrage. Oder wenn es sie nicht vergaß, so täuschte es sich doch über dieselbe. Den König von Preußen schon 1848 zum Reichsoberhaupt wählen zu können, ging nicht wohl an, weil er sich in den Märztagen doch zu schwach gezeigt hatte. Einen andern aber hatte man nicht, an einen andern dachte man nicht, der König von Preußen selber wollte nicht. Was konnte dabei herauskommen?

Die Demokraten begriffen das und trugen den Kopf sehr hoch. Allein sie waren nicht stark genug und benahmen sich der wirklichen Gefahr gegenüber sogar sehr feig. Anstatt den ruhigen Bürger und Bauer für die große Sache des

Vaterlandes zu gewinnen, schreckten sie dieselben oder ekelten sie an durch freche Renommisterei, Verhöhnung, Drohungen mit Raub und Anarchie und hielten immer nur die rote Fahne empor, anstatt sich um die dreifarbige Nationalfahne zu scharen. Der patriotische Gedanke war den damaligen Demokraten gänzlich abhanden gekommen. Sie sympathisierten laut mit Italienern, Polen, Tschechen und Ungarn, während diese alle die Waffen gegen Deutschland ergriffen unter dem Wutgeschrei: Tod allen Deutschen! Wir in der württembergischen Kammer wurden damals von der Paulskirche täglich wie an Drähten gezogen, was denn doch manchem unerträglich wurde. Der sogenannte rote Seeger war der Leithammel.

Es unterliegt keinem Zweifel, daß die demokratische Partei in Württemberg die Oberhand erhalten haben würde, wenn damals mit überraschender Schnelligkeit ein wohlgerüstetes badisch-pfälzisches Armeecorps über den Schwarzwald gekommen wäre, denn auch unter den württembergischen Truppen, die nicht einmal beisammen waren, hatten sich viele schon von den Demokraten verführen lassen, und eine große Volksversammlung in Reutlingen ging darauf aus, den ganzen bewaffneten Schwarzwald gegen Stuttgart zu führen, während die Demokraten in Heilbronn auch bereits eine sogenannte Ostarmee zu organisieren anfingen, welche zunächst mit den Reutlingern gemeinsam die Regierung in Stuttgart bedrohen, dann aber Franken insurgieren sollte. Stuttgart lag wie eine kleine konservative Insel in einem revolutionären Meere und wäre wohl nicht stark genug gewesen, sich gegen eine badisch-pfälzische Armee zu halten, wenn diese schnell eingefallen wäre. Das geschah nun aber nicht. Die provisorische Regierung in Baden schickte statt der Armee nur eins ihrer Mitglieder, den Demagogen Fickler, mit Geld nach Stuttgart, um hier die Garnison zu bestechen. Eine wirkliche kolossale Naivität, denn man nahm ihm gleich das Geld ab und setzte ihn auf den Asperg. Die Reutlinger standen nun auch von ihrem bewaffneten Zuzug ab, und die sechzig Deputierten, die sie nach Stuttgart schickten, um der Regierung Gesetze vorzuschreiben, wurden von unserer Bürgerwehr mit Hohnlachen empfangen und von der Regierung abgewiesen.

Unterdes rüstete Preußen, um den badischen Aufstand niederzuschlagen, und sowie sich Baden nur noch gegen die Reichsarmee und gegen das zweite Armeecorps unter dem Prinzen von Preußen in der Defensive befand, hatte auch alle Gefahr für Württemberg aufgehört. Eine neue Sorge schien der Hauptstadt die Ankunft des Rumpfparlaments zu machen, das von Frankfurt hierher geflüchtet kam. Allein diese armen Leute hatten nicht mehr viel zu bedeuten. Man wollte sie zwar schonen, und sie wurden dadurch kühn gemacht. Es war doch aber allzu lächerlich, daß sie eine Reichsregentschaft ernannten aus ein paar Advokaten, einem Professor, einem Cigarrenhändler, denen der Kaiser von Österreich und der König von Preußen gehorchen sollten.

Unser Ministerium ersuchte das Rumpfparlament, sich zu entfernen. Schoder erklärte früh am 18. Juni in unserer Kammer, das Parlament werde sich gleichwohl heute nachmittag um drei Uhr in seinem gewöhnlichen Lokale, dem Fritz'schen Reithause, versammeln. Dieses Reithaus lag meinem Haus und Garten schräg gegenüber. Wenn die Demokraten noch Macht und Mittel genug gehabt hätten, das Rumpfparlament zu schützen, so wäre es zu einem Kampf gekommen, der meine häusliche Ruhe sehr hätte stören können. Aber es war schon hinreichend Militär aufgestellt, das Reithaus besetzt, Präsidenten-

Neue Erfindung des Trauerspiel-Directors Wrangel.

Die einzinkige Volksstimmgabel, mit welcher man, wenn das Volk einen zu hohen Ton anstimmt, den Grundton wieder herstellt, die sogenannte Dominante.

stuhl, Tribüne und Bänke waren entfernt. Nachdem ich nur auf einen Augenblick aus der Kammer hinweggeeilt war, um nach meiner Familie zu sehen, ging ich beruhigt in die Kammer zurück. Um drei Uhr bewegten sich die Mitglieder des Rumpfparlaments unter Vortritt des Präsidenten Loewe, dem unsere ehrwürdigen Veteranen Schott und Uhland zur Seite gingen, in feierlichem Zuge zum Reithause hin, fanden aber eine dicht geschlossene Reihe Kavallerie vor sich, wurden von einem Regierungskommissär höflich ersucht, zurückzugehen und durch die langsam vorgeschobene Reiterei nach einem kurzen Protest Loewes zur Umkehr genötigt. Meine Frau und Tochter schauten, mit dem Strickstrumpf in der Hand, durch das Gitter meines Gartens zu. Es war nicht die mindeste Gefahr vorhanden und wurde nicht ein Tropfen Blut vergossen. Was man von vorgekommenen Exzessen gegen Parlamentsglieder erzählte, war alles erlogen. Während Regentschaft und Rumpfparlament zu einem Tore Stuttgarts hinausflohen, um die Schweiz zu erreichen, fuhren gar viele Stuttgarter Herren, besonders aus der Beamtenwelt, zum andern Tore hinaus, zunächst nach Heidelberg, um sich am Anblick der Preußen zu laben, die sie damals gern als Befreier begrüßten und ohne deren Kanonen und Bajonette sie wahrscheinlich auch noch länger vom Alp der Revolution gedrückt geblieben wären. Einer erzählte mir, unterwegs in Sinsheim sei der Boden des Wirtshauses ganz mit Demokratenbärten gepolstert und mehrere Barbiere noch eifrig beschäftigt gewesen, den vor den Preußen fliehenden Demokraten die Bärte abzunehmen. Als die neugierigen Herrn nach Stuttgart zurückkehrten, waren sie ganz entzückt von der kriegerischen Haltung der preußischen Truppen.

Die Stille

Ein Stuttgarter Bürger während der Revolution / In einer Nacht im Sommer Neunundvierzig schlaflos / Blickt aus dem Fenster: Stille. / Da erreicht seine Angst ihren höchsten Grad. / Er zieht sich an, verläßt das Haus, rennt / Schellt beim Innenminister, der läßt öffnen / Fragt, was er mitten in der Nacht denn will: / Er komme ihn warnen. Die Stadt sei so still.

B.K. Tragelehn, 1981. Diesem Gedicht liegt ein authentischer Vorfall zugrunde, den Wolfgang Menzel in seinen „Denkwürdigkeiten" beschreibt. Es handelt sich um einen reichen Kaufmann, der mitten in der Nacht bei Minister Duvernoy auftauchte.

II „Unerquickliche Wirtschaft" oder Die Arrondierung des Geländes

Aus dem „Lebensroman" des Friedrich Wilhelm Hackländer

Wolfgang Menzel, mit dem ich übrigens nie in persönlichem Verkehr gestanden, den ich nur hie und da bei unserem gemeinschaftlichen Verleger Adolf Krabbe gesehen habe, sagt in seinen „Denkwürdigkeiten" über jene Regierungsmaßregeln: „Wären wir nicht so verfahren, hätten wir uns in jene einfältige badische Revolution fortreißen lassen, so würden unsere demoralisierten Truppen und demokratischen Freischaren ebenso wenig wie die pfälzisch-badische Armee im Stande gewesen sein, die Reichsexekution aufzuhalten, und wir wären in Unkosten, Schimpf und Schande hineingerissen worden wie die Badener und Pfälzer. Um eine große Revolution durchzuführen und eines großen Reiches Einheit herzustellen, dazu gehören andere Männer und eine ganz andere Begeisterung im Volk. Bescheidene Helden wie 1813 und nicht feige Schwätzer, Fresser und Säufer."

Darin hatte er Recht; es herrschte eine recht unerquickliche Wirtschaft in der Stadt, wobei ich mich nur glücklich fühlte, wenn ich dem wüsten Geschrei und Lärmen den Rücken kehren und meinen geliebten Garten besuchen konnte, in dem ich nichts von der Residenz sah, dagegen einen wundervollen

Blick hatte auf die schönen Formen der Berge des Neckartals, über welchem stets ein wonnevoller, nervenberuhigender Friede lag. Hier oben fand ich denn auch nach so langer Abwesenheit genug zu tun, und da mir aus meinen Korrespondenzen für Cotta auch wieder Gelder eingingen, so konnte schon einiges auf notwendige Dinge und Phantasien verwandt werden.

Zu den ersteren gehörte eine Zusammenziehung der verschiedenen kleinen Grundstücke, die ich nach und nach erworben hatte, und zu den letzteren muß ich Vorarbeiten und Zeichnungen rechnen, um die unglückliche Windmühle in besserer Gestalt wieder erstehen zu lassen. Auch im Hause gab es genug zu tun, was mir aber großes Vergnügen gewährte; da mußten noch verschiedene Zimmer tapeziert, vorhandene Möbel an ihre Plätze gebracht, andere notwendige dazu gekauft und mit meinen vielen, allerdings nicht sehr wertvollen Bildern und Lithographien die Wände verziert werden. Wollte ich mich doch jetzt schon droben häuslich niederlassen und mich sogar verheiraten, was aber vorläufig noch unterblieb, weil mich Cotta – der große Brotherr, wie wir ihn nannten – ersuchte, unter sehr annehmbaren Bedingungen im Interesse der „Allgemeinen Zeitung" nach Baden und zwar ins Hauptquartier des Prinzen von Preußen zu gehen, der dort bei der Belagerung von Rastatt anwesend war. Die badische Wirtschaft hätte mich wenig gereizt; dagegen freute ich mich darauf, den liebenswürdigen Prinzen wieder zu sehen, und es war mir interessant, einen Vergleich zwischen meiner Aufnahme bei den Österreichern und der bei meinen Landsleuten und ehemaligen Kameraden anstellen zu können.

Am 11. Juli abends fuhr ich nach Karlsruhe und den andern Tag mit der Eisenbahn gegen Rastatt weiter, wobei mir die auffallende Veränderung besonders auf den Bahnhöfen recht angenehm auffiel; hier war doch wieder Zucht und Ordnung eingekehrt, vorüber die Zeit der Schlapphüte und des Bartwerks, kein brutaler Kerl, den die bunte Schärpe um den Leib als Regierungsbeamten kennzeichnen sollte, drängte sich mehr hervor oder griff hindernd in dem Dienste ein, um Züge länger halten zu lassen oder sonstigen Unfug zu treiben, und wenn man das und ähnliches gesprächsweise hervorhob, so ballte mancher, der vielleicht noch vor wenigen Wochen selbst mitgetan hatte, unter einem kräftigen Fluch gegen jene Lumpen die Faust.

Die unten stehende Abbildung entstammt dem „Eulenspiegel" vom 13. Juli 1850. Die Karikaturen zeichnete zumeist Julius Nisle, die Textbeiträge sind nur selten nachzuweisen. Der reitende Bote überbringt eine:
Telegraphische Nachricht aus Berg. Abends 5 Uhr 13 Minuten
– Soeben sprengt ein reitender Kurier durch unsere Straßen, welcher der Überbringer wichtiger Depeschen zu sein scheint. – Augenblicks sind alle hier anwesenden Diplomaten und Zeitungscorrespondenten ihm schleunigst in die Residenz nachgeeilt. Man vermutet allgemein, daß in Paris eine neue Revolution ausgebrochen ist. – Dagegen wird von hiesigen wohlunterrichteten Personen versichert, daß das Felleisen des Kuriers nichts anderes enthalte, als den Küchenzettel für das heutige Soupé auf der Villa [Berg]. Die Sache muß sich bald aufklären! – Indes hält man den angerichteten Schaden nicht für bedrohend. Außer einigen Kindern sollen nur drei Häuser mehr oder weniger zusammengestürzt sein. – Die Umgegend ist ruhig!

III Von der Ehre der Volksvertreter

Aus den „Lebenserinnerungen eines liberalen Demokraten"
Von Georg Friedrich Kolb

Mit den drückendsten Gefühlen verließen die Männer, denen es mit der Neugestaltung des Vaterlandes ernst war, die Stadt Frankfurt. Traurig zogen sie nach Stuttgart, mit wenigen Ausnahmen völlig hoffnungslos und nur von dem Gefühle erfüllt, das letzte zu tun, was die Ehre gebiete. Konnte es sich doch wahrlich nicht mehr um den Sieg, sondern nur noch um einen nicht ehrlosen Untergang handeln!

Am 6. Juni 1849 erfolgte denn zu Stuttgart die Wiedereröffnung der Nationalversammlung, des später so genannten Rumpfparlaments. Die Abgeordneten kamen auf dem städtischen Rathause zusammen und begaben sich von da in feierlichem Zuge nach dem württembergischen Landtagshause, das ihnen der Kammerpräsident zur Abhaltung ihrer Sitzungen eingeräumt hatte. Die sämtlichen Korps der Bürgerwehr mit ihren Musiken und Fahnen bildeten Spalier; eine Menge Volk erschien auf den Straßen und an den Fenstern der Häuser; fortwährend ertönten Hochrufe.

Ein Jahr in Stuttgart.

8. März 1848. Roth.

Was Errungenschaften! Die Republik müssen wir haben, das Andere ist Alles den Mäusen gepfiffen.

8. März 1849. Schwarz.

Wenn Sie's erlauben, meine Herren wollen wir morgen keine Sitzung halten, ich muß dem Märzministerium den Tisch decken.

9. März 1849. Schwarz und Roth.

Es lebe Seine Majestät der König!

Der König von Württemberg war in der letzten Zeit durch eine allgemeine Volksbewegung gezwungen worden, seinen Widerstand gegen Anerkennung der Reichsverfassung aufzugeben. Das Auftreten der Nationalversammlung gegen die ihm verhaßte preußische Oberherrlichkeit mochte ihm in einer Beziehung sogar zusagen. Der ihm in den vorjährigen Märztagen aufgezwungene Minister Römer hatte wiederholt auf das bestimmteste erklärt, Württemberg werde die Beschlüsse der Nationalversammlung unbedingt vollziehen. Jetzt aber, da die Anhäufung preußischer und andrer Truppen an der badischen und pfälzischen Grenze die schleunige Niederwerfung der Insurrektion verbürgte, brach die alte selbstherrische Anschauungsweise beim König aufs neue hervor, und der kurzsichtige Römer, im Wahne, sich an seinem Posten zu halten, gab sich zum Werkzeuge der Unterdrückung der deutschen Nationalversammlung her – ein Akt der Untreue gegen sich selbst, die ihm verdientermaßen nicht lange nützen sollte.

Es kam nun wesentlich darauf an, welche Haltung die württembergische Kammer annehme. Die Truppen schienen schwankend; anfangs zeigten sie, trotz Bewirtung mit Würsten und Wein, keinerlei Eifer für den König, obwohl sie auch gegen das Parlament ziemlich kalt blieben. Die Haltung der Landesvertretung wurde um so mehr maßgebend. Nach langer, heftiger Verhandlung erklärte sich dieselbe mit 60 gegen 14 Stimmen im Sinne der Minister! Die Furcht, ebenso wie die Badener in einen ungleichen Waffenkampf gestürzt zu werden, hatte bei den Schwachen den Ausschlag gegeben. Die Reaktionäre verstanden es trefflich, die Zaghaftigkeit auszunutzen.

Der Abgeordnetensaal wurde nun der Nationalversammlung zur Benutzung nicht mehr eingeräumt; die Vertretung des deutschen Volkes hatte nicht einmal mehr ein Versammlungslokal. Ein Gesuch, das ehemalige Bethaus der Reformierten, damals im Besitze der Deutschkatholiken, benutzen zu dürfen, wurde – charakteristisch genug – von diesen selbst erst durch die Revolution zum

Geduldetwerden gelangten Leuten zurückgewiesen. Endlich gelang es, die Fritz'sche Reitschule zu mieten; in zwei bis drei Tagen sollte sie zum Gebrauche notdürftig hergerichtet sein.

Am 14. gelangte an die Regentschaft eine Zuschrift des württembergischen Ministeriums, worin dieses die erstere aufforderte, das württembergische Land zu verlassen, da die Ruhe und Ordnung durch ihre Anwesenheit gestört werde. Am Nachmittag des 16. war die Reitschule hergerichtet; eine Sitzung konnte darin abgehalten werden – es war die letzte! Die Hoffnung der Reaktionäre, daß die zur Beschlußfassung nötige Mitgliederzahl nicht mehr zusammenzubringen sein werde, zeigte sich vereitelt; anwesend waren 104 Abgeordnete.

Am Morgen des 18. Juni erhielt Präsident Loewe ein vom Minister Römer unterzeichnetes Schreiben, worin ausführlich darzutun versucht war, daß und aus welchen Gründen die württembergische Regierung ein ferneres Tagen der Nationalversammlung in ihrem Lande nicht dulden könne (zunächst aus dem Grunde der Selbsterhaltung). Die einzige Antwort hierauf bestand in der Zusammenberufung der Versammlung auf den nämlichen Nachmittag 3 Uhr.

Der obere Bezirk der Stadt, auf deren höchstgelegenem Teile der Sitzungssaal, die Fritz'sche Reitschule, sich befand, war nun aber dicht mit Militär, Infanterie und Kavallerie besetzt. Um ½ 3 Uhr bewegten sich die Abgeordneten im Zuge nach dem genannten Lokale, voran Präsident Loewe, umgeben von den beiden schwäbischen Senioren Uhland und Schott, die jenen, ihn mit ihren Leibern beschützend, in die Mitte genommen hatten – Uhland, der edle deutsche Dichter, und Schott, der Schwiegervater des Ministers Römer! Die ganze Straße war mit tieferregten Menschen angefüllt, und die Fenster der anstoßenden Häuser sah man besonders mit Damen besetzt; viele dieser hatten Tränen in den Augen, indes nicht wenige der Männer die Fäuste ballten und knirschten, laut beklagend, keine Waffen zu besitzen.

Der Zug bewegte sich bis dicht vor die Bajonette der Truppen. Da öffneten sich plötzlich deren Reihen, und hervor trat ein Oberregierungsrat Camerer, um dem Präsidenten zu eröffnen, daß keine weitere Sitzung mehr geduldet werde. Ebenso unerwartet, als er gekommen, verschwand er wieder hinter den Bajonetten der sich rasch schließenden Soldatenreihen. Vergebens rief ihm Loewe zu, er möge halten. Als der Präsident darauf begann: „Ich erkläre . . .", da ertönte ein Kommandowort und sofort der lauteste Trommelwirbel; das Kalbfell übertönte die Menschenstimme. Dann hörte man den schreienden Ruf: „Zurück!" Die Infanterie sollte mit ihren Bajonetten vordringen, zeigte aber ein Schwanken und keine besondere Neigung zum Niederstoßen der Nationalvertreter. Da brach plötzlich eine Abteilung Reiter mit vorgestreckten Lanzen aus einer Seitengasse. Im Nu waren die Abgeordneten umringt und auch voneinander getrennt; daß sie nicht unter den Hufen der Pferde zertreten wurden, verdankten sie der Haltung der Reiter, die, nachdem sie dem Kommando einigermaßen nachgekommen, die brutale Gewalt doch nicht bis zum äußersten treiben wollten. Doch fehlte es nicht an einzelnen Gewalttaten. Loewe, Uhland und Schott wären ohne das rettende Beispringen Dritter wirklich von den Rossen niedergetreten worden. „Haut zu, haut ein!", kommandierten Offiziere; dem Abgeordneten Günther kam eine Lanzenspitze auf die Brust. Auf seinen Ruf: „Wollt ihr einen deutschen Volksvertreter morden!" zog der Reiter jedoch seine Waffe zurück. Dagegen erhielt Günther nun von hinten einen flachen

Georg Friedrich Kolb (1808–1884) wurde als Bürgermeister seiner Geburtsstadt Speyer in die deutsche Nationalversammlung gewählt. Er gab später die 1853 verbotene „Neue Speyerer Zeitung" heraus und lebte von 1853 bis 1860 in Zürich. 1868/69 war der entschiedene Förderalist Mitglied des deutschen Zollparlaments. Er publizierte u. a. über „Die Nachteile des stehenden Heerwesens" und vertrat die Prinzentheorie im Fall Kaspar Hauser.

Stuttgart, 18. Juni 1849

Hier sehnt sich nachgerade der ruhige Bürger nach dem Belagerungszustand wie nach dem Anbruch der goldenen Zeit, und den preußischen Soldatenhelm würde man als „Helm des Heils" begrüßen. Es ist traurig genug, aber es ist so, und es geht mir nächstens auch so. Der Rumpf ohne Haupt, die Nationalversammlung, hat sich jetzt ganz in unserer Nachbarschaft, im ehemaligen Reithaus angesiedelt; am Samstag wurde es eingeweiht und das Hochschreien donnerte mir in die Ohren, während ich eine Predigt über den verlorenen Sohn studierte.

Karl Gerok in einem Brief an seinen Schwager Paul Lang

Säbelhieb über den Kopf, der ihn taumeln machte! Auch der Abgeordnete Mohr trug einen Hieb mit der flachen Klinge davon. – Wie man nachträglich erfuhr, war die Fritz'sche Reitschule zuvor durch Truppen besetzt und die ganze Einrichtung zerstört worden.

Allmählich gelang es den einzelnen Abgeordneten, aus dem Rossegetümmel sich herauszuwinden. Da ihnen der Weg, den sie gekommen, verlegt war, so zogen sie durch andre Straßen. Sie kamen an einer Kompagnie der Stuttgarter Bürgerwehr vorüber, die sich an diesem Tag zum Wachtdienst hergegeben hatte. Die Wehrmänner standen stumm und ließen die Mitglieder der Nationalversammlung teilnahmslos an sich vorüberziehen, indes die Masse des Volkes, ebenso wie auf dem Hinwege, dieselben mit anhaltenden Hurras begleitete.

Die Abgeordneten sammelten sich im Hotel Marquardt; Militär folgte dahin und wurde vor dem Hause aufgestellt. Man konstatierte die Vorfälle nach den haupsächlichsten Erlebnissen der einzelnen, deren Angaben stenographisch aufgezeichnet wurden, und erneute den Beschluß, daß der Präsident befugt sei, an jedem ihm geeignet scheinenden Orte Sitzungen anzuberaumen. Loewe ersuchte die Anwesenden, Stuttgart in den nächsten 24 Stunden nicht zu verlassen. Der – nicht angegebene – Grund war in Wirklichkeit, um den Mitgliedern der Regentschaft, für deren persönliche Sicherheit man fürchtete, Zeit zu verschaffen, auf Umwegen nach Baden oder der Schweiz zu gelangen.

Auf solche Weise endigte die mit so großen und berechtigten Hoffnungen begonnene erste deutsche Nationalversammlung. Die Rechte und das Zentrum der erwählten Volksvertreter, die Verschmitztheit der Reaktionäre, der Vertrauensdusel und die Feigheit der Bourgeoisie konnten zu keinem besseren

Die Sprengung des Rumpfparlaments in Stuttgart. Holzschnitt (1849)

Endergebnisse führen – an Warnungen von seiten der Linken hatte es nicht gefehlt. Man hatte längst Erfahrungen genug gemacht, um den Täuschungen nicht neuerdings verfallen zu müssen.

Was die Schicksale der Abgeordneten anlangt, so versteht es sich von selbst, daß die der Rechten und dem Zentrum angehörenden die schönsten und reichsten Aussichten sich erschlossen fanden. Anders war es schon mit jenen Liberalen, denen es mit der Freiheit bis zu einem gewissen Grade ernst war. Sie sahen sich, nachdem man sie gebraucht, mehr und mehr beiseite geschoben, ein Los, das namentlich die Märzminister schließlich bis zum letzten teilen mußten. Traurig, wie sie selbst vorausgesehen, war das Schicksal der meisten Angehörigen der Linken. Abgesehen von einzelnen, die unter Verleugnung ihrer Vergangenheit politische Konvertiten wurden, hatten sie nur Verfolgung und Kerker in der Heimat zu gewärtigen, oder sie mußten in die Verbannung wandern, wo Elend und früher Tod so viele erwartete. Das stille Glück zahlloser Familien war vernichtet.

Moritz Hartmann
Zeitgenössische Druckgraphik

Moritz Hartmann (1821–1872) machte sich im Vormärz durch seine radikale Gesinnung in seiner böhmischen Heimat mißliebig und ging nach Paris, wo er mit Heine, Béranger und Musset verkehrte. 1847 kam er nach Prag zurück und wurde verhaftet. Ins Frankfurter Parlament gewählt, war er Mitglied der äußersten Linken. An der Wiener Revolution ebenso wie am badischen Aufstand beteiligt, floh er über die Schweiz nach Frankreich und England, von wo aus er als Korrespondent der „Kölnischen Zeitung" in die Türkei und den Orient ging. Als ihn der Stuttgarter Verleger Eduard Hallberger 1862 als Schriftleiter der Zeitschrift „Freya" nach Stuttgart holte, hatte er eine Professur für deutsche Literatur in Genf inne. Moritz Hartmann war eng mit Ludwig Pfau befreundet. Hartmann übersetzte Iwan Turgenjew, der ihn in Stuttgart auch besuchte.

IV „Düstere Blicke" und „melancholische Sympahtisanten"

Der letzte Gang des deutschen Parlaments
Von Moritz Hartmann

Viele ausgezeichnete Württemberger, darunter Mitglieder des Landesausschusses, Kammerabgeordnete und Schriftsteller, kamen uns von Stuttgart aus entgegen, und mit diesen bestiegen wir einen mit schwarz-rot-goldenen Fahnen, Blumen und Girlanden geschmückten Eisenbahnzug, um uns in die Hauptstadt zu begeben. Auf jeder Station wurden wir von großen Volksmassen begeistert empfangen.

Wer die Augen öffnen wollte, konnte sich überzeugen, daß es in der Hauptstadt anders aussah als im offenen Lande. Die Bürgerwehr, die uns feierlich empfing und sich dem Parlamente zur Verfügung stellte, war offenbar zu einem großen Teile für uns; auch die untern Volksschichten und alles, was in den Mittelklassen mit der liberalen Partei zusammenhing. Aber man wußte doch nicht, was wir in den Falten unserer Toga mit uns brachten; wir waren eine geheimnisvolle Erscheinung und darum bis zu einem gewissen Grade unheimlich. Von unserem Rechte und, ich darf wohl sagen, von dem Achtungswerten unserer Lage war jedermann durchdrungen, wagte doch selbst die Regierung in ihrer Proklamation weder das eine noch das andere zu leugnen. Aber die Stadt war ruhig, und wir brachten vielleicht die Revolution, wir brachten vielleicht Straßenkampf, eine neue Krise und eine Zukunft voll Unsicherheit.

Nicht alle, die für das Recht waren, waren zugleich für einen Kampf um dieses Recht und alle aus einem solchen Kampfe entspringenden Möglichkeiten. Die Begeisterung, die Ehrerbietung, die man uns zeigte, hatte etwas Gedrücktes, so wie bei aller Bewegung, die wir brachten, die ganze Atmosphäre nicht aufgeregt, gewitterhaft wurde, sondern ohne Schwüle gedrückt blieb. Ein gro-

Des Flüchtlings Klage

Du liebes, getreues Schwaben,
Daß ich dich meiden muß,
Wie schafft es mir so unendlich
Viel Kummer und Verdruß!

Was gibt es für herrliche Männer
In diesem glücklichen Land
Voll Becken, Philosophen,
Poeten und Silbersand!

Wie hängt dort voll Geigen der Himmel,
Voll Würste der Kamin!
Wie bin ich doch zu beklagen,
Daß ich dir ferne bin!

Du Heimat der Forstassistenten,
Du Garten mit Erbsen bebaut,
Paradies voll Pfarrerstöchter,
Substituten und Filderkraut!

Was hat nicht durch zeitige Ruhe
Der Bürger profitiert,
Und wär's auch nur, daß der König
In Stuttgart wieder logiert.

Seit Christi Geburt hat in Deutschland
Kein Land so deutsch gedacht,
Als in Schwaben, wo die Römer
So glänzend Fiasko gemacht.

Dieses mit „Märklin" unterzeichnete Gedicht wurde am 2. März 1850 im Stuttgarter „Eulenspiegel" abgedruckt. Der Verfasser dürfte der 1816 in Calw geborene Pharmazeut Edmund Märklin sein, der nach der Revolution nach Wisconsin auswanderte und im amerikanischen Bürgerkrieg Feldapotheker der Nordstaaten wurde. Ein typisches 1848er Schicksal.

ßer Teil der Einwohner dieser Stadt, welche sich damals noch nicht, wie das heute der Fall ist, durch Handel und Gewerbe unabhängig gemacht hatte, hing mit dem Hofe zusammen und lebte vom Hofe. Dieser Teil war uns ausgesprochen feindlich; dieser betrachtete uns mit düstern Blicken, während der andere, wenn auch mit Sympathie, doch zugleich melancholisch zu uns herübersah. Dies ist die Wahrheit über die damalige Stimmung in Stuttgart, wenn auch der Enthusiasmus, der uns in den nächsten Kreisen umgab, manchem Abgeordneten vielleicht ein anderes Bild in der Erinnerung zurückließ.

Am 16. beherbergte uns das Fritz'sche Reithaus, das, ohne daß wir eine Ahnung hatten, vor unserem Einzuge mit Blumen und Gezweige auf das Anmutigste ausgeschmückt wurde. Es war ein geschmückter Katafalk. Wir sollten nicht zum zweiten Male in diese Räume einziehen.

Man wußte bald, daß dort verhältnismäßig bedeutende Truppenmassen aufgehäuft waren, und in den Straßen hieß es, daß man uns alle niederhauen wolle. Da trat Ludwig Uhland auf. Er forderte den Präsidenten auf, so viele Mitglieder als möglich zu versammeln und sich mit diesen in einem Zuge an Ort und Stelle zu begeben, um die Gewalt an uns sich vollenden zu lassen, und käme es auch aufs Äußerste. Wir versammelten uns unter den Bäumen eines gewissen Platzes, den ich, bei meiner damaligen Unbekanntschaft mit der Stadt, nicht näher bezeichnen kann, und setzten uns von da aus in Bewegung. An unserer Spitze schritt der Präsident, ihm zu Seiten zwei Prytanen Deutschlands, die beiden Greise Albert Schott und Ludwig Uhland, zwei Männer, die ein ehrenvolles, fleckenloses, langes Leben hinter sich hatten, das nur dem Kampfe für das Recht, für das Gute und Schöne gewidmet war und das sie auch jetzt, ohne Zaudern der Ungewißheit, einer drohenden Gefahr ruhig und schlicht entgegentrugen. Auf dem Gesichte des alten Schott lag dieselbe Milde, derselbe Ausdruck der Humanität, die dieses Gesicht zu allen Zeiten charakterisierte, dieselbe Heiterkeit, die nur eine attische Bildung, verbunden mit dem Bewußtsein stets erfüllter Pflicht, geben kann. Damit sei aber nicht gesagt, daß sich in diesem sanften Gesichte nicht zugleich eine gewisse Aufregung kundtat. Das Verbrechen, welches eben an der deutschen Nation begangen werden sollte, ging ja von Römer aus, der der Mann seiner Tochter war. Wenn es Deutschland nicht auffiel, wie klar ein Recht sein mußte, für das ein Mann wie Schott mit dem Reste seiner Tage eintrat, so fehlte es vielleicht nicht an fernen und fremden Völkern, denen seine Gegenwart am Sterbebette der Nationalsouveränität für uns ein vollgültiges Zeugnis war. Ist es doch dem Aufzeichner dieser Skizze begegnet, daß sich bei ihm, auf ferner griechischer Insel, alte Hellenen nach dem braven, edlen „Skotos" erkundigten. Und auf der andern Seite des Präsidenten ging Ludwig Uhland, mit jenen großen, strammen Schritten, die man an ihm kannte. Sollte man nicht meinen, daß ein Recht, das von zwei solchen Zeugen begleitet auftritt, von aller Welt erkannt werden müsse? Man sollte es meinen, wenn man nicht wüßte, daß der Eigennutz sich um das Recht und seine heiligsten Zeugen nicht kümmert und daß er, um es zu besiegen, die Gedankenlosigkeit als Mittel gebraucht. Unmittelbar hinter dem Präsidenten und den beiden Greisen ging ich, Arm in Arm mit meinem Freunde Ludwig Simon, kann also als Augenzeuge über die letzten Momente des Parlamentes berichten. Ich wußte, daß wir unserm Ende entgegengingen, und das dicht gedrängte Volk, rechts und links an unserm Wege, flößte mir trotz aller Zurufe kein Vertrauen ein.

V „Arm in Arm mit Moritz Hartmann“

Aus den „Exilerinnerungen“ des Ludwig Simon

Ludwig Simon (1810–1872), Advokat, floh 1849 in die Schweiz und wurde in Trier in Abwesenheit zum Tode verurteilt. Er gründete 1866 in Paris eine Bank und starb in Montreux.

Diesen Sommer sind es nun schon sechs Jahre, daß mich das Dampfboot als Flüchtling von Konstanz nach dem thurgauischen Bade Horn hinüberstrug. Ich kann daran nicht zurückdenken, ohne daß auch die unmittelbar vorhergegangenen Ereignisse in meinem Gedächtnis wieder lebhaft erwachen.

Am 18. Juni, dem Jahrestage der Schlacht bei Belle-Alliance, waren also die letzten Hundert der deutschen Nationalversammlung in Stuttgart gesprengt worden, und zwar – fabelhaft, aber wahr! – nicht ohne eine ehrerbietige Verbeugung vor ihrem fortdauernden Rechtsbestande als souveränes Parlament deutscher Nation. Dieser Rechtsbestand ist in dem uns mit bewaffnetem Einschreiten bedrohenden Schreiben der württembergischen Regierung ausdrücklich anerkannt. Es wurde uns freigestellt, die Souveränität deutscher Nation fortzusetzen, wo es uns behage, nur nicht auf deutschem Boden. Insbesondere sei unsere Anwesenheit im Königreiche Württemberg mit dessen Ruhe und Ordnung nicht verträglich.

In der Tat, wäre es nicht gelungen, uns zum Weichen zu bringen, so wäre auch das Land Württemberg mit seinen geordneten und ungeordneten Kräften in die bewaffnete Erhebung für die deutsche Reichsverfassung hineingefallen. Es kommt mir nur darauf an, einen Beitrag zur Geschichte deutschen Geistes zu liefern. Wahrlich, diese vollständige Emanzipation der Theorie von der Realität, diese Unabhängigkeitserklärung einer unsterblichen Rechtsseele von jeder materiellen Basis, dieser Verweisung von der grauen Erde in den blauen Äther – ist das nicht echt deutsch? Wir aber verleugneten diesen Grundzug deutschen Wesens. Wir wollten uns den Boden dieser sündig-schönen Erde nicht unter den Füßen wegziehen lassen, war auch unser letzter Zufluchtsort nur eine armselige Reitbahn! Und hier hebe ich einen zweiten Punkt hervor, der wohl noch gar nicht bekannt ist. Mehrere Bürgerwehr-Abteilungen Stuttgarts, darunter auch die Bürgerwehr-Artillerie, hatten dem Parlamente, während seiner Konflikte mit dem württembergischen Ministerium, in herzlichen Adressen ihren Schutz angeboten. Dieses Anerbieten wurde nun angenommen; insbesondere erging von Seiten des Bureaus eine ausdrückliche Aufforderung an die Bürgerwehr-Artillerie, mit ihren Kanonen vor unserem Sitzungslokal vorzufahren, um uns den Eingang frei zu erhalten. Doch als die guten Leute sich nach ihren Kanonen umsahen, hatte die Regierung dieselben bereits unter Verwahrung genommen. In Berlin war die Bürgerwehr zu tatsächlichem Vorgehen bereit, ihr Schutz wurde abgelehnt; in Stuttgart wurde sie um tatsächlichen Schutz ersucht und befand sich nicht mehr in der Lage, denselben zu leisten. Du zuckst die Achsel, Leser? Tu' das nicht, sondern laß mich meine Erzählung beenden. Gegen Mittag setzte sich unser Zug nach dem Sitzungslokale in Bewegung. An der Spitze ging der rüstige Präsident Loewe, zwei würdige Greise hatten ihn in ihre Mitte genommen, Ludwig Uhland und Albert Schott, der erstere Freund, der letztere Schwiegervater des Ministers, auf dessen Befehl jetzt bewaffnete Macht uns den Eingang verwehrte. Ich ging, Arm in Arm mit Moritz Hartmann, unter den ersten hinter dem Präsidenten, bin also ein geeigneter Zeuge der folgenden Vorgänge. In der Nähe unseres Lokals angelangt, fanden wir den Zugang durch eine Front Infanterie abgesperrt, dahinter zu Pferde den General Miller nebst anderen Offizieren und den Regierungskommissar Camerer. Dieser letztere trat hervor und forderte uns im Namen des Gesetzes auf, uns zurückzuziehen. Loewe aber schritt vorwärts und verlangte mit fester, klangvoller Stimme: „Raum für die deutsche Nationalversammlung!“ Darauf Tambour und „Fällt's Bajonett!“, d. h. die Soldaten sollten das Bajonett fällen, aber sie taten's nicht, oder doch nur halb, kurz, es war ihnen gar nicht recht ums Herz. Ich habe ihnen von Angesicht zu Angesicht in die Augen geblickt, während der Zug vorwärts drängte. Sie schauten durchweg gar nicht feindlich drein und verrieten gar keine Lust, uns ein Leid zuzufügen. Wir wären sicher in unser Lokal gelangt, wäre nicht, auf gegebenen Befehl, ein in einer Seitenstraße aufgestelltes Kavallerie-Detachement nun herangesprengt, um uns hinwegzureiten. Selbst diese Aktion wurde nicht mit soldatischem Eifer ausgeführt, und vergeblich bemühte sich ein Unteroffizier, die Leute zu energischerem Trabe anzufeuern. Günther, [Robert] Blums Schwager, riß die Brust auf, daß die Knöpfe davonfuhren, und rief: „Stecht zu!“, aber niemand wollte zustechen. Doch wurde der eine und andere zu Boden und der ganze Zug allmählich hinweggeritten.

VI „Aller Segen kommt von oben“

Ein anonymes Gedicht im Stuttgarter „Eulenspiegel“

Am Reithause

Michel und seine Kappe im Jahr 48.

Frühjahr

Auf, auf! Gesattelt und gezäumt,
Geritten, daß die Funken stieben!
Wie sich das Roß so mutig bäumt,
Trotz Sporen und trotz Peitschenhieben.
Weht noch ein Odem durch die Schranken
Des Geistes, den das Roß hier wittert,
Des Geistes und des Glutgedanken,
Vor dem die „Bürgerruhe“ zittert?

Werft sie hinaus, die bunte Schar
Aus aller deutscher Herren Ländern,
Die unsern schwäb'schen Hausaltar,
Umkränzt mit Stuttgarts Zöpfen, ändern.
Das Gastrecht gilt hier nur für Fürsten,
Gekröntes Haupt paßt unsrem Schoße;
Doch – die nach freier Gleichheit dürsten,
Sie sind verfehmt als Ruhelose.

Der Becher, welcher überschäumt,
Ist nicht ein württemberg'scher Schoppen;
Hinweg, die ihr von Freiheit träumt,
Wir wollen trotten, nicht galoppen!
Wir wollen still und ohne Grübeln
Gott und die Herrn Minister loben.
Wer will uns das so sehr verübeln?
Denn aller Segen kommt von oben.

Auf, lenket fein ins alte Gleis;
Die Märzluft gilt es auszumerzen.
Nicht links, nicht rechts – nicht kalt, nicht heiß –
Steht an den abgestand'nen Herzen.
Mag draußen, was da will, geschehen:
„Sie mögen sich die Köpfe spalten,
Mag alles durcheinander gehen,
Doch nur zu Hause bleib's beim alten."

Du hast nunmehr ein Jahr gewacht;
Schlaf ein, schlaf ein, mein guter Michel!
Doch – aus der langen, dunkeln Nacht
Erblinkt des Sensenmannes Sichel.
Ihr dürft euch, traun, zu hoch nicht blähen,
Ihr, schlechter Zukunft schlechte Sprossen!
Er kommt dereinst, das Korn zu mähen,
Das jetzt in Unkraut aufgeschossen!

Und ist der Irrtum abgebüßt,
Der manchen jüngst zu hoch getragen,
Dann, junger Frühling, sei gegrüßt,
Wenn neu die Bäume Blüten tragen.
Drum – reißt die schwarzrotgoldnen Zeichen,
Ihr Leute, nur entzwei in Fetzen!
Einst braust es in den deutschen Eichen,
Zur Wonne dem, dem zum Entsetzen.

Sommer.

Der „Eulenspiegel" (dem die Karikaturen zu diesem Kapitel entnommen sind) wurde 1848 von Ludwig Pfau, mit angeregt durch Hermann Kurz, in Stuttgart gegründet und als populäres Sprachrohr der württembergischen Demokratie alsbald von den Behörden gemaßregelt. „Solange der Staatsanwalt" – heißt es in einem Polizeibericht – „gegen die unbegrenzte Frechheit dieser Blätter nicht einschreitet, eben so lange werden wir auch den Zustand der Ruhe und Ordnung vermissen." Nicht weniger als 52 Artikel, bzw. Abbildungen wurden noch nach Ludwig Pfaus Flucht in die Schweiz (Sommer 1849) inkriminiert und einige Redakteure und Mitarbeiter auf dem Asperg inhaftiert. Unter dem zunehmenden Druck der Reaktion mußte der „Eulenspiegel" 1853 sein Erscheinen einstellen. Der letzte verantwortliche Redakteur, Heinrich Schmidt, wurde aus Stuttgart ausgewiesen, nachdem man zuvor vergeblich versucht hatte, seine persönliche Integrität zu untergraben. 1862 bis 1864 wurde unter Emil Ebner noch einmal der Versuch unternommen, den „Eulenspiegel" wiederauferstehen zu lassen. Dies scheiterte aber nicht zuletzt an den strengen Zensurbestimmungen.

Spätjahr.

Das Ding

Ein „Zwischenfall" mit dem politischen Flüchtling Ludwig Pfau
Von Isolde Kurz

Isolde Kurz (1853-1944), die erfolgreiche Tochter des Schriftstellers Hermann Kurz. Photographie

Der von Isolde Kurz beschriebene Vorfall hat sich im Sommer 1857 abgespielt. Ludwig Pfau hatte sich als Engländer – Mr. Peter – illegal in Württemberg aufgehalten. Das Innenministerium muß von diesem Aufenthalt Wind bekommen haben, denn in einem geharnischten Schreiben an die Stadtdirektion Stuttgart wurde nachgefragt, wie es denn „bei gehöriger Handhabung der Fremdenpolizei" dazu habe kommen können, „daß eine so bekannte Persönlichkeit sich 14 Tage lang, unentdeckt von der Polizei, hier herumgetrieben habe". Pfau lebte als Exilant in der Schweiz und in Paris.

In mein drittes Lebensjahr fällt die erste Bekanntschaft mit dem Dichter Ludwig Pfau, der als politischer Flüchtling in Paris lebte und nun zu heimlichem Besuche nach Stuttgart gekommen war. Aus jener frühen Stuttgarter Zeit blikken mich nur Ludwig Pfaus vorstehende blaue Augen aus einem rötlich umrahmten Gesicht strafend an. Das ging so zu: Pfau hielt sich acht Tage in unserem Hause verborgen und pflegte während der Arbeitsstunden meines Vaters bei meiner Mutter zu sitzen, mit deren Anschauungen er sich besonders gut verstand. Mich konnte er nicht ausstehen, und diese Gesinnung war gegenseitig, denn wir waren einander im Wege. Ich war durchaus nicht gewohnt, daß die Mama, die ich sonst nur mit den Brüdern zu teilen hatte, sich so viel und andauernd mit einer fremden Person beschäftigte. Wenn die beiden also politisierend in dem großen Besuchszimmer auf und ab gingen, drängte ich mich gewaltsam zwischen die mütterlichen Knie, daß ihr der Schritt gesperrt wurde,

Der Rappsche Garten im Sommer 1842. In diesem Haus (heute Königstraße 18 B, Ecke Stiftsstraße) verkehrten u. a. Schiller und Goethe (vergleiche Seite 70)

und der Gast ärgerte sich heftig, ohne daß er bei der abgöttischen Liebe, die meine Mutter für ihre Kleinen hatte, es wagen durfte, mich vor die Tür zu setzen.

Er wollte sich daher in Güte mit mir einigen, und nachdem er sich eines Tages doch zu einem Ausgang entschlossen hatte, brachte er eine Tüte voll Zukkerwerk mit, dem er den mir noch unbekannten Namen Bonbons gab. Dieses unschöne Wort für einen so schönen Gegenstand mißfiel mir sehr: In dem nasalen O und in der Verdoppelung der Silbe fühlte ich dunkel etwas Groblüsternes und Unwürdiges. Wie mich ein neues Wort, das meinen Ohren schön oder geheimnisvoll klang, in einen stillen Rausch versetzen konnte, auch wenn ich seinen Sinn gar nicht verstand, ja dann erst recht, so daß ich damit umherging wie mit dem schönsten Geschenk, so gab es andere, die mir einen Widerwillen einflößten und die ich einfach nicht in den Mund nahm. Ich wurde nun auf den breiten hölzernen Tritt gesetzt, der das halbe Zimmer ausfüllte, und unter dem Beding, mich für eine Weile ruhig zu verhalten, erhielt ich ein rundes bernsteinfarbiges Zuckerchen, das ich alsbald in Arbeit nahm. Aber es rutschte mir glatt den Hals hinunter, mich um den Genuß betrügend. Sogleich brach ich den Frieden, indem ich wie Quecksilber auffuhr und mich miauend zwischen die Knie der Mutter klemmte, in der Hoffnung, eine Entschädigung zu erlangen. Fordern mochte ich sie nicht, weil ich nicht wußte, wie das Ding benamsen, da mir das widerwärtige Wort, das ich ganz leicht hätte aussprechen können, nicht von der Zunge wollte. Ich antwortete also auf die erschreckte Frage, was mir geschehen sei, nur, ich hätte „das Ding" verschluckt. Was für ein Ding?, fragte sie, schon an allen Gliedern zitternd, denn sie dachte an irgendeinen spitzigen oder gar giftigen Gegenstand. Das Ding! Das Ding!, rief ich geängstigt, daß man mich nicht verstand, und nun erst recht entschlossen, das verhaßte Wort keinesfalls auszusprechen. Mama war schon aus der Tür gestürzt, um den Arzt zu rufen, aber der Gast hatte die Geistesgegenwart, mich besser ins Verhör zu nehmen: Wie sah denn das Ding aus? Es war rund und gelb und ganz süß, sagte ich schnell, erleichtert, daß ich nun endlich den Weg sah, mich verständlich zu machen. Du dummes Kind, das war ja dein Bonbon, konntest du das nicht gleich sagen?, hieß es nun. Mama wurde zurückgerufen, die mich jubelnd als eine Gerettete in die Arme schloß, ich erhielt ein zweites Bonbon, das ich trotz dem widrigen Namen vergnügt in Empfang nahm, und das Zwiegespräch konnte endlich seinen Fortgang nehmen. Aber diesen Zwischenfall hat mir Pfau nie vergessen. Er versicherte mir später oft, ich sei das unausstehlichste Kind gewesen, was ich ihm von seinem Standpunkt aus gerne zugeben will.

Ludwig Pfau
Photographie von J. Eberhard

Pfau (1821–1894) wurde wegen seiner Beteiligung an der 1848er Revolution 1852 in Abwesenheit zu 21 Jahren Zuchthaus verurteilt. Er konnte offiziell erst 1863, nach einer Amnestie, nach Stuttgart zurückkehren, wo er dann zum intellektuellen Kopf der „Schwäbischen Volkspartei" wurde. Bekannt wurde sein „Badisches Wiegenlied" („Schlaf, mein Kind, schlaf leis, / Dort draußen geht der Preuß' / Deinen Vater hat er umgebracht, / Deine Mutter hat er arm gemacht"). Ein Porträt des Proudhon-Freundes (und -Übersetzers) hing über dem Arbeitsplatz von Theodor Heuss.

Nordlichter und Nibelungen

Zweimal Besuch bei Mörike

Eduard Mörike und seine Familie: links seine Schwester Klara mit Tochter Fanny, rechts seine Frau Margarethe mit Tochter Marie. Photographie von Friedrich Brandseph (um 1860)

Der Husumer Theodor Storm (1817–1888) blieb der Familie Mörike über den Tod des Dichters hinaus verbunden. Im Sommer 1884 arbeitete er an der Erzählung „Es waren zwei Königskinder", die auch in Stuttgart spielt. Am 27. August 1884 erbat sich Storm die Hilfe Margarethe Mörikes: „Allerlei Leute sprechen schwäbisch darin: ein Gastwirt vom Lande, zwei Brüder aus Stuttgart und aus Waiblingen, eine Schildwache. Sie brauchen wohl nicht ganz Dialekt zu sprechen, aber was sie an Dialekt sprechen, müßte doch richtig sein; originelle malerische Worte hätte ich gern. Ich erlaube mir, Ihnen diese Gespräche hier vorzulegen, mit der Bitte, sie mir korrigiert zurückzuschikken. Finden Sie irgendwo ein lebendigeres, eigentümlicheres Wort – nur muß es im Zusammenhang dem Norddeutschen verständlich sein –, so schreiben Sie es, bitte, dabei. Ich werde Ihnen nachher die Druckbogen schicken."

Präliminarium

Eduard Mörike an Theodor Storm

Stuttgart, 8. August 1855

Welche liebliche Aussicht, mein teurer Freund, Sie in Person hier bei uns zu haben! Meine Freude darüber war so groß, daß das böse Gewissen, das Fünkchen von Schrecken (der entsetzlichen Briefschuld wegen) augenblicklich darin erlosch u. unterging. Sonnabend, Sonntag, Montag, Dienstag; ein jeglicher Tag wo es taget und nachtet ist gut, wenn er Sie herbringt. Eine kurze Anzeige desselben wäre wohl recht, damit wir jeder möglichen Störung u. bösen Zufällen vorbeugen. Ich werde zur gesetzten Viertelstunde (wenn Sie mir diese auch vielleicht bemerken könnten) im Wartesaal des hiesigen Bahnhofs sein und meinen Mann aus den tausend Gesichtern, nach dem über meinem Sopha hängenden Signalement, auf den ersten Blick erkennen.

I Theetisch mit „Mozart"

Von Theodor Storm

15. August 1855

Mörike war nicht im Wartesaal, wie er mir geschrieben hatte. Meine Ankunft war mit einer Literaturstunde zusammengefallen, die er derzeit als Professor am Catharineum [Katharinen-Stift] zu geben hatte. Als die Menge sich verlaufen hatte, blieb ich mit einem schwarzen Herrn auf dem Perron zurück, der nach dem mir bekannten lithographierten Bilde jedenfalls nicht Mörike sein konnte, der aber bald auf mich suchend Umherblickenden zutrat und mir ein mit Bleistift geschriebenes Billett überreichte. „Salve Theodore!" schrieb Mörike, „*Negotio publico distentus amicum, ut meo loco te excipiat, mitto carissimum.*" Dieser Freund war Wilhelm Hartlaub, dem die erste Auflage der Gedichte gewidmet ist, und der jetzt von seiner Dorfpfarre bei dem Dichter auf Besuch war. „Sie kommen zur glücklichen Stunde", sagte dieser, als wir durch die Straßen schritten, „der Eduard hat grade etwas fertig, was von überwältigender Schönheit ist." Die Dichtung, welche er meinte, war die Novelle „Mozart auf der Reise nach Prag."

In der einfach, aber nett eingerichteten Wohnung, freilich mehrere Treppen hoch, wurde ich von Frau und Schwester empfangen. Mörike selbst war noch nicht da; aber während ich mich an einem Glase jungen Weins, noch aus dem Garten zu Mergentheim, nach der heißen Fahrt erquickte, trat auch er herein. Er war damals erst 51 Jahre alt; in seinen Zügen aber war etwas Erschlafftes, um nicht zu sagen Verfallenes, das bei seinem lichtblonden Haar nur um so mehr hervortrat; zugleich ein fast kindlich zarter Ausdruck, als sei das Innerste dieses Mannes von dem Treiben der Welt noch unberührt geblieben.

Margarethe Mörike, die einen „Sachverständigen" dazugezogen hatte, zeigte sich hilfsbereit und antwortete Anfang September:
„Sie hatten in Ihrem Text viel bayrischen Dialekt – nun aber ist alles echt aus der Stuttgarter Gegend."

Doch scheint Margarethe Mörike mit dem Text zu zart verfahren zu sein. Am 15. März 1888 – es wurde eine Storm-Gesamtausgabe vorbereitet – schrieb Paul Heyse an Theodor Storm:
„Dein böses Schwäbisch hat mich beim Lesen gestoßen, da es vor meiner tieferen Kenntnis nicht bestehen kann. Es sind Dir arge Bavarismen und andere Ungeheuerlichkeiten mit unterlaufen. Nichts für ungut. Einer kann nicht alles."

Der gebürtige Berliner Heyse nahm die Revision jedoch nicht selbst vor, sondern überließ sie dem schwäbischen Schriftsteller Ludwig Laistner. Heyse am 23. März 1888 an Storm (der sich unter Berufung auf Margarethe Mörike verteidigt hatte): „Wer zum Schmied gehen kann, soll nicht zum Schmiedle gehen. Ich habe deshalb Deinen Wunsch einer Revision des Dialekts an die rechte Schmiede, Freund Laistner, gebracht, lieber Freund, aus welcher der lahme Gaul nun wohlbeschlagen ins Freie traben mag."

Mörikes Blick aus seiner Wohnung Hospitalstraße 36 Zeichnung von Mörike

Er faßte mich an beiden Händen und betrachtete mich mit großer Herzlichkeit. „Gelt, Alte!", sagte er dann zu seiner Frau, „so habe wir ihn uns ungefähr gedacht. Als ich eben da heraufgegangen bin, da hab' ich mir die Stufe angesehen und gedacht, ob wohl der Storm da herübergestiegen ist?"

In meiner Heimat, wo das Plattdeutsche der Volkssprache sich schärfer von der Schriftsprache scheidet, ist man nicht gewöhnt, einen derartigen Anflug von Dialekt in der Unterhaltung zu hören; auch Mörikes Gedichte, hatte ich sie nun laut oder leise gelesen, waren mir stets nur in meiner eigenen Sprache dagewesen. Nun hörte ich den Dichter selber in behaglichster Weise sich in der Sprache seiner schwäbischen Heimat ergehen, insbesondere beim Mittagstische im Gespräch mit seinem Jugendfreunde Hartlaub. Als ich ihm meine Gedanken darüber kundtat, legte er zutraulich die Hand auf meinen Arm und sagte lächelnd: „Wisse Sie was? Ich möcht's doch nit misse."

Am Nachmittag [des nächsten Tages] wurde mir zu Ehren auf nordische Weise der Theetisch hergerichtet; Mörike meinte, oh, sie kennten das hier

Der Stuttgarter Bopserbrunnen
Zeichnung von Mörike (1859)

auch. Dann schleppte er mir selbst aus seinem Studierstübchen seinen großen Lehnstuhl herbei, und als ich mich hineingesetzt hatte, begann er seinen „Mozart“ vorzulesen. Die noch jugendliche Frau des Dichters ging indessen, wie ein freundlicher Hausgeist, ab und zu; die wirtschaftliche Sorge für die Gäste hatte sie genötigt, sich dem pantomimisch kundgegebenen Wunsche ihres Mannes, sich mit in unseren Kreis zu setzen, mit dem liebenswürdigsten Ausdruck des Bedauerns zu entziehen. Mörike las, wie mir damals schien, vortrefflich; jeder Anflug von Dialekt war dabei verschwunden. Auch hier aber hatte ich Gelegenheit zu bemerken, welch hohe Stellung der Dichter bei seinen Jugendgenossen einnahm und wie sie überall nur das Schönste und Beste von ihm erwarteten. Hartlaub folgte der Vorlesung mit einer verehrenden Begeisterung, die er augenscheinlich kaum zurückzuhalten vermochte. Als eine Pause eintrat, rief er mir zu: „Aber, i bitt Sie, ist das nun zum aushalte!“

Nach beendeter Vorlesung wandte das Gespräch sich auf den „Maler Nolten“, dessen erste Auflage vergriffen war. Der Verleger beabsichtigte eine neue, aber Mörike wollte den unveränderten Abdruck nicht gestatten; er hatte schon damals eine Umarbeitung desselben begonnen, welche er trotz der ihm noch vergönnten zwei Dezennien nicht vollenden sollte. Es wollte ihm nicht gelingen, bekannte er; er habe sogar das Buch schon einmal vor Ungeduld an die Wand geworfen.

Gegen Mittag kamen meine Eltern, mit denen ich am Nachmittag nach Heilbronn und dann anderen Tags den Neckar hinab nach Heidelberg zurückfahren sollte. Die nordischen Leute schienen Mörike zu gefallen; als wir mit ihm und seiner Schwester einen Spaziergang durch die Stadt und die umliegenden Anlagen machten, faßte Mörike mitten aus der Unterhaltung heraus mich unter den Arm und raunte mir zu: „Aber, en passant, Sie habe recht liebe, liebe Eltern!“ Und noch mehrmals kam er darauf zurück: „Ich komme noch nit aus mei Staunen und mei Freud; Sie habe wirklich prächtige Eltern!“ Noch sehe ich ihn mit meinem Vater, den alten Poeten und den alten Advokaten, in aufmerksamer Betrachtung vor der Schillerstatue stehen; beide die Hüte in den Nacken gerückt, der eine mit seinem Regenschirm, der andere mit seinem spanischen Rohr unter dem Arm. Plötzlich wendet Mörike sich zu mir und sagt mit großer Herzlichkeit: „Wisse Sie was? Ihr Herr Vater hat so was von einem alte Schweizer!“ Dies Kompliment, wofür er es ansehen mußte, da ihm die Schweizer nur als ideale Gestalten aus Schillers Tell bekannt waren, konnte mein Vater unmöglich annehmen. „Ach wat“, rief er lachend in unserem Plattdeutsch, „ick bün man en Westermöhlner Burjung!“

II Vom Sopha und vom Bier

Von Friedrich Hebbel

Stuttgart, Juni 1862

Ich erkundigte mich abends im Dunkeln nach einer mir unterwegs angerühmten Bierkneipe. Der Herr, den ich fragte und der den Namen, den ich nannte, nicht recht verstand, antwortete mir: „Ich weiß, daß der Herr Baron

Der in Wesselburen, Holstein, in dürftigsten Verhältnissen geborene Dramatiker Friedrich Hebbel (1813–1863) konnte übrigens nur studieren, weil ihn seine Jugendfreundin, ein armes Nähmädchen, unterstützte. Hebbel heiratete später eine Burgschauspielerin, die ihm materielle Sicherheit und Verbindungen zum Theater bot.

Iwan Turgenjew und der „spanische Pfeffer“

Turgenjew, völlig entzückt von diesen Schöpfungen der von ihm über alles verehrten Freundin, bestand darauf, die so in Musik gesetzten Lieder müsse der Dichter selbst von der Komponistin gesungen hören, dies Fest ihm von seiner dankbaren Verehrerin bereitet werden. So fuhr Frau Viardot, von Turgenjew begleitet, eines Tages im Frühling 1865 [von Baden-Baden] mit ihrem Mörike-Liederheft nach Stuttgart zu dem Dichter hinüber. Auch wenn mir beide später nicht die Szene lebhaft und lachend geschildert hätten, würde ich es mit meines Geistes Auge gesehen haben, wie sich der Empfang durch den stillen kleinen, in den bescheidensten Verhältnissen lebenden, sich vor der Welt (zwar) ohne Haß verschließenden, aber vom Schicksal hart mitgenommenen Dorfpfarrer und der weitere Verlauf des Besuchs des russischen Riesen und der spanischen Meisterin abgespielt haben muß. Er hat ihn zunächst in Verlegenheit gesetzt, wie mir beide bestätigten, und auch sie sind so wenig wie Friedrich Hebbel dem von diesem schaudernd getrunkenen dünnen Kaffee entgangen. Aber allmählich ist Mörike doch diesen Besuchern gegenüber warm und immer wärmer geworden und hat dem Vortrag seiner Lieder durch die unvergleichliche Künstlerin mit immer wachsender Teilnahme und Ergriffenheit gelauscht. Nur bei einer besonders scharf gewürzten und stark colorierten Komposition – ich weiß nicht genau mehr, welches Liedes – hat er leicht zusammengezuckt und verbindlich leise lächelnd bemerkt: „Das ist aber starker spanischer Pfeffer!“

Ludwig Pietsch in der „Vossischen Zeitung“

Iwan Turgenjew (1818–1883) hatte Mörike erstmals am 31. Januar 1865 in Stuttgart besucht. Zu dem Vortrag der von Pauline Viardot-Garcia (1821–1910) komponierten Mörike-Lieder kam es am 5. April 1865. Der Vortrag hat jedoch – entgegen der Schilderung von Ludwig Pietsch – nicht in Mörikes Wohnung, sondern in der Stuttgarter Wohnung Moritz Hartmanns stattgefunden, wo Mörike, so der Biograph Hartmanns, „in Begleitung einer ungeheuren spanischen Wand“ erschienen sei. Iwan Turgenjew über diesen Abend: „... der alte Sonderling war ganz außer sich, lief auf und ab wie ein Besessener“.

ausgetreten ist (aus dem Heer) und daß die Frau Baronin um die Erlaubnis zu einer Schankwirtschaft nachgesucht hat, aber sie ist noch nicht eröffnet.“

Im Gasthof, das Diner mit den wunderschönen Kindern. Ich glaubte in eine Gemälde-Galerie, statt in eine Wirtsstube gekommen zu sein, als ich diese vier Mädchen mit ihren feinen Alabaster-Gesichtern und ihren Gold-Locken um den Tisch herumsitzen sah. Mit ihnen war ein Jude, grundhäßlich und schwarzbehaart, wie ein Neger, der sich als Vater gebärdete und vor dem sie, wie deutlich zu bemerken war, zitterten und bebten.

Eduard Mörike, dem ich die Nibelungen zugeschickt hatte, sagte mir buchstäblich: „Mir war bei Ihren Nibelungen, als ob plötzlich ein Felsblock durchs Dach gefallen sei. Dort ist der Sopha, dort lag ich, dort empfang ich die Schauer, die allein das Große hervorruft, das zugleich schön ist, dort fühlte ich die übers Gesicht kriechenden Spinnwebsfäden und rief ein Mal übers andere aus: und solch ein Mann hält Dich würdig, Dir ein solches Werk zu schicken? Hier ist meine Frau, sie mag's bezeugen, war's so? Du lügst nicht!“ Er versprach mir dann, mir ausführlich über das Werk zu schreiben, hat es aber nicht getan. Nachmittags mit ihm und dem Dr. Zoller bei Theobald Kerner (Hofrat) in Cannstatt, den ich morgens bei Zoller getroffen hatte. Spaziergang; Flasche Bier im Wirtshaus; das Kerner-Album mit den zu phantastischen Figuren verarbeiteten Dinten-Flecken; die Orgel der Seherin von Prevorst. Ein Fremder zu Uhland, nachdem er ihn angeredet hatte: „Ach, verzeihen Sie, ich glaubte, Sie seien der berühmte Herr Bruder.“ Der alte Cotta beschäftigte sich jeden Abnd damit, die Siegel der eingelaufenen Briefe abzulösen und in eine Stange zusammenzuschmelzen.

Das ist einmal wieder gutes Bier; bisher glaubte ich immer, ich sei in der Apotheke. (Station Ulm)

Neckartal bei Berg Ölgemälde von Louis Mayer (1832)

Himmlische Beobachtungen

Aus Briefen an Luise Mörike und Margarethe von Speeth
Von Eduard Mörike

Eduard Mörike Scherenschnitt von Paul Konewka

Luise Mörike (1798–1827) war die Schwester des Dichters

Möhringen, im Februar 1827, 8 Uhr morgens

Geliebteste Luise!

Es ist heute ein so schöner, goldiger Tag, als nur je im Frühling einer vom Himmel fallen. Ich sagte deswegen vorhin beim Frühstück zu meinem Herrn Pfarrer, wenn die Erfindung der Luftschiffe zustande gekommen wäre, ob er jetzt nicht Lust hätte? Aber er sprach von der entsetzlichen Kälte; hingegen ich schauderte vor Wohllust bei dem Gedanken; wenn ich mein Fenster aufmache und rechts hinübersehe, so hängt rote Wintersonne in leichtem Dampf, und der übrige Himmel ist *eine* Bläue, und zwei, drei Dächer in der Nachbarschaft haben ihren vollen Schnee rosinrot anlaufen lassen.

Margarethe Mörike Scherenschnitt von Luise Walter (1875)

Stuttgart, den 19. Oktober 1851

Um vier Uhr sollte Greens Luftballon steigen, und Louis trieb sehr, daß ich mit ihm gehe. Die anderen hatten keine Lust. Als wir oben in der Gartenstraße liefen, erblickten wir das schwarze merkwürdige Ungetüm auf einmal etwa zweimal so hoch als der Stiftsturm rechts, ungefähr über dem alten Georgii'schen Haus unter dem neblichten Himmel, ganz ruhig, mit unmerklicher Schnelligkeit aufsteigend. Ich sah durch den Tubus die Inschrift *„Constant!"* auf dem Wachstaffet, die Gondel und das niederhängende Seil. Ehe eine Minute verging, war er in den Wolken verschwunden.

Margarethe von Speeth (1818–1903) und Eduard Mörike haben fünf Wochen nach diesem Brautbrief, am 25. November 1851, geheiratet.

Hieronymus Lorm (eigentlich Heinrich Landesmann) wurde 1821 in Nikolsburg (Mähren) geboren. Mit 15 Jahren verlor er infolge einer Lähmung seinen Gehörsinn ganz und sein Sehvermögen teilweise. Er bildete sich autodidaktisch fort und publizierte früh. Wegen seiner Satire „Wiens poetische Schwingen und Federn" mußte er nach Berlin flüchten. Lorm veröffentlichte Romane, Erzählungen und Gedichte sowie an Schopenhauer angelehnte philiosophische Schriften („Der grundlose Optimismus"). In späteren Jahren erblindete Lorm völlig und entwickelte eine Handtastsprache, das bis heute gebräuchliche sogenannte „Lormsche Fingeralphabet". Er starb 1902 in Brünn.

Stuttgart liegt in Cannstatt

Von Hieronymus Lorm

So war ich denn aus tiefer ländlicher Einsamkeit in den glänzenden Wirrwarr eines modernen Badelebens versetzt. Zum Glück weiß Cannstatt beides miteinander zu vereinen.

An der Stadt selbst ist nun freilich nicht viel zu sehen, sie ist ein echtes Landstädtchen, ein aus Häusern wie aus steinernen Flanelljacken zusammengesetzter Philister. Nur die Schlafmütze hat man ihm abgezogen und sein Haupt dafür durch einen Kranz schöner Anlagen und Spaziergänge verherrlicht, die sich an die von Säulen getragene und von Galerien eingefaßte Brunnenhalle schließen. Hat man den höchsten Punkt erreicht, so steht man an der schönsten Stelle des Neckartales und begreift wohl, wie dieses Tal eine eigene Dichterschule, um es zu preisen, hervorrufen mußte. Was je ein der Idylle zugeneigtes Gemüt vom Reiz der Dörfer träumte, liegt lebendig an den Ufern des Neckar, wie er sich bei Cannstatt schauen läßt. Die Dörfer nehmen durch ihre auf Hügeln ruhenden Kirchen mitten im protestantischen Lande den eigentümlichen Zauber katholischen Friedens an, wie denn auch manche vereinzelt stehende Kapelle, noch aus der Zeit vor der Reformation stammend, ihr Recht des Daseins behauptet. Man braucht nicht empfindsam zu sein, um, wenn man die Gegend von Cannstatt überschaut, in ihrer sonnigen Ruhe zu glauben, die Prinzessin Glück schlum-

Cannstatt von der Ostseite Kolorierte Lithographie (um 1860)

Rechts: Blick von der Silberburg – Ölgemälde eines unbekannten Malers (um 1850) 1806 erwirbt der Küferobermeister und Speisewirt Lorenz Silber das ehemalige Landhaus des Fürsten Thurn und Taxis und richtet hier einen Weinausschank ein. Nach dem Umbau eröffnet Silber eine Gastwirtschaft: die Silberburg, die 1836 die Museumsgesellschaft erwirbt.

mere verzaubert in einem dieser Dörfer, und es gälte nur, den rechten Augenblick nicht zu versäumen, um sie zu erlösen und heimzuführen.

Eine Spezialgeschichte Württembergs belehrt uns, daß man oft und noch gegen Ende des 17. Jahrhunderts daran dachte, statt des viel ungünstiger gelegenen Stuttgart, das reizende Cannstatt zur Hauptstadt des Landes zu machen. Auch will uns Stuttgart, von Cannstatt aus gesehen, besser gefallen, als wenn wir es mit dem Fuße betreten. Wir erblicken von hier aus den Rosenstein, das königliche Lustschloß, unter welchem die Eisenbahn ihren mächtigen Tunnel hat. Der Rosenstein ist der Endpunkt des königlichen Parkes, der bis an das Schloß von Stuttgart reicht, und statt der Lokomotive kann uns dieser Spaziergang zwischen Bäumen und herrlichen Marmorstatuen in die Hauptstadt bringen. Dem Sinne der Romantik entspricht hier besser als das neue – das „alte" Schloß, von den Herzogen Württembergs bewohnt, und welche historische Erinnerung man dabei auch immer hege, wenn man ein deutscher Poet ist, wird die an den Herzog Karl von Württemberg überwiegen und die rechte Stimmung gefunden sein, das Denkmal Schillers aufzusuchen.

Nun haben wir beinahe das Beste von Stuttgart gesehen, wenn wir nicht die Berge dazu rechnen wollen, die überaus freundlich von vielen Seiten hineingucken auf die vornehmsten Straßen und Plätze der Stadt, als wollten sie sagen, es soll euch in Schwaben nicht gelingen, aus treuherziger Ländlichkeit herauszukommen und unheimlich Großstädtisches dafür an die Stelle zu setzen. Vom eigentlichen Leben der kleinen Hauptstadt ist freilich um diese Zeit nicht zu sprechen, denn der Sommer hat alles so verödet und mit Stille bedeckt, daß sogar das einzige Theater Stuttgarts den Riegel vor die Türe schob, damit man glaube, es werde bis zum ersten September niemand hineingelassen, während man früher der Meinung war, es gehe niemand hinein. Es soll übrigens, wie von kompetenten Stimmen zu vernehmen ist, eine in Leitung und Leistung vor-

Freitag, 12. Dezember 1845

Für mich, mein geliebtes Wölfchen, gibt es dreiundzwanzig Städte, die mir heilig sind und das sind die folgenden: Neuchâtel, Genf, Wien, Petersburg, Dresden, Cannstatt, Carlsruhe, Straßburg, Passy, Fontainebleau, Orléans, Bourges, Tours, Blois, Paris, Rotterdam, Den Haag, Anvers, Brüssel, Baden, Lyon, Toulon, Neapel. Ich weiß nicht, was sie Ihnen bedeuten, aber wenn mir einer dieser Namen ins Gedächtnis kommt, dann ist es, als ob Chopin eine Klaviertaste anschlagen würde; der Hammer weckt Töne, die in meiner Seele vibrieren, und es erwacht ein langes Gedicht."

Der französische Romancier Honoré de Balzac (1799–1850) in einem Brief an Eva von Hanska, mit der er im Juni 1845 eine Badekur in Cannstatt verbringt. Balzac hegt den Wunsch, Madame Hanska, die von ihm wohl ein Kind erwartet, in Stuttgart heimlich zu ehelichen. Da aber die Ehe einer Untertanin des russischen Zaren mit einem französischen Schriftsteller offenbar nicht ohne besondere Umstände möglich ist, hofft Balzac auf die Vermittlung des Grafen Wilhelm von Württemberg. Er läßt ihm deshalb von Paris aus die ersten Bände der Gesamtausgabe der „Comédie humaine" zukommen. Balzacs Traum, noch einmal nach Stuttgart zurückkehren und dort sogar zu heiraten, hat sich freilich nie erfüllt.
Wenn auch Balzacs Besuch in Stuttgart nicht mehr als eine Fußnote der Literaturgeschichte geblieben ist, so ist Stuttgart doch für die frühe Balzac-Rezeption in Deutschland von einiger Bedeutung. Nicht nur durch Karl Gutz-

kow, der hier Balzac als „bedeutendsten Beobachter der menschlichen Gesellschaft" gefeiert hat, sondern auch durch den Journalisten und Schriftsteller Friedrich Seybold (1783–1843) der mit den 1835–1836 in Stuttgart erschienenen „Erzählenden Schriften" Balzacs Œuvre erstmals in Deutschland zusammenhängend herauszugeben versuchte.

treffliche Anstalt sein, die durch reichen Zuschuß des Hofes in den Stand gesetzt wird, alles was die anspruchsvolle Zeit verlangt, den Bewohnern zu bieten. Diese sind in künstlerischer, besonders aber in literarischer Beziehung tiefer gebildet als manche nordische Hauptstadt, die sich in dieser Beziehung des Besten rühmt, anzunehmen geneigt wäre.

Wenn sich aber nun auch im Sommer ein wirklich großstädtisches Leben nirgends leicht ergibt, so sind doch die Orte, an welchen für das Raffinement materiellen Genusses gesorgt wird, auch im Sommer untrügliche Kennzeichen, ob eine Stadt sozusagen ein großes Haus führt. Wer nun mit einem von Prachtresidenzen wie Wien und Berlin verwöhnten Geschmack hierherkömmt, der lernt in Hotels und Restaurationen, Cafés und Boutiquen die Tugend der Bescheidenheit kennen. Daß aber der auf Vergnügen gerichtete Sinn der Stadtbewohner ein vorwiegend literarischer ist, beweist die bei alledem prachtvolle Einrichtung der Leseanstalt „Museum". Sie gedeiht schon seit 1796, obgleich sie nicht die einzige am Orte ist, und zählt nicht nur ein großes Haus, sondern auch einen Garten vor der Stadt, „die Silberburg", zu ihrem Besitz, wo sich die Mitglieder häufig zu Musik und geselliger Unterhaltung versammeln. In den Lesezimmern fehlte keine einzige nenneswerte politische und belletristische Zeitung, und die Bibliothek ist im Laufe der Jahre zu einer seltenen Vollständigkeit angewachsen. Die größte Liberalität herrscht in bezug auf Fremde, welchen, von einem Mitglied eingeführt, ein vierwöchentlicher Gratisbesuch der Anstalt offensteht.

Aber während einer Sommerreise in Schwaben wiegt ein blühendes Zweiglein am Wege den ganzen deutschen Bücherwald, gewiß aber das Zeitungsgestrüpp auf, und so verlasse ich denn Stuttgart, trotz seiner schönen Königsstraße ohne Bedauern, wenn es mir auf meinen Fahrten nicht mehr begegnen sollte.

Influenza oder Die Prinzessin auf der Erbse

Aus den Tagebüchern eines Hypochonders Von Hans Christian Andersen

Der dänische Dichter Hans Christian Andersen (1805–1875) litt ständig unter nervösen Beschwerden und psychischen Störungen, die ihn für viele seiner Zeitgenossen zu einer wunderlichen Figur machten. Zutiefst hypochondrisch veranlagt, konnten ihn Lappalien an den Rand des Wahnsinns treiben.
Auf seinen insgesamt 23 Auslandsreisen durch ganz Europa wurde Andersen von irrationalen Ängsten und Zwangsvorstellungen verfolgt. Von Platzangst beispielsweise war er so geplagt, daß er oft schon ins Zittern geriet, wenn er nur in einer größeren Stadt einen Platz überqueren sollte. Eine andere Phobie, die er selbst als „Paß-Angst" bezeichnete, konnte ihm das Reisen zur Hölle machen: Der Gedanke, daß die Eintragungen in seinem Reisepaß womöglich falsch und die Folgen für ihn schrecklich sein könnten, quälte ihn dann tagelang. Auf Bahnhöfen pflegte er stundenlang vor der Abfahrt herumzustehen, aus Angst, zu spät zum Zug zu kommen, und saß er schließlich im Zug, war er überzeugt, daß er im verkehrten saß. Da er ständig fürchtete, bei einem Brand umzukommen, hatte er immer ein Seil in seinem Koffer, um sich notfalls abseilen zu können.
Andersen verstand es, wie er selbst sagte, sich „bis zum höchsten Grade zu peinigen".

Montag, 24. September 1860

Herrliches Wetter! Um 8 ½ Uhr aus Karlsruhe abgereist. Kam um 12 Uhr nach Stuttgart und ging zum Buchhändler Hoffmann. Fühlte mich aber nicht sofort wohl, wollte gern fort und in ein Hotel. Amberger sah dabei recht unglücklich aus. Hier ist Professor Stahr mit Frau, geborene Lewald, zu Besuch beim Sohn. Bei ihnen würde ich mich nicht frei fühlen. Am Mittagstisch gemütlich. Die Frau des Hauses so herzlich. Habe beschlossen zu bleiben.

Donnerstag, 27. September

Der Geburtstag des Königs von Württemberg. Fahnen wehen. Leute sind unterwegs. Herrliches Wetter. Besuchte Hackländer, der nicht zu Hause war.

Bahnhofshalle. Lithographie (um 1860).

Links: der Alte Bahnhof. Vorderansicht nach einer Lithographie (1855). Der Alte Bahnhof stand in der heutigen Bolzstraße, drei Portalbögen sind im Gebäude Nr. 10, des einstigen Metropol-Palastes, noch erhalten.

Volksfest und Jahrmarkt in Cannstatt Lithographie (1850)

Wenn man in München liebenswürdig für mich war, so trug man mich in Stuttgart auf Händen. Der König befahl aus freien Stücken, daß mir seine Villa, die Wilhelma, gezeigt werden solle und ließ mich in Hofequipage dazu abholen. Sie ist im maurischen Stil und dadurch von überraschender Originalität; eine ähnliche Sammlung von weiblichen Nuditäten, wie die Bildergalerie dort und auf Rosenstein sie darbietet, findet sich schwerlich irgendwo wieder.

Otto von Bismarck in einem Brief vom 21. Dezember 1855.

Traf Beaulieu, den belgischen Gesandten, den ich aus Kopenhagen kenne. Heute nachmittag brach ein heftiger Schnupfen aus. Er nahm stark zu. Ich fuhr jedoch nach Cannstatt hinaus, wo morgen eine Tierschau und Wettrennen sein werden. Hier war völliges „Volksfest" mit Künstlern und Marktbuden. Die Tribüne für das Wettrennen war äußerst geschmackvoll dekoriert. Säulen mit Äpfeln und Zwiebeln, grünen und roten Äpfeln, weiße Zwiebeln von Vogelbeeren umgeben. Getreidevasen und Mais vortrefflich als Dekoration benutzt. Frischer Hofpen drehte sich von den Säulen. Die Wände waren zurechtgeschnittene Tannen. Wir sahen die Industrieausstellung, aber ich war ständig am Niesen. Leidend. Mit Kopfschmerzen. Das Wasser lief mir aus den Augen. Ich war in Schweiß und mir war doch kalt. Fuhr ins Theater, das wegen des Geburtstags des Königs festlich beleuchtet war. Alles in Pracht und Schmuck. Der König wurde mit Hurrarufen empfangen. Man gab die Oper Titus, die keine bemerkenswerte Darstellung hatte. ½ 9 war die Vorstellung vorüber.

Mich fror es und ich war matt. Speiste jedoch, als ich nach Hause kam. Bekam warmen Punsch und zwei leichte Decken in mein Bett.

Freitag, 28. September

War heute zum Mittagessen in Marquardts Hotel bei dessen Sohn eingeladen, gab es aber auf, mein Magen ist krank. Mir geht es noch nicht gut und ich bleibe deshalb zu Hause.

Sonntag, 30. September

Besuch vom Komponisten Abert. Später von Hackländer, ich war aber nach Cannstatt hinausgefahren, wo das Volksfest und großer Zirkus war. Wir saßen in der Sonne, so daß ich davon Kopfschmerzen bekam. Beim ersten Lauf sprang eines der Pferde über die Barriere. Der Reiter fiel ab, lag völlig tot und wurde so fortgetragen. Es wurde ein Arzt gerufen. Ich war sehr affiziert. Der Mann erholte sich jedoch und ritt um die Bahn herum. Es war dort ein Mann mit seinem Hund, der das Pferd anbellte. Das war nicht erlaubt. Es war eine hohe Persönlichkeit der Stadt, die sich dieses erlaubte. Ein Luftballon ging in die Luft. Wir fuhren durch das Gedränge und erreichten Stuttgart um 6 Uhr.

Dienstag, 2. Oktober

Stammblätter geschrieben. Am Tisch tranken wir württembergischen Champagner. Herzlich wurde ich eingeladen, nächstes Jahr zu kommen. Bei der Abreise waren alle bewegt. Amberger und Hoffmann begleiteten mich zum Bahnhof. Es war eine Unruhe in mir. Ich reiste – fort von diesen zwei herzlichen Freunden.

In Augsburg zog ich in die „Drei Mohren" und hatte ein Zimmer zur Straße, die anläßlich der Messe von Buden belegt war. Ich aß und trank eine halbe Flasche Wein und einen Schnaps. Als ich ins Bett kam, fühlte ich mich krank. Ich spuckte. Ob es der Apfel war, den ich gegessen hatte oder der Champagner heute mittag, ich spuckte und war leidend.

Eingefrorene Zungen

Es ist ein eignes Ding mit diesen kleinen Residenzen; wenn man hineinfährt und die breiten Straßen, die stattlichen Häuser erblickt, glaubt man wunder was erwarten zu dürfen; klopft man dann aber an, so ist Nichts zu Hause, die Museen stehen leer, in den Archiven werden die Jahrgänge alter Zeitungen aufbewahrt, und die Straßen sind für die Unsichtbaren angelegt. Die Schwaben sind nun noch obendrein alle von oben bis unten zugeknöpft, die Gesichter sind entweder finster und feindselig oder obstinat und herausfordernd, die Zungen scheinen eingefroren und die ganze Rasse den Übergang von den Stammelnden zu den Stummen darzustellen. Die hervorragenden Häupter, die Köpfe von Stuttgart und Württemberg gleichen alle eingemauerten Mönchen, die durch das für den letzten Stein noch offengelassene Loch verdrießlich und lebensüberdrüssig hindurch schielen.

Friedrich Hebbel 1860 in einem Brief

Eine lange, schlotterige, lemurenhaft-eingeknickte Gestalt mit einem ausnehmend häßlichen Gesicht.
Friedrich Hebbel 1843 in seinem Tagebuch über Hans Christian Andersen

Das Schwungrad der Technik

Anfänge des Maschinenbaus in Berg
Von Max Eyth

Im Frühjahr 1860 kamen die ersten Berichte über die Lenoirsche Gasmaschine aus Paris und veranlaßten nicht wenige Maschinenfabrikanten, sich auf dieses Gebiet zu wagen. Die Zuversicht und der überschwengliche Enthusiasmus der Franzosen setzte auch unser schweres deutsches Blut in Bewegung. Wir wissen sie heute besser zu beurteilen. Auch mein Herr und Meister Kuhn glaubte die neue *Via triumphalis* ohne Verzug einschlagen zu müssen, und erwählte mich dazu, sie für ihn zu pflastern. Er wußte, daß es mir an dem nötigen Feuereifer hierfür nicht gebrach.

Man baute im Fabrikhof eine fensterlose Bretterbude, zu der, nahezu bei Todesstrafe, niemand außer mir und zwei Monteuren Zutritt hatte. Dort wurde die neue Maschine zusammengestellt und in der Dämmerung einer Sommernacht, nachdem die Fabrik von allem, was Odem hat, verlassen worden war,

Die erheblich erweiterten Kuhnschen Fabrikanlagen um 1900. Max Eyth verließ die Firma 1861

zum erstenmal versucht. Es war eine unvergeßliche Stunde. Gasmaschinen jener Zeit mußten ein- oder zweimal von Hand gedreht werden, ehe sie in Gang kommen konnten. Dies verlangte schon die Theorie. Dagegen waren wir in völligem Dunkel darüber, ob bei der nun zu erwartenden Explosion der eingesaugten Gase ein Druck von einer oder von fünfzig Atmosphären entstehe, ob die Maschine sich wie eine tollgewordene Kanone oder wie ein toter Eisenklumpen benehmen würde. Dazu die knisternde elektrische Zündung, von der wir alle nichts verstanden. Es war dämonisch.

Die Türe der Geheimbude wurde weit geöffnet, um sich im entscheidenden Augenblick wenn möglich retten zu können. Kuhn stand im Freien, in der, wie er hoffte, sicheren Entfernung von fünfzehn Schritten. Fünfzehn Schritte hinter ihm stand seine treue, aber neugierige Frau, die ihren Gatten in dieser ernsten Stunde nicht verlassen wollte. Ich und einer der zwei Monteure waren bereit, uns zu opfern und drehten das Schwungrad. Bei der zweiten Umdrehung sollte der Theorie nach die erste Explosion erfolgen, die Maschine zu laufen beginnen oder alles zertrümmern. Nichts dergleichen geschah. Wir drehten in banger Erwartung fünf-, sechsmal. Unser Mut wuchs. Wir drehten mit aller Kraft und schneller. Bei der zehnten Umdrehung erfolgte ein furchtbarer Knall, den ein mephitischer Geruch begleitete. Das Schwungrad entriß sich unsern Händen; die Maschine machte zwei zuckende Umdrehungen und blieb dann stehen, als ob nichts geschehen wäre. Wir aber gingen nachdenklich und etwas erleichtert nach Hause, denn alles weitere Drehen hatte keine andern Folgen, als daß der ganze Fabrikhof nach Gas roch.

Max Eyth, 1836 in Kirchheim/Teck geboren, studierte zunächst Philologie, bevor er sich der Mechanik und dem Maschinenbau zuwandte. Eyth, der u. a. mit seiner Verbesserung des Dampfpfluges wesentlich zur Mechanisierung der Landwirtschaft beitrug, arbeitete in vielen Ländern, auch in Übersee. 1863 bis 1866 war er Chefingenieur des Prinzen Halim Pascha von Ägypten. Von seinem erzählerischen Werk wurde „Der Schneider von Ulm“ am bekanntesten. Eyth starb, geadelt und als Ehrendoktor der Technischen Universität Stuttgart, 1906 in Ulm.

Berg
Bleistiftzeichnung von Max Eyth (1857)

Friedrich Theodor Vischer, Photographie. Zu Vischer siehe Seite 246

Der Genius Loci – Eine Frage des Standorts

Unerledigte Antworten aus einem jahrzehntelangen Briefwechsel Von David Friedrich Strauß und Friedrich Theodor Vischer

Vischer an Strauß

Tübingen, 3. Dezember 1836

Deine Bedenklichkeit, nach Stuttgart zu gehen, finde ich insofern ganz gegründet, als Stuttgart so wenig wie irgend eine württembergische Stadt Geselligkeit hat. Es ist bei uns die Geselligkeit dadurch ruiniert, daß die Männer durch das Kneipsystem von den Frauen getrennt sind, und doch diejenige naive Gemütlichkeit in diesem Kneipsystem nicht herrscht, die diesen Mangel ersetzen könnte. So hat man weder das eine nach das andere: man kneipt weder fidel, noch wird man durch weibliche Anmut und Verstand erheitert. Unter dem jungen Mannsvolk in Stuttgart kann ich mir keinen Zirkel denken, der Dir satisfa-

*Verzeihung! Es klingt nicht immer gut, wenn man von sich selber redet, es riecht auch nicht immer gut.
Mit meiner Gesundheit bin ich, wie es scheint, über den Berg. Die Winter werde ich in Nizza leben, für die Sommer brauche ich eine Stadt mit großer Bibliothek, wo ich incognito leben kann (ich habe an Stuttgart gedacht, was meinst Du?).*

Friedrich Nietzsche am 30. April 1884 an Franz Overbeck

Vischers Arbeitszimmer, Photographie von H. Brandseph (1907)

cierte oder auch nur wenigstens das Ärgerliche gehörig ausschlösse, und Familien, wo man mit Verstand heiter ist, gibt es blutwenig, und unter diesen wenigen kennst Du keine. Dennoch werden die neueren Mittel und Nahrungsquellen, Theater, Bibliotheken etc. Dich noch hinnötigen, abgesehen die individuellen Verhältnisse, die Dich, wie Du mir schreibst, in Ludwigsburg drücken, sodaß ich zu dieser Veränderung immerhin gratulieren würde.

David Friedrich Strauß Photographie von Friedrich Brandseph (1865)

Strauß an Vischer

Darmstadt, 12. November 1868

Welche von beiden Städten, München oder Stuttgart, hat eher das Zeug, der Kulturmittelpunkt für Süddeutschland zu werden? Der Vorzug des erstern als Hauptstadt eines größern Landes, mit mehr Mitteln und Hilfsquellen, die schon vorhandenen Kunstvorräte noch nicht einmal gerechnet, liegt auf der Hand. Nur hierauf gesehen, die Stadt und ihre Position nicht in Betracht gezogen, hätte die bayrische Hauptstadt wohl den Vorzug. Wäre seinerzeit, als Altbayern mit den neuen Provinzen vergrößert wurde, eine fränkische oder schwäbische Stadt, etwa Augsburg oder noch besser Nürnberg, zur Residenz gemacht worden, dann stünde alles gut. Aber daß der bayrische Kulturmittelpunkt dem altbayrischen Stamm und seinem Katholizismus anvertraut ist, macht alles anders. Nun schwimmt dieses Geistesschiff auf einem Sumpf, in dem nicht fortzukommen ist, wo die Luft immer einigermaßen verpestet ist. Die Provinz, in der die Hauptstadt liegt, hat auf diese immer einen vorwiegenden Einfluß. Wenn ich letzten Winter mit Bekannten so an Sonntagen durch die Straßen von München ging und von dem eingebornen Volk Notiz nahm, erschien es nicht bloß mir, sondern auch den andern so, wie in einer griechischen Kolonie am Schwarzen oder am Mittelmeer dem Hellenen die gallischen oder skythischen Urbewohner erschienen sein mögen. Die Kluft zwischen der aufgeklebten Kultur und dem Grundstock von Barbarei in München ist ungeheuer und wird immer ein Hemmnis für ein gesundes Wachstum der erstern bleiben.

Diese Kluft ist in Stuttgart geringer, der schwäbische Stamm bildsamer und schon vorgebildeter (resp. freilich auch verbildeter) als der bayrische; dies würde die Schale zu Gunsten Stuttgarts neigen. Allein die schmäleren Mittel des kleinern Staats sind hier noch überdies durch die Trennung der Universität von der Hauptstadt geschmälert. In der Klage hierüber hast Du gewiß recht. Allein wenn Du hoffst – ich sage nicht, daß jemals, aber daß demnächst, daß noch zu unsern Lebzeiten hierin eine Änderung durchzusetzen sein werde, so bleibe ich dabei, dies für eine Illusion zu halten. Für eine Reihe von Jahren sind durch die leidigen, aber unabweislichen Militärbedürfnisse die Kräfte unserer Staaten so in Anspruch genommen, daß an eine so kostspielige Änderung im Kultusdepartement, soviel ich sehe, nicht zu denken ist. Zumal diese Klein- und Mittelstaaten doch nur aus der Hand in den Mund leben. Man wird sich nicht so verunköstigen wollen für ein Morgen, wovon man nicht weiß, ob es einem noch gehören wird. Und daß eine solche Änderung ein zuverlässiges Mittel wäre, das Morgen sich zu sichern, ist teils an sich zweifelhaft, teils schwer, den betreffenden Persönlichkeiten klarzumachen.

Du siehst, ich bin ungefähr so gut und so klug wie Dein Los-Orakel.

Der Ludwigsburger David Friedrich Strauß (1808–1874) erregte mit seinem 1835/36 erschienenen „Leben Jesu" ungeheures Aufsehen und den Zorn orthodoxer Kreise. Als er 1839 in Zürich eine Professur antreten sollte, kam es zu einem regelrechten „Straußenkrieg", der mit seiner Pensionierung vor Antritt der Stelle endete. Zu einem heftigen Ärgernis für pietistische Kreise wurde 1841 seine Heirat mit der berühmten Sängerin Agnese Schebest, die freilich nach einigen Jahren unter für Strauß wenig rühmlichen Umständen geschieden wurde. In seinen „Unzeitgemäßen Betrachtungen" hat sich Friedrich Nietzsche mit David Friedrich Strauß hart auseinandergesetzt.

Zwei Preußen in Schwaben

Wilhelm Raabe und seine spätere Frau Bertha. Photographie des Brautpaars, März 1861

Der Braunschweiger Wilhelm Raabe (1857–1910) lebte von 1862 bis 1870 in Stuttgart, seit 1864 in der Hermannstraße 11. Sein „Arbeitszimmer", eine eigenhändige Federzeichnung, entstammt einem Brief an die Mutter vom 7. Mai 1864 (Abbildung rechts). Die Passanten in der Hermannstraße zeichnete Wilhelm Raabe für seine Tochter Margarethe.

I Der nationale Wilhelm Raabe

Aus seinen Briefen

Stuttgart, den 2. August 1862

Liebe Mutter!

Ich schreibe Dir jetzt aus unserer Wohnung, *Gymnasiumstraße No. 13, 3 Trepp.*, welche Adresse ich nicht zu vergessen bitte. Allmählich fällt der erste Strahl von Ordnung in das Chaos, und es fängt an, behaglich zu werden. Bertha ist mit der „Ausläuferin" Marie Schnabele auf den Markt gegangen, ich habe Holz gekauft, und wird dasselbe soeben unter unsern Fenstern klein gemacht. Unsere Meubles treffen nach und nach ein. Berthas Schränke, Sessel, Sopha, Kommoden sehen recht gut aus; meine Bücher stehen in Reih und Glied. Die Madonna sowie alle Bilder, Glassachen sind völlig unbeschädigt eingekramt. In den Bodenkammern sitzen Wanzen; die eisernen Bettstellen sind elegant und gewiß sehr praktisch. Viel Hitze haben wir in den ersten Tagen im *König von Württemberg*, unserm Hotel, erduldet; unsere Wohnung dagegen ist recht kühl, und wir können der Sonne nach allen Seiten hin ausweichen. Gescheuert ist in den vorigen Tagen nach Herzenslust; morgen werden die Vorhänge, Portieren aufgesteckt.

Wir sehen aus jedem Fenster auf einen grünen Berggipfel, und dann auf den Turm der Hauptkirche, von welchem nach Stuttgarter Sitte, morgens, mittags und abends ein Choral geblasen wird. Bertha amüsiert sich über das Leben auf den Dächern, das hierorts herrscht; es ist aber auch wirklich merkwürdig, was die Leute alles auf Balkonen, Brüstungen, platten Dächern, ja sogar Schornsteinen treiben.

18. August

Lieber Freund Tom!

Wenn Du Dir einmal ein Hauswesen gründest, wirst Du finden, daß man dabei viele Kämpfe mit Tischlern, Tapezierern, Posamentieren und anderen Tieren zu bestehen hat. Man kommt aber endlich doch zum guten Ende – *post nubila Phoebus.* Hier in Stuttgart möchte man freilich oft sagen: *post Phoebum nubila,* die Sonne kann's auch zu gut meinen.

Mit Freude habe ich vernommen, daß Du Deinen Platz in Braunschweig, einen Deiner würdigen Platz! – eingenommen hast; ich empfehle mich samt meiner Bertha Deinem polizeilichen Schutz, wenn wir einmal von den Württembergern ausgewiesen und per Schub über die Grenze gebracht werden sollten. Bis jetzt haben sie uns freilich ganz gut aufgenommen und sind ausnehmend freundlich gegen uns.

„Haben Sie eigentlich Uhland noch kennengelernt?"
„Leider nicht."
„Aber Mörike kannten Sie doch?"
„Das ist der einzige Stuttgarter Genosse von der Feder, den ich nie gesehen. Eine quabblige, faule Natur, die sich sogar durch eine wöchentliche Literaturstunde im Katharinenstift beschwert fühlte und lieber drum die gutbezahlte Stelle aufgab."
„Friedrich Theodor Vischer aber, das muß doch ein Kernmann gewesen sein."
„I wo. Der platzte vor Eitelkeit. Meine Frau haßte ihn geradezu. Er war einmal ihr Tischherr, und hat er denn das schöne junge Weib nicht taktvoller unterhalten können, als indem er in breitestem Schwäbisch auseinandersetzte, ihre braunschweigische Mundart höre sich doch einfach scheußlich an."

Aus einem von Fritz Hartmann überlieferten Gespräch mit Wilhelm Raabe.

2. September 1863
11 ½ Uhr mittags

Liebe Mutter!

Bertha ist übrigens sehr unglücklich darüber, daß Ihr meint, ich sei auf *ihren* Wunsch von Wolfenbüttel fortgegangen. Das ist nicht der Fall. Ich wollte nur, ich könnte Euch alle von dort fort und hierher bringen. Für mich als Schriftsteller wie als Mensch könnte ich jetzt in ganz Deutschland keinen bessern Aufenthaltsort finden; habe mir deshalb soeben auch meine Aufenthaltskarte auf ein Jahr verlängern lassen.

10. Oktober

Übrigens entwickelt sich jetzt wirklich ein sehr lebendiges literarisches Treiben. Moritz Hartmann ist mit seiner Familie bereits angelangt, um hier seinen festen Wohnsitz zu nehmen; mit den übrigen hier anwesenden Leuten stehe ich meistens auf einem guten Fuße und in regem Verkehr. Ich habe mich durch

verschiedene Beiträge an einem Dichterbuch beteiligt, welches Ludwig Seeger herausgibt. Mein photographisches Porträt habe ich aber standhaft verweigert; obgleich andere die ihrigen sehr gern hergegeben haben.

21. Januar 1864

Liebe Mutter!

Gestern haben wir eine Wohnung gemietet, die ich für sehr angenehm gesund und „preiswürdig" halte. Wir ziehen freilich wieder in den dritten Stock und geben 320 fl, aber wir haben sehr geräumige Zimmer und eine prächtige Aussicht und wohnen unter Bekannten, Hermannstraße 11.

29. Juni 1866

Liebe Mutter und Geschwister!

Hoffentlich gelangt auch dieser Brief noch in Euere Hände und trifft Euch bei guter Gesundheit und sonst behaglich im alten Gleise. Hier geht ein Tag nach dem andern in großer Aufregung vorüber, und wir mit unsern norddeutschen Anschauungen sitzen schon ganz in Feindesland. Gestern war großes Jauchzen über die Siegesnachricht aus Böhmen, und jedermann ist fest überzeugt, daß die Österreicher in den nächsten Tagen in Breslau und dann auch ebenso schnell in Berlin sein werden.

25. Juli

Liebe Verwandtschaft!

Augenblicklich scheint uns der Krieg näherrücken zu wollen; soeben habe ich ein Extrablatt gekauft, welches von einem Gefecht der Württemberger bei Tauberbischofsheim meldet. Die Furcht vor der preußischen Einquartierung liegt den guten Schwaben sehr auf dem Nacken, und es gibt viele böse Gewissen in Stadt und Land. Sonst aber sind die norddeutschen Sympathien – besonders seit der Schlacht bei Königgrätz – auch hier sehr im Steigen, und es wagt schon mancher seine Herzensmeinung zu sagen.

Heute vor vier Jahren kamen wir hier an, und wir wollen wohl sagen, daß wir mancherlei in diesen Jahren und an diesem Orte erlebten. Was uns noch zu erleben beschieden ist, müssen wir in Geduld erwarten. Augenblicklich verhalten wir uns natürlich noch stiller wie sonst; Berthas Geburtstag sowie den des Kindes und unsern Hochzeitstag haben wir sehr bescheiden gefeiert. Unsere Vergnügungen beschränken sich auf den Besuch der Silberburg; heute wollen wir jedoch vielleicht eine Fahrt nach Berg wagen.

24. August

Liebe Mutter!

Wir haben hier jetzt eine *deutsche* Partei gegründet, welche gegen die Mainlinie gerichtet ist, und von der Regierung sowie der partikularistischen Demokratie mit allen Waffen angegriffen und bekämpft wird.

9. September

Liebster Schwager!

Da muß ich Dich denn bei allem, was verständig und vernünftig ist, bitten, diese idealische, zärtliche Besorgnis um den „deutschen" Süden so schnell als möglich abzulegen. Vierzehn Tage hiesigen Aufenthalts würden Dich und manchen wackern Norddeutschen auf das gründlichste davon kurieren. Die anständigen wohlmeinenden Leute sitzen natürlich auch hier, aber so sporadisch eingesprengt wie sonst nirgends. Wenn wo das Deutschtum, die Zusammengehörigkeit der Stämme, der Interessen etc. etc. eine Phrase gewesen ist, so ist das diesseits des Mains und vor allem in diesem jämmerlichen Württemberg, wo – und die Extreme berühren sich einmal wieder – allem frühen konstitutionellen Leben zum Trotz, der politische Weltverstand selbst bei den bekanntesten Führern auf Null steht. Dieses „Schwaben" (der Name ist mir schon widerlich, weil er nichts bedeutet und nichts bedeuten soll) zehrt von einem Ruf und Ruhm, auf den es durchaus keinen Anspruch hat.

Wir haben eine Partei gründen müssen, um es nur wagen zu können, öffentlich auszusprechen, daß wir keine Trennung Deutschlands wollen. Demokraten, Hoflieferanten und die Philister Haus bei Haus schreien natürlich „Verrat an der Freiheit!" *in choro*, und das alberne oder befangene Gesindel, das uns der preußische Kehraus hier auf den Hals geworfen hat, tut nach Kräften das Seinige, das Wasser trüber zu machen. Das Hauptblatt (das „wackere Blatt", wie sie es selbst nennen) dieser Idealdemokraten ist der – französische *Temps*, der offen in jeder Nummer den Krieg und die Abreißung der Rheinlande predigt; und die Art und Weise, wie ihr eigenes Blatt, der *Beobachter*, gemacht wird, kannst Du aus beifolgender Blumenlese ersehen. –

Doch genug davon, freut Euch, daß es Euch jetzt gegeben ist, auf anderm größerm Felde zu wirken und schlagt unbarmherzig jeden Partikularisten, und wenn er noch so freisinnig sein sollte, zu Boden.

Dies der innigste Wunsch

Deines getreuen Schwagers

11. September

Liebe Verwandtschaft!

Was unsere einstige Rückkehr nach Norddeutschland betrifft, so ist's damit noch dunkel und unbestimmt. Wenn sich die Verhältnisse hier weiter entwickelt hätten, wie es gleich nach dem Kriege den Anschein hatte, so würde uns wohl nichts anderes übriggeblieben sein, als so schnell als möglich aufzupacken; wenn wir nicht sogar von Polizei wegen ausgewiesen wären. Letzteres hätte sehr wohl der Fall sein können; denn ich glaube ziemlich sicher zu wissen, daß ich der hiesigen Sicherheitsbehörde anonym als ein der schwäbischen Wohlfahrt sehr gefährliches Individuum denunziert bin. Die Leute könnten sich aber doch die Finger nicht wenig verbrennen.

Mit dem guten Moritz Hartmann stehen wir übrigens jetzt im schroffsten politischen Gegensatz und sehen uns selten oder gar nicht.

In Deutschland wie überall heißt die politische Frage, auf ihr Prinzip zurückgeführt: Gottesgnadentum oder Volkssouveränität, Autorität oder Selbstregierung, Dogma oder Vernunft, Gewalt oder Recht, Knechtung oder Freiheit. Wie man ihn drehen und wenden mag, derselbe Gegensatz kehrt immer wieder, und auf die Form des Gesamtstaats angewandt, heißt er Zentralisation oder Föderation. Nicht Monarchie oder Republik, nicht Österreich oder Preußen, nicht Großdeutschland oder Kleindeutschland heißt die Frage der deutschen Einigung ihrem Wesen nach, sondern Zentralisation oder Föderation. Wer ein Anhänger des Gottesgnadentums, der Autorität, des Dogmas, der Gewalt, der Knechtschaft ist, der muß konsequenterweise für die Zentralisation stimmen; wer dagegen ein Kämpe der Volkssouveränität, der Selbstregierung, der Vernunft, des Rechts, der Freiheit ist, der muß folgerichtig die Föderation erstreben.

Ludwig Pfau im April 1864 in dem in Stuttgart erschienenen „Beobachter". Wegen politischer Gegensätze hat Wilhelm Raabe 1866 den Verkehr mit Ludwig Pfau (der wegen seiner Angriffe gegen das „kulturschädliche preußische Regiment" dann 1877 zu einer Gefängnisstrafe verurteilt wurde) abgebrochen.

In die Politik wurde leider auch ich früh hineingetrieben, und zwar kam das durch einen gleichaltrigen Gespielen und Nachbarssohn, das Mewesle. Diese Politik hatte eine entgegengesetzte Richtung als die väterliche, so daß sich damals die Mutter in einem Brief beklagte, ich würde ein rechtes Schwabenmädel. Das ging so weit, daß ich einmal, als norddeutscher Besuch da war und er zur Begrüßung die Hand reichte, diese verweigerte, statt dessen aber sprach: „Was seind er? Saupreiße!"

Margarethe Raabe

Gestern hat Wilhelm Raabe nach achtjährigem Aufenthalt unsere Residenz verlassen, um nach seiner Vaterstadt Braunschweig zurückzukehren. Von der allgemeinen Liebe und Achtung, welche derselbe in hiesiger Stadt genoß, zeugt das schöne Abschiedsfest, das seine Freunde kürzlich dem scheidenden Dichter auf der Silberburg veranstalteten. Unsere Literatur verdankt diesem Stuttgarter Aufenthalt eine Reihe ausgezeichneter Dichtungen, die zum Teil längst Ehrenbürgerrechte in allen gebildeten Kreisen erworben haben, darunter: „Der Hungerpastor", „Abu Telfan", „Der Schüdderump", „Holunderblüte" usw.

Schwäbischer Merkur, 18. Juli 1870

13. März 1868

Hier ist anjetzo das Wahlfieber auf einen Grad der Heftigkeit gestiegen, daß Ihr im kühlen Norden Euch kaum einen Begriff davon machen könnt. Viel bornierter Partikularismus kommt natürlich zu Tage; aber ich amüsiere mich königlich preußisch und gräflich bismarckisch darüber; – denn *wir, wir* haben doch das letzte Wort.

20. April

Lieber Bruder!

Das Wetter ist ekelhaft, widerwärtig und von einer wahrhaft blödsinnigen Bosheit. Einen beträchtlichen boshaften Blödsinn hat die hiesige, d.h. königl. württemb. Bevölkerung bei den Zollparlamentswahlen kundgegeben. Wir haben keinen nationalen Kandidaten durchgebracht, aber 46000 Stimmen erhalten und dieses genügt, um das „Ländle" fortwährend in einem Fieber und einer Aufgeregtheit zu halten, die etwas unendlich Komisch-Tragisches hat. Die ältesten Freunde schlagen einander am Kneiptisch die Faust ins Gesicht und speien mit Grimm voreinander aus. Die ältesten Whistspieler fordern einander auf, einander an einer gewissen Stelle zu reinigen. Gesellschaften, die seit Jahrhunderten bestanden, fallen auseinander, und was das Vergnüglichste ist, die sämtliche lutherische Geistlichkeit des Landes hat quasi den alten Wilhelm zu Berlin für ihren *summus episcopus* erklärt und unserm Karl hier den Stuhl vor die Tür gesetzt. Den wahren Sieg hier in Württemberg hat übrigens – im vollsten bittersten Ernst – der Ultramontanismus durch die Koalition der Hof –, demokratischen und katholischen Parteien erfochten, und ein leuchtendes Zeichen davon ist, daß die Jesuiten, die noch *nie* sich nach Stuttgart wagten, da sind und vor vollen Kirchen predigen.

15. März 1870

Ein Hauptgrund unserer Heimkehr liegt für mich darin, daß ich unsern Kindern eine norddeutsche Erziehung geben möchte.

II Der Sozialist Albert Dulk

Aus den Erinnerungen von Isolde Kurz

Albert Dulk, 1818 in Königsberg geboren, wollte im Vormärz ein Drama über den (Wilhelm IV.-) Attentäter Tschech schreiben. Während der 1848er Revolution war er ein gefeierter Agitator, der ein, prompt verbotenes, Handwerkerblatt gründete.

Ich lernte dann [1863] einen wirklichen Preußen kennen und dazu einen der allermerkwürdigsten Menschen, die mir je begegnet sind. Es war der Schriftsteller und Populärphilosoph Dr. Albert Dulk aus Königsberg. Sein Leben ist ein Roman, den man nicht schreiben kann, weil er als Erfindung viel zu unwahrscheinlich wäre. Er hatte längere Zeit ganz einsam im steinigen Arabien gelebt, um dem Geist des Urchristentums näherzukommen und die landschaftlichen

Eindrücke für sein Hauptwerk „Der Irrgang des Lebens Jesu" zu gewinnen. Kühne Abenteuerlust und suchende Philosophie lagen in ihm beisammen. Als außerordentlicher Schwimmer und überhaupt körperlich hervorragend begünstigter Mensch hatte er den Bodensee durchschwommen und ähnliche Stücke mehr geleistet.

Jetzt lebte er in Stuttgart mit seinen drei Frauen, die er gleichzeitig besaß und mit denen er im übrigen ein ganz normales Familienleben führte. Er hatte sich im engsten Kreis einen kleinen freireligiösen Anhang gegründet, für den er in seinem Hause das Priesteramt versah. So hatte er sich auch nach selbstgeschaffenem Ritus mit seinen zwei späteren Frauen selber getraut. Er konnte diese dreifache Ehe in Stuttgart ganz öffentlich und unangefochten durchführen, denn es wohnte damals in dem kleinen Schwabenland die weitherzigste Romantik Tür an Tür mit dem beschränktesten Spießertum. Trotz der ungewöhnlichen Familienverhältnisse herrschte reger geselliger Verkehr im Dulkschen Hause, und es war keineswegs Bohème, was dort ein- und ausging; Künstlerschaft, Schriftsteller, Politiker ließen sich durch die dortige Eigenart nicht abschrecken.

Noch weit mehr aber zeugt es von der zwingenden Persönlichkeit dieses Mannes, daß er die drei Frauen, die gleiche Rechte und gleiche Anrede genossen, in Liebe und Eintracht zusammenhielt, soweit in menschlichen Verhältnissen dauernde Liebe und Eintracht möglich sind. Sie gingen immer völlig gleich gekleidet, vertrugen sich schwesterlich und hingen mit schwärmerischer Verehrung an dem Manne. Mit der Zeit verschob sich das häusliche Gleichgewicht ein wenig zugunsten der Zuletztgekommenen, deren Ehe kinderlos blieb und die darum ihre ganze Zeit der dienenden Liebe widmen konnte. Diese Liebe war eine Art Gottesdienst in immerwährender stiller Verzückung. Frau Else durfte ihn auch auf seinen nächtlichen Spaziergängen durch die nicht allzu sicheren Wälder Stuttgarts begleiten. Nachdem sie ihm monatelang auf den unheimlichen Nachtgängen, die er noch dazu unbewaffnet machte, aus der Ferne nachgeschlichen war, um im Falle der Not beizuspringen oder sein Los zu teilen, wurde sie, als er die treue Gefolgschaft entdeckte, zu seiner Kameradin erhöht und genoß nun in diesen stillen Nachtstunden das seltene Glück, ihn ungeteilt zu besitzen.

Dulk war ein hochgewachsener schöner Mann mit schwarzem Haar und Bart bei blauen Augen und klargeschnittenen Zügen. Auffallend wirkten in der süddeutschen Luft sein scharfer ostpreußischer Akzent und die straffen norddeutschen Bewegungen. Auch sein ganzes Wesen war norddeutsch ernsthaft und immerzu feierlich pathetisch; der Schwabenhumor blieb ihm und er dem Schwabenhumor unverständlich.

Er gehörte zu den stärksten Willensmenschen, die mir begegnet sind. Dieser starke Wille, auf das gerichtet, was eigentlich außerhalb der Willenssphäre liegt, machte ihn den Schwaben, denen die Poesie ein inneres Blühen des Menschen, fast mehr nur einen Zustand als eine Tätigkeit bedeutete, einigermaßen unheimlich, und er blieb immer ein Fremder unter ihnen, obwohl er württembergischer Staatsbürger geworden war.

Einmal – es war während des 70er Krieges – wohnte ich auch einer Sonntagsfeier im Dulkschen Hause bei, die mit wechselnden Gesängen und Anrufungen an die Weltseele einen ganz liturgischen Charakter hatte.

Unter dem Druck der Reaktion zog er sich an den Sinai zurück, wo er mit seinem „Irrgang des Lebens Jesu" zum radikalen Kirchenkritiker wurde. Seit 1858 lebte Dulk in Stuttgart, war Mitglied der literarischen Gesellschaft Bergwerk, für die er 1861 unter dem Namen "Rübezahl" ein Festspiel schrieb. 1873 trat er der sozialdemokratischen Partei bei, 1881 gründete er in Stuttgart die erste deutsche Freidenkergemeinde. Im März 1877 wurde Dulk von erregten Pietisten in der Stuttgarter Liederhalle mit Regenschirmen tätlich angegriffen; wegen eines Wahlflugblattes und wegen Gotteslästerung war er ein Jahr inhaftiert. Sein „Lea"-Drama über Süß-Oppenheimer (nach einer Novelle von Wilhelm Hauff) firmiert in einer Literaturgeschichte nach 1945 als das „wohl leidenschaftlichste Plädoyer, welches je ein Arier für das Judentum gehalten hat". Dulk erlag 1884 auf dem Stuttgarter Bahnhof einem Herzschlag. Sein Leichenzug wurde zur politischen Demonstration. „An 10 000 Männer aus allen Gauen Süddeutschlands" sollen sich daran beteiligt haben.

Albert Dulk, Photographie von Hermann Rau, Cannstatt (nach 1855)

August Bebel (1840–1913) wurde 1867 Vorsitzender des Verbandes Deutscher Arbeitervereine. 1869 gründete er mit Wilhelm Liebknecht die sozialdemokratische Arbeiterpartei. Für seine politische Tätigkeit wurde Bebel zu insgesamt 57 Monaten Festungs- und Gefängnishaft verurteilt. Sein Hauptwerk „Die Frau und der Sozialismus" erreichte im Stuttgarter Dietz Verlag hohe Auflagen.

Wahlrecht und Vesper für Alle

Der „Stuttgarter Vereinstag" der Arbeitervereine 1865 Von August Bebel

Der dritte Vereinstag der Arbeitervereine war vom ständigen Ausschuß auf den 3. bis 5. September 1865 nach Stuttgart berufen worden. Auf demselben waren 60 Vereine und ein Gauverband durch 60 Delegierte vertreten. Die Tagesordnung war wieder überreichlich belastet. Der Punkt „Altersversorgungskassen" wurde auf Wunsch Sonnemanns abgesetzt; er wollte erst eine Broschüre darüber herausgeben. Ich hatte ein Referat über Speisegenossenschaften, wie solche damals mehrfach in den deutschen Arbeitervereinen der Schweiz für Unverheiratete bestanden. Mein gedruckt erstatter Bericht war recht dürftig. Meine Rede darüber war die kürzeste von allen. Max Hirsch hatte das Referat über die Eroberung des allgemeinen, gleichen und direkten Wahlrechts.

Die Stadt vom Kanonenweg aus gesehen. Lithographie (um 1857)

Moritz Müller-Pforzheim, ein etwas eigentümlicher, aber eifriger und in seiner Art wohlwollender Bijouteriefabrikant, hatte das Referat über die Frauenfrage, eine Frage, die er als Spezialität behandelte. In seinem schriftlichen Referat verlangte er die volle soziale Gleichheit der Frau mit dem Manne, die Gründung von Fortbildungsanstalten für Arbeiterinnen und die Gründung von Arbeiterinnenvereinen. Die Debatte über diese Frage nahm die meiste Zeit in Anspruch. Professor Eckhardt erklärte ausdrücklich, daß die soziale Befreiung der Frau auch die *Gewährung des Stimmrechtes an die Frauen*, wie solches der Vereinstag für die Männer fordere, einschließe. Mit dieser Auslegung wurden die Müllerschen Resolutionen mit erheblicher Mehrheit angenommen.

Die Beschlüsse des Stuttgarter Vereinstags bedeuteten in ihrer Gesamtheit einen entschiedenen Ruck nach links.

Auf keinem Vereinstag trat das Bestreben der verschiedenen bürgerlichen Parteiführer, entscheidenden Einfluß auf die Vereine zu erlangen, so deutlich in Erscheinung als in Stuttgart. Alle fühlten, daß man in der deutschen Frage einer Entscheidung entgegengehe. Die Auseinandersetzungen zwischen der Linken und der Rechten wurden immer lebhafter und gereizter. Die Gegensätze zwischen Preußen auf der einen und Österreich und der Mehrheit der Mittel- und Kleinstaaten auf der anderen Seite wurden immer schroffer.

Das deutsche Volk kam allmählich in einen Zustand hochgradiger Erregung. Diese Stimmung machte sich auch in den Toasten auf dem Bankett des Vereinstags bemerkbar, das am Sonntag abend im Sitzungslokal des Vereinstags, der Lie-

Der Anarchist Johann Most, der übrigens von Dezember 1866 bis Frühjahr 1867 als wandernder Handwerksbursche in Stuttgart den „Kleisterpinsel" schwang, erzählt aus seiner kurzen Zeit als Reichstagsabgeordneter eine zweifelsohne Karl Mayer betreffende Anekdote, die das Temperament des schwäbischen Volkstribuns (und Sohn des gleichnamigen Dichters) verdeutlicht: „Ein schwäbischer Postmeister namens Meyer [sic!], Mitglied der württembergischen Volkspartei, so ein kleiner Rest der 48er Demokratie, rief, nachdem er mit einem großen Bündel von Notizen und Dokumenten unter dem Arme vier Tage lang fortwährend auf der Lauer lag, um gegen die Verdeutschung aller Partikular-Preßgesetze (das württembergische war nämlich bis

Festblatt zur Einweihung der Stuttgarter Liederhalle am 11. Dezember 1864 Lithographie

dahin eines der freisinnigsten) zu protestieren, und als ihm durch das ‚Schluß der Debatte' die ganze Rhetorik hinweg dekretiert war: ‚Dia Kerle könne mi...' (hier folgte ein Zitat aus ‚Götz von Berlichingen'). Dies war zwar nicht parlamentarisch und auch nicht offiziell, aber doch laut genug gesprochen worden, um rings umher allgemeine Heiterkeit auszulösen, in welcher das ‚hohe Haus' ohnehin damals noch, sehr stark, oft und viel machte. Mir aber entfuhr unwillkürlich ein Sehr richtig! und ein Hört, hört!"

derhalle, stattfand, in demselben Lokal, in dem 42 Jahre später, August 1907, der erste internationale Arbeiterkongreß auf deutschem Boden tagte. Während die Hölder und Genossen in verblümter Weise sich für die preußische Spitze begeisterten, traten die Demokraten und speziell deren Wortführer Karl Mayer, Stuttgart, für eine radikale Lösung ein, die wir Jungen, ohne daß das Wort ausgesprochen wurde, als ein Eintreten für die deutsche Republik ansahen. Karl Mayer, damals der gefeiertste Volksredner Württembergs, dem die Natur eine Stentorstimme verliehen hatte, saß an der Tafel mir schräg gegenüber. Er erhob sich, um mit aller Kraft seiner Lungen und in packenden Bildern gegen den reaktionären Bundestag in Frankfurt loszudonnern, der von seinem Platze müsse, um eine demokratische Einheit Deutschlands zu ermöglichen. Im Eifer der Rede streifte er Rock- und Hemdärmel in die Höhe und zeigte ein paar muskulöse Arme, mit deren Gesten er seine Rede begleitete. Ab und zu schlug er mit der Faust auf den Tisch, daß Gläser und Teller tanzten. Natürlich fand sein Hoch auf ein freies, demokratisches Deutschland donnernden Beifall. Auch die Stadt Stuttgart hatte sich in Unkosten gestürzt und spendete uns am Montag nachmittag bei einem Spaziergang auf das damalige Schützenhaus einen Trunk schwäbischen Weines mit Vesperbrot.

KÖNIGSSTRASSE, KESSELMULDEN

Von den Gründerjahren bis zum Ersten Weltkrieg

Stuttgart aus der Vogelschau von Osten
Lithographie von Eberhard Emminger (um 1850)

Ach, welche Fülle kahler Denkerstirnen

Beobachtungen eines Wiener Spaziergängers
Von Daniel Spitzer

Stuttgart, 19. August 1875

Ich kam in Stuttgart gegen Mittag ganz verschlafen an, denn ich hatte auf der Fahrt die Bekanntschaft eines Privatdozenten der Ästhetik gemacht. Ich hatte in Geislingen, das durch seine Drechslerwaren so berühmt ist, einen Zahnstocher für zwanzig Pfennige gekauft, und wer Schopenhauers Abhandlung: „Über die vierfache Wurzel des Satzes vom zureichenden Grunde" gelesen hat, wird vielleicht daraus entnehmen, daß ich in der Restauration in Ulm ein Kotelett gegessen hatte. Der Kunstgelehrte bat sich von mir den Zahnstocher aus, nicht aber, wie ich anfangs besorgte, um sich gleichfalls damit die Zähne zu stochern, sondern um denselben vom kunstgeschichtlichen Standpunkte aus einer kleinen Prüfung zu unterziehen. Nachdem er ihn einige Zeit mit Kennerblicken geprüft hatte, gab er ihn mir mit der Bemerkung zurück, es sei gar kein Stil darin. Aus so unscheinbaren Anfängen entstehen oft die langwierigsten Unterhaltungen, und nach einem höchst beschwerlichen Vortrage des Ästhetikers über das Ornament fuhren wir endlich in den Stuttgart Bahnhof ein.

Die Stadt war wegen des Kleingewehrfeuers, das in einigen Tagen aus Anlaß des großen Bundesschießens eröffnet werden sollte, in großer Aufregung.

Deutsches Schützenfest in Stuttgart – Übergabe der Bundesfahne. Zeitgenössischer Holzstich von Schweissinger. Beim fünften deutschen Bundesschießen vom 1. bis zum 10. August 1875 nahmen auch zahlreiche Schützen aus Österreich und der Schweiz teil.

Die Bevölkerung befand sich schon in freudig bewegter Joppe, und viele trugen bereits die so kleidsame begeisterte Stimmung zur Schau. In den Hotels herrschten festlich gehobene Preise, denn man harrte der Ankunft zahlloser „schmucker" Schützen, wie diese, ohne Unterschied des Aussehens, in der Bundessprache genannt werden. Die Jugend legte eine große Besonnenheit an den Tag, indem man in den Kaffee- und Wirtshäusern eine Stunde warten mußte, bevor sie das Bestellte brachte; dagegen waren die ältesten Leute sehr unruhig, da sie sich kaum zurückhalten konnten, schon jetzt zu erklären, daß sie nie etwas Ähnliches erlebt hätten. Ich glaubte anfangs, die Stuttgarter wollten auf den Fremden den Eindruck lieblicher Grazie machen, denn ich sah sehr viele auf der Straße, welche die Hände nicht hin- und herschlenkerten, sondern mit diesen in der mustergültigen Weise der mediceischen Venus ihre Reize zu verhüllen suchten. Allein die Einwohner waren nur durch die Zeitungen, die tagtäglich vor den Taschendieben, Bauernfängern und „verwahrlosten Frauenzimmern" warnten, die in den letzten Tagen zusammengeströmt sein sollten, in große Angst versetzt worden und suchten durch jene vorsichtige Haltung der Hände die bedrohte Uhr und Börse zu schützen. Ich glaube jedoch, daß die Organe der öffentlichen Meinung die vorhandene Gefahr ein bißchen übertrieben, denn obwohl ich den ganzen Tag auf den Beinen war, begegnete ich doch nirgends besorgniserregenden Damen, es müßten denn die verwahrlosten Frauenzimmer ihren Schlupfwinkel in der königlichen Bibliothek gehabt haben, die ich allerdings noch nicht besucht hatte. Ich sah wohl ein fremdes Fräulein, das in dem Schloßgarten vor dem Apollo von Belvedere stehenblieb und diesen betrachtete; als ich mich jedoch näherte, bemerkte sie plötzlich, daß der Götterjüngling unbekleidet sei, und ging sittsam weiter.

Stuttgart besitzt außer seinen 92 000 Einwohnern keine besonderen Merkwürdigkeiten. Es hat keine Paläste, in deren Marmorhallen sonst der Fremde sinnend steht, wie viel er dem Portier Trinkgeld geben solle. Die Kirchen sind schmucklos, und man sieht es den nüchternen Häusern an, daß sie nur Alltägliches erlebt haben. Da ich einige Tage in Stuttgart zubrachte, um dort schönes Wetter für eine Partie in die Schwäbische Alb abzuwarten, erfuhr ich, wie unter solchen Verhältnissen der Mangel an Sehenswürdigkeiten für den Vergnügungsreisenden endlich sehr fühlbar wird. Ich besah die Schiller-Statue mehrere Male; ich war ein *Habitué* bei den Mißgeburten im Naturalienkabinett; ich erregte durch meinen häufigen Besuch der neueren Bilder in der kleinen Gemäldegalerie den Verdacht der Wächter, ich sei kein Kunstkenner und erspähe nur den günstigen Augenblick, um ein Bild zu entführen; ich geriet in ein so intimes Verhältnis zu den Pferden des königlichen Marstalls, daß sie endlich zu wiehern begannen, wenn ich wieder eintrat, und von den zwei unvollendeten Türmen der alten Stiftskirche sah ich mir nur den einen an, mir den Anblick des andern für den äußersten Notfall aufsparend. Ich besuchte auch das weitläufige Residenzschloß. Dasselbe hat 365, also gerade so viel Zimmer, als das Jahr Tage hat, so daß man daselbst nur in Schaltjahren sich im Raume etwas beengt fühlt.

Ich kannte keinen von den vielen berühmten und trefflichen Männern, die in Stuttgart leben, das Theater war geschlossen, und den Mann, der die Kanonenkugel auf sich abschießen ließ und diese im Fluge auffing, konnte ich mich nicht recht entschließen anzusehen. So war ich denn in der Lage, auch weniger

Daniel Spitzer, 1835 in Wien geboren, war nach einem Studium der Rechte zunächst Beamter bei der niederösterreichischen Handelskammer, wo er nebenbei volkswirtschaftliche Artikel schrieb. Ab 1865 erschienen in der liberalen Wiener „Presse" seine später in Buchform gesammelten „Wiener Spaziergänge", mit „ätzendem Vitriol der Zeitsatire gefüllte Feuilletons", die das Wiener Tagesgespräch bildeten und „in vielen Kreisen mit Sehnsucht, in vielen anderen mit Bangen" erwartet wurden. Spitzer, 1893 in Meran gestorben, schrieb auch eine satirische Novelle über das Jus primae noctis.

Ich habe das Stuttgarter Publikum zu erproben vielfach Gelegenheit erhalten. Es ist ein Publikum, das der großen Masse nach immer außerhalb der Sache steht, gleichsam vor der Kunst, nie in ihr. Das Theater ist und bleibt ihm Komödie. Es vergißt nie, daß ihm etwas ‚vorgemacht wird', daß auf den Brettern alles nur Schein ist. Nie woanders habe ich erlebt, daß die Leute beim Verlassen einer Vorstellung von dieser so gar nicht sprachen, wie in Stuttgart. Ich schritt mit Absicht oft hinter den Zuschauern her, wenn sie aus dem Haus gingen, um zu vernehmen, was sie äußern würden. Ebenso waren Romeo oder Julia gestorben oder Medea hatte ihre Kinder ermordet oder Götz das Zeitliche gesegnet oder Marie Stuart ihren Kopf auf den Block gelegt – die Leute hatte das alles nicht im mindesten ergriffen. Sie verloren darüber selten ein Wort, sondern unterhielten sich, nachdem der Vorhang kaum gefallen, über die Aussichten auf ein gutes oder schlechtes Weinjahr, über den nächsten Geburtstag der Tante Bärbel oder die neue Wohnung des Vetter Christian.

Feodor Wehl, 1886.
Der Schriftsteller Feodor Wehl (1821–1890), der 1846 wegen einer politischen Satire mit dem Titel „Der Teufel zu Berlin" in Magdeburg inhaftiert war, leitete das Stuttgarter Hoftheater von 1870 bis 1885. Über seine – durchaus leidvollen – Stuttgarter Erfahrungen schrieb er ein 554 Seiten dickes Buch.

Beachtenswertem meine Aufmerksamkeit zuzuwenden, und blieb auf einem meiner Spaziergänge durch die Stadt vor dem Auslagekasten eines Photographen stehen, um die dort ausgestellte Mustersammlung schwäbischer Alltagsphysiognomien zu studieren. Mit einem Male gesellte sich ein freundlicher, untersetzter Mann zu mir und gab mir, unaufgefordert, von jeder der photographierten Persönlichkeiten in der zuvorkommendsten Weise den Namen, die genaue Adresse und, wo es ihm nötig schien, auch einige biographische Details an. „Der obe", sagte er, „ischt der Herr Buchhalter Häsle von der Bergstraß', zwei Treppe hoch; der danebe ischt der Herr Bürschtebinder Streble von der Hoschpitalstraß', und die im grüne Kleid – durchs Photographiere ischt es schwarz geworde – ischt die Witwe Meyer von der Friedrichstraß', gegenüber vom Maschtochsemetzger." Ich lernte auf diese Weise ferner noch einen Herrn von der Stadtreiterei, „den die Mädle gern anblinzle", kennen, einen Cigarrenhändler, der bei schönem Wetter im „Englischen Garten" gern Bier trinkt, sowie einen Herrn Tapezierer, der jedoch gegenwärtig infolge eines Prozesses seine frühere Heiterkeit verloren haben soll. Ich dankte gerührt dem Manne, der dem Alleinstehenden den reichen Schatz seiner Personalkenntnisse zur Verfügung gestellt hatte, er aber erwiderte: „Ja, in der Fremd' ischt ma sonscht ganz verlasse", und entfernte sich anspruchslos.

Ich habe, wenigstens in Stuttgart, niemals Gelegenheit gehabt, die schwäbische Grobheit kennenzulernen, auf die mich einige Ethnographen aufmerksam gemacht hatten. Nur hin und wieder erinnert eine kriegerische Redewendung daran, daß die Bewohner dem wehrhaften Stamme angehören, der in der Schlacht vormals des deutschen Reiches Sturmfahne vorangetragen. Es spricht auch gewiß für die allgemeine Friedfertigkeit, daß man in den Straßen nie einen Wächter der Ruhe, Ordnung und Sicherheit antrifft. Und dennoch haben sich viele während des Schützenfestes, ohne alle Polizei, ganz ruhig einen ordentlichen und sicheren Rausch angetrunken.

Bei freundlichem Himmel bieten die lieblichen Umgebungen angenehme Abwechslung; man sieht dann von den waldigen Höhen furchtlos auf den Hauptsitz des süddeutschen Buchhandels herab, auf die berühmten Klavierfabriken der Stadt und auf die Webereien, in denen die dem Ohre so wohltuende Baumwolle verarbeitet wird. Berühmt sind die herrlichen, vom Schloßplatz bis nach Cannstatt sich erstreckenden Parkanlagen, in deren schattigen Alleen man Schutz gegen die Brathitze findet, die der Talkessel, in dem die Stadt liegt, zur Sommerszeit ausströmt. Den Kindern ist der Besuch der Hauptallee des Parkes untersagt, und eine Verordnung weist denselben die „Philosophen-Allee" als Tummelplatz für ihr lärmendes Treiben an. Ach, welche Fülle kahler Denkerstirnen, rief ich, als ich in diese Allee einbog – es waren jedoch nur Ammen, die hier ihrem lichtfreundlichen und nahrhaften Berufe oblagen. Ich weiß nicht, ob man die Kinder in die Philosophen-Allee verbannt hat, weil oft ein tiefer Sinn im kindischen Spiele liegt, oder aus Mißachtung der Weltweisheit von seiten der Schloßverwaltung, oder endlich weil die schwäbischen Philosophen im Aussterben begriffen sind und es sich daher nicht mehr lohnt, ihnen eine eigene Allee zu widmen. Ohne einem der glänzenden Gestirne der Philosophie begegnet zu sein, verließ ich wieder die Milchstraße. Ich setzte mich auf eine Bank und zog mein Notizbuch heraus, um die Eindrücke des Tages aufzuzeichnen, als ich bemerkte, wie die Wächter des Parkes mein Han-

unruhigen und argwöhnischen Blicken beobachteten. Auf der Bank mir gegenüber schlief ein sehr umfangreicher Offizier, und ich fürchtete, man halte mich vielleicht für einen Spion, der die würtemberg'schen Proviant-Magazine abzeichnen wolle, um sie dem Feinde auszuliefern. Zu meiner Beruhigung erfuhr ich jedoch, es sei nur strengstens verboten, in der Hauptallee zu lesen oder zu schreiben.

Stuttgart, den 23. Juli 1870

Ich hoffe und erflehe Sieg für Deutschland, – dennoch muß man auf alles gefaßt sein. Ich packe eben schon meine Bibliothek, um sie auf Lager bringen zu lassen.
Was nun ein Kampf- und Siegeslied betrifft, so weiß ich noch nicht, ob mir der Himmel eines bescheren wird. Im Augenblick ist meine Unruhe und Aufregung zu groß, als daß ich an poetische Produktionen denken könnte. Auch meine ich, zum Kampfe rufen soll nur, wer selbst mitziehen kann. Ich bin aber nicht mehr Kombattant.

Ferdinand Freiligrath in einem Brief an Theodor Eichmann. Der 1810 in Detmold geborene Freiligrath, einst Mitglied im „Bund der Kommunisten" und mit Karl Marx befreundet, lebte seit seiner Amnestierung als 1848er von 1868 an abwechselnd in Stuttgart und Bad Cannstatt. 1870/71 befiel ihn vorübergehend ein preußischer Siegestaumel. Er starb 1876 in Cannstatt.

Siegestor in der Hauptstätterstraße
Photographie (1870)

Legenden um einen Hauslehrer

Spärliche Fakten und was man sich so erzählt

Arthur Rimbaud, 1854 in Charleville in den Ardennen geboren, versuchte schon als Kind aus der bürgerlichen Ordnung auszubrechen. Mit 17 Jahren zog er nach Paris zu Paul Verlaine, dem er seine ersten Verse geschickt hatte. Zwischen beiden Dichtern entwickelte sich eine enge, verhängnisvolle Freundschaft, die zu wilden Streitereien und zum Bruch von Verlaines Ehe führte. 1871 wurde Rimbaud in Belgien von Verlaine angeschossen und an der Hand verletzt. Verlaine wurde dafür zu zwei Jahren Haft verurteilt, die er in Mons (Belgien) absaß, wo er sich zum Katholizismus bekehren ließ.

Nach der Stuttgarter Begegnung stellte Rimbaud das Schreiben wohl endgültig ein. Er ging, ohne zu wissen, daß Verlaine ihn inzwischen durch Veröffentlichungen bekannt gemacht hatte, als Legionär und Waffenhändler nach Afrika, von wo er 1891 mit einem Knietumor nach Frankreich zurückkehrte. Man amputierte ihm ein Bein, er starb im selben Jahr in Marseille.

I Zwei Briefe von Arthur Rimbaud

An einen Freund — Stuttgart, 5. Februar 1875

Vor kurzem kam Verlaine hier an, einen Rosenkranz in den Klauen. Drei Stunden später hatte man seinen Gott verleugnet und die 98 Wunden Unseres Herrn zum Bluten gebracht. Er ist zweieinhalb Tage geblieben, sehr vernünftig, und auf mein Vorhalten ist er nach Paris zurückgekehrt, um dann sein Studium auf der Insel da unten abzuschließen.

Ich habe nur noch eine Woche Wagner und ich bin der Geld überdrüssig, das der Lohn meines Hasses ist, – diese ganze Zeit ist für nichts zum Teufel. Zum 15. werde ich irgendwo ein freundliches Zimmer haben, und ich prügele die Sprache wie ein Rasender, so sehr daß ich in höchstens zwei Monaten fertig sein werde.

Hier ist alles ziemlich schäbig – mit einer Ausnahm: Riessling, von dem ich ein Glaas im Angsicht der Hähnge, die ihn gebore werde sahn, auf Deine schtrodzende Gesundheit leerren werd. Die Sonne scheint und es friert, es ist unerträglich.

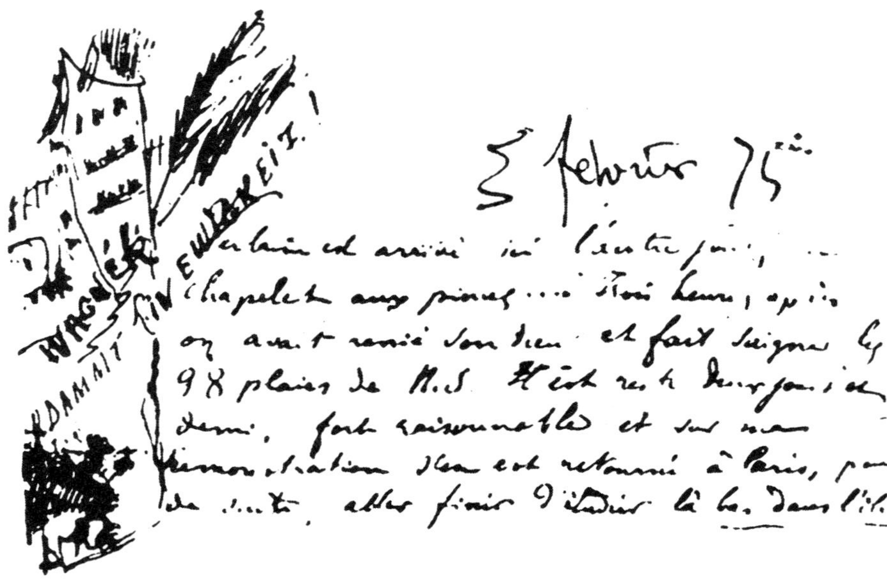

Teilfaksimile von Rimbauds Brief vom 5. Februar 1875 an Ernest Delehaye. Die Parole auf der Zeichnung: WAGNER VERDAMMT IN EWIGKEIT!

An die Familie Stuttgart, 17. März 1875

Ich habe nicht schreiben wollen, bevor ich eine neue Adresse hatte. Heute bestätige ich den Empfang Eurer letzten Sendung von 50 Franken. Und hier das Muster der Aufschrift von Briefen an meine Adresse:

Wurtemberg
Monsieur Arthur Rimbaud
2, Marien Straße, 3 tr.
STUTTGART

„3 tr." bedeutet 3te Etage.

Ich habe hier ein sehr großes Zimmer, sehr gut möbliert, in der Stadtmitte, für zehn Florint, das heißt 21 Franken 50, Bedienung inbegriffen; und Pension bietet man mir für 60 Franken im Monat an: das brauche ich übrigens nicht, da wird man doch nur beschummelt und abhängig, durch solche kleinen Verbindungen, so wirtschaftlich sie sich auch geben. Ich werde also versuchen, mit dem was mir übrig bleibt – noch 50 Franken – bis zum 15. April zu kommen, weil ich zu diesem Termin noch eine Hilfe nötig haben werde; denn entweder muß ich noch einen Monat bleiben, um mich ordentlich in Schwung zu bringen, oder ich werde dann Anzeigen wegen einer Anstellung aufgegeben haben, deren Verfolgung – zum Beispiel eine Reise – etwas Geld erfordern wird.

Ich hoffe, daß Du dies maßvoll und vernünftig findest. Ich bemühe mich, mit allen möglichen Mitteln in die hiesige Lebensweise einzudringen, ich versuche alles kennenzulernen; obwohl man wirklich von ihrer Art zu leiden hat. Ich grüße die Armee, ich hoffe, daß es Vitalie und Isabelle gut geht; ich bitte mich zu benachrichtigen, wenn Ihr den Wunsch nach irgendetwas von hier habt.

II Versuch einer Recherche

Von Paul Zech

Stuttgart, den 14. Oktober 1909

Das Einwohner-Meldeamt verzeichnet insgesamt achtundzwanzigmal den Namen Wagner, und unter diesen Wagners befinden sich zwei, die den Vornamen Richard tragen. Bei welchem dieser achtundzwanzig Wagner mag Rimbaud nun angestellt gewesen sein? Da Schneider, Stellmacher, Metallarbeiter und Musikinstrumentenmacher keine Hauslehrer anzustellen pflegen, hatte ich mich an die Wagners zu halten, die ihrem Beruf nach den sogenannten „besseren Ständen" angehörten. Aber bei all diesen Rechtsanwälten, Predigern, Oberlehrern, Fabrikanten und Kaufleuten vorzusprechen und zu fragen: „Entschuldigen Sie, mein Herr, hat bei Ihnen oder vielleicht bei Ihren Eltern einmal ein

Paul Verlaine, 1844 als Sohn einer flandrischen Familie in Metz geboren, fand nach seiner Entlassung aus dem Gefängnis keinen Anschluß mehr ans bürgerliche Leben. Zuvor war er Pariser Kommunalbeamter, doch wurde er schon früh zum Trinker. Nach seiner Gefängnishaft versuchte er sich in Rethel als Pädagoge und in den Ardennen als Landwirt, verfiel aber rasch wieder dem Alkohol. Von 1886 an pendelte er in Paris zwischen Kneipen, Bordellen und Spitälern. Er starb dort, verlassen und im tiefsten Elend, 1896.

Paul Zech, 1881 in Briesen bei Thorn geboren, arbeitete nach dem Studium als Bergmann und Heizer in Deutschland, Frankreich und Belgien, dann als Kommunalbeamter in Berlin, später als Redakteur, Dramaturg und Bibliothekar. Von 1913 bis 1920 war er Mitherausgeber der expressionistischen Zeitschrift „Das neue Pathos". 1933 wurde Zech fristlos entlassen und in Spandau interniert. Seine Bücher wurden von den Nationalsozialisten verbrannt. Zech emigrierte 1934, hielt sich in Prag, Paris und Triest auf und lebte von 1937 an u. a. als Hausierer, Klavierspieler und Fabrikwärter in Südamerika. Er reiste nach Patagonien, durch das Karibische Meer und beteiligte sich an archäologischen Forschungen über die Inka-Kultur. Zech hat als Lyriker, Erzähler und Dramatiker, als Essayist und Übersetzer ein äußerst umfangreiches Gesamtwerk hinterlassen. Er hat auch Rimbauds „Gesamtwerk" ins Deutsche übertragen. 1946 ist Paul Zech in Buenos Aires gestorben.

WAGNER – VERDAMMT IN EWIGKEIT

Wo genau nun Rimbaud in Stuttgart gewohnt hat, wo er sich mit Verlaine geprügelt und bei welchem Wagner er eigentlich Hauslehrer war, läßt sich heute nicht mehr feststellen, da sowohl die Polizeiakten als auch die Akten des Einwohnermeldeamts im Zweiten Weltkrieg zugrundegegangen sind. Hermann Ziegler hat 1987 im „Jahrbuch der deutschen Schillergesellschaft" mit archivarischer Akribie nachgewiesen, daß auch Paul Zechs Recherche eher eine Irrfahrt im Reich der Tatsachen darstellt (obwohl es Zech noch hätte besser wissen können). Welcher Wagner nun Paul Zech, bzw. ob Paul Zech seine Leser oder am Ende gar die Archivalien die Nachwelt an der Nase herum geführt haben, ist ein völlig undurchdringliches Geheimnis. Eine Gedenktafel befindet sich jedenfalls am Haus der Marienstraße 10, wo 1874 oder 1875 ein Karl F. Wagner einzog. Sollte Rimbauds eindeutige Adressenangabe – Marienstraße 2 – auf den Genuß des „Riessling" zurückzuführen sein? Zu guter Letzt sei noch auf eine weitere Variante der „Stuttgarter Begegnung" verwiesen, die in der Rimbaud-Biographie „Das trunkene Schiff" von Enid Starkie enthalten ist. Ernst Glaesers Darstellung (S. 244) ist von dieser Variante inspiriert.

Mann namens Jean-Arthur Rimbaud gewohnt, so um 1875 herum?", das wäre gewiß möglich gewesen, denn die Zeit drängte mich nicht, doch fand ich diesen Weg viel zu umständlich und nervtötend. Was nun? Aus dieser verzwickten Situation befreite mich der Beamte, den ich um Auskunft gebeten hatte, mit der schon ein wenig ungeduldig geäußerten Frage: „Wissen Sie denn nicht den Vornamen jenes Wagner, dessen Wohnadresse Sie suchen?" „Nein", antwortete ich, „den Vornamen weiß ich nicht, nicht einmal den Namen der Straße, wo dieser Wagner so um 1875 herum gewohnt hat. Ich weiß nur, daß er drei Söhne hatte und daß diese Söhne von einem Mann namens Jean-Arthur Rimbaud unterrichtet wurden."

„Jean-Arthur Rimbaud sagten Sie? Ein Belgier oder Franzose wahrscheinlich, nicht wahr?"

„Jawohl, ein Franzose gebürtig aus Charleville, damals 21 Jahre alt und nicht vorbestraft."

„Na, das ist schon ein gutes Stück dem Ziel näher. Wir werden mal im Fremdenregister nachschauen. In welchem Jahr soll er hier gewesen sein?"

„Im Jahr 1875, wie ich schon sagte."

Es vergingen knapp zehn Minuten, da hatte ich es schwarz auf weiß: „Jean-Arthur Rimbaud, französischer Staatsangehörigkeit, von Beruf Lehrer und Übersetzer, wohnhaft bei Albrecht Wagner, Neckarallee 137."

„Können Sie nun feststellen, Herr Sekretär", fragte ich weiter, „ob dieser Herr Albrecht Wagner noch lebt und in der genannten Straße wohnhaft ist?"

Nach einer Zeitdauer von wiederum zehn Minuten, hatte ich es wieder schwarz auf weiß: „Albrecht Wagner, 65 Jahre alt, verwitwet, Rentier, am 2. Januar 1903 von Neckarallee 137 nach der Carolastraße 81 verzogen, dortselbst noch wohnhaft."

Am Spätnachmittag des gleichen Tages saß ich bereits dem Herrn Albrecht Wagner gegenüber. Die Legitimation als Redakteur einer großen Berliner Wochenschrift hatte genügt, daß ich wie eine Respektsperson empfangen wurde, mit einem alten französischen Cognac und einer schweren Brasilzigarre. Nach den anfänglichen Fragen, wie mir die Gartenstadt Stuttgart gefiele und ob es sich hier nicht viel schöner leben ließe, als in dem öden Wasserkopf Berlin, brachte ich schließlich mein Anliegen vor, einiges über den vor länger als dreißig Jahren bei ihm angestellt gewesenen Hauslehrer Rimbaud erfahren zu wollen.

Nachdem Herr Albrecht Wagner, äußerlich gekennzeichnet durch eine ziemlich heftig gerötete Burgunder-Nase, sich den weißen Spitzbart ein paarmal nachdenklich gestrichen und den auf der Nasenspitze vergeblich nach einem Halt suchenden Klemmer zurechtgerückt hatte, sagte er: „Ja, junger Mann, das ist freilich sehr lange her, daß dieser Rimbaud bei mir angestellt war, kurze Zeit allerdings nur. Er sprach ein ausgezeichnetes Französisch, ein etwas holpriges Englisch und ein miserables Deutsch. Mit meinen Söhnen ging er jedoch sehr manierlich um, der älteste ist mir vor zehn Jahren weggestorben. Was wollen Sie sonst noch von mir wissen? Ob er ehrlich war, nüchtern und gottesfürchtig? Oder warum er ohne Kündigung den Posten verließ? Spionage hat er hier wenigstens, soviel ich weiß, nicht getrieben. Jedenfalls habe ich ihm ein gutes Zeugnis mit auf den Weg gegeben. Leider sind die alten Kopierbücher schon verbrannt, sonst hätte ich Ihnen eine Kopie vorlegen können."

„Es freut mich sehr, daß Sie sich seiner noch so gut erinnern. Aber daß er damals schon den Ruhm besaß, einer der größten europäischen Dichter zu sein, das wußten Sie doch auch, im Ungefähren wenigstens, nicht wahr?"

„Nein, Herr, das höre ich heute zum ersten Male. Sonderbar. Wie ein Dichter sah er doch garnicht aus. Und gesprochen hat er auch nicht davon. Ich entsinne mich jedoch, daß er einmal, wenige Wochen vor seinem plötzlichen Aufbruch, den Besuch eines sonderbar kostümierten Herrn, der wohl auch Franzose war, empfing und nicht gerade sehr erfreut über diesen Besuch war. Sie unterhielten sich fast eine Stunde lang in der Sprache ihres Landes. Dann ließ sich Herr Rimbaud für den Rest des Tages beurlauben und entfernte sich mit dem fremden Mann, den er mir als seinen Freund vorstellte, er sei von einer unglücklichen Expedition durch mancherlei Höllen eben zurückgekehrt."

„Das stimmt. Dieser Freund war Paul Verlaine und ebenfalls ein großer Dichter. Haben Sie wenigstens von ihm schon etwas gelesen?"

„Nicht daß ich wüßte. Meine Geschäfte lassen mir kaum Zeit, mich mit den deutschen Dichtern zu beschäftigen. In meiner kleinen Bibliothek steht die Bibel obenan und darin lese ich allerdings fleißig. Es ist eben doch das Buch aller Bücher.

Aber da fällt mir jetzt noch ein, daß es an jenem Abend, für den Herr Rimbaud sich hatte beurlauben lassen, oben auf der Waldhöhe, an der Stelle, wo jetzt das Restaurant ‚Onkel Toms Hütte' (ein Lokal in Stuttgart-Degerloch, das bis in die 20er Jahre existierte) steht, eine sehr heftige Auseinandersetzung zwischen Herrn Rimbaud und seinem Freund gegeben hat. Sie beschimpften sich mit Worten, die nur den Vagabunden geläufig sind, und zuletzt schlugen sie heftig aufeinander los. Ist das auch sonst bei den französischen Dichtern so üblich? Jedenfalls war ein guter Freund unseres Hauses Zeuge der scheußlichen Szene und hat den an der Erde liegenden und aus einer Kopfwunde blutenden Fremden in jenes Gasthaus geführt, das er als seine Wohnung angegeben hatte. Danach kam er zu mir und wollte wissen, ob man die Sache der Polizei melden solle. Ich riet davon ab, weil Herr Rimbaud doch in meinem Hause beschäftigt war und ich keinen öffentlichen Skandal wünschte.

Als ich Herrn Rimbaud am nächsten Tage zur Rede stellte, lachte er, ohne mich anzusehen, grimmig in sich hinein und sagte –: ‚Man soll mich mit der Literatur ein für alle Mal in Ruhe lassen. Mein Freund, den ich züchtigen mußte, unternahm den Versuch, eine Leiche auszugraben. Das werden Sie wahrscheinlich nicht verstehen, und deshalb lassen auch Sie mich bitte in Ruhe mit dem Vorfall. Nehmen Sie an, wir waren beide betrunken. Und was man in der Trunkenheit verbricht, ist strafmildernd, nicht wahr?'

Was ich darauf antwortete, weiß ich nicht mehr. Drei Wochen nach dem Vorfall verabschiedete sich Herr Rimbaud, um nach Italien zu gehen, wie er mir sagte."

„Jawohl, durch Eis und Schnee über den St. Gotthard. Und dann nach Afrika in das große Erleben und in den schrecklichen Tod."

Arthur Rimbaud
Zeichnung von Paul Verlaine
(Juni 1872)

III „Radek, Sie schwatzen wieder" – Lenin mischt sich ein

Von Emil Belzner

Emil Belzner siehe Seite 286

„Was haben die beiden größten französischen Lyriker, Verlaine und Rimbaud, im Jahre 1875 in Stuttgart gemacht?" – „Das weiß ich nicht, ich kenne die Herren nicht. Lyriker, sagten Sie?" – „Widernatürliche Lyriker, um es zu präzisieren." – „Was die machten?" – „Was die in Stuttgart trieben?" – „Keine Ahnung. Sie werden gedichtet haben."

„Gesoffen haben sie. Halb totgeschlagen haben sie sich, weil einer dem andern nachstellte. Beides ‚Tanten', beide ‚warm angezogen'. Der Jüngere wollte nicht mehr und hat den armen Verlaine fast totgeschlagen. Fuhrleute fanden ihn in der Frühe mitten auf der Hauptstätterstraße, in einer Blutlache, den zerbrochenen Zwicker noch halb auf der Nase. Sie trugen ihn in einen freien Pferdestand einer Stallung, wo er sich im Dunst von Pferdeäpfeln und Pferdepisse auf würziger frischer Laubstreu bald erholte. Er hatte Geld bei sich und konnte noch für zwei Tage eine Kammer mieten, um sich zu reinigen und in Ordnung zu bringen. Nachdem er den Rosenkranz, mit dem er Rimbaud bekehren wollte und den ihm Rimbaud ins Gesicht und um die Ohren schlug, wieder eingefädelt hatte, fuhr er nach Paris zurück. ‚Es war eine Geißelung', murmelte Verlaine vor sich hin. Eine Woche später legte Rimbaud in Stuttgart seine Deutsch-Prüfung mit bester Note ab. Dann begab er sich nach Italien, um Italienisch zu lernen. Er hatte den Sprachen-Fimmel, Verlaine hatte den Armuts-Fimmel. Irgendwie waren beide vom Geld gejagt, denn ‚haben' ist ja gleich ‚nichthaben'. Gute Gedichte haben beide seither nicht mehr geschrieben. In Stuttgart bekam die Poesie kalte Füße."

„Radek, Sie schwatzen wieder", sagte Lenin. „Künstler gehen meist an sozialer Ungerechtigkeit zugrunde. Das ist alles."

Ernst Glaeser, 1902 in Butzbach bei Gießen geboren, verfaßte mit F. C. Weiskopf „250 Bilder aus Sowjetrußland", nachdem er 1930 als Mitglied der deutschen Delegation am II. Internationalen Kongreß für revolutionäre Literatur in Charkow teilgenommen hatte. 1933 wurden seine Bücher – u. a. „Jahrgang 1902" – wegen „zersetzendem Pazifismus" verboten. Glaeser emigrierte zunächst nach Locarno, dann nach Zürich. 1939 kehrte er jedoch nach Deutschland zurück und wurde 1941 Hauptschriftleiter einer Wehrmachtszeitung in Sizilien. Glaeser, der nach dem Zweiten Weltkrieg u. a. in der „Stuttgarter Zeitung" Politiker-Porträts veröffentlichte, starb 1963 in Mainz.

IV Das Haupt voll Blut und Wunden

Von Ernst Glaeser

Es sind mehr als 75 Jahre vergangen, daß sich am Neckarufer, unweit von Bad Cannstatt, eine der seltsamsten Tragödien der Weltliteratur abgespielt hat. Für die Bauern, die in der Morgendämmerung den blutüberströmten französischen Dichter Paul Verlaine auf den Flußwiesen fanden und ihn mit besorgtem Kopfschütteln in das nächste Krankenhaus brachten, mag der Vorfall kaum mehr als eine Keilerei bedeutet haben, wie sie nach durchzechten Nächten und besonders, wenn der Wein gärig ist, nicht selten geschieht. In Wahrheit hatte hier eines der wildesten und tragischsten Genies, die Frankreich seit François Villon kennt, hatte hier Arthur Rimbaud, der Dichter des „Trunkenen Schiffs", seinen

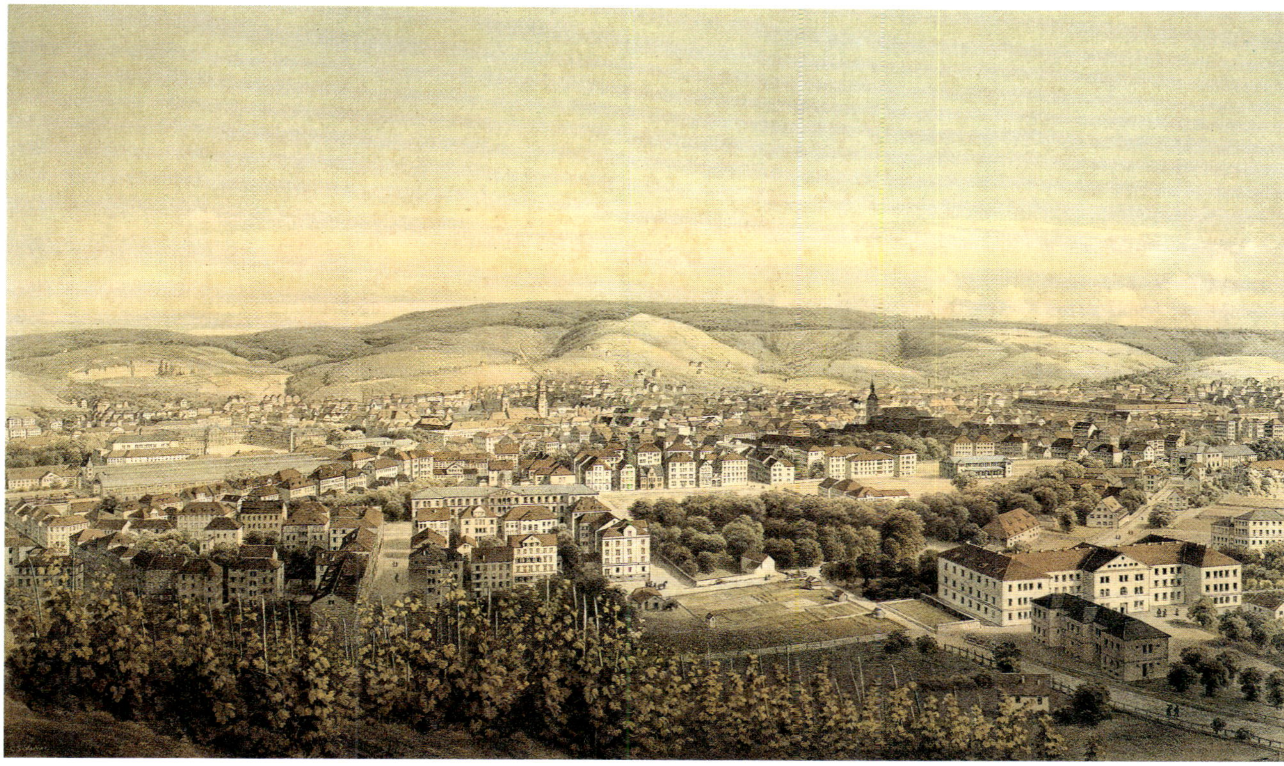

Stuttgart, vom Kriegsberg aus gesehen, Farblithographie von C. Schacher (um 1860)

Freund und hörigen Gönner niedergeschlagen wie ein Landstreicher den andern.

Aus Verlaine war ein religiöser Eiferer geworden. Er stürzte sich mit einer Bekehrungswut sondergleichen auf Rimbaud. Aber bald brachte dieser, wie er selbst bekennt, „die 96 Wunden Unseres Herrn wieder zum Bluten“. Es machte Rimbaud ein diabolisches Vergnügen, Verlaine, der seit über einem Jahr dem Alkohol abgeschworen hatte, wieder zum Trinken zu verführen. Sie zogen von Stuttgart am Neckar entlang von Wirtschaft zu Wirtschaft. Rimbaud gefiel sich in gotteslästerlichen Reden und Sprüchen. Verlaine frömmelte sentimental und wurde weinerlich. Um die Mitte der Nacht ergingen sie sich auf dem Uferpfad des Neckars, diskutierten laut über die Kirche, die Religion, über Gott, aber im Grunde war es ihr unseliges, vom Gift ihrer Ausschweifungen zerrüttetes Verhältnis, das hier auseinanderbrach. Als Rimbaud, den die Frömmelei seines früheren Freundes immer mehr reizte, seine Lästerungen bewußt bis ins Absurde steigerte, sprang der weiche ängstliche Verlaine ihn an wie ein militanter Priester und schlug ihn ins Gesicht. Rimbaud war der Stärkere. Wie ein Bauernknecht auf einer Kirchweih hieb er Verlaine zusammen. Er trommelte so lange auf ihn ein, bis er blutüberströmt am Flußufer lag. Dann ließ er ihn liegen, ein hilfloses Wrack, das nach Gott jammerte. Rimbaud verschwand wie ein Fuchs in der Nacht.

Beckenlied

Herbst 1875
Von Friedrich Theodor Vischer

Friedrich Theodor Vischer, 1807 in Ludwigsburg geboren, studierte Theologie am Tübinger Stift, habilitierte sich mit der Abhandlung „Über das Erhabene und das Komische" und wurde unter erheblichem Widerstand, den er mit polemischen Attacken gegen den Pietismus heraufbeschworen hatte, 1844 Professor für Ästhetik und Literatur an der Universität Tübingen. Da er in seiner Antrittsvorlesung erneut dem Pietismus den Kampf angesagt hatte, suspendierte ihn die württembergische Regierung jedoch sofort vom Lehramt. Vischer gehörte 1848 der Frankfurter Nationalversammlung und später dem Stuttgarter Rumpfparlament an, wo er auf der Seite der gemäßigten Linken stand. 1846 bis 1857 erschien sein umfangreiches Hauptwerk, die „Ästhetik oder Wissenschaft des Schönen". 1855 übernahm er einen Lehrstuhl in Zürich und kehrte elf Jahre später, inzwischen eine Berühmtheit, nach Württemberg zurück. Seinen Vorlesungen am Stuttgarter Polytechnikum wohnten nicht nur Studenten, sondern auch „reife Männer" und „strebsame Frauen" aus der Stadt bei. Mit seinem komischen Roman „Auch Einer" wurde Vischer zu einem Lieblingsautor des deutschen Bürgertums, das sich und seine alltäglichen Übel in der sprichwörtlich gewordenen „Tücke des Objekts" wiedererkannte. Unter dem Pseudonym Deutobald Symbolizetti

Die Luft in unsrer Kesselmulden
Will es einmal nicht anders dulden:
Sie riecht durchaus nach Mehl und Brei
Und alles wird zur Beckerei.

Die ganze Stadt wird Stadt der Becken,
Nach Mehl scheint selbst der Staub zu schmecken
Der klaftertiefe Straßendreck
Ist Hutzelteig, so denkt der Beck.

Gemütlich ist er sondergleichen,
O, darin kann ihn nichts erreichen!
So wohlig sitzt nur Zeck an Zeck
Im warmen Filz, wie Beck an Beck.

Die Ferne soll uns nicht versuchen!
Wir kneten selber unsre Kuchen!
Denkt im gemütlichen Versteck
Der echte Schwab, der rechte Beck.

Er liebt das Weite zu verengen.
Er kürzt die Höhen und die Längen,
Von Kiel bis Tehuantepek
Sieht nichts als Nesenbach der Beck.

Was kümmern Künstler ihn und Dichter,
Gelehrte, Wissenschaftsgelichter!
Er sitzt in seinem Ofeneck
Und trinkt sein mehlich Bier, der Beck.

Des Daseins tiefgeschlungnes Rätsel
Erscheint ihm ganz als Laugenbrezel,
Bisweilen auch als Gugelhopf,
Dem Philosophen Beckenkopf.

Auf daß sich nun die Beckenseele
Noch inniger dem Mehl vermähle,
Erbebt in süßem Liebesschreck
Und nimmt ein Weiblein unser Beck.

Alegoriowitsch Mystifizinsky veröffentlichte er eine Travestie des Faust, „der Tragödie dritter Teil". Vischer schrieb auch unter dem Namen Schartenmayer und wetterte in Essays und Glossen u. a. gegen die Tierquälerei oder die zeitgenössische Mode („Mode und Cynismus"). Daneben hinterließ er ein schwäbisches Dialektlustspiel „Nicht I a". Friedrich Theodor Vischer starb 1887 während eines Ferienaufenthaltes in Gmunden (am Traunsee).

Die Beckin folget gern dem Becken,
Wenn er bei Marquardt lässet decken;
Sie tunket ein den Hefenschneck
Und mampft – und zärtlich schaut der Beck.

Oft auch im Königsbau bei Reisig
Wird eingekehrt; wie rühret fleißig
Strickzeug sowohl als Tischbesteck
Die Beckin, und wie schmatzt der Beck!

Man trifft den Vetter, trifft die Base,
Und mit verklemmtem Ton der Nase
Rückt munter das Gespräch vom Fleck,
Die Beckin rätscht, es rätscht der Beck.

Auf des Museums neuen Sitzen
Zu dreien eingepolstert schwitzen,
Bedrängt von seines Nachbars Speck:
Auch dieses leistet er, der Beck.

Wie schmeckt ihm da sein grauer, lieber
Merkur, es geht ihm nichts darüber!
Denn er ist kein moderner Geck,
Der treue Schwab, der biedre Beck.

Werktags wird Frühmeß zelebrieret,
Sonntags die Kirche frequentieret;
Da hockt und denkt der biedre Beck:
„I ghör gottlob net zu de Böck."

Am Pfingsten mit dem Liederkranze
Steigt er zu Berg in seinem Glanze;
Der Hohenstaufen und die Teck
Erstaunt, wie schön er singt, der Beck!

Eigenhändige Karikaturen von Friedrich Theodor Vischer

Vom Linksdrehen – Leiden eines jungen Buchhändlers

Aus Skizzen von Peter Altenberg mit einer Nachlese seiner Schwester Marie Mauthner

Eine der vielen Angebeteten des Peter Altenberg – die dreizehnjährige Bertha Lecher. Bertha Lecher wohnte in Altenberg; ihr zuliebe wählte Peter Altenberg sein Pseudonym.

I Die Theorie

Mit 23 Jahren liebte ich ein wunderbares 13jähriges Mädchen abgöttisch, durchweinte meine Nächte, verlobte mich mir ihr, wurde Buchhändler in Stuttgart, um rasch Geld zu verdienen und für sie sorgen zu können später. Aber es wurde nichts aus alledem. Nie wurde etwas aus meinen Träumen.

II Die Praxis

Es begann schon im Gymnasium. Ich hielt alles für chinesisch. Ebenso auf der „Universität“. Ich hielt vor allem alles für überflüssig und verzwickt. Ich wollte „das Leben direkt, nicht auf gelehrten Umwegen!“ In Stuttgart in der Hofbuchhandlung wollte ich in drei Monaten *das* theoretisch erlernen, was die „angestellten Kommis“ in fünf Jahren erst *nicht* erlernen! Man sagte mir: „Die Praxis ergibt es!“ Ich erlernte weder Theorie noch Praxis. Es war langweilig und geisttötend, obzwar man wenigstens mit „geistigen Werten“ handelte. Ich floh von Stuttgart mit ausgeborgtem Geld und hielt es in „Reichenau bei Payerbach, Hotel Thalhof“, für fördernder. Da war herbstlicher Wald, feuchtes Moos, Bergnebel, des Brünnleins Plätschern bei Nacht. Ich vermißte „die Arbeit“ gar nicht, mein Vater sagte, er wisse nicht, *wohin* ich steuere, aber es sei nicht seine Sache. Ich steuerte in die Almen des Schneebergs. *Wohin* steuern die *andern?* Pfui!

III Nachlese

Im Jahre 1879 kam Peter Altenberg nach Stuttgart in ein erst vor kurzem von zwei jungen Leuten gegründetes Buchhandelsunternehmen. Abseits von der eigentlichen Buchhandlung mußte er in einem von Gaslicht spärlich erhellten, dumpfen Lokal Bücher und Zeitschriften sortieren. Oft hat er mit Humor geschildert, wie die Gesichter der Prinzipale am Anfang des Monats freudig glänzten, wenn verheißungsvolle Bücherpakete an verschiedene Adressen abgegangen waren, und wie sie immer länger und düsterer wurden, wenn die Pakete

Peter Altenberg
Photographie
von Joseph Löwy

in der Reihenfolge ihrer Absendung im Laufe des Monats, mit einem „retour" versehen, wieder einlangten. Hie und da suchte er in Suttgart Tanzvereinigungen auf, mied sie aber bald wieder, da man sein Linksdrehen der Dame und seine Art zu tanzen nicht der Landessitte gemäß fand. Nur arme, alte Mütter mit romantischen Töchtern, die im Meer der uferlosen Wünsche gestrandet waren, schütteten ihm ihr Herz aus. Er fing an, sich von den Armen und Müden erzählen zu lassen, hörte ihnen zu, skizzierte vielleicht auch in Gedanken schon mancherlei. Er irrte in der schönen, waldreichen Umgebung von Stuttgart umher, immer seltener betrat er das von Gaslicht erleuchtete, dumpfe Lokal. Schließlich beantwortete er die Aufforderung seiner Chefs, sich an die vorgeschriebenen Arbeitsstunden zu halten, damit, daß er sein Lager kaum mehr verließ, in einen Zustand tiefer Depression geriet und Nahrung nur noch in den geringsten Mengen zu sich nahm. Zwischen den Besitzern der Buchhandlung und Peter Altenbergs Vater war ein Briefwechsel bereits im Gange, doch hoffte man noch von beiden Seiten auf eine Beilegung der Schwierigkeiten. Eines Morgens aber kam ein Schreiben Peter Altenbergs an seinen Vater, und als dieser es gelesen, brach er in herzbewegendes Schluchzen aus: „Der arme Bursch ist krank, er ist krank", wiederholte er. Selbst jetzt fand er sich nicht enttäuscht, nur tief betrübt, trotzdem war er bereit, dem Sohne abermals neue Wege zu ebnen. Mit dem Buchhandel war es ein für alle Male aus.

Peter Altenberg (eigentlich Richard Engländer) wurde 1859 in Wien als Sohn eines wohlhabenden Kaufmanns geboren und mit seiner Schwester Marie von einer Gouvernante und einem Hofmeister erzogen. Er studiert ein wenig Jura und Medizin und beginnt 1879 in Weise's Hofbuchhandlung in Stuttgart eine Buchhändlerlehre. Dort hält er es allerdings nicht lange aus.
Im Wien der Jahrhundertwende, wo ihn ein Kreis von Avantgardekünstlern umgibt, schreibt Altenberg im Caféhaus zahlreiche Skizzen und ironisch-kritische Aphorismen. Nachdem die väterliche Firma Bankrott gemacht hatte, initiierte Alfred Kerr unter dem Namen Jean Paul einen Aufruf zur finanziellen Unterstützung des Dichters und Bohemiens, der von nun an von mehr oder weniger regelmäßigen Monatsrenten lebt, die von Künstlerfreunden und Mäzenen (u. a. Karl Kraus und Hugo von Hofmannsthal) aufgebracht werden.
Altenberg litt seit etwa 1910 an Verfolgungswahn und war von einer Vergiftungsidee besessen. Mehrere Male wurde er in eine Heilanstalt eingeliefert. Psychisch zerrüttet, starb er 1919 an den Folgen einer Lungenentzündung in Wien. Obwohl er zeit seines Lebens als notleidender Dichter galt, hinterließ er angeblich ein Vermögen von ca. 100 000 Kronen, das er der „Kinder-Schutz- und Rettungsgesellschaft" vermachte.

Nach dem euphemistischen Urteil der „Schwäbischen Literaturgeschichte" von 1899 „gebührt" dem Stuttgarter Kunsthistoriker, Landeskonservator und Limesforscher Eduard Paulus (1837–1907) „die Palme unter den lebenden schwäbischen Lyrikern". Was immer man davon halten mag – Eduard Paulus hat selbst geschildert, wie er, von seinem Freund Wilhelm Hertz eingeführt, in der Münchner Dichtergesellschaft „Krokodil" mit „stumpfer, aschgrauer, klagender Stimme bläßliche Ergüsse" seiner „noch fußtief im Weltschmerz sitzenden Seele" vortrug und wie die Größen dieses Dichterkreises durch beredtes Schweigen ihr Urteil abgaben. Tatsache ist, daß auch von der unzweifelhaft sarkastisch-spöttischen Seite seines Werkes nurmehr schulterklopfendes schwäbisches Eigenlob übriggeblieben ist. So das immer wieder isoliert zitierte:
„Der Schelling und der Hegel
Der Uhland und der Hauff
Die sind bei uns die Regel
Die fallen gar nicht auf",
dem bei Paulus die Strophe vorausgeht:
„Wir sind das Volk der Dichter,
ein jeder dichten kann,
man seh nur die Gesichter
von unsereinem an."

Meine Straße

Von Eduard Paulus

Königsstraße, meine Wonne,
O was wär' ich ohne dich,
Auf dein Pflaster scheint die Sonne,
Wenn es noch so winterlich.

Schon seit zwanzig Jahren schreite
Ich an deiner Sommerseite,
Wurde niemals deiner satt,
Hauptpulsaderstrom der Stadt.

Sehe hier mit schnellen Schritten
Treffliche Israeliten,
Welche an des Volkes Heil
Unablässig nehmen teil.

Auch erscheinen, freilich minder
Häufig, unsre schönen Kinder,
Mädchenjugend, hoch entblüht,
Kinder nur noch im Gemüt.

Der Königsbau mit seinen neuen Anlagen. Lithographie (um 1863)

Die heutige Königstraße, als sie noch Königsstraße war – Festbeflaggung zum 25. Regierungsjubiläum von König Karl (1889)

Ferner Dichter, groß von Namen,
Denen kolossale Dramen,
Während sie vorüber gehn,
Sich im Eingeweide drehn.

Redakteure dann der Blätter,
Jene mager, diese fetter,
Diese rosig, jene fahl,
Je nach Abonnentenzahl.

Und am Ende wie ein Kläger
Mir der eigene Verleger,
Drei Kritiken in der Faust,
Trüben Augs hinunter saust.

In dem Café hat sein Ziel er,
Wo die Schau- bis Trauerspieler,
Götzenartig wunderbar,
Mit gebranntem Lockenhaar.

Nur im Fluge dort verweil' ich,
Wieder auf die Straße eil' ich,
Und schon auf dem vierten Stein
Stellt ein lieber Freund sich ein.

Wenn ich einst im Grabe ruhe,
Wird man geistweis meine Schuhe,
Einwärts, wie sie jetzt schon gehn,
Diese Straße wandeln sehn.

Oder an anderer Stelle:
„O wehe, wer geboren ist
Im schönen Land der Schwaben,
Der Gockel bläht sich auf dem Mist,
Den Schiller und den Friedrich List
Hat fremde Hand begraben."

Zur Mörikefeier, die am 4. Mai 1876 in Stuttgart stattfand, dichtete Paulus u. a.:
„Ach, viel zu frühe durch das Grab
Ging er ins ewige Ruhland –
Wie vor ihm schon der Gustav Schwab,
Der Kerner und der Uhland

Doch wenn ein schwäbischer Poet
Das Augenlid geschlossen,
Wird kolossal, so gut es geht,
Sein Bild in Erz gegossen.

Freund Mörike kommt jetzt daran –
Es wurde stets in Schwaben
Für einen Dichter was getan,
Sowie man ihn begraben."

Ein Besuch bei Karl Gerok

Aus dem Tagebuch eines Wanderburschen
Von Paul Barsch

Karl Gerok, 1815 in Vaihingen an der Enz geboren und in Stuttgart aufgewachsen, studierte am Tübinger Stift und kam 1849 nach Stuttgart, wo er sich 41 Jahre lang dem Kirchenamt widmete. Seit 1868 war er Oberkonsistorialrat, Oberhofprediger und Mitglied des Konsistoriums mit dem Titel und Rang eines Prälaten. Gerok stand weder als strenger Sittenrichter noch als donnernder Bußprediger auf der Kanzel; seine beliebten Predigten veröffentlichte er in sechs Bänden. Hohe Auflagen erzielten seine „Palmblätter", eine Sammlung religiöser Lieder. In seinen „Jugenderinnerungen" finden sich hübsche Milieuschilderungen aus Stuttgart. Er starb 1890 an den Folgen einer Influenza.
Die Erinnerungen des Wanderburschen Paul Barsch sind in dem von Geroks Sohn herausgegebenen Lebensbild enthalten.

So war ich denn in Stuttgart angelangt. An die Ausübung meines Handwerks konnt' ich noch nicht wieder denken, denn ich war ein kranker Mann. Durch den Sturz von einem Wagen, mit dem das Pferd durchgegangen war, hatte ich mir den rechten Arm ausgerenkt.

Nun mußte ich den Arm in der Binde tragen, und ein tagelanger, unter allerlei Entbehrungen zurückgelegter Marsch war meinen körperlichen Kräften auch nicht günstig gewesen. Von allen Mitteln enblößt, irrte ich in den Straßen Stuttgarts umher. Ich betrachtete ehrfurchtsvoll das Schillerdenkmal, das Wohnhaus Ludwig Uhlands, und wartete stundenlang vor einem Hause in der Königsstraße, in der Hoffnung, daß der greise Gustav Pfizer einmal ans Fenster treten würde. Dann aber quälte mich der Hunger. Ich ging ins Arbeitsnachweise-Bureau – aber für kranke Leute gab es keine Arbeit. Was beginnen?

War denn in der reichen Königsstadt wirklich kein Mensch, der mir hätte helfen mögen? Sollte mir wirklich nichts übrig bleiben als zu fechten, oder die kalten Nachtstunden im Freien zu verbringen? Beides wäre gefährlich gewesen.

Mit trüben Sinnen umherschlendernd gelangte ich nach der Königsstraße, und während ich wieder nach den Fenstern emporblickte, hinter denen der greise Gustav Pfizer wohnte, erinnerte ich mich plötzlich eines Buches, dem ich hauptsächlich meine Literaturkenntnis zu danken hatte. Es war eine Literaturgeschichte für höhere Schulen, ein Seminarist hatte sie mir geliehen. In jenem Buche hatte ich zum erstenmale den Namen Karl Gerok gefunden, und die Lieder, die als Proben seiner Denkungsart angeführt waren, hatten mich mit Begeisterung erfüllt. Deutlich erinnerte ich mich nun auch der Schlußworte der Biographie des Dichters: „Karl Gerok lebt gegenwärtig als Prälat in Stuttgart!"

„Ob er noch lebt? O wenn er lebte! Ich würde hingehen zu ihm, und er würde mir helfen. Ist er doch ein deutscher Dichter und obendrein noch ein geistlicher Herr."

Das Wort „deutscher Dichter" war für mich der Inbegriff des Edelsten und Höchsten, was es auf Erden gab – und gewaltig hämmerte mein Herz, als ich an einen in der Ladentür stehenden Krämer die Frage richtete: „Können Sie mir vielleicht sagen, ob Karl Gerok noch lebt?"

„Weiß ich nicht. Was soll er sein?"

„Dichter!"

„Ja, du lieber Gott, in Stuttgart haben wir viele solche Leute. Aber ich will mal im Adreßbuche nachsehen. Wie soll der Mann heißen?"

„Karl Gerok!"

Der Kaufmann trat in den Laden und kehrte mit dem Bescheide zurück, daß ein gewisser Karl Gerok, der aber Oberhofprediger sei, Kanzleistraße 21 wohne. Ein Dichter dieses Namens stände nicht im Adreßbuch; wahrscheinlich habe er keine feste Wohnung.

„Er lebt!" jubelte es in mir, und ich eilte nach der Kanzleistraße. Ein prunkloses, einfaches Haus – so einfach, daß ich erst noch einmal fragte, ob in diesem Hause wirklich der Oberhofprediger Gerok wohne.

Zagenden Fußes stieg ich die Treppe empor. Ich gelangte auf einen schmalen Flur, und auf einem kleinen Porzellanschild las ich den Namen: „Dr. Karl Gerok." Festen Mutes griff ich nach dem Klingelzuge. Das Dienstmädchen trat heraus, und nachdem sie meinen Rock mit kritischen Blicken gemustert hatte, fragte sie, ob ich ein armer Reisender sei.

„Es gibt nichts!", bemerkte die Köchin spöttisch.

Voll Scham und Entrüstung wollte ich davoneilen, als plötzlich in der Mitteltür ein alter schlanker Herr mit grauen Locken und edlen Gesichtszügen erschien. „Was gibt es denn?", fragte er, mich anblickend.

Ich wollte entfliehen und doch fesselte mich der milde Blick, die sanfte Erscheinung des Dichters. Keines Wortes mächtig, stand ich an der Flurtür und starrte ihn an. „Was gibt es denn eigentlich?", fragte er nochmals zur Köchin gewendet.

Nachdem sie Bescheid erteilt, sagte er zu mir: „Sie sind als wackrer Handwerksbursche in die Fremde gegangen und haben Unglück gehabt. Warum aber kommen Sie denn gerade zu mir, und wer hat Ihnen gesagt, daß ich ein Dichter bin?"

„Ich habe vieler Ihrer Gedichte gelesen, und weil ich Sie hoch verehre, wagte ich's."

„Welche Gedichte haben sie von mir gelesen?", unterbrach er mich.

Glücklicherweise vermochte mich diese Frage nicht in Verlegenheit zu brin-

Was die Palmblätter betrifft, so gab es in meiner Knabenzeit einen Witz: Was ist der Unterschied zwischen einem Konfirmanden in Stuttgart und einem in Kamerun? Antwort: Der Stuttgarter bekommt Palmblätter von Gerok geschenkt, der Kameruner einen Gehrock von Palmblättern.

Hermann Hesse 1960 in einem Brief

Erinnerung an Stuttgart, nach der Natur gezeichnet von Fr. Keller, gestochen von H. Gugeler.

Unter all den vielen Buden errichtete ich in dem weiten Saal eine Hütte aus Röhricht, wie sie die Hirten der römischen Campagna bewohnen, umgab sie mit einer Lorbeerhecke, warf mich in ein Fra-Diavolo-Kostüm, erbat mir zu Gehilfinnen die tragische Liebhaberin und die Primadonna der Oper und andere Künstlerinnen des Hoftheaters, die sich gleichfalls à la bella Italia maskierten, und eröffnete eine „Risotto"-Küche. Will man wissen, wieviel Reis ich an den drei Nachmittagen während der Dauer des Wohltätigkeitsbazars verkocht habe? Einen vollen Zentner!

Der volle Zentner wurde eigenhändig von uns zu Risotto verarbeitet und zu welchem Risotto! Meine Dramen konnte man schelten – man schalt sie auch! – meinen Risotto dagegen mußte man loben – man lobte ihn auch! Er schmeckte den lieben Stuttgartern so vortrefflich – selbst die Majestäten verspotteten ihn nicht –, daß ich mit meinem Risotto – fünfzig Pfennig die Portion – nahezu dreitausend Mark einnahm. In den Winterglanz unseres Stuttgarter Aufenthalts fiel ein Schatten, der sich für mich in Gestalt einer Tragödie des Genies später bis zur Finsternis verdichtete. Hugo Wolf kam nach Stuttgart, in der schönen und lieben Stadt befand sich seine erste begeisterte Gemeinde. Er suchte mich auf, um mich zu fragen, ob ich für ihn den Text zu einer Oper schreiben wollte. Dazu fehlte mir jedoch jede Begabung. Überdies hielt ich den Stoff, den er mir nannte, für unmöglich. Aber ich war viel mit ihm zusammen.

Dies die Variante von Richard Voß (1851–1918), einem einst populären Unterhaltungsschriftsteller.

gen, denn Dank meines guten Gedächtnisses für Verse gelang es mir, dem Dichter mehr als ein Dutzend seiner Gedichte zu nennen.

„Und wo haben Sie alle diese Gedichte gelesen?"

„In Schulbüchern und Zeitschriften."

Gerok ging einige Mal im Zimmer auf und ab, dann trat er auf mich zu, ergriff meine Hand und sagte: „Sie scheinen ein tüchtiger und braver junger Mann zu sein, denn verkommene Menschen kümmern sich nicht um Poesie. Haben Sie außer mir noch andere Dichter gelesen?"

„O ja, Uhland, Körner, Schiller, Heine ..."

„Heine?"

„Ja, ich habe mir zu einer Zeit, als ich guten Verdienst hatte, Heines Werke gekauft, die Lieferung zu fünfzig Pfennig."

„So. – Daß Sie als ein armer Mann Geld auf schöne Literatur wenden, ehrt sie; aber daß sie gerade Heines Werke kauften, war nicht klug von Ihnen! Heine ist ein großer Dichter und hat herrliche Lieder geschrieben, die ich selbst immer wieder lese, aber für junge Gefühlsmenschen ist er berauschend, giftig. Werden Sie erst älter, ehe Sie sich näher mit ihm einlassen. Haben Sie selbst schon Gedichte gemacht?"

Ich konnte nicht mit Nein antworten, log aber bald darauf, indem ich auf eine weitere Frage erwiderte, daß ich „zufällig" mein Gedichtbuch nicht bei mir führte.

Gerok nannte mir die Namen mehrerer geistlicher Würdenträger, an die ich mich, ausgerüstet mit einer Empfehlung, wenden sollte. „Ich selbst will ein kleines Scherflein dazu beitragen", sagte er, indem er mir einen Fünfmarkschein in die Hand drückte. „Es muß ein bitteres Gefühl für einen Menschen Ihres Schlages sein, die Hilfe anderer Leute in Anspruch nehmen zu müssen, und ich möchte Ihnen dieses Gefühl gern ersparen. Leider aber bin ich nicht reich, und an mein Einkommen werden die mannigfachsten Anforderungen gestellt."

Ich erklärte, daß ich ein so hohes Geschenk entschieden ablehnen müsse, zumal ich nicht gekommen sei, um eine Gabe zu bitten, sondern um seine Fürsprache. Wolle er mir aber ein kleines Geschenk machen, so sei mir vorläufig mit einigen Groschen für Nachtquartier gedient.

„Betrachten wie die Kleinigkeit als Darlehen", sagte der Dichter lächelnd.

Mit herzlichem Dank verabschiedete ich mich. „Leben Sie wohl", sagte er, „besuchen Sie die Herren, die ich Ihnen nannte und dann reisen Sie zu Ihrer Frau Mutter. Sie haben einen sehr weiten Weg, legen Sie ihn aber mit Gott zurück."

Als ich aufblickte, sah ich im Auge des Dichters eine Träne schimmern. Hastig griff er in die Tasche und im nächsten Augenblick hielt ich ein Talerstück in der Hand. „Damit mein Guthaben größer ist! Aber senden Sie es ja nicht in Silbermünze, sondern gelegentlich in hübscher Liedermünze zurück."

Eh' ich ein Wort erwidern konnte, hatte sich Gerok zurückgezogen. Glückberauscht eilte ich von dannen.

„Voß ist kaum zu sehen", schreibt dagegen der Komponist am 22. Februar 1894 an Oskar Grohe. „Der dumme Bazar, wo er als Risottokoch figuriert – der Teufel hole alles Risotto – gestattet ihm keinen lichten freien Moment, so daß wir noch nichts abmachen konnten." Wenige Tage nach dem Bazar trafen sich beide wieder. „Doch Wolf, herzlich schlecht gelaunt, hänselte Voß, indem er sich erkundigte, ob ihm der Orden, den er um den Hals trug, für seine Verdienste um die Kochkunst verliehen worden sei" (heißt es in einer Wolf-Biographie).

Hugo Wolf, 1860 in Windischgräz geboren, hatte seine besten Freunde in Mannheim, Tübingen und Stuttgart, die ihn auch materiell unterstützten und sich als erste für die Aufführung seiner Werke einsetzten. Mit seinen „Mörike-Liedern" hat Wolf wesentlich zur Verbreitung von Mörikes Gedichten beigetragen. Hugo Wolf verbrachte die letzten Jahre seines Lebens in geistiger Umnachtung. Er starb 1903 in der Niederösterreichischen Landesirrenanstalt in Wien.

Oben: Feuersee (um 1900)
Unten: Hauptstätterstraße (um 1880/90)

Kahnweiler als Gymnasiast

Daniel-Henry Kahnweiler, 1884 in Mannheim geboren, eröffnete 1907 in Paris eine Galerie, wo er mit Kunst des Kubismus Aufsehen erregte. Er prägte eine persönliche Form des modernen Kunsthandels, indem er sich rückhaltlos für das Werk der von ihm geschätzten Künstler einsetzte. Kahnweiler, der u. a. mit Picasso, Braque, Derain, Vlaminck, Gris und Léger befreundet war, hat der modernen französischen Malerei zum Durchbruch verholfen. Er starb 1979 in Paris.

Kindheit eines Kunsthändlers

Autobiographische Bemerkungen anläßlich eines Radiogesprächs Von Daniel-Henry Kahnweiler

Als ich fünf Jahre alt war, zogen meine Eltern von Mannheim nach Stuttgart, das ich als meine eigentliche Vaterstadt betrachte, mit der sich alle meine Kindheits- und Jugenderinnerungen verbinden. Stuttgart war zu jener Zeit ein großes Dorf mit braven Bürgern – den im Ländle Gebürtigen –, die auf den umliegenden Hügeln Weinberge besaßen, in denen im Herbst, zur Zeit der Weinlese, Feuerwerk abgebrannt wurde. Stuttgart war damals keine Großstadt, wie wir sie heute kennen. Dort wuchs ich auf, und dort besuchte ich das Gymnasium. Meine Eltern wohnten etwas außerhalb der Stadt, die in einem von Hügeln umgebenen Kessel liegt – ähnlich Florenz, sagt man. Ich sehe allerdings keine Ähnlichkeit mit Florenz. Nicht zu vergleichen mit dem stattlichen Arno, floß damals durch Stuttgart ein winziger Bach, an den ich mich gut erinnere; heute wird er unterirdisch durch ein Kanalisationssystem geleitet.

Wie alle Kinder damals in Deutschland mußte ich zuerst zwei Jahre lang in eine sogenannte Elementarschule gehen. Ich, der kleine Jude, wuchs in einem fast ausschließlich protestantischen Milieu auf. Im Gymnasium waren eher weniger Katholiken als Juden. In der Elementarschule muß ein gewisser Antisemitismus geherrscht haben, denn ich erinnere mich, daß mir eines Tages auf der Straße eine Rotte kleiner Bengels in meinem Alter nachlief und „Judenbub" schrie. Ich erzähle diese Begebenheit nur, weil sich später auf dem Gymnasium nichts dergleichen mehr ereignete. Dort war ich ganz im Gegenteil eine Art Häuptling und bei meinen Kameraden, die mich alle gern hatten und in manchem sogar bewunderten, sehr beliebt.

Meine Eltern gehörten zum wohlhabenden Bürgertum. Mein Vater machte Finanzgeschäfte, genauer gesagt, er war, was man heute Remisier nennt und vertrat einen meiner Onkels, der in London als Börsenmakler lebte. Zu jener Zeit erregten die Goldminen das Interesse vieler Leute, und es wurden große Geschäfte gemacht. Daran verdiente mein Vater.

Kamen Sie schon zu Hause mit der Malerei in Berührung oder mit den schönen Künsten überhaupt?

Selbstverständlich hingen bei uns Bilder an den Wänden, aber sie waren schlecht. Ich weiß nicht, ob Ihnen der Name Defregger etwas sagt; er malte vor allem Tiroler und wurde von Hitler sehr bewundert. Die Bilder bei uns zu Hause waren ungefähr im Stil Defreggers gemalt. Meine Eltern hatten einen sehr guten Geschmack, was Möbel und Teppiche betraf – wir besaßen sogar außerordentlich schöne Stücke –, aber sie hatten keinerlei Sinn für Bilder. Es gab jedoch einen Menschen in unserer Familie, der – wie ich glaube – einen gro-

Man erzählt von Dannecker, daß er einmal schmerzlich ausgerufen: In Schwaben sei der Kunstmord von jeher zu Hause gewesen. Jedenfalls hat

ßen Einfluß auf mich kleinen Jungen ausübte: Joseph Goldscheider, ein Bruder meiner Großmutter mütterlicherseits. Er wollte von mir nie Onkel Joseph genannt werden, sondern „Onkel amico" oder nur einfach „amico". Das allein läßt meiner Ansicht nach schon erkennen, daß er ein besonderer Mensch war. Er war der typische Achtundvierziger – ein Mann, der Freiheit, Literatur, Musik, aber im besonderen Theater und Schauspielerinnen leidenschaftlich liebte. Als ich klein war, ging ich oft mit ihm spazieren. Stuttgart war und ist immer noch von großen Wäldern umgeben. Dort machten wir lange Spaziergänge, auf denen meine Liebe zu den Bergen und meine Freude am Wandern geweckt wurden, die ich mir mein ganzes Leben bewahrt habe.

Was gaben Sie als kleiner Junge zur Antwort, wenn man Sie fragte: „Was möchtest du denn einmal werden?"

Offen gestanden, ich wußte es damals noch nicht. „Damals" war, als jener Großonkel noch lebte. Erst viel später, mit ungefähr 16 Jahren, machte ich mir Gedanken darüber, aber ich glaube nicht, je mit meinen Eltern darüber gesprochen zu haben, denn wahrscheinlich wären sie in lautes Zetern ausgebrochen. In den deutschen Städten gab es im Grunde nicht viel gute Bilder. Alte deutsche Maler besaß das Stuttgarter Museum nur wenige, aber es waren gute Bilder aus der Zeit um 1500 darunter. Moderne Malerei gab es überhaupt nicht oder nur sehr schlechte. Meine große Liebe war damals die Musik, und ich trug mich ernsthaft mit dem Gedanken, Dirigent zu werden. Aber wie gesagt, ich glaube nicht, mit meinen Eltern darüber gesporchen zu haben. Je länger ich aber darüber nachdachte, desto klarer wurde mir die Undurchführbarkeit, denn um Dirigent zu werden, hätte ich viel besser Klavier spielen müssen. Ich glaube, daß hier im Grunde – und das ist interessant – die gleiche Einsicht in mir durchbrach, die mich später dazu trieb, Kunsthändler zu werden: das Bewußtsein nämlich, daß ich nicht zum Schöpfer berufen sei, sondern zum Vermittler in einem gehobenen Sinn.

man sich dort nie besonders auf die Pflege der Kunst verstanden, und auch jetzt wieder blieb sie ohne jede Aufmunterung in ihren Plänen, Träumen und Wünschen so andauernd und sehr, daß ein anderer berühmter Bildhauer den niederschmetternden Ausspruch tun konnte: „Auf der Landkarte des heutigen Kulturlebens ist Stuttgart der tote Punkt!"
Der tote Punkt auf der Landkarte des heutigen Kulturlebens ist Stuttgart in der Tat geblieben und mußte es bleiben, weil man die Kunst hier andauernd in dem ausgestoßenen und verkümmerten Zustande gelassen hat.
Eine gewisse Ergebnislosigkeit und Unfruchtbarkeit charakterisierte fast alle Unternehmungen, die in Stuttgart auf dem Gebiete der Kunst neuerdings begonnen worden sind. Es waren eben immer zwei linke Hände, mit denen man sie in Angriff nahm, und die rechte fehlte stets.

Feodor Wehl, 1886

Robert Thomas firmiert auf dem Titelblatt seiner 1905 erschienenen Lebenserinnerungen – „Unter Kunden, Komödianten und wilden Tieren“ – als „Wärter im Zoologischen Garten zu Leipzig“.

Auf dem Wasen...

Aus den Lebenserinnerungen eines Fahrenden
Von Robert Thomas

Es ist ein großer Sprung der Erinnerung und doch – eine Knabenseele ist elastisch: Ich muß hier noch eines andern Hochgenusses im wörtlich-räumlichen Sinne gedenken, der uns zu Ende der zwanziger Jahre manchen Abend erheiterte: es waren die Produktionen der Akrobatenfamilie Rudolf Knie. Man schüttele nicht den Kopf, daß ich der brotlosen Künste einer Seiltänzergesellschaft erwähne. Gustav Pfizer, der ideale Dichter mit der Schillerschen Ader, hat damals auf jenen Lüftewandler ein schönes Gedicht gemacht. Ganz Stuttgart schwärmte für den schönen jungen Mann und für die Leistungen seiner noblen Gesellschaft, und so die Materie beherrschen, so den eigenen Körper in die Gewalt des mutigen, besonnenen Geistes bekommen – der Dichter hat recht: es ist auch etwas und kann an Höheres erinnern.

Karl Gerok, Jugenderinnerungen, 1876

Von Nürnberg reisten wir mit unserem Dampfkarussell nach Cannstatt zum Volksfeste. Bei dem Dampfkarussell waren außer dem alten Ehepaar der Kompagnon und ein Geschäftsführer, der früher Schauspieler gewesen war und aus seiner glänzenden Vergangenheit den Brauch beibehalten hatte, im Hotel zu logieren, während die übrigen mit den vier Angestellten im Wohnwagen schliefen. Der Wohnwagen war sehr praktisch eingerichtet und wurde durch eine Scheidewand in zwei Abteilungen geteilt, deren jede eine besondre Tür hatte. Wir Angestellten bewohnten die hintere Abteilung, wo wir anfangs zu je zweien in einem Bett schliefen, während später an jeder Seite zwei Betten übereinander angebracht wurden. Wir kamen dort am Sonnabend an, luden Sonntag früh aus, fuhren auf den Platz, benutzten den freien Nachmittag zum Spazierengehn und verfehlten nicht, den Kurbrunnen im nahen Berg zu kosten.

Als wir am Abend gegen sieben Uhr beim Abendbrot vor dem Wagen saßen, hörten wir auf der andern Seite des Neckars einen feierlichen Chorgesang und sahen, wie eine Anzahl Menschen, darunter einer in einem weißen Gewande, zum Flusse hinabstieg und dort seltsame Zeremonien vornahm. Der mit dem weißen Gewande bekleidete stieg in das Wasser, und nun konnten wir deutlich vernehmen, wie ein andrer mit lauter Stimme die Taufformel sprach. Wir wollten uns den Vorgang in der Nähe ansehen, kamen aber zu spät, da die ganze Gesellschaft sehr schnell wieder verschwand. Es waren offenbar Mitglieder einer Sekte, die hier ohne Vorwissen der Polizei eine Taufe vorgenommen hatten.

Am nächsten Tage begann sich die Festwiese zu füllen, und die Schaugeschäfte, worunter die Menagerien von Berg und Bach, ein kleiner Zirkus, ein Piktus sowie das Theater Wallenda waren, bauten ihre Buden auf. Auf dem Platze waren auch viele Zigeuner und sogenannte „Publikspieler“, d. h. Künstler, die ohne eine besondre Vorrichtung im Freien arbeiten und mit dem Teller sammeln gehn. Trotz dem schlechten Wetter erfreute sich das Volksfest eines guten Besuchs, und besonders die damit verbundnen Pferderennen lockten viel Publikum aus Cannstatt, Stuttgart und der weitern Umgegend an. Die Wiese verwandelte sich in einen Morast, sodaß wir um unser Dampfkarussell herum den Schmutz zu großen Haufen zusammenkratzen mußten. Schließlich kauften die Schaugeschäfte gemeinsam eine Fuhre Stroh, womit die Wege bedeckt und einigermaßen passierbar gemacht wurden. Einer sehr elegant gekleideten Besucherin des Dampfkarussells widerfuhr das Unglück, beim Abspringen in einen Schlammberg hineinzufallen, in den sie sich weich bettete. Am Neckar hatte sich eine ganze Anzahl von Frauen etabliert, die mit dem Abwaschen der beschmutzten Stiefel ein gutes Geschäft machten.

Rechts: Cannstatter Volksfest Tempera von Reinhold Nägele (1909)

Prinzipielle Eseleien

„Three Men on the Bummel“: Stuttgart
Von Jerome Klapka Jerome

Der Engländer Jerome Klapka Jerome (1859–1927) war zunächst Lehrer, Schauspieler, Journalist. Außer Romanen und sozialkritischen Lustspielen schrieb er boshaft-unterhaltsame Reiseberichte, die ihn um die Jahrhundertwende auch in Deutschland bekannt machten.

Auf die eine oder andere Weise geriet jeder von uns Dreien zwischen Nürnberg und dem Schwarzwald in Schwierigkeiten. Harris war der erste, da er in Stuttgart einen Beamten beleidigte. Stuttgart ist eine reizende Stadt, sauber und hell, ein Dresden *en miniature.* Es besitzt außerdem die Attraktion, wenig zu bieten, was einen Umweg lohnt: eine mittelprächtige Gemäldegalerie, ein kleines Museum mit Altertümern und ein halbes Schloß; damit hat man alles gesehen – und kann sich amüsieren. Harris hatte keine Ahnung, daß es ein Beamter war, den er beleidigte. Er hielt ihn für einen Feuerwehrmann (er sah aus wie ein Feuermelder) und hieß ihn einen „dummen Esel“.

In Deutschland ist es nicht gestattet, einen Beamten „silly ass“ zu nennen; dieses Exemplar war jedoch eindeutig einer. Was geschehen war? Harris suchte im Stadtgarten einen Ausgang, und da er kein offenes Tor fand, stieg er über einen Zaun auf die Straße. Obwohl Harris steif und fest behauptete, dieses nie gesehen zu haben, hing an dem Zaun ein Schild: „Durchgang verboten“. Der Mann, der in der Nähe des Eingangs stand, hielt Harris an und deutete auf das Schild. Harris dankte ihm und ging weiter. Besagter Mann lief ihm nach und erklärte, daß diese Angelegenheit auf so leichtfertige Weise nicht geregelt werden könne. Damit alles seine Richtigkeit habe, solle Harris über den Zaun wieder in den Garten klettern. Harris bedeutete dem Mann, daß das Schild „Durchgang verboten“ heiße und er, so er auf diesem Weg in den Garten zurückgehe, das Gesetz ein zweites Mal übertreten würde. Dies leuchtete selbst dem Mann ein, und um diese Schwierigkeit auszuräumen, schlug er vor, Harris solle durch den eigentlichen Eingang, der um die Ecke lag, in den Garten zurückgehen und durch dasselbe Tor – sofort – wieder herauskommen. Da geschah's: Harris nannte ihn einen dummen Esel. Das kostete uns einen Tag und Harris 40 Mark.

Baron an General: Im hiesigen Sumpf alles beim alten

Marginalien aus dem Briefwechsel von Karl Kautsky mit Friedrich Engels

Wien, den 9. April 1890

Lieber Engels,

der jetzige Zustand der „Neuen Zeit" sei auf die Dauer unhaltbar. Sein [des Verlegers J. H. W. Dietz] Geschäft hat sich so vergrößert und geht so gut – der „Wahre Jakob" hat eine Auflage von 85 000; das „Schwäbische Wochenblatt" ist binnen einem Jahr von 4000 auf 8000 gestiegen und wird zum Herbst in ein tägliches Blatt verwandelt werden. Sein Geschäft nimmt ein ganzes Haus ein, dazu kommt das Hamburger Unternehmen und endlich die Reichstags- und sonstige politische Tätigkeit, kurz, Dietz sagt, er könne sich nicht mehr in der bisherigen Weise um die „Neue Zeit" kümmern und er habe niemanden, auf den er sich verlassen könne. Da das Sozialistengesetz faktisch aufgehört, halte er es nicht mehr für notwendig, daß ich noch länger im Ausland sitze; unbedingt nötig aber sei es, daß ich nicht bloß in Deutschland, sondern direkt in Stuttgart sitze. Als ich dagegen remonstrierte, meinte er, wenn ich nicht darauf einginge, dann müsse er wohl die „Neue Zeit" abgeben. Mir einen anderen Verleger zu suchen, habe ich nun gar keine Lust. Unter denen, die ich kenne, ist Dietz immer noch der tüchtigste, intelligenteste und anständigste, und wenn ich Ursache zu klagen hatte, traf sie im Grunde nicht ihn, sondern die ungünstigen Verhältnisse, unter denen wir arbeiteten.

Dietz wünscht auch wegen seines Verlags, daß ich bei ihm bin. Er wünscht einen Berater, der ihm hilft, Gutes zu finden und Schund abzulehnen. Jetzt hat er niemanden, dessen Rat er einholen könnte. In Stuttgart sitzt niemand als [Wilhelm] Blos, und der ist völlig versimpelt. Und Dietz hat den Ehrgeiz, einen Verlag zu haben, der sich sehen lassen kann.

Alles das ist so einleuchtend, daß ich fast sofort zugesagt hätte, weil ich tatsächlich nichts zu entgegnen wußte. Indes gibt es vielleicht eine Seite der Frage, die ich übersehn, und ich will daher keine definitive Entscheidung treffen, ehe ich nicht Eure – Deine und Edes [Eduard Bernstein] – Ansicht darüber gehört.

Karl Kautsky, 1854 in Prag geboren, lebte von 1890 bis 1897 in Stuttgart. Er hatte 1881 in London Karl Marx und Friedrich Engels, dessen Privatsekretär er wurde, kennengelernt und seit 1883 die theoretische Zeitschrift der deutschen Sozialdemokratie, „Die neue Zeit", herausgegeben. Nach Engels Tod war Kautsky der einflußreichste Theoretiker der II. Internationale. 1891 hatte er als Hauptverfasser am „Erfurter Programm" der Sozialdemokratie mitgewirkt. 1914 stimmte Kautsky für die Kriegskredite, arbeitete dann aber 1917 am Manifest der abtrünnigen USPD mit, um 1922 wieder zur SPD zurückzukehren. Karl Kautsky starb 1938 im Amsterdamer Exil.

Karl Kautsky wohnte in Stuttgart u. a. in der Rotebühlstraße 145, ein Stockwerk über Robert Bosch. Im Haus Nr. 147 wohnte zu dieser Zeit Clara Zetkin. Vergleiche dazu die Seiten 280–284.

London, 11. April 1890

Lieber Kautsky,

was nun Dietz' Plan, Dich nach Stuckart zu ziehn, angeht, so ist das eigentlich ein Punkt, den Ihr zwei miteinander auszumachen habt. Persönlich kann ich nur

Friedrich Engels „Stuckart"-Verballhornung scheint von Heinrich Heines „Deutschland. Ein Wintermärchen" inspiriert. Darin heißt es in „Caput III.":

Zu Aachen, im alten Dome, liegt / Carolus Magnus begraben. / (Man muß ihn nicht verwechseln mit Karl / Mayer, der lebt in Schwaben.) Ich möchte nicht tot und begraben sein / Als Kaiser zu Aachen im Dome; / Weit lieber lebt ich als kleiner Poet / zu Stukkert am Neckarstrome.

sagen, daß ich Dich viel lieber hier hätte, aber wenn Deine Anwesenheit in Stuttgart wirklich nötig, und Du immer noch ein paar Monate im Jahr herkommen kannst, ich mich wohl oder übel werde mit letzterem begnügen müssen. Die „Neue Zeit" ist ein Machtposten geworden, den bis aufs Äußerste zu halten der Mühe wert ist.

Dein Friedrich Engels

Stuttgart, den 7. Dezember 1891

Lieber Engels,

vor allem will ich ein Versäumnis gutmachen. Ich habe diesmal den 28. November [Engels Geburtstag] übersehn. Aber wenn mein Prosit! zu spät kommt, so ist es doch nicht weniger gut gemeint. Also ein kräftiges Prosit unserem „unvermeidlichen" Vorkämpfer!

Sehr gefreut habe ich mich, daß der 3. Band [des „Kapitals"] schuld daran ist, daß Du mir längere Zeit nicht geschrieben. Gerade jetzt empfinde ich wieder schmerzlich, wie wir in allen Fragen, die der 1. und 2. Band nicht behandeln, im Finstern herumtappen.

Dietz hat eine interessante Erfahrung gemacht. Er führte im Sommer den Achtstundentag ein, und nun stellt sich's heraus, daß die Produktion in der Setzerei nicht nur nicht *abgenommen*, sondern sogar *zugenommen* hat, sodaß er jetzt um einen Setzer weniger braucht als früher, trotzdem er eher mehr als weniger Druckaufträge hat. Das zeigt übrigens, wie lächerlich es ist, wenn die Setzer *striken*, um durch den Neunstundentag die Arbeitslosigkeit zu verringern. Es ist mir auch noch nicht vorgekommen, daß man einen Offensiv*strike* unternimmt, weil die Zahl der Arbeitslosen im Gewerbe so ungeheuer groß ist!

Die Setzer dürften ihren jetzigen *Strike* verlieren, und das dürfte eine heilsame Lektion für sie sein und ihnen zeigen, daß auch sie nicht alles durch ihre gewerkschaftliche Organisation vermögen.

Im Stuttgarter Parteileben – ich war 1884 nach Stuttgart übergesiedelt – bildeten sich damals schon langsam die Niederschläge, aus denen sich später unvermeidlich die Streitigkeiten entwickelten, die nachher einen so bedenklichen Umfang erreicht und die Sozialdemokratie diskreditiert haben. Der Württemberger ist als solcher schon sehr zum Sektenwesen geneigt und das übertrug sich auch auf die Sozialdemokratie, in welcher sich allerlei Gruppen, Koventikel und Cliquen zusammenfanden.

Der rechte Sozialdemokrat Wilhelm Blos, 1919

Stuttgart, den 22. Dezember 1893

Lieber General!

Es gibt diesmal nichts Besonderes aus diesem langweiligen Nest mitzuteilen. Ich schreibe nur, um Euch ein merry Christmas and a happy new year! zuzurufen.

Stuttgart, den 19. Mai 1893

Lieber General,

ich habe Dir lange nicht geschrieben, aber es gibt von hier aus nichts zu berichten. In Zürich stand man mehr in der deutschen Bewegung, wie hier. Du bist jedenfalls mit August [Bebel] in reger Korrespondenz und über die deutschen Verhältnisse mehr auf dem laufenden als ich. Die einzigen Bindeglieder Stuttgarts mit der Gesamtpartei – Dietz und Blos – sind zu pessimistisch, in ihren Köpfen spiegelt sich die Partei zu sonderbar, als daß ich ihnen glauben könnte.

man die beiden reden hört, wundert man sich, daß unsere Partei noch besteht. Dietz ist ein ganz famoser Mensch, der beste Verleger, den man sich wünschen kann. Er hat mir stets freie Hand gelassen und nie einen Versuch gemacht, meine Redaktionsfreiheit einzuschränken. Ich schätze ihn hoch, aber auf sein Urteil in Parteisachen gebe ich gar nichts – das beruht auf Gegenseitigkeit. Er gibt auch nichts auf das meine und hält mich für einen unverbesserlichen Optimisten.

Daß ich unter diesen Umständen jede Fühlung mit der Partei verliere, ist klar, und gerade jetzt, während der Wahlbewegung, fühle ich das wieder sehr. Das ist mir um so unangenehmer, als ich zum Berliner Korrespondenten einen Menschen habe, der furchtbar subjektiv ist und der einer Kontrolle dringend bedarf. Aber die von hier aus zu üben, ist fast unmöglich.

Ich empfinde es immer mehr, daß es zu lächerlich ist, wenn die Redaktion eines Blattes, das in seiner jetzigen Form kein akademisches mehr ist, das ein politisches ist, nicht im Mittelpunkt der Bewegung steht, sondern in dem abgelegensten Winkel Deutschlands.

Stuttgart, den 23. Juni 1894

Lieber General,

ich bin wieder einmal umgezogen – acht Tage Zeitverlust – und wohne Moltkestraße 20, vis-à-vis einer Kaserne, zum Gaudium meiner Jungen, die sich für den Militarismus begeistern.

Stuttgart, den 19. Oktober 1894

Lieber General,

daß Ihr in größter Unordnung seid, kann ich mir denken. Ich brauchte diesen Sommer beim Umzug eine Woche, bis alles im Geleise war, und was sind meine Bücher gegen Deine! Den einzigen Vorteil hat das Umziehen, wenigstens bei mir, daß ich da Bücher und Schriften finde, von deren Vorhandensein ich keine Idee mehr gehabt.

Hoffentlich habt Ihr bei alledem nicht so viel Nebel, wie wir hier seit ca. 14 Tagen. Quite english you know.

Stuttgart, den 30. Juli 1895

Lieber General,

[Leonhard] Tauscher hat kürzlich drei Monate bekommen wegen Gotteslästerung, weil die „Tagwacht" den Teufel die einzige anständige Person in der christlichen Mythologie genannt hatte. Das war für die hiesigen Mucker zu viel. Die Geschwornen sprachen Tauscher schuldig, und die Richter gingen bei der Bemessung des Strafausmaßes über den Antrag des Staatsanwalts, zwei Monate, noch hinaus. Sonst ist in Württemberg ziemlich viel Freiheit, nur in der Religion verstehn die Schwaben keinen Spaß. Im übrigen ist im hiesigen Sumpf alles beim alten.

Es grüßt Dich bestens Dein Baron

Millionen Proletarier in Deutschland und weit über seine Grenzen hinaus schulden für ihre Erweckung und Schulung Genossen Dietz heißen Dank, aber nur die wenigsten wissen, was er ihnen gegeben hat.
Als Drucker, Verleger, Herausgeber, Redakteur sozialdemokratischer Blätter in den ersten Jahren des Sozialistengesetzes an der heimatlichen Waterkant von Ort zu Ort gehetzt, heute eine Existenz und einen Wirkungskreis im Dienste der Partei neu aufbauend, die vorgestern gefunden und gestern von der Büttelfaust zertrümmert worden waren, machte sich der Lübecker 1881 in Stuttgart ansässig. Hier übernahm er die aus Leipzig vertriebene Genossenschaftsdruckerei nebst dem dazugehörigen Verlag, um die beide es damals kläglich genug stand. Mit klugem Blick und fester Hand stellte er das Unternehmen verhältnismäßig rasch auf eine gesunde Grundlage, so daß es zum Sammel- und Mittelpunkt der Kräfte werden konnte, die in Württemberg die sozialistische Gedankensaat ausstreuten, so daß es bald für die sozialdemokratische Bewegung in ganz Deutschland Bedeutung erlangte. Kein kleines Kunststück das alles, wenn man bedenkt, daß Polizei und Gerichte mit ihren schlimmsten Nücken und Tücken gegen das Unternehmen und seinen Leiter nicht sparten. Der Verlag Dietz, Stuttgart, wurde die erste und ist noch heute die beste Heimstätte für die Literatur des wissenschaftlichen Sozialismus.

Clara Zetkin 1913 zum 70. Geburtstag von Heinrich Dietz. Dietz starb 1922 in Stuttgart.

Schwäbische Universalkünstler

Von Hanns von Gumppenberg

Der Parodist Hanns Freiherr von Gumppenberg (1866–1928) gab 1901 erstmals sein berühmt gewordenes „Das teutsche Dichterroß, in allen Gangarten geritten" heraus und gehörte im selben Jahr (u. a. mit Frank Wedekind) zu den Begründern des Münchner Künstlerkabaretts „Die elf Scharfrichter". Hanns von Gumppenberg schrieb auch unter den Pseudonymen Jodok und Immanuel Tiefbohrer.

In Stuttgart angelangt, mietete ich ein bescheidenes Zimmer am Rande der Stadt, da wo sie gegen die angrenzenden Höhen anzusteigen beginnt, und verbrachte die beiden ersten Tage damit, mich auf längeren Spaziergängen zu orientieren, war mir doch von meinem einstigen Besuch anläßlich einer Pagenreise eigentlich nur der Platz vor dem Königsbau im Gedächtnis geblieben, wo wir die Parademusik mitangehört hatten. Den schönen Platz samt der Musik traf ich wieder genau so an, wie sie mir in Erinnerung vorschwebten, und mir schien, als bliese die Militärkapelle noch dasselbe Stück. Aber ich war jetzt kein beschaulicher Ferienjüngling mehr, sondern jemand, der hier etwas erreichen wollte, der mit der geistigen Gegenwartsarbeit dieser Stadt zu rechnen hatte, und in solchem Betracht fielen schon die Beobachtungen der ersten Tage trübselig genug aus. Das schläfrige Leben in den Straßen, die schwerfällige Art und Umgangsweise der Bevölkerung, alles machte gegenüber München den Eindruck der Zurückgebliebenheit; kein frischer Hauch der erneuernden Zeitstürme schien noch in die brütende Luft dieses allzu friedsamen Talkessels gedrungen. Als ich an einem der ersten Abende müdegegangen in einer Bierwirtschaft, nahe dem Schloßplatze, einkehrte, sprang plötzlich einer der Gäste, anscheinend ein Student, auf den Tisch, fuhr sich aufgeregt mit der Hand durch die lange Mähne, gebot allgemeines *Silentium* und deklamierte mit feierlichstem Pathos und in schauerlich schwäbischer Aussprache Schillers „Glocke" von A bis Z, was unter den andächtig lauschenden Stuttgartern helle Begeisterung hervorrief.

Immerhin, was geschehen konnte, mußte geschehen. Ich suchte also zunächst den damals 57jährigen Hofrat Beyer auf, der weit draußen im Villenviertel ein stattliches Haus bewohnte.

Augenscheinlich mit allen Stuttgarter Angelegenheiten vertraut, schüttelte er aber sogleich den Kopf, als ich mich nach der Möglichkeit einer Anstellung bei einem Stuttgarter Verlag erkundigte; ich müsse schon andere Dinge ins Auge fassen, da und dort Beziehungen anknüpfen, und zuwarten, ob vielleicht einmal bei einer Zeitung ein Pöstchen frei würde. Einstweilen wolle er mir einige schöngeistige Bekanntschaften vermitteln, mich in die von Hackländer begründete literarische Gesellschaft „Das Bergwerk" einführen und mich dem Dichter, Bildhauer und ehemaligen Wagnersänger Adolf Grimminger empfehlen.

An einem der folgenden Abende trafen wir uns, und er ging mit mir in den Königsbau, wo das „Bergwerk" in einem Sonderlokal seine literarischen Sitzungen abhielt. Der Raum war nüchtern und schmucklos; an einer Tafel, die einem düsteren Gerichtstische verzweifelt ähnlich sah, trafen wir etwa ein Dutzend gravitätische grau- und weißbärtige Herren versammelt, deren Namen mir bei der Vorstellung alle unbekannt klangen, und unter welchen gewiß keiner war, der auch nur auf dem schwäbischen Parnaß eine bemerkenswerte Rolle gespielt hätte. Vor jedem Sitz, auch vor dem mir angewiesenen, lag ein kurzer Hammer auf dem Tisch, und mir wurde bedeutet, daß es im „Bergwerk" Sitte sei, den Beifall nach Vorträgen, wie auch andere zustimmende und gehobene Gefühle durch Gehämmer auf der Tischplatte zum Ausdruck zu bringen. Der Vorstand eröffnete die Sitzung mit wenigen trockenen Worten, worauf dieser und jener von den Alten in feierlicher Haltung eines seiner Poeme oder auch gleich mehrere zum Vortrag brachte. Es waren lauter stelzbeinige Balladen und Romanzen aus der Götter-, Heroen- und Ritterzeit, deren betrüblicher Dilettantismus durch das Schwäbeln und die anspruchsvolle Miene der Vortragenden doppelt abgeschmackt wirkte. Natürlich hämmerte ich nach jeder Nummer nach Leibeskräften, aber ich war froh, nicht zu einer eigenen Gabe aufgefordert zu werden, und im übrigen stand mir bald genug fest, daß keiner von dieser würdigen, sich auf Gegenseitigkeit bewundernden Tafelrunde geneigt sein würde, mir die Brücke in eine bessere Zukunft zu bauen. Ich nahm mit höflichem Dank die Einladung entgegen, mich wieder sehen zu lassen, und widersprach auch dem Hofrat nicht, als er beim Abschied meinte, es sei doch recht hübsch gewesen; innerlich aber war ich entschlossen, das Katzengold dieses Bergwerks nie mehr fördern zu helfen.

Zu dem Universalkünstler Adolf Grimminger ging ich allein einige Tage später. Dank der Empfehlung wurde ich auch von diesem für seine Jahre noch auffallend lebhaften Altmeister freundlichst empfangen, doch merkte ich schnell, daß er an Egozentrik die anderen noch weit übertraf, und daß mein Besuch ihn nur deshalb freute, weil er ihm ausgiebig Futter für seine hungrige Eitelkeit versprach. Als ich ihn jetzt mit meinen Angelegenheiten vertraut machen wollte, hörte er dem wie etwas Nebensächlichem kaum zu, unterbrach mich alsbald, versetzte mir seine ganze ruhmreiche Vergangenheit als Wagnerapostel und Plastiker, wies mich auf das Einzigartige seiner alle Künste umspannenden Persönlichkeit hin, zeigte mir alte Kränze, die man ihm geworfen, Bildwerke von seiner Hand, Briefe von Berühmtheiten, Photographien und Widmungen, kurz, ein ganzes Museum der Selbstbespiegelung, und als ich, schließlich zum Äußersten gereizt, meine sonst gewohnte Zurückhaltung aufgab und ihn bat, ihm etwas vorlesen zu dürfen, um mich auch meinerseits künstlerisch zu legitimieren, rief er entzückt: „Ja, richtig, *meine Gedichte!* Davon müssen Sie auch ein paar hören!" Und er griff einen Stoß von Druckschriften und Manuskripten aus einem Fache und blätterte und las und las unersättlich, schwäbische und hochdeutsche Reime, den erwarteten Beifall nach jedem Stück selbst beredt vorwegnehmend, sodaß ich erleichtert aufatmete, als er endlich meinen Hinweis auf die vorgerückte Zeit gelten ließ und ich mich mit vielem Dank für den Genuß wieder ins Freie retten konnte, vollgepfropft mit Grimmingers künstlerischer Dreifaltigkeit und den heiligen Schwur ablegend, mich nie wieder in die Höhle dieses Menschenfressers zu wagen.

Das Scheitern meines Versuches, in Stuttgart Fuß zu fassen, hatte unmittelbar meinen Entschluß zur Folge, meine Bemühungen nach der Reichshauptstadt zu verlegen. Das Berlin von 1892 war ganz dazu angetan, mir einen großartigen und doch nicht unsympatischen Eindruck zu machen.

Als ich von Chicago nach dem hügelumkränzten, naturschönen Stuttgart übersiedelte, erwartete ich, aufrichtig gestanden, in der Hauptstadt des gemütlichen Schwaben mehr geistigen Verkehr, oder besser: ‚mehr Verkehr der Geister unter sich'. Man hatte mir gesagt: „Sie treffen Freiligrath, Hackländer, Löwe, Scherer, zwei Vischer, Wehl, Zoller, ein halbes Dutzend große und kleine Müller – Sie sind zu beneiden"; und ich war entschlossen, mich gründlich beneiden zu lassen. Ich kam an, machte Besuche, empfing Besuche, wurde von allen Seiten liebenswürdig aufgenommen, aber sobald ich fragte: „Ja, Kinder, wo kommt man denn nun abends zusammen, wo ist der Centralpunkt?", da lächelte man, zuckte die Achseln und erwiderte: „Ja, sehen Sie, im Sommer kommen wir nirgends zusammen und für den Winter haben wir das ‚Bergwerk', aber da gehen wir nicht hin!"

Willibald Winckler, 1871 in der Zeitschrift „Didaskalia". Winckler (1838–1871), Autor der „Deutschen Kleinstädter in Amerika", kam nach einem recht abenteuerlichen Leben 1870 nach Stuttgart, wo er auch Theaterkritiken schrieb. Der damalige Stuttgarter Intendant Feodor Wehl über Winckler: „Das amerikanische Leben hatte seine an sich burschikose Natur ein wenig verwildert. Er machte die Feder gern zum Stock und fuchtelte damit ziemlich ausgelassen umher."

Die Brüder

Von Robert Walser

Robert Walser im Kostüm des Karl Moor, Aquarell von Karl Walser (1894)

Darf ich dich, o du Guter, leise und gewiß ganz zaghaft an die Zeit erinnern, wo wir beide, du als beginnender schaffender Maler und ich als heimlich beginnender angehender Poet, uns mit unserer jugendlich anstrebenden Kunstburschen- oder Kunstlehrlingschaft und was alles hübsch damit zusammenhing, zu S... aufhielten? Meines Wissens schrieb und schickte ich dir, bevor ich in Person bei dir anlangte und auftauchte, ein ziemlich langes Sehnsuchts- und Freundschaftsgedicht, das du empfingest und mit Genuß lasest. Himmlisch dünkt mich das, wenn ich daran denke, obgleich es natürlich zum Lachen ist. Göttlich schön und groß ist es, junge Wangen und junge Lebensanschauungen zu haben, ein unaussprechliches Sehnen nach dem Leben zu empfinden und achtzehn Jahre alt zu sein, denn ungefähr so alt waren wir damals beide. Herrlich kamen mir die Residenzstadt S... und du selbst vor; du warest in den Augen des frischen Ankömmlings nichts geringeres als ein imposanter Haupt- und Weltstädter. O wie sind jugendliche Unwissenheit und Unerfahrenheit schön! Was Gutes und Schönes erwirbt man denn eigentlich mit der Erfahrung? Sehr viel Wertvolles sicher nicht. Du geleitetest mich freundlich durch die Straßen in eine gewisse Gerbergasse hinein und dann hinein in die berühmte und sicher uns allen beiden unvergeßliche Herberge zur Heimat, wo wir gemeinsam ein Zelt aufschlugen oder mit andern Worten eine Stube bezogen, um gemeinschaftlich darin zu wohnen und zu hausen, was sicher nur unser Vorteil und nicht unser Nachteil war. Entzückend, so schwöre und behaupte ich, sind erste kühne Künstler-Flugversuche, die mit öfteren Abstürzen verbunden sind. Aber ist das Hüte aus dem Fenster Hinaus- und auf Passanten in die Straße Herabwerfen nicht vielleicht noch fast schöner als alles Malen, Musizieren und Dichten? Waren wir nicht im Hutwerfen erlesene erste Meister und wahre dämonische Virtuosen, und sah sich der gute freundliche Wirt oder Herbergsvater nicht genötigt, uns vor Fortsetzungen des reizenden Unfuges väterlich zu warnen? Ach es ist vielleicht, von einem gewissen Gesichtspunkt aus gesehen, hundert-, wenn nicht gar tausendmal schöner, seinen oder seines Bruders Hut aus dem Fenster fliegen und wirbeln zu lassen, damit Vorübergehende unten staunen, als ein vollendetes Gedicht zu schreiben, damit das liebe Publikum staune. Gab es nicht in unserer Kunststube eines schönen Tages einen überraschenden Hofpredigerbesuch, über den wir beide einen Monat lang lachten? Ich stand gerade nackt da, dir als Modell zu einem Cäsars Leichnam beweinenden Markus Antonius dienend, als die Türe des Studier- und Aktzimmers unerwarteterweise aufging und dicht und urplötzlich vor uns strebenden armen Sündern wer stand? Der Herr Hofpfarrer. „O Gott, was muß ich mit meinen Augen erblicken? Was geht hier vor?" rief er aus und trat unverzüglich den Rückzug an, der in wilde Flucht ausartete. Wie gab uns das Entsetzen des guten Herrn, der künstlerischen Übungen offenbar fremd gegenüberstand, zu lachen. Lebten wir zwei Jünger und Brüder, Neulinge, Anfänglinge und Novizen nicht wie auf einer reizenden Freundschafts- und Verbrüderungsinsel, auf der alles gut und schön und sorglos ist, wo in ununterbrochenem freundlichem Gelispel und Gesäusel und in einem fortwährenden süßen Frieden die lebendigen Geschöpfe sich des zutrauenreichen, gütigen Daseins erfreuen, Himmel und Erde und Kreatur zusammengewachsen sind, und wo der Mensch so harmlos und gutherzig wächst und hinlebt vom Tag in die Nacht und von der Nacht in den Tag hinein wie die duftenden Blumen, die Pflanzen und die treuen guten Bäume. Wateten wir nicht ganze schöne Sonntage und sonstige Tage lang im üppig-grünen Landschaftsgras und in der göttlich weichen, träumerischen Mai-Landschaft umher, um dann da und dort unter blühenden Apfel- und Birnenbäumen vom Streifen und „Landschaften", vom schwierigen Malen und Versemachen köstlich auszuruhen, wobei wir oft einzuschlummern geruhten wie Grafen und Fürsten, um später wieder zu erwachen wie Prinzen? Wir lasen noch nicht Verlaine, aber wir lasen dafür doch Heinrich Heine und Uhland, und die mundeten und schmeckten uns nicht schlecht. War nicht auch das freie gliedererfrischende Baden im Neckar herrlich und beglückte uns nicht in Dorfgasthäusern der Genuß von Birnenmost? Wenn wir vom kühnen Ausmarsch gräßlich staubig und hungrig wieder in unsere Herberge zurückkamen, so bestellten wir ja bekanntlich jeweilen je einen Rostbraten mit gemischtem Salat für die Wanderer und Herren Gebrüder, worüber die ganze Stube höchlich staunte. Soupieren und dinieren große und reiche Herren reicher und besser als wir zwei damals? Das finde ich sehr fraglich, denn für uns war der Rostbraten ein Göttterschmaus nach trefflich überstandenen Wanderanstrengungen. Wie ist es schön,

Robert Walser, 1878 in Biel geboren, kam 1895 nach Stuttgart, wo sein Bruder Karl (1877–1943) Lehrling bei einem Dekorationsmaler war. Robert Walser arbeitete zunächst in der Inseratenabteilung der Deutschen Verlags-Anstalt, dann beim Verlag Cotta. Daneben hatte er zu dieser Zeit den Wunsch, Schauspieler zu werden. Im Frühherbst 1896 wanderte Robert Walser über Tübingen und Hechingen in die Schweiz zurück. Robert Walser starb 1956 in Hersisau, wo er sich seit 1933 in ein anonymes Patientendasein zurückgezogen hatte. Das jahrzehntelang fast verschollene Werk wurde erst seit den späten fünfziger Jahren wiederentdeckt und zunehmend in seiner Bedeutung erkannt.

Eines Tages sprach er bei Josef Kainz vor. Auf einer Ottomane liegend, dem von Tischbein gemalten Goethe ähnelnd, empfing ihn der berühmte Schauspieler, hörte spöttisch lächelnd eine Vortragsprobe des Schweizerjünglings an und gab ihm darauf durch ein leichtes Fußwippen zu verstehen, daß er entlassen sei. In der „Wenzeliade“ wird des Fiaskos kurz und ohne Nennung des Experten gedacht: „Dort (im Schwabenland) hat man ihm eines Tages ganz gehörig die Meinung gesagt; es hat einfach geheißen: ‚Junger Mann, von wo Sie auch abstammen, gut oder minder gut bürgerlich, Ihnen fehlen die göttlichen Funken!‘“

Robert Mächler, Das Leben Robert Walsers

arm und jung und unbekannt zu sein. Wie gerne gäbe mancher Schwerberühmte seinen Ruhm und all sein Ansehen für einen Achtel oder auch nur Achtzigstel, für einen Drittel oder Dreißigstel des Jugendzustandes her. Die Jungen sehnen sich nach Ehre, Ruhm, Erfolg und Ansehen, aber die Berühmten und die Mächtigen sehnen sich wieder in das arme wilde Jugendsehnen und in das heiße beglückende Ringen mit der Existenz zurück. Der Erfolg macht nicht glücklich, aber es muß ja eine Arbeit und ein Streben auf dieser armen, widerspruchsvollen Erde sein. Es muß ja einen Ruhm und einen Reichtum geben, aber Ruhm und Reichtum vermögen nur niedrige und flache Seelen zu beglücken. Es muß auf dieser Erde ein ewiges Auf und Ab und eine ewige Niebefriedigung sein. Ist nicht auch dir, ganz so wie mir, die Gestalt der gütigen, liebenswürdigen Opernsängerin B . . . in Erinnerung geblieben, die die hohe Freundlichkeit hatte, uns zwei doch sicher ziemlich arme Teufel, wahre Muster und Vorbilder an Unbeachtetheit, zu einem graziösen schöngeistigen Tee huldreich einzuladen? Sprangen und liefen wir nicht eine Zeitlang fast allabendlich mittels uns vom gnädigen und freigebigen Freiherrn-Intendanten gütig verabreichten und freundlich gegönnten Freikarten in das schimmernde Hoftheater, wo wir unter zahlreichen andern reichen Stehparterregenüssen den Genuß hatten, die Eysoldt als zierliche Desdemona und den kraftvollen Matkowsky als dieselbe im Sturm der Mohreneifersucht tötenden und abmordenden Othello zu sehen, und gab es für uns etwas Höheres und Schöneres als das? Nicht von ferne! Und die dürren oder gedörrten Zwetschgen, die wie unglückliche arme Ertrunkene auf dem Mittagstisch im Teller voll Wasser schwammen, könnte es denkbar sein, daß du sie vergessen hättest oder daß du sie je würdest vergessen können? Ebenso des knorrigen Betknechtes und -bruders Knoop schrille Andachtstimme und Worte? Was vermöchtest du mir entgegenzustellen, wenn ich auf die Tribüne der Beredsamkeit stiege und laut sagte, daß nach dem Gefühl derjenigen, die vermöge einer erreichten Altersstufe in das abendsonnen- und morgensonnenbeschienene Land der Vergangenheit blicken, vergangene schöne Stunden ein Heiligtum seien? Ergreift nicht dich auch Rührung bei dem Gedanken an das fröhliche Frühe, an das heitere Einst?

Gertrud Eysoldt (1870–1955) kam über München und Stuttgart nach Berlin, wo sie unter Max Reinhardt große Triumphe feierte. Sie galt als hintergründige, intellektuelle Schauspielerin. Einer ihrer ganz großen Erfolge war Wedekinds „Lulu“. Das Photo zeigt Gertrud Eysoldt als „Salome“.

Spanische Weinstube

Von Christian Wagner

Ach, für meines Lebenstisches
Öd Getreib in Stall und Scheuer
Wünscht ich einmal mir ein frisches
Ritterliches Abenteuer.

Und ‚Alonso Pedro Vega'
Stand an einer Wand zu lesen;
Eine spanische Bodega,
War noch niemals drin gewesen.

Schmachtend schaut ich nach Lenora,
Dir mir füllen sollt den Becher;
Gott, wo ist doch die Senora
Mit Mantialla und mit Fächer?

Was ich sah war gar nicht spanisch:
Eine Magd mit Sommersprossen,
Hochgeschossen, blond germanisch,
Reichte mir den Wein verdrossen.

Und umher auf steifen Stühlen,
Voll Grandezza und Bedeutung,
Masken ohne menschlich Fühlen,
Las ein jeder in der Zeitung.

Von der Bank rafft ich mein Bündel
Zu entfliehen dem Gelasse; –
Heillos spanisches Gesindel!
Rief ich draußen auf der Gasse.

Unter den Bewunderern des Bauern, Dichters und Sozialvisionärs Christian Wagner (1835–1918) aus Warmbronn finden sich illustre Namen wie etwa Karl Kraus und Gustav Landauer, Tucholsky und Hermann Hesse und, in neuerer Zeit, Thomas Bernhard und Peter Handke. Trotzdem blieb Christian Wagner immer nur so etwas wie ein Geheimtip. Die „Spanische Weinstube", eine „langweilige Wirtschaft", befand sich in der Charlottenstraße.

In Stuttgart, wo ich arztete, kam Christian Wagner dann und wann zu uns in Einkehr, am Spätnachmittag oder gegen Abend, und ließ sich ein Viertele Roten – und eine rösche Laugenbrezel dazu – immer recht gut schmecken. Er war da schon über siebzig, machte sich aber gar nichts daraus, den Weg von Warmbronn in die Hauptstadt und wieder zurück, in summa zweimal 17 Kilometer, am nämlichen Tag per pedes apostolorum zu bewältigen. Gern saß er dann am Fenster, gegen das sich sein herrlich gewölbter, an den des alten Schopenhauer erinnernder Kopf fast monumental abhob, und sprach mit einer geheimnisvollen, halblauten Stimme seine Verse, während die hellen blauen Augen wie die eines Sehers ins Unendliche schauten.

Dr. Owlglass (eigentlich Hans Erich Blaich) am 6. August 1935 in der Frankfurter Zeitung.

Lajos Kassák Photographie (1915)

Kassák, 1887 in Ersekujvar (Ungarn) geboren, entwickelte eine Fülle künstlerischer Aktivitäten. Neben Malerei und Grafik, Collage und Relief, veröffentlichte Kassák Lyrik und Romane und war Herausgeber linksgerichteter Zeitschriften. Ursprünglich Metallarbeiter, bekam der Autodidakt bei einem Paris-Aufenthalt entscheidende Anstöße. Er hatte Kontakte zu Futuristen und Dadaisten und baute in Wien (1920–26) eine eigene Dada-Gruppe auf. Trotz seiner Verbindungen zum Bauhaus, insbesondere zu Moholy-Nagy, mit dem er 1922 ein „buch neuer künstler" herausgab, ging Kassák 1926 nach Ungarn zurück. Als Lyriker Expressionist, sind seine realistischen, autobiographisch geprägten Romane dem Vorbild Gorkis verpflichtet. Kassák starb 1967 in Budapest.

Nachtasyl

Zwei Dichter unter Verdacht
Von Lajos Kassák

Beim Tippeln übernahm ich mich nicht sonderlich. Am Nachmittag des vierten Tages erreichte ich Stuttgart. Geld hatte ich keines, aber das regte mich nicht weiter auf, ich wußte ja, daß man aus einer so großen Stadt selbst im letzten Augenblick noch das Nötigste herausholen konnte. Auf einem Stück Papier hatte ich mir die Adresse der Herberge notiert, sie suchte ich zuerst auf. Es war ein riesiges ziegelrotes Gebäude, das einen sauberen und beruhigenden Eindruck machte. Hier stellten sich mir keine hemdsärmligen Dienstleute in den Weg, niemand mischte sich gewaltsam in mein Leben, die Türen standen den Ankömmlingen offen. Ich gelangte in einen riesigen Saal, dessen Boden mit Steinen und dessen Wände mit weißen Platten ausgelegt waren. Es wimmelte darin von Menschen. Sie aßen, debattierten laut und tranken Bier. Aber dies waren nicht die alten Landstreicher aus den Dorfschenken, die meisten Herbergsbrüder waren jung, gesund, anständig gekleidet und hatten Rucksäcke bei sich.

„Sind Sie Ungar?", fragte unverhofft eine Stimme. Ein schlechtrasiertes Männchen mit Künstlermähne und Künstlerkrawatte baute sich vor mir auf. Der kleine Mann blickte mich mit stechenden Augen an und zog den Mund affektiert zusammen. Aus seinen Rocktaschen sahen überall Zettel hervor.

„Ja, ich bin Ungar", antwortete ich.

„Sind Sie eben erst angekommen? Allein?"

„Ja. Ich bin von Budapest mit einem Freund losmarschiert, aber unterwegs haben wir uns getrennt."

„Gestatten Sie, daß ich mich setze?"

„Selbstverständlich."

Bevor das Männchen sich setzte, streckte es mir die Hand entgegen.

„Mein Name ist Szittya... Emil Szittya."

Ich stellte mich ebenfalls vor. Szittya setzte sich, schlug die Beine elegant übereinander und begann auf mich einzureden, wobei er die Worte nachdrücklich betonte. Er versuchte sichtlich, mir zu imponieren, in meinen Augen war er jedoch mit seinem gespreizten Gehabe eine äußerst komische Figur. Seine Füße steckten in Schuhen, deren Absätze bis auf die Fersen abgelaufen waren, aus seiner Westentasche schaute der abgekaute Stiel einer Tabakspfeife, sein Haar war dicht und drahtig wie die Stacheln eines Igels.

Ich konnte mir nicht vorstellen, was dieser Mann von mir wollte. Von allen Anwesenden sah gerade er am ehesten wie ein Vagabund aus, und doch spielte er sich vor mir auf wie ein verwunschener Königssohn. Müdigkeit überkam mich, und ich sah das vor mir herumgestikulierende Männchen nur wie durch einen Nebel, seine Stimme schlug wie fernes Rattern an mein Ohr. Szittya aber redete und redete bis spät in die Nacht hinein. Ich antwortete ihm nur, als er wissen wollte, ob ich eine Wohnung hätte. Ich wußte bereits, daß man auch hier in der Herberge übernachten konnte, die Leute lösten beim Kellner eine Bettkarte und verschwanden dann aus dem Saal.

Unsere Betten standen nebeneinander, und noch im Halbschlaf hörte ich, daß sein Mundwerk nicht stillstand. Auch in dieser Herberge mußte man sich nackt ins Bett legen, doch die morgendliche Jagd mit der Kleiderbürste nach Wanzen und Läusen fiel weg. Tage ohne Sorgen und ohne Arbeit folgten. Szittya nahm sich meiner an wie ein Muttertier, er ernährte mich mit frischen Puffern und löste am Abend die Bettkarte für mich. Woher er das Geld dafür nahm, erzählte er mir nicht, und ich fragte ihn nicht danach. Ich blieb den ganzen Tag in der Herberge, und er kam abends immer mit vollen Taschen wieder. Ich zweifelte nicht, daß er tagsüber betteln ging, seine Geschicklichkeit imponierte mir außerordentlich und nicht minder die Tatsache, daß er kein Wort darüber verlor, sich weder beklagte noch rühmte. Aber auch er war nur ein Mensch, auch er konnte nicht ewig schweigen. Wir duzten uns bereits, und eines Tages flüsterte er mir zu: „Heute habe ich eine neue Quelle erschlossen, aber dorthin mußt du mitkommen. Vielleicht können wir sogar ein Zimmer für uns ergattern. Es handelt sich um einen alten Schneidergesellen aus Ungarn. Seine große Schwäche ist, daß er sich für einen verkannten Musiker und Opernsänger hält. Man muß ihn mit ‚Herr Potyke' anreden. Du brauchst nur aufzupassen, wie ich mit ihm spreche, und es mir nachzumachen."

Herr Potyke wohnte am Stadtrand, in einem neuen Viertel. Die Fenster seiner Wohnung blickten auf Wiesen und Berge.

Szittya spielte den verwunschenen Königssohn mit sagenhafter Routine. Potyke empfing uns mißtrauisch. Doch kaum hatten wir uns gesetzt, bat Szittya ihn schon, uns auf dem Klavier vorzuspielen, denn wir beide seien große Musikliebhaber, er, Szittya, pflege Kritiken über Konzerte zu schreiben, selbstverständlich nur über solche, die der Beachtung wert seien.

Szittya servierte sein Lob geradezu auf einem Tablett. Er schmeichelte dem Schneider mit zuckersüßen, wohlriechenden Komplimenten, ohne dabei zu vergessen, ein paar Klagen über unsere eigene Misere einzuflechten. Er redete und redete und brachte schließlich eine süßsaure Mischung zustande. Herr Potyke hätte beim besten Willen nicht leugnen können, daß er in uns wirkliche Freunde gefunden hatte, er mußte fühlen, daß er uns Dank schuldete, und so lud er uns liebenswürdig zum Mittagsmahl ein. Potyke war nicht nur Pianist und Sänger, sondern enthielt sich um der Reinheit seiner Seele willen auch sämtlicher Fleischgerichte, er war Vegetarier.

„Ich war stets ein Anhänger des Vegetariertums", antwortete Szittya, „und mein Freund ebenfalls", er deutete mit einer gewinnenden Geste auf mich. „Doch konsequent zu bleiben ist für Sie, lieber Herr Potyke, unendlich viel leichter als für uns. Auch wenn man Ihre Kunst heute noch nicht gebührend würdigt, so bringt Ihnen die Schneiderei doch das Nötigste ein. Wir Dichter aber haben weder ein fixes Einkommen noch eine Wohnung."

Potyke schien einen Augenblick zu zögern, dann sagte er, auf dem Boden habe er eine Kammer, in der er Bücher aufbewahre. Wir stiegen zwei Stockwerke hoch, kletterten über hohe Querbalken und gelangten so in die Kammer. Sie war nicht eben geräumig, aber sauber; in einer Ecke lagen ungefähr fünfundzwanzig Schauerromane, das Dach hatte eine Fensterluke.

Emil Szittya
Photographie (um 1906)

Der Anarchist und Bohemien, Schriftsteller und Maler Emil Szittya (eigentlich Adolf Schenk), 1886 in Budapest geboren, vagabundierte in seiner Jugend zu Fuß durch Österreich, Deutschland, die Schweiz, Italien, Frankreich, Holland und Spanien. 1909 wanderte er mit Lajos Kassák von Stuttgart über Belgien nach Paris, wo er Ende der zwanziger Jahre schließlich seßhaft wurde. Nahezu ohne Einkommen lebt er im Bohèmeviertel Montparnasse, engagiert sich dann im Umfeld der Emigranten und in der kommunistischen Partei.
Szittya, der sich als „dreckiger und streunender Köter" (Kassák) im Milieu der Vagabunden und Kunden, der Bettler und Zigeuner bewegte, aber auch in den Kreisen der europäischen Avantgarde verkehrte, beschrieb in seinem „Kuriositäten-Kabinett" seine „Begegnungen mit Landstreichern, Verbrechern, Artisten, religiös Wahnsinnigen, sexuellen Merkwürdigkeiten, Sozialdemokraten, Syndikalisten, Kommunisten, Anarchisten, Politikern und Künstlern", die er u.a. auf dem Monte Verità in Ascona kennengelernt hatte.

Szittya, der zahlreiche Essays zu Kunst und Künstlern veröffentlichte und in dessen Arbeitszimmer sich Hunderte von Büchern türmten, hat mit seinem Buch „Selbstmörder" auch „die erste Kulturgeschichte über den Selbstmord in allen Zeiten und Ländern" hinterlassen. Er starb, verarmt und so gut wie vergessen, 1964 in Paris.

Die vier weißen Wände umgaben uns wie eine kühle Blechhülle. Laut zu sprechen, wagten wir nicht, was uns jedoch nicht daran hinderte, stundenlang darüber zu streiten, wer an der Wand liegen sollte. Szittya wollte unbedingt, daß ich dort schlief, da ich aber voller böser Vorahnungen war, ließ ich mich nicht dazu überreden. Schließlich blieb ihm nichts anderes übrig, als selbst den Platz an der Wand einzunehmen. Er hatte sehr schmutzige Unterwäsche an, in ihr kroch er unter die Decke. Ich konnte mir nicht verhehlen, daß ich aufgeregt war. Ich zog mich nur ungern aus, dabei merkte ich, daß ich vor Angst eine Gänsehaut hatte. Ich löschte die Lampe und zog das Nachthemd über, es war mir viel zu lang. Ich setzte mich auf den Bettrand und knotete das Hemd unten zusammen. Auf diese Weise, so erinnerte ich mich, pflegte man Kinder an häßlichen Spielen zu hindern. Nun fühlte ich mich einigermaßen sicher und schlüpfte lautlos unter die Decke. Ich schloß die Augen, konnte aber nicht einschlafen. Mit angespannten Nerven wartete ich, daß etwas geschah. Aber es geschah nichts. Szittya schlief, das Gesicht der Wand zugekehrt. Aber ich fand keine Ruhe, ich konnte mich des Verdachts nicht erwehren, daß er nur simulierte. Stunden vergingen in dieser grausigen Erwartung, dann sah ich durch das Fenster über uns, wie die Sterne schwanden und sich der indigofarbene Himmel langsam aufhellte. Bevor Szittya aufwachte, knotete ich mein Nachthemd wieder auf, denn es hätte meine nächtliche Feigheit verraten. Ich streckte mich wohlig, als wäre ich soeben aus einem erquickenden Schlaf erwacht.

„Du bist ein Schuft, die ganze Nacht hast du dich hin- und hergeworfen", sagte Szittya, „darum wollte ich doch, daß du an der Wand liegst, dann hätte ich besser von dir abrücken können."

„Ich schlaf aber nicht an der Wand, das kommt überhaupt nicht in Frage."

Ohne Wasser auch nur gesehen zu haben, zogen wir uns an und gingen, in der Hoffnung, etwas Eßbares zu ergattern, zu Herrn Potyke hinunter. Der genialische Schneider saß bereits am Klavier und schmetterte seine Arien. Selbstverständlich lobten wir sein Talent von neuem, er bot uns wieder reichlich Orangen und Bananen an.

Ich aß, bis ich satt war, dann lungerte ich herum und fühlte mich mordswohl, aber mir schien doch, als seien die Tage sorglosen Nichtstuns vorbei. Unvermittelt sagte Szittya: „Ich habe alle Bezirke abgegrast, jetzt bist du an der Reihe. Kennst du die Judenkassen?"

„Wie sollte ich, ich bin doch kein Jude!"

„Aber der Fürstprimas bist du auch nicht, und es wird dir nicht gleich ein Zacken aus der Krone fallen, wenn du zwei Mark an der Judenkasse in Empfang nimmst."

Ich schwieg verständnislos.

„Ich begleite dich. Im Vorzimmer ist ein Kassenschalter, du wartest, bis du dran bist, und dann sagst du: ‚Ich bitte, arme Jud.'"

Ich suchte nach Ausflüchten. „Und wenn man merkt, daß ich kein Jude bin?"

„Die hinter dem Schalter können gar nicht feststellen, ob du Jude bist oder nicht. Wenn sie fragen, woher du kommst, sagst du, aus Ungarn, aus dem Dorf Tiszaeszlár. Deine ganze Familie ist umgebracht worden, nur du bist entkommen. Nun bist du hier und hast weder Verwandte noch Bekannte noch Geld."

So gefiel mir die Sache schon eher, und ich versprach mitzumachen.

Der riesige Warteraum war voll von bärtigen Männern, die sämtlich Schlä-

Straßenszene in der Stuttgarter Altstadt (um 1900). Bohnenviertel: Blick in die Rosenstraße Kolorierte Lithographie.

In memoriam Anna Schwab

Zu den Welterlösern auf Monte Verità gehörte auch der Kokosnußprediger, der behauptete, alle Nahrung, sogar die Gemüse, wären sündig, weil sie der Erde zu nahe wüchsen. Gemüse wären das Sperma des sexuellen Verkehrs zwischen Teufeln und Erde. Es gäbe nur eine heilige Nahrung, die Kokosnuß. Der Herr Prediger hatte auf irgendeiner Insel eine Statistik über die Kokosnußbäume gemacht und behauptete, Gott habe nur so viel Menschen zum Weiterleben auserwählt, als es Kokosnußbäume auf der Insel gäbe, die überzähligen Menschen würden auf eine gräßliche Weise umkommen.
Außerdem war er aber auch ein ganz geriebener Geschäftsmann. Für jeden Menschen, den er auf seine Kokosnußinsel importierte, bekam er Prozente von den Schiffahrtsgesellschaften. Mit der Heiligkeit der Kokosnuß schien es aber nicht weit her zu sein, weil einige, die nach seiner Insel fuhren, schon unterwegs starben. Hofmann erklärte diesen traurigen Umstand dadurch, daß die Kokosnußheiligkeit sich nicht foppen lasse. Diejenigen, die auf dem Wege starben, waren nach seiner Theorie schon zu sehr von der sündigen Nahrung verseucht, so daß sie die Insel nicht betreten durften.
Von denjenigen aber, die die Insel wirklich erreichten, sind die meisten schwer erkrankt zurückgekehrt. Darunter ein Fräulein Anna Schwab aus Stuttgart, die sogleich in ein anderes Extrem hinüberwechselte, Anarchistin und Lesbierin wurde und für diese Ideen in dem nach Wiedertäuferatmosphäre riechenden Stuttgart Propaganda machte.

Emil Szittya in seinem „Kuriositäten-Kabinett", 1923

fenlocken trugen. Es summte wie in einem Bienenstock. Die Männer unterhielten sich russisch, polnisch und jiddisch, sie redeten mit Händen und Füßen, machten die Luft sauer und standen sich gegenseitig im Licht. Später erfuhr ich, daß ein Teil von ihnen vor den russisch-polnischen Pogromen geflohen war. Es waren heimatlose, bedauernswerte Menschen. Der andere, größere Teil bestand aus Landstreichern, Vagabunden, die jedes Frühjahr aufbrachen, sämtliche Judenkassen abklapperten und im Herbst mit einem kleinen Vermögen zu ihren Familien zurückkehrten. Sie waren ungeduldig, gewalttätig, intrigierten gegeneinander und trugen ihr künstlich hochgepäppeltes Elend wie ein Heiligtum zur Schau. Der Schammes erkennt diese Typen schon von weitem, doch vor ihrem zudringlichen Geschrei gibt es kein Entrinnen. Auf ihnen lasten weder Familientragödien, noch haben Mörderhände sie bedroht, doch wie Blutegel saugen sie sich überall fest. Gute Worte helfen ebensowenig wie energisches Durchgreifen: Sie drängen sich an jedem Schalter vor. Und nicht einer weicht von der Stelle, ehe er nicht den ihm zustehenden Betrag erhalten hat. Der Kassierer sprach deutsch, sie antworteten in einem gräßlichen Jargon. Diese schmutzige Flut wogte stundenlang vor mir auf und ab.

Dann stand ich vor dem Fensterchen.

„Ich bin arme Jud", stotterte ich ungeschickt. Die Worte verletzten meine Zunge, als wären sie Glasscherben, mein Gesicht wurde welk und bleich, ich wagte den Kassierer nicht anzusehen.

„Woher?"

Ich sagte auf, was ich einstudiert hatte, mein Herz klopfte unter dem Rock, als wollte es mir aus der Brust springen, die heiße Luft des Saales erstickte mich fast.

„O ja, Tiszaeszlár, ich weiß", sagte der Kassierer und seufzte melancholisch, während er die zwei silbernen Markstücke vor mich hinlegte.

Müde wartete Szittya draußen vor dem Tor auf mich.

„Hast du sie?" fragte er unsicher.

„Ja", antwortete ich. „Ich habe etwas Häßliches, Ekelhaftes getan, ich schäme mich wegen dieser Gaunerei vor mir selber. Wenn ich nicht wüßte, daß du der größere Gauner von uns beiden bist, würde ich sagen: Spuck mich an, melde mich der Polizei."

Am Abend gingen wir in die Stadt, uns etwas umzusehen. Die Stimmen des nachmittäglichen Streites klangen noch in mir nach, doch erschien mir nun die Bettelei an der Judenkasse schon nicht mehr als eine so große Sünde. Menschen spazierten durch die Straßen, die Schaufenster strahlten in hellem Glanz, aus den Gasthäusern duftete es nach frischen Speisen. Ich war weder müde noch hungrig; ich genoß die Geräusche, die Lichter und Düfte in vollen Zügen.

Plaudernd gingen wir zur Herberge und schlenderten dann ein wenig müde nach Hause.

Es dämmerte gerade, als es an unsere Tür klopfte. Zwei Kriminalbeamte mit steifen Hüten und Spazierstöcken standen davor.

„Polizei", sagten sie. „Seit wann wohnen Sie hier?"

„Seit zwei Tagen", antwortete Szittya. Seine verschlafenen Augen blinzelten erschrocken unter dem wirren Haar hervor.

Die Beamten kritzelten etwas in ein Buch und befahlen dann mürrisch: „Ziehen Sie sich an und kommen Sie mit!"

Wie ein angegriffener Hamster protestierte Szittya heftig – vergebens. Wir mußten unter der Decke hervorkriechen und zogen uns brummend an.

Auf der Polizeiwache notierten sie unsere Personalien; sie behandelten uns wie Homosexuelle, die sich strafbar gemacht hatten. Einer der Beamten suchte in der Kartei.

„Sie sind noch nicht drin", sagte er und setzte sich hin, um eine Karte über uns anzulegen. Wir protestierten beide gegen diese grundlose Verdächtigung. Ich hätte tatsächlich sachlich nichts über Homosexualität aussagen können, und Szittya benahm sich wie ein Schwachsinniger. Sie konnten nichts Kompromit-

Legionskaserne – dort befindet sich heute der Wilhelmsbau. Das Photo entstand kurz vor dem Abbruch 1906.

Links: Einfahrt in den alten Bahnhof.
Vergleiche die Seiten 218/219

Robert Musil – Ingenieur

„Ich war 22 Jahre alt, trotz meiner Jugend schon Ingenieur und fühlte mich in meinem Beruf unzufrieden. Jeden Abend um ½ 9 Uhr besuchte mich eine Freundin, aus dem Büro kam ich aber schon um 6 Uhr nach Hause. Stuttgart, wo sich das abspielte, war mir fremd und unfreundlich, ich wollte meinen Beruf aufgeben und Philosophie studieren (was ich bald auch tat), drückte mich vor meiner Arbeit, trieb philosophische Studien in meiner Arbeitszeit, und am späten Nachmittag, wenn ich mich nicht mehr aufnahmefähig fühlte, langweilte ich mich. So geschah es, daß ich etwas zu schreiben begann, und der Stoff, der gleichsam fertig dalag, war eben der der Verwirrungen des Zöglings Törleß.“
Robert Musil (1880–1942) hat als junger Ingenieur ein Jahr in Stuttgart verbracht. Er arbeitete als Praktikant in der renommierten „Materialprüfungsanstalt“, die zur Königlich Technischen Hochschule gehörte und sich auf dem Gelände des heutigen Mineralbads Leuze befand.
Das Stuttgarter Jahr hat auch in Musils Roman „Der Mann ohne Eigenschaften“ Spuren hinterlassen.
Musil wohnte von Oktober 1902 bis April 1903 in der Urbanstraße 46 zur Untermiete, seine zweite Stuttgarter Wohnung – Musil lebte von Mai bis Oktober 1903 in Degerloch – ist nicht bekannt.

tierendes aus uns herausholen und nahmen uns deshalb auch nicht in die Liste der zu Überwachenden auf.

„Vorläufig haben wir keine Beweise gegen Sie“, sagte der Polizeibeamte. „Aber Sie müssen Stuttgart trotzdem binnen zwei Wochen verlassen. So lange dürfen Sie nicht mehr gemeinsam in einem Bett schlafen, und jetzt gehen Sie mit dem Herrn hier hinüber ins Laboratorium, dort werden Sie fotografiert, außerdem werden Ihnen die Fingerabdrücke abgenommen. In zwei Wochen also haben Sie kein Recht mehr, hier zu wohnen. Verstanden?“

„Jawohl, wir haben verstanden“, und ohne uns noch einmal umzusehen, folgten wir dem Polizisten hinüber ins Labor. Vor einem weißen Hintergrund in der Nähe des Fensters machte ein anderer Beamter Aufnahmen von uns, von vorne und von der Seite, dann stellte er uns auf eine Waage, maß unsere Körpergröße, bestrich uns Daumen und Zeigefinger mit Farbe und preßte sie auf ein weißes Blatt Papier. Unsere Finger hinterließen feine, netzartige Spuren. Einem unbeteiligten Zuschauer mochte das alles vielleicht wie ein kindisches Spiel vorkommen, doch mich erschütterten diese Minuten tief. Hätte man mich kurzerhand für ein paar Monate eingesperrt, ich hätte das viel gelassener hingenommen. Diese Prozedur jedoch kam mir wie eine unmenschliche Demütigung vor. Ich hatte das Gefühl, nicht mehr mein eigener Herr zu sein. Mein Name wurde irgendwo festgehalten; als wäre ich an einer langen Kette angebunden, konnten sie mich nun nach Belieben aus dem Verkehr ziehen.

„Unsinn!“, sagte Szittya auf der Straße. „Das ist die deutsche Bürokratie. Von jeder Sache legen sie eine Liste an und meinen, damit habe alles seine Ordnung. Es ist das siebte Mal, daß sie mir in Deutschland Fingerabdrücke abnehmen, und ich bin noch immer hier.“

Spät erst kehrten wir in unsere Behausung zurück. Wir fürchteten, daß die Polizeibeamten vom Vormittag dort auf uns lauern könnten, und gingen wie Fremde am Eingang vorbei, und erst nachdem wir das Haus eine Weile beobachtet hatten, traten wir ein und kletterten auf den dunklen Dachboden hinauf. Es kam mir komisch vor, daß die Polizei wie mit einem Vergrößerungsglas über die Moral jedes einzelnen wachte, obwohl doch ein jeder wußte, daß es nirgendwo so viele Lustmörder und Homosexuelle gab wie in Deutschland. Gewiß hatten diese Abnormitäten ihre tieferen sozialen Ursachen, doch die mechanisch arbeitende Bürokratie begnügte sich damit, sie zu übertünchen. Niemand streckte uns hifreich die Hand entgegen, dafür achtete man sorgfältig darauf, daß zwei heruntergekommene Landstreicher sich nicht in ein gemeinsames Bett legten. Sie fürchteten sich vor uns – ich aber fürchtete mich nicht mehr vor Szittya. Seine angebliche Homosexualität war nichts weiter als die Prahlerei eines Sonderlings. Deshalb gab ich es auf, mich gegen Belästigungen, die nur in meiner Einbildung existierten, durch kindische Vorsichtsmaßnahmen zu schützen.

„Der Boden wird hier allmählich zu heiß für uns, es wäre an der Zeit weiterzuziehen, wir landen sonst noch in der Gosse“, sagte ich. Doch bei dieser Aufforderung blieb es, am sofortigen Aufbruch lag auch mir nicht viel. Die unbewußte Trägheit untätiger Menschen hielt uns fest, wir verschoben das Weiterwandern von einem Tag auf den anderen. So brachen wir nach Frankfurt erst auf, als die Frist von zwei Wochen, die uns die Polizei gesetzt hatte, verstrichen war.

Frühlingserwachen mit Stiefeln

Von Rudolf Schlichter

Rudolf Schlichter, 1890 in Calw in ärmlichen Verhältnissen geboren, beginnt in Pforzheim eine Lehre als Emailmaler, die er nach einer körperlichen Züchtigung abbricht. Von 1907 bis 1909 besucht er die Kunstgewerbeschule in Stuttgart, anschließend die Karlsruher Akademie. 1919 übersiedelt Schlichter nach Berlin, wo er John Heartfield und George Grosz kennenlernt, Mitglied der „Novembergruppe" wird und sich den Dadaisten anschließt. Er wird Mitglied der KPD, gründet 1924 eine „Rote Gruppe", verkehrt mit linken Intellektuellen wie Brecht und Döblin, Egon Erwin Kisch und Oskar Maria Graf. 1927 zieht er sich aus dem politischen Leben zurück, wendet sich dem Katholizismus zu und lernt seine spätere Frau „Speedy" kennen, die Verständnis für seinen spezifischen Stiefelfetischismus aufbringt und von dieser Zeit an eine zentrale Position in seinem Werk einnimmt. Schlichter, der sich oft und gern Wildwest-Motiven zuwandte, verkehrt nun auch mit rechten Nationalisten, u. a. Ernst von Salomon und Ernst Jünger, und zieht sich 1932 nach Rottenburg am Neckar zurück. 1932 erscheint „Das widerspenstige Fleisch", erster Band einer geplanten dreibändigen Autobiographie, der zwar 1933 noch ein zweiter Band folgen kann, doch wenig später werden seine Bücher als „perverserotische Selbstdarstellungen" verboten und ein Ausstellungsverbot verhängt. 1936 zieht der immer wieder mit Haussuchungen etc. schikanierte Schlichter nach Stuttgart, wo er in den privaten Räumen von Hugo Borst ausstellen kann. 1938 wird er wegen „unnationalsozialistischer Lebensführung" und Kuppelei für drei Monate inhaftiert.

Nicht allein der Gedanke, nun endlich das Ziel meiner brennenden Wünsche, in einer Großstadt zu leben, erreicht zu haben, war für mich erhebend und beglückend, sondern auch die zuerst befremdende Tatsache, nunmehr in einem neuen und, wie mir schien, reichen Haushalt zu wohnen, wo ein dienstbarer Geist alle gröberen Arbeiten verrichtete, von denen ich sonst gewöhnt war, sie von meiner Mutter oder Schwester verrichtet zu sehen. Wie in meiner Pforzheimer Lehrzeit mußte ich auch hier die Bahn benutzen, um an meine Wirkungsstätte zu gelangen; in dieser Hinsicht hatte sich, wenigstens äußerlich, der Rhythmus meines Tages nicht geändert. Doch bestand insofern zwischen meinem jetzigen und dem damaligen Zustand ein gewaltiger Unterschied, als ich nicht mehr gezwungen war, mich in den schmierigen Vehikeln des Arbeiterzuges herumzuquälen, da mein Schwager sich großmütig erboten hatte, mir die Schülermonatskarte dritter Klasse zu bezahlen. Dieser Umstand machte mir die kurze Fahrt von Zuffenhausen nach Stuttgart geradezu zu einem Genuß; denn erstens brauchte ich, weil die Schule erst um einhalbneun Uhr begann, nicht so früh aufstehen und zweitens hatte ich Gelegenheit, mich an den adrett gekleideten Backfischen zu ergötzen, die in Stuttgart Nähkurse und Handelsschulen besuchten, oder in Büros tätig waren. Jetzt endlich konnte ich mich auch an den Gleisanlagen, Unterführungen, Tunnels und Hallen satt sehen. Ich konnte es anfänglich gar nicht begreifen, daß dieser Teil meiner Kindheitsträume so rasch in Erfüllung gegangen sei. Jeden Morgen betrachtete ich mit heißen Augen die wundersame Stadt, die sich amphitheatralisch an den grünen, dampfenden Hügeln emporreckte. Von ferne glänzten aus weichem, blauen Dunst die Cannstatter und Eßlinger Berge mit dem Mausoleum des Württembergischen Herrscherhauses herüber. Träumend gewannen die tragischen und komischen Gestalten der heimatlichen Geschichte Gestalt und seltsames Leben.

Indessen machte sich bald wieder die andere, weniger angenehme Seite meiner Natur bemerkbar. Ich geriet nämlich durch den dauernden Anreiz der mich umgebenden städtischen Welt von zarten, leichten Dingen und vor allem durch die Fülle der verschiedensten Formen weiblicher Fußbekleidung, die mir allerorten in Schaufenstern und auf den Straßen in die Augen sprangen, in eine Welle schwüler Erotik. Der Zustand eines ewig gereizten, nie zur natürlichen Auslösung gelangenden Sexus rief schreckliche, lang andauernde Depressionen hervor; meine hypertrophierte Sinnlichkeit nahm groteske Dimensionen an, erzeugte einen bunten Wust der absurdesten Wünsche und erweckte zwangsläufig den Wunsch nach den abscheulichsten Exzessen. Zunächst konzentrierte sich mein Verlangen, da es das nächstliegende Objekt war, auf meine Schwester Gertrud. Oft saß ich stundenlang bei ihr oder ich half ihr in der Küche, nur um den Anblick ihrer mit zierlichen Knopfstiefeln bekleideten Füße zu genießen.

Ein Jahr zuvor wurde er bereits wegen der Zeichnung „Goliath verhöhnt das Volk Israel" gemaßregelt. Schlichter übersteht die Nazizeit in München, wo er seit 1939 lebte und Kontakt zu katholischen Widerstandsgruppen hatte. 1946 tritt er mit seinem surrealistischen Spätwerk wieder an die Öffentlichkeit. 1955 stirbt Rudolf Schlichter in München.

Rudolf Schlichter: Tingel-Tangel. Aquarell (um 1920)

Weil aber solches Beginnen keineswegs eine Befreiung von der brennenden Begierde brachte, sondern die nervenzerreibende, energiezerstörende Unruhe ins Uferlose steigerte, kam ich auf den Gedanken, einfach die Objekte meiner höllischen Lust abends heimlich in mein Zimmer zu nehmen, um mich an ihnen zu befriedigen. Ich schlich mich also, kaum waren Karl und Gertrud zu Bett, nach der Küche, holte mir Stiefel und Knöpfer und schloß mich mit fieberndem Gehirn in meine schmale Schlafkammer ein. Mit zitternden Händen probierte ich die Stiefel an und ein teuflischer Zufall wollte, daß sie an meinen Fuß paßten wie angemessen. Ich schritt einigemale im Zimmer auf und ab, um das Gehen auf hohen Absätzen recht ausgiebig zu genießen. Dabei vollzog sich plötzlich eine merkwürdige Verwandlung in meinem ganzen Wesen. Ich fühlte mich auf einmal als Mädchen, ein schreckliches Verlangen nach männlicher Gewalt ergriff mich, am liebsten hätte ich mich aufs Bett werfen lassen, bereit, jeden Mißbrauch meines Körpers zu erdulden. Ja ich verlor mich so sehr, daß mir für Augenblicke die Erinnerung an meinen früheren Zustand völlig schwand und ich im trüben Meere einer gefährlichen, alles aufsaugenden weiblichen Empfangsbereitschaft versank. Es schien, als ob meine ganze männliche Willensbetontheit untergegangen wäre in dem einen Wunsch, Gewalt zu erleiden. Obgleich ich keine genaue Vorstellung von den Dingen hatte, die bei der Vereinigung der beiden Geschlechter vor sich gingen, erschrak ich doch vor den Konsequenzen meines Wunsches, eine fürchterliche Angst ergriff mich, mich ganz in diesem Ozean verkehrter Lüste zu verlieren.

Heiße Scham überfiel mich plötzlich bei dem blitzartig auftauchenden Gedanken, was wohl Winnetou oder Old Shatterhand oder sonst einer meiner Helden dazu sagen würden, wenn sie mich in diesem Zustand vom Jenseits aus beobachteten. Voll Ekel riß ich die Stiefel wieder herunter und brachte sie leise nach der Küche. Ich gelobte mir, mich nie wieder einer derartigen Schwäche zu überlassen und schlief, durch diesen festen Vorsatz getröstet, in bleierner Ermattung bis in den hellen Morgen. Aber der Weg zur Hölle ist mit guten Vorsätzen gepflastert. Schon am übernächsten Abend brach ich mein feierliches Gelübde und ergab mich hemmungslos meiner heimlichen Ausschweifung. Von jenem verhängnisvollen Tage an frönte ich jede Woche so ungefähr zwei bis drei Mal meinem Laster, dazwischen hinein von schweren Gewissensbissen aufs heftigste gepeinigt. Trotzdem verlor ich keineswegs das Interesse am andern Geschlecht, im Gegenteil, mein Verlangen nach Liebe, nach glühender aufopferungsvoller Liebe wuchs von Woche zu Woche, von Monat zu Monat. In einem Rausch von allesverschlingender Liebesraserei wünschte ich von mir heraufbeschworene schreckliche Katastrophen, nur um Tausende von Jungfrauen meinem nimmersatten Begehren opfern zu können. Ich bohrte mein glühendes Gesicht in die leeren Kissen, mit gurgelnder Stimme stieß ich kaum mehr menschenähnliche Laute hervor; mit verderbenbringenden, mörderischen Küssen wollte ich die schöne weibliche Jugend der ganzen Welt in würgender Inbrunst umfassen. Solchergestalt von einem satyriasischen Taumel befangen, verfiel ich immer mehr krankhaften, abstrusen Phantastereien. Mein Benehmen in der Öffentlichkeit glich dem eines Irren. Mit gesenktem Kopf, den starrenden Blick wie hypnotisiert auf die Füße der mir begegnenden Frauenzimmer gerichtet, wandelte ich gleich einem Somnambulen durch die Straßen, stieß Passanten um, lief den Radfahrern in die Räder, brachte Pferde zum Scheuen, kurz – mein absonderliches Gehaben hatte weit mehr Ähnlichkeit mit dem eines Schwachsinnigen wie mit dem eines normalen Menschen.

Oft erntete ich durch mein linkisches, ungeschicktes Wesen wilde Flüche, meine Unachtsamkeit den übrigen Erscheinungen der mich umgebenden Welt gegenüber trug mir häufig genug schmerzhafte Nasenstieber oder Ohrfeigen ein. Und in manchen schrecklichen Stunden hatte ich das beklemmende Gefühl, für ewig eine Beute teuflischer Mächte zu sein. Ich entdeckte merkwürdige Zusammenhänge, bedenkliche Merkmale, die mich auf den schauderhaften Gedanken brachten, daß ich seit meiner Geburt das Mal des Bösen im Herzen trüge. Doch verwarf ich mit der Wiedergewinnung meines seelischen Gleichgewichts diese Vermutungen wieder. Zu meinem Glück waren diese Paroxysmen auch keine Dauerzustände, sondern traten periodisch auf. Außerhalb jener depravierenden Atmosphäre maniakalischer Erotomanie war ich ein

Es mag Geschmacksache sein, das Stöhnen und Wimmern in der Zeit der Pubertät befindlichen Kinder von der Bühne herab hören zu wollen oder nicht, erhebend oder ergreifend ist es keineswegs. Jedenfalls muß anerkannt werden, daß sich Darsteller und Regie befleißigten, die krassesten Stellen in möglichst dezenter Weise wiederzugeben.

Der „Schwäbische Merkur" am 25. Februar 1909 in einer Theaterkritik zu Wedekinds „Frühlings Erwachen". Das Stuttgarter Hoftheater war die erste und für Jahre einzige Hofbühne in Deutschland, die Wedekind in ihren Spielplan aufnahm. Die im „Schwäbischen Merkur" besprochene Aufführung fand allerdings im Stuttgarter „Residenz-Theater" statt.

Der Stuttgarter Kongreß der II. Internationale – 1907

Mit einer Großkundgebung auf dem Wasen begann am 18. August 1907 der Stuttgarter Kongreß der II. Internationale. 23 Redner, die die Arbeiterbewegung von 14 Ländern repräsentierten, sprachen vor 60000 Menschen. Unter den 884 Delegierten befanden sich die prominenten Vertreter aller Strömungen der internationalen Arbeiterbewegung, von Viktor Adler bis Clara Zetkin, von Leo Trotzki bis Gustav Noske. Der von der russischen wie deutschen Polizei gleichermaßen beargwöhnte Teilnehmer Lenin (den englischen Sozialisten Harry Quelch hatte man ohne weiteres Gerichtsverfahren sofort aus Stuttgart ausgewiesen) charakterisierte die Ergebnisse des Kongresses so: „Im großen und ganzen hat der Stuttgarter Kongreß in einer ganzen Reihe bedeutsamster Fragen den opportunistischen und den revolutionären Flügel der internationalen Sozialdemokratie in aller Deutlichkeit einander gegenübergestellt und diese Fragen im Geiste des revolutionären Marxismus gelöst." Die Londoner „Times" nannte den Kongreß verächtlich eine „Zusammenrottung von Antimilitaristen".
Das Gruppenfoto vor der Alten Liederhalle ist, wiewohl von denkbar schlechter Qualität, ein historisch bedeutsames Dokument. Unter den Abgebildeten (wohl unter den Büsten von Ludwig Uhland und Friedrich Schiller) der Pariser Kommunarde Edouard Vaillant, Jean Jaurès, Rosa Luxemburg, Karl Kautsky, Lenin, Angelica Balabanoff und August Bebel.

Vergleiche dazu die Seiten 261–263, 287

sehr wacher, aufmerksam beobachtender Mensch, wenn natürlich auch eine gewisse Fahrigkeit und Mangel an Konzentrationsfähigkeit, verbunden mit schockartig auftretenden Störungen des Aufnahmevermögens, meinem Wesen etwas Scheues und Unsicheres verliehen.

Um jene Zeit entdeckte ich zwei neue phantasiebefruchtende Stimulantien, die mir plötzlich weite Reiche zwar geahnter, aber doch noch ziemlich unbekannter Möglichkeiten erschlossen. Das war die buntschimmernde, zu wollüstigen Träumen verführende Welt der Musik und die aufpeitschenden Sensationen des Kinos; beides trat zu gleicher Zeit in den Bereich meiner erwartungsvollen, nach Emotionen gierigen Seele. Jeden Mittag, die ganze Woche hindurch, pflegten die in Stuttgart garnisonierenden Regimenter nach Beendigung der Wachparade auf dem Schloßplatz ein Konzert zu geben, das gewöhnlich zwischen zwölf und ein Uhr stattfand und immer eine Menge Musikinteressierter um den Pavillon versammelte, in dem die jeweilige Regimentskapelle konzertierte. Auch ich stellte mich immer pünktlich auf dem Platze ein, um entzückt den ungewohnten Tönen der mit militärischer Präzision musizierenden Kapelle zu lauschen.

Das internationale Bureau

Von links nach rechts: (Erster kein Mitglied), Roudanowitsch (Rußland), Ugarde (Argentinien), Otsen (Dänemark), Bracke (Frankreich); hinter ihm: Longuet (Frankreich), Branting (Schweden), Soukup (Böhmen), Weltner (Ungarn), Remec (Böhmen), Troelstra (Holland), Vaillant (Frankreich), Van Kol (Holland), Ferri (Italien), Hyndman (England); im Vordergrund: Skaret (Österreich); der Hintermann ist kein Mitglied; neben ihm: Anseele (Belgien), Vandervelde (Belgien), Jaurès (Frankreich); rechter Hintermann von Jaurès kein Mitglied; im Vordergrund: Rosa Luxemburg (Polen), Singer Deutschland); Singers Nebenmann rechts: kein Mitglied; Cambier (Argentinien), russischer Delegierter; Hintermann: nicht delegiert; Knudsen (Dänemark), Racowski (Rumänien); Hintermann: kein Mitglied, Kautsky (Sekretär des internationalen Bureaus), Dartoi, Braun, Walecki (Polen); ganz im Hintergrund: Ludschesaski, Lenin (Rußland), Kantor, Adler (Österreich); hinter Adler: Greulich (Schweiz), Hodson, Wickmann (Schweden), Kurski, Frau Balabanoff (Rußland), Bebel (Deutschland). Auf der Staffel sitzend: Huysmans (Sekretär des internationalen Bureaus), Hillquit (Amerika), Sakazoff (Bulgarien).

Rosa und Clara

Aus Briefen von Rosa Luxemburg

I Von Zelle zu Zelle

Sillenbuch, 27. April 1909

Liebstes Clärchen!

... Die Katzenfamilie ist wohl. Die Kleinen werden sorgsam gehütet und gemästet von Costia und mir, die Mimige bloß ist eine schreckliche Plärre geworden, sie miaut unausgesetzt.

Seit Du fort bist, haben wir nur einen sonnigen Tag gehabt, sonst stillen Frühlingsregen. Der Garten gedeiht auch sehr, die Kirschbäume sind ganz in Blüte, dito die Forsythien, dann die zwei eigenartigen Pflaumenbäumchen am Eingang zu der großen Gartenallee blühen ganz blaß blaurötlich, auch das Mandelbäumchen öffnet sich, die Stechpalmen haben gelbe, duftende Blütchen, der Pfirsich ist halb offen, die *ernsten* großen Birn- und Apfelbäume sind aber nicht so fürwitzig und warten erst mit einer Myriadenzahl von Knospen auf Deine Ankunft.

Ich arbeite den ganzen Tag und fühle mich ausgezeichnet. Der Kuckuck hört nicht auf bei diesem dumpfig feuchten Wetter, abends aber die „Vroschen" geben das Konzert.

Ich küsse Dich.

Sillenbuch 1. Mai 1909

Liebste Lulu!

Ich schreibe Dir [Luise Kautsky] erst heute, weil ich seit der Ankunft hier wie im Gefängnis gelebt habe. Und tatsächlich arbeitete ich die ganzen zweieinhalb Wochen lang, und zwar oben im Zimmer ganz allein, nicht etwa im Garten, wo man sehr zerstreut wird; stand auf um 6½, hörte mit der Arbeit auf erst zum Abendbrot um 7 und ging herunter nur zu Mahlzeiten. Die Arbeit ging mir auch famos vonstatten, und ich habe zweieinhalb Druckbogen vollgeschmiert. Heute schicke ich das Manuskript fort, und deshalb fühle ich mich auch erlöst und schreibe Briefe, die ich die ganze Zeit über vernachlässigt habe. Morgen gehe ich weiter – zunächst nach Zürich. Ich habe solche Sehnsucht nach Sonne und Wärme! Hier ist es die ganze Zeit kalt und regnerisch, heute schneit es gar. Der Garten und der Wald sind trotzdem herrlich, alles blüht, und die Luft und Ruhe haben mir sehr wohlgetan. Ich habe mich sehr erholt, trotz des strengen Lebenswandels.

Clara Zetkin, 1857 in Wiederau (Sachsen) als Clara Eißner geboren, schloß sich 1878 der Sozialdemokratie an, was zum Bruch mit ihrer Familie – der Vater war Dorfschullehrer – führte. 1878 bis 1882 arbeitete Clara Zetkin als Erzieherin, mußte jedoch ihre Stellungen wegen ihrer Weltanschauung aufgeben. 1882 ging sie nach Zürich, wo sie beim Versand der Zeitung „Der Sozialdemokrat" (die der Esslinger Julius Motteler illegal ins Reich vertrieb) mitarbeitete. In Paris lebte sie ab 1882 mit Ossip Zetkin zusammen, den sie zwar nie heiratete, dessen Namen sie aber als Autorennamen annahm. 1891, nach Aufhebung des Sozialistengesetzes, kam sie nach Deutschland zurück und wählte ihren Wohnsitz in Stuttgart. Dort gab sie u. a. von 1892 bis 1917 die sozialistische Frauenzeitschrift „Die Gleichheit" heraus. Nach Beginn des ersten Weltkriegs protestierte Clara Zetkin mit dem linken Flügel der Sozialdemokratie gegen die „Burgfriedenspolitik" der rechten Führung. Von Juli bis Oktober 1915 wurde sie wegen eines Manifests zu einer internationalen Sozialistischen Frauenkonferenz inhaftiert. 1917 schloß sie sich mit der Spartakusgruppe der USDP an, daraufhin entzog ihr der sozialdemokratische Parteivorstand die Redaktion der „Gleichheit".
1919 wurde Clara Zetkin Mitglied der KPD, wo sie von Anfang an eine der führenden Persönlichkeiten war. Sie war mit Lenin befreundet und bekämpfte ab Mitte der zwanziger Jahre abweichende Parteimeinungen. Seit 1920 war Clara Zetkin Reichstagsabgeordnete. Am 30. August 1932 eröffnete sie als Alterspräsidentin den neugewählten

Reichstag mit einem Appell für eine antifaschistische Einheitsfront.
Clara Zetkin starb am 20. Juni 1933 im russischen Exil in der Nähe von Moskau. Sie wurde an der Kremlmauer beigesetzt.

Clara Zetkin um 1907

Ich rechne es mir zur Ehre an, heute Spartakistin zu sein. Meine Überzeugungen sind konsequent die gleichen geblieben seit Jahrzehnten, ob ich mich Sozialdemokratin, Unabhängige Sozialdemokratin oder Kommunistin nenne. Ich habe grundsätzlich immer die gleiche Überzeugung vertreten, die einer internationalen Sozialistin. Ich darf sagen: Mein Name ist ein Programm.
Clara Zetkin am 14. April 1919 in Stuttgart bei der „Verfassunggebenden Württemberger Landesversammlung"

Ich werde mich völlig einsam und deplaziert fühlen in dieser Körperschaft, die sich aus einem lebendigen, politischen Organismus in einen toten Mechanismus verwandelt hat.
Clara Zetkin 1929 in einem Brief über die von Stalin dominierte Komintern

Zu meiner ständigen Gesellschaft im Zimmer gehört hier eine ganze Katzenfamilie: die hiesige Mimi mit zwei reizenden Kätzlein, die von mir mit großer Pünktlichkeit gefüttert, zu Bett gelegt und geweckt werden. Was aus diesen schönen Anfängen der Erziehung nachher wird, wenn ich fortgehe – das Herz blutet, wenn ich daran denke.

Sillenbuch, 8. September 1914

Sehr verehrter Genosse Franz Mehring!

Die „Gleichheit" hat Präventivzensur, die sehr väterlich streng ist, deshalb hat Frau Clara mit jeder Nummer großen Ärger. Die „Gleichheit" wirkt aber doch auf die Massen, und Clara hat ermunternde Anerkennungsbriefe von verschiedenen Seiten.

Die Haltung des hiesigen Blattes [„Schwäbische Tagwacht"] wird nicht bloß durch die Strenge der Zensur, sondern auch durch die Position des Landesvorstands bedingt. Keil & Co. sollen nur darauf lauern, daß sich das Blatt unmöglich macht. Unter diesen Umständen muß die Redaktion sich damit begnügen, farblos zu sein. Die Stimmung unter der Masse der Genossen soll gut sein; ich habe noch niemanden gesehen außer dem Sillenbucher Haus.

Königl. Preuß. Frauengefängnis
Berlin, 1. Juli 1915

Liebste Clara!

Es ist wohl seit mehreren Jahren das erste Mal, daß ich nicht zu Deinem Geburtstag eine Spritzfahrt nach Stuttgart unternehmen kann und mich mit einigen Zeilen begnügen muß. Aber Du wirst mich ja entschuldigen, dieweil ich wirklich „unabkömmlich" bin. Ich tröste mich auf das nächste Jahr, das mich und uns für vieles entschädigen soll. Ob es halten wird, was ich mir verspreche – wer kann wissen?

Ich hoffe, daß Du in nächster Zeit wieder einmal hier auftauchst, und dann mußt Du mich natürlich besuchen, ich halte mir „frei" den Platz für Dich. Von mir ist nicht viel zu berichten: Ein Tag gleicht dem andern und eine Woche der andern wie zwei Regentropfen; es sind nun ca. 4½ Monate vorbei. Wenn der Himmel in seinen unerforschlichen Ratschlüssen nicht anders bestimmt – wozu einige schwache Anzeichen vorliegen –, dann sind es noch 7½.

Bei Euch muß der Garten jetzt in voller Pracht stehen, ich stelle mir ihn sehr lebhaft vor, da ich ja jedes Beet und jeden Winkel kenne. Auch über den Zuwachs bei Mohrle und Mimige bin ich durch Costia orientiert. Ich bedauerte sehr, daß man die Kätzchen von Mimige umgebracht hat; wäre ich bei Euch oben, ich hätte sie schon aufgefüttert; ich denke immer noch an das erste prachtvolle Paar ihrer Kinder, die ich oben in dem Zimmer Deiner Söhne fütterte. Freilich, wer hat jetzt zu dergleichen Zeit und Gemüt in Eurer stürmischen Welt.

Rosa Luxemburg. Die Photographie entstand um 1907 im Sillenbucher Garten

Königl. Preuß. Frauengefängnis
31. Juli 1915

Liebste Clara!

Soeben las ich in der Zeitung von Deiner Verhaftung. Es ist ein harter Schlag für mich, zumal in meiner völligen Ohnmacht hier. Schreibe mir sogleich eine Zeile der Beruhigung. Ich will wissen, wie Du Dich fühlst, ob Du einigermaßen erträgliche Bedingungen hast, ob Du einen Rechtsanwalt dort hast, der sich Deiner Sache annimmt und dergleichen. Heute bin ich zum ersten Mal ungeduldig geworden. Liebste, sei Du jetzt guter Laune, denn mir fehlt sie heute.

Tausend Grüße von Zelle zu Zelle

II Das Drama in Sillenbuch

Wronke in Posen, Festung
7. Januar 1917

Das Drama in Sillenbuch hat mir einen schwereren Stoß versetzt, als Sie [der Adressat ist Hans Diefenbach] ahnen; einen Stoß meinem Frieden und meiner Freundschaft. Sie werden mich an das Mitleid mahnen. Sie wissen, ich fühle und leide mit jeglicher Kreatur, eine Wespe, die mir ins Tintenfaß rutscht, spüle ich dreimal im lauwarmen Wasser und trockne sie auf dem Balkon in der Sonne, um ihr das bißchen Leben zurückzugeben. Aber sagen Sie mir, warum soll ich

Das Drama in Sillenbuch

1897 heiratete Clara Zetkin den sechzehn Jahre jüngeren Kunststudenten Friedrich Zundel. 1903 kaufte der inzwischen erfolgreiche Maler das Sillenbucher Haus, in dem dann u. a. August Bebel, Luise und Karl Kautsky, Alexandra Kollontai, Lenin, Karl Liebknecht, Rosa Luxemburg und Franz Mehring verkehrten. Friedrich Zundel kaufte 1907 das erste Sillenbucher Auto und beschäftigte einen Chauffeur. Die Ehe – „Das Drama von Sillenbuch" – scheint aber zunehmend in Krisen geraten zu sein, denn Friedrich Zundel verliebt sich beim Porträtieren wohl zunächst in Robert Boschs Tochter Margarethe (sie wurde 1914 Sekretärin Rosa Luxemburgs), dann in deren Schwester Paula, die er 1928, nach der Scheidung von Clara Zetkin, heiratete. Schon 1925 war Friedrich Zundel aus dem Sillenbucher Haus endgültig aus- und der junge Maler Tell Geck eingezogen.

hier nicht mit der *anderen* Seite Mitleid empfinden, die bei lebendigem Leibe geröstet wird und an jedem Tag, den Gott gibt, die sieben Kreise der Danteschen Hölle passieren muß? Und dann: mein Mitleid wie meine Freundschaft haben eine ganz bestimmte Grenze: Sie enden haarscharf dort, wo die Gemeinheit beginnt. Meine Freunde müssen nämlich ihre Rechnungen in sauberer Ordnung haben, und zwar nicht nur im öffentlichen, sondern auch im privaten und privatesten Leben. Aber öffentlich große Worte für „Freiheit des Individuums" donnern und im Privatleben eine Menschenseele aus wahnsinniger Leidenschaft versklaven – ich begreife das nicht und verzeihe es nicht. Ich vermisse bei alledem die zwei Grundelemente der weiblichen Natur: Güte und Stolz. Herr Gott, wenn ich nur von Ferne ahne, daß mich jemand nicht mag, dann flüchtet schon mein Gedanke seine Kreise wie ein verscheuchter Vogel, es scheint mir dann schon vermessen, ihn mit dem Blick zu streifen! Wie kann man, wie kann man sich bloß so preisgeben? Sie werden mich an das furchtbare Leiden mahnen. Nun, ich sage Ihnen, Hänschen, wenn mir der beste Freund einmal sagen würde: Ich habe nur die Wahl, eine Gemeinheit zu begehen oder vor Leid zu sterben, dann würde ich ihm mit eisiger Ruhe antworten: Dann stirb. Von *Ihnen* habe ich die wohltuende ruhige Überzeugung, Sie sind außerstande, auch nur in Gedanken eine Gemeinheit zu begehen, und wenn mich Ihr semmelblondes Temperament und Ihre ewig kühlen Hände oft irritieren, so sage ich doch: Gesegnet sei die Temperamentlosigkeit, wenn sie mir dafür Bürge ist, daß Sie nie über das Glück und den Frieden anderer Menschen wie ein Panther dahinstürmen werden. Aber das hat mit Temperament auch nichts zu tun. Sie wissen, daß ich davon genug besitze, um eine Prärie in Brand zu stekken, und doch ist mir der Friede und der einfache Wunsch jedes anderen Menschen ein Heiligtum, vor dem ich lieber zusammenbreche, als es roh anzutasten. Schluß damit; zu keiner Seele außer Ihnen sage ich ein Wort über die traurige Sache.

Das Haus Zundel in Sillenbuch. Friedrich Zundel am Steuer (um 1907)

Visionen eines Mörders

Von Ernst Wagner

Der 1874 in Eglosheim bei Ludwigsburg geborene Lehrer Ernst Wagner ermordete im September 1913 in Stuttgart-Degerloch zunächst seine Frau und seine vier Kinder, bevor er in Mühlhausen bei Vaihingen/Enz neun weitere Menschen tötete und elf schwer verwundete. Der an Paranoia leidende Wagner hatte seinen Tatplan schon Jahre zuvor minutiös zu Papier gebracht. Nach den gerichtlichen Untersuchungen wurde er in die Heilanstalt Winnental eingewiesen, wo er 1938 gestorben ist. Sein Psychiater Robert Gaupp hat ihm in einem wissenschaftlichen Nachruf im selben Jahr bescheinigt, die „Aufbauarbeit des Führers bewundert und einem grundsätzlichen Antisemitismus gehuldigt" zu haben. Wagner hat von der Anstalt aus einige Dramen veröffentlicht und sich um den Schillerpreis beworben. Darüberhinaus konnte er von der Anstaltsdruckerei aus 1929 ein Flugblatt verbreiten. Darin bezeichnet er, in üble antisemitische Phrasen eingepackt, den Dichter Franz Werfel als Plagiator seiner Werke.
Das Photo zeigt Wagner 1913 in Winnenden. In Mühlhausen gibt es Gedenktafeln für seine Opfer.

Zahnradbahn nach Degerloch. Photographie nach einer Postkarte (um 1900)

Ist das die Zahnradbahn nach Degerloch? Wie fahret der Wagen so geschwinde dahin! Und so still, so schwebend! Die Lichter von Stuttgart verschwinden. Ach nein, sie leuchten, sie leuchten heller als je, aber sie leuchten über mir. Ich sehe nicht Haus, nicht Baum, ich sehe nur Leere, aber heller wird's und heller. Endstation! „Gefilde der Seligen!", klingt's an mein Ohr. So lieblich, so wohltuend wie I. Korinther im 13. Vor mir steht ein Christengel in seiner Christtagsgarnitur; er zupft mich leise. „Aussteigen!", sagt er. Gefilde der Seligen! „Und ich habe nur eine Karte nach Degerloch", stammle ich.

In Vaihingen haben sie einen Schillerstein errichtet. Nehmt den Zeppelinstein bei Echterdingen und mich dazu, so habt Ihr die drei berühmtesten Schwaben beieinander. Wie eine Feste erscheint Degerloch nahe an den Sonnenberg herangerückt. Ich bin stolz, dort zu wohnen. Und wenn es erst einmal meinen Namen trägt und seine welthistorische Bedeutung das Entzücken des Auges erhöht, dann darf sich die Brauerei zu Vaihingen gratulieren. Es wird von Jerusalem und vom ganzen judäischen Lande alles dorthin pilgern, daß es an Malz fehlen wird und das Bier noch leichter gemacht werden muß. Nicht zuletzt wird Degerloch selbst von Fremden überschwemmt werden, und die Geschäftsleute werden mein Andenken segnen. Da werden sie sagen: „Wir hätten nie geglaubt, daß uns ein Schulmeister solche Ehre brächte und solchen Profit in die Tasche jagte." Und sie werden mir ein Denkmal setzen, wie die Vaihinger dem Schiller und die Echterdinger dem Zeppelin.

Ich will lieb sein zu den Meinigen, ehe ihre Lebenszeit verstrichen ist. Ich will mich nicht durch Selbstanklagen schwächen, wenn sie tot vor mir liegen. Meine Kinder nehme ich mit ins Café, wo sie die guten Sachen essen dürfen. Die Buben dürfen Pony reiten auf der Doggenburg, und den Mädchen kaufe ich die gewünschten gelben Schuhe. Und wenn sie alle vier Prügel verdienen, so will ich sie ihnen erlassen und ihnen dazu noch schöne Geschichten erzählen, daß sie lachen müssen. Denn ich denke, man müsse eins ins andere rechnen, und fürs Totgeschlagenwerden kann man schon einiges hingehen lassen.

Emil Belzner, 1901 in Bruchsal geboren, veröffentlichte bereits als Siebzehnjähriger Lyrikbändchen und verließ vorzeitig das Gymnasium, um Schriftsteller zu werden. Er schrieb zunächst – von Oskar Loerke gerühmte – satirische Versepen erotischen Inhalts; sein erstes Prosabuch, „Marschieren – nicht träumen!", ein damals vieldiskutierter Antikriegsroman, erschien 1931. Zeitweise ohne festen Wohnsitz, überstand er mit Gelegenheitsarbeiten die Zeit des Nationalsozialismus.
Eine 1941 veröffentlichte, ins 17. Jahrhundert zurückverlegte Satire wurde sofort verboten – Belzner konnte sich nur durch die Hilfe eines mit ihm befreundeten Psychiaters vor dem Zugriff der Nazis retten. Nach dem zweiten Weltkrieg wurde er von Theodor Heuss als Mitherausgeber und Leiter des Feuilletons an die Rhein-Neckar-Zeitung in Heidelberg geholt – eine Funktion, die er bis 1969 ausgeübt hat. Ein Kommentar zur Studentenbewegung führte zu seiner Kündigung.
Während seiner publizistischen Tätigkeit veröffentlichte Belzner außer seinem populär gewordenen Roman „Der Safranfresser" (1953) und einigen „Pint- und Flintgedichten" keine literarischen Arbeiten mehr. Erst 1969 trat er wieder mit seinem als „Aide-memoire" bezeichneten Werk „Die Fahrt in die Revolution" in Erscheinung, in dem Belzner seine authentische Begegnung mit Lenin während dessen Fahrt durch Deutschland im Jahre 1917 literarisch verarbeitete. Emil Belzner starb 1979 in Heidelberg.

Lenin als Fremdenführer

Unverhoffte Reisebekanntschaft eines Gymnasiasten

Ausschnitte aus dem autobiographischen Roman „Die Fahrt in die Revolution" Von Emil Belzner

Kennen Sie Stuttgart? Waren Sie schon im Prag-Wirtshaus, in Zuffenhausen, in Feuerbach, in Untertürkheim, auf dem Cannstatter Wasen, wo (wie auf dem Münchner Oktoberfest) unbemerkt zugereiste Anarchisten und Nihilisten sich ein Stelldichein geben, Karussell fahren, zur Gaudi und zum Übermut der Bürger, und zu ihrer eigenen Tarnung sich verprügeln und scheinheilig die Wasenpolizei um Schlichtung ihrer Meinungsverschiedenheiten bitten, und an den Schießbuden oder bei den Wursthändlern dann sich zublinzeln, wenn sie ein paar gute Adressen für potenzierte Knallfrösche zu günstigen Preisen gefunden haben. Völlig überflüssig, diese Anarchisten und Nihilisten, die dem Mittelstand sinnlos unbegründete Angst vor der Revolution einjagen, weil es ihren Briefkasten oder ihre Mülltonne zerrissen hat. Mit der Revolution muß man *leben,* das ist meine Lehre." – „Wann waren Sie in Stuttgart?", fragte ich. – „Lang vor dem Krieg, mehrfach." – „Waren Sie auch im Nillschen Tiergarten?" – „Das ist natürlich die brennendste Frage unseres

Der Zimmermeister Johannes Nill eröffnete 1866 am Herdweg die Wirtschaft „Zum Hirschgarten", die er zu einem regelrechten Tiergarten erweiterte (1871).

Menagerie-Tigers! Freilich war ich dort, in der Nillschen Tierschau. Hübsch auf der Höhe gelegen. Freilich war ich dort. Nicht gerade als Zoologe! Einmal auch an einem Feiertag, als auf dem Platz mit Wirtschaftsbetrieb zwischen den Raubtieren und den Eseln (ich mag beide, Gymnasiastchen, beide) der Feuerbacher Arbeiterverein Mailieder, Wanderlieder und Freiheits-Choräle sang."

Lenin lachte und sah mich dabei aus schrägen, dunkelglühenden Augen wie ein unheimlicher Schicksals-Spender an, die Daumen in den Westentaschen. Ich war doch nur ein unter lächerlichen Umständen Zugestiegener, an den er hinredete, als wäre ich eine Arena voller Leute. Wie ein Schicksals-Spender blickte er mich an, wobei ihm der Stadtname Stuttgart dämonischen Spaß machte.

„Diese eingekesselte Stadt", sagte Inès Armand, „wo die Lust am Reichtum als die letzte Blüte des Sozialismus erscheint, auch als die letzte Blüte der Auserwähltheit. Wie viele Häuser und Grundstücke man hat, das ist dort die Frage."

Zum Unbehagen der Schönen brachte Radek wieder die Rede auf Stuttgart. Lenin machte das sichtlich Freude. Denn mit Stuttgart hatte es eine kleine Bewandtnis in seinem Leben. „Das ‚Revolutions-Gesindel' fährt über Stuttgart", lachte er, „recht so. Mein zweiter ‚Zaren-Zug' ist auch zu etwas nütze. Hm, hm." – „Haben Sie Verwandte in Stuttgart?", fragte ich. „Nun hör aber auf, Kleiner", sagte Radek, „räkle dich hier nicht so herum, lottre nicht so vom einen ins andere, setz dich gerade, küsse der Dame die Hände." Irgendwo fühlte sie das Amusische dieser sonst nicht üblen Stadt. Sie streichelte mich, küßte mir die Wange, und ich faltete die Hände auf ihrer Bluse, mitten in der Bucht.

„Kennen Sie die Stuttgarter Liederhalle?", fragte mich Lenin. – „Flüchtig", sagte ich, „vom Vorbeigehn." – „Sie sollten Sie näher kennenlernen, wenn sie in vollem allseitigem Betrieb ist", lachte er. „Eine wichtige Sektion der Internationale tagte, lange vor diesem Krieg, in besagter Liederhalle, mit Benito Mussolini und Angelica Balabanoff am Rande. Ein toller Laden, diese Liederhalle: Im Großen Saal probten sie die Neunte von Beethoven. Hier übt die letzte kulturfeiste Qualle des Bürgertums den großen weltrevolutionären Gesang – und in einem kleinen Nebenzimmer tagt ein kleiner Zweig der Internationale. Es war wie eine Leichenöffnung der Zeit. Droben also im pompösen Kulturbesitzer-Saal die vertrauensvolle Hingabe an etwas, das ja nie Wirklichkeit werden dürfe, und unten im Nebenzimmer, nicht weit vom Ausschank, das politische Fußvolk der Neunten, die debattierenden und abstimmenden Vorbereiter der Wirklichkeit. In einer kleinen, schlechtbeleuchteten Ecke werden kommende Geschehnisse ausgebrütet, lieferbar gemacht, und darüber, im strahlenden Festsaal, wird sorglos die Hymne dazu geprobt, ahnungslos darüber, in welche greifbare Nähe sie bereits gerückt ist. In der Stuttgarter Liederhalle habe ich den Geschichts-Zynismus auf frischer Tat ertappt."

„Sie sollten sich einmal die Stuttgarter Liederhalle anschauen, wenn sie in vollem Betrieb ist", hatte Lenin zu mir gesagt. Knapp ein Vierteljahrhundert später habe ich mir sie angeschaut, zwangsweise. Ich wurde im Januar 1941 mit vielen Gleichaltrigen zur Flak eingezogen. Man wußte, daß noch in der ersten Hälfte dieses Jahres der Krieg mit Rußland kommen würde. Im Großen Saal der Stuttgarter Liederhalle war der Treffpunkt, wo die Namen aufgerufen, die Personenkontrolle vorgenommen und die einzelnen Trupps für den Abmarsch zum Bahnhof eingeteilt wurden.

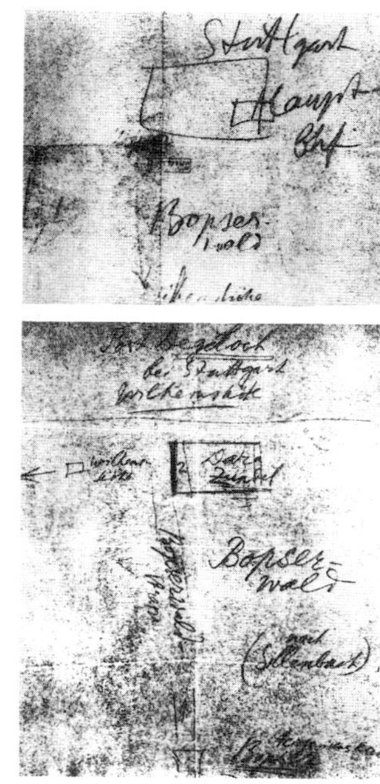

Lenins eigenhändige Wegskizzen zur „Datscha Zundel". Auf dem Internationalen Sozialistenkongreß, der 1907 in Stuttgart stattfand, lernte Lenin Clara Zetkin persönlich kennen. Sie wohnte zu dieser Zeit schon in Sillenbuch; ihre vorherige Stuttgarter Adresse in der Blumenstraße 34 hatte Lenin längere Zeit als Deckadresse für seine Post gedient.
Vergleiche dazu die Seiten 280–284.

Soldat Horkheimer, 1916/17

Max Horkheimer, 1895 in Stuttgart-Zuffenhausen geboren, wurde 1930 in Frankfurt Direktor des „Instituts für Sozialforschung". 1933 wurde ihm der Lehrstuhl entzogen, das Institutsgebäude und die Bibliothek beschlagnahmt. Horkheimer floh in die Schweiz und emigrierte 1934 in die USA. 1947 veröffentlichte er, zusammen mit Theodor W. Adorno, die berühmt gewordene „Dialektik der Aufklärung" (von der Studentenbewegung der 60er Jahre wieder aufgegriffen). 1949 kam Horkheimer nach Deutschland zurück, wo er 1950 das Institut wiedereröffnen konnte. Von 1951 bis 1953 war er Rektor der Universität Frankfurt. Max Horkheimer ist 1973 in Nürnberg gestorben.

Musterung

Von Max Horkheimer

Stuttgart, Januar 1916

Scheu schlich ich mich in den engen, überfüllten Raum, wo die jungen Leute standen und warteten. Ich schaute in dumme, öde Gesichter, hörte abgeschmackte Witze, bemerkte, wie mich viele Augen spöttisch anblickten, und erlaube mir nicht, die Menge zu verachten. Ich zwang mich, mit ihnen zu sprechen, freute mich, daß sich überhaupt jemand mit mir einließ, betrachtet jedes Wort dankbar als Ehre und fühlte mich kleiner und geringer als alle andern.

Im Auskleideraum zog ich mich mit einer Anzahl von ihnen unter Aufsicht einiger Landjäger aus und wartete still, bis die Reihe an mich käme, vor der Musterungskommission zu erscheinen. Gebeugt und dumpf saß ich in dem halbdunklen Saal. Trüb lag die Welt und Zukunft vor mir; ergeben, mutlos schaute ich dem Regen hinter den Fenstern zu. Eine unbeschreibliche Traurigkeit war in mir, und die Worte: Alles ist gut, alles ist gut – nur ich bin schlecht, verließen mich nicht. Daß diese Umgebung, die Landjäger, die Alltagsgesichter, der ganze Vorgang häßlich und ekelhaft waren, wagte ich mir nicht zu gestehen. Schuldbewußt, elend, nackt, beschämt und klein – ein erbärmliches Stück Menschenkörper – war ich brütend in mich versunken.

Im Untersuchungszimmer wurde ich geschäftsmäßig gemessen, gewogen und bis zur nächsten Musterung zurückgestellt. Ich war froh, daß man mich nicht als Menschen, sondern ganz als Ware unter anderen Waren betrachtete, denn sonst hätte ich mich vielleicht noch mehr geschämt.

Beim Ausgang konnte man ein kleines Stück blauen Himmels zwischen den Wolken sehen, und ein paar Sonnenstrahlen fielen auf die Dächer. Einige Fenster glänzten in der Sonne, und ich war froh, wieder auf der Straße zu sein. Mir kam ein junger, seliger, lustiger Gedanke an die Freiheit, dehnte sich, schwoll in mir an, erfüllte mich, besiegte meine Stimmung und ließ mich lachen. Lachen! Wißt ihr, was das heißt? – Er gab mich für eine Stunde der Sünde wieder, dem köstlichen, übermütigen, frevelhaften Glauben an mich selbst, an meine Wahrheit, an meine Kunst, an das Glück, und in mir sangen und jubelten die Worte: Sie sind schlecht, sie sind schlecht und dumm und feig – und ich bin gut, mein Streben ist gut, mein Kampf ist gut, und meine Liebe ist das Paradies! Der Krieg ist häßlich, seine Lobredner sind Betrüger oder Betrogene, sie sind Mörder, denn sie vergießen Blut Ich hasse ihre dummen, dicken Gesichter mit den mächtigen Knochen und den harten Zügen. Mitleid und Liebe sind die höchsten Tugenden, ich will mein Leben in ihrem Dienst verbringen, will nach Erkenntnis und Schönheit streben – ihnen zum Trotz – und will stolz darauf sein! Streben, Ringen – das ist das Glück. Sie genießen es, ich will es auch genießen – ich weiß, daß alles, alles Irrtum ist, doch ich bin ein Mensch, und ich muß leben!

REPUBLIK UND AVANTGARDE

Novemberrevolution und die goldenen Zwanziger

Reinhold Nägele· Straßenkampf (1925)
Nägele zeigt den Zusammenprall von Wahldemonstrationen am Kernerplatz, dessen Anlage er sternförmig verändert hat.

Der Architekt Paul Bonatz, 1877 in Solgne bei Metz geboren, schuf die Pläne für den Stuttgarter Hauptbahnhof. Die 1927 erbaute Weißenhofsiedlung bedeutete für Bonatz eine persönliche und berufliche Krise. Während der Nazizeit versuchte sich Bonatz durchzulavieren. Einerseits gewährte er Bruno Taut auf seiner Flucht vor den Nazis Unterschlupf, andererseits entwarf er beispielsweise Pläne für ein Polizeipräsidium in Berlin oder – wie sein Biograph Theodor Pfizer schreibt – „für den Wahnsinn eines von acht Flaktürmen flankierten Münchner Rundbahnhofs mit einer Stahlkuppel von 280 Metern Durchmesser". 1943 ging Bonatz in die Türkei, wo er 1946 in Ankara Professor wurde. 1954 kehrte er nach Stuttgart zurück, wo er 1956 gestorben ist.

Zu einigen Protagonisten der Stuttgarter Ereignisse kurze biographische Informationen:

Der Dresdener Max Barthel (1893–1975), sozialistischer Arbeiterdichter, wurde später zum Parteigänger der Nazis.

Der Cannstatter Edwin Hoernle (1883–1952), Tübinger Stiftler und Vikar, veröffentlichte im Degerlocher „Verlag Spartakus" Revolutionsgedichte, beschäftigte sich mit den „Grundlagen proletarischer Erziehung" und wurde nach dem Krieg Agrarexperte der DDR.

Der Stuttgarter Fritz Rück (1895–1959) wurde 1929 aus der KPD ausgeschlossen und kam über die SAP zur SPD. Nach der Rückkehr aus der Emigration wurde er 1951 Gewerkschaftsredakteur und Funktionär der IG Druck und Papier; Vorsitzender der Naturfreunde.

Novemberrevolution und Die ersten Tage der Republik

I Ein König wird abgedankt

Aus den Memoiren eines „geistigen Arbeiters"
Von Paul Bonatz

Die Revolution, die sich schon Wochen vorher immer deutlicher angekündigt hatte, kam in Stuttgart am 9. November 1918. Es war ein unblutiger Vorgang, ohne Gewalt. Der gute und beliebte König Wilhelm war von allen im Stich gelassen; fremde Leute kamen ohne Anmeldung in sein Zimmer und sagten ihm, Württemberg sei jetzt Republik. Auch die Minister, die bei ihm waren, sagten, hier seien sie machtlos, und seine gelbe Fahne mit den drei Hirschstangen wurde über seinem Kopf eingezogen. Er fuhr nach Bebenhausen, wo er bis zu seinem Ende blieb. Diese Vorgänge haben ihn so tief verbittert, daß er in seinem letzten Willen verfügt hat, seine Leiche, die neben der seiner ersten Gattin in Ludwigsburg beigesetzt werden sollte, solle nicht den Weg über Stuttgart nehmen.

Die großen Erschütterungen kamen erst im nächsten Jahre. Zunächst wurde von den Sozialdemokraten eine Regierung des Freistaates Württemberg gebildet. Ein oder zwei Minister von vorher wurden übernommen, so der Finanzminister Liesching, Demokrat, aber es waren auch zwei Unabhängige dabei, Innenminister Fischer und der „Württembergische Kriegsminister" Schreiner, bisher Unteroffizier. Und sofort begann der Kampf innerhalb der Revolutionäre, zwischen dem rechten Flügel, den Mehrheitssozialdemokraten und den Unabhängigen oder Spartakisten, wie sie sich damals nannten. Dieser Machtkampf war auch die Hauptbeschäftigung der Arbeiter- und Soldatenräte, die sich als der Regierung übergeordnet betrachteten, als das provisorische Parlament.

Zwei Tage später, am 11. November, wurde ich wiederholt angerufen: „Sie sind bei der Gründung des Rats geistiger Arbeiter, was ist das, soll man da mittun?" – „Bitte, wer sagt das?" Es war Bernhard, Verkäufer im Antiquitätenladen Prinzenbau, der Morgenluft witterte und Kerenskiträume träumte. Er ließ sich auch tatsächlich einmal im Landtagsgebäude von einer Gruppe von Revolutionären zum Kultminister proklamieren; aber das dauerte nur die wenigen Stunden, die die anderen zum Mittagessen gegangen waren.

Alle Arbeiterräte mußten Delegierte ernennen, die vierzehn Tage später den Vollzugsausschuß der Arbeiterräte wählen sollten, auf fünfhundert einen Delegierten. Also auch die geistigen Arbeiter. Wer gehörte dazu? Der Kommunist Hoernle und andere der Mehrheitssozialdemokraten machten den Schnitt. Die Lokomotivführer sollten noch zu den geistigen Arbeitern gehören, die Heizer natürlich nicht. Als ich mit Hoernle zu tun hatte, war seine erste Frage: „Haben

Demonstrationszug Stuttgarter Bürger am 9. November 1918.

„Schlafen – nichts anderes wollte ich mehr. Trotz meiner Müdigkeit fühlte ich auf diesem Gang nach Heslach, daß das, was an diesem Sonntag, an diesem 10. November 1918 in Stuttgart geschehen war, symptomatisch für ganz Deutschland sein werde: Änderung des Firmenschildes, aber kein neues Wirtschafts- und Gesellschaftssystem als Resultat der Novemberrevolution."

Fritz Rück, 1958

Sie Angestellte?" – „Ja, zur Zeit drei." – „Dann leben Sie von fremder Arbeit, gehören zur Gruppe der Ausbeuter." Ich antwortete: „Nein, diese drei leben von meiner geistigen Arbeit", und da die Sozialdemokraten in der Mehrheit waren, wurde ich als geistiger Arbeiter zugelassen.

Aber was mußte ich alles nachholen, typischer Vertreter des „Liberalismus". Bis zum Krieg war ja alles steil bergauf gegangen, wir sahen unendliche Möglichkeiten vor uns, einige Jahre so weiter und wir hätten an den Himmel angestoßen – warum sich da um Politik kümmern? Ich mußte mir erst erklären lassen, was eine Gewerkschaft ist und wie vielerlei Gewerkschaften es gab, welches ihre sozialen und politischen Ziele waren usw.

Nun wurden Arbeitskommissionen eingesetzt. Ich hatte die zweifelhafte Freude, mit Frau Kommunist Hoernle die Beschlagnahme von überflüssigem Wohnraum zu bestimmen. Das war allerdings ein kindliches Spiel im Vergleich zu heute. In dieser Eigenschaft gingen wir eines Morgens durch die schmale Kirchgasse zum Rathaus und an uns vorbei ritten die aus dem Feld zurückgekehrten Königsdragoner, „die Gelben", in prachtvollem Zustand, Pferd und Mann, braun und gesund, eine im Feld unbesiegte Truppe. Auf dem Marktplatz war letzter Appell und die Truppe sollte damit aufgelöst werden.

Die Menschenmenge war so ergriffen, daß das Hurra zur Begrüßung zaghaft in der Kehle stecken blieb. Aber Frau Hoernle sagte nur bitter: „Sie könnet's immer no net lasse, das Hurrarufe."

Albert Schreiner (1892–1979) trat von der KPD zur KPO über und veröffentlichte 1934 im von Willi Münzenberg gegründeten Verlag „Editions du Carrefour" im französischen Exil das Buch „Hitler treibt zum Krieg".

Der nachmalige Oberpolizeidirektor Paul Hahn verfaßte später Erinnerungen, die die Ereignisse aus seiner Sicht darstellen. Er gehörte in der Nazizeit zum Widerstandskreis um Goerdeler, wurde vom Volksgerichtshof zu drei Jahren Zuchthaus verurteilt und entging Himmlers Befehl, ihn zu erschießen, nur deshalb, weil wenig später die russischen Panzer kamen.

II „Die rote Flut“

Aus den Aufzeichnungen eines Spartakisten
Von Willi Münzenberg

Willi Münzenberg, 1889 in Erfurt geboren, lebte von 1910 bis 1918 in Zürich, wo er Lenin kennenlernte. In Stuttgart schloß er sich der Spartakusgruppe an und wurde nach seiner Entlassung aus dem Gefängnis Rottenburg (Neckar) 1919 Mitglied der KPD. Münzenberg hatte eine führende Rolle in der „Kommunistischen Jugendinternationale“ und in der „Internationalen Arbeiterhilfe“. Seit 1924 auch Reichstagsabgeordneter, leitete Münzenberg den Propaganda-Apparat der KPD und gründete 1924 den „Neuen Deutschen Verlag“. Nach dem Reichstagsbrand emigrierte Münzenberg nach Paris, wo er den Verlag „Editions du Carrefour“ gründete, der mit Büchern wie dem „Braunbuch“ und „Das braune Netz“ zu einem der von den Nazis gefürchtetsten Widerstandsverlage wurde. Seit 1936 geriet Münzenberg zunehmend auf Kollisionskurs mit der KPD, aus der er 1939 wegen seiner Kritik an Stalin endgültig ausgeschlossen wurde. Nach dem Einmarsch der deutschen Truppen in Frankreich fand er 1940 auf bisher nicht völlig geklärte Weise den Tod.

9. Januar 1919

Gegen das Blutregiment Ebert-Scheidemann, gegen die Henker der deutschen und russischen Revolution, für Sozialismus, Arbeit und proletarische Demokratie kamen die Massen auf den klassischen Kampfplatz der Revolution, auf die Straße. Von der USP., dem Roten Soldatenbund, der Kommunistischen Partei, dem Sozialdemokratischen Verband der Kriegsinvaliden und Kriegsteilnehmer und der Sozialistischen Jugend aufgerufen, verstärkt durch die Arbeitslosen, mit einer vieltausendköpfigen Menge. Es war wieder ein Neunter, aber sein Gesicht war ganz anders als der Neunte vor acht Wochen, eiserner, entschlossener und auch ernster. Galt es doch gegen eine Regierung Front zu machen, die sich eine sozialistische nennt, in der sogenannte Volksbeauftragte sitzen oder wohl saßen. Alle spürten am eigenen Leibe, daß mit politischen Revolutionen nichts getan ist, daß erst wirtschaftliche Revolutionen die Grundlage für die Befreiung der Arbeiterklasse schaffen. Die Massen wollten nicht nur schöne Worte hören, Taten wollten sie, und die wuchtige Zusammenballung der Masse zeigte, daß sie auf die Seite der als Wahnsinnige und Narren verschrienen Linksradikalen traten.

Gegen 20 000 Männer und Frauen, darunter sehr viel Soldaten und Kriegsbeschädigte und Jungsozialisten lauschten am Morgen am Schloßhof den Rednern zu, die schonungslos mit der sogenannten Volksregierung abrechneten, ihre ganze Unfähigkeit und Verkommenheit brandmarkten und die aus der Masse selbst herausgeborenen wirtschaftlichen Forderungen und politischen Kundgebungen vertraten. Von drei Tribünen sprachen die Genossen Münzenberg, Schreiner, Rödel, Hoernle und Clara Zetkin. Rote Fahnen wehten über der Masse und Plakate schrien in den schönen Tag hinein: „Schießt nicht auf eure Brüder!“ Von den einzelnen Befehlsstellen waren über den Kopf des hiesigen Garnisonsrates starke gegenrevolutionäre und verhetzte Kräfte zur Niederknüppelung der Demonstranten bereitgestellt. Dank der am Abend vorher eingesetzten Viermännerkommission gelang es durch umgreifende Maßnahmen, Blutvergießen bis jetzt zu vermeiden.

Im imposanten Zug marschierten die streikenden und revolutionären Massen nach dem Arbeitsministerium, entsandten eine Deputation und warteten auf die Erklärung des Ministers, die im Lärm unterging. Crispien und Hoernle sprachen unter brausendem Beifall, und nun setzte sich der gewaltige Zug zum Ministerium des Auswärtigen in Marsch. Der Herr Ministerpräsident war unauffindbar. Vom Balkon aus sprachen Hoernle, Zahn und Rück. Der Marktplatz füllte sich, und eine Abordnung ging zum Oberbürgermeister. Die Verhandlungen zerschlugen sich, da die Herren die Situation nicht erfaßten und am Montag in einer gemeinsamen Sitzung die Forderungen besprechen wollten.

Hoernle, Großhans und Barthel berichteten über den Gang der Unterhandlungen, eine Rede des gewesenen Oberbürgermeisters Lautenschlager ging im stürmischen Widerspruch der Masse unter. Es zeigte sich auch hier wieder, daß sich das revolutionäre Volk nicht mehr mit Worten, und seien sie noch so schön, abspeisen ließ, daß es kein Zutrauen zu diesem wortbrüchigen Gemeinderat und Oberbürgermeister hat. Genosse Münzenberg erklärte, von Zustimmung und Beifall umbrandet, die Stadtverwaltung für abgesetzt und forderte die Übernahme der Stadtverwaltung durch die Arbeiter- und Soldatenräte. Aus der Masse wurde verlangt, sofort mit dem Arbeiter- und Soldatenrat in Verbindung zu treten und ihm diesen Beschluß bekanntzugeben. Gegen 1 Uhr mittags zerschlug sich die Masse unter Hochrufen auf die sozialistische Republik, auf das revolutionäre heldenmütige Berliner Proletariat und den Klassenkampf.

In den Mittagspausen bildeten sich in den Straßen und auf den Plätzen kleinere Gruppen, die für und wider Spartakus, für und gegen die revolutionären Forderungen des Volkes diskutierten. Die Spannung war aufs höchste gestiegen, alle fühlten, daß sich große Dinge vorbereiten und es diesmal um das Ganze gehe, um die proletarische Revolution. Tolle Gerüchte durchliefen die Stadt: Spartakus wolle Hotel Dirlamm stürmen und die Wahllisten vernichten. Spartakus wolle Arbeiterblut vergießen. Spartakus wolle die Regierung stürzen. Spartakus sei vom russischen Gold bestochen. Spartakus sei von der Entente bestochen. An diesen Gerüchten ist die provisorische Regierung nicht unschuldig, die den berüchtigten Erlaß für die Durchführung der Wahlen erlassen hat und sich dabei ebenfalls auf unbestimmte Gerüchte stützte, die besagten, der verfluchte Spartakus wolle die Wahlen verhindern.

Nachmittags 4 Uhr stürmten die revolutionären Arbeiter und Soldaten nach dem Marktplatz, um sich da Antwort und Bericht auf ihre Forderungen zu holen. Bald aber zogen sie unter den roten Fahnen zum Arbeitsministerium, um dort durch die Wucht ihrer Masse ihre Vertrauensleute, die Genossen Schreiner, Münzenberg, Hoernle, Janus, Barthel und Zahn zu unterstützen.

Während der Sitzung des Arbeiter- und Soldatenrates blieben die Demonstranten auf der Straße, besetzten alle Zugänge zu dem Tagungslokal und forderten in immer dringenderen Zurufen eine raschere Erledigung ihrer Forderungen. Arthur Crispien wurde immer ängstlicher und forderte mich alle fünf Minuten auf, eine Rede zu halten und die Arbeiter zu beruhigen. Er bangte sicherlich um seine schöngelockten Haare. Indessen kam die Nachricht, daß der ehemalige spartakistische Kriegsminister Albert Schreiner von einem mit der Regierung sympathisierenden Regiment gefangengesetzt und mit Erschießen bedroht sei. Wir schickten eine Delegation los, um ihn zu befreien. Die Verhandlungen in der Sitzung wollten kein Ende nehmen. Plötzlich erhielten wir die Nachricht, daß ein Trupp bewaffneter Arbeiter das Gebäude der bürgerlichen Zeitung „Stuttgarter Tagblatt" besetzt hätte. Unsere Kommission zog los, um dort das revolutionäre Organ für die Arbeiter herauszugeben. Zu Redakteuren wurden Edwin Hoernle und ich bestimmt. Auf dem Wege debattierten wir über Namen und Inhalt. Der Name „Rote Fahne" schien uns zu abgebraucht und nicht mehr bezeichnend genug für die revolutionäre Situation. Wir suchten nach einer Steigerung und beschlossen, das Blatt „Die rote Flut" zu nennen. Wir kamen im Gebäude des „Stuttgarter Tagblatts" an, stellten uns dem Geschäftsführer vor, der uns die Räume anwies. Ich begann meine Tätigkeit als Redakteur der „Roten Flut", ließ den Titel setzen und begann den Aufruf zu schreiben. Kaum hatte ich zehn Minuten geschrieben, als die mit Gewehren bewaffnete, 40 Mann starke Arbeiterwache des Zeitungsgebäudes rief: „Lichter aus, in Stellung gehen!" Vor dem Gebäude waren mehrere hundert reaktionäre

Blütenträume eines Bayern

Dienstag, den 6. Mai 1919

Gestern warmer Frühlingstag. Spaziergang nach Wilhelma, durch die Anlagen zurück. Glücklich. Nachrichten aus München: Die Straßenkämpfe ziemlich beendet; schon rührt sich wieder der schmierige Aktionsausschuß der Arbeit. Angeblich Furcht vor der Reaktion; in Wahrheit Angst um die Machtstellung. Es war doch zu schön, trotz Terrors und aller Scheußlichkeiten, daß der edle „Brolehtarier" Herr in der Stadt war und um Sein oder Nichtsein des Bürgertums Phrasen dreschen durfte. Jetzt fürchten sie sich vor der Volkswehr. Wenn man nicht den Mut zur blutigen Unterdrückung der Zuchtlosigkeit finden wird, flackern mit Sicherheit in den Vorstädten die Unruhen wieder auf. Weg mit der Unterstützung der Arbeitslosen und hinaus mit den zugewanderten Hetzern – oder es wird nicht Frieden. Morgen sollen die Friedensbedingungen in Versailles überreicht werden. Dem Zögern nach zu schließen, können sie gut ausfallen. Draußen rieselt es. Die Folge der spät eingetretenen Kälte und des Schneefalles. Schon dieses eine Mal kann den Blüten sehr schaden.

Ludwig Thoma (1867–1921) in seinem Tagebuch: „Eine Fahrt von Tegernsee nach Stuttgart". Der „Simplicissimus"-Mitarbeiter geriet im ersten Weltkrieg in einen nationalistischen Taumel. Für die Münchner Räterepublik hatte er nur völliges – bis zum Haß verzerrtes – Unverständnis übrig.

Unterdessen war in Berlin der Spartakusaufstand zusammengebrochen, wir am Neckar fühlten uns verpflichtet, die an der Spree niedergeholte Fahne machtvoll in Schwaben wieder aufzupflanzen. Aber der Januar war kein November, und wir wurden verhaftet. In der Morgenfrühe ging's auf einem Lastkraftwagen den Neckar entlang nach Ulm. Bewaffnete links, Bewaffnete rechts.
In Ulm schlugen die Tore der Festung hinter uns zu. Wir richteten uns in den Zellen ein, so gut es ging. Einmal hörte ich in der Nacht einen gellenden Schrei: „Rosa! Karl!" Mein Zellennachbar hatte als erster durch einen Wachtposten von der Ermordung Karl Liebknechts und Rosa Luxemburgs gehört. Karl Albrecht hat in seinem Buche „Der verratene Sozialismus" erzählt, daß der Plan bestand, uns auf der Fahrt nach Ulm umzulegen. Er will dies verhindert haben.

Max Barthel, 1950

Unteroffiziere und Offiziere mit Maschinengewehren erschienen, die gegen Spartakus brüllten und sich anschickten, das Gebäude zu stürmen. Bald zogen sie wieder ab. Wir machten Licht und konnten wieder einige Minuten weiterarbeiten. Dann zogen Massen von Arbeiterdemonstranten mit Hochrufen auf Spartakus vorüber und wurden wieder von reaktionären Soldaten und Offizieren abgelöst, die auf eigene Faust losgerückt waren, um das „Tagblatt" von den Roten zu befreien. Hoernle, Barthel und ich wurden zu Unterhändlern bestimmt. Beim Verlassen des Hauses trafen wir im Treppeneingang drei Offiziere, die von 20 bis 30 Soldaten mit Gewehr im Anschlag beschützt wurden, unsere Arbeiter sahen sich veranlaßt, gleichfalls ihre Gewehre zu entsichern und sich hinter uns aufzustellen. Nach Austausch verschiedener Zeremonien begannen die Verhandlungen. 10 bis 15 Minuten hatten wir hin und her geredet, als ein Arbeiter aus dem Gebäude kam und schrie: „Was verhandelt ihr mit den Leuten? Draußen die Soldaten sind ja schon lange heimgegangen. Schießt sie doch über den Haufen", worauf die Unterhändler fluchtartig das Feld räumten und verschwanden. Also zurück in die Redaktionsräume, um endlich den Artikel zu beenden und die Zeitung zu disponieren. Während der Arbeit erschienen Regierungstruppen und umzingelten das Gebäude.

Die Regierung Wilhelm Blos, die am Morgen die Ministerien verlassen hatte, war von einem Reserveleutnant und Kunstmaler Hahn aufgegriffen und nach dem Turm im neuen Bahnhofsgebäude gebracht worden. Die Regierung setzte Hahn als kleinen Diktator ein, dem es gelang, mehrere Regimenter zusammenzubringen, den Bahnhof durch Truppen zu sichern und ferner noch mehrere hundert Mann nach dem von uns besetzten „Stuttgarter Tagblatt" zu schicken. Es war 12 Uhr nachts vorbei, als alle Zugänge zu dem Gebäude abgeriegelt, die Maschinengewehre auf der Straße und in den dem Zeitungsgebäude gegenüberliegenden Häusern in Stellung gebracht waren und eine regelrechte Belagerung eingeleitet wurde. Wir hielten Kriegsrat und beschlossen, auf keinen Fall zu kapitulieren. Die Zeitung war redaktionell fertig, bereits gesetzt, die Seiten eingehoben, der Druck konnte beginnen. Durch die Folgen der Krankheit und die Anstrengungen des Tages brach ich mit hohem Fieber zusammen. Edwin Hoernle, seine Frau und ein Genosse Kallenberger beschlossen, mich nach Hause zu transportieren. Als wir auf die Straße kamen, wurden wir sofort von einer Offiziersgruppe umringt. Ein blutjunger Mensch, mit brutalem und wutverzerrten Gesicht, stürzte auf mich zu und schrie wie ein Irrsinniger: „Das ist er!" Plötzlich schob sich die massive Gestalt eines Offizierstellvertreters zwischen uns und schrie mich an: „Sie sind verhaftet, folgen Sie mir!" und zerrte mich aus dem Kreise. Er brachte mich durch die Absperrungsketten und ließ mich mit dem Genossen Kallenberger, der mir nachgestürzt war, laufen. Eine Stunde, nachdem wir das Gebäude verlassen hatten, begannen die Regierungstruppen das Haus zu stürmen, sicherten aber der Besatzung freien Abzug ohne Waffen zu. Vierzig Mann konnten sich auf die Dauer nicht gegen die unterdessen auf über tausend Mann angewachsene Regierungsmacht behaupten und versuchten von der Räumung wenigstens die „Rote Flut" zu retten. Nur wenige Exemplare konnten durchgebracht werden.

Am anderen Tage war die Regierung wieder Herr der Lage und beschloß, energisch gegen uns vorzugehen. Wir fühlten uns so sicher, daß niemand von uns an Sicherheitsmaßnahmen dachte. Unsere Sitzungen und Konferenzen hielten wir öffentlich ab und waren überzeugt, daß niemand es wagen würde, uns aus der Masse der 20 000 Stuttgarter revolutionären Arbeiter heraus zu verhaften.

Wir hatten uns getäuscht. Zwei Tage nach diesem Vorfall, morgens gegen 5 Uhr, donnerte es stürmisch gegen unsere Tür, barsche Stimmen verlangten Einlaß. Ich wohnte mit Max Barthel zusammen. Wir öffneten und herein kamen vier Offiziere mit schußbereitem Revolver, die uns im Namen der Regierung Wilhelm Blos feierlich für verhaftet erklärten. Wir kleideten uns an, während die Herren eine gründliche Haussuchung vornahmen, bei der sie mehrere Revolver und Gewehre zutage förderten. Auf die verwunderte Bemerkung eines Offiziers: „Das ist ja das reine Waffenlager", erklärte Barthel: „Ja, kennt ihr denn nicht unsere Forderung, Bewaffnung des Proletariats?" Wir wurden in die Mitte genommen, fort ging es. Es war Nacht und kein Mensch auf der Straße. Wir waren beide überzeugt, daß wir an einer geeigneten Ecke erschossen würden. Nach einer halben Stunde kamen wir im Turm des neuen Bahnhofes an, wo ein verrückt gewordener Soldat uns „eine Kugel durchlassen wollte". Kameraden schlugen ihm den Revolver aus der Hand. Nach einer Stunde wurden wir, Max Barthel, ich und Albert Schreiner, der hinzugekommen war, in ein Auto gesetzt, in dem vier mit Handgranaten und Revolvern ausgerüstete Offiziere Platz nahmen. Die entsicherten Revolver hielt man uns vor die Brust. Menschenfreundlich erklärten sie, sie würden abdrücken, wenn wir die geringste Bewegung machten oder die Arbeiter versuchen sollten, uns zu befreien. Nach stundenlangen Kreuz- und Querfahrten landeten wir in der Festung Ulm, wo man uns in die Kasematten einsperrte. Ein zweites Auto brachte weitere Verhaftete, darunter Edwin Hoernle, Fritz Rück und Richard Janus.

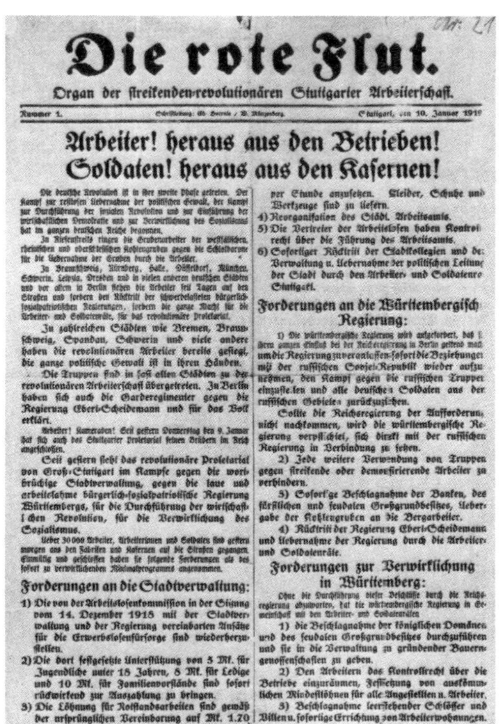
Die rote Flut.

Organ der streikenden-revolutionären Stuttgarter Arbeiterschaft.

Nummer 1. Stuttgart, den 10. Januar 1919

Arbeiter! heraus aus den Betrieben! Soldaten! heraus aus den Kasernen!

Die deutsche Revolution ist in ihre zweite Phase getreten. Der Kampf zur restlosen Uebernahme der politischen Gewalt, der Kampf zur Durchführung der sozialen Revolution und zur Einführung der wirtschaftlichen Demokratie und zur Verwirklichung des Sozialismus hat im ganzen deutschen Reiche begonnen.

In Riesenstreiks ringen die Grubenarbeiter der westfälischen, rheinischen und oberschlesischen Kohlengruben gegen die Schlotbarone für die Uebernahme der Gruben durch die Arbeiter.

In Braunschweig, Nürnberg, Halle, Düsseldorf, München, Schwerin, Leipzig, Dresden und in vielen anderen deutschen Städten und vor allem in Berlin stehen die Arbeiter seit Tagen auf den Straßen und fordern den Rücktritt der schwerbelasteten bürgerlich-sozialpatriotischen Regierungen, fordern die ganze Macht für die Arbeiter- und Soldatenräte, für das revolutionäre Proletariat.

In zahlreichen Städten wie Bremen, Braunschweig, Spandau, Schwerin und viele andere haben die revolutionären Arbeiter bereits gesiegt, die ganze politische Gewalt ist in ihren Händen.

Die Truppen sind in fast allen Städten zu der revolutionären Arbeiterschaft übergetreten. In Berlin haben sich auch die Garderegimenter gegen die Regierung Ebert-Scheidemann und für das Volk erklärt.

Arbeiter! Kameraden! Seit gestern Donnerstag den 9. Januar hat sich auch das Stuttgarter Proletariat seinen Brüdern im Reich angeschlossen.

Seit gestern steht das revolutionäre Proletariat von Groß-Stuttgart im Kampfe gegen die wortbrüchige Stadtverwaltung, gegen die laue und arbeitslahme bürgerlich-sozialpatriotische Regierung Württembergs, für die Durchführung der wirtschaftlichen Revolution, für die Verwirklichung des Sozialismus.

Ueber 30 000 Arbeiter, Arbeiterinnen und Soldaten sind gestern morgen aus den Fabriken und Kasernen auf die Straßen gegangen. Einmütig und geschlossen haben sie folgende Forderungen als des sofort zu verwirklichenden Minimalprogramms angenommen.

Forderungen an die Stadtverwaltung:

1) Die von der Arbeitslosenkommission in der Sitzung vom 14. Dezember 1918 mit der Stadtverwaltung und der Regierung vereinbarten Ansätze für die Erwerbslosenfürsorge sind wiederherzustellen.
2) Die dort festgesetzte Unterstützung von 5 Mk. für Jugendliche unter 18 Jahren, 8 Mk. für Ledige und 10 Mk. für Familienvorstände sind sofort rückwirkend zur Auszahlung zu bringen.
3) Die Löhnung für Notstandsarbeiten sind gemäß der ursprünglichen Vereinbarung auf Mk. 1.70 per Stunde anzusetzen. Kleider, Schuhe und Werkzeuge sind zu liefern.
4) Reorganisation des Städt. Arbeitsamts.
5) Die Vertreter der Arbeitslosen haben Kontrollrecht über die Führung des Arbeitsamts.
6) Sofortiger Rücktritt der Stadtkollegien und der Verwaltung u. Uebernahme der politischen Leitung der Stadt durch den Arbeiter- und Soldatenrat Stuttgart.

Forderungen an die Württembergische Regierung:

1) Die württembergische Regierung wird aufgefordert, daß sie ihren ganzen Einfluß bei der Reichsregierung in Berlin geltend macht, um die Regierung zu veranlassen, sofort die Beziehungen mit der russischen Sovjet-Republik wieder aufzunehmen, den Kampf gegen die russischen Truppen einzustellen und alle deutschen Soldaten aus den russischen Gebieten zurückzuziehen.

Sollte die Reichsregierung der Aufforderung nicht nachkommen, wird die württembergische Regierung verpflichtet, sich direkt mit der russischen Regierung in Verbindung zu setzen.

2) Jede weitere Verwendung von Truppen gegen streikende oder demonstrierende Arbeiter zu verhindern.

3) Sofortige Beschlagnahme der Banken, des fürstlichen und feudalen Großgrundbesitzes, Uebergabe der Kohlengruben an die Bergarbeiter.

4) Rücktritt der Regierung Ebert-Scheidemann und Uebernahme der Regierung durch die Arbeiter- und Soldatenräte.

Forderungen zur Verwirklichung in Württemberg:

Ohne die Durchführung dieser Beschlüsse durch die Reichsregierung abzuwarten, hat die württembergische Regierung in Gemeinschaft mit den Arbeiter- und Soldatenräten

1) die Beschlagnahme der königlichen Domänen und des feudalen Großgrundbesitzes durchzuführen und sie in die Verwaltung zu gründender Bauerngenossenschaften zu geben.

2) Den Arbeitern das Kontrollrecht über die Betriebe einzuräumen, Festsetzung von auskömmlichen Mindestlöhnen für alle Angestellten u. Arbeiter.

3) Beschlagnahme leerstehender Schlösser und Villen u. sofortige Errichtung von Arbeiterwohnungen.

Die erste und letzte Nummer der von Willi Münzenberg und Edwin Hoernle in Stuttgart herausgegebenen Zeitung: 'Die rote Flut'. 10. Januar 1919

Das Werk

Die Untertürkheimer Firma um 1918/19
Von Karl Lieblich

Karl Lieblich, 1895 in Stuttgart geboren, starb 1984 in seiner Heimatstadt nahezu unbemerkt. Vom jungen Brecht für seine frühen Gedichte mit dem Diktum der späteren Berühmtheit versehen, teilte Lieblich das Schicksal vieler Exilautoren, die nach dem Krieg keinen

Anschluß mehr an das literarische Leben fanden. Dabei war Karl Lieblich, der seit 1923 als Rechtsanwalt in Stuttgart arbeitete, in den zwanziger Jahren literarisch sehr erfolgreich und erhielt geradezu hymnische Rezensionen. Bis 1932 verlegte er acht Titel, darunter „Das proletarische Brautpaar", eine äußerst feinfühlig erzählte schwäbische Liebesgeschichte vor dem Hintergrund der politischen Kämpfe der frühen zwanziger Jahre. 1932 veröffentlichte Karl Lieblich eine Schrift mit dem Titel „Was geschieht mit den Juden, Öffentliche Frage an A.H."

Seine Hallen erstreckten sich in einem nicht so sehr breiten als langen Viereck in der Richtung des anmutigen, von rötlichen Weinbergen und grünen Gartenhöhen umsäumten Tales, das der Fluß fast unbehindert in ziemlich geradem Lauf durchwallte. Zahlreiche Dörfer und Weiler hatten sich in seiner Ebene niedergelassen und fühlten sich im Schutz der üppigen Hügel heimisch, an denen sie bisweilen emporkrochen, weil es ihnen zu schade war, die fruchtbaren, sonndurchwärmten Wiesen und Felder der Talsohle mit Häusern und Straßen zu beeinträchtigen. Diese Ortschaften hatten ursprünglich nur einen kleinen Teil ihrer Bevölkerung in das benachbarte Werk entsandt, allmählich aber waren immer mehr ihrer Weingärtner, Bauern und Handwerker dem bisherigen Gewerbe entfremdet und in seinen Dienst gezogen worden, und nun reichten sie längst nicht mehr aus, um dem ganzen Heere Obdach zu gewähren, das in den riesigen Anlagen benötigt wurde. Deshalb hatte die Leitung der Gesellschaft vor einigen Jahren ein ausgedehntes Gelände erworben und mit vielen kleinen, freundlichen Häusern besiedelt, die einander gleich sahen wie Zwillinge, was sie ja auch in Wirklichkeit waren. Je weiter sich das Werk in der Talmitte mit immer neuen Gliedern, die es an einem Ende ansetzte, ausdehnte, desto mehr der Baulichkeiten und Kleingärten entstanden auch in der Stadt derer, die es mit ihrer ununterbrochenen Arbeit im Gang erhielten, nur daß dieses Wachstum nicht auf eine Seite beschränkt war, vielmehr unbeengt um den ganzen Würfel herum, wenn auch nicht minder planmäßig, erfolgte.

Jeden Morgen um die nämliche Stunde – im Winter lange vor Tag, im Sommer in der hellen Frühe – strömten die Massen der Arbeitenden von allen Seiten aus ihren Wohnplätzen herbei, aus jener Ansiedlung, aus den zerstreuten Taldörfern, aus den Ortschaften, die sich, vom Tal aus unsichtbar, hinter den

1934 bis 1936 – so Lieblich selber – „kalter Krieg mit der Gestapo". 1937 sah er sich zur Auswanderung nach Brasilien gezwungen, wo er sich als Druckereibesitzer eine neue Existenz aufbaute und u. a. mit Stefan Zweig verkehrte. Zwischen 1948 und 1957 unternahm er zahlreiche „Heimwehschiffsreisen" nach Stuttgart, bis er sich 1948 entschließen konnte, endgültig zurückzukehren. Neben seiner Tätigkeit als Unternehmer wirkte er als anonymer Statist am Württembergischen Staatstheater mit, wo er mit ironischem Vergnügen beispielsweise als Clochard in der „Bohème" auftrat.
Zuletzt veröffentlichte Karl Lieblich 1982 ein von Käte Hamburger wegen seiner Sprachkraft gerühmtes Alterswerk: „Die Geheimnisse des Maimonides".

Motorenmontage in der sogenannten Wasenhalle bei Daimler-Benz (1915/16)
Rechts: Getriebebau und Chassis-Montage (um 1921)

Das Porträtphoto (ganz links) zeigt Karl Lieblich in den zwanziger Jahren.

beiderseitigen Höhen zurückhielten, ja aus noch größerer Ferne in ganzen, eigens für sie in Verkehr gesetzten Eisenbahnzügen. Zum Werke selbst aber, das an den beiden Langseiten von einer hohen Mauer umschlossen war, führten nur zwei große Wege, die oben und unten einmündeten und es inwendig seiner ganzen Ausdehnung nach als eine einzige Straße schnurgerade durchzogen. Auf ihnen trafen deshalb beim Kommen und Gehen, gleichgültig, welchem Daheim sie angehörten, alle Scharen zusammen und füllten eine Weile die breiten Zugänge so dicht mit ihrem eilenden Gedränge, daß es die größte Mühe gekostet hätte, sich ihm entgegenzustellen, und selbst die schweren Kraftwagen der höheren Angestellten nicht anders als im Menschengang, ja noch langsamer vorkriechen konnten. Fast alle Arbeiter hatten die gleiche Kleidung, die Männer, die weitaus in der Mehrzahl waren, trugen meist dunkle Anzüge ohne Kragen und Schlips, manche sogar ohne Hemd, in der Hand oder in der Rocktasche führten sie das Mittags- und das Vesperbrot mit sich; die Frauen zeigten sich gleichfalls in ihren einfachsten Gewändern, sie gingen fast alle barhaupt und verwahrten ihren Imbiß zumeist in einem kleinen Korbe, den sie mit einem weißen Tuch sauber bedeckt hielten.

Stuttgart – Zentrum des Weltalls

Verlautbarungen von Johannes Baader

Doppelporträt Johannes Baader – Raoul Haussmann (mit Mütze). Fotomontage (1919/20)

Johannes Baader wurde 1875 in Stuttgart geboren. 1903 wird er Grabmalsarchitekt in Berlin und plant als „Erlöser der Christenheit" einen „Welttempel", ein „Neues Jerusalem" mit einer Bauzeit von tausend Jahren und Baukosten von über 500 Milliarden Mark. Die Riesenpyramide mit einer Höhe von 1500 Meter sollte durch einen „Internationalen und interreligiösen Menschheitsbund" finanziert werden, als dessen Oberhaupt und Gründer er selbst zu gelten hätte. Baader hielt sich für den „in den Wolken des Himmels wiedergekehrten Jesus Christus".
Zwei Jahre arbeitet er aber auch als Gartenarchitekt bei Hagenbeck in Hamburg, für den er den Plan des ersten „Freigehege-Tierparks" entwarf. Baader stößt 1917 als Anführer einer religiösen Sekte zur Berliner Dada-Bewegung. Eingeführt von Raoul Hausmann, wird Baader zum ‚Oberdada' bzw. ‚Dadapropheten' und verkehrt vor allem mit Richard Huelsenbeck. Die Unterbrechung einer Predigt im Berliner Dom (1918) und der Abwurf des Flugblatts „Die grüne Leiche" in der Weimarer Nationalversammlung (1919) gehören zu seinen spektakulärsten Aktionen. Ab 1925 findet sich Baader, dessen Lebenslauf kaum rekonstruierbar ist, als Journalist beim „Hamburgischen Korrespondenten".
Zum Kriegsende 1945 taucht er zunächst in Landau an der Isar auf, dann lebt er in einem Altersheim. Er korrespondiert dort u. a. mit der Library of Congress in Washington über den Verbleib der „373 Geheimakten der

I Es dürfte sich empfehlen, festzustellen

Es dürfte sich empfehlen, festzustellen, was ich denn nun bis zur Gegenwart geschaffen habe. Dabei wird man ausgehen müssen von dem Haus Rote Straße 30, in Stuttgart. Von dort bin ich zur Schule gegangen bis zu meinem Abgang vom Realgymnasium im Herbst 1890. Mit dem Recht zum einjährig-freiwilligen Militärdienst. Zur Prima konnte ich nicht aufsteigen, weil die Architektur im vorletzten Jahrzehnt des neunzehnten Jahrhunderts eine Revolution durchgemacht hatte, und meinen Vater, den hoch angesehenen Stuttgarter Hofflaschnermeister Adolf Baader, als Ruine zurückließ. Bisher hatte man Stein- und Holzgesimse, Mansardenfenster und alle sonstigen Dachaufbauten aus Zinkblech gemacht. Mein Vater hatte sein Haus umgebaut, Preßwerke für Zinkornamente und Gesimsziehmaschinen eingebaut und fünfunddreißig Gehilfen beschäftigt. Jetzt fielen alle diese Anlagen als hinfällig ins Wasser, es blieben nur noch Schulden und Not übrig. Das Haus in der Roten Straße kam unter den Hammer, und wir mußten ausziehen. Ich war sechzehn Jahre alt und wußte von all diesen Dingen noch gar nichts, auch von Architektur hatte ich keinerlei Ahnung. Auch von deutscher, oder gar universaler Literatur, wußte ich nichts außer dem, was es in der Schule zu hören oder zu lesen gab. Von den Kranichen des Ibykus bis zu Julius Caesar.

II Rote Straße, weißes Pferd

Hindendorf, Ludenburg sind keine historischen Namen. Es gibt nur *einen* historischen Namen: *Baader*. Diese Herren, die an den Marionettenfäden der Ewigkeit baumeln, die ich lenke, vergessen, daß der Krieg verlorenging, weil sie in Deutschland klüger sein wollten als der Präsident des Weltalls. Schon im Januar 1914 erklärte ich ganz klar und deutlich: Deutschland ist der Sitz des Weltalls, belegte diese Erklärung mit den tiefsten kosmischen Gedanken und unterzeichnete sie mit dem magischsten aller Namen, so daß kein Einsichtiger vor der Tatsache vorübergehen konnte, daß hier endgültig das Ultimatum gestellt war, dessen Nichtbeantwortung zur Katastrophe von Sarajewo führen mußte. Noch am 23. Juli 1914 war es Zeit, durch Einräumung der Funkstation Nauen dem Präsidenten des Weltalls das Wort zur Niederschlagung der drohenden Wolke zu erteilen. Allein die konstitutionell verantwortliche Weltregierung erklärte dem Präsidenten die Notwendigkeit des Verzichts, und so konnte die Mobilmachung ungehindert befohlen werden. Am 12. September 1914 war die Illusion des Siegs über Frankreich vernichtet. Die Regierung ließ durch untergeordnete Gemeindeorgane den Präsidenten der Welt verhaften, allein es war umsonst, daß sie ihn am 11. Oktober wieder frei gab; die Kundgebung der Wahrheit war zu spät. Papst Benedikt XV. konnte sich nicht entschließen, Ende 1915 eine Rundreise durch die kriegführenden Staaten zu unternehmen, deshalb blieben alle seine Friedensversuche ein Schlag ins Wasser, und was der Amerikaner Russel in Brooklyn vorausgesagt hatte, traf ein: das Papsttum hat abgewirtschaftet, die Presse bringt seine Kundgebungen nur noch auf der zweiten Seite unter Miszellen. Ich wollte den bedrängten Hindendorf und Ludenburg Ende 1916 ein Friedensbrett reichen. Ich erklärte dem Kaiser: rufen Sie zu Weihnachten 1916 die Völker der Erde vor den Richterstuhl des Präsidenten des Weltalls in das Königliche Schloß zu Stuttgart. Aber der Kaiser, der immer noch an der paranoischen Idee laborierte, daß er der Präsident der Welt sei, lehnte meinen Vorschlag ab und kam selbst mit seinem Friedensangebot heraus, was natürlich gänzlich verfehlt war. Ich ging jetzt direkt an die Front nach Flandern, setzte mich an die Spitze der Truppen, aber die Etappe fiel mir in den Rücken, man schleppte mich in den Justizpalast der Vierten Armee-Inspektion nach Genf, internierte mich in der Kaiser-Wilhelm-Kaserne, und die Folgen kennt man. Czernin schrieb in Wien seinen geheimen Bericht an den Kaiser Karl: der Bericht gelangte in die Hände der Entente; Wilson wurde ersucht, dem deutschen Volk klar zu machen, daß der Präsident von Amerika die Sorge für sein Wohl übernommen hat und jede weitere Bemühung in Deutschland überflüssig sei. Vergebens machte ich am 19. September 1917 meinen Besuch in Kreuznach. Hindendorf und Ludenburg erklärten mir beide gleichzeitig, meine geistigen Tanks seien ganz ungefährlich, und sie übernähmen nach wie vor jede Garantie für den Sieg. Gegen diese Verblendung gab es kein Mittel mehr. So trat ich im Frühjahr 1918 zum Dadaismus über. Man ernannte mich zum Oberdada. Aber statt daß man am 9. November vernünftig geworden wäre, und, nun die Bahn frei war, mir das ehemals kaiserliche Schloß eingeräumt und mich zum Direktor des Proletariats ernannt hätte, lehnte Liebknecht die deutsche Präsidentenschaft, die ihm Adolf Hoffmann auf dem

dadaistischen Bewegung", malt seit 1949 Stammtafeln seiner Familie und macht Verse über seine Marbacher Vorfahren, mit denen er sich in die genealogische Nachbarschaft zu Schiller und der schwäbischen Dichterschule bringt. Johannes Baader starb 1955 in einem bayerischen Altenheim.

Landau/Isar, 15. September 1943

Lieber Hitler!
Treue um Treue ist deutsch. Ich habe am 15. Juli 1941 Ihrer GESTAPO in Hamburg versprochen, Ihren Ministern keinen Brief mehr zu schreiben und es kann mir niemand den Bruch dieses Versprechens vorwerfen. Bei dem großen sachlichen Einwand, den ich gegen Sie habe, bleibt es gleichwohl: Sie verurteilen meinen Dadaismus zu unrecht. Das Gegenteil können Sie nicht beweisen, denn Sie haben sich noch nie die Mühe genommen, auch die andere Partei, mich selbst, zu hören. Sie sagen, das sei nicht nötig, es genüge Ihnen, daß Sie die Früchte sehen und daß Sie diese Früchte nicht brau-

chen können. Eben das aber ist Ihr Fehler, daß Sie diese Früchte ja gar nicht sehen, und sie auch nicht sehen wollen. Es ist nicht meine Schuld, wenn die Organisation Ihres Ministeriums für Volksaufklärung und Propaganda so mangelhaft aufgebaut ist, daß sie Ihnen nicht melden kann, was wirklich hier in Landau an der Isar los ist. Grüßen Sie Mussolini gleichfalls und den Papst, den Sie in Rom jetzt beschützen.

Ihr alter Freund Baader, Oberbejaher und Präsident des Erd- und Weltballs, Leiter des Weltgerichts, Wirklicher Geheimer Vorsitzender des Oberdadaistischen Intertellurischen Völkerbundes, Otingokni usw. (Mit und ohne Dadako.)

Balkon des Schlosses anbot, ab; am 17. November versuchte ich im Dom eine letzte Klärung der Sachlage; Adolf Hoffmann, der damals im Kultusministerium saß, und zu dessen Ressort die Angelegenheit gehörte, ließ mich im Stich, und so wurden Karl Liebknecht und Rosa Luxemburg am 15. Januar im Edenhotel ermordet. Dann folgte ein Schlag auf den andern. Am 7. Mai wurde der Friedensvertrag in Versailles überreicht, nachdem ich am 19. April vergeblich im Reichsministerium persönlich meine Karte abgegeben und festgestellt hatte, daß ich nicht tot bin, auch wenn die Presse mich für tot erklärt hat. Aber wieder redete ich vergeblich. Scheidemann und Ebert wußten alles besser, bis zum 28. Jahr. Doch inzwischen war unser „dada I" erschienen, wir hatten die alte Zeitrechnung abgeschafft und mit dem Jahr A = 1 die neue Zeitrechnung des wirklichen Weltfriedens begonnen. In der gleichen Stunde, in der man in Versailles den Friedensvertrag unterzeichnete, übergab ich das *Buch des Weltgerichts* (das Buch *HADO)* in Berlin der Öffentlichkeit, und ließ am 16. Juli im Plenum der Nationalversammlung zu Weimar die Präsidentschaft des Weltalls ausrufen:

Der Präsident
des Erdballs
sitzt im Sattel
des weißen
Pferdes
DADA.

Das von Erich Mendelsohn erbaute, 1928 in der Eberhardstraße eröffnete Kaufhaus Schocken wurde 1961, trotz Protesten von Max Bill, Mies van der Rohe und Walter Gropius, abgerissen. An dieser Stelle steht heute das Kaufhaus Horten. Der „unschöne, unförmige Koloß des jüdischen Kaufhauses" – so der „NS-Kurier" – war bis zu seiner „Arisierung" 1939 immer wieder Angriffsziel der Nazis.

Das Zéro

Von Walter Serner

Walter Serner, Selbstporträt. Collage (um 1920)

Walter Serner (eigentlich Walter Eduard Seligmann), 1889 in Karlsbad geboren, studiert Jura in Wien und promoviert in Greifswald über „Die Haftung des Schenkers wegen Mängel im Rechte und wegen Mängel der verschenkten Sache". Er gehört zu den Mitarbeitern von Franz Pfemferts pazifistischer „Aktion", emigriert 1915 in die Schweiz, wo er an der von Hugo Kersten und Emil Szittya herausgegebenen Zeitschrift „Der Mistral" mitarbeitet. 1915/16 gibt Serner eine eigene „Monatsschrift für Literatur und Kunst" – „Sirius" – heraus. Er schließt sich den Züricher Dadaisten an, arbeitet mit Otto Flake und Tristan Tzara an der Zeitschrift „Der Zeltweg" und eröffnet 1919 den „Ersten Weltkongreß der Dadaisten" in Genf. 1920 erscheint Serners „Letzte Lockerung. manifest dada". 1921 bricht Serner, nicht zuletzt weil ihn Tristan Tzara plagiierte, mit der Dada-Bewegung. Er schreibt nun bis 1927/28 Kriminal-, Detektiv- und Hochstaplergeschichten. Danach sind keine Veröffentlichungen mehr nachweisbar. 1935 wurden seine Bücher verboten. 1940 stellte Serner bei der Prager Polizeidirektion den Antrag auf ein Leumunds-

Mit Semmelhug wollte es, seit er in Stuttgart war, nicht vorwärts gehen. Schon nach acht Tagen hatte er das Hotel Marquardt mit dem Hotel Wörner vertauschen müssen und wenige Tage darauf dieses mit einem kleinen Zimmer in der Rosenbergstraße. Da er einsah, daß es mit ihm bald so weit sein würde wie vor fünf Jahren, als er, zu sehr seinem Glück vertrauend, plötzlich gepäcklos auf der Straße stand, überzählte er zähneknirschend den Rest seiner Barschaft: ‚Fünfunddreißig Mark! Entsetzlich!'

Wohl wissend jedoch, daß ein Zustand solch negativer Art am wenigsten dazu geeignet ist, eine miserable Situation durch einen schmucken Einfall zu sanieren, stieg Semmelhug resigniert auf die Straße hinunter, gleichsam um sich selbst aus dem Weg zu gehen.

Verdrießlich vor sich hin pfeifend gelangte er zu der schmalen Stiege, welche von der Rosenbergstraße zum Hoppenlau-Friedhof hinabführt. Dessen Bäume und die mit Recht gemutmaßte Stille zogen ihn an wie jeden, der mit sich nichts Wichtigeres anzufangen weiß.

Sammelhug erging sich sohin auf den engen sauberen Pfaden dieses einsamen Ortes, von Zeit zu Zeit gedankenlos vor einem Grab stehen bleibend. Nach einer Viertelstunde fiel ihm auf, daß er die Inschriften las, und gleichzeitig, daß er soeben eine sehr merkwürdige gelesen hatte. Er kehrte um, trat neuerdings vor den Grabstein und las laut vor sich hin: „Heinrich von Inten, geb. am 3. März 1850, gest. am 10. März 1911 aus Gram über seinen verlorenen Sohn."

Kopfschüttelnd, aber grinsend ging Semmelhug weiter: Sein Vater hatte sich in dieser Hinsicht bei weitem mehr beherrscht. Bald darauf verließ er, keineswegs heiterer als vordem, den Friedhof und gelangte langsamen Schrittes allmählich auf die Königstraße. Nachdem er sie etliche Male passiert hatte, ermüdete er. Nie ist man mehr geneigt, Impulsen statt Überlegungen sich hinzugeben, als wenn das Lebenstempo sehr reduziert ist. Und so widerfuhr es auch Semmelhug, daß er in einem spontanen Anfall von galgenhumoresker Gleichgültigkeit sich kurzerhand entschloß, koste es, was es wolle, im Wilhelmsbau zu essen. Als dies nach einer Stunde in opulenter Weise geschehen war, befiel Semmelhug, der nun doch der wiederkehrenden Klarheit sich nicht länger zu entziehen vermochte, eine wahre Katastrophen-Stimmung. Es war ihm, als müsse er unter allen Umständen Bewegung in seine Lage bringen, um eine erfreuliche Änderung herbeizuführen. Und da ihm, der Teufel weiß warum, just jene merkwürdige Inschrift auf dem Hoppenlau-Friedhof durch den Kopf ging, rief er den Kellner in der Absicht heran, irgend etwas zu provozieren.

„Kennen Sie eine Familie namens von Inten?" fragte er mit schwerlich zu überbietender Arroganz den Kellner, der vorsichtig neben ihm stand.

„Von Inten? Aber gewiß. Eine sehr vornehme Familie. Ein von Inten war

zeugnis zwecks „Auswanderung nach Shanghai". Die Bürokratie kommt diesem Verlangen nach, doch am 10. August 1942 wird Serner nach Theresienstadt deportiert. Zehn Tage später erfolgt seine erneute Deportation: mit unbekanntem Bestimmungsort. Walter Serner ist seither verschollen.
Serner, der stets elegant und dandyhaft auftrat, aber eher arm und einsam war, führte ein unstetes Reiseleben zwischen Barcelona und Prag, Genf und Berlin. Die Schauplätze seiner Geschichten dürfte er größtenteils gekannt haben. Er hielt sich wohl nie länger als acht Wochen an einem Ort auf, oft waren es nur wenige Tage. Serner, dies legt seine intime Ortskenntnis zumindest nahe, dürfte sich in Stuttgart ausgekannt haben. Ein Heinrich von Inten ist allerdings nicht nachzuweisen.

fünfzehn Jahre lang Bürgermeister. Ich glaube, er dürfte erst vor wenigen Jahren gestorben sein."

„Richtig", meinte Semmelhug gnädig. „Er ist auf dem Hoppenlau-Friedhof begraben. Er hatte einen mißratenen Sohn. Der Schmerz darüber hat ihn ins Grab gebracht."

„Der Herr sind Stuttgarter?" Der Kellner nahm bereits eine zutraulichere Haltung ein.

„Nein." Semmelhug entaschte seine Zigarre überaus liebevoll, um eine distanzierende Pause hinausdehnen zu können. „Aber ich kannte seinen Sohn. Ich kannte den jungen von Inten sehr gut . . . Ich . . ." Er wußte nun doch nicht, wie er eigentlich weiterlügen wollte.

Der Kellner trat geschmeichelt von einem Bein aufs andere. „Der Herr wollen wohl Näheres über den alten von Inten in Erfahrung bringen, wenn ich mich nicht im Irrtum befinde ...“

„Sie befinden sich nicht“, versicherte Semmelhug herablassend.

Der Kellner, eine romantische Natur wie viele seiner Berufsgenossen, schien plötzlich mit einer bestimmten Vermutung zu kämpfen. „Wenn der Herr vielleicht ... ich meine ... sich mir anvertrauen wollten ... Ich glaube, daß eine gewisse Ähnlichkeit ...“

Semmelhug stutzte. Und überlegte. Kam aber schnell zu dem Schluß, daß er, selbst wenn der Kellner nicht bloß probiert hatte und wirklich eine Ähnlichkeit vorhanden wäre, nicht darauf bauen dürfe. „Ich bin kein von Inten. Aber sein

Links:
Der Wilhelmsbau (um 1910/14)
Rechts:
Das Café Marquardt
(um 1920/30)

Die Hutschnur des Herrn von Hofmannsthal – Eine Komödie in fünf Akten

I
St. Moritz, 27. Janaur 1912

Lieber Herr von Hofmannsthal!
Levin schreibt, daß in Dresden das kleine Haus unmöglich und nur das große Opernhaus für „Ariadne“ zur Verfügung stehe. Das wäre Selbstmord. Ich habe daraufhin nach Stuttgart geschrieben und die Uraufführung angeboten.
Mit herzlichem Gruß Ihr
Dr. Richard Strauss

II
Rodaun, 30. Januar 1912

Mein lieber Doktor Strauss,
Sie ahnen vielleicht nicht, wie sehr ich an der kleinen Sache hänge und wie mich diese nun fünf Wochen dauernden Schwierigkeiten okkupiert und in meiner Arbeitsfähigkeit gemindert haben – nun wäre ich endlich ganz vergnügt und entlastet, wäre nicht diese Episode mit Stuttgart dazwischen gekommen, der ich so gar keine gute Seite abgewinnen kann. – Denn denke ich mir selbst Reinhardt bereit, nun abermals eine Schwenkung mitzumachen und uns auch nach Stuttgart zu folgen, denke ich mir selbst einen oder den anderen der beiden Stars für „Ariadne“ gewonnen – so bleibt der wirklich deprimierende Gedanke, daß alle unsere Arbeit für niemanden gemacht ist. Wer sieht es in Stuttgart, dem abgelegensten Nest auf Gottes Erdboden, wogegen in Dresden, man mag über Dresden denken wie man will, bleibt das, was wir vier Menschen geschaffen haben, doch eine Saison hindurch bestehen, Tausende und

bester Freund gewesen.“ Der letzte Satz war ihm entfahren, er wußte selbst nicht wie.

„Gewesen?“ Das Gesicht des Kellners zerfiel, als hätte er persönlich einen schweren Verlust erlitten.

Das beruhigte Semmelhug und gab ihm seinen Plan ein. „Ja, gewesen. Er starb in Sevilla in der Calle San Forge. An der Malaria. Gerade gegenüber der bekannten keramischen Fabrik von Viuda e Comez. Und hat mich vor seinem Tod gebeten, eine gewisse Affaire privater Natur hier für ihn zu regeln. Wissen Sie, ob noch jemand von seiner Familie lebt?“

Der Kellner, von Semmelhugs Distinguiertheit durchdrungen, wußte, es unendlich bedauernd, nichts Bestimmtes mehr zu sagen, äußerte sich aber, immer wieder nach kleinen Störungen an Semmelhugs Tisch zurückkehrend, noch eine halbe Stunde über die Wechselfälle des Lebens und die Geschicke der Menschen und versprach, ohne dazu aufgefordert worden zu sein, bis morgen Näheres in Erfahrung bringen zu wollen.

Semmelhug fand am nächsten Mittag den Kellner sehr verändert vor; als hätte eine unerwartete Rangerhöhung stattgefunden: von derart schrankenlosem Stolz und selbstbewußter Dienstbeflissenheit troff seine ganze Haltung. Kurzum, nach wenigen Minuten war Semmelhug drei alten Herren vorgestellt, die alle den alten von Inten und seinen verlorenen Sohn gekannt hatten und sich außerordentlich freuten, die Bekanntschaft des Mannes zu machen, welcher der beste Freund des unglücklichen Hans von Inten war und nun dessen Testament zu vollstrecken hatte.

Semmelhug wurde an den Tisch geladen und erfuhr im Verlaufe einer sehr animierten Kneiperei, daß Frau von Inten mit ihrer einzigen Tochter Stella eine elegante Acht-Zimmer-Wohnung in der Cannstatter Straße innehabe; daß das von ihrem Gatten hinterlassene, zweifellos nennenswerte Vermögen sicherlich noch intakt sei; und daß nun die Tochter dereinst alles erben werde. Den zwischendurch immer wieder an ihn gerichteten Fragen über des jungen von Inten Leben und Treiben wich Semmelhug geschickt aus, sichtlich bemüht, dessen Geheimnis zu wahren und sein Andenken in Ehren zu halten. So kam es, daß gegen drei Uhr nachmittags, als man bei der achten Flasche Mosel angelangt war, die ganze Tischrunde nicht nur des Lobes voll war über Semmelhugs Freundestreue und männliches Verhalten, sondern beim endlichen Auseinandergehen in Einladungen sich geradezu überbot.

Diesen kam Semmelhug in den folgenden Tagen mit dem Vorsatz nach, den diversen Ehegattinnen Details über die Familie von Inten zu entlocken. Dies gelang ihm mit auffälliger Leichtigkeit und solchem Erfolg, daß er, als er endlich eines Nachmittags die Wohnung Frau von Intens verließ, bereits zu einer Tasse Tee für den Abend eingeladen worden war.

Dessen Verlauf gestaltete sich für Semmelhug zu einem Sieg von unerhoffter Vollständigkeit: Frau von Inten, von den Berichten über ihren immer noch geliebten Sohn stets wieder bis zu Tränen gerührt, kompensierte diese mit endlosen Liebenswürdigkeiten für den Gast, und ihre Tocher, deren Herz nach einer an Desillusionen allzu reichen Verlobungszeit mit einem verlotterten Rittmeister einer edleren Mannesgestalt um so heißer entgegenpochte, befliß sich unter schärfster Einsetzung ihrer immerhin ansehnlichen Reize, Semmelhugs persönliche Zuneigung zu gewinnen. Da dieser, äußerst vorsichtig wie stets, durchaus nicht vom Tode seines Freundes gesprochen hatte, lediglich von einer bereits überstandenen schweren Krankheit, sich aber, angeblich Hansens striktem Auftrag zufolge, weigerte, Genaueres über dessen Aufenthaltsort mitzuteilen, glaubten beide Damen, Semmelhug durch ein Übermaß an Gastfreundschaft und Liebenswürdigkeit doch noch zum Sprechen bewegen zu können. Infolgedessen verlebte Semmelhug, der von sich selber in tiefer Bescheidenheit teils schwieg, teils im Vergleich mit seinem kühnen Freund als Zéro sprach, bei Frau von Inten eine lange Reihe sehr angenehmer Abende, indem er sich stets von neuem überreden ließ, noch einige Tage zu bleiben.

Einmal aber, als er wieder zum Abendessen erschien, empfingen ihn die beiden Damen völlig verstört; es gelang ihnen nur mühsam, nicht sofort in Tränen auszubrechen. Fast eine halbe Stunde dauerte es, bis das in den seltsamsten Wendungen sich ergehende und stets wieder abbrechende Gespräch sich zu verdeutlichen begann.

„Wie ist das nur möglich", jammerte Frau von Inten hinter ihrem Spitzentaschentuch. „Sie haben uns doch gesagt, daß Sie in der Rosenbergstraße wohnen und daß Sie nicht adelig sind."

Fräulein Stella schlug heftig die Fingerspitzen aufeinander. „Man muß ihn verleumdet haben. Wenn man nur wüßte, wer."

In Semmelhug stellte sich miteins eine trübe Ahnung ein. Sein Magen zog sich leise zusammen. „*Wer* war denn eigentlich bei Ihnen, gnädige Frau?"

„Zwei Herren."

„Von der Polizei?"

Frau von Inten nickte.

Semmelhug, dem dieser Zwischenfall gleichwohl überraschend kam, hielt es für das Schlaueste, sich nicht verwundert zu zeigen. „Die Herren haben Ihnen sicherlich mitgeteilt", begann er mit nachlässiger Ironie, „ich wäre ein Hochstapler, hieße mich von Semmelhug, dieweil ich nur ein ganz simpler Semmelhug, hätte mich als Testamentsvollstrecker Ihres Sohnes ausgegeben, der gar nicht tot sei, um Betrügereien zu versuchen, und mich bei Ihnen lediglich in dieser Absicht einzuführen verstanden. Ists nicht so, gnädige Frau?"

Frau von Inten blickte, unter Tränen lächelnd, auf. „Sie wissen sehr wohl, lieber Herr Semmelhug, daß Stella und ich Ihnen vollauf vertrauen und daß wir Sie durchaus nicht für ein Zéro halten. Was die Herren von der Polizei uns über Sie sagten, bewies ja nur, daß Sie uns nie angelogen haben. Das sagten wir den Herren auch, die darüber zwar erstaunt waren, uns aber versicherten, das wäre ein Schachzug von Ihnen, denn sie wären bereits seit drei Wochen in Stuttgart gewesen, als Sie uns zum ersten Mal besuchten, und ..."

„Das Hotel Marquardt ..." Semmelhug lachte mokant, „... das Hotel Wörner ... die Rosenbergstraße ... nun, das sei eine auffällige Peripetie, der nur zu sehr der Wunsch entspräche, vermittels einer ungewöhnlich problematischen Freundschaft mit einem fälschlich Totgesagten sich zu rangieren. Ists nicht so, gnädige Frau?"

Frau von Inten nickte wiederum, diesmal bereits beinahe heiter.

„Daß Sie das alles aber wissen?" Fräulein Stellas Veilchenaugen irrten schmerzlich über Semmelhugs Züge. „Wie ist das nur möglich?" Sie schluckte mit Erfolg etliche Tränen.

„Phantasie macht einsam, gnädiges Fräulein." Semmelhugs Pupillen erglühten sanft. „Und Einsamkeit schult die Phantasie."

Tausende Menschen sehen es, und unter diesen sind die anonymen, wirklich fühlenden vornehmen Elemente des Publikums – für irgend jemand auf der Welt will doch auch ich ein solches Ding geschaffen haben – das verstehen Sie, nicht wahr, und billigen mir's zu.
Herzlich Ihr
Hofmannsthal

III
St. Moritz, 3. Februar 1912

Lieber Herr von Hofmannsthal!
Was Sie über Dresden und Stuttgart sagen, ist gewiß richtig aber über allem steht eine wirklich vollendete Aufführung, die in Dresden unter obwaltenden Verhältnissen (Beschränkung auf einheimisches Provinzialpersonal) unmöglich ist.
Mit herzlichem Gruß Ihr
Dr. Richard Strauss

VI
München, 9. Oktober 1912

Lieber Dr. Strauss,
schrieb Ihnen vor drei Stunden, werde zu diesem abermaligen Schreiben genötigt durch Ärger über einen horrenden, echt provinziellen Blödsinn aus Stuttgart, den ich offiziell in der Zeitung finde: man wolle dort am Abend des 25. nach „Ariadne" ein Bankett veranstalten, an dem sich jedermann (sic!) gegen Erlag von 10 Mark beteiligen kann. Das geht denn doch über die Hutschnur! Hoffe, daß Sie dies durch energischen Einspruch in Stuttgart aus der Luft schaffen werden und bitte Sie sehr darum. Ich meinerseits weigere mich schon heute, einen Abend, an den die Erinnerung mir kostbar sein soll, in der Intimität von Zeitungsschmie-

rern und Stuttgarter Spießbürgern zuzubringen, die Ihnen und mir beim Champagner das Du antragen. Und womöglich die Tischordnung von einem Hausknecht der Intendanz gemacht, und meine Frau sitzt zwischen Herrn Dillmann und dem Theaterdirektor aus Zwickau! Danke! Ich bin ein sehr freidenkender Mensch, aber beim Sozialen hört bei mir der Spaß auf. Herzlich der Ihre Hofmannsthal

V
17. Oktober 1912

Also nun im berühmten Stuttgart. Föhniges Regenwetter. Die neuen Hoftheater wunderschön, sehr elegant und so praktisch wie vielleicht kein anderes Theater auf der Welt.

Hofmannsthal an seinen Vater

Die Uraufführung der Oper „Ariadne auf Naxos" von Hugo von Hofmannsthal und Richard Strauss wurde am 25. Oktober 1912 im Stuttgarter Hoftheater für alle Beteiligten zu einem Triumph.

Fräulein Stellas Schultern hoben sich beseligt. „Und denken Sie nur ... daß *das* diesen Herren nicht die Augen öffnet, begreife ich einfach nicht! Die Herren sagten uns, daß sie erzählt hätten, mein Bruder sei in Sevilla an der Malaria gestorben, dann wieder in Syrakus am Stich einer Kobra, dann wieder in Batum am gelben Fieber usw. Das beweist doch nicht, daß Sie ein Schwindler sind. Das beweist vielmehr, daß man Sie verleumdet. Denn in Spanien gibt es keine Malaria, in Sizilien keine Kobra und in Batum kein gelbes Fieber. Nicht wahr, Mama?"

Frau von Inten nickte schnell. „Und *uns* haben Sie ja gar nicht einmal gesagt, wo Hans sich eigentlich befindet."

Semmelhug senkte, von so viel Vertrauen niedergedrückt, schweigend den Kopf.

Nach einer Weile harmonischer Trauer rückte Fräulein Stella mit dem Stuhl. „Und daß die Polizei nicht weiß, was Herr Semmelhug in den letzten neun Jahren eigentlich getrieben hat ... ich meine, wovon er gelebt hat, das beweist nur, daß die Polizei nicht tüchtig ist. Und daß Herr Semmelhug herumreist und auch schon anderswo die Polizei auf ihn aufmerksam geworden ist, das beweist nur, daß er eben infolge seines interessanten Äußern, seiner besonderen Lebensgewohnheiten und seiner überlegenen Art den Idioten auffällt, die sich in ihrem Haß und Neid mit ihm beschäftigen und ihn verleumden und denunzieren." Sie erhob sich in jäh aufwallendem Zorn. „Dieses Gesindel!"

„Stella!" mahnte Frau von Inten, das Spitzentaschentuch wieder vor den Lippen.

Semmelhug wußte nun, warum es mit ihm in Stuttgart nicht vorwärts gegangen war; wer die fragwürdige Rangerhöhung des Kellners vom Wilhelmsbau herbeigeführt; und weshalb die Tischrunde und die diversen Gattinnen in Höflichkeiten sich geradezu überboten hatten: die Hand der Polizei! Semmelhugs Situation war nicht angenehm. Sie war aber, was er geistesgegenwärtig sofort erkannte, keineswegs so hoffnungslos, wie sie schien.

Semmelhug stand langsam auf und sagte mit leise bewegter Stimme: „Ich danke Ihnen, meine sehr verehrten Damen, für Ihr mich ehrendes Vertrauen und für die so selten gastfreundliche Aufnahme in Ihrem entzückenden Heim. Ich bin glücklich, Hans das Beste von seiner gütigen Mutter und seiner reizenden Schwester berichten zu können. Und ich hoffe, daß es mir gelingen wird, ihn ins Elternhaus zurückzubringen. Ich bedauere nur, daß es mir privater Gründe halber nicht möglich ist, direkt zu ihm zu reisen. Aber ich kann Ihnen versprechen, hochverehrte gnädige Frau, daß Sie von mir *und* ihm in etwa vier Monaten Nachricht haben werden."

Semmelhug verließ am Abend darauf Stuttgart, dreitausend Mark in der Tasche, da Frau von Inten ihn nach langen Bitten zu bewegen vermocht hatte, *direkt* zu ihrem Sohn zu reisen. Im Netz über Semmelhugs Kopf lag ein geschmackvolles Veilchen-Arrangement, dessen Boden eine deliziöse Bonbonnière barg, in welcher ein kleines lila Briefchen ruhte. Als Semmelhug es gelesen hatte, bedauerte er nur zu sehr, daß er den Bruder der Schreiberin nicht persönlich kannte und daß er hier doch nur ein Zéro war.

Aber er hatte keine Zeit, solch wehmütigen Meditationen sich hinzugeben. Er mußte sein Gehirn dem Augenblick zuwenden, der ihn vor die nicht allzu leichte Aufgabe stellte, die Schwierigkeiten, welche die Polizei ihm allenthalben weiterhin bereiten würde, in ingeniöser Weise zu besiegen.

Stuttgart die Wohnung

Werkbundausstellung – Weißenhofsiedlung
Von Kurt Schwitters

Der Volk will glauben, and the man of Geist will see, will sehen, will reisen om to see. Dieses Wort von Rosenberg paßt auf die Stuttgarter Ausstellung „Die Wohnung 1927". Der Volk, der glauben will, das sind in diesem Falle die Laien, die zwar nicht viel von der Architektur verstehen, aber gern glauben, daß die Ausstellung der Stadt Stuttgart, ihre Ausstellung, gut ist, die große Reden halten, etwa „Wenn auch..., so..." Denn keine der vielen offiziellen Reden ist frei von dem Unterton: „Man kann zwar darüber reden oder denken, wie man will,... aber..." Sie fühlen es zwar, daß da eine Tat getan ist, aber sie begreifen es einfach nicht, warum. Nicht das Resultat der Ausstellung und der Siedlung überzeugt sie, sondern die Tatsache, daß the man of Geist gereist gekommen ist, om to see. Denn zu der Eröffnung sind sie alle gekommen, die man immer wieder bei solchen Gelegenheiten trifft.

Reinhold Nägele: Weißenhof Tempera (1927)

Kurt Schwitters, 1887 in Hannover geboren, trat zunächst als abstrakter Künstler in Herwarth Waldens Berliner „Sturm"-Kreis in Erscheinung und veröffentlichte 1919 erste MERZ-Bilder und MERZ-Dichtungen, darunter „An Anna Blume". Von den Berliner Dadaisten abgelehnt, geht Schwitters seinen eigenen Weg zur abstrakten Poesie, zum Lautgedicht und zur Textcollage. Von 1923 bis 1932 gibt Schwitters, der zur finanziellen Absicherung die Drucksachen der Stadt Hannover entwarf, die Zeitschrift MERZ heraus, an der auch der russische Konstruktivist El Lissitzky mitarbeitet. Für die Nazis sind Schwitters Werke „vollendeter Wahnsinn". 1937 verläßt Schwitters Deutschland und läßt sich in Norwegen nieder. 1940 flüchtet er vor den deutschen Truppen nach England, wo er zunächst für siebzehn Monate interniert wird und später Freunde findet. 1943 zerstören englische Bomber den MERZ-Bau in Hannover.
Kurt Schwitters stirbt 1948 in Kendal/England.
Am 5. Mai 1932 sprach Schwitters in Stuttgart für den Süddeutschen Rundfunk die Gedichte „An Anna Blume" und „Scherzo der Ursonate".

Die Weißenhofsiedlung wurde am 23. Juli 1927 – als zentrales Ereignis der Stuttgarter Werkbundausstellung „Die Wohnung" – eröffnet. Diese Mustersiedlung bestand aus 21 Häusern, die von 17 Architekten aus fünf Ländern (darunter Le Corbusier, Oud, Bruno Taut, Mies van der Rohe und Mart Stam) erbaut wurde. Aus Stuttgart waren Adolf Gustav Schneck und Richard Döcker beteiligt. Döcker baute dann 1928 auch den Wohnkubus für Friedrich Wolf (Zeppelinstraße 43). Zum 60.

Aber ich denke, die Behörden in Stuttgart und Württemberg kommen mir vor, als wären sie Hühnerglucken, die falsche Eier ausgebrütet haben, und nun stehen sie am Ufer des Teichs und sehen mit Stolz und mit Grauen, wie die Entenküchlein, die sie aber doch für ihre Kinder ansehen, weit hinaus auf die Wasserfläche schwimmen, wo sie ihnen nicht folgen können. Ein schönes Bild, was? Und die Hühnerglucke ruft und lockt die Wasserkinder, wenn auch vergeblich. Hier in Stuttgart beim offiziellen Diner aber macht sich die Opposition am Tische der Behörden Luft, indem der betagte Vertreter der Universität Tübingen in seiner Eigenschaft als Heimatschutzmann, wie er sich selbst nennt, erwähnt, daß doch Stuttgart nicht in Holland oder Kalifornien läge, deshalb gehörte auch das flache Dach nicht hierher. Für ihn scheint das flache Dach bei Häusern das zu sein, was beim Menschen die Plattfüße sind, denn er nennt es plattes Dach. Zum Schluß wurde dann der Herr Schutzmann auch verhindert, noch mehr Plattheiten über das platte Dach hervorzubringen, weil doch diese platte Diskussion nicht auf der Tagesordnung stand, indem die meisten Mitesser so laut redeten, daß ihn niemand mehr verstehen konnte. Ein besonders frecher Mitesser mit einem ovalen Gesicht, sagte sogar: „Danach ist der Mann ja garnicht gefragt", was allgemeine Heiterkeit erweckte; wie offizielle Essen eben so sind. Aber finden Sie es nicht auch selbstverständlich, daß so ein alter Professor sich doch nicht von heute auf morgen an die neue Zeit gewöhnen kann? Dazu ist doch wohl die kurze Zeit von 1918 bis 1927 nicht lang genug. Und wenn da einer an die 60 Jahre hat gut wandern können und bekommt nun plötzlich Plattfüße, der kauft sich eben Einlagen. Und daß dieses eine Einlage war, merkte man daran, daß alle Nachredner den üblen Eindruck zu vertuschen suchten. Und das möchte ich hiermit auch getan haben. Meine Mutter pflegt immer zu sagen: „Wie die Kinder, sie wollen es garnicht, und mit einem Male sagen sie eine große, große Dummheit." Ich habe dann mit Herrn Mies van der Rohe angestoßen, weil der mir so leid tat, daß er nun keine platten Dächer mehr bauen darf, aber der hat sich furchtbar schnell damit abgefunden und hat über das ganze Gesicht dazu gelacht. Ich habe ihn lange nicht so lachen sehen.

Das sind übrigens prächtige Leute in Wirtteberg. So menschlich und nett! Ich lernte persönlich den Herrn Württembergischen Staatspräsidenten Bazille kennen, den Schirmherrn der Ausstellung. Ein wirklich menschlicher und sehr freundlicher Herr. Das ist übrigens derselbe Bazille, der vor einigen Jahren in den Bodensee gefallen sein soll. Und das kam sogar ganz per Zufall. Nach dem Diner nämlich trafen wir einander in der Toilette, ganz zufällig. Da geht ja jeder gern mal hinein. Da hab ich den Herrn Präsidenten ganz beiläufig nach ganz etwas Beiläufigem gefragt, und er merkte es meiner Hannoverschen Aussprache gleich an, daß die Wirtteberger fir unsch Hannuverahner Auschländer sind mit unserem spitzen s und machte mir die Ehre und sich ein Vergnügen daraus, mir die Gemäldegalerie in der Villa Berg zu zeigen, wo das Diner stattfand. Wirklich wundervolle Gemälde. Alles echt Öl. Handgemalt. Sie atmeten den Geist der verflossenen Zeit, manche atmeten auch nicht mehr. Aber die Villa Berg atmete einen noch viel verflosseneren Geist. Rokoko. Wundervoll. Und mit dem Geist ist es so, je länger er lagert, desto besser wird er, genau wie Schnaps. Und so sagte ich zu Herrn Präsident Bazille, Herrn Reiniger hoch in Ehren, der wäre in den bei uns in Hannover in Betracht kommenden Kreisen auch best bekannt, aber der Geist dieser Bilder hätte noch nicht lange genug gelagert, nichts für ungut, und der Geist dieser Rokokovilla wäre schon viel klarer. Und der Herr Dr. Bazille merkte es meinem jovialen Gesicht auch gleich an, daß ich einer Meinung mit ihm war, und ich unterstützte diesen Eindruck, indem ich sagte, daß die Architekten von heute so nicht mehr bauen könnten, wie die Villa Berg wäre. Da lächelte der Herr Staatspräsident begeistert: „Nicht wahr? Können sie auch nicht." Da fuhr ich fort: „Aber wir brauchen auch solche Häuser nicht mehr" und machte ihm mein Kompliment, daß er das erkannt habe und die Siedlung Weißenhof habe mit begründen helfen. Dann zeigte der Herr Staatspräsident mir noch eine schwarze Marmorschale, die allein mehr wert war als die ganze Villa Berg zusammen genommen. Ich sah mir das schwarze Ding genau an und staunte. Aber so beginnt bei mir immer der Kunstgenuß, ich staune. Denken Sie, eine Großfürstin oder so was soll diese Schale aus einem einzigen Stück Marmor selbst gemeißelt haben. Das hat Raritätswert, etwa wie Briefmarken, aber das verstehen Sie so doch nicht, das müssen Sie mitgesehen haben.

Aber Sie wollen wissen, weshalb ich Ihnen das alles erzähle. Ja, das hängt damit zusammen, daß aus diesem Geiste heraus die Ausstellung und die ganze Weißenhofsiedlung geboren ist. Viele reden, wenn sie von Wirtteberg schpreche von de Greischschewahn. Und wenn ein Berlina oder Herr Westheim selbst die Rede mit angehört hätte, daß wir Stuttgarter in Schtuggert dies alles geschaffen haben, weil wir doch ebensogut, wie die Berliner etwas gutes Neues hinstellen können, und weil wir einen gut Schwäbischen Dickkopf hätten, der hätte vielleicht nur den Rauschschebaart gesehen, wie Berlina eben so sind. Aber mit Unrecht. Denn es ist eine große Beweglichkeit in dem Vulke der Wirtteberger. Wollte Gott, daß wir in Hannover nicht den Typhusbazillus gehabt hätten, sondern einen Mann wie Bazille, dann hätten wir auch vielleicht einmal eine gute Ausstellung zustandebringen können. Denn die Ausschtellung ist wirklich muschtergiltig, und die Siedlung, wenn auch problematisch, eine groschsche Tat. Ich war denn auch in einer so dankbaren Stimmung, daß ich allen Leuten gegenüber dankbar war, die da in Stuttgart herumliefen, weil ich nicht unterscheiden konnte, wem alles der Dank gebührte.

Und nun die Siedlung Weißenhof. Leider fehlte hier ein sehr bedeutender deutscher Architekt, Hugo Häring. Aber die Zeit ist noch nicht so weit, daß Härings Gedanke auto-funktioneller Architektur sich bei einer Siedlung durchsetzt. Hier und da sind einzelne Versuche im Sinne Härings, wie Ausnutzen der Aussicht, Formung von Räumen zu bestimmtem Zweck, aber es herrscht vor der Bau für möglichst allgemeinen Zweck, das was Häring Verpackungsangelegenheit nennt.

Dank für Gruppierung der ganzen Siedlung gebührt Miesch van der Rohe. „Er hat es meischterhaft verschtanden...", um im Geischte desch Vorrednersch zu schprechen, den Gesamtplan dem Gelände anzupassen. Lage und Größe der Häuser hat Mies van der Rohe bestimmt. Die einzelnen Architekten haben von ihrem Beschten das Beschte gegeben. Trotzdem bleibt es eine Kateridee, daß man so viele prominente Vorkämpfer der Architektur und Werkbundmitglieder unserer Zeit so in unmittelbarer Nähe nebeneinander je ein Haus bauen läßt. Das muß uneinheitlich werden, unbesehen. Obgleich jeder den anderen nach Möglichkeit geschont hat. Als Ausstellung ist das Ganze außerordentlich lehrreich, und ich brauche ja nicht dort oben zu wohnen. Ganz starke Persön-

Jahrestag der Weißenhof-Eröffnung wurden die elf noch erhaltenen und noch in den fünfziger Jahren zum großen Teil umgebauten Häuser in den Originalzustand zurückgebaut.

„In vielfältigen horizontalen Terrassierungen drängt sich in unwohnlicher Enge eine Häufung von flachen Kuben am Abhang hinauf, eher an eine Vorstadt Jerusalems erinnernd als an Wohnungen in Stuttgart."
Diese vielzitierte Kritik von Paul Bonatz („Schwäbischer Merkur" am 5. Mai 1926) bezog sich auf den ersten Bebauungsvorschlag, den Mies van der Rohe vorgelegt hatte. Im Sommer 1927 hat sich Bonatz dann zu einer sachlichen Auseinandersetzung mit der Siedlung durchgerungen: „Die gegliederten Kuben ergeben malerische Überschneidungen und die hellen Farbtöne ein freundliches Gesamtbild. In derartig zusammengestellten Kuben ist es schlechterdings nicht möglich, eine häßliche Gesamtwirkung zu erzielen, alles verbindet sich zu einer gewissen Einheitlichkeit. Wenn man sich vorstellt, daß ganz Stuttgart über Nacht in diesem Sinne umgestaltet wäre, anstelle verkrüppelter und häßlicher Dächer, anstelle sinnloser Verzierungen und trüber Backsteine nur gegliederte Kuben in sauberen Farben, so wäre das ein phantastisch schönes Stadtbild."

An der Weißenhofsiedlung hat sich, nach anfänglich eher spöttischen Bemerkungen, in den frühen dreißiger Jahren üble Polemik entzündet. Die beiden Häuser von Le Corbusier wurden etwa als „Ställe für Menschenbestien" bezeichnet. Die Verfechter des traditionellen Bauens sahen in der Weißenhofsiedlung „ein Gebrodel von Pfahlbaukunst, orientalischer Dachlosigkeit, unkörperlicher Glasarchitektur, kunstfeindlicher Bilderstürmerei und Talmi-Sozialismus". Die Nationalsozialisten agitierten dann folgerichtig gegen das „Undeutsche" des Weißenhofs: „Wir, denen es ein selbstverständliches Gesetz bedeutet, unsere deutsche Herkunft und unser deutsches Wesen nicht zu verleugnen, unseren nordisch-rauhen Himmel nicht zu übersehen, sind nicht gewillt, unsere Vernunft aufzugeben und uns ein gänzlich fremdes Kleid anzuziehen."

lichkeiten, wie Peter Behrens und Poelzig, bauen hier aus lauter Höflichkeit gegen die Jungen plötzlich Häuser, die sie selbst nicht glauben und die ich ihnen auch nicht glaube. Poelzig hat eine schöne italienische Villa aus dem neuen Stil gemacht, und Peter Behrens hat überhaupt keinen Charakter mehr. Er ist allgemein modern. Schade. Wozu denn diese Verstellung? Behrens ist doch sehr wichtig für die ganze Entwicklung. Er ist doch einer der bedeutendsten Vorkämpfer der neuen Architektur. Warum läßt er hier eine 25prozentige Anleihe auf seine bisherige Bauweise eintragen? Wozu diese moderne Aufwertungshypothek? Glaubt er nicht mehr an sich selbst? Schade drum. Es wäre doch für den Betrachter viel interessanter, neben Mies, Oud, Gropius, Stam, Le Corbusier den wahren Behrens und den wahren Poelzig sehen zu können. So kann man doch nicht direkt vergleichen.

Man kann das überhaupt nicht ganz, denn die Herren haben alle ihre Aufgabe verschieden gelöst und sich mehr oder weniger an gegebene Richtlinien gehalten. Zum Beispiel hat Gropius als einzelner neue Bauweisen ausprobiert, während die anderen in ihrer bekannten Bauweise mit oder ohne Anleihe gebaut haben. Der Versuch, sich mit neuen Materialien auseinanderzusetzen, ist das Interessante an Gropius' Hause. Auch haben nicht alle sich nach den Maßen des Planes ganz gerichtet, wie zum Beispiel Le Corbusier, der seine beiden Häuser viel zu groß gebaut hat und dadurch den Gesamteindruck sehr stört. Überhaupt ist Le Corbusier nicht ganz ungefährlich. Denn er ist ein genial begabter Architekt und dabei leider so romantisch eingestellt. Ich halte ihn für die gesunde Architektur für ebenso gefährlich wie Dudok und De Clero. Oder irre ich mich vielleicht? Vielleicht findet mancher diese imposanten Bauten von Le Corbusier fabelhaft. Aber der läßt sich verblüffen. Meine Großmutter sagte immer: „Laat deck nich verblüffen!" und das tue ich auch nicht. Ich wäge sine ira et studio ab, wenn da son verputzter Eisenbalken vor dem Fenster mitten im Zimmer steht, was soll das bedeuten? Ach so, das tut er, damit man von außen eine

1934 veröffentlichte der Schwäbische Kunstverlag erstmals diese „Araberdorf" betitelte Postkarte, die mit der Polemik gegen die Weißenhofsiedlung weite Verbreitung fand.
Links: Photographie des Originalzustandes

ungeteilte Fensterreihe hat. Jetzt finden Sie weiter in dem Hause von Le Corbusier in einem Wohnraume, durch eine halbe Wand abgetrennt, eine Badewanne. Warum? Wegen der Wasserdämpfe? Ist das gesund oder ist es hygienisch? Ich sehe weiter und finde dicht daneben eine Klosettür, die ins Zimmer mündet, und es wird mir klar, wegen des Geruchs. Der Franzose riecht gern, wenn seine Dame aufs Klosett geht oder im Bade sitzt. Der Franzose ist eben elegant, das verstehen wir Deutschen nicht. Der Hauptraum geht durch zwei Etagen. Warum? Wenn man heizt, ist es unten noch nicht warm, wenn man es oben vor Hitze schon nicht mehr aushalten kann. Sollte das Haus wohl für ein südliches Klima gebaut sein, wo man nicht heizt? Und per Malheur steht es nun in Stuttgart. Schade drum, denn ich frage mich wieso. Für diese Idee sprechen auch die riesigen Balkons, die man bei dem Stuttgarter Klima selten benutzen kann. Sollte das Haus von Le Corbusier vielleicht das Klima in Stuttgart günstig beeinflussen und ändern können? Vielleicht durch geheime Gewalten? Oder ist es Romantizismus? Ich kenne mich da nur schwer aus. Auch die Windrichtung und der Regen bei westlichen Winden müssen sich drehen, weil der Balkon nach der verkehrten Seite geschützt ist. So macht man Natur. Aussicht ist Nebensache, denn im Hauptraume fehlt das Fenster an der Wand, die die beste Aussicht haben würde. Aber ich will nichts gesagt haben, denn ich weiß sehr wohl, wie große Verehrung gerade Le Corbusier genießt, und daß man oft meint, unsere deutschen Architekten hätten viel von ihm gelernt. Das kann man auch, man kann an dem Studium Le Corbusiers genau sehen, was falsch ist für deutsche Verhältnisse.

Das Haus von Victor Bourgeois finde ich sehr durchdacht. Es ist hier nicht das hohle Pathos der Fassade von Le Corbusier, dafür ist es innen aber gut, wirklich gut. Alles ist gut durchgearbeitet, Wohnlichkeit, Berücksichtigung der Aussicht, der Wetterseite, Fenster meist nach Süden, guter Sitz der Fenster im Zimmer, gute Form der Zimmer.

1937/38 sollte die Weißenhof-Siedlung abgerissen werden und der „Gralsburg" des Wehrkreiskommandos Platz machen. Doch dazu kam es nicht. Im Krieg wurde die Anlage als Infektionskrankenhaus belegt. Bombadements richteten 1944 erhebliche Schäden an. Nach dem Krieg vorgenommene Renovierungen entstellten viele Gebäude bis zur Unkenntlichkeit.
Als 1956 die wenigen unversehrten Häuser unter Denkmalschutz gestellt wurden, protestierte der Schwäbische Albverein: Dies sei ein schlechter Witz und Zeichen für „die merkwürdige Einstellung gewisser Kreise. Ein Bau, der architektonisch schlecht und wirtschaftlich unbrauchbar ist, verdient keinen Schutz".

Den Häusern von Oud merkt man es an, daß sie von einem erfahrenen Architekten gebaut sind, der vollkommen sicher arbeitet aus seiner Erfahrung heraus. Hier könnte man von allgemein funktioneller Architektur sprechen. Sein Ziel ist, mit den Mitteln der Architektur möglichst einfache und brauchbare Wohnungen zu schaffen. Ich will nicht alle Architekten einzeln erwähnen, das habe ich nicht nötig, weil ich dazu nicht verpflichtet bin.

Interessant ist, daß Rading sein ganzes Haus nur wegen der elektrischen Lichtleitung gebaut hat. Aber die kommt auch wirklich erstklassig heraus. Sie sitzt immer auf kleinen Holzbrettchen, die immer etwa 5 cm von der Decke und Wand vorstehen. Das sieht tadellos aus. Hoffentlich macht diese Anregung Schule, dann haben wir bald in unseren Wohnungen auch jene schönen Oberleitungen, die unser Stadtbild so angenehm verzieren.

Sehr ehrlich wirkt das Haus von Hilberseimer. Es ist gründlich, normal und unphantastisch, das Gegenteil von Le Corbusier. Hier sind keine Badewannen im Zimmer und keine Balken vor den Fenstern.

Mies van der Rohe vereinigt Geist der Zeit und Format. Was ist Format? Ein neues Schlagwort für Architekten. Maler können Qualität haben, Architekten Format. Format bedeutet Qualität in der Anschauung. Da kann ein ganz kleines Ding oft Format haben. Und dabei ist das Haus von Mies van der Rohe groß, das größte der Siedlung. Und innen wirkt es riesig durch die bis zur Decke hochgezogenen Türen. Ich kann mir nicht denken, daß man durch diese Türen einfach gehen soll, sondern man schreitet hindurch. Große, edle Gestalten schreiten durch die Türen, voll neuen Geistes. Hoffentlich wenigstens. Es kann ja auch werden wie in den Frankfurter Siedlungen, wo die Leute mit ihren grünen Plüschsofas ankommen. Es kann vorkommen, daß nachher die Einwohner nicht so reif und frei sind wie ihre eigenen Türen. Aber hoffen wir, daß das Haus sie edelt.

Mart Stams Haus ist genial und hat Schwung. Ich meine hier nicht Schwung wie etwa das Dach einer Treppe bei einem anderen Hause Schwung hat, welches im Winter auch als Rodelbahn benutzt werden soll, ich meine mit Schwung das sichere Verwenden der Materialien zu einheitlicher und überzeugender Wirkung. Genialität ist Sicherheit im Arbeiten mit neuen Dingen. Kennen Sie den Stuhl von Mart Stam, der nur zwei Beine hat? Warum vier Beine nehmen, wenn zwei ausreichen?

Ich war sechs Stunden unter den Häusern, habe meinen neuen Sommermantel mit frischer Ölfarbe eingeseift, wodurch ich mich nicht von den anderen Besuchern unterschied, habe Speise und Trank verweigert, weil es da oben nichts Reelles gab und weil ich für das offizielle Diner einen Platz lassen mußte, und könnte Bände über die Siedlung schreiben. Aber ich tue es nicht, weil ich nicht verpflichtet bin, sondern empfehle es allen, hinzugehen, Sie haben sicher nicht so leicht wieder Gelegenheit, etwas so Interessantes zusammen zu sehen.

Nun gebe ich nur noch eine wichtige Anregung, und zwar dem Verlage Ullstein: Möge sich der Verlag dazu entschließen, zu der Architekturausstellung in Stuttgart 1000 Worte Schwäbisch herauszugeben, es würde den Genuß erhöhen und das Verständnis erleichtern.

Undeutsch

Von Erich Schairer

Die Werkbundsiedlung auf dem Weißenhof bei Stuttgart ist das Entsetzen aller derer, die etwas ablehnen, weil es anders ist als sie es gewohnt sind. Häuser ohne Dach! Wände ohne Tapeten! Möbel ohne Verzierungen! Nein, das frißt der brave Bürger nicht.

Da ja auch niemand von ihm verlangt, daß er von morgen ab in einem Haus von Le Corbusier wohnen solle, so hat diese Entrüstung des Publikums weiter nichts zu bedeuten. Aber es gibt auch Leute, die sich etwas ernsthafter aufregen, weil sie ihre Interessen bedroht sehen: die Dachziegelindustriellen, die Tapetenfabrikanten, die Möbelfabrikanten. Sie protestieren aus voller Brust gegen das Neue, das keine Rücksicht auf ihr Absatzbedürfnis nimmt. Und sie begründen ihren Einspruch damit, daß dieser Stil, den der Werkbund da propagiere, undeutsch sei.

Da haben wir's also wieder. Wenn irgend eine Gruppe von Interessenten in Deutschland ihren Profit von einer Geistesrichtung, die ihr deshalb nicht paßt, bedroht sieht, dann wallt auf einmal das treudeutsche Herz. Hat man es schon erlebt, daß so ein patentierter Deutscher sagt: ich bin dafür, obwohl ich daran nichts verdiene? Oder: ich bin dagegen, obwohl ich dabei verdienen würde? Oder auch nur ehrlich und offen: ich bin dagegen, weil ich dabei nichts verdiene? Nein, man ist gegen etwas, weil es „undeutsch" ist.

Wenn die Arbeiter sich international verabreden, weil sie nur so gegen ihre international verbrüderten Ausbeuter aufkommen können, dann sind sie vaterlandslose Gesellen, die kein nationales Empfinden haben. Wenn vernünftige, rechtlich denkende Menschen gegen den Wahnsinn und die Gemeinheit der Massenschlächterei, genannt Krieg, ihre Stimme erheben, dann behaupten die Kanonen-, Pulver- und Giftgasfabrikanten und ihre Vettern, die Generäle, das seien Vaterlandsverräter. Bierbrauer finden es undeutsch, wenn man kein Bier trinkt. Hutfabrikanten, wenn man barhaupt geht. Warum nicht auch Metzger, wenn einer kein Fleisch ißt? Oder vielleicht Regenschirmhändler, wenn es nicht regnet?

Die Welt wird offenbar immer undeutscher. Ob es am Ende gar noch so weit kommen wird, daß man mit seinem Deutschtum in Deutschland nichts verdienen kann?

Dann wüßte man wahrscheinlich überhaupt nicht mehr, was eigentlich deutsch ist. Bis jetzt heißt deutsch sein bekanntlich: eine Sache um ihrer selbst willen tun.

Das Wort stammt von Paul de Lagarde. Einem echten Deutschen, was schon daraus hervorgeht, daß er sich so einen schönen französischen Namen zugelegt hat.

Reinhold Nägele: Erich Schairer. Bleistiftzeichnung vom 16. März 1926

Schairer, 1887 in Hemmingen (bei Leonberg) geboren, war zunächst Vikar und schied 1911 freiwillig aus dem Dienst der Kirche aus. Er wurde Privatsekretär Friedrich Naumanns, promovierte 1913 über „Christian Friedrich Daniel Schubart als politischer Journalist" und war von 1915–1917 Geschäftsführer der „Deutsch-Türkischen Vereinigung" in Berlin. 1920 gründete Schairer in Heilbronn das pazifistisch-radikaldemokratische Wochenblatt „Die Sonntags-Zeitung" (ab 1925 in Stuttgart), die – eine Besonderheit in der deutschen Presse – ohne Inseratenteil erschien. Nachdem Schairer 1937 durch die Nationalsozialisten zum Verkauf dieser anspruchsvollen Zeitung gezwungen worden war, mußte er sich als Weinhandelsvertreter durchschlagen, bevor er 1943 als Reichsbahngehilfe dienstverpflichtet wurde. Anfang 1946 wurde Schairer Redakteur beim „Schwäbischen Tagblatt" in Tübingen und von September 1946 bis Ende 1954 Mitherausgeber der „Stuttgarter Zeitung". Erich Schairer starb 1956 in Schorndorf.

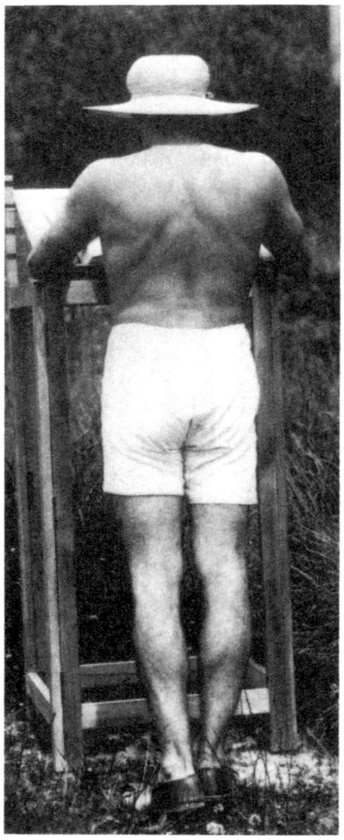

Friedrich Wolf am Stehpult

Freibäder fürs Volk!

Her mit städtischen Neckar-Freibädern fürs Volk! Her mit billigen Volksbadetagen – auch im Winter – in den beiden natürlichen Heilquellen Leuze und Berg! Her auch endlich mit Planschwiesen und Sandspielplätzen für unsere Kinder im Schloßgarten! Was im Hydepark in London, am Gesundbrunnen in Berlin, im Margaretenpark in Budapest möglich, soll auch in Stuttgart angängig sein!
Die werktätige Bevölkerung – und das sind neunzig Prozent aller Stuttgarter – kann ihre sommerlichen Freibäder als notwendigen Gesundheitsschutz verlangen!

Friedrich Wolf in der „Schwäbischen Tagwacht" vom 25. Juli 1928. Zu Friedrich Wolff siehe die Seiten 340–341

Das Frühstück als Lehrveranstaltung

Zu Besuch bei Dr. Friedrich Wolf
Von Sergej M. Tretjakow

Das Haus – ein weißer Würfel. Bruchstück von einem Sanatorium. Und ein Straßenname aus Aluminium, Helligkeit und Luft – Zeppelinstraße. Sie ähnelt den kreideweißen Straßen von Jalta oder Sewastopol.

Stuttgart liegt in zwei Berghufeisen. Blickt man vom Fenster des Hauswürfels nach unten, dann sieht man Treppen, die zwischen dicht umsäumten kleinen Gärten hindurchführen. Noch weiter unten hat ein Gärtner auf unbebautem Land seine Beete angelegt. Über den Beeten – das Rohr einer Beregnungsanlage. Es ist Februar, im Schatten liegt noch Reif, doch weder der Rotkohl noch der Wirsing fürchtet ihn. Dort, wo die Sonne hinfällt, nimmt der Gärtner, um die jungen Gemüsepflanzen ihren Strahlen auszusetzen, die Bastmatten von den Beeten.

Ich bin zu Gast im Hauswürfel. Gleich nach dem Erwachen bin ich unter dem aufgeschüttelten Federbett hervorgekrochen, das in Deutschland die Decke ersetzt. Im Hauswürfel ist es absolut sauber, nichts Überflüssiges hängt an den Wänden. Im Hauswürfel ist es absolut still. Nur ein Raum gibt ein Morgenkonzert. Es besteht aus Scheppern, menschlichem Grunzen und Wassergeplätscher.

Ein glühendroter Mann hockt in der Wanne und schüttet sich eiskaltes Winterwasser auf die Schenkel. Bis zu hundertmal. Dann begießt er sich die Schultern. Läßt sich rasch im Wasser auf den Rücken fallen und steht wieder auf. Reckt sich zu voller Größe und schrubbt sich mit zwei Bürsten den Rücken, den Nacken, den ganzen Körper, etwa so, wie ein Schuhputzer Halbstiefel bürstet.

„Bei dieser Art, sich zu waschen", zitiert er, „ist eine Erkältung ausgeschlossen. Die Darmgase gehen während des Bades ab. Meist hat man gleich nach dem Abtrocknen Stuhlgang."

Mir gefällt dieser wie aus Kupfer gegossene Leichtathlet. Beine hat er, die die Zehntausende Schritte eines Marathonlaufes bewältigen würden, ohne zu ermüden. Sein Brustkasten könnte die Zylinder von allen möglichen Spirometern sprengen. Mit solchen Armen kann man mehr als einen Feind k.o. schlagen. Deutlich zeichnet sich das Spiel seiner Muskeln ab, nirgends hat sich zwischen ihnen und der Haut beruhigend wirkendes Fett abgesetzt.

Die Dusche rauscht. Ich sage: „Guten Morgen, Hausherr. Mir gefällt, wie du gebaut bist, Genosse Wolf."

Ich habe ins Schwarze getroffen, als ich das Lieblingswerk des Hausherrn lobte – ihn selbst.

Das weiße Würfelhaus liebt er nicht so. Aber was heißt schon Haus! Ich glaube, über sein bestes Theaterstück freut er sich nicht so wie über diese stählernen Muskeln, die gutgeformten Beine, die Lebenslust der Arme, in denen sich noch kein Milligramm Gift von Erwachsenenmüdigkeit angesammelt hat, und über diesen Rumpf.

Die Augen, die verschmitzten Augen, und auch den Mund von einem Lächeln zusammengekniffen, ruft er plötzlich prahlerisch aus: „Rat doch mal, wie alt bin ich?"

Ich stehe verlegen da.

„Weiß der Kuckuck, wie alt du bist! Deinen Beinen nach – nun, fünfundzwanzig, den ganz schwach sich lichtenden zurückgestrichenen Haaren nach, sagen wir, dreißig; den von Krähenfüßen umgebenen Augen nach (zähl nur, wie oft du sie im Leben öffnest und schließt), na, sagen wir, dreiunddreißig; der Falte auf der Stirn und im Nacken kann man fünfunddreißig geben, vielleicht aber auch fünfundzwanzig..."

„Ich bin einundvierzig", sagt er so stolz, wie ein Schriftsteller verkündet, daß eine Erzählung von ihm die einundvierzigste Auflage erlebt hat.

Sagen Sie ihm nur nicht, er sei so auf die Welt gekommen. Er wäre beleidigt. Er selbst hat sich so gemacht, zumindest so erhalten.

„Komm frühstücken, ich zeig dir, wie man das tut", sagt er.

Im Eßzimmer gibt es ebenfalls nichts Überflüssiges. Große glattgehobelte Holztische ohne Tischtuch. Auf den kreideweißen Balkon prallt die Sonne.

Das ist kein Frühstück, sondern eine Lehrveranstaltung. Ich suche Salz. Vorwurfsvolle Blicke: „Weshalb Salz? Gewöhn dir die barbarische russische Sitte ab, alles zu versalzen. Belaste das Blut nicht. Je weniger Salz, desto besser. Vergiß nicht: Es besteht der Verdacht, daß zu starkes Salzen eine der Ursachen von Krebs ist. Weißt du eigentlich, was Krebs ist? Der Krebs steht heute in Deutschland bei den Krankheiten an erster Stelle, er übertrifft nach der Zahl der Erkrankungen bereits die Tuberkulose."

Fleisch gibt es auf diesem Tisch auch nicht. Fleisch läßt die Därme altern und vergiftet den Organismus.

„Unsere Vorfahren haben Schwarzbrot gegessen. Ihre Magenmuskeln haben gearbeitet. Wir essen Brot von fein ausgemahlenem Mehl, zerkochtes Gemüse, unsere Mägen sind schlaff und nicht muskulös. Die Nahrung geht nur träge durch die Därme. Im Dickdarm bleibt sie liegen und zersetzt sich, vergiftet dabei den Organismus. Stuhlgang hat der normale Städter einmal in vierundzwanzig Stunden – also lassen wir das Gift vierundzwanzig Stunden in uns arbeiten. Sieh dir nur die Sportler an, die essen zum Mittag ein Ei und zwei Biskuits – doch welche Kraft und Ausdauer! Gib ihnen ein Beefsteak, und sie werden schlappmachen."

„Porridge sollte man statt Fleisch essen. Porridge – den Haferbrei, mit dem die Engländer ihren Tag beginnen."

„Der Vegetarier Karl Mann ist ohne Unterbrechung von Berlin bis Dresden zu Fuß gegangen – zweihundertundzwei Kilometer in siebenundzwanzig Stunden."

„Man muß Schrotbrot essen, Sauerkraut, rote Rüben, Weintrauben mit Kernen."

Die Gesetze dieses Hauses sind streng wie bei den Altgläubigen. Während eines Spaziergangs kaufe ich mir in der Stadt ein Stück Wurst, um sie bei mir im Zimmer zu essen, und später verberge ich meinen durch Fleisch entweihten

Sergej Tretjakow (um 1930)

Sergej Tretjakow, 1892 in Goldingen bei Riga geboren, war einer der besten Kenner der russischen Avantgarde und setzte sich beispielsweise für Chlebnikow ein. Tretjakow schrieb Agitionsstücke, war Mitarbeiter von Meyerhold und Sergej Eisenstein, an dessen „Panzerkreuzer Potjemkin" er mitwirkte. Später wurde Tretjakow Vertreter der sogenannten „Tatsachenliteratur". Er schrieb eine Monographie über John Heartfield und publizierte u. a. über Oskar Maria Graf, Piscator, Brecht und Eisler. 1937 wurde Tretjakow verhaftet und als Spion beschuldigt. Er wurde 1939 hingerichtet. Nach Stalins Tod wurde er 1956 rehabilitiert.

Stuttgart ist die Stadt der Superlative. Stuttgart hat die schönsten Höhenwege, die romantischsten Villenhänge, die saubersten Straßen, die meisten Hochhäuser, die zahlreichsten polizeilichen Verfügungen und staatsanwaltlichen Verbote.
Aber Stuttgart hat auch die härtesten Schwabenschädel.

Friedrich Wolf am 17. August 1929 im „Filmkurier", anläßlich eines Protestes gegen ein Filmverbot.

Atem genauso, wie man in der Familie eines strenggläubigen Raskolnik den durch Tabak entweihten Atem verbergen muß.

Auf dem Tisch gibt es gekochten Reis und anderes Graupenzeug. Auf dem Tisch gibt es rohe Mohrrüben und Rettich, Salat und Nüsse, saure Sahne, Honig und Joghurt statt Tee und Kaffee. Ich erinnere mich noch an den Namen eines Gerichtes – *Leipziger Allerlei.* Das Essen auf dem Tisch ist nicht einfach eine Speisenfolge – ihm zugrunde liegt flammende Überzeugung, ein strenges Dogma. Dieser Tisch scheint hoch über alle Welt erhoben, die Mohrrübe agitiert mit erregter Stimme, und pathetisch spricht das *Leipziger Allerlei*, bereit, selbst ein Golgatha auf sich zu nehmen, nur um den Menschen von dem in ihm faulenden Unrat zu entlasten.

Der Hausherr nimmt mich beim Arm und führt mich in sein Arbeitszimmer, wo man lauter Glas und Nickel sieht, den Stahl chirurgischer Instrumente, die Kniestützen eines gynäkologischen Stuhls und Kästen mit Karteikarten. Er breitet vor mir einen Fächer von Büchern aus. Der Verfasser – Dr. med. Friedrich Wolf.

Wir sind daran gewöhnt, daß die Werke von Doktoren der Medizin, besonders von deutschen, solide Wälzer sind, doch hier: kreideweiße Einbände mit Rot und Schwarz. Von weitem sehen sie wie Einbände von Abenteuerromanen aus. Ein Titel: „Trotz Tempo 1000 ... gesund." Die schwarzen Buchstaben und die roten Zahlen sind so schwungvoll gesetzt, als flögen sie voran, die Haarstriche hinter sich lassend. Da sind auch Gruppenbilder von Behosten aus „Gesundheitsschulen", das Modell einer Sportschule, zwei Gestalten in einer Badewanne: die große – der Vater, die kleine – der Sohn. Beide rubbeln sich mit Bürsten ab. Ich erkenne den Vater: Es ist der Autor selbst.

Andere Bücher: „Herunter mit dem Blutdruck", „Schlank und gesund" und schließlich der riesige Foliant „Die Natur als Arzt und Helfer".

Und keine Seite ohne Photo. Auf diesen Photographien läuft der Autor bald einen schmalen Fußpfad entlang, bald bespritzt ihn sein kleiner Sohn aus einem Schlauch, dann wieder reibt er sich im Garten neben einem Wasserhahn trocken, oder er steht auf einer Hand, oder er arbeitet in kurzen Hosen und Hut im Garten an einem hohen Stehpult. Immer wieder er – Verfasser, Hauptargument des Buches und erster Mime seiner medizinischen Sketchs – Dr. Friedrich Wolf.

All das paßt nicht recht zueinander. Wir haben uns daran gewöhnt, daß Friedrich Wolf Schriftsteller, Dramatiker und Publizist ist. Wir neigen zu der Annahme, daß die Medizin bei ihm unter „ferner liefen" rangiert, etwa so, wie bei Tschechow der Arztberuf.

Nein, er nimmt die Medizin ernst. Wenn ich Tschechow erwähne, einen Mann, der sich als Arzt ausbilden ließ, dann aber Schriftsteller wurde, so unterstreicht das nur die Eigenart von Wolf. Hier haben wir einen Mann, für den der gynäkologische Stuhl und die Theaterrampe in gleicher Weise Berufsinstrumente sind, dazu bestimmt, der kommunistischen Propaganda im Kampf um ein neues, vernünftiges, gesundes Leben zu helfen.

Die Medizin rangiert bei Wolf durchaus nicht unter „ferner liefen". Solange man im Vorhitlerdeutschland noch arbeiten kann, ist er Arzt, der tagtäglich viele Patienten empfängt. Seine Sprechstunden sind überlaufen, er arbeitet mit Vorbestellung. Die Stuttgarter Proletarier lieben ihn und holen sich gern bei ihm Rat. Das bezeugen die dicken Packen Karteikarten. Wolf ist ein Arzt, der an Gesundheitsstädte und an Sportschulen denkt. Er möchte alle Menschen an Luft, Sonne und Wasser heranführen. Er ist stolz auf Luftbäder und Gymnastikschulen, an deren Bau er sich beteiligt hat. Überzeugend und gern spricht er über medizinische Themen. Und als er in die Ukraine fuhr, begrüßte man ihn dort gerade als Arzt und beriet sich mit ihm über Physiotherapie.

Befürworten Sie auch den Bau von Planschbecken und Planschwiesen für die Stadtkinder, damit sie im Sommer dort herumplätschern können wie zum Beispiel die Kinder in Wien? Denken Sie darüber nach, warum in den Städten die Springbrunnen allein der Schönheit wegen sprudeln, wo sie doch zu Straßenduschen für die Menschen werden könnten?

Falls Sie es nicht für eine bloße Schrulle halten, wenn Ausländer sich bei uns über das schwere Essen beklagen, in dem es so wenig Gemüse und Obst gibt, dann sprechen Sie mit Dr. med. Friedrich Wolf.

Menschen mit mehreren Berufen gegenüber ist man mißtrauisch. Allgemein bekannt sind spöttische Redewendungen wie: „der beste Dichter unter den Fliegern und der beste Flieger unter den Dichtern". So spricht man von begabten Dilettanten.

Über den Schriftsteller Wolf hat einmal jemand gesagt: „Er schießt schnell und trifft bei fünfzehn Schuß einmal ins Schwarze." An dieser Formulierung ist weniger der einmalige Haupttreffer entscheidend als vielmehr die These von den fünfzehn Schnellschüssen.

Wolf schreibt tatsächlich mit ungewöhnlich leichter Hand und impulsiv. Er hat das Gespür eines echten Zeitungsmannes. Von fern schon errät er, welches Thema in der Luft liegt und auf die Tagesordnung drängt. Zur Feder gegriffen und an die Arbeit! Schon ist sie fertig. Man kann darüber streiten, wie tiefgründig sie ist und wie eigenartig, unbestritten bleibt jedoch stets, daß sie zur rechten Zeit kommt, daß sie zeitgemäß, temperamentvoll und talentiert gemacht ist.

Oben: Friedrich Wolf mit Sohn Konrad
Links: Friedrich Wolf 1930

Als Student stellte sich Wolf 1908 in Tübingen als Aktmodell für Plastiken zur Verfügung, die später vor der Universität aufgestellt wurden (und dort noch heute stehen).

Ilja Ehrenburg (1946)

Ehrenburg, 1891 in Kiew als Sohn eines Brauereidirektors geboren, wuchs in Moskau auf. Wegen revolutionärer Tätigkeit 1908 als Gymnasiast verhaftet, emigrierte er nach Paris, wo er 1910 seinen ersten Gedichtband veröffentlichte. Nach der Februar-Revolution 1917 nach Rußland zurückgekehrt, lehnte er nach dem Sieg der Bolschewiki zunächst deren Herrschaft als „moderne Barbarei“ ab, verschrieb sich dann aber zunehmend dem neuen Staat. 1921 bis 1923 arbeitete er als Schriftsteller und Korrespondent für die sowjetische Presse in Belgien, Paris und Deutschland; 1936 bis 1937 als Frontberichterstatter über den spanischen Bürgerkrieg. Den Ausbruch des zweiten Weltkriegs erlebte Ehrenburg in Paris. Mit seiner 1954 erschienenen Erzählung „Tauwetter“, deren Titel zum Schlagwort einer ganzen Epoche wurde, kennzeichnete er die Entwicklung nach Stalins Tod. Ehrenburg setzte sich auch erfolgreich für die Rehabilitierung von in der Stalinzeit verfolgten Autoren ein, beispielsweise für Isaak Babel, Osip Mandelstam und Boris Pasternak. In Essays machte er die sowjetischen

Stuttgart oder Werchne-Dnjeprowsk

Ein Russe und die goldenen Zwanziger
Von Ilja Ehrenburg

Provinz gibt es in Deutschland auch heute nicht. Jedes Krähwinkel kann auf die Rolle einer europäischen Großstadt Anspruch erheben. Das nur wenigen bekannte Dessau ist weit moderner als Brüssel, Warschau oder Lyon. Stuttgart gleicht in seiner Einwohnerzahl Bordeaux oder Werchne-Dnjeprowsk. Hier beschränkt man sich jedoch nicht auf Weinfässer und fünf Parteiklubs. Es ist ein Kulturzentrum: mehrere Zeitungen, alle umfangreich und gediegen, ungefähr zwanzig Buchhandlungen, und zwar können einige von ihnen, was geschickte Auswahl, Unterrichtetheit der Verkäufer und Geschicklichkeit der Schaufensterauslagen anbelangt, sich mit den besten Berliner Buchhandlungen messen, eigene Verlage und Zeitschriften, viele Gemäldeausstellungen, Theater, prächtige Konzertsäle. Was die moderne Architektur anbelangt, so ist Stuttgart ein Amerika. Diese Stadt besitzt mehr wirklich zeitgemäße Häuser als Paris. Auf einer Anhöhe liegt eine neue Stadt: weiße Würfel, Glas, Licht, die ganze doppelte Krankenhaussauberkeit unseres syphilitischen und mißtrauischen Jahrhunderts. Hier arbeiteten alle besten Architekten Europas von Gropius bis zu Corbusier-Sognier. Über der alten Stadt, wo unvermeidlich Linden rauschen, die schon soviel erlebt haben, über der ehemaligen Residenz eines heruntergekommenen und harmlosen Königs, über den wie das gotische Alphabet rätselhaften Ziegeldächern von allerhand „Goldenen Löwen“ und „Hirschen“, erheben sich diese Baracken der Zukunft. Es erscheint sogar sonderbar, daß darin lebendige Menschen wohnen, daß es keine Ausstellung ist, sondern Familienleben von soundso viel Durchschnittsbürgern. Wer weiß, ob dieser Gegensatz natürlich ist, wie es mit dem seelischen Drama all dieser Maximalisten der „weißen“ und der „Dachziegel“-Stadt bestellt ist und was hier eingetreten sein mag: ob die legitime Geburt eines Nachfolgers oder eine Frühgeburt?

Ich steige hinab zu den Linden. Dort sind heute nicht die Seufzer Schumanns, sondern das Schmettern des Jazz: im Stadtpark ist „Vorführung der Sommermoden“. Das riesengroße Café ist überfüllt: kleine Bürger, Handlungsgehilfen, Kontoristen, Doktoren und Buchhändler der zwanzig Musterbuchhandlungen bringen hier ihren Tagesverdienst durch, indem sie Torte essen oder schlechte Erdbeerbowle trinken. Die Erinnerung an die Jahre der Inflation öffnet die Geldbörsen selbst berüchtigter Geizhälse. Wer wollte einem Spieler Vorträge halten über die verschiedenen Vorzüge der Sparkasse? Die Deutschen sind nicht gerade reich geworden. Sie haben einfach das Geldausgeben gelernt. Augenblicklich trinken sie hier, essen und betrachten die defilierenden Mannequins. Die Neuheiten der Pariser Mode werden hier bis ins Komische übertrieben. Aber die Zuschauer lachen nicht, sie seufzen begeistert. Sie betrachten ein hübsches, junges Mädchen im Badetrikot, das einen riesengroßen Gummidel-

Leser erstmals mit Futurismus, Kubismus, Surrealismus bekannt und mit Vertretern der westeuropäischen Moderne, wie Picasso, Matisse, Braque, Modigliani, mit denen Ehrenburg befreundet war. Ilja Ehrenburg war Abgeordneter des Obersten Sowjets der UdSSR und seit 1959 Mitglied des Präsidiums des Sowjetischen Schriftstellerverbandes. Er starb 1967 in der Nähe von Moskau.

Reinhold Nägele: Blick vom Bahnhofsturm (1932), Tempera

phin anpreist, als wäre sie die Sixtinische Madonna. Unwillkürlich erwartet man ein lautes Nasenschnauben. Auch dem Mädchen fehlt die puppenhafte Leichtigkeit ihrer Pariser Berufsgenossinnen. Sie wird allen Ernstes verlegen. Sie wird allen Ernstes rot. Ihre Augen, die geradezu anekdotisch verträumt sind, suchen an den Cafétischen nicht nur nach reichen Mäzenen, sondern auch nach dem klassisch armen, seufzenden Verehrer, der bürstenartig geschorenes Haar bei Gott nicht schlechter zu tragen weiß als die Locken seligen Angedenkens.

Täglich von zwölf bis zwölfeinhalb Uhr spielt in Stuttgart auf dem Schloßplatz eine Militärkapelle Märsche und vorhistorische Potpourris. Ob die Einwohner der „weißen" Häuser ihr zuhören, weiß ich nicht, doch ist um den Pavillon des Orchesters die ganze Stadtjugend versammelt. Die Korpsstudenten halten sich in Gruppen streng abseits. Sie unterscheiden sich voneinander durch die Farbe ihrer Mützen: gelbe, himbeerrote, hellblaue. Sie stehen da und betrachten die Mädchen, die gesittet, paarweise auf dem Platz promenieren, indem sie Lippenstift mit Schillerscher Treue und Liebe zu Seidenstrümpfen mit Liebe zu alten Linden vereinen. Der Schloßplatz sieht zu dieser Stunde genauso aus wie vor fünfzig Jahren. Wohl weisen die Gesichter der Korpsstudenten eine geringere Anzahl edler Schmisse auf, wohl können die alten Herren über den Sittenverfall seufzen – kommen doch die Duells aus der Mode. An ihre Stelle sind Sportkunststücke und politische Skandale getreten. Aber geblieben sind die bunten Mützen und unter den Mützen ein äußerst komplizierter Blödsinn von „Ehre", „Rasse", „Nation". Was soll man von dem ehrfürchtigen Staunen der Mädchen sagen? Ich wage es als musenhaft zu bezeichnen.

Fünf Minuten von diesem Platz entfernt, dessen Blicke in die Vergangenheit zurückgerichtet sind – befindet sich der Bahnhof; der Stuttgarter Bahnhof aber ist eine Rarität. In seiner Feierlichkeit ähnelt er dem Tempel eines unbekannten Kultes. Dutzende blinkender Bahnsteige, Läden, Restaurants, Cafés, Zeitungen, Blumen, Zifferblätter, ganze Reihen von Schaltern – das alles ist durchdacht, reguliert. Ich kann mich nicht einmal entschließen, diese Struktur mit dem vulgären Wort „Ordnung" zu benennen. Nein, hier liegt etwas Größeres vor, hier herrscht eine religiöse Einstellung zum Fahrplan, zur Bequemlichkeit des bescheidenen Reisenden, zur Verteilung der aus und ein gehenden Menschenmengen, wobei sowohl das Rasen der Schnellzüge, die aus Rom nach Amsterdam oder aus Paris nach Konstantinopel eilen und hier wenige Minuten rasten, wie auch die Fahrt eines Druckereikorrektors in die nächste Vorstadt, der rechtzeitig sein Bier austrinken, die Zeitung lesen, die Rosen und das Zifferblatt betrachten muß, um dann in der vierten Klasse der Phantastik des nächsten Achtstundentraumes entgegenzueilen (nicht entgegenzuzotteln), gleich hoch bewertet werden.

Diese andächtige Einstellung zur vermenschlichten Maschine und zum mechanisierten Menschen kann man überall beobachten. Stuttgart ist berühmt durch seinen Bahnhof, Leipzig bekanntlich durch seine Druckereien.

Der Stuttgarter Hauptbahnhof von Paul Bonatz Ende der zwanziger Jahre

Künstler, Kunden, Vagabunden

Eine internationale Tagung

I Bericht eines Königs

Von Gregor Gog

Das erste europäische und erste internationale Vagabundentreffen in Stuttgart vom 21. bis 23. Mai 1929 fand unbehelligt von Polizei und Querulanten statt, wiewohl diese und jene genug getan hatten, das Treffen zu verhindern und zu stören. Die Tagung der angesagten zwei- bis dreitausend Kunden aus aller Welt war vorher unmöglich gemacht worden und die Lüge ausgestreut worden, daß auch das Treffen nicht stattfände, es sei verboten worden. Das Städtische Presseamt von Stuttgart hatte den Zeitungen händeringend und abwehrend geschrieben: „Die Stadtverwaltung wünscht nicht, daß vor dem Treffen die Öffentlichkeit auf die Veranstaltung aufmerksam gemacht wird; die Fremden würden die Stadt größtenteils meiden, und es würde eine Beunruhigung entstehen.“ Die Stadt hatte sich mit der Polizei ins Einvernehmen gesetzt, um die Vagabunden-Tagung von oben herab zu verbieten. Die fortschrittliche Presse selbst gestand, daß es für sie peinlich war, das zu hören. Unter dem herrlichsten Himmel, den dieses Jahr hatte, allen würdereichen Spießbürgern des Landes ein Dorn von bolschewistischer Größe im Auge, tagte die Bruderschaft der Vagabunden, und alle seelenverfetteten Leser der bürgerlichen Presse ärgerten sich gallig darüber. Das Vagabundentreffen war zu Pfingsten das „wichtigste Ereignis“ Stuttgarts, „wichtiger“ und „aktueller“ als alle politischen Konferenzen und das evangelische Schatten- und Regenspiel einer „Jungmännertagung“. Für eine Million Spießer in Deutschland Anlaß zu Nasenrümpfen und heftiger Wut, für einige Millionen Arbeiter Denkaufgabe und für ganz Deutschland eine Blamage von köstlicher Qualität – so tagte und siegte die Bruderschaft, die Vagabundenschar, die nichts zu verlieren hatte, als einige Gesichtsausdrücke an die gierigen Photographen von Ullstein, Scherl und Hugenberg.

Verkalkte Spießer und noch periphere Arbeiter in heller Erregung („Wisset Ihr, was sie sind? Tagdieb'!“). Doch der Kern der Arbeiterschaft kennt die Wege zur Bruderschaft und horcht mit. Tief unten liegt Stuttgart. Der prahlerische Sechzehnstock-Turm des Stuttgarter Neuen Tagblattes, aus dem Kapitalismus, Kirche und bürgerliche Schmockerei ihre öffentlichen Zungen blecken, erscheint im wahren Lichte: ein wesenloses Gebäu, klobig und unwichtig, wie all die anderen Ämter und Kulturlaboratorien der „Fürsten dieser Welt“, der Hetzer und Heuchler und Aktionäre an der Lebenskraft der Armen. David beherrscht Goliath, indem er ihn als Materie erkennt, tote Blutstockung, schwerfällige Bestie und den Mechanismus der Materie nicht respektiert. Die Türmer und Schleicher der Raubtiergesellschaft werden zur gegebenen Zeit ausgetrieben werden – wir haben Zeit, unser Herz hängt nicht im Netz des kleinen Heute, es atmet frische Morgenluft der Weltwende.

Gregor Gog, 1891 in Schwerin geboren, meldet sich mit 18 Jahren freiwillig zur Kriegsmarine und fährt nach Indien, China, Japan und Samoa. 1913 nimmt Gog, der sich an einer Meuterei beteiligt hatte, seinen Abschied und tritt eine Stelle als Gärtner in Pforzheim an. Mit Kriegsbeginn wird er zur Marine eingezogen, wo er Theodor Plivier kennenlernt. Wegen antimilitaristischer Propaganda und Anstiftung zur Meuterei wird Gog schon bald zu sechs Wochen Haft verurteilt. (In seinem Roman „Des Kaisers Kuli“ hat Plivier den renitenten Obermatrosen Gog porträtiert). 1917 wird er als kriegsuntauglich entlassen. Er arbeitet als Gärtner und Handelsvertreter. Von 1920 bis 1923 ist er als Hilfskraft bei der Forstverwaltung Stuttgart tätig. Mit Plivier und dem anarchistischen Schriftsteller Karl Raichle, den Gog in Wilhelmshaven kennengelernt hatte, gründet er 1919 in Urach auf der Schwäbischen Alb eine Siedlungsgenossenschaft bei der u. a. Johannes R. Becher, Walter Rilla und

Unbekannter Kunde

Erich Mühsam zu Gast sind. Als das „Ascona der deutschen Expressionisten" hat Karl Raichle später diese Uracher Kolonie bezeichnet.
Mit seiner Lebensgefährtin, der Kinderbuchautorin Anni Geiger nimmt Gregor Gog 1923 eine Stelle als Erzieher in Hildburghausen an, wandert aber bereits 1924 nach Brasilien aus, um eine Siedlung auf genossenschaftlicher Basis aufzubauen. Schon im selben Jahr kehren sie desillusioniert nach Stuttgart zurück, wo Gog nun als freier Schriftsteller lebt. 1926 erscheint sein erstes Buch, „Von unterwegs. Tagebuch des verlorenen Sohnes"; Ein Jahr später wird er Schriftleiter des „Kunden", den er bis 1929 herausgibt. 1928/29 organisiert Gog in Stuttgart das „Erste europäische und internationale Vagabundentreffen". Mit der Wiener Gruppe „Neuer Film" dreht er anschließend einen Film über das Leben der Vagabunden, ein Schauplatz ist u. a. Gogs Häuschen in Stuttgart-Sonnenberg (Im Betzengaiern 3).
Nach einer Reise in die

Ein Kongreßbesucher

II Analysen eines Russen

Von Sergej Tretjakow

Der König der Vagabunden – so nannte ihn die bürgerliche Presse. In dem Spitznamen steckte das ironische Interesse für eine schwer verständliche, doch sensationelle Erscheinung. Die übrigens harmlos war. Er heißt Gregor Gog.

Er selber nannte sich „Vorsitzender der Internationalen Bruderschaft der Vagabunden". Friedrich Wolf machte mich mit ihm bekannt – in Stuttgart, wo Gog die Abgesandten der Asyle, Waggonpuffer, Feldraine und Zaunsäume zu einem Weltkongreß der Landstreicher und Obdachlosen versammelte.

Schwerlich hätte man für diesen Kongreß einen ironischeren Tagungsort wählen können als Stuttgart. Stuttgart ist am allerwenigsten eine Stadt der Landstreicher und Obdachlosen. Die Felsgründe, auf denen es steht, sind von den abfallenden Terrassen der Weinberge gefurcht – Verkörperung hartnäckigster und zielstrebigster menschlicher Arbeit. Stuttgart ist voller Häuser, deren durchsichtige Etagen von gekrümmten Scheiben gegürtet sind, Betonbänder verwandeln den Turm des Gebäudes in eine riesige Voltaische Säule. Auf einem besonderen Gelände, so groß wie mehrere Wohnviertel, steht eine „Kollektion von Häusern". Hier durfte sich die Bauphantasie der besten Architekten Europas austoben. Die Häuser waren für eine Ausstellung gebaut worden, blieben aber danach stehen: Der weiße Betonkasten Le Corbusiers, eine Art meteorologischen Meßhäuschens auf Metallbeinen hoch über der Erde. Die eine Wand des Hauses bildet ein durchgehendes Doppelfenster, zwischen den Scheiben besiedelt mit Pflanzen. In Stuttgart kursieren schon Witze darüber, wie kalt es die Bewohner dieses Pfahlbaus der Epoche der Elektrizität und des Aluminiums im Winter haben.

Ein Haus hat Bruno Taut gebaut. eine richtige Druse inmitten von einander durchwachsenden Kristallen. Die Wände orange, blau, grau und braun, als ob das kein Haus wäre, sondern Spielzeug für Riesenkinder.

Gog saß mir in einem Café gegenüber, wo Glas die Vorhänge ersetzte und verchromtes Metall das Holz. Sein Haar sträubte sich über der zerfurchten Stirn, besessen blickten die Augen. Mit solcher Stimme sprechen Hypnotiseure. Mit solcher Stimme beschwichtigt man ausfallende Betrunkene. Er erzählt vom Kongreß.

Sechshundert waren gekommen. Deutschland, Österreich, Böhmen, Polen, Dänemark, Finnland. Sogar das ferne Ägypten hatte seine Delegierten entsandt. Frankreich fehlte. 1929 gab es noch keine Vagabunden in Frankreich. Die Krise hatte dort gerade erst begonnen.

Die Stuttgarter Polizei verbot den Kongreß. Da erklärte ihn Gog zu einem Bruderschaftstreffen der Vagabunden. Es fand im Stadtpark statt und dauerte drei Tage. Sechzehn Redner traten auf. Die Weltpresse informierte über den Kongreß, eine peinliche Sensation für die Bourgeoisie.

Der Kongreß gewann sehr durch die Sammlung der künstlerischen Kräfte der Vagabunden, die Gog seit langem betrieben hatte.

Damit war es für Gog überhaupt losgegangen. Gog, welterfahren, mit Plivier zusammen Matrose der deutschen Kriegsflotte, war an sich gelernter Gärtner.

Das Schaufenster zu der am 21. Mai 1929 eröffneten „Vagabunden-Kunstausstellung" im Stuttgarter Kunsthaus Hirrlinger.

Philanthropisch fischte er Künstlertalente aus dem „Kehricht" und erzog sie. Einer seiner Zöglinge ist auch den sowjetischen Lesern bekannt – der Maler Sagorski, den Gog dem Obdachlosenasyl entrissen hat. Sagorskis Zeichnungen erschienen in unseren Zeitschriften und auf ausländischen Ausstellungen und erregten überall die Aufmerksamkeit der Kritik.

Gog war von der Überzeugung ausgegangen: Die Vagabunden in der kapitalistischen Welt sind kein Auswurf der Gesellschaft, sondern im Gegenteil Sammelbecken der wertvollsten Elemente, so wie im Waschherd des Goldsuchers der unterste Teil die Goldkörnchen sammelt. Verständlich – Gog war damals noch Anarchist.

Einen nach dem anderen holte sie Gog vom „Grund" herauf. Maler, Musiker, Schriftsteller. Viele verwandelten sich, da sie den Reiz der Rente für ihr Talent erkannten, in selbstgerechte Bourgeois. Da gab Gog sie auf und suchte neue. Er gründete eine Zeitschrift. Sie hieß „Der Kunde". Die Begabten, die er gefunden hatte, druckten dort ihre Erzählungen und Zeichnungen, aus denen jene Verlassenheit und Verzweiflung sprach, die für die Zeichnungen der Käthe Kollwitz so charakteristisch sind.

Unterstützt von der Erdeka-Film GmbH bereitet Gog einen Streifen über die Vagabunden vor. Eine Zeitlang lief er sogar in den großen Berliner Filmtheatern. Dieser Film war das Urgroßväterchen vom „Weg ins Leben". In den Tagen des Stuttgarter Treffens wurde die Vagabundenkunstausstellung eröffnet, und im Tarnkleid journalistisch-künstlerischer Arbeit kam der Kongreß der Vagabunden sogar bis vor die Rundfunkmikrofone. Gog sprach, Heinrich Lersch, ein Vagabundendichter, rezitierte; russische, arabische, schwedische Vagabundenlieder wurden gesungen, es spielte die Musikschar deutscher Vagabunden.

Sowjetunion gibt Gog 1930 die Zeitschrift „Vagabund" heraus und erklärt die „Bruderschaft der Vagabunden" zu einem Teil der organisierten Arbeiterbewegung. Im Herbst 1932 kommt er auf Einladung der „Internationalen Vereinigung Revolutionärer Schriftsteller" ein zweites Mal nach Moskau. Vermittelt hatte die Einladung wahrscheinlich Sergej Tretjakow, der in Stuttgart Friedrich Wolf und Gregor Gog kennengelernt hatte.
Nach Deutschland zurückgekehrt, versucht Gog in Berlin mit einem erneuten großen Kundentreffen dem erstaunlichen Einfluß der Nazis auf die Vagabunden entgegenzuwirken – ohne Erfolg.
Im April 1933 werden Anni Geiger-Gog und ihr Mann in Stuttgart von der Gestapo verhaftet. Ende 1933 gelingt Gog auf Schlittschuhen diei Flucht über den Bodensee in die Schweiz (er war im November, nach Aufenthalt in den Lagern Heuberg, Reutlingen und Ulm, aus Gesundheitsgründen entlassen worden). Anni Geiger-Gog bleibt mit dem gemeinsamen Sohn in Stuttgart; sie erhält Schreibverbot, ihre Bücher werden beschlagnahmt.
Im Juni 1934 verhilft Johannes R. Becher Gog zu einem Einreisevisum in die Sowjetunion, wo er 1935 in dem von Gustav von Wangenheim gedrehten Film „Kämpfer" eine Hauptrolle übernimmt. Im Herbst 1942 nimmt Gog an einem Arbeitseinsatz in Nordkasachstan teil, wo er schwer erkrankt. Mit Hilfe von Freunden aus der Uracher Zeit versucht Gog nach Mos-

kau zurückzukommen. Als ihn dann Johannes R. Becher in die Redaktion der „Internationalen Literatur" holen will, ist es bereits zu spät. Gregor Gog stirbt im Oktober 1945 in einem Taschkenter Sanatorium.

Der Kongreß ging natürlich nicht glatt. Den Schatten der Organisation und die Aufforderung zur Solidarität spürend, rührten sich sowohl die, deren anarchistische Stimmungen sich mit keiner Disziplin versöhnen ließen, als auch die, denen Organisation schlechthin abträglich war.

An der Spitze der Opposition marschierten die Bettler, die befürchteten, daß ihre Wohltäter nach dem Übergang der Organisation auf kämpferische Bahnen ihnen die Almosen verweigern würden. Ein Teil der Vagabunden unterstützte sie. Denn die Vagabunden waren sehr verschieden.

III Impressionen eines Weggenossen

Von Alfons Paquet

Alfons Paquet, 1881 in Wiesbaden geboren, bereiste schon als Student Sibirien, Nordamerika, Finnland und den Vorderen Orient; 1919 als einer der ersten Deutschen Sowjetrußland. Paquet schrieb zahlreiche Reisebücher und Feuilletons, aber auch Romane, u.a. einen „dramatischen Roman" über den Chikagoer Anarchistenprozeß. 1933 wurde er wegen Verweigerung der NS-Solidaritätserklärung aus der Preußischen Akademie der Künste ausgeschlossen, konnte aber unter Schwierigkeiten weiter publizieren. Alfons Paquet starb 1944 bei einem Luftangriff in Frankfurt.

Ich hörte einen in der dicht gelagerten Schar Stehenden sprechen, den Maler Tombrock, leidenschaftlich verworren und doch immer wieder sich erhebend zu starken Sätzen, einen vielgewanderten, kämpferischen Menschen aus dem Proletariat des Industriegebiets, jetzt hierher gekommen aus Zagreb in Südslawien, unterwegs nach Ägypten. Nach ihm den blonden ehemaligen Jesuiten, jetzt alle Landstraßen der Welt befahrend, der Gesellschaft fremd geworden.

Es waren neben wenigen gesprächigen, wenigen agitatorischen oder predigerhaften Menschen viele, wie mir schien, schweigsame Menschen in dem

Der Maler Hans Tombrock hält eine Ansprache

Kreis, die gelernt hatten, ihr Schicksal und ihr Wissen verschlossen herumzutragen, auch Gutgekleidete, bürgerliche Boheme des lokalen Bodens, unnütze beschwerliche, sonderliche Einzelgänger, die herzukamen, zuhörten und gingen. Ich fühlte mich nicht fremd. Viele Kilometer waren da beisammen wie im Wartesaal einer großen Station, noch mehr eigentlich das, was man nur erfahren und erwandern kann. Einer kam aus dem Schwarzwald und ging zurück in den Schwarzwald, weil er die gute Luft der Wälder brauchte, aber er erzählte von der Ile de France und von Nordafrika, als sei er ein Menschenalter dort gewesen. Manche waren vom Niederrhein, aber sie wußten auch in Lappland, in Apulien, in Griechenland Bescheid. Alte Speckjäger waren da, die Dialekte beherrschten wie andere die Weltsprachen, und der Studienrat ist auch auf der Landstraße Systematiker geblieben. Am Abend saßen im Halbdunkel der Baumgruppe um den Holztisch mit ihrem Brot in der Hand eine Anzahl beisammen, die sich Geschichten, Schnurren erzählten, wie man sie in der Stadt nicht hört, derbe ländliche Sachen von Bauern, Weibern und Mönchen, die Anekdote von Bismarck im Himmel, die Scherzfrage nach dem Unterschied zwischen dem Weib und der Kuh, die Geschichte vom Bauer, der seinen dummen Sohn ins Nonnenkloster schickt. Der *jocus monachorum*, dreizehntes, fünfzehntes Jahrhundert, war aufgewacht, noch mit den Händen zu greifen. Leute standen eine Zeitlang erstaunt und kopfschüttelnd um die Gruppe herum. Mitten in der dichten Schar, die manchmal in ein gewaltiges Lachen ausbrach, befand sich eine Frau, ein schönes ernstes Gesicht, eine wandernde Frau aus dem Österreichischen, wie man mir sagte; sie verzog keine Miene, sie gehörte dazu und nahm auf ihre Weise teil an dieser Heiterkeit nach einem guten Tag.

Denn jeder hatte wohl etwas Befreiendes gespürt, es sind doch wahre und selten gehörte Dinge gesagt worden, und alle wußten, es geht morgen wieder weiter. Am Nachmittag hatte mir in der Menge unter den Bäumen ein kleiner Mann die Hand gegeben, er war eine Weile um mich herumgegangen, bis ihn der Wunsch, mir etwas zu sagen, endlich vor mir stehen ließ. Er war ein Bibelforscher, manches von seinem Wissen stammte aus einem Buch über die Pyramide von Gizeh mit ihren verschlungenen Gängen, die in ihrer drückenden Enge und ihren Lichtöffnungen den Weg durch die Zeitalter zeigen. „Hier kann man es spüren", sagte er, „daß bald Dinge kommen werden, schlimmer noch als der Weltkrieg und die Inflation, und erst danach wird es endlich gut werden. Das Seufzen der Kreatur, hier konnte man es hören, und das Warten auf die Offenbarung der Söhne Gottes."

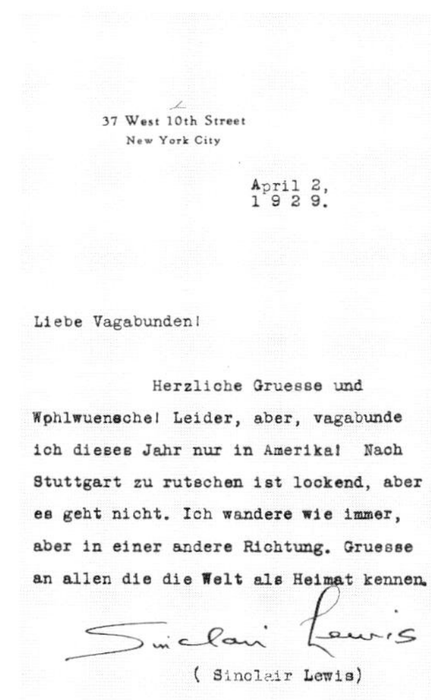
37 West 10th Street
New York City

April 2,
1 9 2 9.

Liebe Vagabunden!

Herzliche Gruesse und Wohlwuensche! Leider, aber, vagabunde ich dieses Jahr nur in Amerika! Nach Stuttgart zu rutschen ist lockend, aber es geht nicht. Ich wandere wie immer, aber in einer andere Richtung. Gruesse an allen die die Welt als Heimat kennen.

Sinclair Lewis

(Sinclair Lewis)

Telegramm des amerikanischen Autors Sinclair Lewis

Zweimal Stuttgart

Von Joachim Ringelnatz

I Stuttgart

Joachim Ringelnatz (eigentlich Hans Bötticher), 1883 in Wurzen bei Leipzig geboren, fuhr nach der Schulzeit vier Jahre zur See und arbeitete in mehr als dreißig Berufen. Er verdingte sich beispielsweise als Akteur einer Schlangenbude auf dem Hamburger Weihnachtsmarkt, als Faktotum einer Pension in England oder als seriöser Korrespondent eines Reisebüros. Man findet Ringelnatz als Tabakladenbesitzer in München, als Bibliothekar auf Schlössern oder als Schaufensterdekorateur. 1909 war er Hausdichter im Münchner Kabarett „Simpl", im ersten Weltkrieg kommandierte er ein Minensuchboot, und in den zwanziger Jahren verpflichtete ihn Max Reinhardt an die Berliner Kleinkunstbühne „Schall und Rauch". Bis 1933 trat Ringelnatz in den großen Städten Deutschlands – mehrere Male auch im Stuttgarter „Excelsior" –, in der Schweiz, in Wien und in Prag als selbstironischer Vortragskünstler in Erscheinung. Sein Pseudonym wählte er nach dem „Seepferdchen", das bei den Fahrensleuten „Ringelnasse" oder „Ringelnatze" heißt und ihnen als Glücksbringer gilt. Ringelnatz starb 1934 in Berlin.

Ich kam von Düsseldorf, dort sah ich Radschläger.
Ich kam nach Stuttgart, dort trank ich Steinhäger,
Denn mit dem schwäbischen Wein
Scheint mir nicht allzuviel los zu sein,
Wenigstens nicht mit dem billigen
Doch ich wohnte in dem Olgabau,
Einem Schlosse einer hohen Frau,
Die mir auch die besten Sorten tat bewilligen.
Ach, ich schwirrte von Vergnügen zu Vergnügen.
Schien auch dem Publikum zu genügen.
Durfte über ein Auto verfügen,
Fuhr mit diesem herrschaftlichen Benz
Wie eine quietschfidele Eminenz
Nach Marbach an dem Hause vor,
Wo Kodweiß Schillern einst gebor,
Ging auch kollegial hinein
(Scheinbar schien mir alles dürftig, ernst und klein),
Sah mich also recht bescheiden eilig satt,
Freute mich später kannibalisch dann
Über einen Brunnen Zum wilden Mann,
Welcher Wilde zwei Feigenblätter hat,
Und zwar nämlich eins vorn irgendwo
Und das andere ganz hinten vorm Popo.

Kehren wir nach Stuttgart nun zurück. –
Und wer will, der mag dort bleiben. –
Ich persönlich schwamm dort wie ein Schwamm im Glück,
Heißt: Ich soff mich voll und ließ mich treiben.
Nach der Wettermeldung war es kalt.
Ich besuchte eine Irrenanstalt.
Eine Schizophrenin sprach so wunderwirr.
Ach, was ich noch alles schaute!
Und wie fürstlich wohnte, wie gesagt, ich hier!
Daß ich niemals mich aufs Nachtgeschirr
Und auch sonst mir vieles nicht getraute.

Morgen zwölf Uhr lande ich bei dir.
Und was bringe ich als Souvenir?
Was von Stuttgart mit? – Manch treuen Gruß,
Eine Probe des erwähnten Weines,
Anekdoten und ein süßes, kleines
Embryo in Spiritus.

Joachim Ringelnatz zu Beginn der dreißiger Jahre. Photographie von Lotte Jacobi

II Stuttgarts Wein- und Bäckerstübchen

Vor dem heißen Ofen balgen
Katzen sich. Wie dumme Jungen.
Auf dem Tisch an kleinem Galgen
Hängen Brezel, schön geschwungen.

Würdebärte schlürfen kräftig
Wichtig diskutierte Weine. –
Links im Laden bückt die kleine
Bäckerstochter sich geschäftig.

Zinn blitzt von der Holz-Fassade.
Zeichnungen an allen Wänden,
(Stumm, mit mehlbestaubten Händen
Rückt der Wirt die schiefen gerade.)

Setzte mich so ganz bescheiden hin
Und vergaß auch nicht, sehr laut zu grüßen.
Dennoch ließen Blicke mich leicht büßen,
Daß ich kein Stuttgarter bin.

Obi Wiebi oder „Hier alles gut“

Briefe an Frau Muschelkalk
Von Joachim Ringelnatz

Stuttgart, 2. Dezember 1928, Sonnabend

Mein liebster Kalk,
kurz vor meinem Auftreten. Es gab keinen Schlafwagen, ich fuhr hübsch dritter Klasse. Aber badete gleich bei den lieben Baischs, die mich wie einen Erbprinzen verwöhnen. Obi Wiebi ibich Dibich liebibebi.

Nächsten Morgen: Es war ein Bombenerfolg! Kuß, Kuß

Hotel Marquardt
Stuttgart, 4. Dezember 1928

Es geht hier alles außerordentlich gut, und sogar die Kritik hat nett geschrieben, wenigstens hat man mir so gesagt. Nur beiliegenden Schmähbrief fand ich hier im „Clou“ vor. Er ist sehr komisch, und man hört den Mann ordentlich mit den Zähnen knirschen. Er muß mich für einen ganz schlimmen galizischen Juden halten.

Donnerstag früh

Ich bin gestern nach dem „Clou“ (wieder guter Erfolg) gleich heimgegangen und heute früh um 6 Uhr erwacht. Gleich aufgestanden und nach dem Hauptbahnhof gewandert, wo ich schön gespeist habe. Guter Erfolg nebst Angesehensein bei Neidhardt machen mir das Leben hier sehr glücklich.
Dich küßt auf Herz und Popo . . .

8. Dezember früh

Ich trete hier ziemlich vornehm auf, verkehre im ersten Hotel; aber das wirkt sich gut aus!! Heute spreche ich im Radio.
Ja, Stuttgart ist schön, gegen dies Scheißmünchen ein Paris.

z. Zt. Stuttgart, 3. Dezember 1929

Im Hotel Marquardt bin ich sehr reizend aufgenommen, nur ist hier eine Dame an der Schreibmaschine, die mir immer davonläuft. Bitte sende mir gleich meinen Badeanzug. Es gibt hier ein herrliches Bad, wo man – wie ich voriges Jahr – im Schneegestöber, im Freien warm baden kann, ein Bad, das unterirdische warme Quellen hat.

Stuttgarts klassisches Varieté war das Friedrichsbautheater (ehemals an der Ecke Bolz-/Friedrichstraße). Dort traten u. a. Grock, Otto Reutter, die Rivels, Trude Hesterberg, Claire Waldoff (die übrigens auf dem Stuttgarter Pragfriedhof bestattet ist) und die Lokalmatadoren Willy Reichert und Oscar Heiler als Häberle & Pfleiderer auf. Dort gastierten aber auch die Max-Reinhardt-Bühne und Erwin Piscator. 1943 brannte der Friedrichsbau teilweise aus und fiel 1955 endgültig dem Straßenbau zum Opfer.

Seine Vorträge im „Stadtgarten", die aus verschiedenen seiner Gedichtsammlungen entnommen waren, gaben keinen Grund zu sittlicher Entrüstung. Ringelnatz blieb durchaus im Rahmen. Ausnahmsweise ist er selbst der beste, von niemand zu übertreffende Interpret seiner Gedichte. Da läuft mit breitem, schlürfendem Gang ein kleiner Mann im Matrosenanzug auf der Bühne hin und her. Seine scharfe Nase, die alle Lächerlichkeiten der Welt zu riechen scheint, sticht verwegen in die Luft. Nun fängt er an, trinkt erst ein Glas Wein und schleudert dann eines seiner Gedichte von sich. Jedesmal ist sein Vortrag anders. Alles klingt improvisiert, so, als ob ihm die Verse jetzt eben erst eingefallen wären.

Stuttgarter Neues Tagblatt, 3. Dezember 1928

Reinhold Nägele: Stuttgart, am Wilhelmsbau (Dezember 1935), Tempera

Freitag abends

Neulich saß ich in unserer Bar (Excelsior) mit Eggebrecht, Gescher und Max Halbe zusammen. Heute sandte mir eine unbekannte Dame einen Veilchenstrauß, weil sie in der Hotelbuchhandlung mein neues Buch gesehen und sich so gefreut hätte. Morgen 9^{45}–10^{15} spreche ich Rundfunk und muß dann zweimal auftreten. Zwei Schüler besuchten mich heute, um Unterschriften in drei

Willi Baumeister, 1889 in Stuttgart geboren und dort 1955 gestorben, absolvierte zunächst eine Lehre als Dekorationsmaler, bevor er 1906 an der Stuttgarter Akademie (wo er Oskar Schlemmer kennenlernte) zunächst in die Zeichenklasse und dann ab 1910 als Schüler Adolf Hölzels aufgenommen wurde. 1928 wurde Willi Baumeister als Professor für Typographie und Photographie an die Frankfurter Kunstgewerbeschule berufen, 1933 aber von den Nationalsozialisten entlassen. Er ging nach Stuttgart zurück, wo er unter schwierigen Umständen unbeirrt weiterarbeitete. Von 1946 bis an sein Lebensende war er dann Leiter der Malklasse an der Stuttgarter Kunstakademie. Seine richtungweisenden theoretischen Abhandlungen faßte er 1947 in seinem Buch „Das Unbekannte in der Kunst" zusammen.

Bücher von mir zu erbitten. Leider wollte ich gerade ins Bett und war deshalb nicht so nett zu ihnen, wie ich's hinterher wünschte.

Nun sei geküßt, mein süßes Schweibin.

Stuttgart, Dezember 1930, Sonntag

Alles geht gut. Ich schlafe viel, esse ordentlich. Habe heute im Rundfunk gesprochen.

Baischerl hat mir eine bekränzte Flasche Sekt gesandt. Ich bin meist allein. Der Hitler-Rummel läßt mich kalt.

4. Dezember 1930

Der gestrige Presseabend war – glaube ich – gut. Nachmittags hatte ich unter ca. 2000 Weibern in einer Weihnachtsvorstellung gesessen, um den Wirt von der „Elsässer Taverne" als Zauberkünstler zu bewundern! Nachts war ich (wie voriges Jahr) zum Ball der Hotelangestellten.

5. Dezember 1930

Geliebter Vielfraß, sehr verehrte Frau Lektorin. Danke für schnelle 300,–. Habe mir zwei teure Krawatten gekauft. Wünsche mir zu Weihnachten einen (nicht teuren und nicht großen) Hobel.

Stuttgart, 15. Dezember 1930

Es geht sehr wüst bei mir zu, d. h. ich habe immer Besuch. Hier alles gut. Zwischen vielen Einladungen schlafe ich immer wie ein Ratz und esse furchtbar viel. Mit den Großenhainern will ich schon fertig werden. Wenn sie mich mit faulen Eiern werfen, werde ich ihnen den schwäbischen Gruß zurufen, den ich ja frisch von Stuttgart mitbringe.

Dezember 1931

Geliebtes Zwiebelchen,

vor meinem Auftreten in einem Weinstübchen. Es geht nun doch alles ganz gut. Leider muß ich an drei Nachmittagen (davon zwei ohne Bezahlung) auftreten, aber das wird nicht viel Mühe machen. Anbei ein Scheinchen (nicht zu verbuchen). Mein Zimmer ist nett, warm und lustig. Im Excelsior ist's leer, weil viel Konkurrenz-Veranstaltungen sind, z. B. Jack Hilton. Gute Nacht, Du einsame liebe Laterne.

Dezember 1931

Excelsior ist oft leer, weil die Schwaben ängstlich mit Geld sind.

Gegenüber:
Willi Baumeister, Photographie von Johann Schubert (1954)

Willi Baumeister: Monturi mit Rot und Blau, Öl (1953)

Vom Geruch des Nesenbachs

Von Willi Baumeister

Stuttgart gehört zu den schönsten Städten des Kontinents. Im Sommer ist's im Talkessel heiß wie im Süden. Die Vegetation gedeiht wie im Treibhaus. Der Schloßplatz erinnert an Paris, der Hasenberg an Florenz, die Weißenhof-Gegend an Algier, dank den Errungenschaften einer sowohl südlichen als radikal modernen Bauweise. Zwei Turmhäuser dienen zur Orientierung in der Stadt der prozentual meisten Autos Deutschlands. Dieser Tatsache entsprechend, soll die Königstraße auf Wunsch der Selbstfahrer zur Rennbahn freigegeben werden. Stuttgart besaß das erste Hallenschwimmbad und (nach Gotha) das zweite Krematorium. Hingegen wurde auf Anregung des Heimatschutzes bis jetzt auf Kläranlagen verzichtet. Die Fäkalien werden noch immer pneumatisch entfernt, was zu einem originellen Straßenbild beiträgt.

Stuttgart wurde entdeckt im Jahre 1193 von Eberhard mit dem Barte, als er sich von Wildbad aus auf der Saupirsch befand. Er ritt über die Spargel- und Sauerkrautfelder von Untertürkheim, folgte den Römerwällen bei Cannstatt bis zum Familienbad im Mineralsprudel Leuze, und weiter und weiter dem Geruch des Nesenbachs. Er legte alsbald einen „Stutengarten" an, da wo heut noch der Marstall steht. In der Urbanstraße gründete er die Württembergische Akademie der bildenden Künste, die heute noch zum ewigen Dank seine Kunstanschauung zu pflegen hat. Im Frühling, wenn die Landkonfirmanden klassenweise durch die Landeshauptstadt, Orangenschalen säend, geführt werden, erschallt zu Ehren Eberhards vor seiner Marmorgruppe in den vormals kgl. Anlagen der fröhliche Gesang täglich von Zeit zu Zeit: „Preisend mit viel schönen Reden ..."

BRAUNE ZEITEN

Nationalsozialismus und Widerstand

Reinhold Nägele: Baustelle Mittnachtbau. Tempera (1926)

Stuttgart, 19. Juni 1933. Vor dem Polizeipräsidium in der Dorotheenstraße applaudiert eine fanatisierte Menschenmenge der Verhaftung des ehemaligen württembergischen Staatspräsidenten Eugen Bolz. Der konservative Zentrumspolitiker kam zunächst für kurze Zeit auf den Asperg, wurde aber im Zusammenhang mit den Ereignissen des 20. Juli erneut verhaftet und am 23. Januar 1945 in Berlin-Plötzensee hingerichtet.

Schwabenland

Von Alfred Kerr

Alfred Kerr (eigentlich Kempner), 1867 in Breslau geboren, galt bis in die zwanziger Jahre als „der" Berliner Theaterkritiker. Er hatte sich vor allem für die Naturalisten stark gemacht, den Anschluß an die nachfolgende Generation aber nicht mehr gefunden. Sein brillanter Stil und sein radikaler Subjektivismus waren gefürchtet. 1933 wurden seine Bücher verbrannt. Nach Morddrohungen durch die Nationalsozialisten emigrierte Kerr über die Schweiz nach Frankreich und England. 1934 veröffentlichte er in Brüssel seine berühmt gewordene antifaschistische Kampfansage „Die Diktatur des Hausknechts". Das Gedicht „Schwabenland" veröffentlichte er 1938 in Paris in dem Band „Melodien". Alfred Kerr starb 1948 in Hamburg.

I
Zu den Palmen von Algerien
Fahr' ich in die Frühlingsferien.

Erst im Schwabenland jedoch
Schlief ich. Sachter Mond erglänzte
Hell herab von Degerloch –
Und es lenzte.

II
Und ein zuverlässiger, treuer
Burghofbrunnen älterer Art,
Nachtumschimmert am Gemäuer,
Raunte was vom Rauschebart.

Plötzlich ... Sang dort eine Grille?
Quakte hier ein Märchenfrosch?
Scheu erstarrte die Stille,
Und der gute Mond erlosch.

III
... Zu den Palmen von Algerien
Fahr' ich in den Frühlingsferien.
Tief empfand ich, duftgebadet,
Deutschen Dämmer im Gemüt:
Württemberg, du bis begnadet!
(Doch politisch? – Gott behüt!)

IV
Jenes Abends denk' ich doch:
Holder Schwabenmond erglänzte
Stumm herab von Degerloch –
Und es lenzte.

Beim Abschiednehmen

Ein schwerer Gang, ein Gang voll Gram und Qual / Riß heut ein Stück von meinem Dasein ab: / Ich stand, vielleicht zum letzten Mal, / Gebeugt an meiner Eltern Grab.

Die Seele brennt ... Ein Trümmerfeld / Liegt hinter meinem Leben dumpf und schwer ... / Ich ziehe morgen in die weite Welt / Und habe keine Heimat mehr.

Wohin mich auch das Lebens Schicksal trägt – / Wer kann es heute denn ermessen? / Den Hügel, der die Eltern friedlich deckt, / Werd' ich in fernsten Welten nicht vergessen!

Der Stuttgarter Josef Freitag im Jüdischen Gemeindeblatt vom 1. April 1937.

Von den fast fünftausend Stuttgarter Juden sind etwas mehr als die Hälfte emigriert. Über zweitausend jüdische Mitbürger wurden ermordet. Nur 250 haben die nationalsozialistische Herrschaft überstanden.

Alfredd Kerr zu Beginn der dreißiger Jahre. Werbephoto von Lotte Jacobi für ADLER Schreibmaschinen

Bernhard Blume, 1901 in Stuttgart geboren, wuchs in Görlitz und in Esslingen auf. Seit 1923 lebte er als freier Schriftsteller in Stuttgart-Degerloch. Blume schrieb zahlreiche Theaterstücke, die an vielen großen Bühnen aufgeführt wurden. Bereits sein Erstlingswerk, die „Fahrt nach der Südsee", 1924 am Nationaltheater Mannheim uraufgeführt und 1925 vom Staatstheater Berlin nachgespielt, war ein nahezu sensationeller Erfolg. Sein 1930 in Leipzig uraufgeführtes Sacco-und-Vanzetti-Stück „Im Namen des Volkes" führte zu politisch spektakulären Theaterskandalen. Eine geplante Aufführung in Stuttgart wurde – noch vor den Nazis – verboten. 1933 wurden Blumes Stücke von den Bühnen boykottiert; seine Frau, Leiterin der Frauenabteilung der Stuttgarter Volkshochschule, entlassen. Blume konnte 1935 noch an der Technischen Hochschule Stuttgart mit einer Arbeit über Arthur Schnitzler promovieren, emigrierte dann aber in die USA. Er war, zwischenzeitlich auch in Harvard, Professor für deutsche Sprache und Literatur; 1978 ist er in La Jolla (Kalifonien) gestorben.

Der Herr Gaukulturwart läßt bitten

Von Bernhard Blume

Im Frühjahr 1933 erreichten mich Warnungen, ich solle verhaftet werden. Daran ist zunächst merkwürdig, daß es solche Warnungen gab. Das lag aber daran, daß Württemberg ein relativ kleines Land war und daß innerhalb einer gewissen mittleren schwäbischen Schicht sehr viele Menschen einander kannten. Dazu kam, daß „Nazi" nicht, wie man, vor allem im Krieg, außerhalb Deutschlands oft glaubte, gleichbedeutend mit „Schurke" oder „Verbrecher" war; es gab, vor allem am Anfang, sehr ordentliche Leute, die Nazis waren, und üble Gesellen, die keine waren. Es blieben also trotz politischer Gegensätze manche Freundschaften und Bekanntschaften erhalten, und daß einem unter solchen Umständen Warnungen zukommen konnten, ist nicht einmal verwunderlich. Mehr wunderte ich mich darüber, daß mich überhaupt irgend jemand verhaften wollte; denn selbst bei strenger Anwendung der Nazi-Verordnungen konnte man leider nicht behaupten, daß ich etwas gegen die Nazis unternommen hätte. Ich war mißliebig, hatte bei öffentlichen Kundgebungen gegen sie gesprochen, aber das lag vor der Machtergreifung; seither gab es keine Kundgebungen mehr gegen das Regime. Mißliebig war ich auch durch ein Stück zum Fall Sacco und Vanzetti, das zu Skandalen geführt hatte. Unter anderem war dies Stück auch in Stuttgart zur Aufführung angenommen, dann aber (noch vor den Nazis) vom Kultusminister Bazille, einem Nicht-Nazi, verboten worden. Das Verbot erregte Aufsehen und führte zu öffentlichen Auseinandersetzungen; eine Zeitlang war ich, gerade auch bei den Nazis, ziemlich bekannt. Verhaftet wurde man gewöhnlich in der Nacht oder gegen Morgen. Ich schlief also eine Zeitlang nicht mehr zu Hause und erkundigte mich erst am Vormittag von einer Telefonzelle aus vorsichtig nach der Lage. In solchen Situationen lernt man seine Freunde kennen. Natürlich geht man nicht herum und fragt, ob man bei ihnen übernachten kann. Aber wenn ich die mich betreffenden Gerüchte erwähnte, ergab sich gewöhnlich eine von zwei Reaktionen; entweder sagte der Bekannte: „Da werden Sie jetzt wohl über die Grenze gehen", oder er sagte: „Schlafen Sie doch bei uns." Diese Schlafgelegenheiten gingen quer durch alle Parteien; auch bei Nazis übernachtete ich. Binnen kurzem organisierten ein paar Freunde diese Unterkünfte für mich. Auf die Dauer war es keine Lösung; ich beschloß deshalb, den Chef der Gestapo aufzusuchen. Das war nicht so kühn, wie es vielleicht klingt; ich kannte ihn seit Jahren von einem Stammtisch her. Dieser traf sich einmal im Monat, beim Wein, vielleicht ein Dutzend Männer; der Chef der Gestapo, der damals noch kein Chef der Gestapo war, sondern ein Landgerichtsrat bei der Justizverwaltung, war der einzige Nazi in der Tafelrunde und wurde häufig deshalb gehänselt, auf gutmütige Art. Politische Fronten oder Debatten gab es an diesem Stammtisch nicht, dagegen wurde gut gegessen. Auch zwei jüdische Rechtsanwälte gehörten zur Gruppe;

mit diesen vertrug er sich mühelos. Als Hitler die Macht übernahm, löste sich der Stammtisch auf; der Chef der Gestapo siedelte ins Alte Schloß über, wo er von jetzt ab sein Hauptquartier hatte. Dorthin ging ich also und trug zwei Schwarzuniformierten am Eingang mein Begehren vor. Zu meiner Überraschung wurde ich eingelassen; der eine von ihnen telefonierte irgendwohin, ich wurde in einen oberen Stock gewiesen, vielleicht kam auch jemand mit, auf jeden Fall mußte ich mehrere Vorzimmer passieren und mehrmals wurden meine Personalien aufgenommen. Merkwürdig kam mir vor, daß mich niemand nach Waffen abklopfte; entweder sah ich ungewöhnlich harmlos aus, oder die Gestapo fühlte sich so sicher, daß Untersuchungen auf Waffen nicht üblich waren. Das halte ich für möglich. Der Chef stand, als ich ihm gemeldet wurde, auf, trat hinter seinem Schreibtisch hervor, schüttelte mir die Hand, bat mich, Platz zu nehmen, und fragte mich, wie es mir ginge. Ich sagte, es ginge mir gut. Dann fragte ich, wie es *ihm* ginge. Auch ihm ging es gut. „Und was führt Sie zu mir, Herr Blume?", fragte er dann. Eine etwas merkwürdige Angelegenheit, sagte ich. Es seien Gerüchte zu mir gelangt, unverständliche Gerüchte, die besagten, ich solle verhaftet werden. Nun wüßte ich jedoch, daß gar nichts gegen mich vorliegen könne. Ich hätte mich deshalb entschlossen, zu ihm zu kommen, in der Annahme, daß es sich um ein Mißverständnis handle, und in der Hoffnung, daß sich dieses Mißverständnis aufklären lasse. Der Chef antwortete nicht sofort, sah mich auch nicht an, sondern sah ins Leere, wie wenn er nachdächte. Dann sagte er: „Wir haben in der Tat ein paarmal über Sie gesprochen" und machte noch einmal eine Pause. Hierauf wandte er sein Gesicht mir zu, aber ohne mich eigentlich anzusehen, es sah mehr aus, als ob er im Geiste rekapitulierte, was über mich gesprochen worden war. „Wenn Sie von jetzt ab", sagte er dann und machte schon wieder eine Pause, und auch den Rest des Satzes, ein wohl artikuliertes Gebilde, teilte er in kleine Abschnitte ein, vermutlich um den Einzelheiten mehr Nachdruck zu verleihen. „Wenn Sie von jetzt ab", sagte er also, „Ihr freches Maul halten, dann kann ich Ihnen zusichern, daß Sie, solange ich in diesem Amt bin, unbehelligt bleiben werden." Dies äußerte er weder wie ein Ultimatum, noch wie eine feierliche Zusicherung, sondern noch immer, als ob er nachdächte, und das „freche Maul" klang nicht wie ein Rüffel, sondern war fast wie in Anführungszeichen gesprochen, so wie wenn er sich auf ein allgemein bekanntes Phänomen bezogen hätte, und, was immer ich irgendwo von mir gegeben hätte, mehr auf eine nachlässige Ausdrucksweise zurückführen wolle als auf eine planmäßige Herabsetzung der Staatsmacht. Ich freilich begriff sofort, daß ich in diesem Augenblick eine Warnung erhalten hatte, zugleich allerdings auch eine bedingte Zusicherung. Ich stand also auf, bedankte mich für die Eröffnung, die er mir gemacht hatte, und verabschiedete mich. Ich hielt von da ab mein freches Maul, wurde in der Tat nicht behelligt und verstand nach dieser kurzen Unterredung noch besser als zuvor, für den Fall, daß dies nötig war, wie der Terror in der Diktatur arbeitet.

Noch sehr viel merkwürdiger war meine Beziehung zu einem anderen Würdenträger des Dritten Reiches, dem Gaukulturwart Georg Schmückle. Dies war der oberste Parteibeamte des kulturellen Lebens in Württemberg; er unterstand direkt dem Gauleiter. Auch ihn kannte ich seit Jahren, und auch ihn von einem Stammtisch her. Der Gaukulturwart war von Beruf Staatsanwalt, schrieb aber in seiner freien Zeit Romane und historische Tragödien, mit nur geringem Erfolg

178

WÜRTT. LANDESTHEATER STUTTGART

KLEINES HAUS

Sonntag, den 13. Februar 1927

86. Vorstellung ausser Miete

Fahrt nach der Südsee

Ein Stück in drei Akten von Bernhard Blume

Regie: Friedrich Brandenburg

Personen:

Matrosen

Kassenöffnung 7 Uhr — Anfang 7½ Uhr — Ende 9 Uhr

Es findet keine Pause statt

Zuspätkommende können nur während der Pausen eingelassen werden

Preistafel IV:

Programmzettel des Theaterstücks von Bernhard Blume

Werderstraße 12

Bei der Übertragung der Rede aus der Stadthalle kam es etwa um 9.15 Uhr zu einer Störung, die bis zum Ende der Veranstaltung nicht behoben war. Das Kabel, durch das die Stadthalle mit dem Telegrafenbauamt verbunden ist, wurde in der Nähe der Stadthalle in einem Hofe in der Werderstraße an einer Stelle, an der es oberirdisch an einer Hauswand entlangläuft, mit einer Axt durchschlagen, so daß die Übertragung durch den Rundfunk unterbrochen wurde. Die Polizei hat am Abend noch zahlreiche Personen festgenommen, die im Verdacht stehen, das von der Stadthalle zum Telegrafenbauamt führende Kabel zerschnitten zu haben.
Das Kabel wurde am Hause Werderstraße 12, wo es in einer Höhe von 3,75 m entlang der Hauswand geführt ist, mit einer Axt zweimal durchhauen. Die Täter hatten offenbar den entlang des Hauses Werderstraße 12 bis 14 befindlichen, 2,20 m hohen Drahtzaun erstiegen, von wo aus sie das Kabel leicht erreichen konnten.
Schon zu Beginn der Hitlerversammlung wurde mehrfach eine Kabelstörung versucht, was aber sofort bemerkt und verhindert werden konnte. Die Reichspost hatte die Kabelbrunnen bewachen lassen, aber an einen Schutz der Freileitung offenbar nicht gedacht. Der Überwachungsdienst hat an einer anderen Stelle den unternommenen Versuch, die Kabel zu zerstören, durch Verscheuchung der Täter verhindert.
Die für den technischen Rundfunkbetrieb verantwortlichen Beamten, Postbaurat Feucht, Oberpostdirektor Mössinger und Dr. Kofes, sind auf Anordnung des Reichspostmi-

allerdings. Ich hielt von seinen Versuchen wenig und gab ihm das auch mit der ganzen Arroganz meines eigenen kleinen Talentes zu verstehen. Dieser Mann war lange im Stuttgarter Theaterleben vor allem deshalb bekannt, weil er einmal einen Theaterskandal entfesselt hatte. Dies war zur Zeit oder kurz nach der Ruhrbesetzung gewesen, als während einer Aufführung von „Dantons Tod" die Marseillaise abgesungen wurde. Dies gehört zwar zum Stück, es gab aber Leute, die sich in ihren patriotischen Gefühlen verletzt fühlten. Zu ihnen gehörte Schmückle; er griff den Intendanten öffentlich an. Dieser verklagte ihn wegen Beleidigung, Schmückle wurden aber irgendwelche „berechtigten Interessen" zugebilligt, und die Klage wurde abgewiesen. Es ist verständlich, daß von da ab die Beziehungen zwischen Schmückle und dem Intendanten gespannt waren, jedoch ebenso verständlich, daß Schmückle fast gerührt aussah, als er eines Tages zum Stammtisch kam und den Trinkgesellen mitteilte, daß der Intendant eben sein deutsches Bauerndrama „Engel Hiltensperger" zur Uraufführung angenommen habe. Ungerührt war nur ich. „Der will sich eben an Ihnen rächen", sagte ich. Das Gelächter war allgemein. Nur Schmückle lachte nicht, sondern sagte, eher resigniert: „Sie trauen mir doch auch gar nichts zu." Das traf zu.

Ich nehme an, daß dies noch kurz vor der Machtübernahme war, denn danach löste sich auch dieser Stammtisch auf, und nachher sah ich Schmückle längere Zeit nicht mehr. Eines Tages jedoch, es muß wohl im Sommer 1933 gewesen sein, läutete das Telefon. „Hier ist der Gaukulturwart", sagte eine Stimme. „Erschrecken Sie nicht." Ich kann dies nur so wiedergeben, wie es sich abspielte. „Ich erschrecke gar nicht", antwortete ich. „Nun", sagte Schmückle, „wenn man mit dem Gaukulturwart zu tun hat, ist es ja gewöhnlich etwas Unangenehmes." „Das kann ich nicht glauben", antwortete ich. Hierauf schlug mir Schmückle vor, mich am Nachmittag um 5 Uhr im Café des Hotels Marquardt zu treffen. Dort eröffnete er mir folgendes: Es täte ihm leid, sagte er, daß ich, seit der Führer die Macht übernommen habe, so völlig ausgeschaltet sei. Er halte mich für einen Mann von Talent; er habe nicht vor, sein Amt in einem rein parteipolitischen Sinne auszuüben, und soweit es in seiner Macht stünde, wolle er sein Möglichstes tun, damit ich in der Öffentlichkeit wieder zu Wort käme. Ich weiß nicht, was ihn zu dieser Absicht bestimmte, im Sinne der Partei war es gewiß nicht; alles, was er sich dabei einhandeln konnte, waren Unannehmlichkeiten.

Eines Tages war ich bei Schmückle in seinem Büro im Neuen Schloß gewesen, wir gingen zusammen weg, und an der Ecke vom Schloßplatz und der Königstraße blieb er stehen. „Wenn Sie und Ihre Frau und ich", sagte er, „hier an der Ecke stehen und uns unterhalten, dann würde man mich für den Juden halten." Es ist wahr, es hatte eine profilierte Hakennase, und er mag wohl da und dort für einen Juden gehalten worden sein. Ich fand es lustig, daß er so viel ironische Distanz zu sich selber hatte. Ein paar Tage später meldete sich sein Adjutant am Telefon: „Der Herr Gaukulturwart läßt Sie bitten, doch sofort zu ihm ins Neue Schloß zu kommen." Als ich Schmückles Büro betrat, standen dort etwa ein halbes Dutzend ernst aussehender Männer in Uniformen, nicht die üblichen gestiefelten Typen; sie hatten lange Hosen an, einige mit breiten roten Streifen. „Uns ist hier ein merkwürdiges Gerücht zu Ohren gekommen", sagte Schmückle. "Ich soll zu Ihnen gesagt haben: ‚Wenn Sie und Ihre Frau und ich an der Ecke vom Schloßplatz und der Königstraße stehen und uns unterhalten, dann hält man mich für den Juden.' Habe ich das gesagt?" „Natürlich nicht", sagte ich. „Es wäre ja auch absurd." „Können Sie das auf Ihren Eid nehmen?", sagte einer der ernsten Herren. „Selbstverständlich", sagte ich. Die Herren sahen sich an. „Danke", sagte derselbe Herr. „Das genügt."

Ich ging schräg über den Schloßplatz weg, diesmal ohne an der Ecke zur Königstraße stehen zu bleiben, und überlegte mir nachträglich die Möglichkeiten zu antworten, die ich gehabt hatte. Ich hätte natürlich die Wahrheit sagen können, und es wäre ja auch ganz erstaunlich, wie intakt Schmückles Bonmot sich auf seiner Wanderung durch Stuttgart erhalten hatte. Sonst hatte ich immer gehört, daß Gerüchte beim Weitererzählen aufs fürchterlichste entstellt werden. Dieses nicht. Meine Lage glich der des Mannes in den Indianerbüchern meiner Kindheit, der seinen Feinden in die Hand gefallen war. Es gab dann immer ein Verhör, das zeigte, wie aussichtslos seine Lage war, und es endete unfehlbar damit, daß jemand zu ihm sagte: „Du kannst dir deine Todesart wählen." Die Wahl, die man ihm gab, war die zwischen Erhängen und Erschießen. Bei dem eben veranstalteten Verhör ist vor allem zu bedenken, daß es dabei gar nicht um mich ging, sondern um Schmückle. Denkbar, aber eben auch nur denkbar ist natürlich, daß er die Bemerkung zugegeben hätte. Nicht denkbar ist hingegen, daß bei diesem Bekenntnis zur Wahrheit alles aufgeatmet und herzlich gelacht hätte. Denn über irgend etwas mit Ironie oder Humor zu sprechen, war im Dritten Reich nicht üblich. Und über die Judenfrage zu *scherzen*, war nur auf Kosten der Juden möglich. Daß Schmückle also in diesem Augenblick die Wahrheit sagen würde, war nicht anzunehmen, da er schwerlich Selbstmord begehen würde. Sicher *hatte* er die Äußerung schon abgeleugnet, denn hätte er sie zugegeben, hätte man mein Zeugnis gar nicht mehr gebraucht und mich nicht erst vorgeladen. Es war also sicher, daß er geleugnet hatte. Die Frage war nun: würde man ihm glauben? Das hing davon ab, was man mit ihm vorhatte. Wie alle Funktionäre im Dritten Reich hatte Schmückle viele Feinde. Es war ja keineswegs so, daß es sich um ein straff durchorganisiertes System handelte; fast überall kämpfte und intrigierte man gegeneinander, und daß Gegner Schmückles die gefallene Äußerung mit Frohlocken gegen ihn benützen würden oder schon benützt hatten, war selbstverständlich. Sie Schritt für Schritt bis zu mir zurückzuverfolgen, wäre, beispielsweise für die politische Polizei, ein Kinderspiel gewesen.

nisters unverzüglich bis zum Abschluß der Untersuchung außer Dienst gesetzt worden. Der Staatskommissar für den Südfunk, Oberregierungsrat Vögele, begab sich nach Schluß der Versammlung sofort ins Hospiz Viktoria, wo Reichskanzler Hitler abgestiegen ist, um über die Vorfälle Bericht zu erstatten. Dr. Goebbels und der Reichspressechef Dr. Dietrich anerkannten, daß den Rundfunk hierbei keinerlei Schuld träfe.

Am 15. Februar 1933 verbreitete offizielle Mitteilung. Erst im Dezember 1935 wurden (infolge einer Ungeschicklichkeit eines der Mitwirkenden) vier Beteiligte dieser großes Aufsehen erregenden Stuttgarter Kabelaktion gefaßt und zu je einem Jahr Gefängnis verurteilt.

Friedrich Wolf, 1888 in Neuwied geboren, zog 1927 von Hechingen (Schwäbische Alb) nach Stuttgart und eröffnete eine Praxis für Naturheilkunde und Homöopathie. In zahlreichen Vorträgen und Broschüren trat er für vegetarische Ernährung, gesundes Bauen und Sport ein, seine volksmedizinischen Ideen hat er in seinem umfangreichen Werk „Die Natur als Arzt und Helfer" (1928) ausgeführt. Berühmt wurden seine Vorträge zu Fragen der Schwangerschaftsverhütung und Abtreibung. In seinem 1929 am Württembergischen Landestheater uraufgeführten Stück „Cyankali. Paragraph 218" hat Wolf die Problematik des Abtreibungsparagraphen aufgegriffen und war für die soziale Indikation eingetreten. 1931 wurde er in Stuttgart wegen des Verdachts der „gewerbsmäßigen gemeinschaftlichen Abtreibung" zusammen mit der Ärztin Else Kienle verhaftet, jedoch bald wieder entlassen, da sich die Anklage als unbegründet erwies. Zudem erhob sich in ganz Deutschland ein Proteststurm gegen den Paragraphen 218 und für die Freilassung der Inhaftierten.
1931 kandidierte Wolf auf Platz 2 der KPD-Liste erfolgreich für die Wahl zum Stuttgarter Gemeinderat. Dieses Engagement bezahlte er mit dem Boykott durch die etablierten Theater. Er gründete deshalb den „Spieltrupp Südwest", eine Laiengruppe, die auch auf der Straße spielte und für die er u. a. die Stücke „Von New York bis Shanghai" und „Bauer Baetz" schrieb. Der Titel seiner Broschüre „Kunst ist Waffe" (1928) wurde zum geflügelten Wort und zur meistdiskutierten Programmschrift der Arbeiter-Kulturbewegung.

Lilo Herrmann
Die Studentin von Stuttgart

Aus einem biographischen Poem
Von Friedrich Wolf

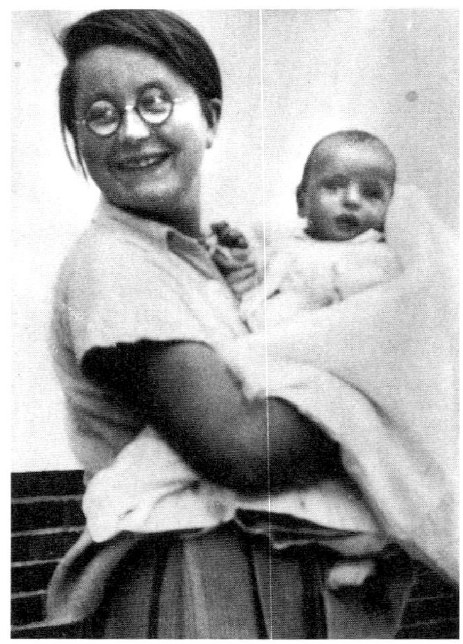

Und als der braune Rattenfänger dann
Sein blutges Spiel begann,
Bliebst du auf deinem Posten,
Unauffällig, unerschrocken;
Und all die Diskussionen, die wir das Jahr vorher
In den Studentengruppen durchgefochten,
Sie wurden plötzlich blutend Leben,
Leben wurde dein Wort: Wir bleiben!
Denn du hieltest stand,
Im stillen erst, dann in der Gruppe,
Die mitten im tausendohrigen Terror schrieb
Und flüsterte und warnte: Hitler, das ist der Krieg!
Krupps Eisentrust ist Krieg!
Reichsautobahn ist Krieg!
So warntest du, die einzige Frau in einer Vierergruppe,
Die Frauen deiner Stadt,
Du, die furchtlose Studentin von Stuttgart –
  Denn du wußtest um unsre Sache.

Nicht bloß Chemiestudentin warst du, du warst
Mutter inmitten dieser Mordzeit,
Und welche Mutter!
Jeden Tag schriebst du mit zärtlicher Exaktheit
Das Tagesbulletin von Walterchen, dem Söhnchen:
Wie es zum erstenmal gelacht,
Sich aufgerichtet, eine Blume, einen Vogel erkannt,
Wie es „Mamamam" gelallt ...
Mütterlicher Kontrollblock der Studentin.
Als dann ein Mann aus deiner Vierergruppe hochging,
Als der Würgering der Gestapo sich um dich enger zog,
Als man dir riet, abzubrechen,
Sagtest du: Wer soll die Frauen warnen,
Wenn nicht eine Frau?
Und du warntest weiter in Berlin –
Denn du wußtest um unsre Sache.

Aber sie waren hinter dir; du wichest aus
Noch einmal zu deinen Eltern,
Unterzutauchen dort mit deinem Söhnchen.
Doch die Kriegsmaschine rasselte schon hörbar;
Du konntest nicht abseits stehn,
Wieder begannst du.
Da fielst du in den Hinterhalt des Häschers;
Sie faßten zu, sie wußten, wen sie hatten,
Sie „befragten" dich,
Wie man solche wie dich befragt:
Aber du schwiegst.
Du warst standhafter als mancher Mann neben dir –
Du standest zur großen Sache.

Und da du stärker warst als deine Folterknechte,
Obschon man dich an Krücken
Einmal in den Gerichtssaal schleppte,
Als du auf des Vorsitzenden Angebot,
Dir Freiheit zu gewähren, falls du die Namen
Der Kameraden nanntest, die „freche Antwort" gabst:
„Reden Sie doch nicht solchen Unsinn!",
Da wurdest du als „Unverbesserliche"
In die Akte eingetragen
Und zum Tode verurteilt,
Am 12. Juni 1937
Als erste deutsche Mutter
Vom Zweiten Senat beim Volksgerichtshof zum Tode verurteilt –
Denn du dientest der großen Sache.

Anfang März 1933 emigrierte Wolf in die Schweiz und später über Frankreich in die UdSSR. Nach dem Krieg ging Friedrich Wolf in die DDR und wurde 1950 deren Botschafter in Polen. 1946 kehrte er noch einmal nach Stuttgart zurück, wo er im Furtbachhaus über den „Mut zum Leben" sprach. Friedrich Wolf starb 1953 in Lehnitz (DDR).

Zu Friedrich Wolf vergleiche auch Seite 314.

Lilo Herrmann mit ihrem Sohn Walter. Photographie von 1934

In einem Land nach dem anderen schossen die Verteidigungskomitees für Lilo Herrmann aus dem Boden. Kein Name eines deutschen Antifaschisten – mit Ausnahme von Ernst Thälmann und Edgar André – wurde in diesen Jahren so häufig genannt wie der Lilo Herrmanns. Die Verurteilte sah kaum noch einen Menschen. Sie wartete in der Todeszelle. Zwei Dinge nur beherrschten sie: ihr Kind und ihr Schweigen. Die Gestapo fand ein infernalisches Mittel: man versprach Lilo Herrmann die Wiedervereinigung mit ihrem kleinen Sohn, ja die endgültige Freiheit, wenn sie reden würde. Aus dem Nachbarraum hörte Lilo plötzlich eine Kinderstimme, die weinend rief: „Mama, hol mich doch zu dir ..." Sie muß in dieser Minute ausgesehen haben wie später im Tode, denn in dieser Minute starb sie wahrhaft. Aber sie schwieg. Ihre Eltern haben es später bezeugt, daß Lilos Sohn stets bei ihnen gewesen ist und niemals von der Gestapo abgeholt wurde. Das Kind im Nebenraum war ein fremdes Kind gewesen, abgerichtet vom Nazistaat.

Stephan Hermlin

Und es kam der Befehl, dich zu überführen
Nach Plötzensee, dem Menschenschlachthof;
Und in dem Befehl stand: „Gefesselt ... Sonderwagen ...
Scharfe Aufsicht!"
Und so fuhren sie dich von Stuttgart nach Berlin,
Dich, Liselotte Herrmann,
Chemiestudentin,
Achtundzwanzig Jahre alt,
Mutter eines dreijährigen Knaben,
Zur Enthauptung nach Plötzensee,
Weil du die deutschen Frauen gewarnt hattest
Vor dem Hitlerkrieg,
Weil du schon 1935
Mit Lebensgefahr warntest: Hitler, das ist der Krieg!
Weil du dein Land mehr liebtest als dein Leben –
  Weil du dein Land in Wahrheit liebtest.

Aber die Herren Richter waren geduldig,
Sie konnten nicht zugeben, daß eine junge Frau
Den roten Talar besiegte.
So riefen sie die junge Frau noch einmal zum Verhör,
„Zum letztenmal", wie sie sagten.
Sie sprachen: Es falle dem Führer schwer,
Dies Urteil an einer deutschen Mutter zu bestätigen.
Im Nebenzimmer warte ihr Söhnchen;
Sie brauche – gewissermaßen symbolisch –
Nur *einen* Namen der Kameraden zu nennen,
Und sie könne ihr Söhnchen
Bei einer milden Gefängnisstrafe
Zu sich nehmen –
  So sprachen die Richter zu Lilo.

Und zur Bekräftigung dieses Angebotes
Ging einer ins Nebenzimmer, und plötzlich
Erschrak Lilo;
Denn sie hörte das geliebte Stimmchen:
„Mama, Mama, weshalb kommst du nicht?"
Und Lilo gefror ihr Herz, die Tränen gefroren,
Bevor sie den See der Augen verließen,
Noch hörte sie das Stimmchen ...
Da preßte sie die Finger in die Ohren
Und schrie: „Nein! Nein! Ich kann nicht!"
So daß die Wärterin kommen mußte
Und „die Wahnsinnige" zurückbrachte
In die Zelle –
  Denn Lilo konnte nicht verraten.

So starb denn Lilo als erste deutsche Mutter
Unter Hitlers Henkerbeil,
Weil ihr Land ihr teurer war als das eigene Leben,
Weil sie um die große Sache wußte,
Und weil sie standhaft zu ihr stand
Bis zum Henkersblock.
So lasen wir das Tagebuch über ihr Söhnchen in Paris,
So schrieben bei ihrem Tode die Frauen von Barcelona
Und die Frauen von Zürich
An das Henkersgericht in Berlin;
Sie sagten 1938 das Ende der Mörder voraus.
Und Lilos Satz: „Tote sprechen nicht mehr",
Der Satz, mit dem sie einen Kameraden gerettet,
Der Satz wandte sich um und fuhr durch die Länder.
Lilo war tot –
Doch ihre Stimme klang über die Grenzen.

Liselotte Herrmann, 1909 in Berlin geboren, kam 1929 zum Studium nach Stuttgart. 1932 setzte sie ihr Studium an der Berliner Universität fort, wo sie 1933 einen Aufruf gegen die Nazis unterzeichnete und deshalb relegiert wurde. Sie schloß sich dem Widerstand an und lebte in der Illegalität. Am 15. Mai 1934 gebar sie einen Sohn, den sie, als das illegale Leben immer gefährlicher wurde, zu ihren Eltern nach Stuttgart brachte. Am 10. Dezember 1935 wurde Liselotte Herrmann verhaftet, am 17. Juni 1937 in Stuttgart zum Tode verurteilt, und am 21. Juni 1938 in Berlin enthauptet. Ihr Sohn Walter wurde von der Gestapo einer nationalsozialistischen Familie übergeben.
Lilo Herrmann 1937 in einem ihrer Abschiedsbriefe: „Es ist mir schwer, zu gehen und auch von meinem Kind Abschied zu nehmen, aber noch schwerer ist, daß ich weiß, daß unser Volk dem Krieg zustimmt."

Das biographische Poem „Lilo Herrmann", von Paul Dessau komponiert, wurde 1954 in Stuttgart aufgeführt.

Festbeflaggung in der Königstraße zum 15. Deutschen Turnfest vom 21. bis zum 30. Juli 1933

Die ersten Tage in Freiheit

Von Friedrich Schlotterbeck

Friedrich Schlotterbeck, vor 1930

Schlotterbeck, 1909 in Reutlingen als Sohn einer politisch aktiven Arbeiterfamilie geboren, war zunächst Tischler, dann arbeitslos. 1929/30 studierte er in Moskau Gesellschaftswissenschaften und war dann Redakteur der „Jungen Garde“. Ab 1933 im illegalen Widerstand. Im Dezember 1933 verhaftet, saß Schlotterbeck zunächst im Zuchthaus

Mutter hatte noch gesagt: „Fahr mit der Straßenbahn, dann siehst du, wie die Stadt zugerichtet ist“, und „komm auch wieder.“ Sie hatte es scherzend gesagt. Aber es war auch Angst in ihrer Stimme. Zu Mittag essen sollte ich bei Trude. Sie war fest überzeugt, daß ich bis dahin fertig sei: „Sie erzählen dir auf der Gestapo noch ein bißchen Schmus, und dann kannst du gehen.“

Hastig strebte ich aus der Siedlung. Dort begannen die Wiesen und Gärten. Hin und wieder griff die Hand nach dem Geldbeutel, ob er noch da sei. Ich konnte nicht würdig und ordentlich gehen, wie es sich für einen Mann von fünfunddreißig Jahren und auf dem Wege zur Polizei geziemt. Diesen Weg war ich immer jung gegangen, und wie ein Junge hüpfte ich von Sonnenkringel zu Sonnenkringel, das weiche Biegen der Sohlen genießend. Das war doch etwas anderes als Holzschuhe. Schade, meine Sportschuhe hatte Mutter gegen Mehl eingetauscht: „Ich dachte, du kommst ja doch nicht mehr – vor Kriegsende. Für Schuhe und Kleider kann man eben alles haben.“ Mit den Händen wußte ich nichts anzufangen. Aber es war kein Wetter, um sie in die Hosentachen zu stecken. Ich ging auf dem Gras am Wegrand. Mit jedem Schritt stob ein Wölkchen auf: Staub und Heuschrecken. Wie schön war es, zu atmen, und ich sehnte mich nach einer schweren und anstrengenden Arbeit. „Wenn der Krieg aus ist, sieht man wieder.“ – Es gibt auch andere, die sagen: „Wenn der Krieg aus ist, dann gute Nacht.“

Überall an den Zäunen blühten Röschen. Rote und weiße. Ein rotes steckte ich mir ins Knopfloch und zog den Hut vor dem blühenden Busch. Weil gerade eine alte Frau des Weges kam, zog ich auch vor ihr den Hut. Verwundert sah sie mich an. Ich hatte wohl übertrieben? Oder war sie gar nicht mehr an Höflichkeit gewöhnt?

Der Weg senkte sich ins Tal. Von hier aus konnte man weit über die Stadt sehen. Sie lag in Rauch und Dunst. Es war alles so anders. Das Fabrikviertel glich einem großen gefleckten Ackerfeld, mit Wegen kreuz und quer: Tarnung. Nur die Schornsteine und der auf- und abschwellende Motorenlärm ließen die Fabrik ahnen. „Das geht schon den ganzen Krieg so, Tag und Nacht“, hatte Mutter gesagt, „und wenn sie aufhören zu brummen, ist bald Fliegeralarm.“

Es erwies sich, daß ich ein Fremder in der Stadt geworden war. Die Straßenbahnwagen hatten andere Nummern und fuhren andere Strecken. Es gab neue Straßen, neue Häuser und solche, die verschwunden waren. Viele Straßen hatten andere Namen. Und wieviel Uniformen und – schwarzgekleidete Frauen! In der Straßenbahn stand ich vorne beim Führer. „Umsteiger“, sagte ein Mann zur Schaffnerin. Das war also auch anders geworden. Früher mußte man sagen, wohin man wollte. Ich beobachtete die veränderten Straßen und suchte mit federnden Knien die Stöße des fahrenden Wagens aufzufangen. Hätte ich eine Weste gehabt, hätte ich jetzt die Daumen in die Armlöcher gesteckt. Es war nicht leicht, in das Wageninnere zu sehen: die Scheiben waren mit blauer Farbe gestrichen. Drinnen saßen alte Frauen und junge mit Kindern, alte Männer und Soldaten. Auch die Soldaten saßen. Es war ja schon das vierte Jahr Krieg. Und wie sie alle vor sich hinstarrten! Wo doch draußen ein schöner Tag war.

„Das hat aber hingehauen!“, sagte ein Mann neben mir. Der Wagen fuhr langsam an den Trümmern einer Fabrik vorbei. Riesige Betonklötze, Eisenträger und Maschinengewirr bis an den Straßenrand. So muß die Welt am Anfang ausgesehen haben: wüst und leer. – „Und ob das hingehauen hat“, sagte der Wagenführer, „die Nacht werde ich nicht vergessen.“ – „Da wohnen sie also hier in der Nähe?“, fragte der Mann. – „Das nicht, aber ich fuhr gerade auf der Strecke, und sie hatten erst wieder im letzten Augenblick Alarm gegeben. Da vorne halten und in den Keller … da hat's auch schon gebumst.“ Der Wagenführer sprach vor sich hin, ohne den Blick von der Strecke zu wenden. Links und rechts standen zerbombte, ausgebrannte und halb abgebrannte Häuser. Der Mann neben mir besah sich interessiert die Trümmer: „Das werden wir ihnen alles heimzahlen! Dieser Saubande!“ Der Wagenführer sprach nichts mehr. An der nächsten Haltestelle drehte er sich um und schaute in das Innere des Wagens. Bei der Gelegenheit besah er sich auch den Mann und mich. Er tat es mit unbeteiligter Miene. Der Mann hatte ein Parteiabzeichen am Rock. Er sah jetzt nicht mehr auf die Trümmer und wartete auf eine Antwort. Der Wagen-

Waldheim (Sachsen), bevor er 1937 in das Konzentrationslager Welzheim verlegt wurde. 1943 wurde er entlassen und kam in sein Elternhaus nach Stuttgart-Luginsland zurück. Im Juni 1944 wurde die gesamte Familie Schlotterbeck verhaftet und am 30. November 1944 wegen „Vorbereitung zum Hochverrat“ hingerichtet. Friedrich Schlotterbeck gelang als einzigem Familienmitglied die Flucht in die Schweiz. Dort erschien 1945 sein „Erlebnisbericht eines Arbeiters“ – „Je dunkler die Nacht, desto heller die Sterne“. Friedrich Schlotterbeck kam im Juni 1945 nach Stuttgart zurück und wurde Präsident des Roten Kreuzes Baden-Württemberg. 1948 übersiedelte er nach Dresden, wo er zunächst Stadtrat war. Er arbeitete dann als Bergarbeiter und seit 1956 als freier Autor, vor allem von Hörspielen. Friedrich Schlotterbeck ist 1979 gestorben.

Mein Freund Frieder Schlotterbeck, Ihr Landsmann, der mit Haß und gegen ihn gerichteter Feindschaft, ja Vernichtungswut Erfahrungen gemacht hat, die ich nicht einmal andeutungsweise zu beschreiben wage, hat nie die Versuchung in sich gespürt, seine Feinde zu verteufeln. In Hitler und seinen Mannen hat er nie nur den Teufel und Teufelsbrut gesehen. Er hat sich auch keinen der Götzen geschaffen, von denen die Bewegung nicht frei blieb, der er angehörte: auch sie gezeichnet durch die Geschichte der Deutschen, deren Produkt sie ja ist.

Christa Wolf in ihrer Rede zur Schillerpreis-Verleihung am 11. November 1983 im Stuttgarter Neuen Schloß.

1933 bis 1945. Verfemt, verstoßen, gemartert, erschlagen, erhängt, vergast. Millionen Opfer der nationalsozialistischen Gewaltherrschaft beschwören Dich: Niemals wieder!

Die von Ernst Bloch verfaßte Inschrift am Stuttgarter „Mahnmal für die Opfer nationalsozialistischer Gewaltherrschaft" vor dem Alten Schloß.

führer hatte es einfach. Über ihm hing eine Tafel: Das Sprechen mit dem Wagenführer während der Fahrt ist verboten! Nach einer Weile begann der Mann mit dem Parteiabzeichen wieder: „Ich sage, solange nicht dem letzten Deutschen über diesen Luftterror die Galle hochkommt, muß es noch ganz anders kommen." Das sagte er jetzt – zu mir. Ich machte ein hochmütiges Gesicht, wie es junge Mädchen tun, wenn sie von einem Unbekannten angesprochen werden. Was ging mich dieses Gerede an? Nichts ging es mich an! Kam ich nicht aus dem KZ? He, du Dummkopf! Aus dem KZ komme ich! – Auch Schweigen erfordert Mut. Jeder Banause konnte einen durch eine Redensart zwingen, Farbe zu bekennen. Und der hier schien recht erfahren im Gebrauche solcher Redensarten. Aber mich sollte er nicht fangen. Die zehn Jahre sollten nicht umsonst gewesen sein. Mein Dünkel auf meine Vergangenheit hatte fast etwas Pharisäisches. Auch der Wagenführer, von dem ich nur den Rücken sah, wußte, wann man zu schweigen hatte. An der nächsten Haltestelle stieg der Mann mit dem Parteiabzeichen aus. Er gab sich keine Mühe, seine schlechte Laune zu verbergen. Laut sagte er: „Heil Hitler!" – „Der redet noch daher!", sagte der Straßenbahner, während er seinen Wagen wieder in Bewegung setzte, „...und so Leute trifft es nie."

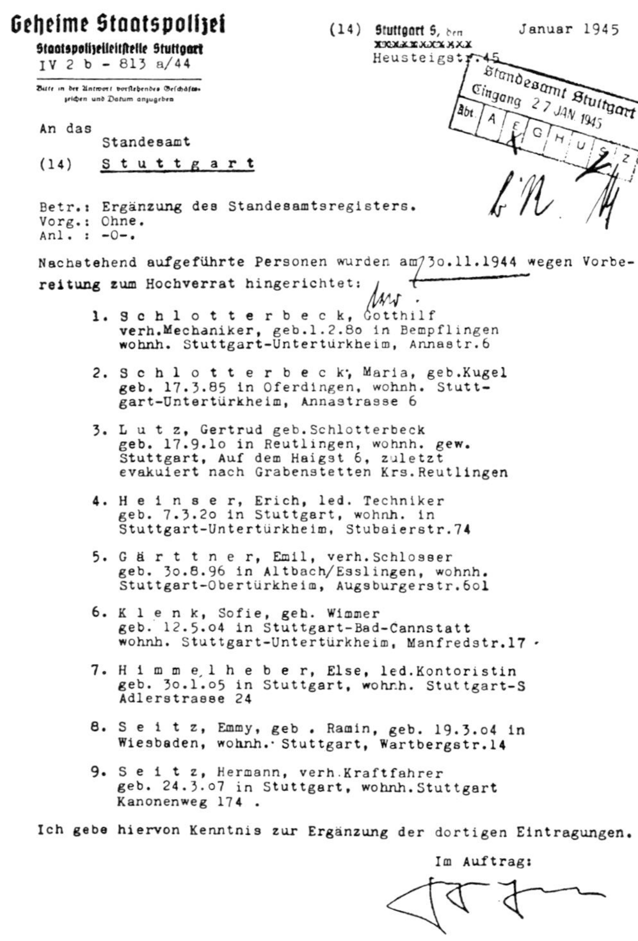

Geheime Staatspolizei
Staatspolizeileitstelle Stuttgart
IV 2 b - 813 a/44

Bitte in der Antwort vorstehendes Geschäftszeichen und Datum anzugeben

(14) Stuttgart S, den Januar 1945
xxxxxxxxxxxx
Heusteigstr.45

Standesamt Stuttgart
Eingang 27 JAN 1945
Abt. A E G H U S Z

An das
Standesamt
(14) S t u t t g a r t

Betr.: Ergänzung des Standesamtsregisters.
Vorg.: Ohne.
Anl. : -O-.

Nachstehend aufgeführte Personen wurden am 30.11.1944 wegen Vorbereitung zum Hochverrat hingerichtet:

1. S c h l o t t e r b e c k, Gotthilf
verh.Mechaniker, geb.1.2.80 in Bempflingen
wohnh. Stuttgart-Untertürkheim, Annastr.6

2. S c h l o t t e r b e c k, Maria, geb.Kugel
geb. 17.3.85 in Oferdingen, wohnh. Stuttgart-Untertürkheim, Annastrasse 6

3. L u t z, Gertrud geb.Schlotterbeck
geb. 17.9.10 in Reutlingen, wohnh. gew.
Stuttgart, Auf dem Haigst 6, zuletzt
evakuiert nach Grabenstetten Krs.Reutlingen

4. H e i n s e r, Erich, led. Techniker
geb. 7.3.20 in Stuttgart, wohnh. in
Stuttgart-Untertürkheim, Stubaierstr.74

5. G ä r t t n e r, Emil, verh.Schlosser
geb. 30.8.96 in Altbach/Esslingen, wohnh.
Stuttgart-Obertürkheim, Augsburgerstr.601

6. K l e n k, Sofie, geb. Wimmer
geb. 12.5.04 in Stuttgart-Bad-Cannstatt
wohnh. Stuttgart-Untertürkheim, Manfredstr.17

7. H i m m e l h e b e r, Else, led.Kontoristin
geb. 30.1.05 in Stuttgart, wohnh. Stuttgart-S
Adlerstrasse 24

8. S e i t z, Emmy, geb . Ramin, geb. 19.3.04 in
Wiesbaden, wohnh. Stuttgart, Wartbergstr.14

9. S e i t z, Hermann, verh.Kraftfahrer
geb. 24.3.07 in Stuttgart, wohnh.Stuttgart
Kanonenweg 174 .

Ich gebe hiervon Kenntnis zur Ergänzung der dortigen Eintragungen.

Im Auftrag:

Die Mitteilung der Gestapo über die Hinrichtung der Familie Schlotterbeck

AUFERSTANDEN AUS RUINEN

Vom Wiederaufbau bis zur Gegenwart

Oskar Kokoschka: Stuttgart
Ölgemälde (1960)

Heimkehr nach Stuttgart

Von Thaddäus Troll

Thaddäus Troll (eigentlich Hans Bayer) wurde 1914 in Cannstatt geboren. 1938 eingezogen, war er bis Kriegsende Soldat. 1945 wurde er Redakteur der satirischen Zeitschrift „Das Wespennest" und lebte seit 1948 als freier Schriftsteller in Stuttgart. Als Hans Bayer schrieb er Theaterkritiken und Essays, sein Pseudonym wählte er, „um in alphabetisch geordneten Bücherschränken neben Tucholsky zu stehen". Troll, der den Verband deutscher Schriftsteller (VS) mitgegründet hat und dessen langjähriger Landesvorsitzender er war, hat sich unermüdlich für seine Schriftstellerkollegen eingesetzt und sich dabei große Verdienste erworben. Sein größter Buchererfolg wurde „Deutschland, deine Schwaben". Populär wurde auch sein „Entaklemmer", eine Übertragung von Molières Komödie „Der Geizige" ins Schwäbische. Daneben schrieb er Gedichte, Satiren und Hörspiele. Der auch politisch sehr engagierte Thaddäus Troll schied 1980 durch Freitod aus dem Leben.

Der 19. Juli [1945] war der Geburtstag seiner Großmutter, und der Gedanke daran assoziierte sich mit dem Wohlgeschmack schwäbischen Träubleskuchens: säuerliche Johannisbeeren, Mandeln, süßer Eiweißschnee – ihm war klar, daß er nie in seinem Leben mehr eine solche Köstlichkeit schmecken dürfte. Er hatte Angst vor der Heimkehr. Seit Februar hatte er keine Nachricht mehr von zu Hause, wußte er nicht, ob die Eltern noch lebten, ob das Haus in der Marktstraße in Cannstatt noch stand, ob der Bruder heil aus dem Osten zurückgekehrt war. Als Soldat in Polen und Rußland hatte er gesehen, wie die Horden der Zivilverwaltung, die der Wehrmacht folgten, in den besetzten Gebieten gehaust hatten. Er fürchtete die Rache der Sieger, er zweifelte nicht daran, daß sich in den nächsten Jahrzehnten kein Deutscher mehr in den Ländern zeigen dürfe, die unter ihnen gelitten hatten.

Im Morgengrauen fuhr der Zug über den Cannstatter Viadukt. Am Ebitzweg sprang er ab, ging durch die Waiblinger Straße, einen Trampelpfad durch Trümmer, las Kreideinschriften an den Ruinen „Alles im Eimer. Sind gesund bei Tante Frida", „Vater tot, sonst alles wohlauf, leben in Kleinheppach." Im Schuttgebirge des Cannstatter Wilhelmsplatzes, in dessen Nähe er aufgewachsen war, fiel ihm die Orientierung schwer. Schließlich fand er die Marktstraße, sah das Elternhaus grindig, aber heil zwischen Trümmern stehen; der Hausschlüssel, den er wie einen Talisman über den Krieg gerettet hatte, paßte noch, in der Garderobe sah er die Jacke des Bruders, die Mäntel der Eltern hängen, sagte ein, wie ihm schien, sentimentales Dankeschön zu einem alten Herrn irgendwo droben, den er seit zwölf Jahren im Urlaub wähnte, ging in die Speisekammer, aß kalte Kartoffeln, einen brüchigen Pfannkuchen, Marmelade; zu essen haben sie also noch, kruschtelte im Schreibtisch des Vaters, fand eine Zigarette, rauchte sie genüßlich, ging ins Bad, wusch sich, ließ seine Reitstiefel als Widerruf eines Grabkreuzes stehen, legte sich in sein fürsorglich bezogenes Bett und grub sich das Datum seines zweiten Geburtstags ins Gedächtnis: 26. Juli 1945.

Drücke ich auf die Taste „Rücklauf", versuche ich den Erinnerungsfilm bei den Szenen „Stuttgart 1945" zu stoppen, so gerate ich in Schwierigkeiten. Die drei Jahre zwischen Heimkehr 1945 und Währungsreform 1948 vermischen sich. Ich empfinde sie als eine euphorische, vitale, anregende, aktive, übermütige und hoffnungsfrohe Zeit.

Keine Angst mehr vor Fliegerbomben, vor dem Feind in fremder und in eigener Uniform, vor Gefangenschaft, Feldgendarmerie, Denunzianten und der Gestapo (war der sogenannte Feind doch oft barmherziger als manche sogenannte Volksgenossen). Nicht mehr fürchten müssen: hast du gestern im Suff nicht zuviel gesagt? Nicht mehr wie Asseln im Keller und Unterstand vegetieren müssen – in vernagelten Bruchbuden lebt es sich besser.

Wiederaufstellung des Schillerdenkmals am 10. November 1945

Ich habe vergessen, wie sich das Leben von 1945 erst langsam stabilisiert, langsam entwickelt hat, wie die Angst vor dem Übermut der Sieger, die Furcht vor der Vergeltung erst allmählich von uns genommen wurde, wie uns kleine Freiheiten, die wir nicht mehr zu erhoffen wagten, in winzigen Portionen zurückgegeben wurden, wie der Neobarock langsam aus den Trümmern wuchs.

Ich habe vergessen den Hunger, die Gesinnungsschnüffelei, die Bürokratie, die Kälte, die Krätze, die umerziehenden Gouvernanten, die Berechtigungsscheine, das Wohnungselend, die Herrenmenschen, die über Nacht zu Arsch-

Gegenüber:
Blick vom Bahnhofsturm in die zerstörte Königstraße (links oben);
der Nachtwächterbrunnen beim Leonhardsplatz (1945) (rechts oben);
Aufräumarbeiten 1945/46 (links unten);
Razzia bei Schwarzhändlern (rechts unten).

kriechern wurden, die neuen Denunzianten, den Übermut der Ämter, die Demontagen, die Hausräumungen, die Verhaftung harmloser Parteigenossen, die Verwandlung strammer Mitmarschierer in heimliche Widerstandskämpfer.

Die Amerikaner überließen ängstlich den Franzosen die Eroberung der kriegsmüden Stadt, deren Bürger den Irrsinn werwölfischen Widerstandes selbst erstickten. Die Franzosen machten aus dem Einmarsch ein Festival der Glorie, eine Selbstdarstellung gallischer Fanfarei. Wer weiß, wie psychologisch bedrückend für die Franzosen die militärische Niederlage 1940 war, wie das besetzte Frankreich unter kleinkariertem Bochismus zu leiden hatte, wer selbst erlebt hat, wie die Uniform einer siegreichen Armee vorübergehend den Charakter zu alkoholisieren vermag, der versteht, daß aus sonst freundlichen Marokkanern wilde Landsknechte wurden, daß im Siegerrausch Jagdszenen auf weibliche Tugend und schwäbischen Wein nichts Außergewöhnliches sind, daß im Krieg brave Friseure und korrekte Stadtsekretäre das Bedürfnis haben, Porzellan zu zerschlagen und Möbel zu Kleinholz zu zerhacken, und daß ein Bajonett, das einen Weinkeller aufbricht, einem solchen vorzuziehen ist, das eine Bauchhöhle öffnet. Nach zehn Wochen mußten die Franzosen die eroberte Großstadt zwischen Wald und Reben aufgeben. Sie wurde von den Amerikanern besetzt.

Die Amerikaner begegneten der Stuttgarter Bevölkerung zunächst mit Mißtrauen und Reserve. Ein Befehl verbot ihnen Fraternisation. Viele von ihnen machten sich einen Spaß daraus, Zigarettenkippen vor die Füße der nikotingierigen Passanten zu werfen und sich zu amüsieren, wie sich die Herrenmenschen a. D. danach bückten. Sie durchsuchten die Häuser nach Waffen. Oft durften die Wohnungsinhaber nicht Zeugen der Durchsuchung sein. Wenn dann eine Uhr oder Schmuck fehlten, hatten die Verlierer die Genugtuung, daß die Sieger auch keine besseren Menschen seien.

Als wäre nichts geschehen

Beobachtungen von Alfred Döblin

Alfred Döblin, 1878 in Stettin geboren, arbeitete von 1911 bis 1933 als Nerven- und Kassenarzt in Berlin. Döblin, wiewohl rabiater Individualist, engagierte sich 1918 in der USPD, 1921 dann in der SPD, aus der er 1929 aber, nicht zuletzt wegen deren rechtem Flügel, wieder austrat. Döblins größter literarischer Erfolg wurde 1929 „Berlin Alexanderplatz. Die Geschichte von Franz Biberkopf". 1933 wurden Döblins Werke verbrannt, er emigrierte über die Schweiz nach Frankreich, wo er 1936 französischer Staatsbürger wurde. Nach dem Einfall der deutschen Truppen floh Döblin über Portugal in die USA. Dort trat er nach einer schweren persönlichen Krise 1941 zum Katholizismus über. 1945 wurde er kulturpolitischer Mitarbeiter der französischen Militärregierung und gab von 1946 bis 1951 in Baden-Baden die Literaturzeitschrift „Das goldene Tor" heraus. Von der restaurativen Nachkriegsentwicklung schwer enttäuscht, ging Döblin 1953 wieder nach Paris, von wo er 1956 krank in den Schwarzwald zurückkehrte. Alfred Döblin starb 1957 in Emmendingen bei Freiburg.

Das Menschengewimmel in einer volksreichen Stadt wie Stuttgart. Durch Zuwanderung von Flüchtlingen aus anderen Städten und Gegenden noch mehr geworden, bewegten sich hier die Menschen, auf der Straße zwischen den fürchterlichen Ruinen, wahrhaftig, als wenn nichts geschehen wäre und als wenn die Stadt immer so aussah. Auf sie jedenfalls wirkt der Anblick der zerbrochenen Häuser nicht.

Und wenn einer glaubt oder früher geglaubt hat, das Malheur im eigenen Lande und der Anblick einer solchen Verwüstung würde die Menschen zum Denken bringen und würde politisch erzieherisch auf sie wirken, – so kann er sich davon überzeugen: er hat sich geirrt. Man sagt mir und zeigt mir bestimmte Häusergruppen und konstatiert: das war dies Bombardement und das war jenes, und man schließt gewisse Episoden an. Und das ist alles. Es erfolgen darauf keine besonderen Mitteilungen, und bestimmt werden keine weiteren Überlegungen angestellt. Man geht an seine Arbeit, steht Schlange hier wie überall nach Lebensmitteln.

Schon gibt es da und dort Theater, Konzerte und Kinos und ich höre, alle sind stark besucht. Die Elekrischen fahren, grauenhaft voll wie überall. Man ist praktisch und hilft sich. Man kümmert sich um das Heute und Morgen in einer Weise, die den Nachdenklichen schon beunruhigt.

Man hat (eine kluge Idee der gegenseitigen Hilfe) Tausch-Ring-Geschäfte eingerichtet. Das ist eine Vereinigung von Firmen der wichtigsten Branchen, also der Schuh-, Möbel-, Kleider-etc. -Branche. Man zahlt mit einem Tauschobjekt, das man besitzt und erhält in einem anderen Geschäft das gesuchte Objekt, falls es vorhanden ist.

Das flache Land sieht gepflegt aus. Wüst sind nur die Städte. Und wie wüst. Man hat draußen in Amerika im Kino Bilder von diesen Städten gesehen. Man kann durch die Straßen vieler Städte spazieren, der Damm und oft auch der Fußsteig ist freigemacht. Man stellt dann rechts und links etwas fest, was früher Häuser waren, sich aber dem Blick jetzt als geöffnete Steinkasten ohne Deckel präsentiert. Diese Steinkasten sind verschieden gespalten und geöffnet worden. Manche stehen noch mit allen vier Wänden, aber in der Mitte ist nichts, unten liegt ein Schutthaufen. Manchmal ist ein ganzer Kasten seitlich umgeknickt oder nach innen gefallen. Manchmal steht die Vorder- und Hinterwand, aber die Seiten fehlen. Und recht oft steht überhaupt nichts, was einem Haus ähnelt, und da wo sich wahrscheinlich früher ein kräftiges Gebäude hinstellte, wölbt sich jetzt ein breiter Steinhügel, aus dem verbogene Eisenträger, Fensterrahmen und Türen ragen. Man entdeckt da auch manchmal verbogene Heizkörper, zerquetschte Eimer und Leitungsröhren. Der Schutt birgt auch viele Leichen. Da liegen sie und machen die Straßen furchtbar still. Viele Menschen sind in

Aufräumarbeiten – Oberbürgermeister Arnulf Klett und sein Sohn Roderich (im Vordergrund)

ihren Wohnungen überrascht worden und wurden in den zusammenstürzenden Häusern, in den unzulänglichen Kellern erschlagen und sind erstickt. Es sind auch viele verbrannt. Was die Bombe mit ihrer Sprengkraft verschonte, fraß das vom Phosphor genährte Feuer. Manchmal ist das Pflaster aufgerissen, als wenn sich der Boden gehoben hätte. Fast überall aber hat man schon die brauchbaren Ziegelsteine ausrangiert und sauber an den Hauswänden aufgestapelt. Sie warten auf neue Verwendung. Denn wie ich schon sagte, hier lebt unverändert ein arbeitsames, ein ordentliches Volk. Sie haben, wie immer, einer Regierung, so zuletzt dem Hitler pariert, und verstehen im großen und ganzen nicht, warum Gehorchen diesmal schlecht gewesen sein soll. Es wird viel leichter sein, ihre Städte wieder aufzubauen als sie dazu zu bringen, zu erfahren, was sie erfahren haben und zu verstehen, wie es kam.

Ich kann nach sieben Jahren, jetzt, wo ich mein Domizil in Deutschland wieder aufgebe, mir resümieren: es war ein lehrreicher Besuch, aber ich bin in diesem Lande, in dem ich und meine Eltern geboren sind, überflüssig, und ich stelle fest, mit jeder erdenklichen Sicherheit: „Der Geist, der mir im Busen wohnt, er kann nach außen nichts bewegen."

Alfred Döblin am 28. April 1953 (seinem letzten Brief aus Deutschland) an Theodor Heuss.

Ihren Brief, der so etwas wie ein Abschiedsbrief ist, habe ich nach der Rückkehr von ein paar turbulenten Rede- und Reisetagen hier vorgefunden. Er hat mich sehr bewegt, da ich spüre, welche Erwartungen und Enttäuschungen hinter seinen Worten stehen. An dem Zerbrechen einer geistigen Kontinuität wird Deutschland noch lange zu leiden haben. Ich kann Ihnen nur sagen, daß mir die neue Begegnung mit Ihnen wichtig geblieben ist, und das gilt auch für meine Frau, die sich mit Ihrem menschlichen Schicksal und ihrem Werk innerlich sehr auseinandersetzte.

Theodor Heuss am 4. Mai 1953 an Alfred Döblin

In den Jahren vor 1933 war Theodor Heuss, neben dem Vorsitzenden Döblin, zweiter Vorsitzender des Schutzverbandes Deutscher Schriftsteller. Nach seiner Rückkehr aus dem amerikanischen Exil besuchte Döblin 1946 Heuss in Stuttgart („Es war das erste deutsche Haus, das so Kenntnis von mir nahm" – Alfred Döblin).

Als der Krieg zu Ende war

Von Max Frisch

Stuttgart, 25.4.1949

Über das „begeisternde Gastspiel" des Züricher Schauspielhauses schrieb Hermann Missenhardter am 29. April 1949 in den „Stuttgarter Nachrichten": „Es gibt keine Schweizer Dramatiker von Rang, wie es ja auch, mit der großen Ausnahme Schillers, keine schwäbischen gibt. Ist Max Frisch, der vom Urgroßvater her auch einen Schuß schwäbischen Bluts in den Adern hat, ein Dramatiker?" Jedenfalls wurden, so der Chronist, „die Darsteller mit ihrem Dichter stürmisch gefeiert".

Gastspiel des Zürcher Schauspielhauses: „Als der Krieg zu Ende war." Ein eisiges Schweigen zu Anfang, wir haben mit einem Skandal gerechnet und sind vom Gegenteil überrascht, Gespräche mit vielen Menschen, wertvoll vor allem das leider unterbrochene Gespräch mit einer jungen Frau, die selber die Russenzeit sehr persönlich erlebt hat – auch bei Zustimmung bleibt das Grundsätzliche: wenn der Schreiber eines historischen Stückes in die Lage kommt, denen gegenüberzutreten, die damals gelebt haben, beispielsweise, wenn ein Romancier, der sein Anliegen etwa in den Dreißigjährigen Krieg verlegt hat, sich verantworten müßte vor den schwedischen Offizieren, von denen er einen geschildert hat, und zugleich vor den böhmischen Frauen, vor dem Spanischen Hof, vor den niederländischen Bürgern, vor den deutschen Bauern, vor den Geräderten, vor den Verhungerten, vor den Gehenkten und vor den Henkern, die beide dabei gewesen sind und sich schon untereinander auf eine Darstellung des Gewesenen kaum einigen können, grundsätzlich wird es immer die gleiche Frage sein, nämlich woher der Dichter eigentlich das Recht nimmt, zu dichten. Er nimmt es daraus, daß er ein Dichter ist. Aber wenn er das nicht ist oder nicht genug? Dann werden sie mit Recht sich über ihn werfen, die böhmischen Frauen, die schwedischen Offiziere, die niederländischen Bürger, die spanischen Henker; dann mit Recht …

Nacht in Gesellschaft.

Morgenfrühe in einem hohen Wald, Stämme und junges Grün, Glanz der ersten Sonne, ihr gleitendes Glitzern in den Spinnweben, Vogelzwitschern, Duft von Knospen, das Gras voll Tau, die Luft ist kühl, Brunnenwasser, Bienen um blühende Zweige, Sonntag, Gebrumm eines fernen Geläutes, dann die ersten Morgengänger, die mit der Straßenbahn auf die Höhe gefahren sind, sich mit höflicher Zurückhaltung etwas verwundern über meinen schwarzen Anzug und die Lackschuhe und all das ohne Mantel, ohne Hut; endlich die Auskunft, daß die Stadt Stuttgart, deren Gast ich mich nennen darf, gerade in der entgegengesetzten Richtung liege –.

Tischplatte mit Bierseen

Arno Schmidt im Hauptbahnhof
Von Wolfgang Koeppen

Es war in Stuttgart im Hauptbahnhof, später in der Wohnung eines Professors der Universität. Kurz vor oder kurz nach der Währungsreform. Alfred Andersch führte uns zusammen. Er leitete am Süddeutschen Rundfunk eine inzwischen legendär gewordene Sendereihe, das Radio-Essay. So wurde er der Arbeitgeber einer neuen deutschen, einer befreiten, im weitesten Sinne linken, da ungebundenen Literatur. Andersch ernährte uns.

Schmidt trat ungeheuer groß in den Wartesaal, der, ich weiß nicht warum, an diesem Abend besonders düster war. Schmidt, ein Schatten unter Schatten, ein Riese, der er anderenorts nicht war. Ein Flüchtling auf der Suche nach einer Landwirtschaft, verloren in Ostpreußen oder in Schlesien. Er schien in einem langen warmen Mantel, den er nicht auszog, zu frieren und trank zu Magermilch verkommenen Kaffee. Vielleicht war es noch Muckefuck, „wir kapitulieren nie". Um Stuttgart herum wächst aber Wein. Ich hielt mich an ihn. Das neue Leben. Schmidt suchte, wie er erzählte, eine Stelle als Portier in einem großen Industriewerk. Er glaubte an die Zukunft der Industrie, er glaubte nicht an seine Zukunft als Schriftsteller. Automobile oder Baumaschinen sollten ihm Ruhe, Sicherheit, Wohnung und Brot geben.

Arno und Alice Schmidt reisten in jener Zeit auf einem Tandem über Land. Sie besaßen ein Zelt, in dem sie schliefen. Regen fiel auf sie. Sie stellten das Zelt in Wäldern auf, dämpften sich im Kessel Wurzeln, Kohl und Brennesselgemüse. Sie schleppten einen sehr alten Kohlenherd mit sich und brachten ihn in viele Wohnungen, die sie schnell wieder verließen. Dazu einen Sack Bücher, den sie, weiß Gott wie, transportierten.

Im Wartesaal schwiegen wir, wir zogen Andersch in unser Schweigen ein. Es war, als fasziniere uns die Tischplatte mit ihren Bierseen. Latrine zum Mittelpunkt der Erde. Ein schillernder Schaum das Reich der Literatur. Über den Professor, bei dem wir uns nach langer Zeit ein zweites Mal trafen, glaubten wir zu wissen, daß er und seine Schüler die Häufigkeit des Wortes „und" in unseren Büchern zählten. Wahrlich, wir machten Karriere und schwiegen weiter.

Andersch war der Magnet, der uns in den Süden zog. Schmidt und ich sprachen Literatur in den schwäbischen Äther. Ein ziemlich autistisches Treiben. Die Entdeckung der Gertrude Stein für Süddeutschland, eine freundliche Landschaft. Die Rose blieb eine Rose, blieb eine Rose, eine Rose. Schmidt zog in die alten Zeiten mit Lupe und klopfendem Herzen, kam auf die unsterblichen Dichter, die die Welt tragen. Gespräche in der Gelehrten-Republik hoch über den Wolken. Das Universum war vernünftig nach unerkannten Gesetzen. Ich reiste „Nach Rußland und anderswohin". Das Radio-Essay rechtfertigte seinen anspruchsvollen Namen. Die Rundfunkhörer nahmen zu an Weisheit und Verstand.

Arno Schmidt mit dem Tandem. Photographie von Alice Schmidt (um 1950)

Wolfgang Koeppen, 1906 in Greifswald geboren, wurde vor allem mit „Tauben im Gras" bekannt.

Alfred Andersch (1914–1980) hat 1956 die Redaktion „Radio-Essay" im Süddeutschen Rundfunk gegründet und bis 1958 geleitet. Sein Assistent war zunächst Hans Magnus Enzensberger – der zuvor in der Stuttgarter Redaktion von „Readers Digest" gearbeitet hatte – dann Helmut Heißenbüttel. Regie führte u. a. Martin Walser. In dieser legendären Sendereihe machte Andersch u. a. Sendungen mit Theodor W. Adorno, Max Bense, Arno Schmidt und Wolfgang Koeppen. Andersch hat in Stuttgart die wichtigsten Hefte von „Texte und Zeichen" herausgegeben und den Roman „Sansibar" geschrieben.

Die „Stuttgarter Schule"

Eine weltläufige Angelegenheit
Von Ludwig Harig

Ludwig Harig, 1927 in Sulzbach (Saar) geboren, veröffentlicht seit Mitte der 50er Jahre eine Vielzahl experimenteller Texte. Breite Beachtung fand sein Roman über das Leben seines Vaters, „Ordnung ist das ganze Leben".

Die Sage stellt Fragen. Die Legende gibt Antworten", sagt Max Lüthi, auch ein Max, wie Max Bense, der allerdings weder sich selbst als Figur noch seine Stuttgarter Schule als Gegenstand einer Legende ausgelegt sehen möchte, im Gegenteil: Max Bense hat immer darauf hingewiesen, daß es gar keine Stuttgarter Schule gebe und auch keine gegeben habe.

Es gibt allerdings Versionen; doch wenn ich mich recht erinnere, ist es Manfred Esser gewesen, der im Jahre 1963 das Gerede darüber auf den Begriff gebracht und als erster von der Stuttgarter Schule gesprochen hat. Das war in Cérisy-la-Salle in der Normandie auf einer Tagung der französischen Gruppe Tel Quel, als Manfred Esser und ich einen kleinen Essay improvisierten, in dem wir von Bense als dem Begründer einer Theorie sprachen, in der die Schaffung von Kunst der Konstituierung einer neuen Seinsart gleichkomme und nicht irgend etwas mit wer weiß nicht welchen ethischen oder sonstwie gearteten Qualitätsmerkmalen zu tun habe.

Damit folgten wir der Vorstellung Benses, nicht etwas in, sondern mit der Sprache zu veranstalten, sie zu analysieren, methodisch neu zu ordnen, nach mathematischen Prinzipien zusammenzufügen, mit ihr zu experimentieren, sie auf ihre immanenten Potenzen zu erproben: im wortwörtlichen Sinne, „konkrete Poesie" zu machen. Manfred Esser sagte damals zu den erstaunten französischen Strukturalisten: „Das geht nicht ohne Thesen und schon gar nicht ohne Tendenz ab", und er sagte: „Das ist es, was wir Stuttgarter Schule nennen", und ganz hinten, hinter Jean Pierre Faye und Michel Foucault und ihren Parteigängern, saßen unter den romanischen Fenstern von Cérisy die Kolporteure, die Essers Begriff rasch in die Gazetten brachten.

O ja, die Stuttgarter Schule hatte ein Flair bekommen wie die Schule von Athen. Schon als Kind hatte ich eine Abbildung dieser berühmten Schule von Athen, ein Gemälde von Raffael, entdeckt und bewundert, und zwar in der „Malerei der Renaissance", 1938 herausgegeben vom Cigaretten-Bilderdienst Hamburg-Bahrenfeld, wofür mein Vater wie ein Schlot geraucht und sich vielleicht damals, für die Bildung seiner Söhne, jenen tödlichen Keim in die Lunge gesogen hat. Wenn ich dieses Bild heute betrachte, dann fällt mir auf, und jedermann würde es so ergehen, wie sehr diese Schule von Athen eine Allegorie auf die Stuttgarter Schule ist.

Reinhard Döhls „Apfel" wurde sozusagen zur Inkunabel der „Stuttgarter Schule".

In der Mitte, auf höchster Treppenstufe, steht Max Bense, aber nicht als einzelne Person so wie auf dem Bronzedenkmal, auf das ihn Arno Schmidt in seiner „Gelehrtenrepublik" gestellt hat, sondern in Plato und Aristoteles zerlegt, Plato in rotem und Aristoteles in blauem Gewand, und allein ihre beiden Köpfe zeichnen sich gegen ein Stück leicht bewölkten Sommerhimmel ab, während

Volksfestplakat von 1950

alle anderen, die Platoniker links und die Aristoteliker rechts, vor einer gigantischen Architektur agieren.

Da sieht man Helmut Heißenbüttel, den sophistischen Satiriker, mit dem Taschentuch von Elisabeth Borchers in der Hand, Helmut Mader, den vorsokratischen Naturphilosophen, der sich, schon ein wenig angeheitert, mit dem Arm auf eine Bücherkiste stützt, und Reinhard Döhl, den scholastischen Agno-

Max Bense / Hüter der Stuttgarter Gänse / die rot stets sahn wenn Schwarze sich nahn / textet augenblicks seinen Lebensroman.

Manfred Esser / Mac doch ohne Messer / kam manches auskostend / schließlich auf Ostend.

Helmut Mader / schied im Hader / mit sich der Stadt und mit der Welt / die er in die Umgebung der Logik gestellt.

Hansjörg Mayer / aß seine Frühstückseier / schon längst in London wohin er geflüchtet / Weckherlin hat er noch nicht gesichtet.

Wendelin Niedlich / Hauptsache man sieht sich / blieb in der Stuttgarter Veste / der Fleck auf der Weste.

Friederike Roth / liebte Tollkirschenkompott / die Hochzeitsgäste kamen kaum mit / beim Wartburgritt.

Aus Reinhard Döhls „Ansichtssachen & Klerri-juhs aus der kleinen Stuttgarter Versschule"

wenn die hähne krähn ... früh wenn ... früh wenn ... früh." Und auf der rechten Bildhälfte sieht man die Vertreter der exakten Wissenschaften mit ihren Rechenschiebern und Zirkeln herumhantieren, G. Nees und Siegfried Maser, wie sie Computergrafik machen, und Klaus Burckhardt, wie er seine Burckhardtschen Kreise zieht. Das ist die Schule von Athen und zugleich die Stuttgarter Schule, links der kahlköpfige, graubärtige Platoniker Esser und rechts der brünette Aristoteliker aus dem Hahnhaus mit dem wallenden Haar, und zusammengesetzt, als Konsequenz des Inkonsequenten, wenn man es von der platonischen, und als Inkonsequenz des Konsequenten, wenn man es von der aristotelischen Seite aus betrachtet, Max Bense, beides in sich vereinend, die „Immanenz des Engagements" und die „metaphysische Transzendenz", den kühlen, rationalistischen Kopf und den vitalen, pantagruelischen Bauch, was beides sich in seinen theoretischen und poetischen Schriften ausdrückt und was seine Gegner auf den Plan gerufen hat, die auf Raffaels Bild, materialisiert und metaphorisch zugleich, als leichte Wölkchen am Sommerhimmel erscheinen.

Max Benses Auffassung, daß „die Faszination der Begriffe und die Anstrengung der Theorie ... zu den Modifikationen eines epikuräischen Verhaltens zur Welt" gehöre, prägte meine Zugehörigkeit zur Stuttgarter Schule, und unvergeßlich bleibt mir sein subversiver Satz zu Harry Kramers schönen, „nutzlosen" Maschinen: „Jede Maschine, in die man nur eingeben kann, die gleichsam alles bei sich behält, nichts herausläßt, korrumpiert die Arbeitswelt, bedeutet wie jeder Leerlauf einen Gegenzug zur Industrie, treibt die Kategorie des Nutzens in den Schatten zurück, vernichtet die Gewinne, die Mehrwerte, die Ausbeutung, das Unrecht der Gesellschaft, den Ekel und stellt mit einem zärtlichen Zug zur Anarchie eine Beziehung zum Schöpferischen, zur Kunstwelt her."

Das sind die Antworten, die die Legende gibt, das ist spielerische Wahrhaftigkeit.

Stuttgarter Festschrift

Von Günter Herburger

Günter Herburger, Romancier (u. a. „Flug ins Herz"), Erzähler, Lyriker, Hörspielautor und Autor von Kino- und Fernsehfilmen, wurde 1932 in Isny im Allgäu geboren. Er lebte von 1960 bis 1964 in Stuttgart.

Die ich gesehen habe zwischen den Reben
hoch überm Tal an den Hängen
jeder freundlich auf seinem Thron
mit Zwingern für Hunde und Autos
und Scherengittern vor den Fenstern
im Treppen- und Rosengeflecht
denn Angst hat nur der der recht hat
und hinuntersehen kann ins fruchtbare
steinerne Tal voller Fleiß
das beruhigend zum Topfrand hinaufsummt
so schlummern sie und werfen sich
morgens wieder in die Maschinenpolster
diesen Leitstern für Straßen und Hochhäuser
der immer besser wird schneller
und jeden schützt der gezahlt hat
zum Ruhm dieser Stadt wo der Wein
durch elektrische Rechner
Wicklungen und Vergaser fließt

Ein Aal der sich knotet und windet
am Zungenbaum der Sprache
fette Brühe die zudeckt und immer
recht behalten will wenn sie gebeten werden
ein wenig Platz zu machen
nein nein wo ich sitze sitze ich
sagen sie und blähen den Hals
mögen andere in fernen Ländern kämpfen
und ihre Gedärme wehen lassen
oder mögen die Väter auf Kanzeln gestanden
und gesegnet haben
muldig gebettet und weit weg
von den Stürmen und Nägeln
gedeiht jeder Bauch in der Wärme
von Soßen und Nudeln
Giovanni oder wie er sonst heißt
wenn er in der Bahnhofshalle steht
vor den Gleisen mit allen anderen
und erzählt wie der Kapo war
der Kran und die Tiefe der Baugrube

In den letzten Jahren vor seinem Tod besuchte mich von Zeit zu Zeit Franz Jung. Er kam zu mir wie aus einer anderen Zeit, und ich habe in den Gesprächen mit ihm manches gelernt, das heute, sechs bis acht Jahre später, zum gängigen Schlagwort geworden ist. Er machte sich Gedanken über die jüngere Generation, über das, was kommen würde. Er war skeptisch und sagte, und das war das einzige, was in den verschiedenen Varianten, in denen er es anzuwenden und zu formulieren versuchte, immer gleichblieb: was er den Jüngeren wünschen könne, was er für sie praktikabel fände, sei ein gemäßigter, aber unbeirrbarer Anarchismus, ein Anarchismus sozusagen des täglichen Lebens, der nicht die Welt verändern oder verbessern will, sondern sich einfach nicht zufriedengibt mit dem, was so ist, wie es ist, der die mögliche Offenheit nicht nur in der Literatur und Kunst, sondern überhaupt, stillschweigend, weiter offenhält.

Helmut Heißenbüttel 1969 über den expressionistischen Dichter und Revolutionär Franz Jung, der 1888 im oberschlesischen Neiße geboren wurde. Krank und mittellos, verbrachte Jung die letzten Wochen seines Lebens, das er in seiner Autobiographie „Der Weg nach unten" beschrieben hat, in Stuttgart, wo er am 21. Januar 1963 im Karl-Olga-Krankenhaus gestorben ist. Jungs Grab liegt auf dem Neuen Friedhof in Stuttgart-Degerloch.

jetzt schiebt er sich zwischen die Tausend
und ist froh immer noch klein zu sein
mitten unter den Gleichen
wenn manchmal ein Reisender durchdrängt
auf der Flucht vor der Sprache
die zwitschert und schnell ist
diese Rache am Sonntag
für Stunden im Bahnhof
Da haben sie gepredigt und gewohnt
an allen Talausgängen seit Jahrhunderten
wo das Gras dick war
und meistens warmer Regen fiel
unter dem Deckel des Himmels
wo Gott Recht hat und Familien beschützt
wie jetzt auch die schönen Fabriken
für Wolle Bücher oder vielleicht
eine besondere Art von Mikroschrauben
aufgetürmt mit Geduld
und der ehrfürchtigen Liebe
für alles was lohnt
denn die andern sind sündig

Ich träume wenn ich wie üblich
Gästen die Stadt zeige
im Hubschrauber um den Fernsehturm
und langsam abwärts überm Schloß
daß sie schon mittags tanzen
in leichten Kleidern vor den Kirchen
und Italienern und Griechen
die an den Zebrastreifen warten
ihre Töchter anbieten
hastig und laut
denn wer gut ißt wird doch freundlich

„Erinnern s' Ihnen…“ Begegnung zweier Dichter

I Dieses Stuttgart!

Von Peter Handke

Von allen deutschen Städten, die ich kenne, habe ich mich nur in Stuttgart bedingungslos fehl am Platz gefühlt, und nicht einmal, als ich mit Hermann Lenz über den Killesberg ging, verging meine gesträubte Unbehaglichkeit vor dieser Stadt, während ich doch sonst in fremden Städten nur mit Leuten zusammen zu sein brauche, von denen ich nichts zu befürchten habe, und ich werde auch mit der Umgebung einverstanden. Aber in Stuttgart kam – wie Hermann Lenz das nennt – so etwas wie „Übereinstimmung“ nicht zustande. Wo wir auch gingen – es herrschte ein Villenleben, zugeschnürt und erstickt, weder Stadtwirrwarr, noch Naturaufatmen, eine hügelige Landschaft von Vorgärten und Naherholungs-Abtritten, wo man Mütter zu ihren Kindern sagen hört: „Noch bis zu diesem Strauch dort gehst du bitte, dann trag ich dich!“, wo Leute in Trainingsanzügen auf den Trimm-Dich-Pfaden plötzlich stoppen und genau vor dem angegebenen Kniebeuge-Piktogramm ihre zehn Kniebeugen machen und weiterrennen.

Peter Handke, 1942 in Griffen-Altenmarkt (Kärnten) geboren, hat mit seiner „Einladung, Hermann Lenz zu lesen“, die er 1973 erstmals in der „Süddeutschen Zeitung“ veröffentlichte, zweifellos zur späten Wertschätzung des Werkes von Hermann Lenz beigetragen.

Hermann Lenz erzählte, als er einmal im Wald Anemonen gepflückt habe, sei ein Herrenreiter vorbeigeritten und habe leutselig gesagt: „Ach, das gibt wohl eine Waldmeisterbowle!“

Durch die Innenstadt fuhren wir mit der Straßenbahn an den großen Kaufhäusern vorbei wie an Tunnelwänden. Dann wieder den Hügel hinauf, zurück in das Siedlungshaus an der Birkenwaldstraße, das noch der Vater von Hermann Lenz, ein Zeichenlehrer und Offizier, in den zwanziger Jahren hatte bauen lassen. „Hermann Lenz“ steht an der Gartentür: so hieß der Vater auch, und es ist noch das alte Schild.

In der Nacht im Hotel war es sehr ruhig. Ich warf eine Mark ein, und die Massagevorrichtung unter dem Bett vibrierte stumpfsinnig. Als sie sich ausschaltete, lag ich wie abgeworfen und kam mir lächerlich vor. Noch bis tief in der Nacht heulten überall in der Stadt, auch weit entfernt, die Straßenbahnen, die die Hügel hinauffuhren, und in der Morgengrauenstille heulten sie schon wieder… Dieses Stuttgart! dachte ich fassungslos. Diese Straßenbahnen! Diese Villen und Straßenbahnen!

Erinnerung an Stuttgart

Dort hat es mir gefallen. Einundfünfzig Jahre lang / Hab ich in Stuttgart leben dürfen. Das genügt / Sagen die Leute, und das Schicksal denkt / Wahrscheinlich wie die Leute, weil es sonst / Mich nicht vertrieben hätte aus der Heimat.

Hermann Lenz

Dann fiel mir ein Bruchstück aus einem Satz ein, den die Frau von Hermann Lenz – sie stammt aus Bayern – gesagt hatte, während wir an einem Tennisplatz vorbeigingen: „Erinnern S' Ihnen…“, hatte sie gesagt und sich dann verbessert: „Erinnern Sie sich…“, und als mir das einfiel, kam doch noch so etwas wie „Übereinstimmung“ zustande.

Hermann Lenz Photographie von Isolde Ohlbaum (1986)

Hermann Lenz, 1913 in Stuttgart geboren, veröffentlichte 1936, noch als Student, seinen ersten Gedichtband und 1938 seine erste Erzählung „Das stille Haus". 1940 wurde er Soldat, 1946 kehrte er aus amerikanischer Kriegsgefangenschaft nach Stuttgart zurück. Von 1949 bis 1957 war er Sekretär des Stuttgarter Kulturvereins und von 1951 bis 1971 Sekretär des Süddeutschen Schriftstellerverbands. In seinen autobiographischen Romanen (u. a. „Andere Tage", „Tagebuch vom Überleben und Leben" oder „Ein Fremdling"), einer Art Lebenschronik, nimmt Stuttgart einen besonderen Platz ein. Hermann Lenz, der nach Verkauf des elterlichen Hauses 1975 nach München zog, hat auch in den „Stuttgarter Spaziergängen" seiner Heimatstadt seine Reverenz erwiesen.

II Vertrautes mischte sich mit Schwierigem

Von Hermann Lenz

Er besuchte mich im Frühjahr 1973. In der Nacht hielt das Taxi auf dem anderen Trottoir. Es stieg aus, hob eine Plastiktüte zum Gruß hoch und kam über die Straße. Er sah aus, wie ich ihn von Photographien kannte (mit schulterlangem Haar und dunkler Brille), und war größer als ich. Er sagte: „Das ist das Haus, in dem Sie seit fünfzig Jahren wohnen", und ich sagte: „Ja. Trotzdem will man mich daraus vertreiben."

Er schaute auf die Seite. Dann redete ich allzu viel und allzu schnell und auch noch irgendwie vom Krieg. Ich war befangen, und Vertrautes mischte sich mit Schwierigem.

Mir kam es vor, als trüge er das lange Haar, die dunkle Brille und den Schnurrbart, um sich zu verhüllen oder abzuschirmen; und dann wahrscheinlich um sich anzugleichen, nicht aufzufallen unter Gleichaltrigen. Ich dachte an die Zeit Ende der fünfziger Jahre, als alle jungen Leute das Haar kurz getragen hatten. Damals hatte ich mir eine andere Mode gewünscht, mit dicken Bärten und wallenden Frisuren, weil mich die kurzgeschorenen Köpfe an Sträflinge und römische Freigelassene erinnert hatten. Und schließlich hatte ich als Student aus Protest gegen den herrschenden Zeitgeist auch langes Haar getragen.

Peter Handke sagte: „Das Kind ist endlich eingeschlafen, als ich wegging", und meinte seine vierjährige Tochter Amina, die er im Hotel gelassen hatte. Am andern Vormittag stand sie unten in der Diele und schmiegte sich an den Papa; sie hatte ein rosa Dirndl mit weißer Spitzenschürze an.

Wir saßen dann im Garten, und er las Amina das Märchen vom Rotkäppchen vor. Sie saß und hörte auf den Vater, der sie nie ermahnte; nur manchmal sagte er: „Amina!"

Hernach gingen wir über die Wiesen bei der Villa Porsche und durch die Grünewaldstraße. Er fragte mich: „Sind Sie einsam?" Es kam mir vor, als würde ich durchleuchtet. Und einmal, als ich ihm erzählte, was ich sagen würde, wenn ein anderer mir bösartig käme, sagte er: „Das können Sie doch gar nicht sagen", und lächelte dabei.

Wir gingen im Kräherwald, und Amina rief: „Oh, ein Blumenwald!" Sie pflückte viele Anemonen, wurde müde und wollte von Papa getragen werden. Da sagte er zu ihr: „Wenn du noch bis zu diesem Busch dort gehst, dann trag' ich dich."

Es war ein heißer Tag, und wir tranken Fruchtsäfte im Vorgarten des Cafés „Lenzhalde". Dann fuhren wir mit der Straßenbahn hinunter, und er schaute einmal rechts durchs Fenster und dann links. Er war abwesend, als ob er hinter einer Mauer säße, die nur für ihn durchsichtig war. Sein Blick erschien mir wie ein Wurfgeschoß.

Als er gegen den Herbst zu ein zweites Mal hier war und wir zwischen den Killesberg- und Feuerbacher-Heide-Villen gingen, blieb er stehen, schaute sich um und sah auf die dunstige Stadt zwischen den sanften Hügeln. Dies erschien mir als freundliches Bild, besonders jetzt, bei hellem Wetter. Und reiche Leute hatten allenthalben Villen, Burgen, Edelsitze. Schade, daß du nicht zu denen gehörst, dachte ich, während er den Kopf schüttelte und sagte: „Ich kann da nicht ... Ich könnte hier nicht leben."

Selbstporträt auf dem Stuttgarter Schloßplatz

Von Friedrich Christian Delius

Der Lyriker und Romancier Friedrich Christian Delius, 1943 in Rom geboren und im hessischen Wehrda aufgewachsen, wurde zunächst mit satirischen Dokumentationen bekannt. Sein 1972 erschienenes und von der Literaturkritik geschätztes Buch „Unsere Siemens-Welt. Eine Festschrift zum 125jährigen Bestehen des Hauses Siemens“ führte zu einem aufsehenerregenden Prozeß vor dem Oberlandesgericht Stuttgart, der 1975, nach drei Jahren, mit einem Vergleich endete. 1976 erschien eine erweiterte Neuausgabe mit einem Anhang „über den Prozeß, über die Kunst der Satire, die Menschenwürde des Konzerns, Bierpreise und den verlorenen Kredit des Hauses S.“

Hier fällt alles auf,
    was nicht mehr so neu ist, mein Mantel,
    was nicht strahlt (bei der Januarsonne!),
    nicht fit und in Form ist,
ich fall mir auf:
    die Augen müde,
    die Brille nicht geputzt,
    ich müßte auch die Haare endlich waschen,
aber heute
keine Zeit,
man stellt uns nach,
    da haben ein paar der mächtigsten Herren –
    Siemens, ihr wißt schon – Angst
    vor deinen Büchern, vor
    ein bißchen Wahrheit, und schon
    setzen sie ihre Apparate ingang und
    verändern dein Leben,
    da hockst du plötzlich in öden Gerichtsfluren
    und Anwaltsbüros rum und rennst
    nur noch Terminen hinterher.
In einer Pause denk ich,
    ich würd gern duschen jetzt,
aber ich weiß keine Dusche hier in der Nähe, also
geh ich zwischendurch mal übern Schloßplatz.

(„Und dieser etwas verlotterte,
bißchen schläfrig-ängstlich sich umblickende
mittelblonde 1,83-Typ, Dichter, Doktor
der Philosophie, der soll es sein,
der die Spitzen eines 15-Milliarden-Konzerns
aufscheucht? Das glauben Sie
doch selber nicht!")
Ich glaub es
selber nicht.
Was seh ich,
ich seh nicht viel,
ich sehe
diese solide Schönheit der Bauten,
diese solide Schönheit der Schwäbinnen!
Ich will aber duschen jetzt oder
raus hier aus diesem sauberen Loch Stuttgart!
Fall ich den Leuten schon auf?

Wie fiel den Leuten dieser Schotte auf,
wer kennt seinen Namen noch, Mc Leod,
flüchtig observiert und schnell erschossen,
von hinten und durch die Tür, auch
als er gar nicht besonders auffiel?
Ich weiß, ich weiß:
so eine Zivilklage und 200 000 DM Streitwert
sind nichts gegen eine Maschinenpistole,
so ein Prozeß ist nichts gegen
die unbekannten Klassenkämpfe von Erlangen
und die bekannten Morde mit und für Siemens u.a.
in Mozambique.
Ich geb auch zu,
ich trag ein bißchen Stolz spazieren,
verfolgt zu sein, das ist ja
fast ein Privileg für unsereinen,

entdecke unter den mehr als hundert Fußgängern ringsum
eine junge Schwarze,
    die auch wieder der Davis ähnlich
    sieht und deshalb auch aussieht,
    als spräche sie deutsch.

Ich hab den kleinen Wunsch,
    mit ihr im Auto durch die Schwäbische Alb
    zu kurven und zu hören, was sie dazu sagt,
zum Autofahren durch die Alb oder
zu meinem noch immer ungeklärten Verhältnis zu ländlicher
    Landschaft,
zu Siemens oder
zu meinen fertigen Sätzen, die mir Mut machen sollen, wie:
    Na gut, wir siegen gegen Siemens,
    aber wer siegt gegen Bosch und Daimler, IBM?
    Und neben mir im Auto sagt die
    schwarze oder weiße Freundin:
    Siemens ist kein kleiner Fisch,
    nimm erst mal den und sei bescheiden,
    laß den andern auch noch was.
    Und irgendwo bei Schwäbisch-Hall die
    unvermeidliche, die Diskussion:
    was wär das überhaupt fürn Sieg,
    ein Sieg auf dieser Ebene?
Aber das
wäre nur eine
von vielen Möglichkeiten.
Ich könnte wieder mal Hölderlin besuchen,
    ins Sozialistische Zentrum gehn,
    viele Filme sehn, irgendwelche Filme,
    die ewigen Sorgen des Buchhändlers Niedlich
    anhören,
aber am liebsten

Mädchen in Stuttgart

Mich traf ein Mädchen. Und das tat weh / Die Tränen sprangen ihr aus dem Gesicht / Sie schrie: vonwegen! vonwegen! / Vonwegen sich selber umgebracht! / Das wär ja gelacht / In Filbingers Super-Knast / Das kommt denen doch gelegen / Genau wie Ulrike! vonwegen! vonwegen / Die drehn's immer wie's ihnen paßt /

So sprach das Mädchen, aber ich / Denk so wie du: ich glaub sie schon / Die staatserhaltende Selbstmordversion / – wozu sollte Filbinger lügen? / Es lassen die Massen am besten sich / Mit Wahrheiten betrügen /

Die blutigen Bürgerkinder im Knast / Der Baader, die Ensslin, der Raspe / Die Alchimisten der Revolution / Ich glaube, sie haben beides: sich selbst / Und sie wurden soweit gebracht / Verzweifelt an sich, verzweifelt an uns / Und haben den letzten schwarzen Schritt / Zu dritt sehr alleine gemacht /

Doch hätt das verzweifelte Mädchen recht / Und käm es heraus übers Jahr / Daß der Selbstmord kein Selbstmord war / – du! mach dir nix vor! Zu viele hier / Fänden es gut so. Es würde das Bier / Noch besser schmecken, sie würden sich freun / Wie über die Prachtkerls vom „GSG 9“ /

Doch würd sich auch anderes zeigen / Es würde in diesem schönen Land / Die Zahl derer, die sich mit eigener Hand / Umbringen, noch schneller steigen /

Wohin mit den Tränen? Was wird mit ihr? / Was mit dem Mädchen und überhaupt hier / In diesem blühenden Krisenland? / Ich werde wohl bald

würd ich jetzt wirklich duschen und dann abhaun und
im Auto durch die Schwäbische Alb kurven.
    Freun Sie sich nicht zu früh,
    Herr von Siemens, Herr Abs,
    ich oder wir hauen nicht ab, schon gar nicht
    vor Ihnen.
Da
geht ein Mann,
der wie Neruda aussieht,
Neruda sieht aus wie ein Schwabe und spricht so.
Da
geht eine alte Frau,
die wie meine Großmutter aussieht –
diese Familie, die mich für naiv
und Sozialismus für die gefährlichste Sache der Welt hält,
sie alle wünschen Erfolg in diesem Prozeß,
der nicht mein Prozeß ist.

Da
geht eine Frau,
die wie Marianne Herzog aussieht,
ich könnte diese Fahrt
    von mir aus
    mit Marianne Herzog machen,
    die würde sich nach der Quälerei im Gefängnis,
    die sie grade hinter sich hat oder
    immer noch nicht hinter sich hat,
    sicher wahnsinnig freuen,
    mal ein paar Stunden rauszukommen.
Aber ich weiß nicht,
könnten wir uns nach so langer Zeit
überhaupt verständigen? Das
war schon damals schwierig:
    1966, in einer Londoner Wimpybar,
    über die Spontaneität der Beatles,
    ich kam da nie richtig mit.

Aber mehr interessiert mich in diesen Sekunden,
ob sie was
und was sie zu ländlicher Landschaft sagt,
egal was –
Ich remple jemand an,
ich muß zurück,
schon fällt mir wieder alles ein,
was ich schon weiß:
diese berühmte schwäbische Landschaft
ist wie jede Landschaft
eine Landschaft der Klassenkämpfe,
und nicht nur bei Daimler, o.k.?
Ich muß zurück,
und nehm mir vor für später,
mal auf einen dieser Stuttgarter Hänge
zu steigen, wo alte Männer eine Kneipe
haben sollen mit gutem württembergischen Wein
und manchmal von alten Kämpfen, KZ und
den schlimmen 50er CDU-Jahren erzählen,
und
bin schon wieder ganz geschäftig
(„... der soll es sein,
der die Spitzen eines 15-Milliarden-Konzerns
aufscheucht? Das glauben Sie
doch selber nicht!")
Ich glaub es immer noch nicht,
kauf schnell noch Stuttgarter Brezeln
für die Freundin in Berlin
und laß
den Schloßplatz hinter mir.

ihr Foto sehn / Es wird in der Reihe mit anderen stehn / Beim Bäcker im Fenster. Und eine Hand / Mit Kugelschreiber bewaffnet, wird dann / Auskreuzen mit einem Krakelstrich / Ihr Menschengesicht

Wolf Biermann

Photos von Werner H. Müller

Jean Améry (eigentlich Hans Mayer), 1912 in Wien geboren, floh 1938 nach Belgien, schloß sich dem belgischen Widerstand an und verbrachte zwei Jahre in den Konzentrationslagern Auschwitz, Buchenwald und Bergen-Belsen. Nach der Befreiung lebte er als freier Schriftsteller in Brüssel. Erst auf Veranlassung von Helmut Heißenbüttel veröffentlichte Améry seine literarischen und autobiographisch-essayistischen Arbeiten in der Bundesrepublik, u. a. „Lefeu oder der Abbruch", „Jenseits von Schuld und Sühne", „Über das Altern. Revolte und Resignation" oder „Hand an sich legen. Diskurs über den Freitod". 1978 wählte Jean Améry in Salzburg den Freitod.

Stuttgart liegt durchaus in Schwaben

Von Jean Améry

Warum nicht nach Stuttgart? Dort hat sich angenehm Provinzielles schwäbisch-gediegen erhalten, auch greift schön die Landschaft hinein in die Stadt, die ihrerseits sich hinaufbewegt in die Hügel, so daß man niemals genau weiß, wo Stuttgart beginnt und wo das Land endet. Frankfurt liegt nirgendwo: es ist hineingesprengt in eine Landschaft, die keine mehr ist, da sie doch nur noch aus drohenden Industriekomplexen besteht. Stuttgart aber liegt durchaus und, so möchte ich hoffen, für immer in Schwaben. Dort werden die literarischen Assoziationen nicht eisig dementiert von der geschauten Wirklichkeit. Mörike ist nahe, und wem da der Heine-Vers einfällt „In Schwaben besucht ich die Dichterschul / Gar liebe Geschöpfchen und Tröpfchen", so weiß man zwar, es gibt keine Schwäbische Dichterschule heut', aber doch ein Schwaben, das mit Anstand den Bogen zu spannen sucht von der Tradition zur modernsten Moderne. Wann immer ich diese Stadt besuche, fühle ich mich wohl, sogar die leicht mißtrauische Höflichkeit der Hotelwirte gefällt mir, so angenehm hebt sie sich ab von der schreckeinflößenden Effizienz in gleichartigen Frankfurter Etablissements. Ich habe auch in Stuttgart meinen Verleger, und würde man es mir nicht gleich als Schleichwerbung für ihn und mich auslegen, ich nennte gerne seinen Namen. Der ernste konservative Mann mit dem würdigen Knebelbart hat intellektuell wohl nicht sehr viel und politisch gar nichts gemein mit mir. Aber dennoch bringt er meine Bücher heraus, an denen er nicht eben reicher werden dürfte, als er es glücklicherweise schon ist. Er tut es aus eingeborener Liberalität und führt mit dieser den täglichen Nachweis, daß nicht unbedingt faschistisch oder faschistoid sein muß, wer da bewahren und vielleicht sogar beharren will. Er folgt dem Prinzip Treue, der Patrizier aus Stuttgart, das ein unentbehrliches Komplement des Prinzips Hoffnung ist.

Typoskript zum zehnjährigen Bestehen der Buchhandlung Niedlich. Helmut Mader, 1932 im schlesischen Oderberg geboren, galt schon mit seinem ersten, 1955 erschienenen Gedichtband „Lippenstift mit Seele" als überragendes Talent. Sein „Selbstporträt mit Christopher Marlowe" (1965) erfüllte diese Erwartungen. Helmut Mader, der lange Jahre in Waiblingen und in Stuttgart lebte, starb 1977.

GEDICHT MIT MOTTO FÜR WENDELIN NIEDLICH von Helmut Mader

Als ich ihm einmal ein Buch klaute,
verzieh er mir gnädig.
Doch auf meine Bemerkung,
er sei
ja immerhin auch ein freier Unternehmer,
reagierte er sauer. (Chotjewitz war Zeuge.)

Zehn Jahre lebte er am Rande der Pleite.
... und Max Bense wenn man darauf
zu sprechen kam fragte nur
obs einem aufgefallen sei wieviel Anzüge der
in den letzten drei Monaten sich gekauft hat... (mir fiels nie auf)
lebte also fröhlich dahin am Rande der Pleite
(und an jenen heiteren Rändern die
Bankrott und Kapitalismus
so ab und zu an sich haben)
zwischen schönen Bildern und Büchern
mit Bier und muntern Gesprächen mit Malern Autoren und andern
lebte dahin
weise und fröhlich
(und alle Rechnungen zweimal
schickend)
und ging nicht Pleite.
Wer möchte da also nicht
zehn Jahre Wendelin Niedlich gewesen sein?

Der unwirsche Buchhändler

Von Hans Peter Breuer

Hans Peter Breuer, 1939 in Olpe (Sauerland) geboren, lebt als Autor und Hörspieldramaturg in Stuttgart.

In die Buchhandlung Niedlich kehren wir gern einmal ein. Im Winter ist es dort warm, im Sommer angenehm kühl. Im übrigen aber wollen wir auch ein Buch dort kaufen, wenn auch zwar zum Beispiel nur, um einer nahen Freundin zum Geburtstag eine kleine Aufmerksamkeit zu bereiten, denn wir selbst lesen ja recht wenig.

Uns schwebt etwas Leichtes, Blühendes, Rührendes vor, das zugleich aber herzzerreißend und traurig ist. Ob Niedlich so etwas vorrätig hat?

Mir träumte, daß ich ein winzig kleiner, unschuldiger, junger Bursche war, der seine Hände in die Luft hineintauchte, um Werke von Albert Engström, Karl Arnold Findeisen, Baldwin Longstreet, Mechthilf von Hackeborn und Adolf Glasbrenner hervorzunehmen. Ich stand bequem und leicht dahingelehnt, ab und zu einen Laut von mir gebend, mitunter auch schmunzelnd an der Bücherwand. Ich verweilte in der Kinderbuchabteilung, in der Jugendbuchabteilung, ich richtete ein Augenmerk auch auf den Schallplattenneuerscheinungsmarkt mit den Neuerscheinungen der Gebrüder Blattschuß, auch in die Abteilung „Literatur der Arbeitswelt“ roch ich kurz hinein.

Ich betrachtete die Zeit, die ich dort blätternd, lesend oder hörend verbrachte, als sehr zweckmäßig in die Waagschale geworfen. Auch treffen wir ja bei Niedlich immer wieder einmal Freunde und Bekannte. Da drüben ist zum Beispiel Hanno Erbse, den ich sehr hoch schätze, den wir aber wer weiß wie lange nicht gesehen haben; er sieht blendend aus.

Dann stoßen wir mit jungen Frauen in Karl-Lagerfeld-Kleidern zusammen, die sich gleichfalls für Literatur interessieren und vielleicht sogar unsere Bekanntschaft machen möchten. Die Poesie ist der Quell ihrer Freuden. Denn die Philosophie macht ja nur die Silberhochzeit zwischen den Begriffen, die Dichtkunst aber die erste. Es macht uns glücklich zu glauben, ihnen behilflich sein zu können. Sie suchen ein Bändchen Prosa von Thomas Parry-Williams, Arthur Quiller-Couch oder Michael Schulte. Wir wissen zwar auch nicht genau, wo wir es suchen sollen, doch können wir zumindest einmal fragen; fragen kostet ja nichts.

An wen sollen wir uns also wenden? Die Buchhandelsmädchen, bei denen wir uns Gehör verschaffen könnten, scheinen im Augenblick gerade zum Mittagessen fortgegangen zu sein, wenn der Eindruck nicht täuscht, den wir haben. Oder sie sind im Augenblick wirklich alle beschäftigt. Aber der Mann dort drüben mit der randlosen Brille, der wie beiläufig aus seinem Penseezimmerchen durch die Tapetentür lautlos in den Verkaufsraum getreten ist und den Eindruck erweckt, als sei er vor einer halben Stunde mit dem Motorroller verunglückt, ist das nicht der Buchhändler selbst? Wir haben schon Schwielen am Hintern vom langen Warten auf ihn, nun wollen wir im Nu bei ihm vorstellig

Germany? What does it mean? Lufthansa, Volkswagen and Mercedes. And I personally vote Rudolf Augstein for Bundeskanzler, to make sure that Strauß will never have a chance. I suggest Wolfgang Neuss as Foreign Minister, he ist nervous enough for this job and he has a quick sense of humour. And how about Wendelin Niedlich, Buchhaendler in Stuttgart for Bundestagspraesident? He is charming.

Jakov Lind, 1970

Denke ich, nein nicht an Deutschland in der Nacht, sondern an die 25 Jahre des Wendelin Niedlich, denk' ich ans Brot der frühen Jahre, an die Anfänge der sechziger Jahre in der Schmalen Straße, so habe ich eine andere Stadt, andere Szenen, andere Leute vor Augen. Nichts von Posthistorie und Zivilisationsverdruß, kein Hauch von Ökologie und Tarot. Dafür Max Bensens Großvorlesung am Montag, Kreuzers Dichtervorführung am Dienstag. Maders Exaltationen am Dienstag; das Obere Eck am Donnerstag und Emma Widmers Weinstube am Freitag.

Marlis Gerhardt, 1985

werden und uns den Tatbestand seines breiten Wissens und seiner reichen Erfahrung zunutze machen.

Leise und angeregt treten wir an ihn heran, wobei wir uns so kurz wie möglich fassen, um uns hernach umso länger mit ihm beratschlagen zu können. So und so lauten unsere Fragen, dies und jenes hat sich bei uns angestaut.

Wir drücken uns so klar und deutlich aus, als würden wir eine weibliche straffe Brust streicheln, doch der verschwiegene Buchhändler macht ein Gesicht wie sieben Tage Regenwetter. Gewiß ist ihm eine Laus über die Leber gelaufen, denken wir sorgenvoll. Die Handbewegung allerdings, mit der er alles auf den Sortimenter schiebt, ist zwar unwirsch, aber auch geradezu rührend, nicht frei von einer gewissen Lügenhaftigkeit. Um ehrlich zu sein, sie überzeugt uns letzten Endes fast sogar.

Du Wendelin, flüstert ihm jemand leise ins Ohr, die Sache mit der Gastprofessur ist endgültig geplatzt.

Mit welcher Gastprofessur?

Na ja, du weißt doch.

Was? Endgültig geplatzt?

Endgültig geplatzt.

Die das sagt, aber ungenannt bleiben möchte, scheint völlig aufgelöst und aus der Naht zu sein.

Der Buchhändler aber lächelt und tritt aus seiner sprichwörtlichen Reserve. Er tritt aus seiner sprichwörtlichen Reserve und lächelt.

Jan Peter Tripp: „Am Tag der offenen Tür", Radierung 1975. Von links: „Max Bense, Wendelin Niedlich, auch ein Patient, Helmut Heißenbüttel"

Spaziergänge in Stuttgart

Von Helmut Heißenbüttel

Die Zeichen der Bäume erheben sich wie zu Sätzen geordnet auf den Wiesen
und das Panorama der Stadt in pastellenen Tönen breitet sich aus hinter diesen

ein langsam vorübergeschobener Schauer dann macht der Regen
Muster aus Flecken das sich verdichtet im Park auf asphaltierten Wegen

von Halbhanglagen strömt nachmittags Ostergeruch in die Talsohle hinein
während Märzensonne das Tal überquert von Hang zu Hang mit gelbem Schein

Architektur aus Staffeln Stadtlandschaftstreppenarchitektur
Straßen und Jahre die ich mit der Straßenbahn zwei einundzwanzig neun abfuhr

Perspektive der Rotebühlstraße von der Staffel zur Reinsburgstraße aus gesehn
die Karrees des Westens und die spitzen und flachen Ecken von Ostheim richtig zu verstehn

Foto vom Nachmittagsgegenlichtpflaster Nähe Feuersee
Gegend durch die ich über Jahre mich verändert habend verändert geh

talhinab früh im Gegenlicht schwankende Straßenbahnen
plötzlich ist was erreicht nie wurde Unwiederbringliches zu ahnen

Talabbeleuchtung früh Rotebühlstraße Gewittergußglanz
offen gestellt was gekommen erfüllt nie ganz

Foto die Staffel im Sünder betreffend oder Blick abwärts Silberweg
Gablenberger Hauptstraße auf und ab Routen denen ich zu folgen pflegte manchmal noch pfleg

Helmut Heißenbüttel, 1921 in Rüstringen bei Wilhelmshaven geboren, arbeitete seit 1957, zunächst als Assistent von Alfred Andersch, beim Süddeutschen Rundfunk. 1959 übernahm Heißenbüttel die Redaktion „Radio-Essay", die er bis zum Sommer 1981 als „Einmann-Büro" für Literatur, Theorie und Kritik weiterführte.
Heißenbüttel veröffentlichte experimentelle Arbeiten in seinen „Textbüchern"; daneben Hörspiele, Textcollagen, zahlreiche Essays und den Roman „D'Alemberts Ende".

im Sünder steigend als Ruth ungefähr fünf gewesen sein muß
Sommerlicht vormittags oberhalb Heslach Gedicht über die
Übung zu sterben und Schluß

des Spätfrühlings einst sich hier überstürzender Triumph
Unzahl ineinander verschlungener Wege vom Abgehn auch
stumpf

Donizettistraße mittlerer Kirchhaldenweg Feuerbacher Tal
Doggenburg Herdweg Berliner Platz
ein aus Straßennamen gebildeter variabel mit Inhalt
auszufüllender Satz

Waldhinaufblick Chopinstraße abendlich im Schatten
Prospekt dessen was wir konkret entfaltet als Leben hatten

als wir in dieser Stadt ankamen waren die Kinder klein oder noch
nicht geboren
nun sind sie erwachsen und an die Welt wie ich mir siehe Goethe
verloren

Luftbild von A. Brugger (1982)
Freigegeben vom Reg. Präsidium Stuttgart Nr. 2/53754

Ort der die Kinder erwachsen gemacht hat was bedeutet das für
den Pendler zwischen Villa Berg und Botnang
Arbeitsplatz Arbeitsweg Mittagsgang irgendwo jene Stelle von
der ich mich und dann wieder nicht los schwang

los und nicht los eingebunden ins Vermischte aus Terminen
Ansprüchen Verlockungen Abfällen Kompromissen
Erledigungen und Bildern
zusammengestückt als Erinnerungsabfolge so weit und nicht
weiter zu schildern

unterminiert von konkreter Erinnerung Bilanz gemacht
Stadt im Stehen eingeschlafen wie ich nie wieder richtig
aufgewacht

Stadt von rückwärts gesehn und unverständlich was einst auf
mich zukam
darüber die Spanne Lebens verrann die mir zustand und weder
ab noch zu nahm

Winkel Verstecke verschwiegene Stellen Ecken Keller Lokale
unsichtbar in den Stadtplan eingezeichnete Initiale

Flecken von Pflaumblütenweiß Kirschblütenweiß
Birnblütenweiß Apfelblütenrot
über die Hänge verstreut wo zu anderen Zeiten das Violett des
Sommerflieders oder das Karmin des Essigbaums loht

Arbogast Comes später pendelnd sagen wir Hausmannstraße am
Rand des Tals entlang
bewachend diesen wie mit abrupter Hand in den Stuttgarter
Stadtplan eingezeichneten Spaziergang

Arbeitstagebuch oder Im Dickicht der Stadt

Von Hans Werner Henze

Hans Werner Henze, 1926 in Gütersloh geboren, erhielt seine musikalische Ausbildung bei Wolfgang Fortner in Heidelberg und später bei René Leibowitz in Darmstadt und Paris. Die Württembergischen Staatstheater Stuttgart engagierten sich in besonderer Weise für Henzes Werk.

Inga Nielsen in Hans Werner Henzes für Stuttgart komponierte Oper „Die englische Katze" (1983). Photo: Hannes Kilian

27. September 1982
Montag mittag

Komme eben aus der Bühnenprobe mit Orchester für den 2. Teil von „Wir erreichen den Fluß". Wie glücklich kann ich mich schätzen und tu es auch, daß dieses Theater, dieses Kulturinstitut, diese moralische Anstalt mich aufgenommen hat. Man kümmert sich hier um mein Werk mit Beständigkeit und mit wachsendem Erfolg draußen und drinnen im Haus. Das verleiht mir ein Gefühl, daß da so etwas wie eine Heimat sich heranbildet, und mir gefällt ja auch vieles hier, nicht zuletzt wegen einiger Erinnerungen an die „schlechte Zeit", als ich aus Heidelberg nach Stuttgart herübergetrampt bin wieder und wieder, um wichtige neue Musik hier zu hören. Schlief auch einmal im Stadtpark, nach der deutschen Erstaufführung des Bergschen Violinkonzertes mit Tibor Varga (schrieb 47 mein erstes Konzert mit dem Gedanken an ihn und mit der Hoffnung, daß er es spielen würde, was er dann nicht tat, aber es war schön, denn es war Frühling, ich erinnere mich an die blühenden Kastanienbäume, oder bringe ich da was durcheinander?), und schlief auch einmal kurz mit einem amerikanischen Kulturoffizier, der im Privatberuf Schallplattenhändler war in Chikago, für zwei Schachteln Chesterfield und sechs Hemden mit abgeschabten, einem Gentleman nicht zumutbaren Kragen. In der schweren Zeit waren Liselotte Gierth, die Pianistin und erfolgreiche Pädagogin, und ich sehr befreundet. Wenn ich nach Stuttgart kam, konnte ich meist bei ihr wohnen im ländlichen Degerloch, und mit ihr teilen die Lebenslust, den Hunger und die Nikotinsüchtigkeit, und auch noch die verrückte Liebe zur Musik. Auch heute sehen wir uns zuweilen, so z. B. heute nachmittag.

Wohne in einer kleinen, mit Möbeln vom Trödler ausstaffierten Wohnung, Faustos Initiative, und wenn ich aus dem Fenster schau, sehe ich eine Wiese mit Apfelbäumen, zwei adrette Bürgerhäuser vom Anfang des Jahrhunderts und dahinter den tollwutgefährdeten Wald, in dem ich in freien Stunden spazierengehe und viele alte Damen mit Dackel und Hut treffe. Über diesem Wald ging vor ein paar dieser glänzenden Spätsommertage der Neumond auf, den ich mit drei Wünschen begrüßte. Ein Hund heulte etwas bedrohlich. Es war so mörikehaft, wie Sie nur wollen, aber was sagen von dem Fernsehturm, der sich rechts vom Mond in das Firmament streckt und rot blinkt (als ob der Mond nicht genüge und er ihn ausstechen wolle in seiner gigantischen Häßlichkeit, und mir flüchtig und nachsichtig mit seinen Scheinwerfern über die Augen fährt), wo soll ich ihn unterbringen? Wenig fällt mir zu diesen Türmen ein, die uns immerzu ermahnen, daran zu denken, daß wir im 20. Jahrhundert leben, ob wir wollen oder nicht, und die die Macht darstellen (und Opulenz), und die uns den Eindruck verschaffen, daß wir bewacht sind, beobachtet, wie wir gerade am Fernsehschirm die für uns bestimmten Nachrichten aufnehmen, die gerade einer von ihnen ausstrahlt und die wir nicht glauben wollen. Aber ich bin so frei und erhole mich, wenn ich unter die Menschen gehe. Also gehe ich in das Zentrum der Stadt und schaue mir die Illyrier an, die Phönizier und die Leute aus der Magna Grecia, die sich dort ergehen an den arbeitsfreien Tagen, mit und ohne Familie, allein oder in Gruppen, oder die vielleicht arbeitslos sind. Ganz getrennt von ihnen flaniert bundesrepublikanische Jugend, feiert sich selbst, würdigt diese Fremden keines Blickes, als wären sie gar nicht da. Die Schwaben unter ihnen sehen ernst und calvinistisch aus, sie gehen stolzerhobenen Hauptes ihrem Broterwerb nach, entsteigen, nie ohne eine Plastiktüte in der Hand, U-Bahnstationen oder den automatischen Schiebetüren des Kaufhauses und zeigen ihre Gefühle nicht. Sprechen tun sie, aber denken nicht wie Hölderlin, gern möchte ich mir vorstellen, daß unter ihnen, unerkannt und unbewußt, der Messias der deutschen Sprache einhergeht (noch ist sein Stern uns nicht aufgegangen) oder einer, der mich lieben würde, wenn er nur wüßte, daß es mir etwas ausmachen würde. Auch aussehen tun diese jungen Schwaben ein wenig wie der Holder, es sind schöne Menschen, mit strohblondem Haar und milden kornblumenblauen Augen. Großstädte produzieren so etwas nicht, jedenfalls nicht in einem so erstaunlichen Ausmaß. Gestern sah ich ein junges Paar, das so wirkte, als hätten Dürers Adam und Eva soeben ihre Goldrahmen im Prado verlassen und wären auf Flügeln des Gedankens in unsere Mitte, auf die Königstraße geeilt. Ich bewunderte sie und hatte sogar einen schwachen Moment, als ich mir wünschte, auch ein Schwabe zu sein und 21 und strohblond und 1 Meter 80 groß, da hätte ich doch eine Legitimation, mit Adam oder Eva, oder mit beiden zugleich ein Schwätzle anzufangen. Aber auch hier ein Fremder, ein Saupreuß ist es, einer mit schmerzenden Augen, mit weniger Haaren auf dem Kopf als Saiten auf seiner Leier, der da absonderlich und korpulent mit zerschlagener Nase den Schloßgarten durchquert, leicht traumatisiert, Richtung Opernhaus. Der Schloßgarten so friedlich, die Schwäne so weiß, die Fontäne rauscht, die Liebespaare schnäbeln und schwäbeln, und über all dieser Idylle der Fernsehturm, mitten drin das allgegenwärtige Polizistenpaar, zwei von des Führers Lieblingshunden an der Leine: sie wachen strikt über die Einhaltung des Grundgesetzes. Gastarbeitslose fliehen über gepflegte Wiesen.

Stuttgart, das ist eine Provinzstadt, die ab und zu mal mehr ist, das hängt wohl immer von den Leuten ab, die gerade da sind. Allerdings besteht die Neigung, daß Leute, die da sind, niedergebügelt werden. Was gibt's noch? Stäffele.

Peter Härtling, 1986

Die Stuttgarter sind mir eigentlich ganz sympathische Leute, das sind Bauern, das sind Bauern im positiven Sinn, das sind auch alte Bauernkrieger, Leute mit Substanz, das ist natürlich die Minderheit, aber ich mag die Minderheiten, ich bin ein Minderheitenmensch, und dann gibt es hier natürlich eine schöne Landschaft.

Alfred Hrdlicka, 1986

Die Landschaft, die unebene, das viele Grün sagt zu, besonders bei gutem, strahlendem Wetter. Doch wenn tiefhängende Regenwolken den Talkessel zudecken, wird es ringsherum finster für den Fremden. Die Stadt schaukelt ihn hin und her zwischen anheimelndem Licht und unheimlichem Dunkel.

Der türkische Schriftsteller Yüksel Pazarkaya (1985) über seine Studienzeit in Stuttgart

Vom Leben jenseits fester Plätze

Ein Kongreß der Berber – Aus einer „Beschreibung“ Von Günter Herburger

Das erste Mal, daß ich uneingeladen freiwillig mit höchster Erwartung zu einem Kongreß fuhr und außerdem hatte ich mich gut vorbereitet, was hieß, planvolles Verludern, weder Rasur noch morgendliche Wäsche, Schlaf in Kleidern, Aufenthalt im Freien, nachts bei Regen mit einer Tüte über dem Kopf. In der Anpassungsphase gab es noch Verzögerungen, denn bekümmert stellte ich fest, wie sehr ich aus der Übung gekommen war, doch dann stieg ich, bewaffnet mit einer 2-Liter-Flasche Etschtaler, in den Zug, ein Euphemismus in Hoffnung auf die Brüder und Schwestern, die nicht so kommod anreisen mochten.

Bereits Verdruß auf den Bahnsteigen des Sackbahnhofs Stuttgart, daß niemand ähnlich war. Ein Geruch von Leere, Vergeblichkeit zog durch die Massen.

Im Nachtkino des Bahnhofs war vor etwa dreißig Jahren ein Film mit Titel *Jonas* gelaufen, existentialistische Chemieform eines Nervenarztes namens Ottmar Domnick, und ich besaß damals nicht einmal so viel Geld, um hineingehen zu können, stand nur vor den Schaubildern des Aushangs und schrieb trotzdem eine Kritik über diesen Film für eine großformatige Streitschrift kleiner Auflage. Alles war vergällt, aber, nachdem ich die Epistel wiedergelesen habe, Sehnsucht und Abwehr paaren sich innerhalb der Zeilen wie jeher.

Ich hatte mir vorgestellt, ich würde empfangen werden, hinaustretend auf den Rasen des nahen Parks, einer von vielen, der auch Stoppeln besitzt.

Ein paar Verwirkte, Verknäulte lagen dort wie stets auf einem grünen Fleck einer Großstadt. Sie richteten sich, es war frühnachmittags, gerade auf, spien alten Speichel aus, entwirrten ihre Socken, Decken, die Haare, das ganze Gestrüpp und langten, was notwendig ist, nach dem Rest der letzten Flasche, um sich wieder einzustimmen. Ein städtischer Gärtner, der sich tapfer vorbeiwagte, gabelte mit Hilfe eines Spazierstockspießes, den er selbst erfunden haben mochte, zertretene Zigarettenpackungen und andere Papiere auf, laut begrüßt von den Verstümmelten, denen er zunickte.

Die Erholsamkeit weit gefächerter Brunnen; die Eleganz gewölbter Fußgängerbrücken, unter denen Verkehr toste; das Lustwandeln an einem Schloßgartencafé vorbei und entlang den Stufen eines Operngebäudes, den Strohhut aus Italien auf dem Kopf, wo wir uns seit tausend Jahren immer wieder finden im Bad der Menge und in der Sonne, einst auch als Kreuzritter.

Schwäne in einem Weiher strebten langsam durch feinen Schlick und reckten ihre Hälse. Ein Türke, kein Penner, fütterte das schöne Viehzeug mit Zwie-

Links und unten: Kongreßteilnehmer
Photos: Uli Kraufmann

backbrocken. Vor den einsamen Quadern des Ministeriums für Erziehung und Kultur wehte die Fahne Württembergs, wo der letzte König allein seinen Morgenspaziergang absolviert hatte, ohne geschmäht, gar gesteinigt zu werden. Grüß Gott, Herr König, sagten die Bürger, auch die Armen.

Geschichte, wie immer sie sich darstellt oder interpretiert wird, gleicht einem Fenster, das wir zu schließen trachten, doch schmerzhaft schlägt es uns gegen die Finger.

Das Motto des Treffens lautete: „... gemeinsam sind wir unausstehlich!" Eine geniale Idee, von wem auch erfunden und ausgerechnet für die Stadt Stuttgart, der, laut Steueraufkommen, zweitreichsten Kapitale unseres Lands, nach dem Hybriddorf Sindelfingen.

Hier war dem Ottomotor zu seinem üppigsten Kleid verholfen worden, die besten Firmen für Haushaltsgeräte, Bilderbücher, Sparerträge und Prozeßrechner hatten sich angesiedelt; der inzwischen ausbetonierte Talgrund und seine Ränder vibrierten vor rechtschaffener Sauberkeit, doch Teilnehmer dieses Wochenendes sah ich immer noch nicht.

In der Senke hinter der Schloßkirche saß eine gewürfelte Gruppe. Damen, die mit gefüllten Umhängetaschen aus dem besten Kaufhaus kamen, gingen vorsichtig. Ich pirschte mich näher und fragte einen schartigen Pionier, ob er auch angereist sei?

Keinerlei Begreifen, nicht einmal ein Gröhlen, nur ein schmutzig blondes Weiblein, das einen Schraubenverschluß leer hin- und herdrehte, sagte, ich solle mich schleichen. Allgemein dumpfes Zustimmen.

Vor einem Schaufenster kontrollierte ich, ob irgend etwas fehlte oder unnötig war, aber meines Wissens stimmte die Mimikry, der Sturz zurück in Hunger- und Kältezeiten.

Das nächste Bier als eine Art verflüssigtes Brausepulver am Kiosk vor dem Rathaus. In der einheimischen Zeitung wurde rekapituliert, daß der Oberbürgermeister, Sohn des legendären Wüstenfuchs von Tobruk, schon vor Monaten gewarnt hatte, dieser Kongreß sei eine Zumutung, und in Leserbriefen an die Redaktion habe gestanden, man wolle Gemeindesinn aktivieren, Teilnehmer der Sammlungsbewegung vielleicht, wie in der Schweiz geschehen, mit Gülle, also Jauche überschütten. Allerdings apokryph, ob die Klärwerke der zementierten Landschaft überhaupt noch etwas freigaben, denn Kuhställe gab es erst wieder auf der Schwäbischen Alb.

In Stuttgart fand der insgeheim begehrte Kongreß, der das Mittelmaß mit dem Traum des Abseitsseins versöhnen sollte, nicht statt. Penner und Schicksen lassen sich nicht organisieren, denn die Wanderungsmöglichkeiten für Tippelbrüder haben vehement abgenommen. Auf unseren Autobahnen und Schnellstraßen können nur alle aneinander einzeln vorbeifahren. Zu Hause angekommen winken sie sich dann selbst zu.

O Godot! – Übersetzungsprobleme

Zu einem Gedicht von Samuel Beckett

Beckett, 1906 in Foxrock, einem Vorort von Dublin geboren, hat mehrere seiner Stücke als Fernsehspiele beim Süddeutschen Rundfunk inszeniert. In der Stuttgarter Neckarstraße, so erzählt man, hat er ein Stammlokal, wohin er sich während der Arbeitspausen zurückzieht, weil ihn dort keiner erkennt – nicht einmal der Wirt.

I Original

ne manquez pas à Stuttgart
la longue Rue Neckar
du néant là l'attrait
n'est plus ce qu'il était
tant le soupçon est fort
d'y être déjà et d'ores

II Variante Elmar Tophoven

Versäumen Sie in Stuttgart nicht,
sich die lange Neckarstraße anzusehen.
Der Anreiz des Nichts ist dort nicht mehr das,
was er einmal war, weil man eben
den sehr starken Verdacht hat,
längst mitten darin zu sein.

III Variante Karl Krolow

Vergeßt nicht beim Stuttgart-Besehen
die Neckarstraße zu gehen.
Vom Nichts ist an diesem Ort
der alte Glanz lange fort.
Und der Verdacht ist groß:
hier war schon früher nichts los.

IV Originalton

Überliefert von Gerhard Stadelmaier, frei nach Georg Hensel

Als Beckett im Jahre der Bundesgartenschau in Stuttgart weilte, um Becketts Fernsehspiele zu inszenieren, verschwand er jeden Tag für eine gewisse Zeit. Danach befragt, wo er sich immer herumtreibe, antwortete der Dichter: „Auf der Bundesgartenschau." Auf die Vorhaltung, er, Beckett hasse und verachte doch alle Blumen, antwortete dieser: „Es ist nur wegen der Bäume." Bei seinen Gängen durch den Schloßgarten fiel Beckett der Dame am Kassenhäuschen auf, beim dritten oder vierten Male fragte sie ihn: „Saget Se mol, Sie send doch a alter Ma?!" – Beckett, der das Schwäbische in seinem Lieblingslokal, der „Neckarklause", gelernt hat, nickt. – „Do send Se doch sichr scho Rentner?! Do dätet Se nemlich a Ermäßigong kriage." – Beckett verneint. – „A was, kommet Se, des machet mr älleweil. Wie hoißet Se?" – „Beckett." – „Also do isch Ihr Dauerkärtle." Und auf jenem stand deutlich: „Rentner Beckett".

Quellenverzeichnis

Das Quellenverzeichnis folgt der Seitenzählung der Haupttexte. Die bibliographischen Nachweise zu den *Marginalienspalten* sind *kursiv* wiedergegeben. Zur Sekundärliteratur sei lediglich auf zwei Titel verwiesen, die vor allem dem lokalhistorisch Interessierten weiterhelfen:

Otto Borst, Stuttgart. Die Geschichte der Stadt. Stuttgart und Aalen 1973, ^{3}1986.

Stuttgart zu Fuß. 18 Stadtteilstreifzüge durch Geschichte und Gegenwart. Hrsg. von Werner Skrentny u. a. Hamburg 1988.

Beiden Titeln verdanken wir wertvolle Hinweise.

Seite 10–20
Giacomo Casanova, Geschichte meines Lebens. Hrsg. von Erich Loos. Berlin 1985 (Bd 6).
Christian Friedrich Daniel Schubart, Ideen zu einer Ästhetik der Tonkunst. Hrsg. von Ludwig Schubart. Wien 1806.
Philipp Wilhelm Gercken, Reisen durch Schwaben, Baiern, angränzende Schweiz ... Stendal 1783 (Teil 1).

Seite 22–25
Jean Henri Maubert de Gouvest, Die reine Warheit [sic!] oder Denkwürdigkeiten des Hauses Wirtemberg... Köln 1765.
Gercken, Reisen. (siehe Angaben zu Seite 10 f).
Voltaires Brief zitiert nach: Richard Schmid, Eine Finanzkomödie. Voltaires Geschäfte mit Carl Eugen. (in: Schwäbische Curiosa. Gesammelt von Georg Kleemann. Tübingen 1974.)

Seite 26–27
Franziska von Hohenheim, Tagebuch der Gräfin Franziska von Hohenheim. Hrsg. von A. Osterberg. Stuttgart 1913.

Seite 28–29
Anselmus Rabiosus (d. i. Wilhelm Ludwig Wekhrlin), Reise durch Ober-Deutschland. Salzburg und Leipzig 1778.
Hector Wilhelm von Günderode, Beschreibung einer Reise durch den kleinen Teil des Schwarzwaldes ... Frankfurt 1781.

Seite 30–31
Christoph Meiners, Briefe über die Schweiz. Tübingen 1791 (Teil 1).

Seite 32–33
Friedrich Nicolai, Beschreibung einer Reise durch Deutschland und die Schweiz im Jahre 1781. Berlin und Stettin 1795 (Bd 10).

Seite 34–37
Ernst Philipp Paulus, Philipp Matthäus Hahn. Aus seinen Schriften und hinterlassenen Papieren geschildert. Stuttgart 1858.
Das Gedicht von Johann Friedrich Flattich zitiert nach: Asperg. Ein deutsches Gefängnis. Hrsg. von Horst Brandstätter. Berlin 1978.

Seite 38–43
Friedrich Schiller, Werke. Nationalausgabe. Hrsg. von Julius Petersen und Hermann Schneider. Weimar 1953 (Bd 3).
Andreas Streicher, Schiller-Biographie. Hrsg. von Herbert Kraft. Mannheim 1974. Darin die zitierten Texte von Christian Karl Wredow, Johann Georg Amstein, Johann Jacob Walter und Andreas Streicher.
Johann Ludwig Huber, Etwas von meinem Lebenslauf und etwas von der Muse auf der Vestung. Stuttgart 1798.
Schiller's Beziehungen zu Eltern, Geschwistern und der Familie von Wolzogen. Aus den Familien-Papieren mitgetheilt. Hrsg. von Alfred von Wolzogen. Stuttgart 1859.

Seite 44–46
Georg Kerner, Jakobiner und Armenarzt. Reisebriefe, Berichte, Lebenszeugnisse. Hrsg. von Hedwig Voegt. Berlin (Ost) 1978.
Christoph Friedrich Rinck, Studienreise 1783–84. Nach dem Tagebuch hrsg. von Moritz Geyer. Altenburg 1897.

Friedhelm Nicolin (Hrsg.), Der junge Hegel in Stuttgart. Aufsätze und Tagebuchaufzeichnungen 1785–1788. Stuttgart 1970. *Seite 47– 48*

Günther Nicolin (Hrsg.), Hegel in Berichten seiner Zeitgenossen. Hamburg 1970. Darin der Brief von David Friedrich Strauß.

Karl Rosenkranz, Georg Wilhelm Friedrich Hegels Leben. Berlin 1844.

Wilhelm von Humboldt, Tagebücher. Hrsg. von Albert Leitzmann. Berlin 1916 (Bd 1). *Seite 49– 50*

Hölderlin zum 200. Geburtstag. Sonderausstellungen des Schiller-Nationalmuseums. Katalog Nr. 21. Marbach 1970.

David Friedrich Strauß (Hrsg.), Schubart's Leben in seinen Briefen. Bonn 1878 (Gesammelte Schriften von David Friedrich Strauß Bd 9).

Baur und Schubart oder Schieferdecker und Poet. Zwei schwäbische Volks-Originale. Stuttgart 1851 (2. Auflage). *Seite 51– 53*

*Ferdinand Huber, B**r der Schieferdecker. Nicht Falstaff, nicht Eulenspiegel: Sondern ganz Er!! Stuttgart 1792.*

Hermann Kinder (Hrsg.), Bürgers Liebe. Dokumente zu Elise Hahns und G. A. Bürgers unglücklichem Versuch eine Ehe zu führen. Frankfurt 1981 (it 564). *Seite 54– 60*
Darin auch die Zitate aus den Marginalienspalten (Therese Huber, ‚Kritiken')

Christian Friedrich Daniel Schubart, Gedichte. Hrsg. von Gustav Hauff. Leipzig 1884.

Karl Pörnbacher (Hrsg.), Das Leben des Justinus Kerner. Erzählt von ihm und seiner Tochter Marie. München 1967. *Seite 62– 63*
Darin: Christoph Heinrich Pfaff über Georg Kerner.

Revolutionsbegeisterung an der Hohen Carlsschule. Ein Bericht von Axel Kuhn u. a. Stuttgart 1989.

Eulogius Schneider, Gedichte. Frankfurt 1790. *Seite 64*

Johann Caspar Riesbeck, Briefe eines reisenden Franzosen über Deutschland. An seinen Bruder zu Paris. o. O. 1784 (2. Auflage; Bd 1). *Seite 65– 66*

Horst Fuhrmans (Hrsg.), F. W. J. Schelling. Briefe und Dokumente. Bonn 1962 (Bd 1).

Friedrich von Matthisson, Erinnerungen. Zürich 1810 (Bd 1). *Seite 67– 68*

Friedrich von Matthisson, Schriften. Zürich 1829 (Bd 7).

Johann Wolfgang von Goethe, Tagebücher. Weimar 1888 (Großherzogin-Sophie-Ausgabe; 3. Abt., Bd 2). *Seite 69– 71*

Johann Wolfgang von Goethe, Briefwechsel mit Friedrich Schiller. Zürich 1964 (Bd 20 der Gedenkausgabe).

Friedrich Hölderlin, Sämtliche Werke. Frankfurter Ausgabe. Frankfurt 1976 (Bd 6). *Seite 72– 74*

Christoph Meiners, Beschreibung einer Reise nach Stuttgart und Strasburg [sic!] im Herbst 1801. Göttingen 1803. *Seite 75– 78*

Justinus Kerner, Das Bilderbuch aus meiner Knabenzeit. Braunschweig 1849.

Louis Spohr, Lebenserinnerungen. Hrsg. von Folker Göthel. Tutzing 1968. *Seite 79– 80*

Hermann von Pückler-Muskau, Reisetagebücher und vermischte Aufsätze. Hrsg. von Ludmilla Assing. Hamburg 1873. *Seite 81– 82*

Stendhal, Journal. Genf 1969 (Oeuvres complètes Bd 2). *Seite 83– 84*

Carl Maria von Weber, Sämtliche Schriften. Hrsg. von Georg Kaiser. Berlin und Leipzig 1908. *Seite 85*

Thomas Frognall Dibdin, A bibliographical antiquarian and picturesque tour in France and Germany. London 1829 (2. Auflage; Bd 3). *Seite 86– 88*

Adolf Speemann, Dannecker. Berlin und Stuttgart 1909.

Karl August Varnhagen von Ense, Denkwürdigkeiten des eignen Lebens. Die Karlsruher Jahre 1816–1819. Hrsg. von Hermann Haering. Karlsruhe 1924. *Seite 89– 90*

Ludwig Uhland, Tagbuch 1810–1820. Hrsg. von Julius Hartmann. Stuttgart 1893.

Jean Paul, Sämtliche Werke. Briefe 1815–1819. Hrsg. von Eduard Berend. Berlin 1954 (Sämtliche Werke 3. Abt.; Bd 7). *Seite 91–101*

Eduard Berend, Jean Pauls Persönlichkeit in Berichten der Zeitgenossen. Berlin 1956 (Sämtliche Werke, Ergänzungsband).

Wilhelm Christian Müller, Flug von der Nordsee zum Montblank [sic!] … Altona 1821 (Teil 1).

Per Daniel Amadeus Atterbom, Reisebilder aus dem romantischen Deutschland. Hrsg. von Elmar Jansen. Stuttgart 1970.

Ludwig Börne, Sämtliche Schriften. Hrsg. von Inge und Peter Rippmann. Darmstadt 1968 (Bd 4).

Seite 102 Adam Oehlenschläger, Meine Lebens-Erinnerungen. Ein Nachlaß. Leipzig 1850 (Bd 3).

Seite 103–106 Friedrich List, Tagebücher und Briefe 1812–1846. Hrsg. von Edgar Salin. Berlin o.J. (Schriften, Reden, Briefe Bd 8).
Ludwig Börne (siehe Angaben zu Seite 91)
Lists Brief an Justinus Kerner zitiert nach: Asperg, Ein deutsches Gefängnis. (siehe Angaben zu Seite 32 f.).

Seite 107-110 Wilhelm Waiblinger, Die Tagebücher 1821–1826. Hrsg. von Herbert Meyer. Stuttgart 1956.
Eduard Mörike. Sonderausstellungen des Schiller-Nationalmuseums. Katalog Nr. 25. Marbach 1975. Darin auch das Zitat von David Friedrich Strauß.

Seite 112–120 Ludwig Börne, Sämtliche Schriften. Hrsg. von Inge und Peter Rippmann. Darmstadt 1968 (Bd 4 u. 5).
Julius Fröbel, Ein Lebenslauf. Aufzeichnungen, Erinnerungen und Bekenntnisse. Stuttgart 1890 (Bd 1).
Jeanette Strauß-Wohl, Briefe an Börne. Hrsg. von E. Mentzel. Berlin 1907.

Seite 121 Karl Friedrich Schinkel, Briefe, Tagebücher, Gedanken. Hrsg. von Hans Mackowsky. Berlin 1921.
August Graf von Platen (-Hallermünde), Die Tagebücher. Hrsg. von L. v. Laubmann und L. v. Scheffler. Stuttgart 1896 (Bd 1).
Wilhelm Waiblinger (siehe Angaben zu Seite 107)

Seite 122–123 Friedrich von Matthisson, Literarischer Nachlaß nebst einer Auswahl von Briefen seiner Freunde. Berlin 1832 (Bd 2). Darin die Briefe von Haug und das Gedicht „Die Königsstraße" aus der *Marginalienspalte.*
Johann Christaoph Friedrich Haug, Einhundert Hyperbeln auf Herrn Wahls ungeheure Nase. Hrsg. von Horst Brandstätter. Weingarten 1985.

Seite 124–125 Ignaz Franz Castelli, Memoiren meines Lebens. Hrsg. von Josef Bindtner. München 1913 (Bd 1).

Seite 126–127 Karl Julius Weber, Deutschland oder Briefe eines in Deutschland reisenden Deutschen. Stuttgart 1826 (Bd 1).

Seite 128–130 Wolfgang Menzel, Denkwürdigkeiten. Hrsg. von Konrad Menzel. Bielefeld und Leipzig 1877.
Heinrich Heine, Über den Denunzianten. Eine Vorrede zum dritten Theile des Salon. Hamburg 1837.
Heinrich Heine, Letzte Gedichte und Gedanken. Hrsg. von Adolf Strodtmann. Hamburg 1869.

Seite 131–133 Karl Gutzkow, Rückblicke auf mein Leben. Berlin 1875.
Rudolf Krauß, Schwäbische Litteraturgeschichte [sic!]. Tübingen 1899 (Bd 2).

Seite 134–136 Wilhelm Hauff, Novellen, Prosastücke, Briefe. Hrsg. von Hermann Engelhard. Stuttgart 1962.
Willibald Alexis, Erinnerungen. Hrsg. von Max Ewert. Berlin 1900.

Seite 137–138 Friderich Achill Schmidt, Geschichte eines St. Veits-Tanzes ... Inaugural-Abhandlung. Tübingen 1831.

Seite 139–140 Frédéric Chopin, Correspondence. 1816–1831. Hrsg. von Bronislas Édouard Sydow. Paris o.J.

Seite 141–142 August Zoller, Bilder aus Schwaben. Stuttgart 1834.
Felix Mendelssohn-Bartholdy, Reisebriefe aus den Jahren 1830 bis 1832. Hrsg. von Paul Mendelssohn-Bartholdy. Leipzig 1865.

Seite 143–148 Johannes Nefflen, Der Vetter aus Schwaben oder Schwabenbräuche aus dem Leben gegriffen. Ulm 1840 (2. Auflage).
Die Börne-Briefe (siehe Angaben zu Seite 112 f.).

Seite 149–150 Xavier Marmier, Voyage pittoresque en Allemagne. Paris 1859.
Darin auch das Zitat in der Marginalienspalte.

Seite 151–153 Agnes Willms und Adelheid Wildermuth (Hrsg.), Ottilie Wildermuths Leben. Stuttgart 1888.
Adelheid Wildermuth (Hrsg.), Justinus Kerner, Ottilie Wildermuth. Briefwechsel 1853 bis 1862. Stuttgart 1960.
Das Gedicht von Karl Gerok zitiert nach: Johann Jakob Hässlin (Hrsg.), Stuttgart. München 1968.

Seite 154–155 Willibald Alexis, Schattenrisse aus Süddeutschland. Berlin 1834
Franz Ritter von Heintl, Bemerkungen auf einer Reise von Wien nach Paris im Jahre 1831. Wien 1832. (Bd 1).

Seite 156–157 Heinrich Laube, Reisenovellen. Mannheim 1837 (Bd 6).

Heinrich Heine, Schriften über Deutschland. Hrsg. von Helmut Schanze. Frankfurt a M. 1968 (Werke Bd 4).

Heinrich Theodor Rötscher, Seydelmann's Leben und Wirken. Mit Benutzung des handschriftlichen Nachlasses und der Briefe. Berlin 1845. — *Seite 158–159*

Georg Herwegh, Gedichte eines Lebendigen. Hrsg. von Marcel Herwegh. Leipzig o.J.

Johann Nepomuk Hummel zitiert nach: Die Musik in Geschichte und Gegenwart. Hrsg. von Friedrich Blume. Kassel u.a. 1957 (Bd 6).

Karl Immermann, Zwischen Poesie und Wirklichkeit. Tagebücher 1831–1840. Hrsg. von Peter Hasubek. München 1984. — *Seite 160–162*

Börne-Brief (siehe Angaben zu Seite 112 f.).

Frances Trollope, Briefe aus der Kaiserstadt. Hrsg. von Rudolf Garstenauer nach der Übersetzung von Johann Sporschli. Stuttgart 1966. — *Seite 163–167*

Karl August Hagberg zitiert nach: Stuttgarter Zeitung vom 1. März 1986 (Nr. 50, Sonntagsbeilage).

Karl Julius Weber (siehe die Angaben zu Seite 126 f.).

Justinus Kerner (Hrsg.), Blätter aus Prevorst. Stuttgart 1838 (11. Sammlung). — *Seite 168–169*

Kerners Gedichte zitiert nach: Horst Brandstätter, Der Zopf im Kopfe. Zu Justinus Kerners 200. Geburtstag. (Freibeuter, Heft 30. Berlin 1986).

Nikolaus Lenau, Sämtliche Werke und Briefe. Leipzig 1910–1923 (Bde 3, 4, 5). — *Seite 170–171*

Hieronymus Lorm zitiert nach Nikolaus Lenau, Notizbuch aus Winnenthal. Hrsg. von Horst Brandstätter. Berlin 1986.

Emma Niendorf, Lenau in Schwaben. Leipzig 1855. — *Seite 172–173*

Levin Schücking zitiert nach: Johann Jakob Hässlin, Stuttgart. München 1968.

Carl Theodor Griesinger, Silhouetten aus Schwaben. Heilbronn 1838. — *Seite 174–175*

Berthold Auerbach, Briefe an seinen Freund Jakob Auerbach. Hrsg. von Jakob Auerbach. Frankfurt a.M. 1884 (Bd 1).

Georg Herwegh, Frühe Publizistik. 1837–1841. Hrsg. von Bruno Kaiser. Glashütten 1971. — *Seite 176–178*

Michael Davidis, 150 Jahre Schiller-Denkmal in Stuttgart. Marbach 1989 (Spuren 4).

Carl Theodor Griesinger, Stuttgart am achten Mai. Stuttgart 1839.

Franz Dingelstedt, Gedichte. Stuttgart und Tübingen 1845.

Schiller's Album. Eigenthum des Denkmals Schiller in Stuttgart. Stuttgart 1837

Victor Hugo, Le Rhin. Lettres à un ami. Paris 1906. — *Seite 179–180*

Friedrich Wilhelm Hackländer, Der Roman meines Lebens. Stuttgart 1878 (Bd 1). — *Seite 181–184*

Hector Berlioz, Memoiren. Übersetzt von Elly Ellés. Hrsg. von Wolf Rosenberg. Königstein/Ts. 1985. — *Seite 185–188*

Peter Cornelius zitiert nach: Wolfgang Dömling, Hector Berlioz. Reinbek bei Hamburg 1977 (rm 254).

Clara und Robert Schumann, Briefwechsel. Hrsg. von Eva Weissweiler. Basel und Frankfurt a.M. 1987 (Bd II).

Wilhelm Chezy, Helle und dunkle Zeitgenossen. Schaffhausen 1864 (Bd 3: Wilhelm Chezy, Erinnerungen aus meinem Leben. Zweites Buch). — *Seite 189–190*

Franz Dingelstedt, Wanderbuch. Berlin 1877 (Sämtliche Werke Bd 5). — *Seite 191–192*

Wolfgang Menzel (siehe Angaben zu Seite 128). — *Seite 194–207*

Friedrich Wilhelm Hackländer, Der Roman meines Lebens. Stuttgart 1878 (Bd 2).

Georg Friedrich Kolb, Lebenserinnerungen eines liberalen Demokraten. Hrsg. von Ludwig Merckle. Freiburg 1976.

Moritz Hartmann, Gesammelte Werke. Stuttgart 1874 (Bd 10).

Ludwig Simon, Aus dem Exil. Gießen 1855 (Bd 1).

Das anonyme Gedicht „Am Reithause" ist im „Eulenspiegel" Nr. 27 vom 30. Juni 1849 erschienen.

B. K. Tragelehn, Nöspl. Gedichte 1956–1981. Basel und Frankfurt a.M. 1982.

Gustav Gerok, Karl Gerok. Ein Lebensbild aus seinen Briefen und Aufzeichnungen. Stuttgart 1892.

Isolde Kurz, Aus meinem Jugendland. Stuttgart und Berlin 1918. — *Seite 208–209*

Reinald Ullmann, Ludwig Pfau. Frankfurt a.M. u.a. 1987 (Europäische Hochschulschriften I/1012).

Theodor Storm, Briefwechsel mit Eduard Mörike und Margarethe Mörike. Hrsg. von Hildburg und Werner Kohlschmidt. Berlin 1978. — *Seite 210–214*

Friedrich Hebbel, Tagebücher. 1854–1863. Berlin 1905 (Sämtliche Werke; Tagebücher Bd 4).

Die Marginalienspalte zu Storms „Es waren zwei Königskinder" zitiert nach: Theodor Storm, Novellen. Hrsg. von Peter Goldammer. Berlin und Weimar 1978 (Sämtliche Werke (Bd 3).
Diesen Hinweis verdanken wir Martin Walser.

Iwan Turgenjew, Briefe an Ludwig Pietsch. Berlin und Weimar 1968.

Seite 215 — Mörikes „Himmlische Beobachtungen" zitiert nach: Reisen im Luftmeer. Hrsg. von Karl Riha. München 1983.

Seite 216–218 — Hieronymus Lorm, Erzählungen des Heimgekehrten. Prag 1858.
Honoré de Balzac, Lettres a Madame Hanska. Hrsg. von Roger Pierrot. Paris 1969 (Oeuveres complètes; Lettres a Madame Hanska Bd 3).

Seite 219–221 — Hans Christian Andersen, Dagbøger. 1851–1860. Hrsg. von Tue Gad. Kopenhagen 1974.
Otto von Bismarck, Briefe an den General Leopold v. Gerlach. Hrsg. von Horst Kohl. Berlin 1896.
Friedrich Hebbel, Briefe. 1857–1860. Berlin 1906 (Sämtliche Werke; Briefe Bd 6).
Die Tagebuchnotiz von Hebbel zitiert nach: Erling Nielsen, Hans Christian Andersen. Reinbek bei Hamburg 1980 (rm 5).

Seite 222–223 — Max Eyth, Im Strom unsrer Zeit. Wanderbuch eines Ingenieurs. Stuttgart und Berlin 1910 (Gesammelte Schriften Bd. 5).

Seite 224–225 — Adolf Rapp (Hrsg.), Briefwechsel zwischen Strauß und Vischer, Stuttgart 1952–1953 (Bd 1 und 2).
Friedrich Nietzsche, Sämtliche Briefe. Hrsg. von Giorgio Colli und Mazzino Montinari. München 1986 (Band 6).

Seite 226–231 — Wilhelm Raabe, Briefe. Hrsg. von Karl Hoppe. Göttingen 1975 (Sämtliche Werke, Ergänzungsband 2). Zu Isolde Kurz siehe die Angaben zu Seite 208 f. [f.]
Wilhelm Raabe, Gespräche. Hrsg. von Rosemarie Schillemeit. Göttingen 1983 (Sämtliche Werke, Ergänzungsband 4). Darin auch die Erinnerungen von Margarethe Raabe.
Ludwig Pfau, Politisches und Polemisches aus den nachgelassenen Schriften. Hrsg. von Ernst Ziel. Stuttgart 1895.

Seite 232–234 — August Bebel, Aus meinem Leben. Stuttgart 1910 (Bd 1).
Rudolf Rocker, Johann Most. Das Leben eines Rebellen. Berlin 1924.

Seite 236–239 — Daniel Spitzer, Wiener Spaziergänge. Dritte Sammlung. Wien 1877.
Feodor Wehl, Fünfzehn Jahre Stuttgarter-Hoftheater-Leitung. Hamburg 1886.
Ferdinand von Freiligrath, Werke. Hildesheim und New York (Bd 2; Teil 4–6). Reprint.

Seite 240–245 — Arthur Rimbaud, Briefe und Dokumente. Hrsg. von Curd Ochwadt. Heidelberg 1961.
Die „Recherche" von Paul Zech in: Jahrbuch der deutschen Schillergesellschaft. Band 29. Hrsg. von Fritz Martini u. a. Stuttgart 1985.
Emil Belzner, Die Fahrt in die Revolution oder Jene Reise. Aide-mémoire. München u. a. 1969.
Ernst Glaeser, Rimbaud und Verlaine schlugen sich am Neckar. In: Deutsche Zeitung vom 4. Dezember 1954.

Seite 246–247 — Friedrich Theodor Vischer, Allotria. Leipzig 1917 (Dichterische Werke Bd 5).

Seite 248–249 — Peter Altenberg, Was der Tag mir zuträgt. Berlin 1913.
Peter Altenberg, Mein Lebensabend. Berlin 1919.
Peter Altenberg, Nachlese. Wien 1930. Darin die Erinnerungen von Marie Mauthner.

Seite 250–251 — Eduard Paulus, Gesammelte Dichtungen. Stuttgart 1892.
Darin auch die Gedichte der Marginalienspalte.
Die vollständige Fassung von „Wir sind das Volk der Dichter" zitiert nach: Otto von Güntter, Eduard Paulus als Dichter (in: Schwäbische Lebensbilder Bd 5. Stuttgart 1950).

Seite 252–255 — Paul Barsch zitiert nach: Gustav Gerok, Karl Gerok. Siehe dazu die Angaben zu Seite 194.
Hermann Hesse, Bericht aus Normalien. Hrsg. von Volker Michels. Frankfurt a. M. 1986 (st 1308).
Richard Voß, Aus einem phantastischen Leben. Stuttgart 1920.
Hugo Wolf, Briefe an Oskar Grohe. Berlin 1905.
Frank Walker, Hugo Wolf. Eine Biographie. Graz u. a. 1953.

Seite 256–257 — *Daniel-Henry Kahnweiler, Meine Maler – Meine Gedanken. Köln 1961.*
Diesen Hinweis verdanken wir Joachim Bauer.
Feodor Wehl siehe die Angaben zu Seite 236 f.

Seite 258 — Robert Thomas, Unter Kunden, Komödianten und wilden Tieren. Lebenserinnerungen. Hrsg. von Julius R. Haarhaus. Leipzig 1905.
Karl Gerok, Jugenderinnerungen. Bielefeld und Leipzig 1876.

Seite 260 — Jerome Klapka Jerome, Three men in a boat. London u. a. 1977.

Seite 261–263 — Friedrich Engels' Briefwechsel mit Karl Kautsky. Hrsg. von Benedikt Kautsky. Wien 1955 (Quellen und Untersuchungen zur Geschichte der deutschen und österreichischen Arbeiterbewegung I).
Heinrich Heine, Neue Gedichte. Hamburg 1844.
Clara Zetkin, Ausgewählte Reden und Schriften. Berlin (Ost) 1960.

Hanns von Gumppenberg, Lebenserinnerungen. Berlin und Zürich 1929. *Seite 264–265*
Willibald Winckler zitiert nach Feodor Wehl. Siehe Angaben zu Seite 236 f.
Robert Walser, Kleine Dichtungen. Hrsg. von Jochen Greven. Genf und Hamburg 1971 (Das Gesamtwerk Bd 2). *Seite 266–268*
Robert Mächler, Das Leben Robert Walsers. Frankfurt a.M. 1976 (st 321).
Christian Wagner, Gedichte. Hrsg. von Ulrich Keicher. Stuttgart und Aalen 1973. *Seite 269*
Im Lauf eines Jahres. Jahresschrift der Christian-Wagner-Gesellschaft e.V. 1982. Warmbronn 1982. Darin die Erinnerungen von Hans Erich Blaich.
Lajos Kassák, Als Vagabund unterwegs. Erinnerungen. Übersetzt von Friderika Schag. Budapest 1976. *Seite 270–276*
Emil Szittya, Das Kuriositäten-Kabinett. Konstanz 1923.
Robert Musil, Vermächtnis II. In: Robert Musil, Gesammelte Schriften. Hrsg. von Adolf Frisé. Reinbek bei Hamburg 1978 (Bd 7).
Rudolf Schlichter, Das widerspenstige Fleisch. Berlin 1932. *Seite 277–280*
Rosa Luxemburg, Gesammelte Briefe. Berlin (Ost) 1982–1984 (Bde 1, 3, 4 und 5). *Seite 281–284*
Clara Zetkin zitiert nach: Asperg, Ein deutsches Gefängnis. (siehe Angaben zu Seite 32 f.).
Robert Gaupp, Zur Psychologie des Massenmords. Hauptlehrer Wagner von Degerloch. Berlin 1914 (Verbrechertypen Bd 1; Heft 3). *Seite 285*
Zu Emil Belzner siehe die Angaben Seite 240 f. *Seite 286–287*
Max Horkheimer, Aus der Pubertät. Novellen und Tagebuchblätter. München 1974. *Seite 288*
Paul Bonatz, Leben und Bauen. Stuttgart 1950. *Seite 290–295*
Willi Münzenberg, Die dritte Front. Berlin 1930.
Fritz Rück, November 1918. Die Revolution in Württemberg. Stuttgart 1958.
Ludwig Thoma, Gesammelte Werke. Hrsg. von Albrecht Knaus. München 1956 (Bd 1).
Max Barthel, Kein Bedarf an Weltgeschichte. Wiesbaden 1950.
Karl Lieblich, Das proletarische Brautpaar. Jena 1926. *Seite 296–297*
Johannes Baader, Oberdada. Hrsg. von Hanne Bergius u.a. Lahn und Gießen 1977. *Seite 298–300*
Darin auch der Brief aus der Marginalienspalte.
Stuttgart zu Fuß. Hrsg. von Werner Skrentny u.a. Hamburg 1988.
Darin das Zitat zur Bildlegende Kaufhaus „Schocken“.
Walter Serner, Der Pfiff um die Ecke. Hrsg. von Thomas Milch. Erlangen und München 1979 (Das Gesamte Werk Bd 5). *Seite 301–306*
Diesen Hinweis verdanken wir Julius Pischl.
Richard Strauss und Hugo von Hoffmannsthal, Briefwechsel. Hrsg. von Willi Schuh. Zürich 1964.
Hugo von Hofmannsthal, Operndichtungen 2. Hrsg. von Manfred Hoppe. Frankfurt a.M. 1985 (Sämtliche Werke Bd 24).
Darin der Brief an den Vater.
Kurt Schwitters, Manifeste und kritische Prosa. Hrsg. von Friedhelm Lach. Köln 1981 (Das literarische Werk Bd 5). *Seite 301–312*
Karin Kirsch, Die Weißenhofsiedlung. Stuttgart 1987.
Die Reaktion des Schwäbischen Albvereins auf die Denkmalschutzbestrebungen zitiert nach: Stuttgart zu Fuß (siehe die Angaben zu Seite 298 f.).
Erich Schaier „Undeutsch“ in: Mit anderen Augen. Jahrbuch der Sonntags-Zeitung 1920–1929. Stuttgart 1929. *Seite 313*
Sergej M. Tretjakow, Lyrik, Dramatik, Prosa. Hrsg. und übersetzt von Fritz Mierau. Leipzig 1972. *Seite 314–317*
Die Zitate von Friedrich Wolf nach: Friedrich Wolf, Aufsätze 1914–1944. Berlin und Weimar 1967.
Ilja Ehrenburg, Visum der Zeit. Übersetzt von Hans Ruoff. Leipzig 1929. *Seite 318–320*
Die Texte von Gregor Gog, Sergej Tretjakow und Alfons Paquet aus: Landstraße, Kunden, Vagabunden. Gregor Gogs Liga der Heimatlosen. Hrsg. von Klaus Trappmann. Berlin 1980. *Seite 321*
Joachim Ringelnatz, Gedichte. Hrsg. von Walter Pape. Berlin 1985 (Das Gesamtwerk Bd 2). *Seite 326–327*
Joachim Ringelnatz, Reisebriefe an M. Berlin 1964. *Seite 328–330*
Willi Baumeister, Stuttgart und die Schwaben. In: Der Querschnitt. Berlin 1929 (Jahrgang 9). *Seite 331–332*
Alfred Kerr, Melodien. Paris 1938. *Seite 334–335*

	Das Gedicht von Josef Freitag zitiert nach: Maria Zelzer, Weg und Schicksal der Stuttgarter Juden. Stuttgart 1964.
Seite 336–339	Bernhard Blume, Narziß mit Brille. Hrsg. von Fritz Martini und Egon Schwarz. Heidelberg 1985 (Veröffentlichungen der Deutschen Akademie für Sprache und Dichtung 59).
	Der amtliche Bericht zur „Kabelaktion" zitiert nach: Willi Bohn, Stuttgart: Geheim! Ein dokumentarischer Bericht. Frankfurt a. M. 1969.
Seite 340–343	Friedrich Wolf, Gedichte. Hrsg. von Else Wolf und Walther Pollatschek. Berlin (Ost) 1963 (Gesammelte Werke Bd 12).
	Stephan Hermlin, Die erste Reihe. Berlin (Ost) 1951.
	Das Zitat aus dem Abschiedsbrief von Lilo Herrmann zitiert nach: Stuttgart zu Fuß (siehe die Angaben zu Seite 298 f.).
Seite 344–346	Friedrich Schlotterbeck, Je dunkler die Nacht, desto heller die Sterne. Zürich 1945.
	Christa Wolf, Die Besten springen in den Riß der Zeit. In: Stuttgarter Zeitung vom 18. November 1983.
Seite 348–350	Thaddäus Troll, Stuttgarter Stadtlandschaft. In: Städte 1945. Hrsg. von Ingeborg Drewitz. Düsseldorf und Köln 1970.
Seite 352–353	Alfred Döblin, Autobiographische Schriften und letzte Aufzeichnungen. Hrsg. von Edgar Pässler. Olten und Freiburg i. B. 1980 (Ausgewählte Werke in Einzelbänden).
	Alfred Döblin. Sonderausstellungen des Schiller-Nationalmuseums. Katalog Nr. 30. Marbach 1978.
	Theodor Heuss. Sonderausstellungen des Schiller-Nationalmuseums. Katalog Nr. 17. Marbach 1967.
Seite 354	Max Frisch, Tagebuch 1946–1949. Frankfurt a. M. 1950.
Seite 355	*Wolfgang Koeppen, Gedanken und Gedenken. In: Arno Schmidt Preis 1984 für Wolfgang Koeppen. Bargfeld 1984.*
Seite 356–358	Ludwig Harig, Ein zärtlicher Zug zur Anarchie – eine Legende gibt Antworten. In: Stuttgarter Nachrichten Nr. 259 vom 10. November 1982 (Literaturbeilage).
	Reinhard Döhl und Wolfgang Ehehalt, Ansichtssachen & Klerri-juhs aus der kleinen Stuttgarter Versschule. Stuttgart 1985 (Stuttgarter Trilogie Bd 2).
Seite 359–360	Günter Herburger, Stuttgarter Festschrift. In: Atlas, zusammengestellt von deutschen Autoren. Berlin 1965.
	Eugen Gomringer, Konstellationen, Ideogramme, Stundenbuch. Stuttgart 1977 (RUB 9841). Darin Helmut Heißenbüttel über Franz Jung.
Seite 361–362	Peter Handke, Tage wie ausgeblasene Eier. Einladung, Hermann Lenz zu lesen. In: Süddeutsche Zeitung Nr. 296 vom 22./23. Dezember 1973 (Wochenendbeilage).
	Hermann Lenz, Bilder aus meinem Album. Frankfurt a. M. 1987.
	Hermann Lenz, Wie die Zeit vergeht. Gedichte. Frankfurt a. M. 1977 (Colloquium poeticum Bd 6).
Seite 363–367	Friedrich Christian Delius, Ein Bankier auf der Flucht. Berlin 1975.
	Wolf Biermann, Mädchen in Stuttgart. In: Wespennest 30; Juni 1978. Wien.
Seite 368	Jean Améry, Örtlichkeiten. Stuttgart 1980.
	Helmut Mader, Gedicht mit Motto für Wendelin Niedlich. In: Niedlich 10 Jahre über Wasser. Stuttgart 1970.
Seite 369–370	Hans-Peter Breuer, Das geöffnete Europa. Hrsg. von Manfred Esser und Wolfgang Kiwus. Stuttgart 1980 (Edition Künstlerhaus 5).
	Jakov Lind in „Wort in der Zeit". Zitiert nach: Niedlich 10 Jahre über Wasser (siehe Angaben zu Seite 368).
	Marlis Gerhardt, Wer ist Wendelin Niedlich? Ein Albumblatt. In: Ein Dichteralphabet für eine Buchhandlung. Hrsg. von Horst Brandstätter. Stuttgart 1985.
Seite 371–373	Helmut Heißenbüttel, Ödipuskomplex made in Germany. Stuttgart 1981.
Seite 374–375	Hans Werner Henze, Die Englische Katze. Ein Arbeitstagebuch 1978–1982. Frankfurt a. M. 1983.
	Die Zitate von Peter Härtling und Alfred Hrdlicka in: Stuttgarter Nachrichten vom 17. Oktober 1986.
	Yüksel Pazarkaya, Nachdenken über N. Zitiert nach: Ein Dichteralphabet für eine Buchhandlung (siehe Angaben zu Seite 369 f.).
Seite 376–377	Günter Herburger, Das Flackern des Feuers im Land. Darmstadt 1983.
Seite 378	Samuel Beckett, Flötentöne. Frankfurt a. M. 1981 (st 1098). Darin das Original und beide Übersetzungsvarianten.
	Die Glosse von Gerhard Stadelmaier in: Stuttgarter Zeitung Nr. 85 vom 14. April 1986.

Namenregister

Um das Register übersichtlich zu gestalten, wurden nur solche Namen aufgenommen, die einen Bezug zu Stuttgart haben, bzw. für Querverbindungen der einzelnen Texte relevant sind. Nicht aufgenommen wurden in der Regel beispielsweise die in der Marginalienspalte genannten Zeitgenossen, die Künstler der Abbildungen, die Adressaten von Briefen oder in Gedichten genannte Namen. Ferner wurde das Inhaltsverzeichnis und der Quellenanhang nicht ins Register aufgenommen.

Die **halbfetten Seitenzahlen** erleichtern das Auffinden von zitierten Texten (wobei zwischen Haupttext und *Marginalienspalte* nicht unterschieden wird).

Bildnachweise

Für die freundlicherweise erlaubte Genehmigung zum Abdruck sind wir folgenden Autoren, Verlagen, Rechtsnachfolgern bzw. ihren Verlagen zu Dank verpflichtet:

Anabas Verlag Günter Kämpf, Gießen (Johannes Baader), Baumeister Archiv, Stuttgart und Grimisuat (Willi Baumeister), Deutsche Verlags-Anstalt, Stuttgart (Paul Bonatz), Eugen Diederichs Verlag, München (Karl Lieblich, Thaddäus Troll), DuMont Buchverlag, Köln (Kurt Schwitters), S. Fischer Verlag, Frankfurt/Main (Hans Werner Henze), Henssel Verlag, Berlin (Joachim Ringelnatz), Günter Herburger, Insel Verlag, Frankfurt/Main (Hermann Lenz), Klett-Cotta Verlagsgemeinschaft, Stuttgart (Jean Améry, Helmut Heißenbüttel), Konkret Literatur Verlag, Hamburg (Alfred Kerr), List / Süddt. Verlag / Südwest-Verlagsgruppe, München (Ilja Ehrenburg), Verlag Klaus G. Renner, München (Walter Serner), Rotbuch Verlag, Berlin (F. C. Delius), Arno Schmidt Stiftung, Bargfeld (Arno Schmidt), Suhrkamp Verlag, Frankfurt/Main (Samuel Beckett, Max Frisch, Peter Handke, Robert Walser), Verlag Lambert Schneider, Heidelberg (Bernhard Blume), Gerhard Stadelmaier/Georg Hensel, Gabriele Walter Verlag, Stuttgart (Friedrich Schlotterbeck), Walter Verlag, Olten (Alfred Döblin).

In einigen Fällen ist es uns nicht gelungen, die Rechtsinhaber der abgedruckten Beiträge ausfindig zu machen. Hier ist der Verlag bereit, nach Meldung berechtigte Ansprüche abzugelten.

Allgemeiner Deutscher Nachrichtendienst, Berlin/Ost 318, 324
Bakkehusmuset, Frederiksberg/DK. 102
Baumeister Archiv, Stuttgart und Grimisuat 331
Cosmopress, Genf, Standort: Galerie der Stadt Stuttgart 347
dpa – Deutsche Presse Agentur, Stuttgart 351
Daimler-Benz AG, Stuttgart-Untertürkheim 296, 297
Deutsches Theatermuseum, München 268
Dietz Verlag, Berlin/Ost 287
Galerie der Stadt Stuttgart 193, 214
Heinrich-Heine-Institut, Düsseldorf 113
Henschelverlag – Kunst- und Gesellschaft, Berlin/Ost 314, 316, 317
Herzog August Bibliothek, Wolfenbüttel 32, 33
Historia-Photo, Hamburg 84, 124, 139, 179
Interfoto, München 10
Israel Museum, Jerusalem [Moritz Oppenheim] 112
Hannes Kilian, Wäschenbeuren 374
Kraufmann u. Kraufmann, Stuttgart 376, 377
Künstlerhaus Bethanien, Berlin 325
Kunstmuseum Düsseldorf 160
Kunstsammlungen der Veste Coburg 56
Landesbildstelle Württemberg, Stuttgart 23, 24, 64, 71, 89, 125, 136, 180, 184, 223, 255, 300, 334, 343
Olga Lieblich, Stuttgart 296
Luftbild Albrecht Brugger, Stuttgart 372
Werner H. Müller, Stuttgart 363, 364, 365, 366, 367
Musée de la Littérature Hongroise „Petöfi", Budapest 270
Thomas F. Nägele, New York
Standort: Staatsgalerie Stuttgart: 259, 307
Privatbesitz: 289
Fotografin: Marianne Götz, Stuttgart: 313, 329
Stadtarchiv Stuttgart: 319, 333
Nationalgalerie, Staatl. Museen Preußischer Kulturbesitz, Berlin 81,
Isolde Ohlbaum, München 362
Carl Seelig-Stiftung, Zürich 266
Schiller-Nationalmuseum, Marbach 28, 38, 41, 42, 46, 50, 54, 66, 67, 70, 85, 88, 90, 93, 94, 95, 100, 107, 110, 121, 130, 133, 134, 135, 137, 153, 157, 169, 170, 172, 173, 177, 183, 192, 203, 208, 209, 210, 212, 215, 224, 225, 231, 247, 249, 252, 269, 368.
Foto: Lotte Jacobi: 327, 335
Arno Schmidt-Stiftung, Bargfeld 355
Staatliche Kunsthalle, Berlin 278
Staatliche Kunstsammlungen Kupferstich-Kabinett, Dresden 45
Staatsgalerie, Stuttgart 21, 63, 73, 86, 87, 111, 128, 158, 331
Stadt Langenburg / Bürgermeisteramt 126
Stadtarchiv Braunschweig 227
Stadtarchiv Reutlingen 103
Stadtarchiv Stuttgart 2, 12, 17, 29, 37, 48, 68, 82/83, 118, 155, 165, 167, 172, 187, 196, 197, 202, 208, 217, 220, 235, 236, 239, 255, 261, 274, 275, 285, 286, 291, 302, 303, 310, 320, 349, 351, 353, 357.
Stadt- und Universitätsbibliothek, Frankfurt/M. 288
Stadtverwaltung Neuwied 317
Stadt- und Universitätsbibliothek, Frankfurt/M. 114
Städtisches Museum, Braunschweig 226, 227, 228, 229
Städtisches Museum, Ludwigsburg 9, 19, 53, 61, 77, 78, 79, 97, 105, 117, 122, 140, 145, 150, 159, 164, 182, 189, 191, 195, 218, 219, 224, 232, 245, 250, 253, 273
Jan Thorbecke Verlag, Sigmaringen [Aus: Alfred Munz] 30
Klaus Trappmann, Berlin 323
Jan Peter Tripp 370
Ulmer Museum, Ulm 223
Ullstein Bilderdienst, Berlin 221
Universitätsarchiv Hohenheim, Stuttgart-Hohenheim 222
Verlag Klaus G. Renner, München 301
Gabriele Walter Verlag, Stuttgart 344
Madeline Winkler-Betzendahl, Stuttgart 348
Württembergisches Landesmuseum, Stuttgart 14, 26, 31
Georg Zundel, Salzburg 282, 283, 284